FORSCHUNGEN UND BERICHTE ZUR VOR- UND FRÜHGESCHICHTE
IN BADEN-WÜRTTEMBERG

LANDESAMT FÜR DENKMALPFLEGE IM REGIERUNGSPRÄSIDIUM STUTTGART

FORSCHUNGEN UND BERICHTE ZUR VOR- UND FRÜHGESCHICHTE
IN BADEN-WÜRTTEMBERG

BAND 108

2009

KONRAD THEISS VERLAG · STUTTGART

LANDESAMT FÜR DENKMALPFLEGE IM REGIERUNGSPRÄSIDIUM STUTTGART

ANDREAS HENSEN

Das römische Brand- und Körpergräberfeld von Heidelberg I

2 Tafeln

2009

KONRAD THEISS VERLAG · STUTTGART

HERAUSGEBER:
LANDESAMT FÜR DENKMALPFLEGE IM REGIERUNGSPRÄSIDIUM STUTTGART,
BERLINER STRASSE 12 · D-73728 ESSLINGEN AM NECKAR

Bibliografische Information Der Deutschen Bibliothek

Die Deutsche Bibliothek verzeichnet diese Publikation in der Deutschen Nationalbibliografie;
detaillierte bibliografische Daten sind im Internet über <http://dnb.ddb.de> abrufbar.

Redaktion und Herstellung
Verlags- und Redaktionsbüro Wais & Partner, Stuttgart
Produktion
Gulde-Druck, Tübingen

© Landesamt für Denkmalpflege im Regierungspräsidium Stuttgart, Esslingen am Neckar, 2009.
Das Werk einschließlich aller seiner Teile ist urheberrechtlich geschützt.
Jede Verwertung außerhalb der engen Grenzen des Urheberrechtsgesetzes
ohne Zustimmung des Herausgebers ist unzulässig und strafbar.
Dies gilt insbesondere für Vervielfältigungen, Übersetzungen, Mikroverfilmungen
sowie Einspeicherung und Verarbeitung in elektronischen Systemen.
Printed in Germany · ISBN 978-3-8062-2333-0

Inhalt

Fundtafeln

Befunde aus der Nekropole im Neuenheimer Feld .... Taf. 1–501
Grabgruppe Pathologie .... Taf. 502–503
Grabgruppe Neusatz .... Taf. 504–508
Sonstige Grabfunde in Neuenheim .... Taf. 509–510
Grabfunde in Handschuhsheim .... Taf. 510–511
Objekte aus unbekanntem Zusammmenhang .... Taf. 512–514
Nachträge .... Taf. 514–515
Stempel auf Bronzegefäßen .... Taf. 515
Töpfersignaturen .... Taf. 515
Stempel auf Reliefsigillata .... Taf. 516
Stempel auf glatter Sigillata .... Taf. 517–525
Stempel auf Amphoren .... Taf. 525
Stempel auf Ziegeln .... Taf. 526–527
Stelen, Skulpturen und Grabarchitektur .... Taf. 528–541

Fototafeln

Befundfotos .... Taf. 542–551
Farbfotos von Funden .... Taf. 552–570

Teilpläne A–N .... Taf. 571–581

Beilage 1

Gesamtplan im Maßstab 1:500

Fundtafeln

Vorbemerkung zum Tafelband

Die Tafeln dieses Bandes bilden die Befunde und Funde der Nekropole im Neuenheimer Feld sowie weiterer römischer Gräber in Neuenheim und Handschuhsheim ab. Details zur Darstellungsweise sind der Vorbemerkung zum Katalog im Band I (S. 130) zu entnehmen.

Legende zu den Tafeln

Signaturen in den Plänen

- Grubenrand
- Keramik
- Ziegel
- Leichenbrand
- Glas
- Glasschmelze
- Tierknochen
- Eisen
- Bronze
- Stein
- Verziegelung

Tierknochen

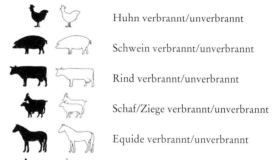

- Huhn verbrannt/unverbrannt
- Schwein verbrannt/unverbrannt
- Rind verbrannt/unverbrannt
- Schaf/Ziege verbrannt/unverbrannt
- Equide verbrannt/unverbrannt
- Hund verbrannt/unverbrannt

Münze mit Prägeherrn

Geschlecht der bestatteten Person

- ♀ Weiblich
- ♂ Männlich
- ⚥ Allophyse

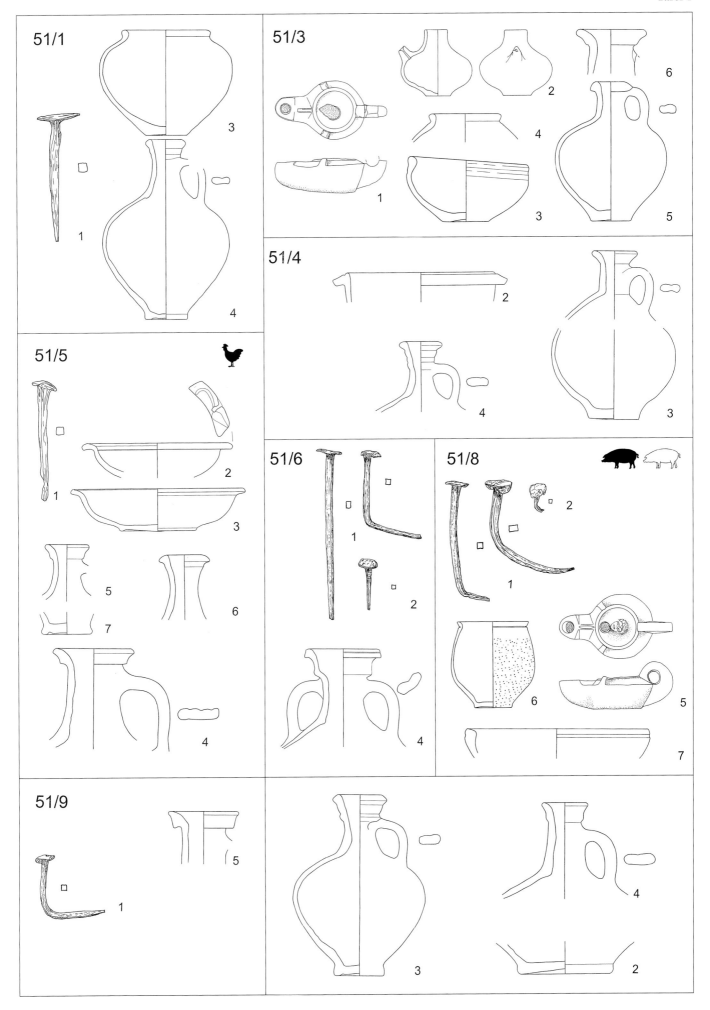

Tafel 1

Tafel 2

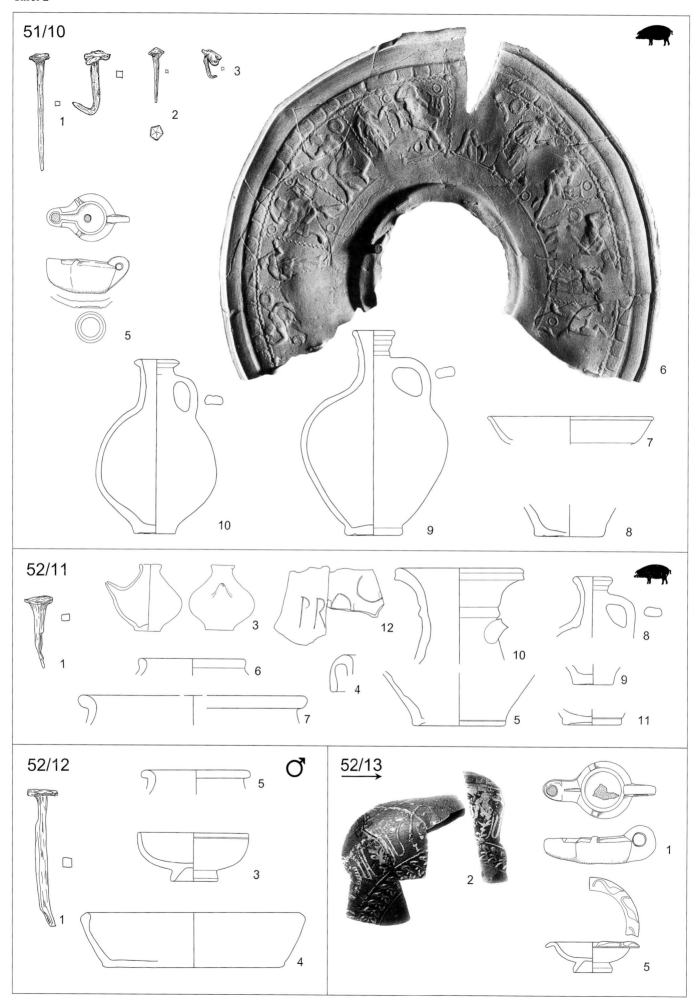

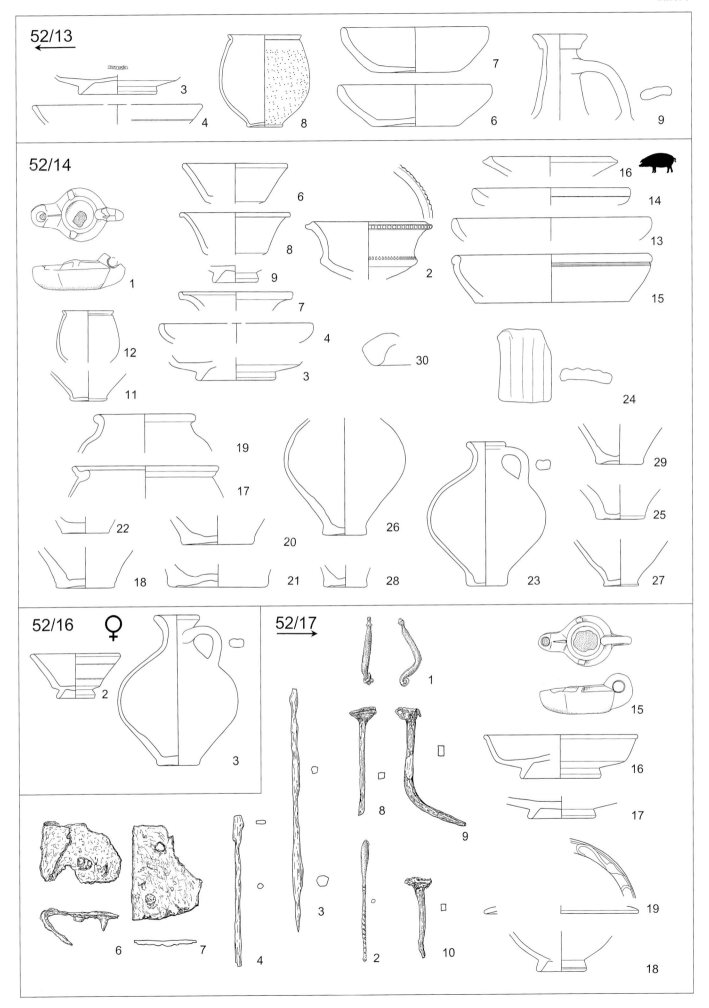

Tafel 3

Tafel 4

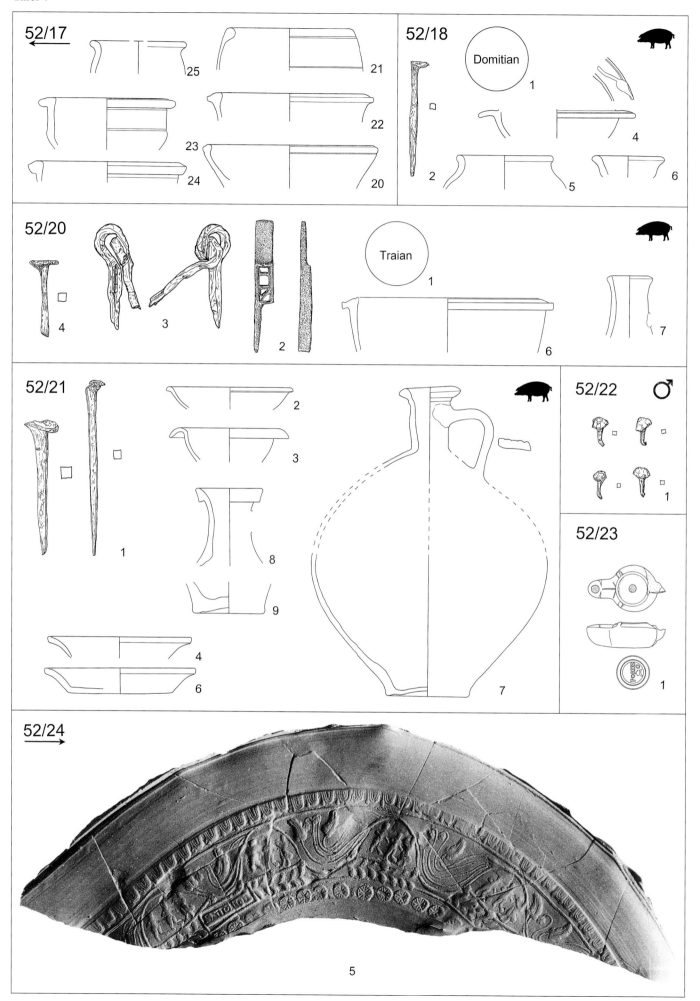

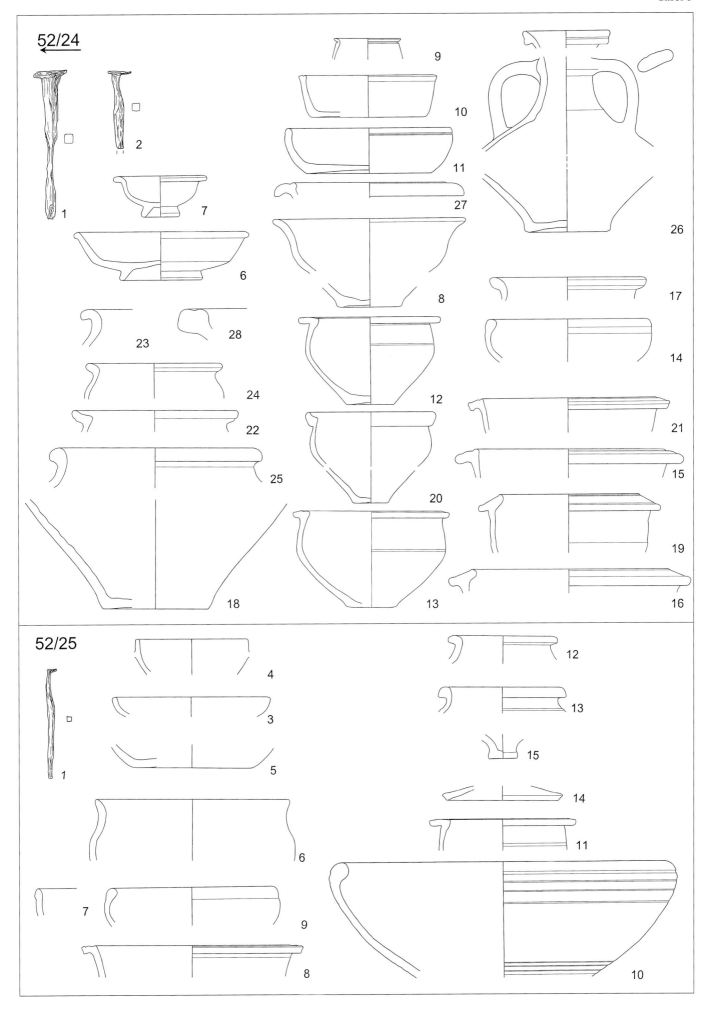

Tafel 6

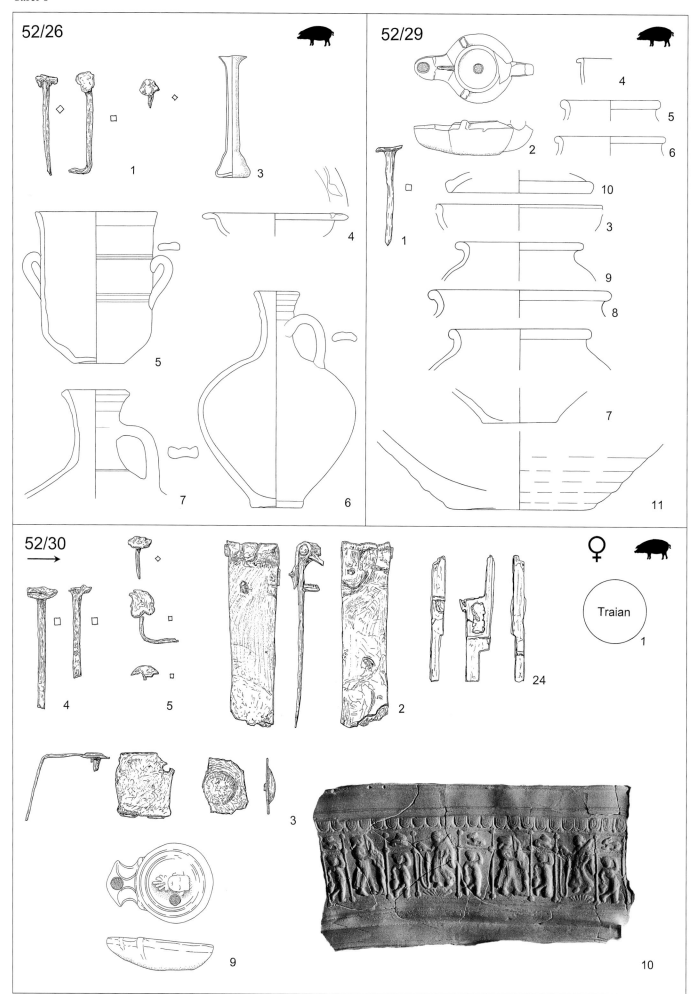

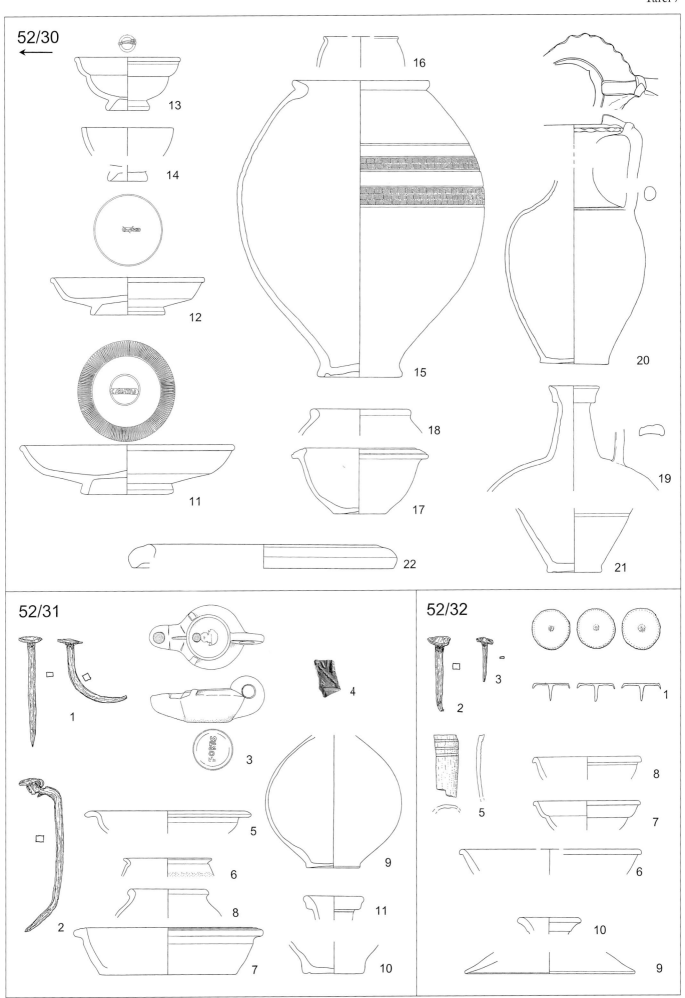
Tafel 7

Tafel 8

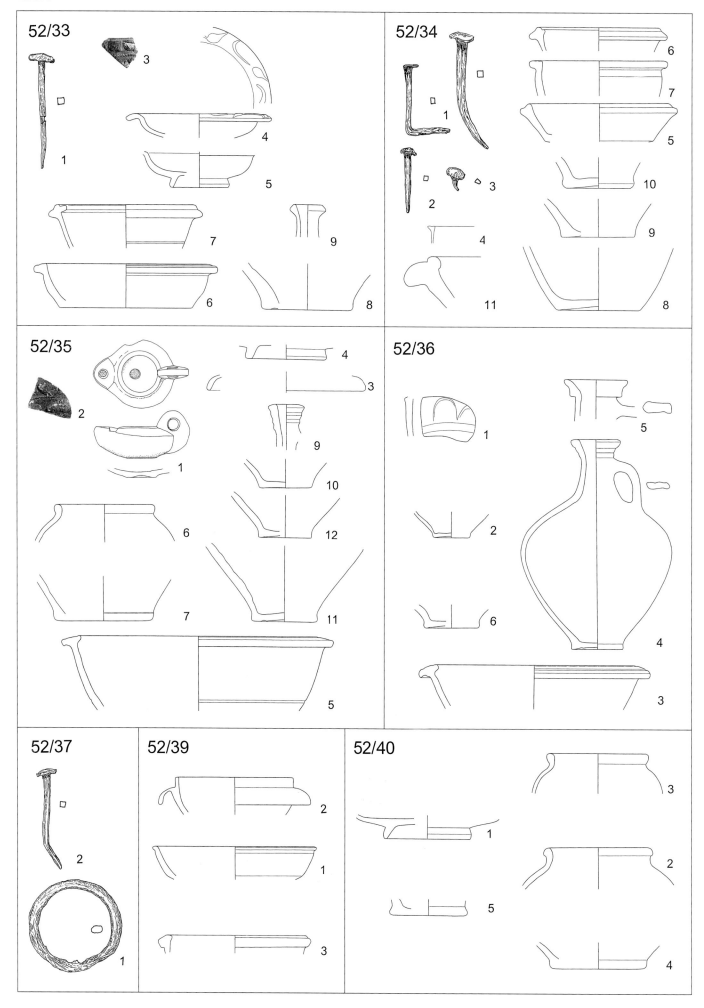

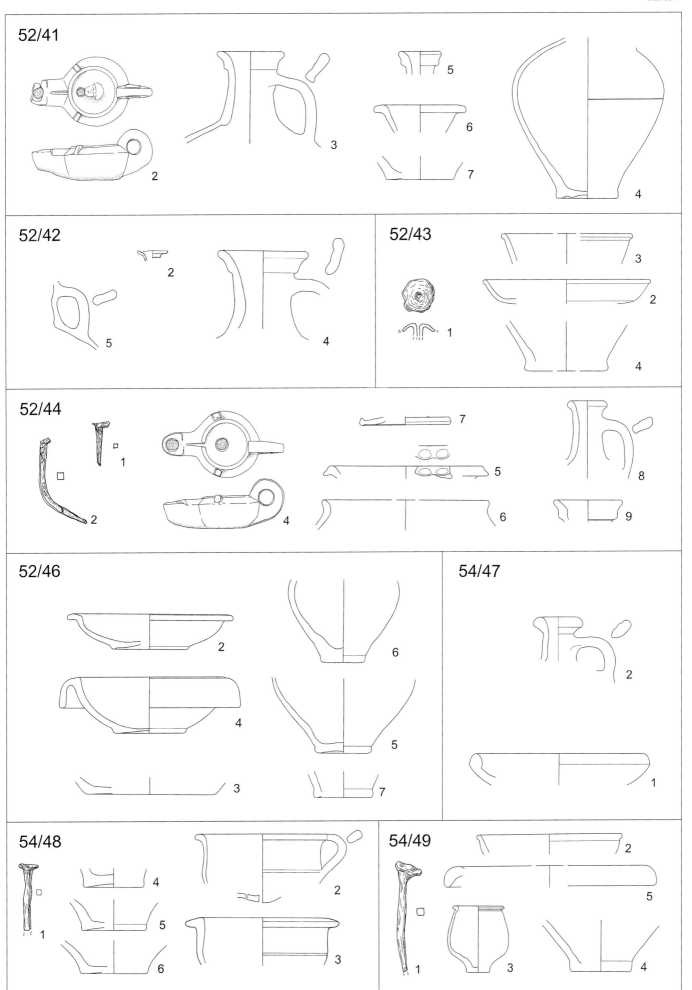

Tafel 9

Tafel 10

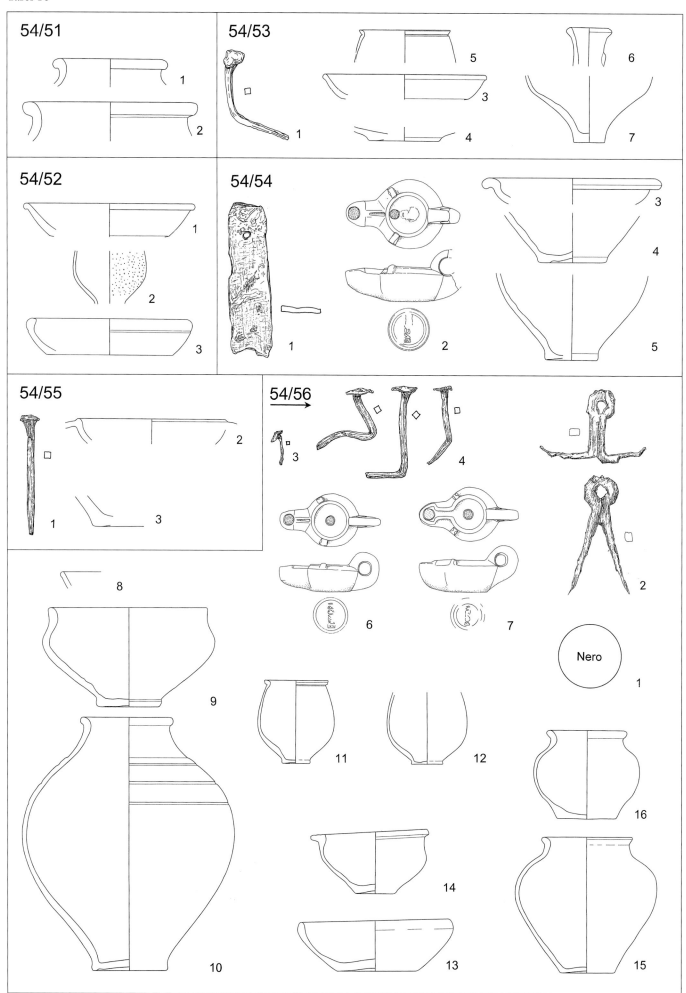

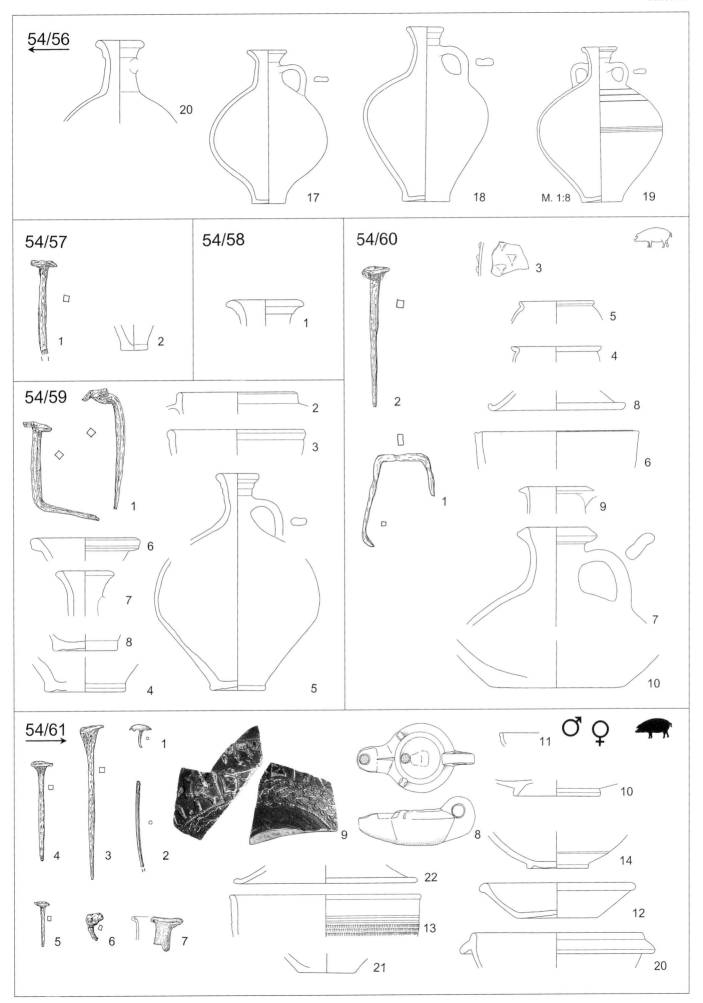

Tafel 11

Tafel 12

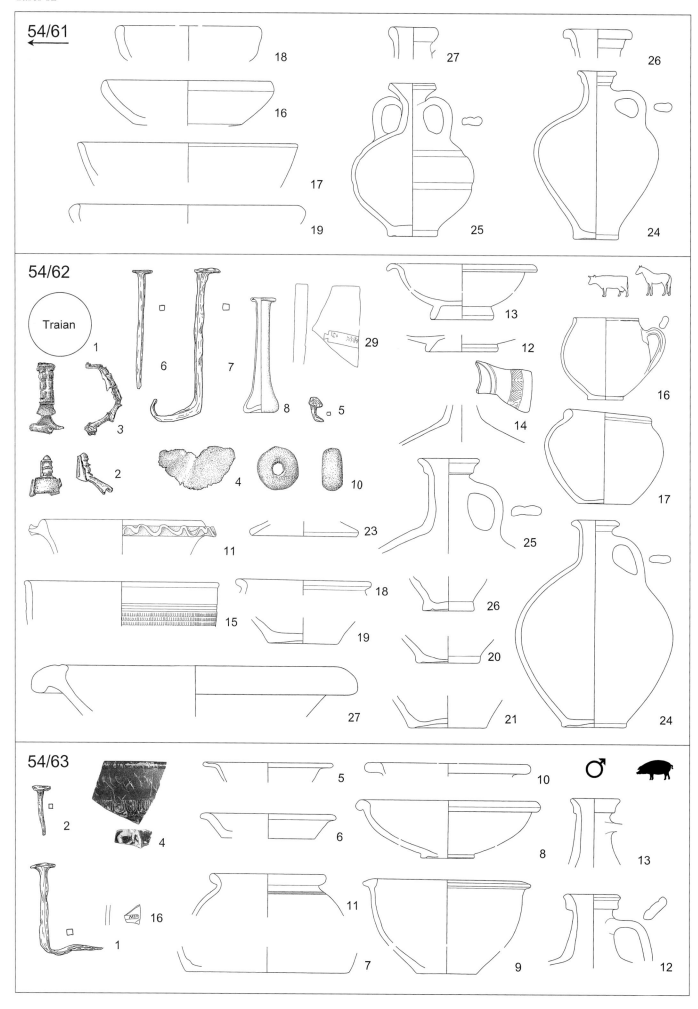

Tafel 13

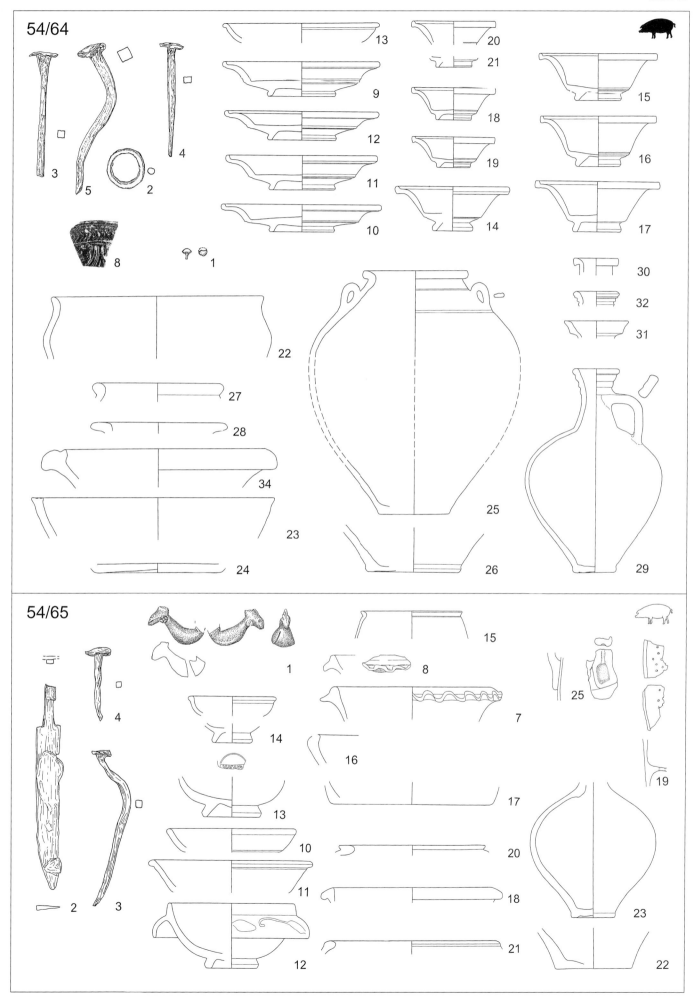

Tafel 14

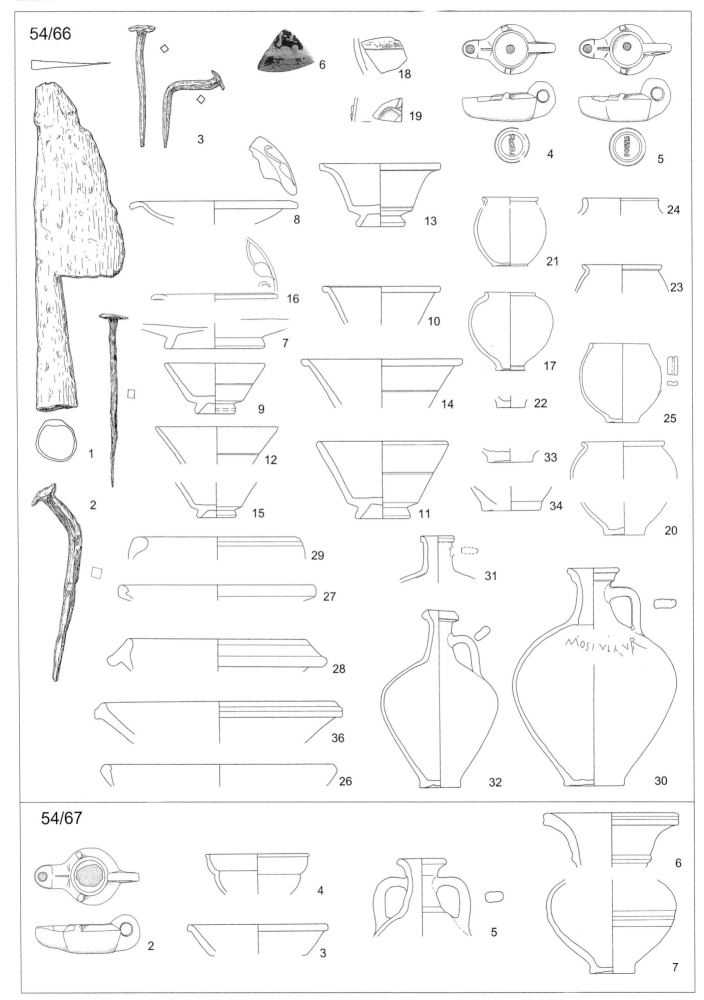

Tafel 15

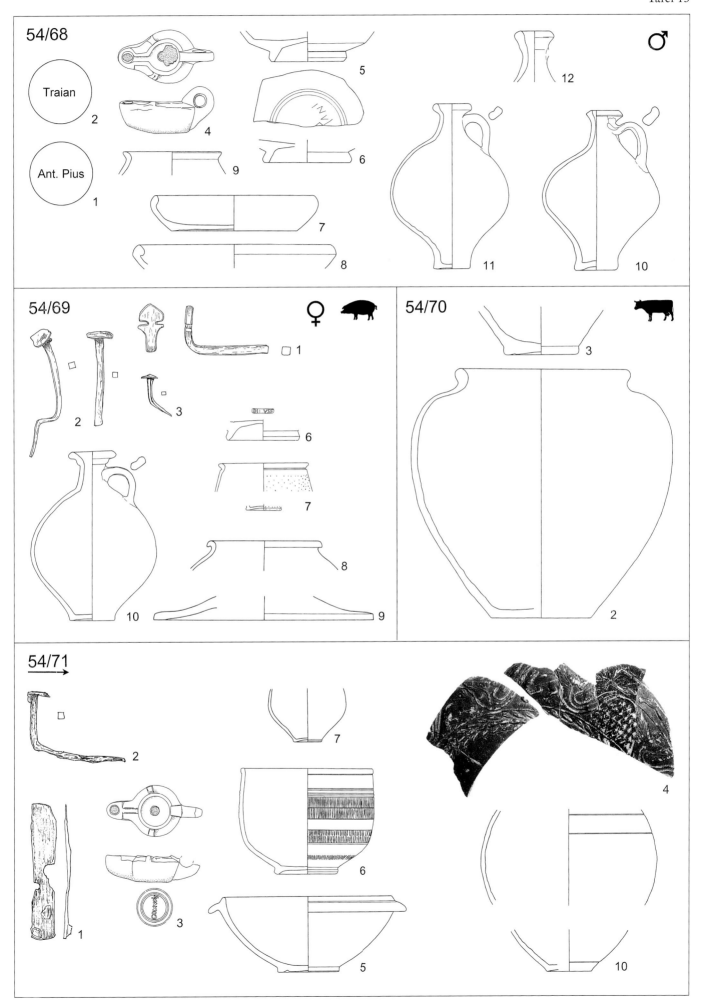

Tafel 16

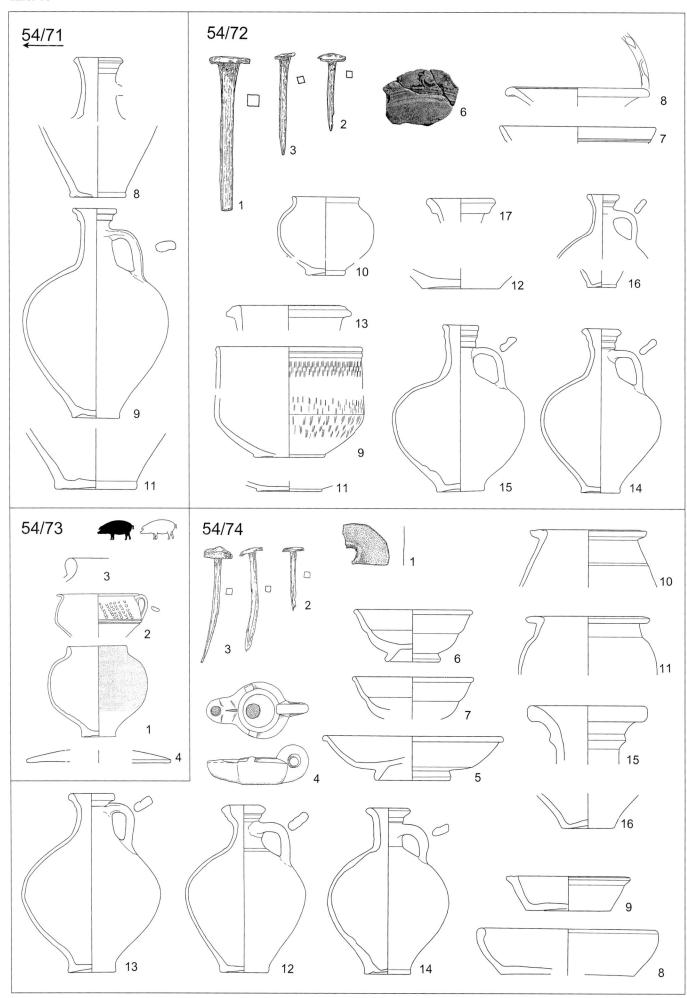

Tafel 17

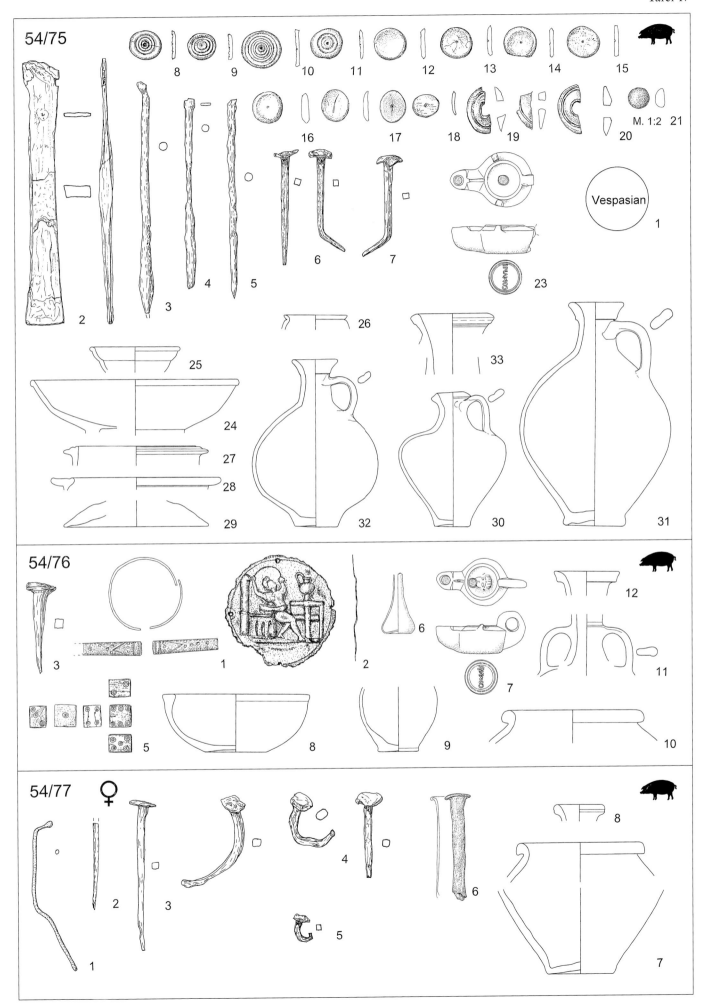

Tafel 18

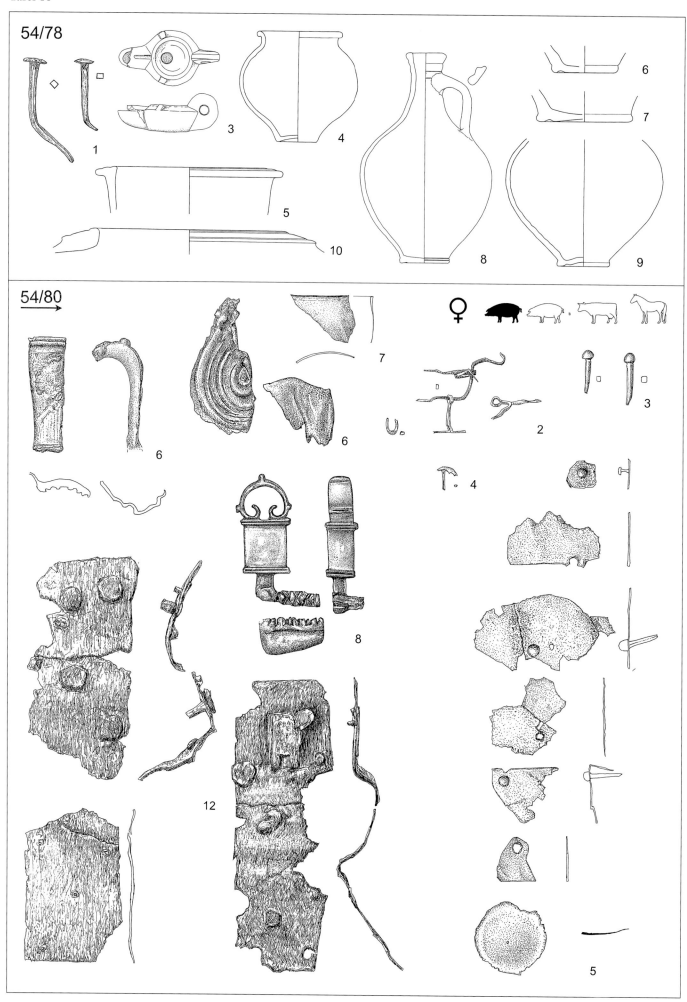

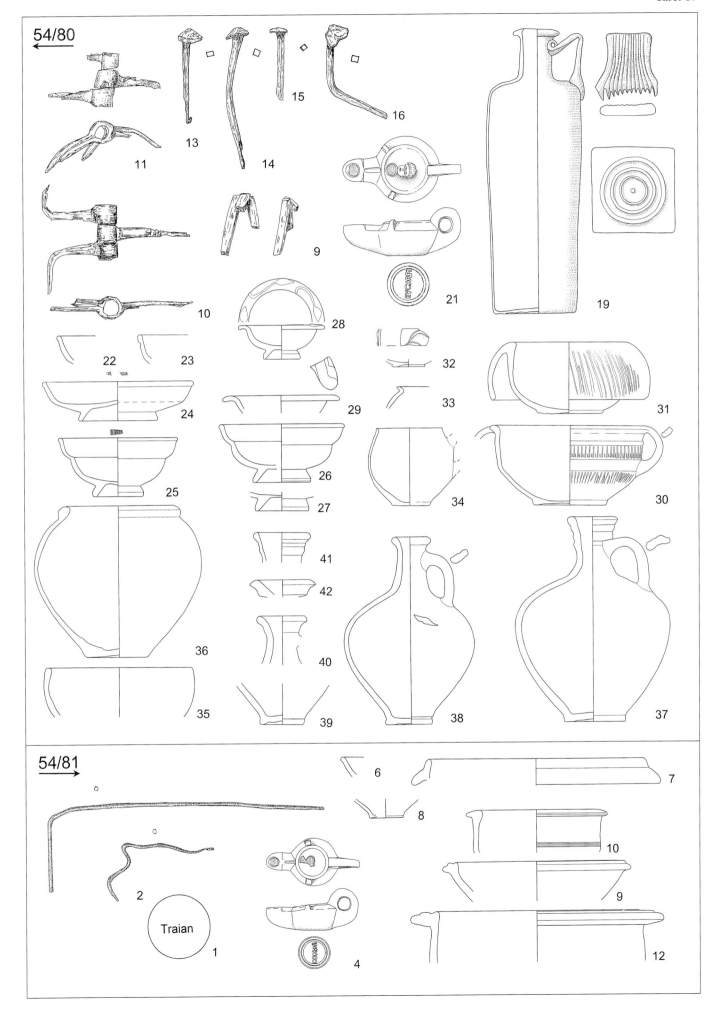

Tafel 19

Tafel 20

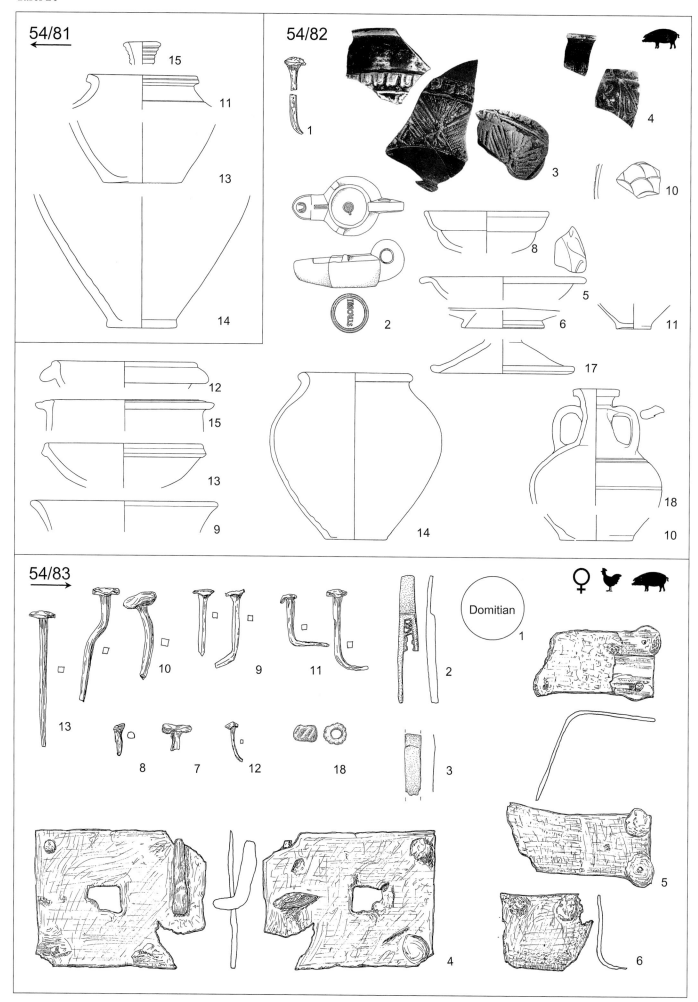

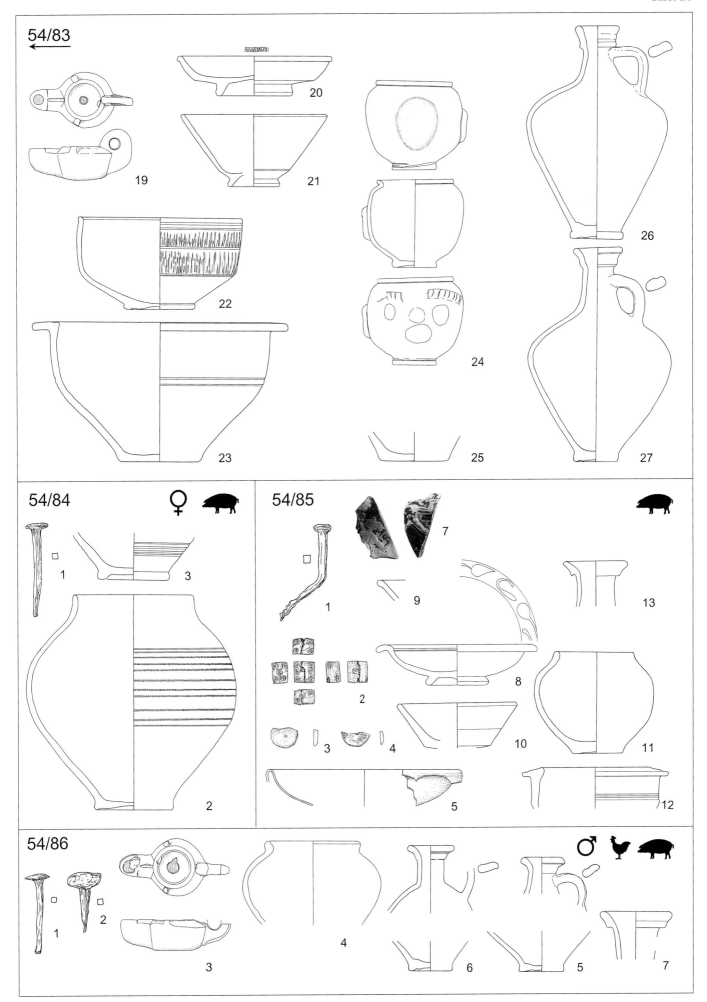
Tafel 21

Tafel 22

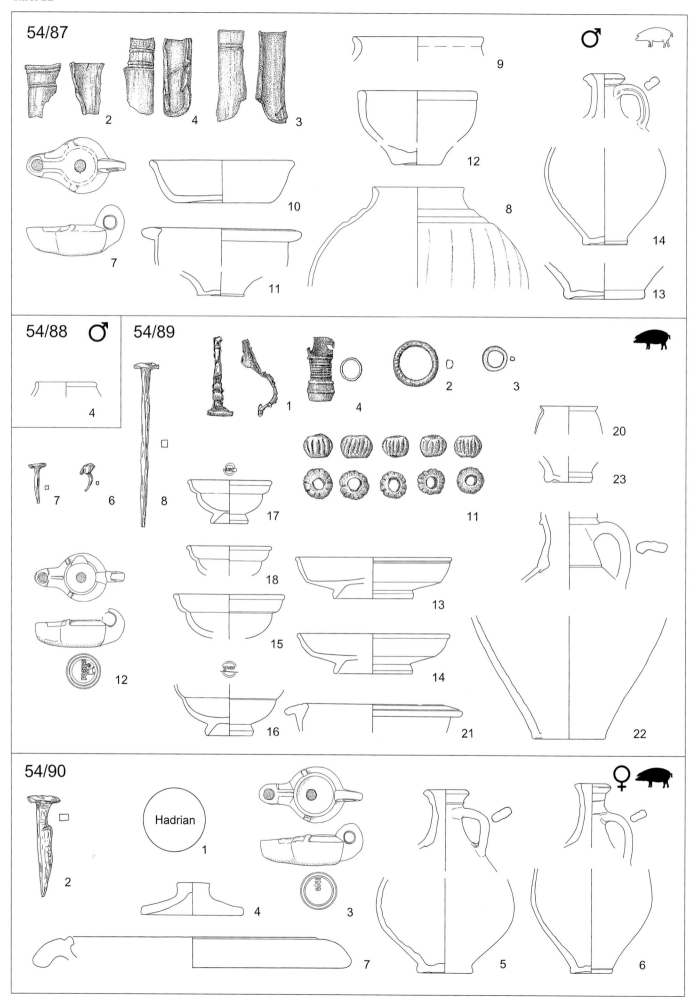

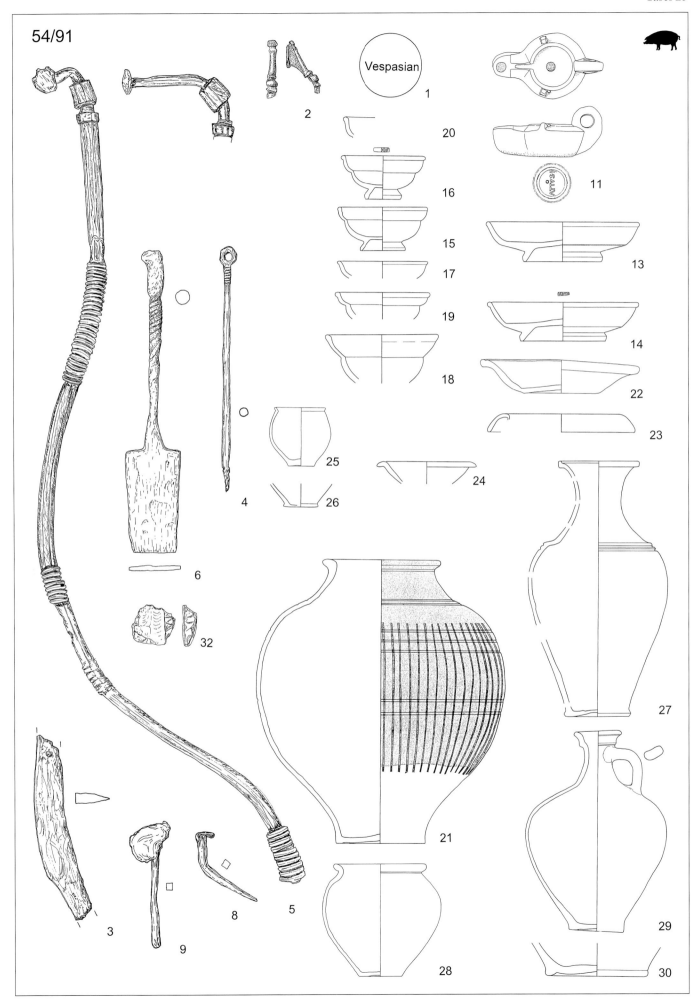

Tafel 23

Tafel 24

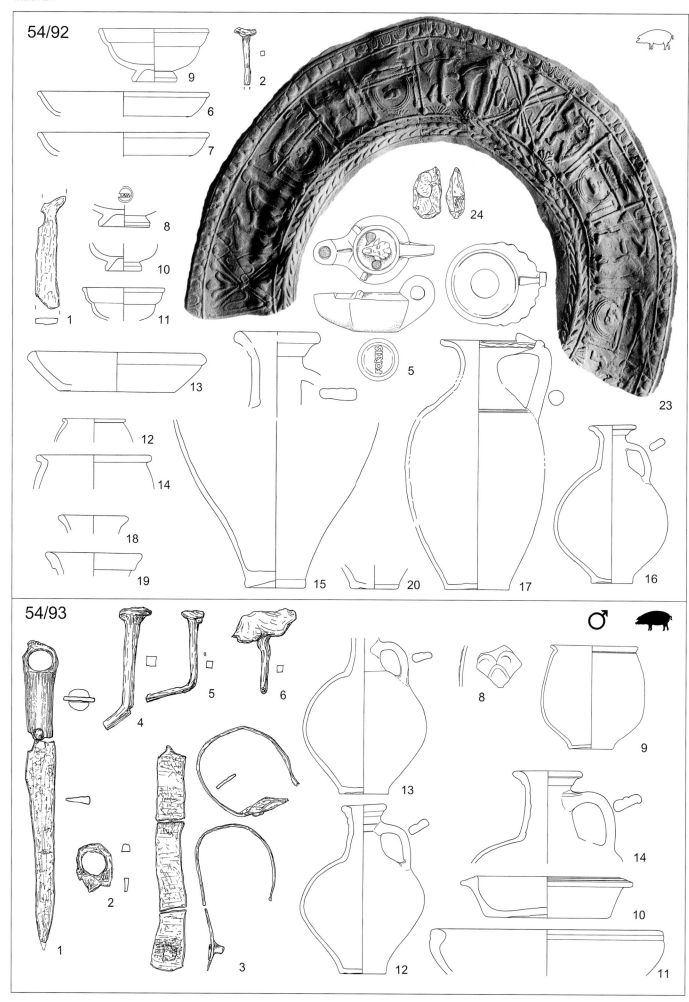

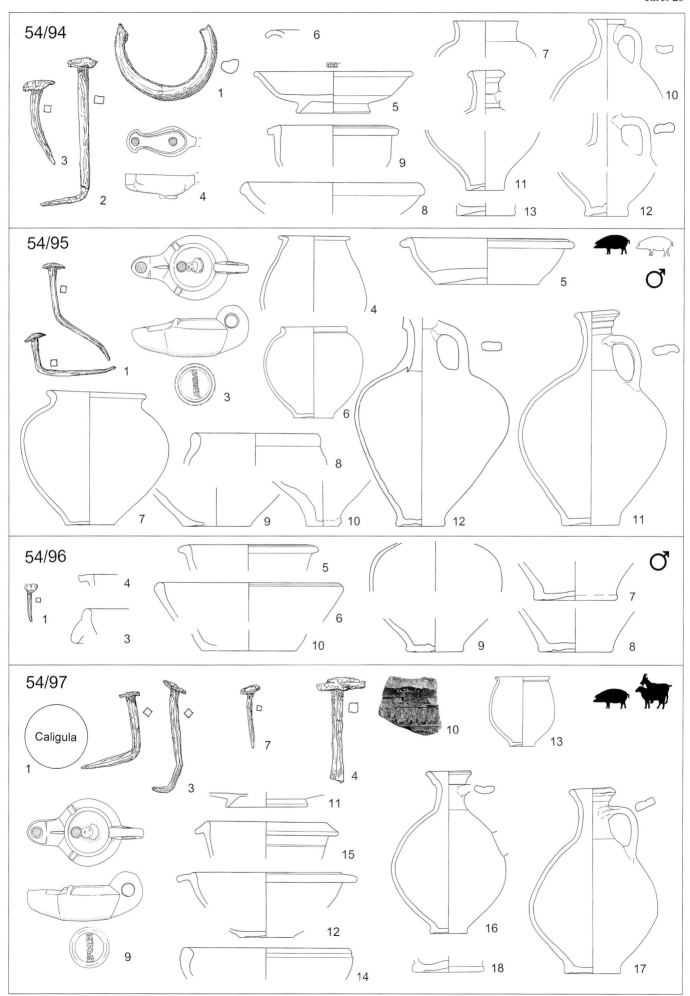

Tafel 25

Tafel 26

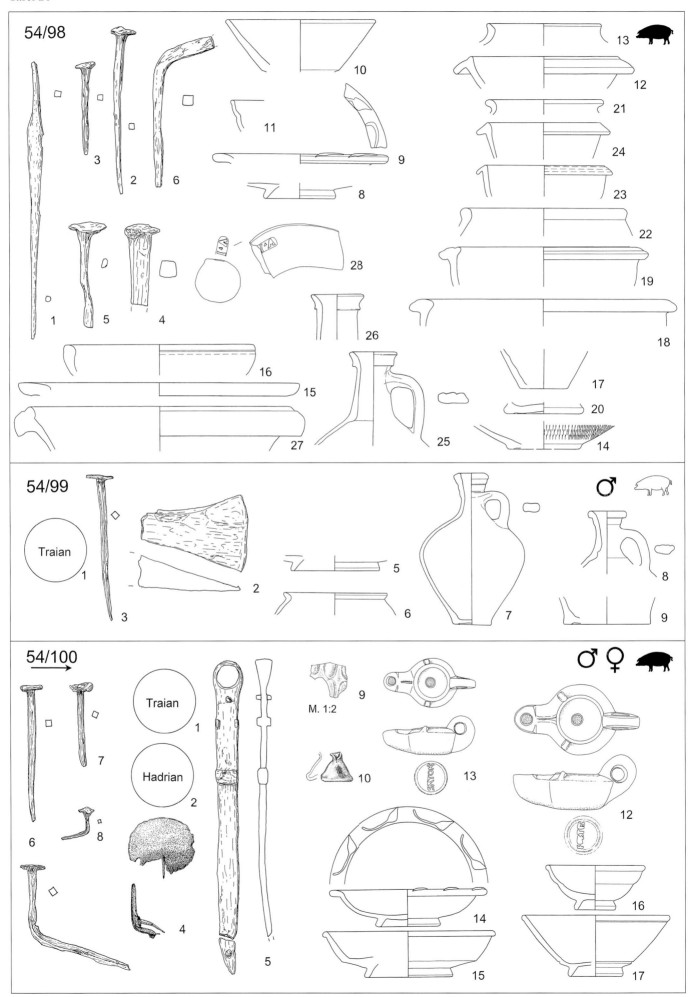

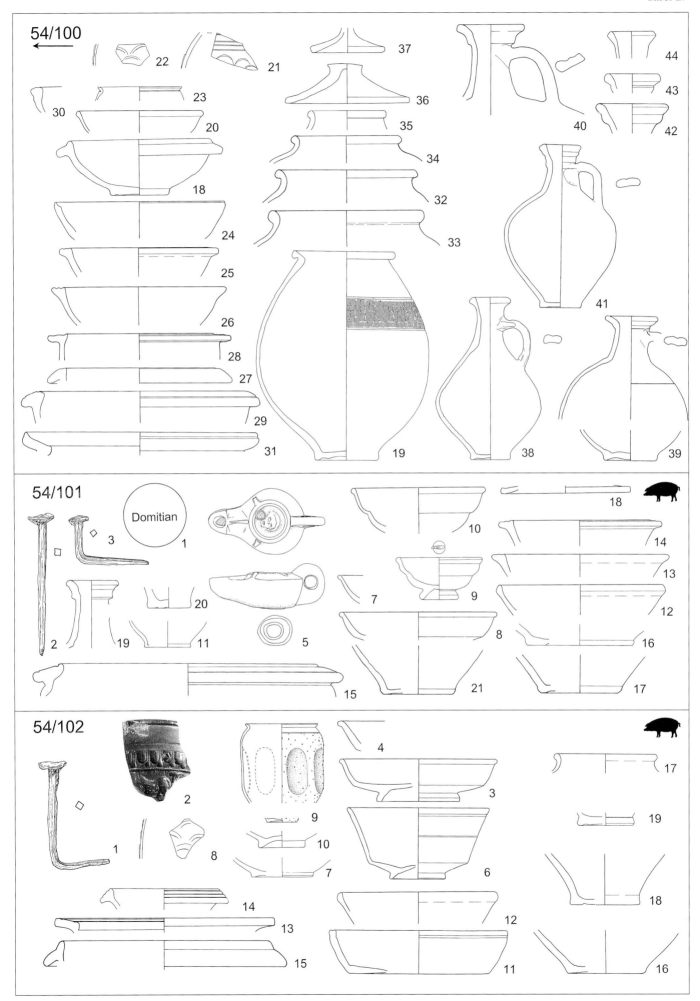

Tafel 27

Tafel 28

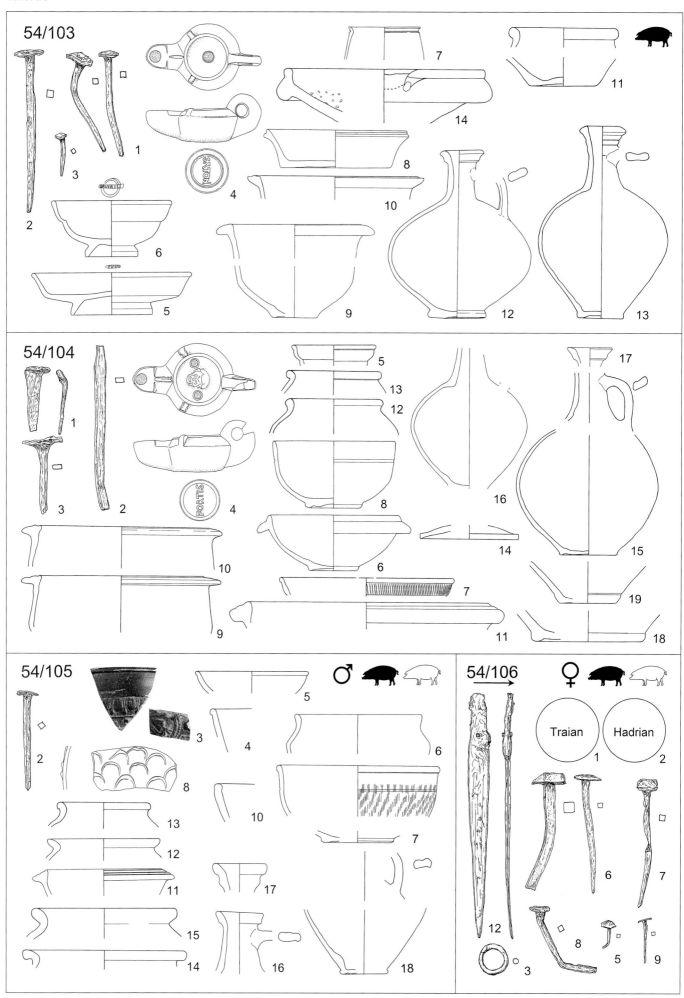

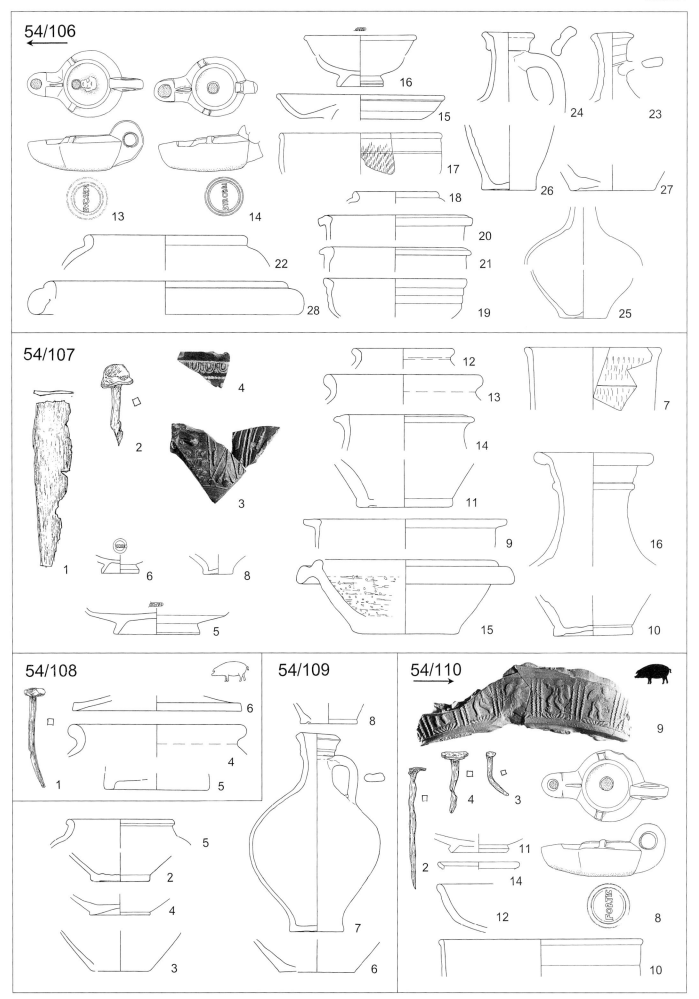

Tafel 29

Tafel 30

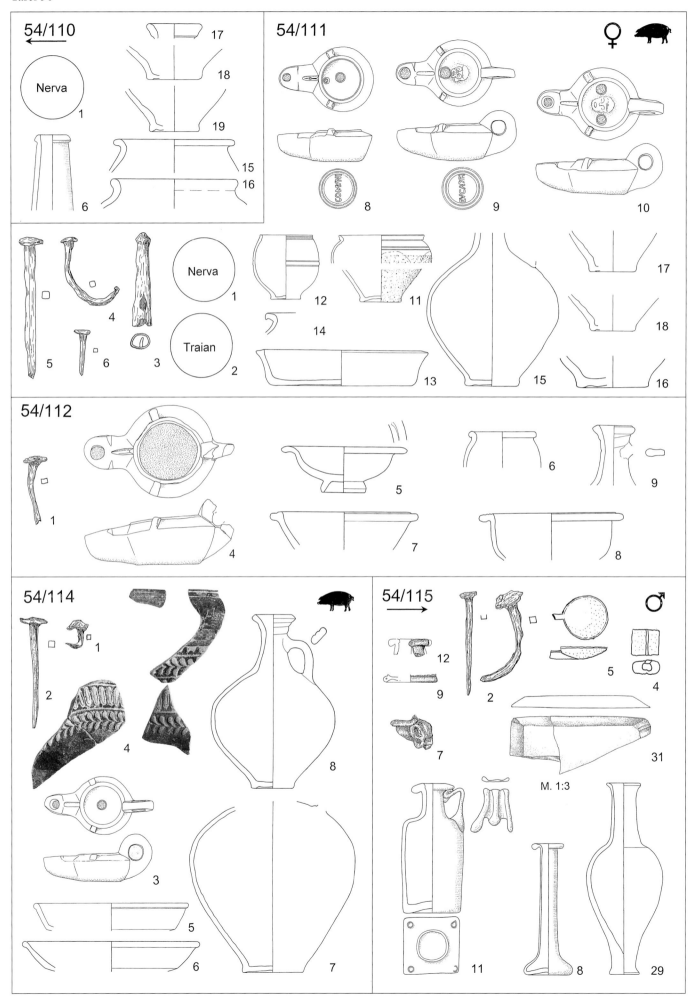

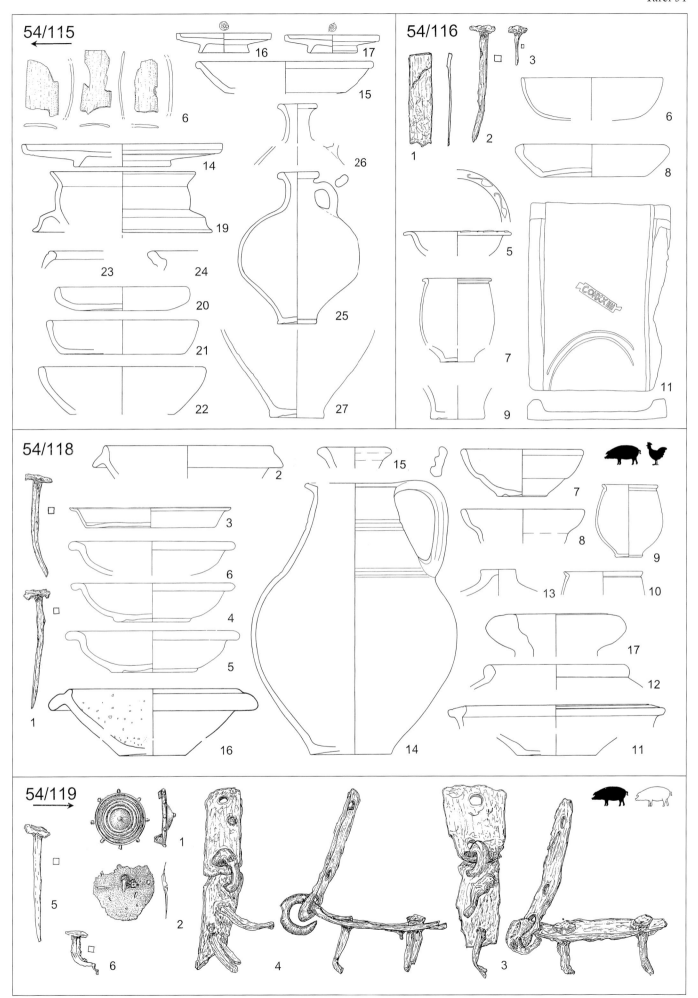

Tafel 31

Tafel 32

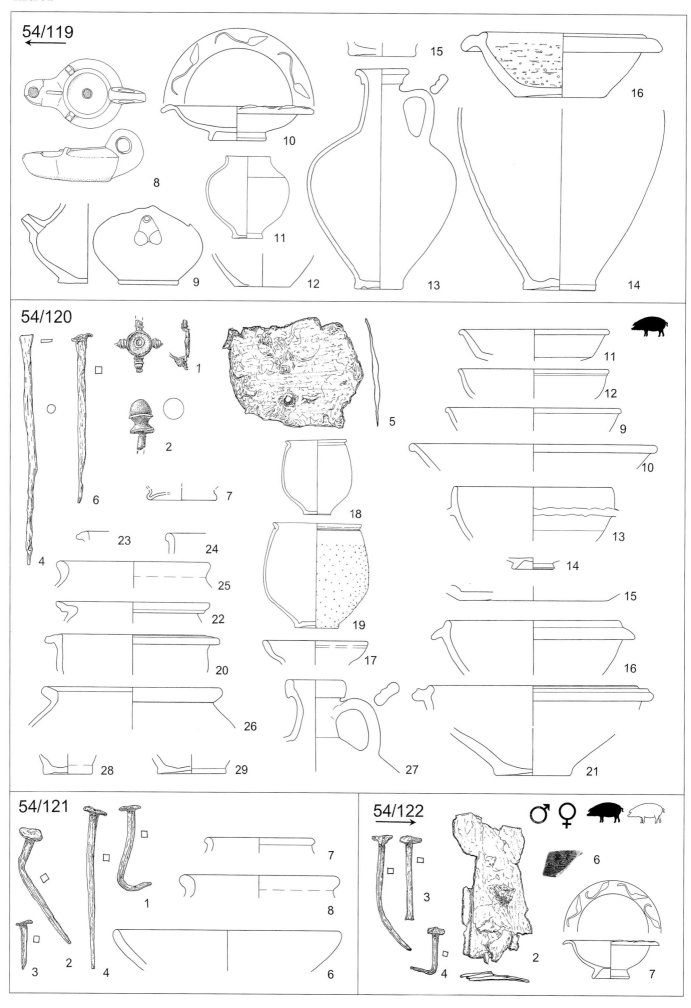

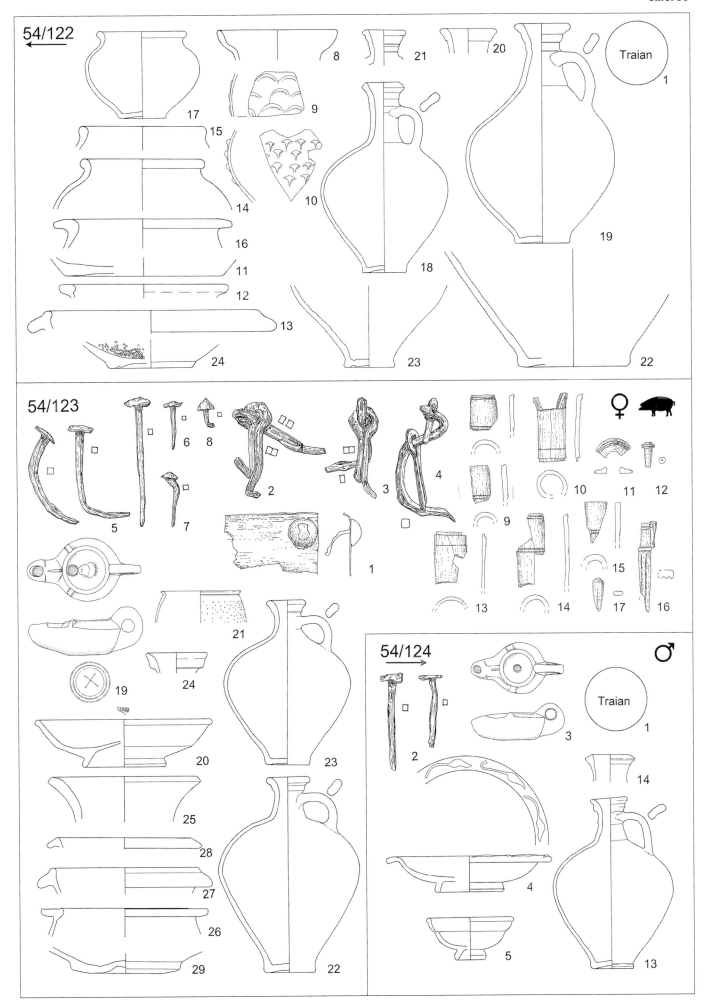

Tafel 33

Tafel 34

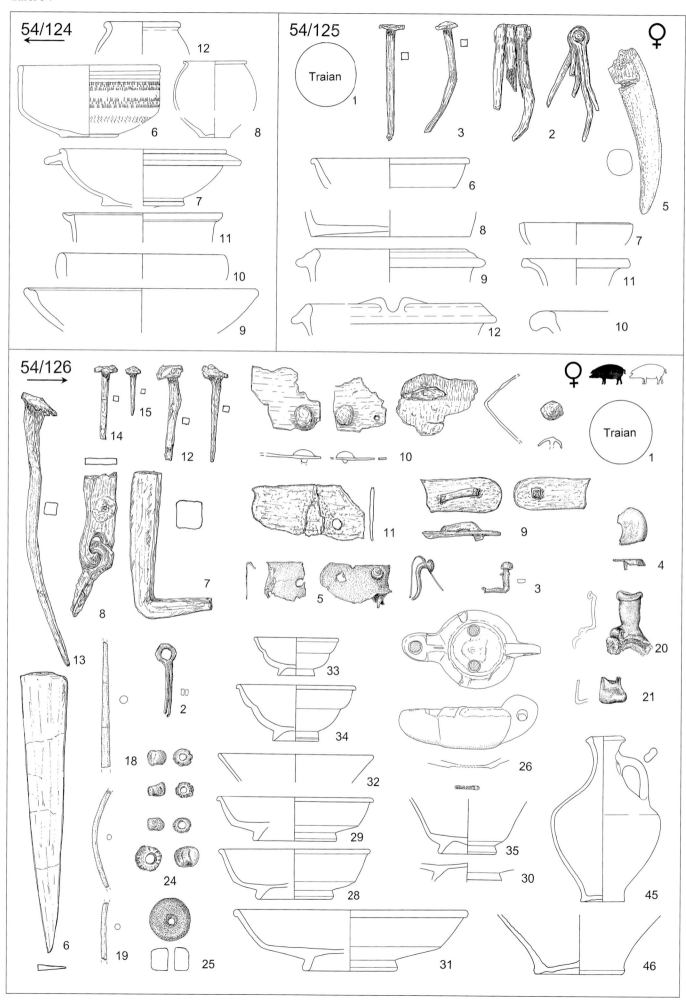

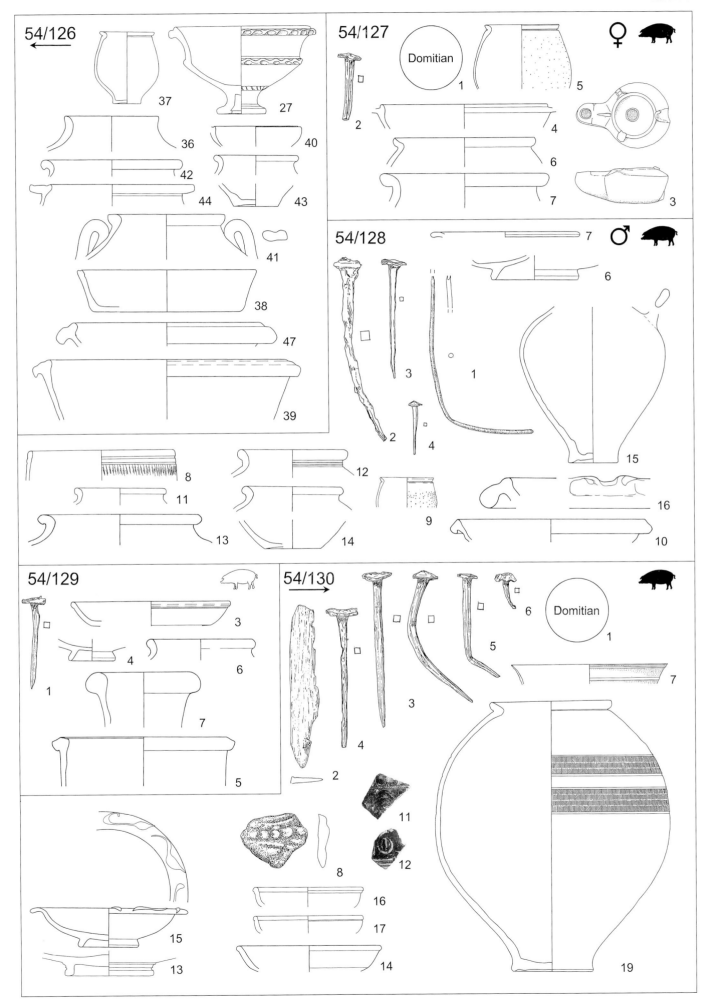

Tafel 35

Tafel 36

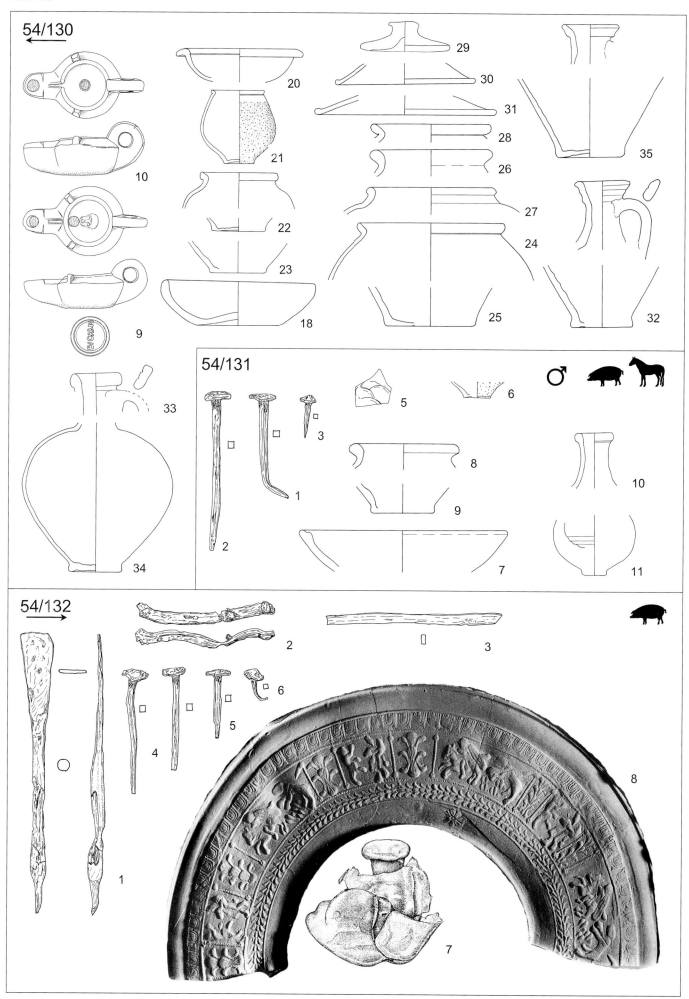

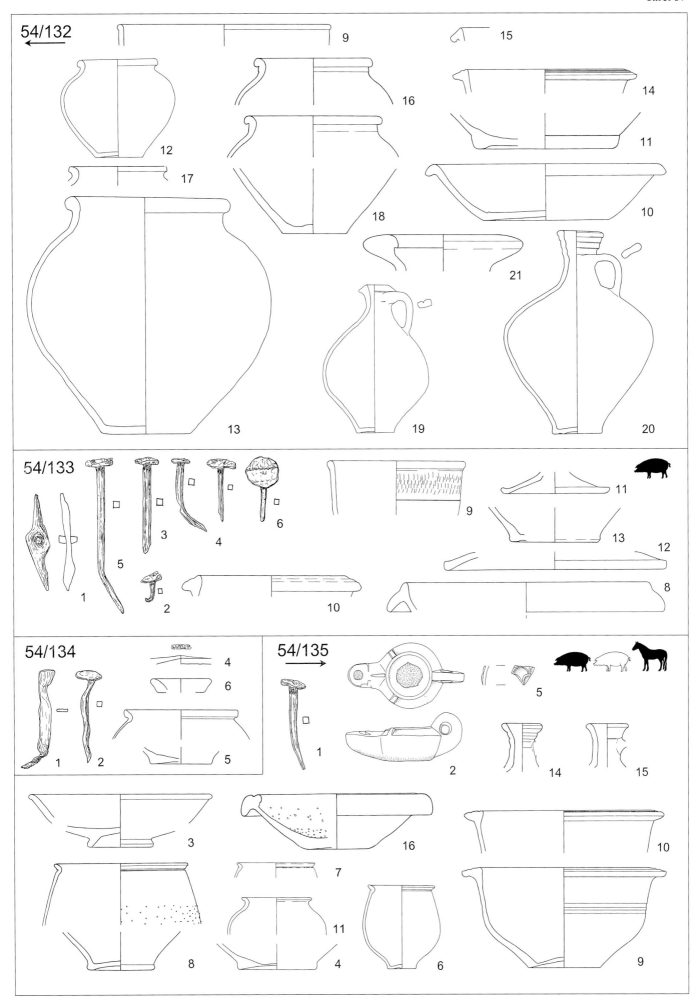
Tafel 37

Tafel 38

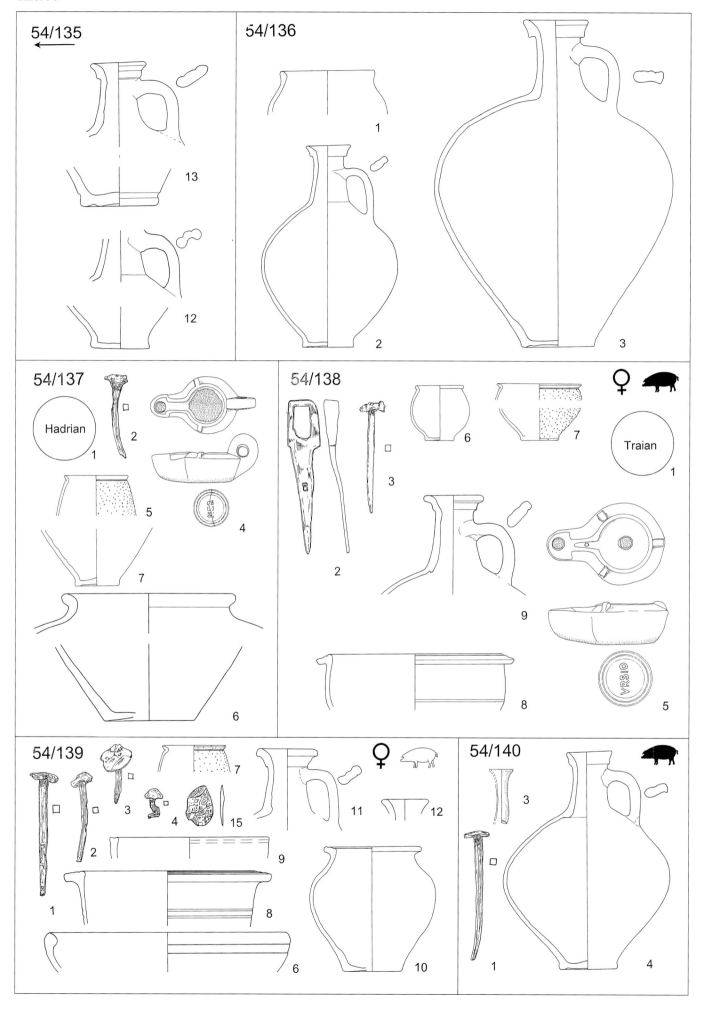

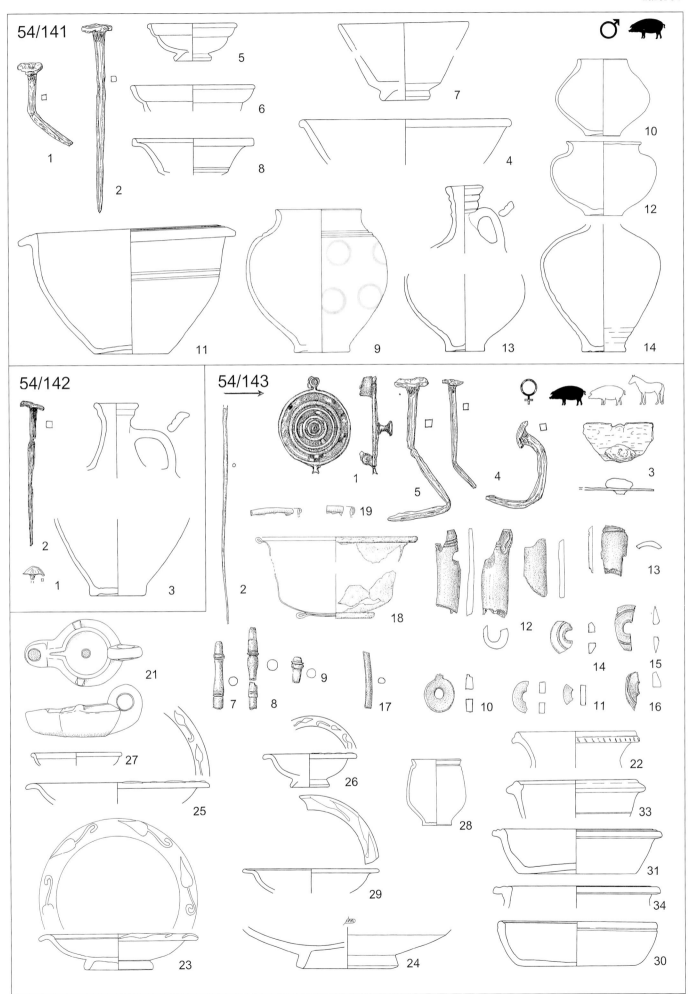

Tafel 39

Tafel 40

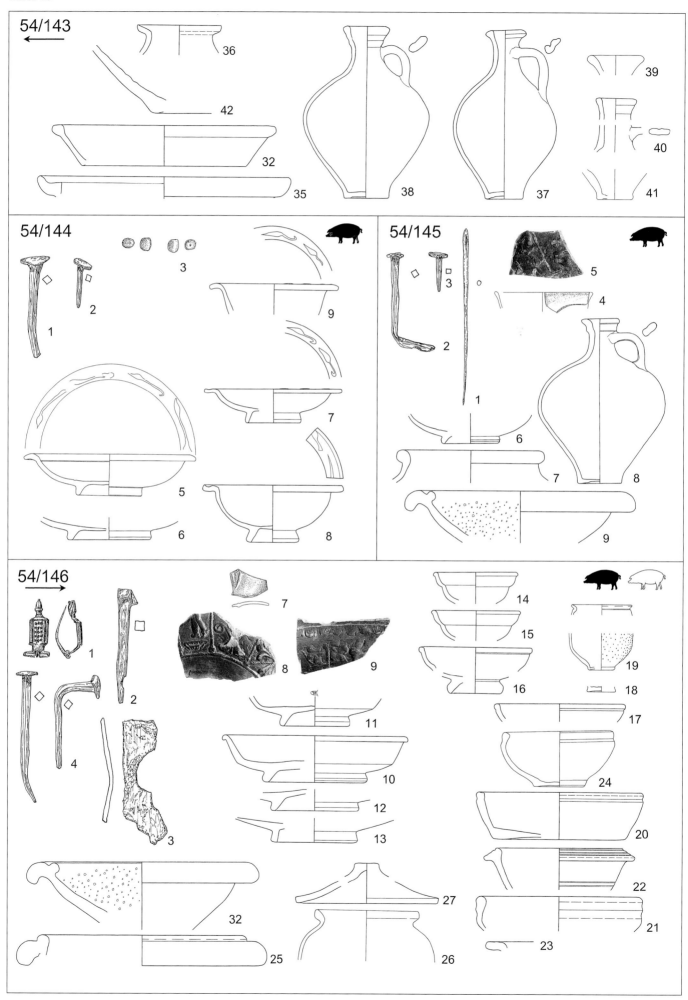

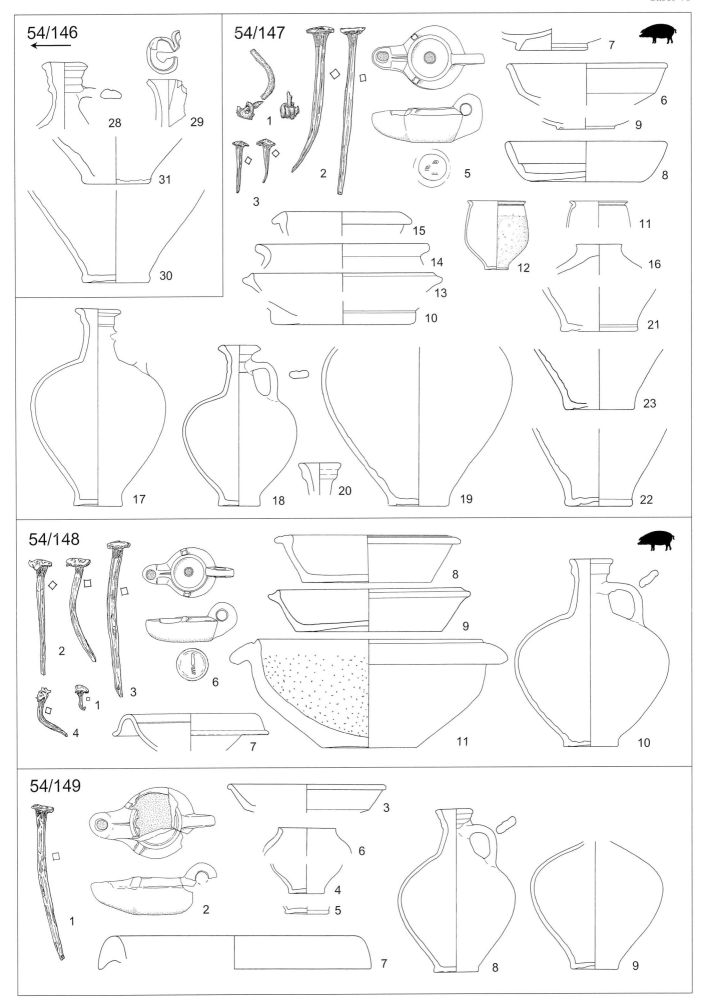

Tafel 41

Tafel 42

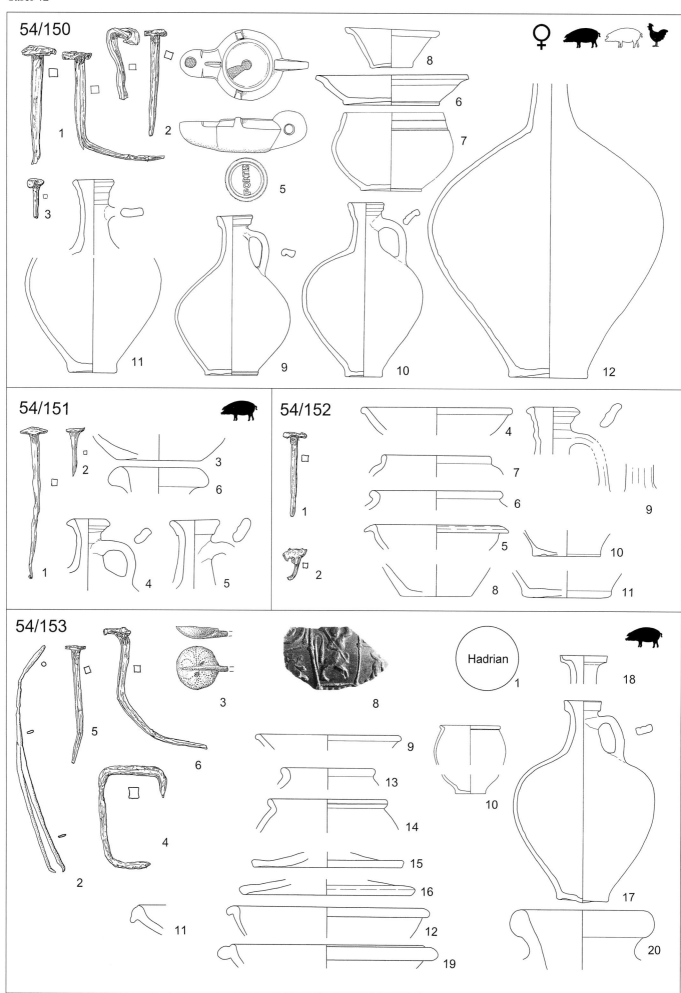

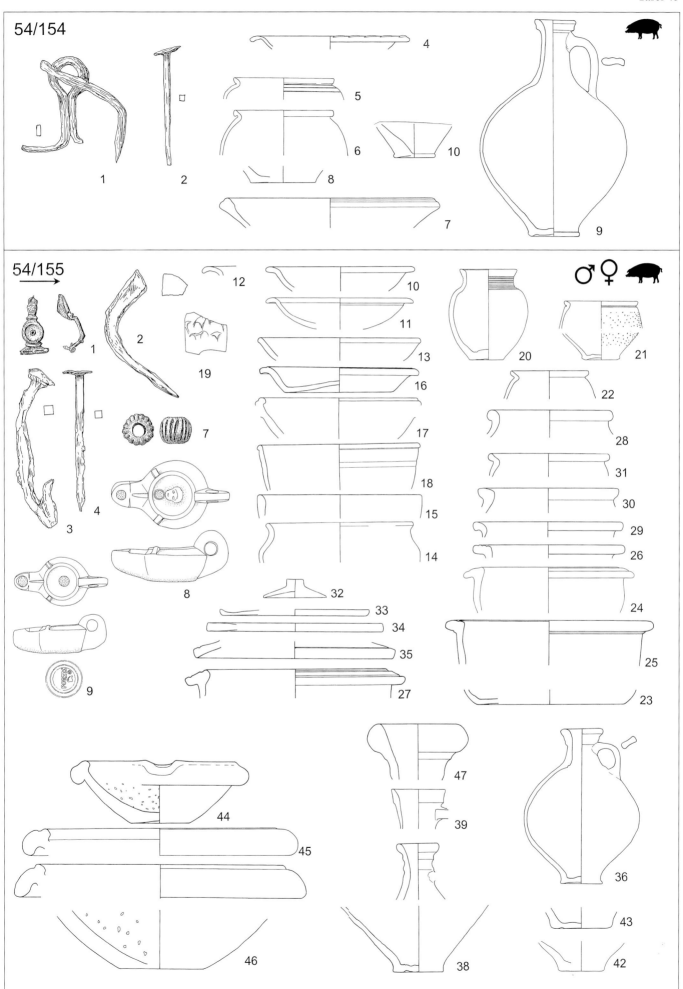

Tafel 43

Tafel 44

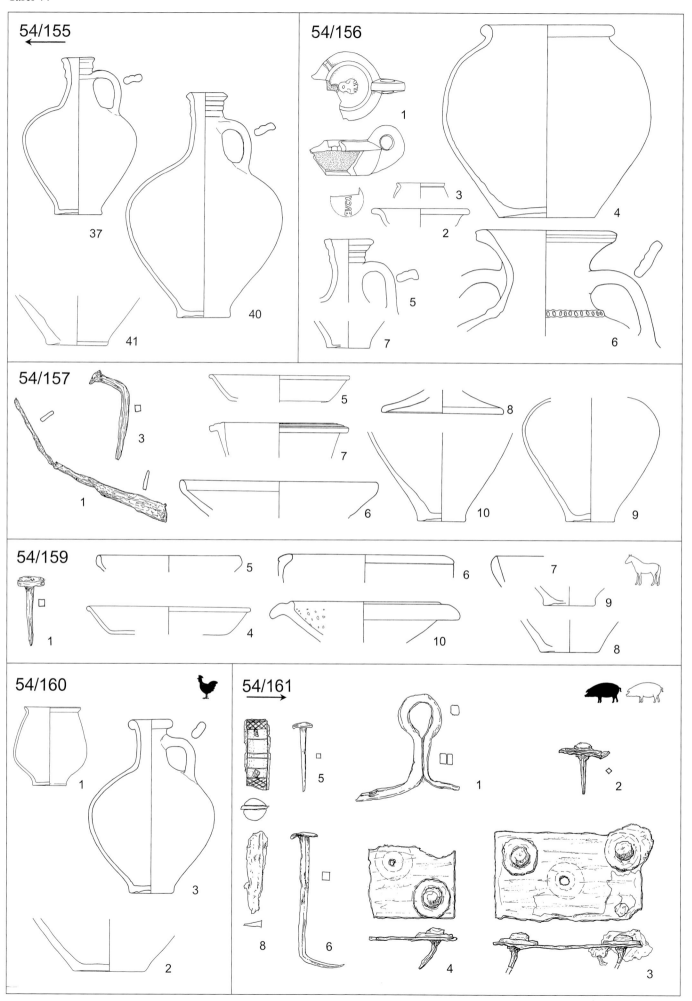

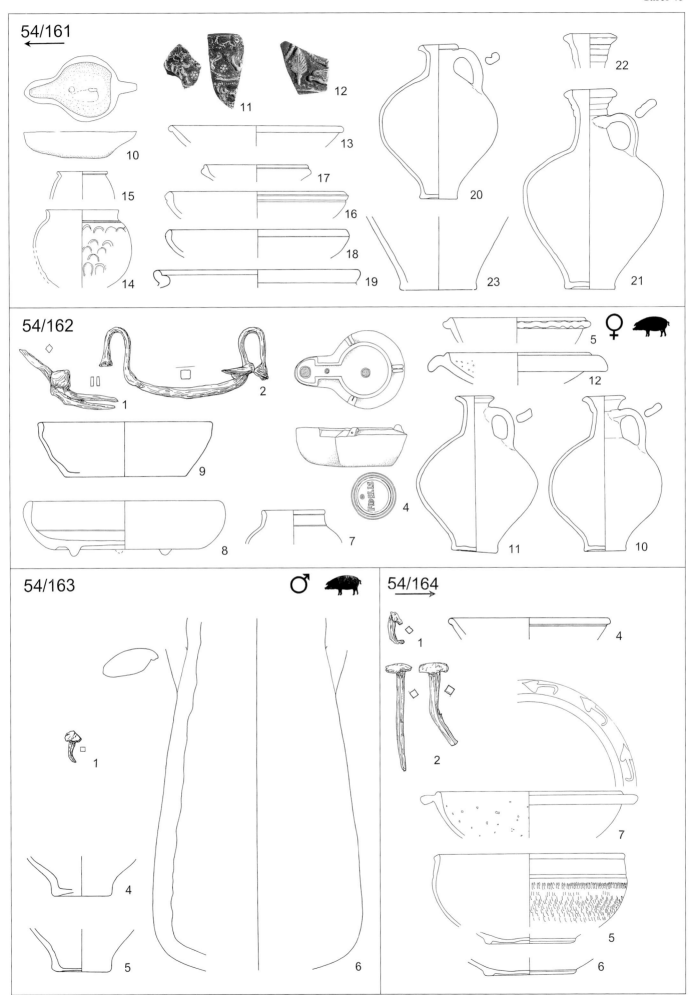

Tafel 45

Tafel 46

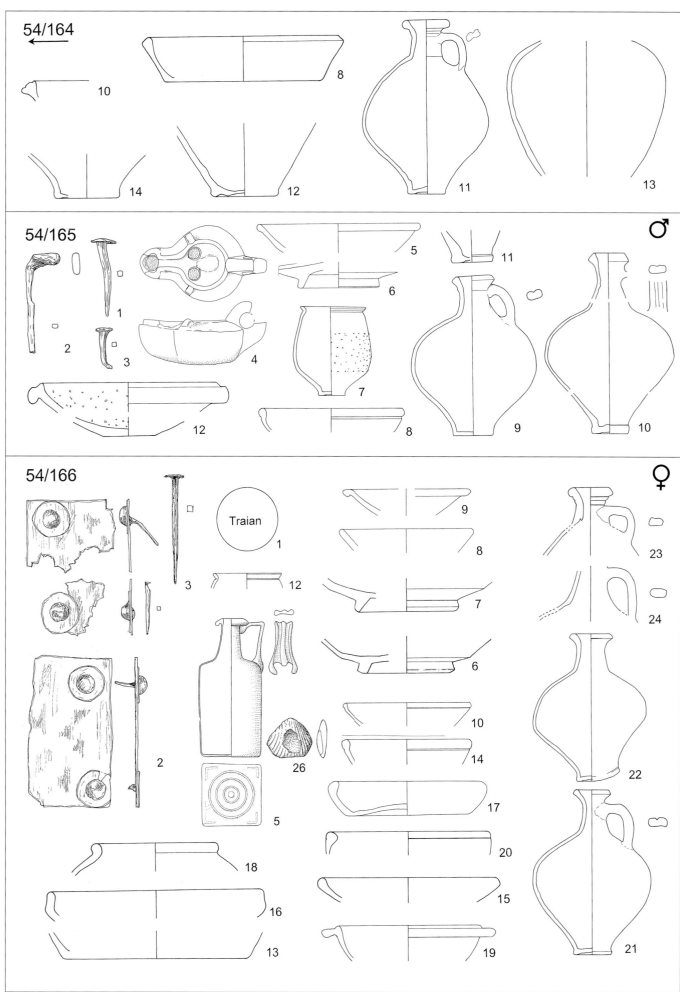

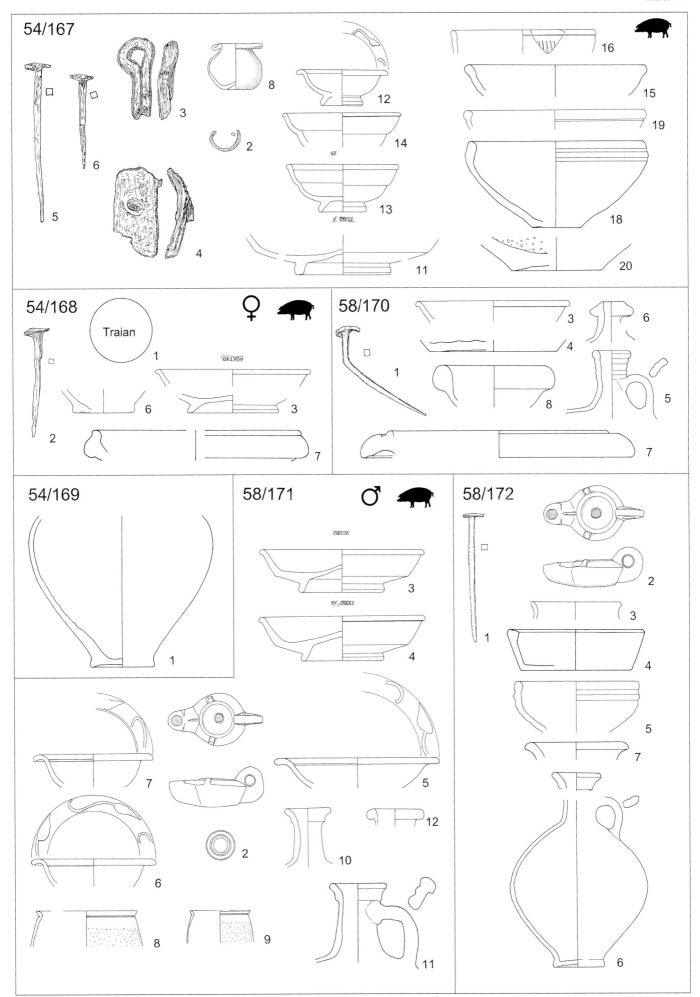

Tafel 48

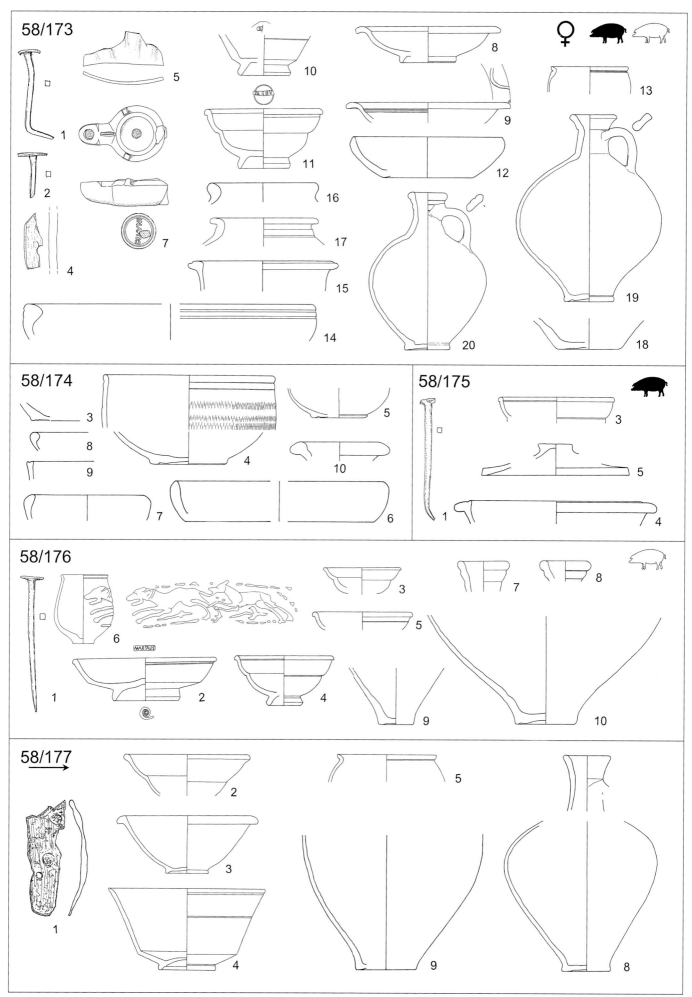

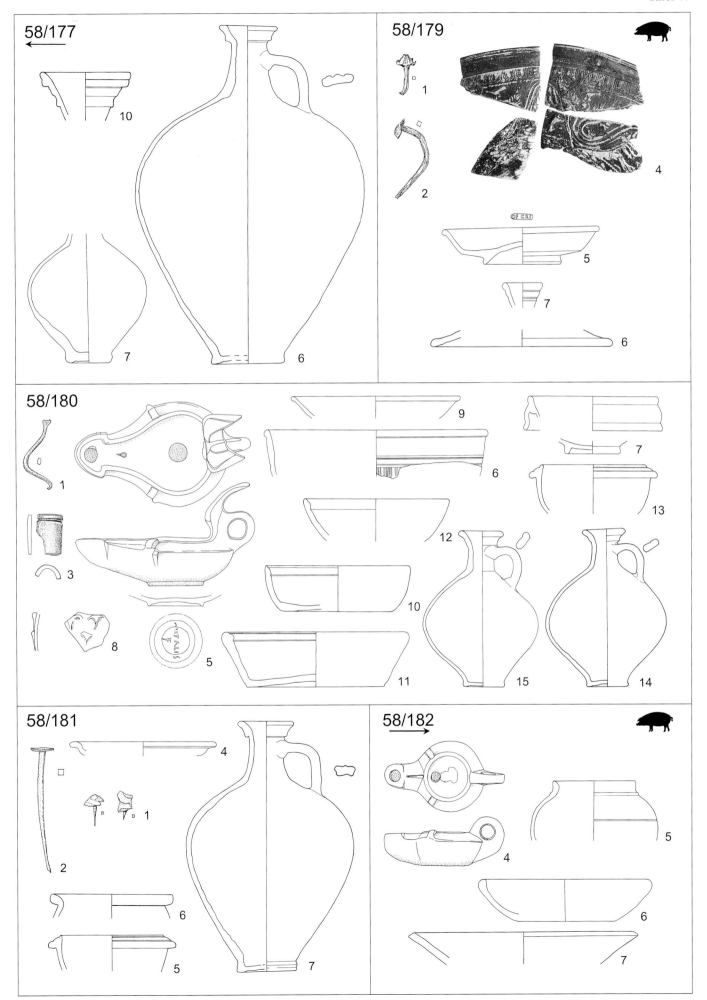

Tafel 49

Tafel 50

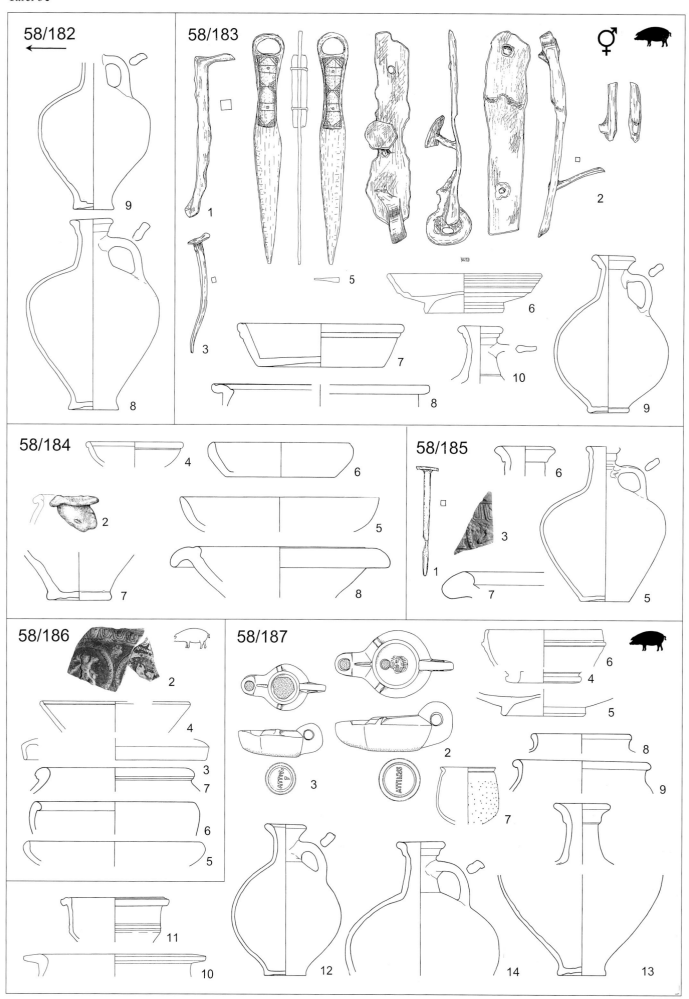

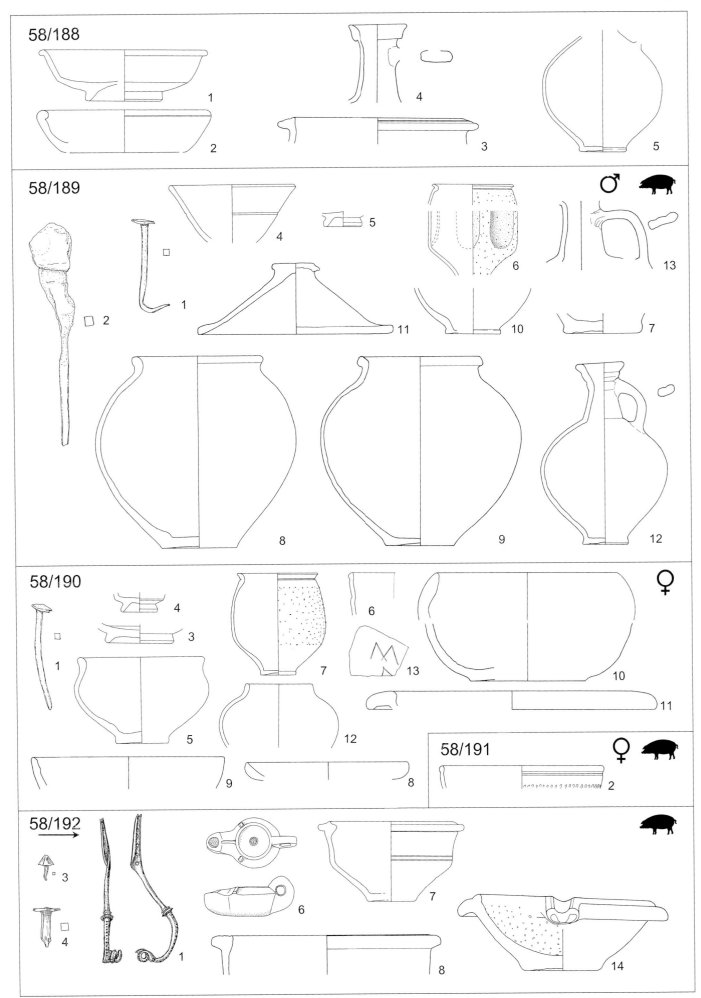

Tafel 52

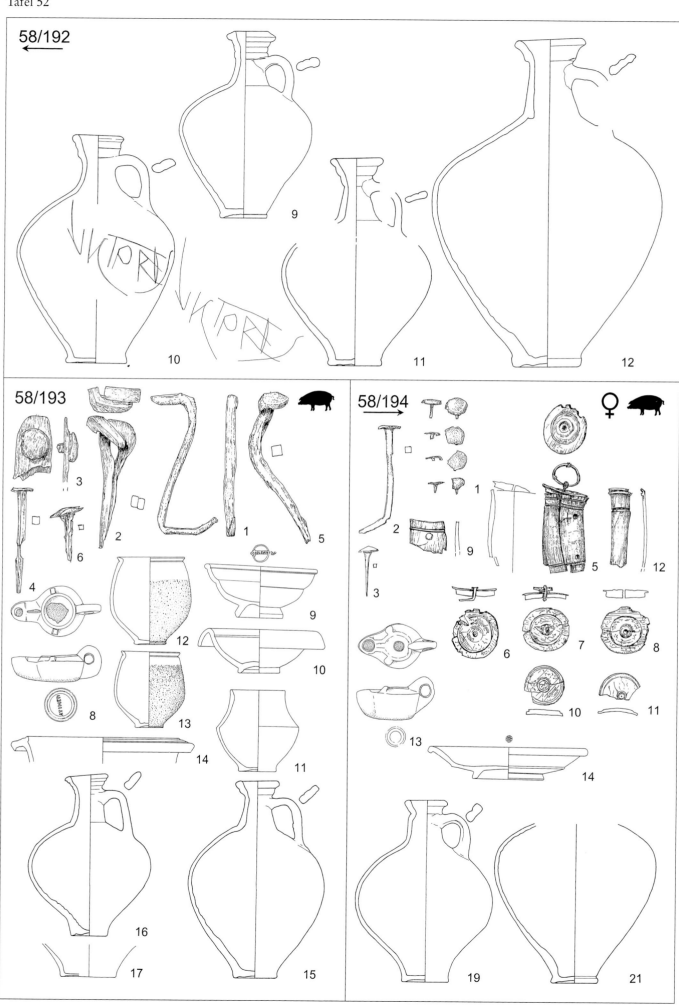

Tafel 53

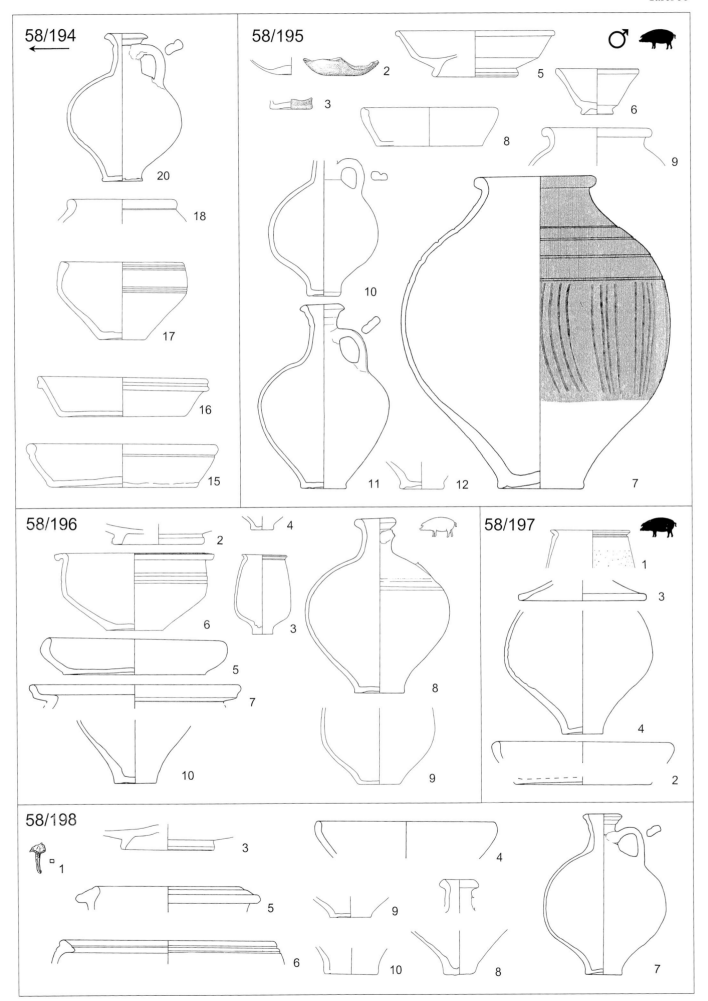

Tafel 54

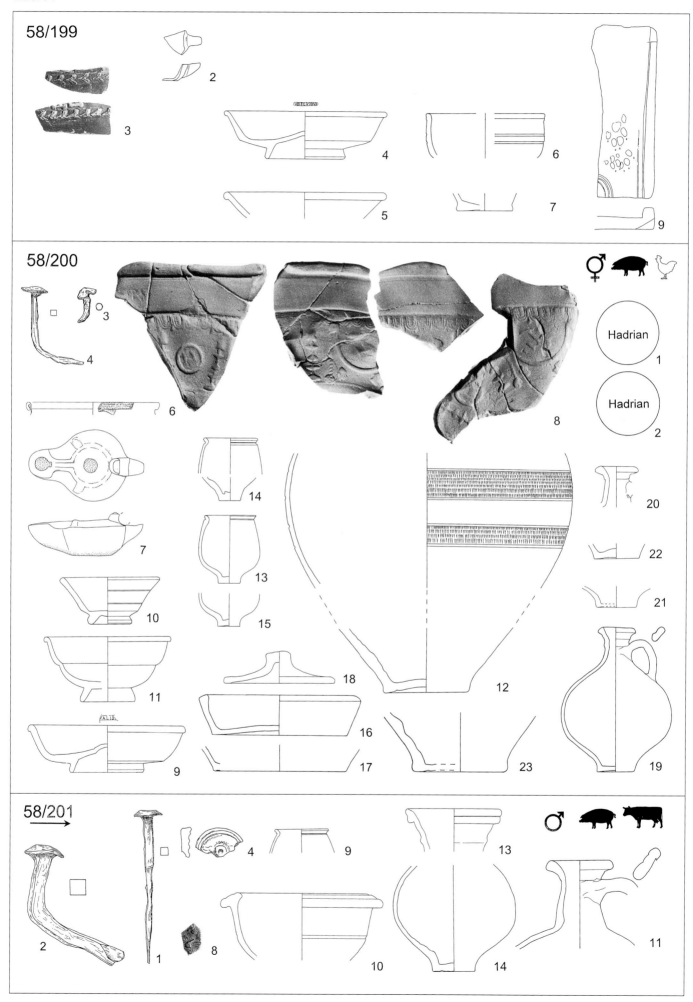

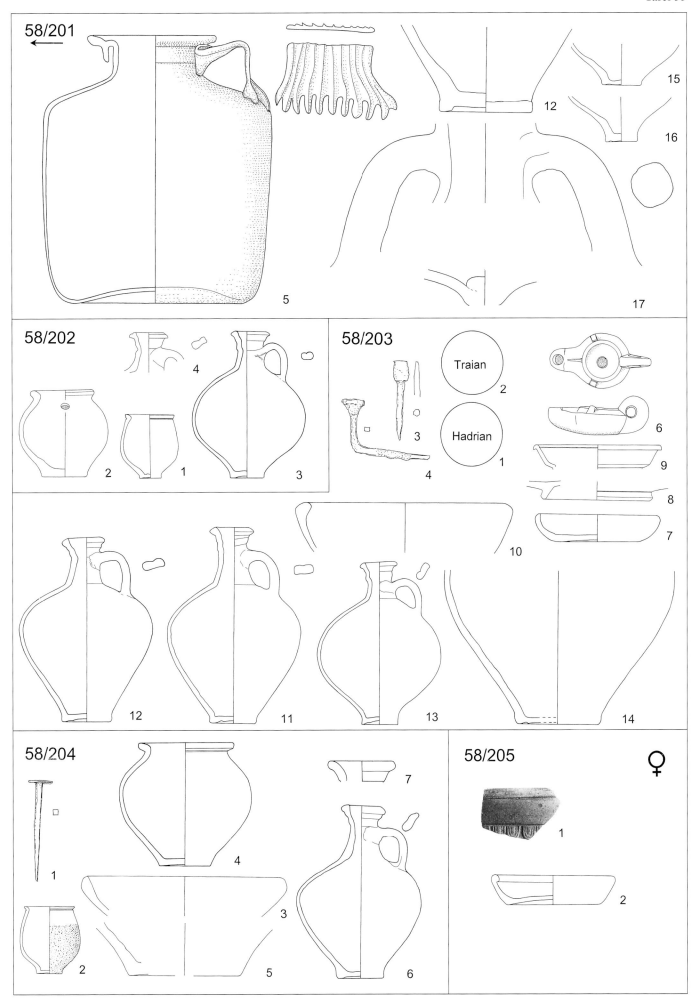
Tafel 55

Tafel 56

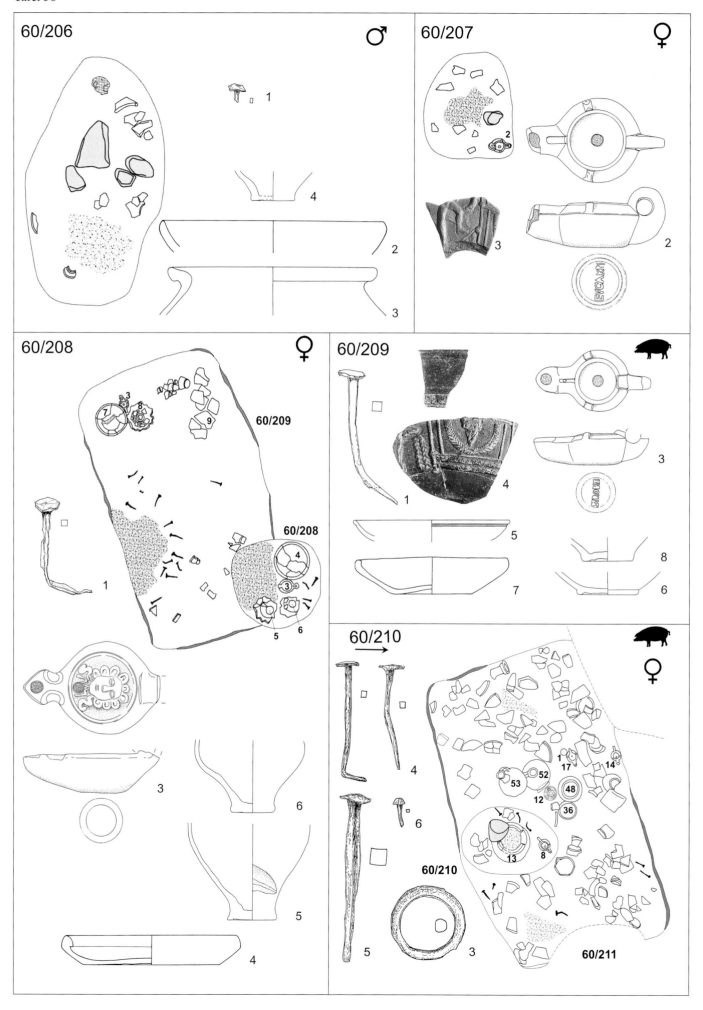

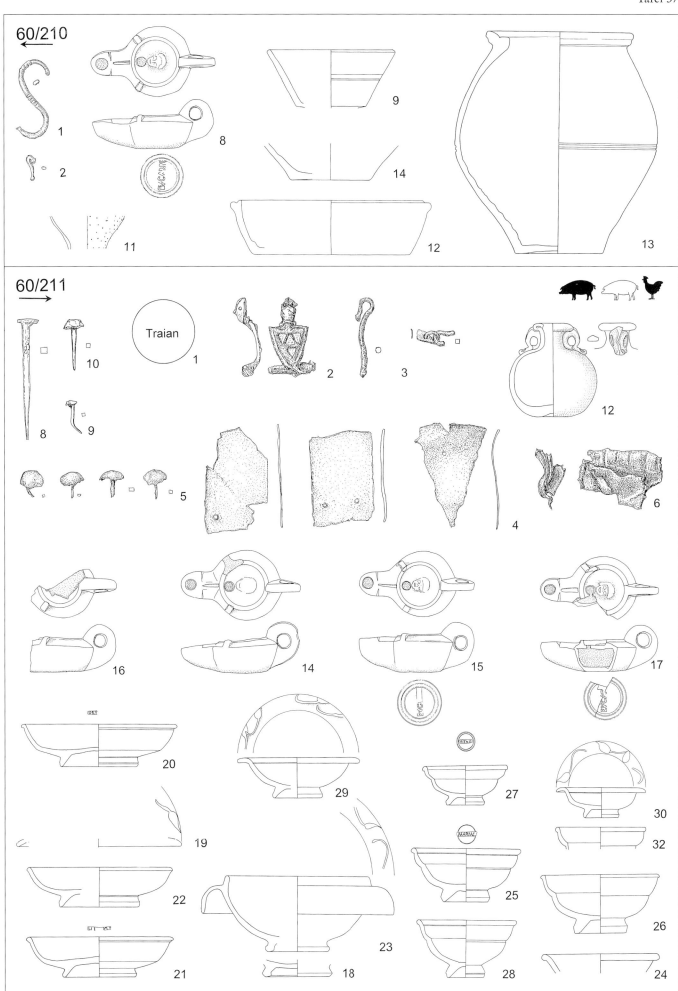

Tafel 57

Tafel 58

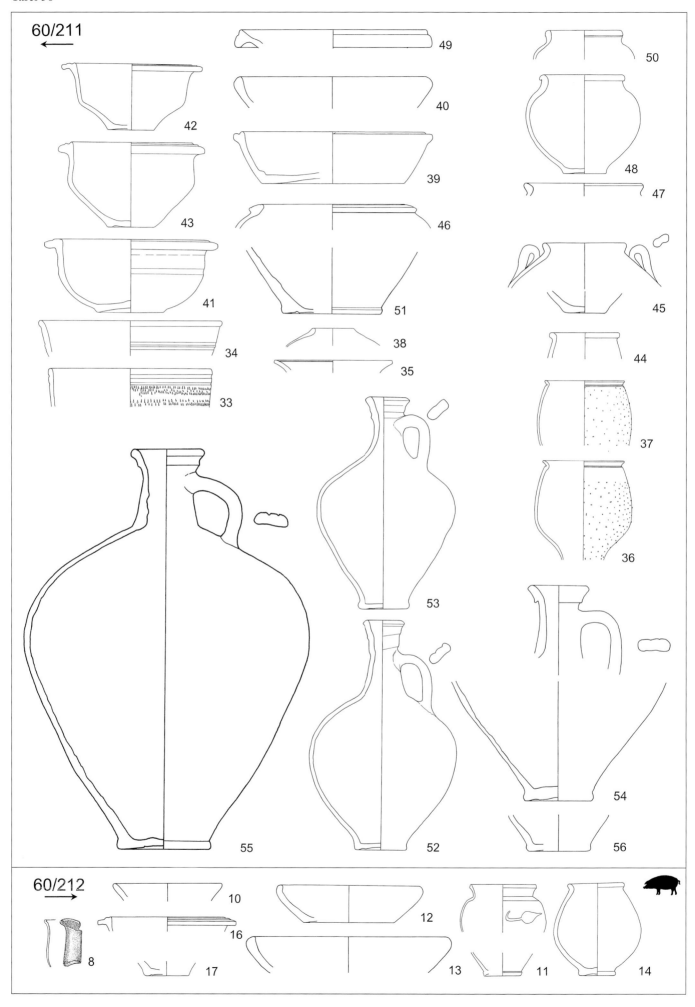

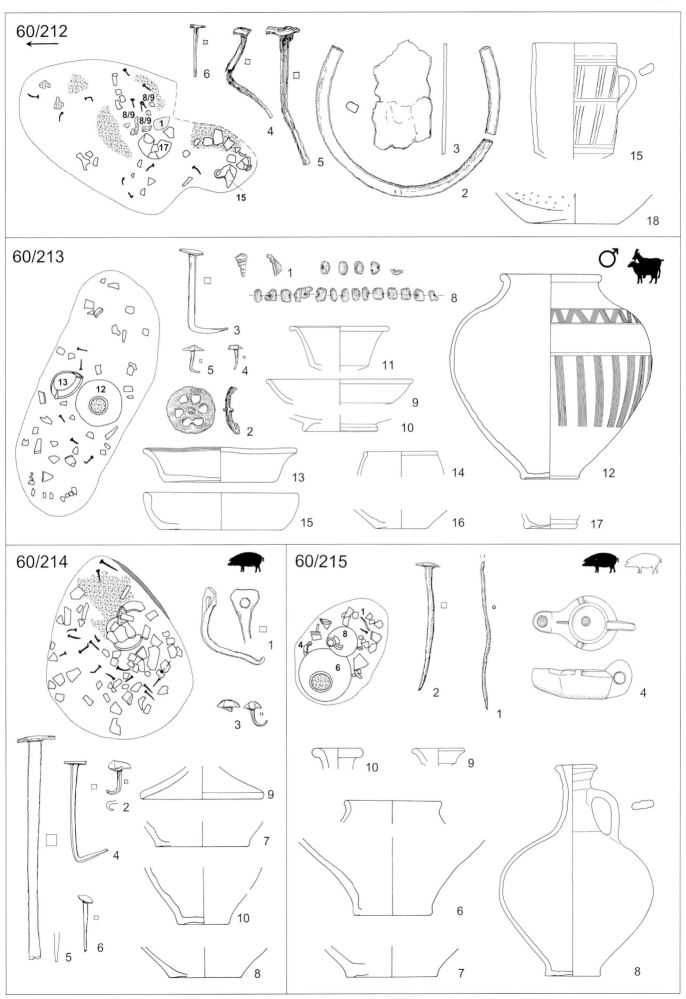

Tafel 59

Tafel 60

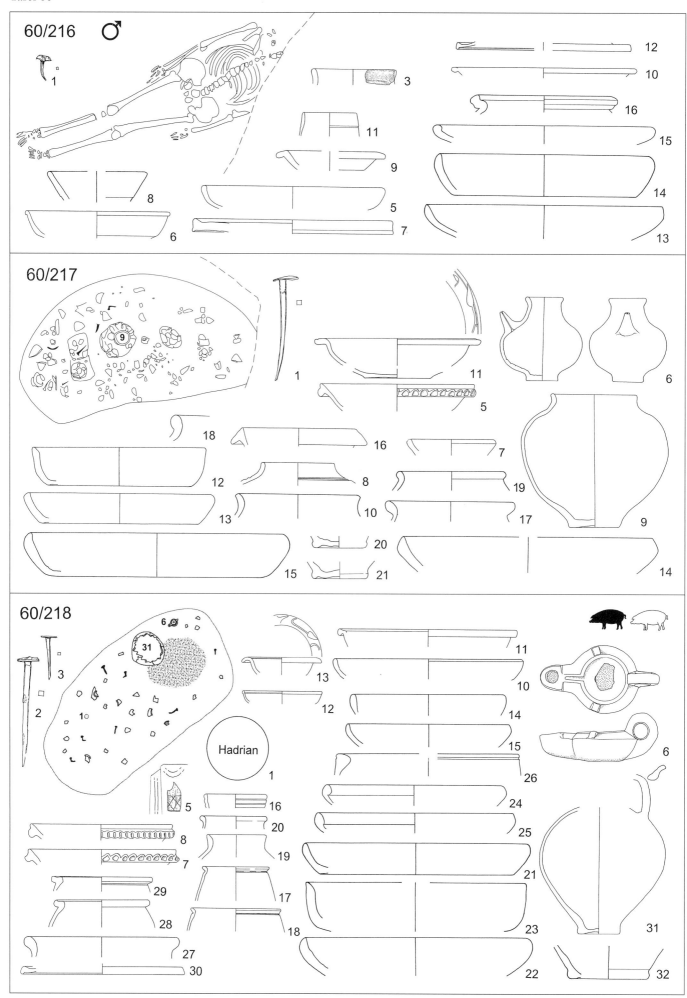

Tafel 61

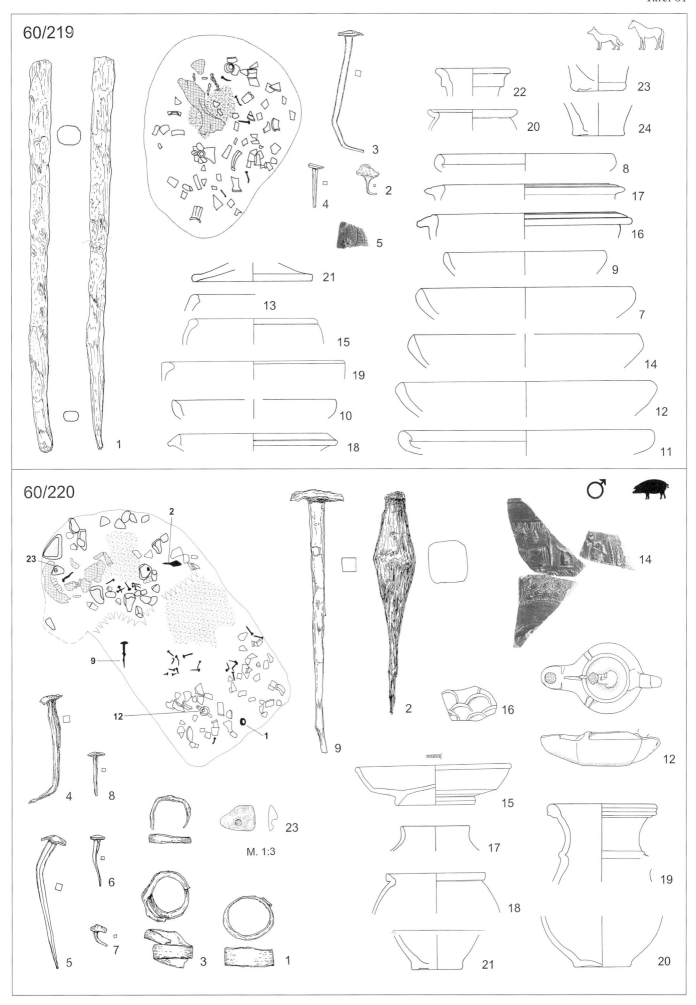

Tafel 62

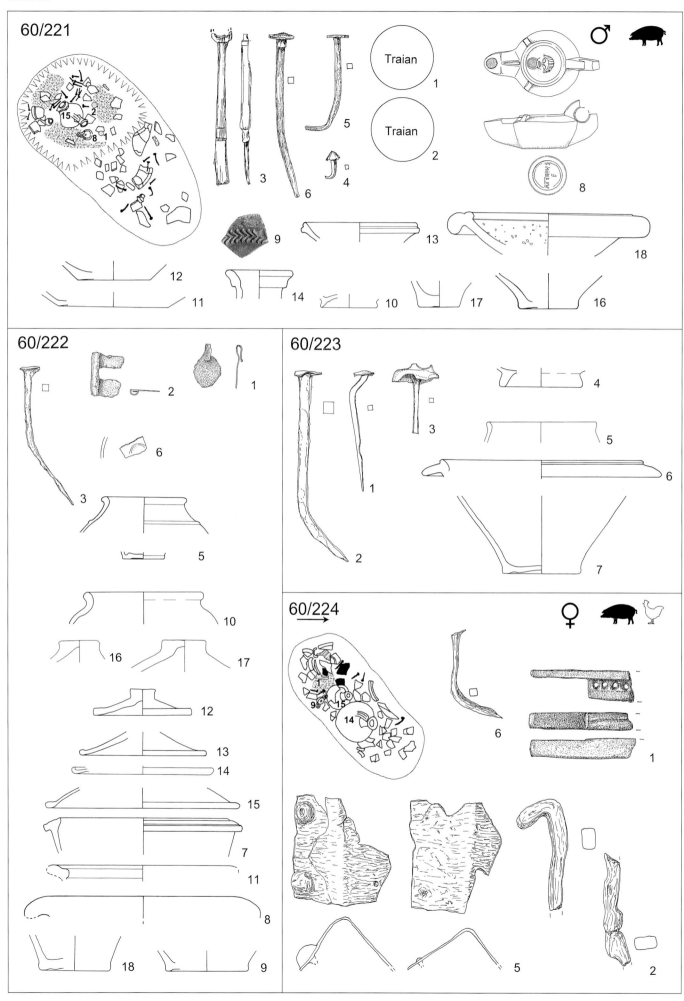

Tafel 63

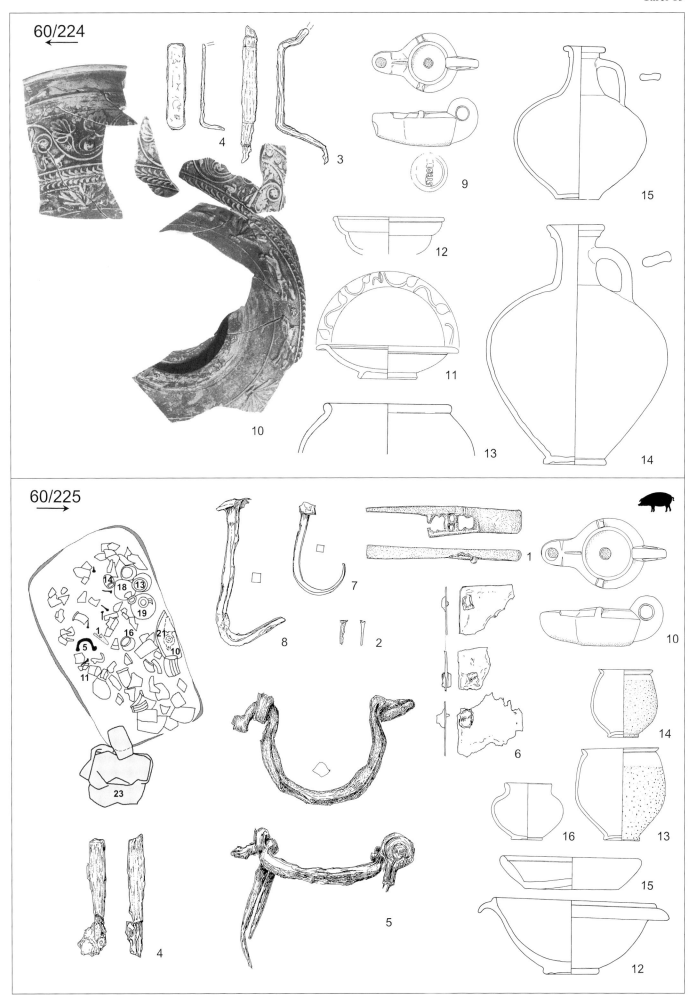

Tafel 64

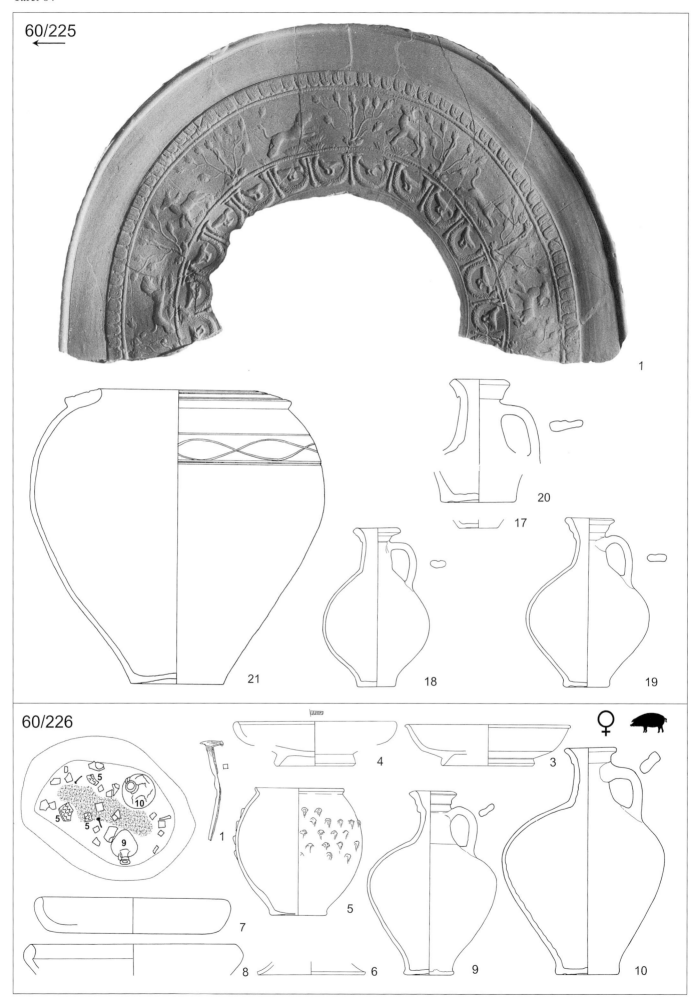

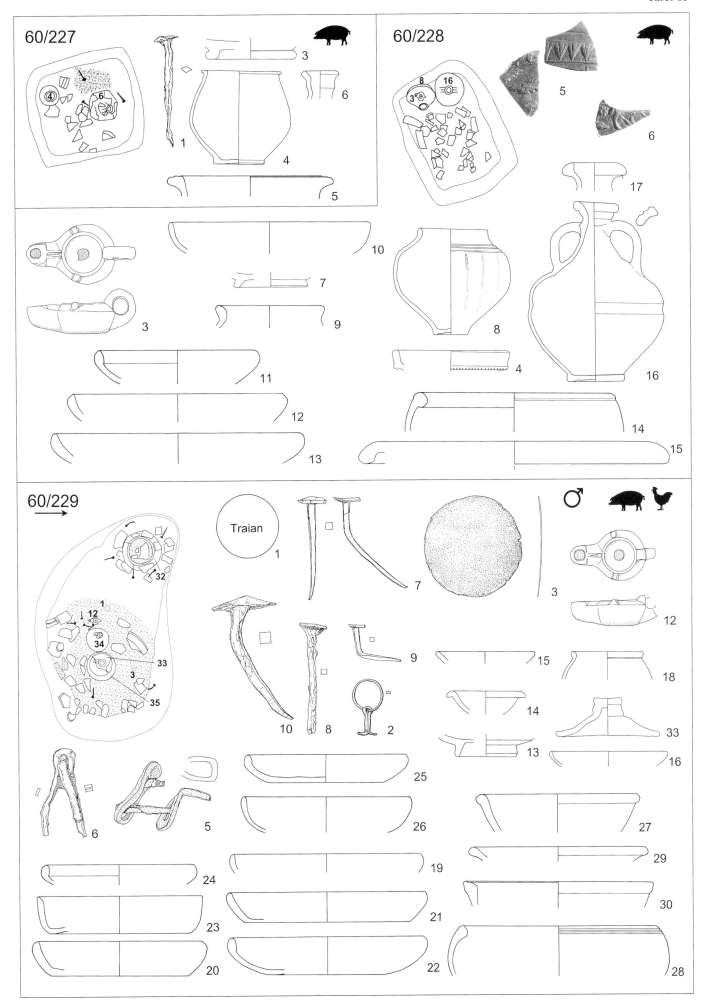

Tafel 65

Tafel 66

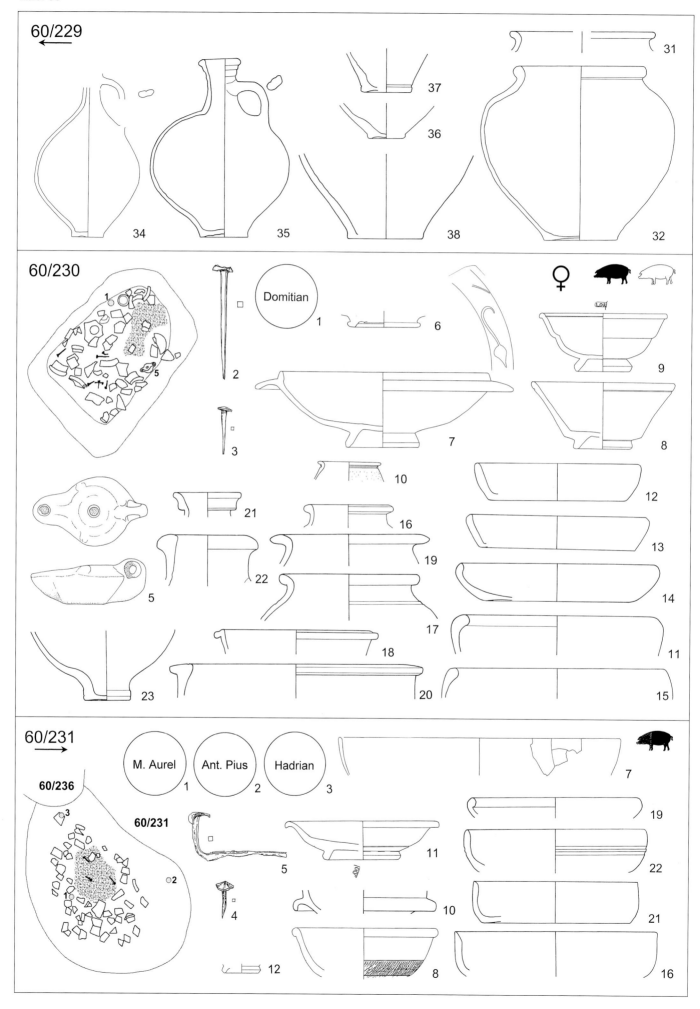

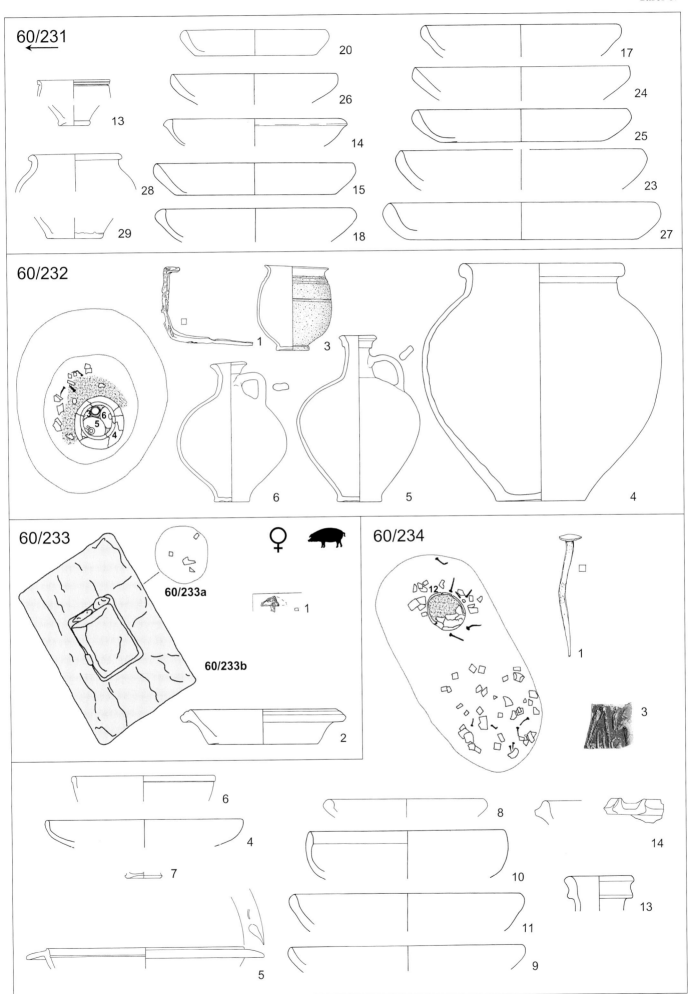

Tafel 67

Tafel 68

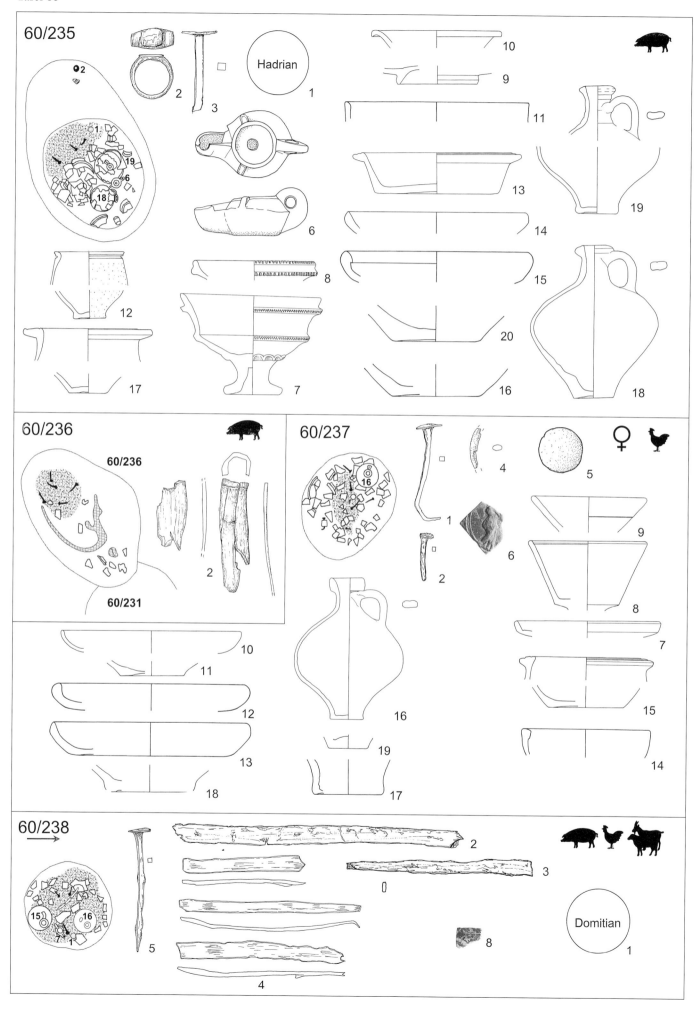

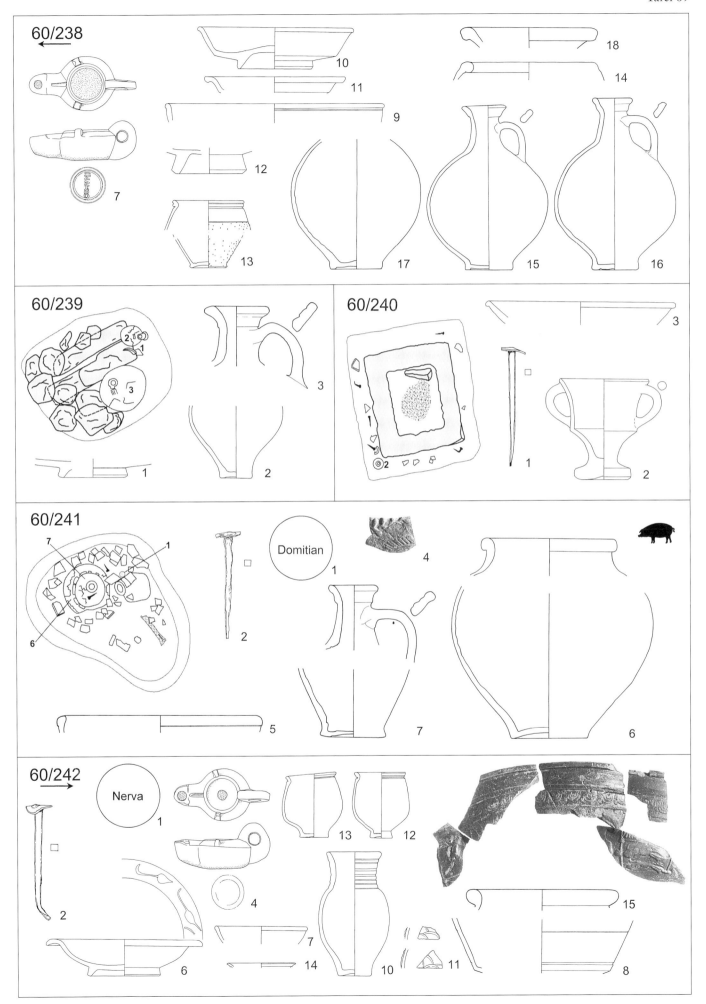

Tafel 70

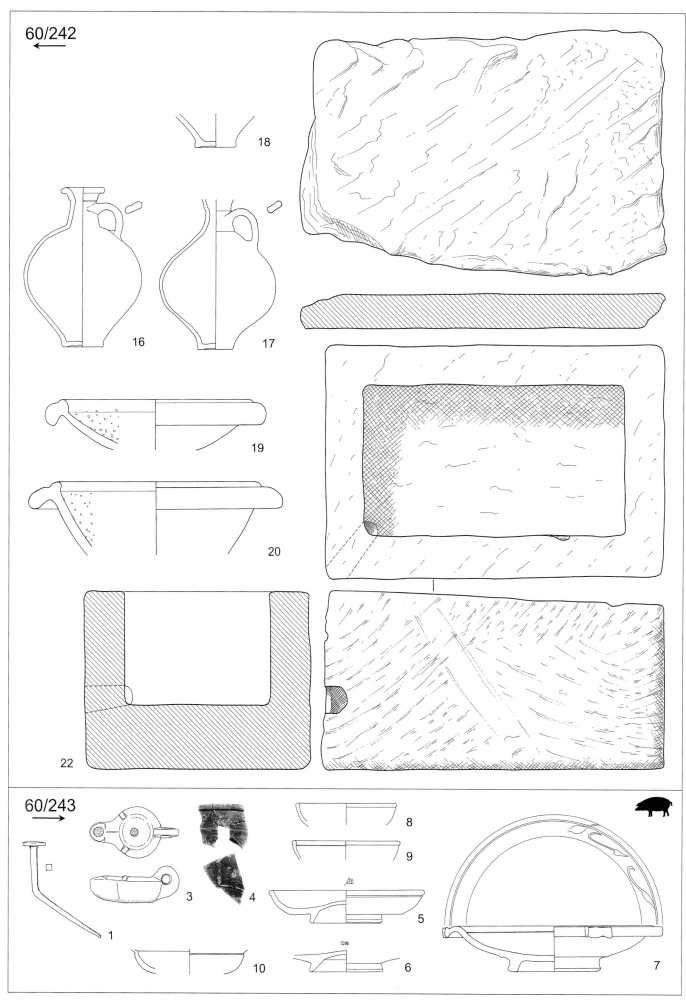

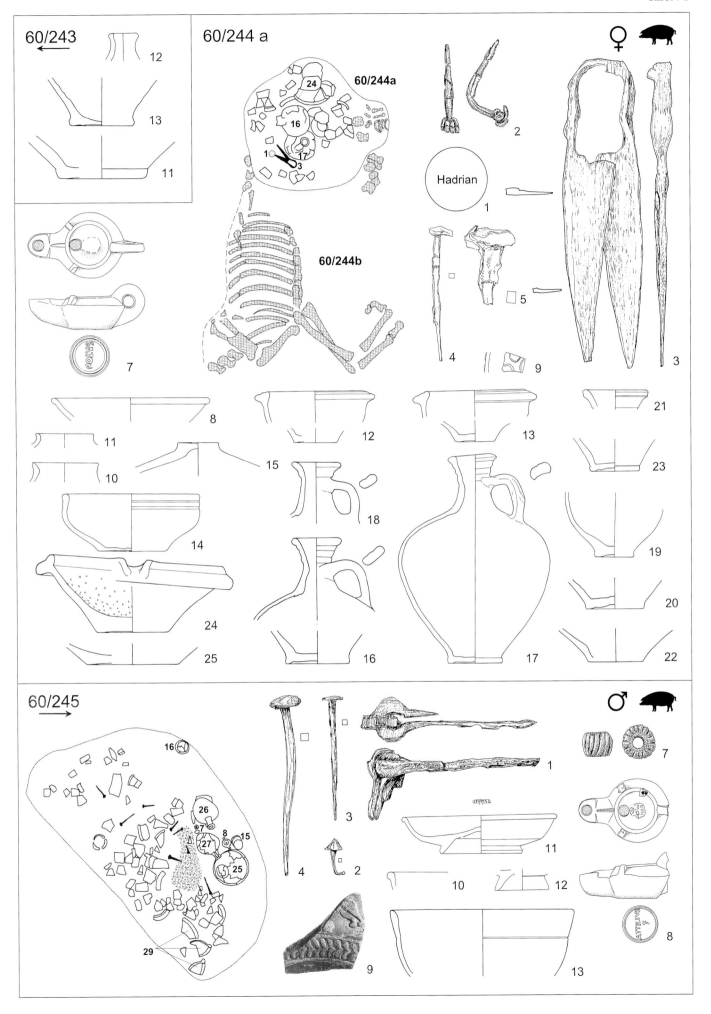

Tafel 71

Tafel 72

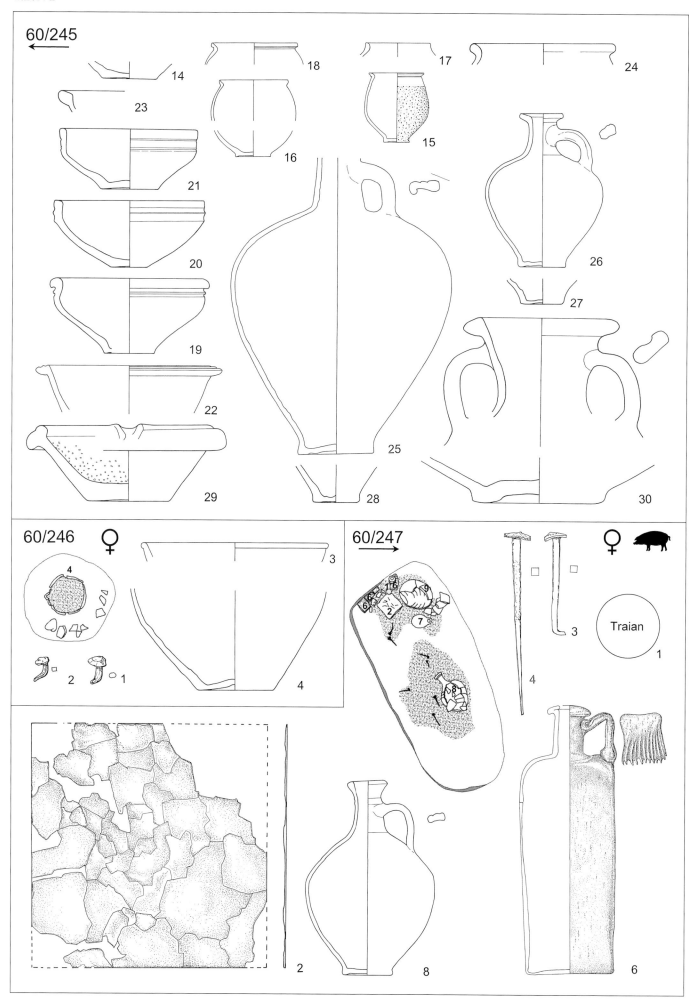

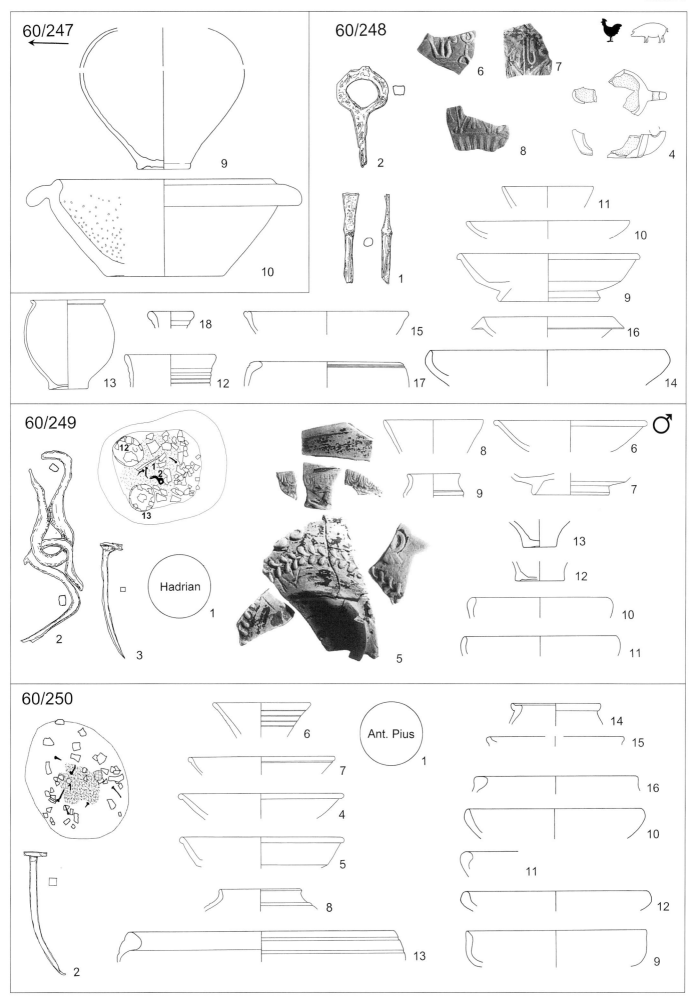

Tafel 73

Tafel 74

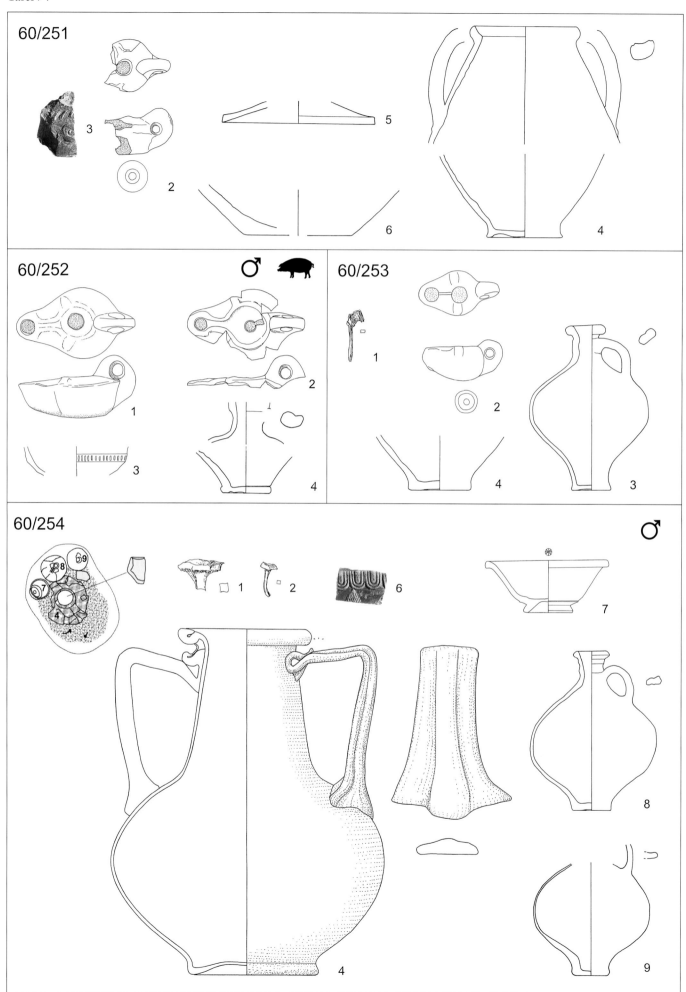

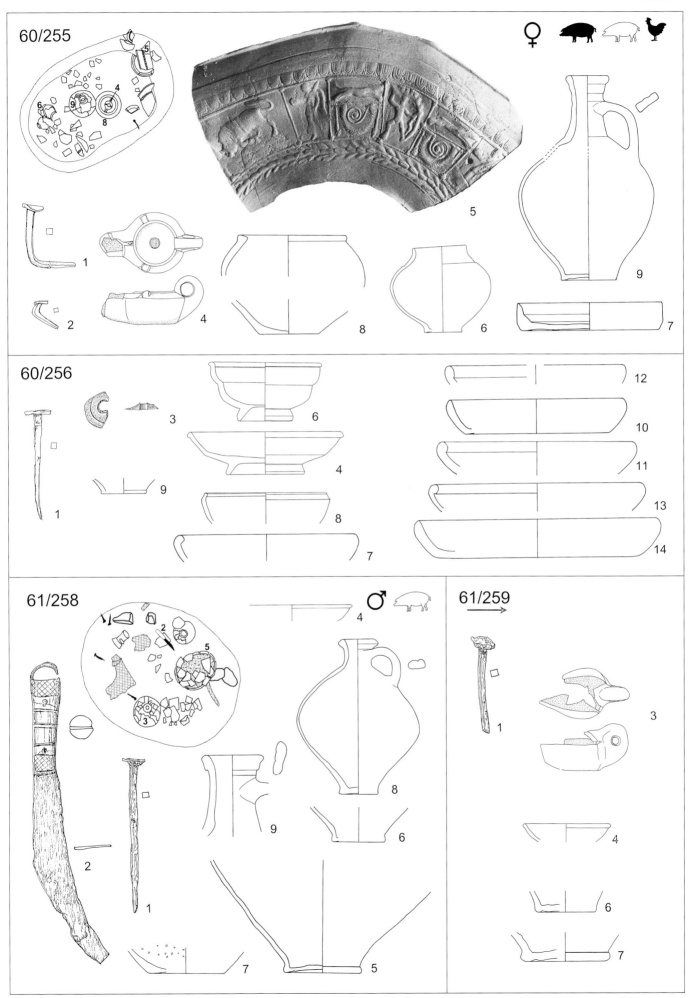

Tafel 76

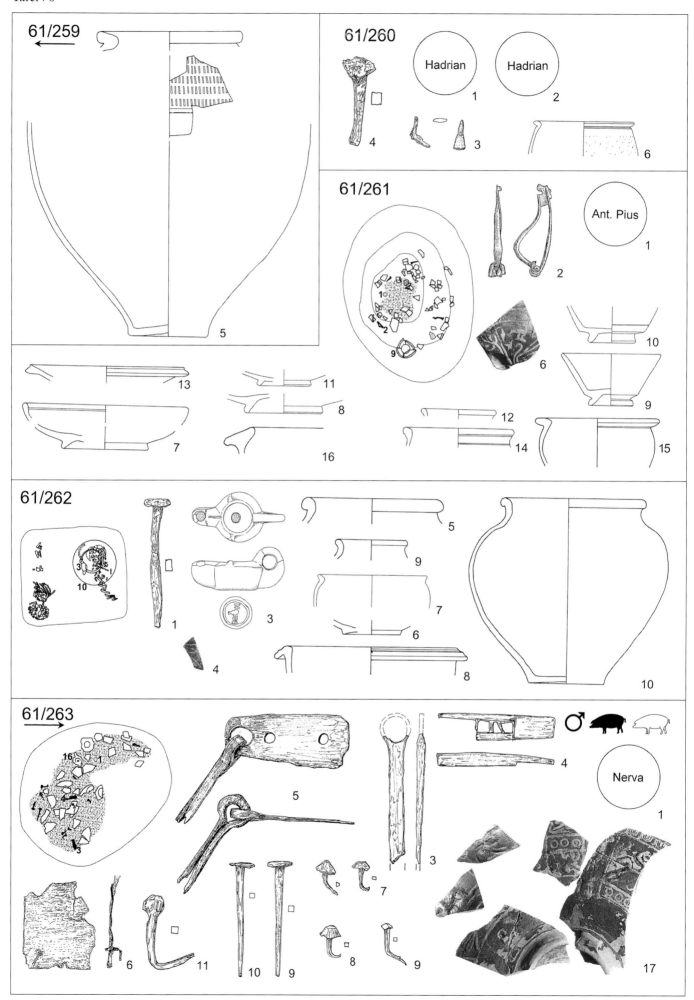

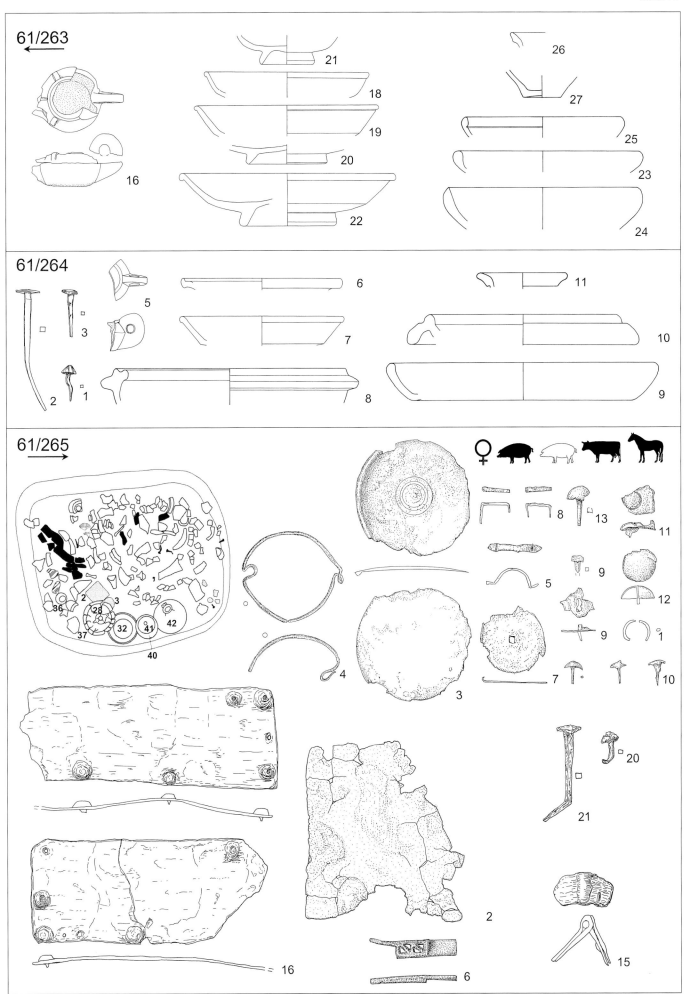

Tafel 77

Tafel 78

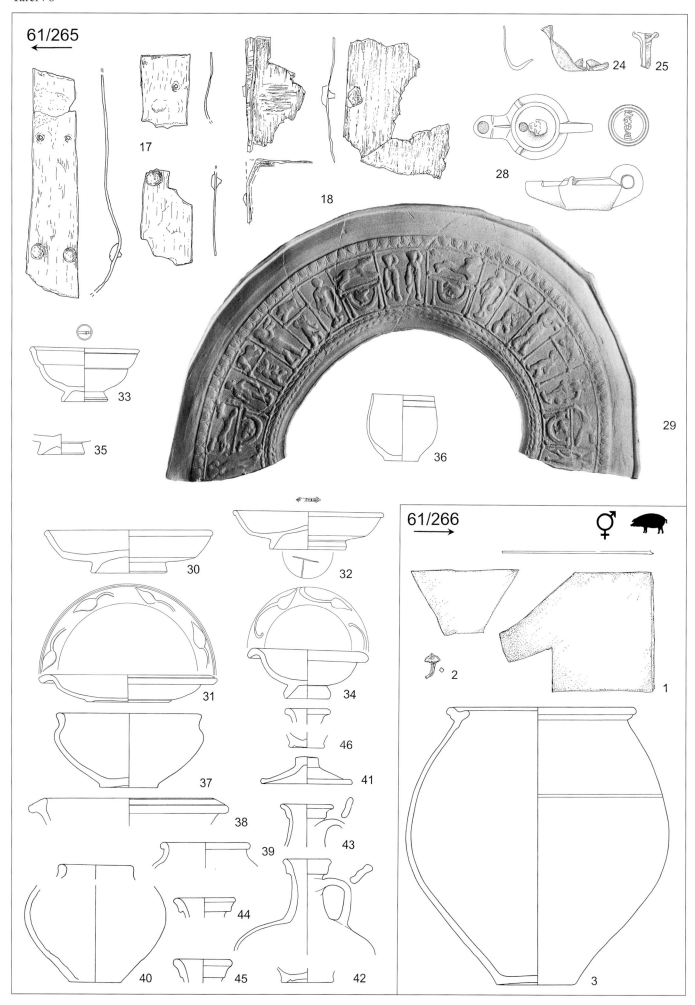

Tafel 79

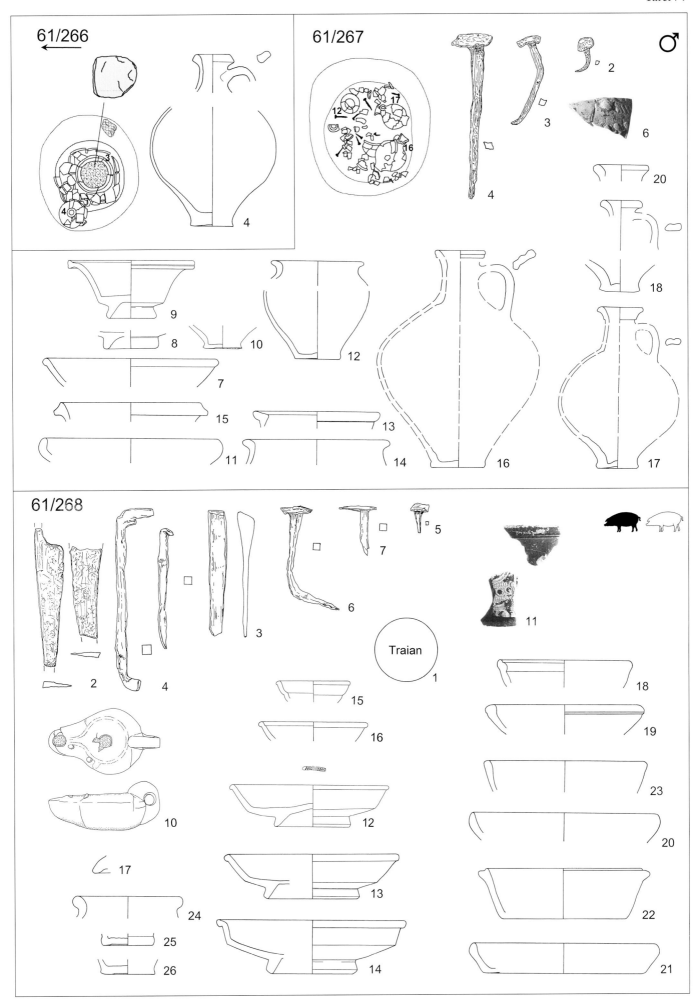

Tafel 80

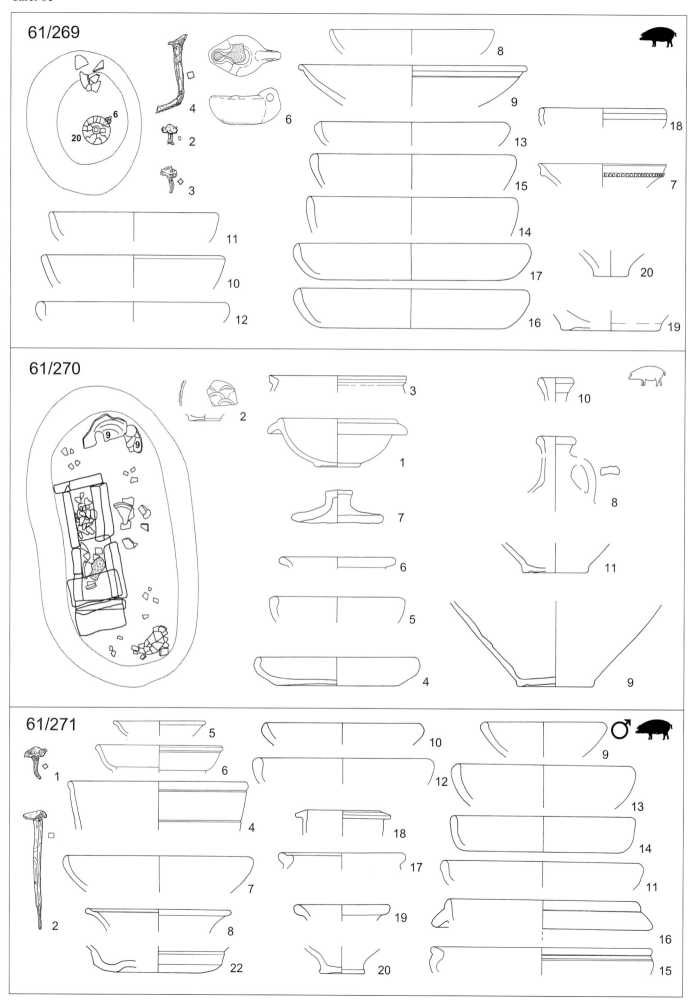

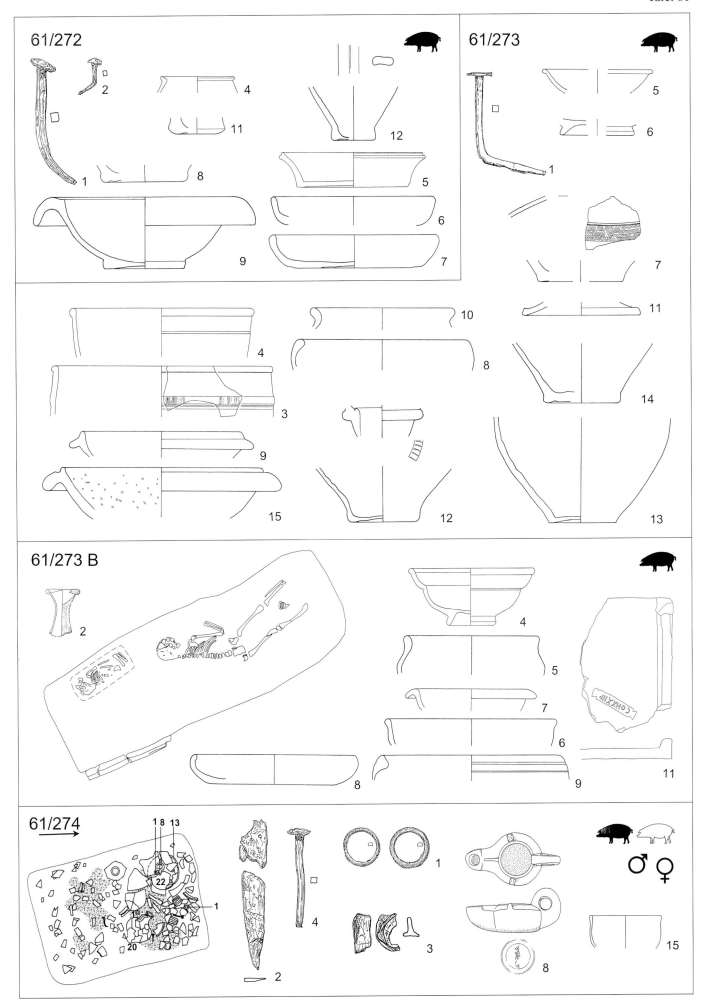

Tafel 81

Tafel 82

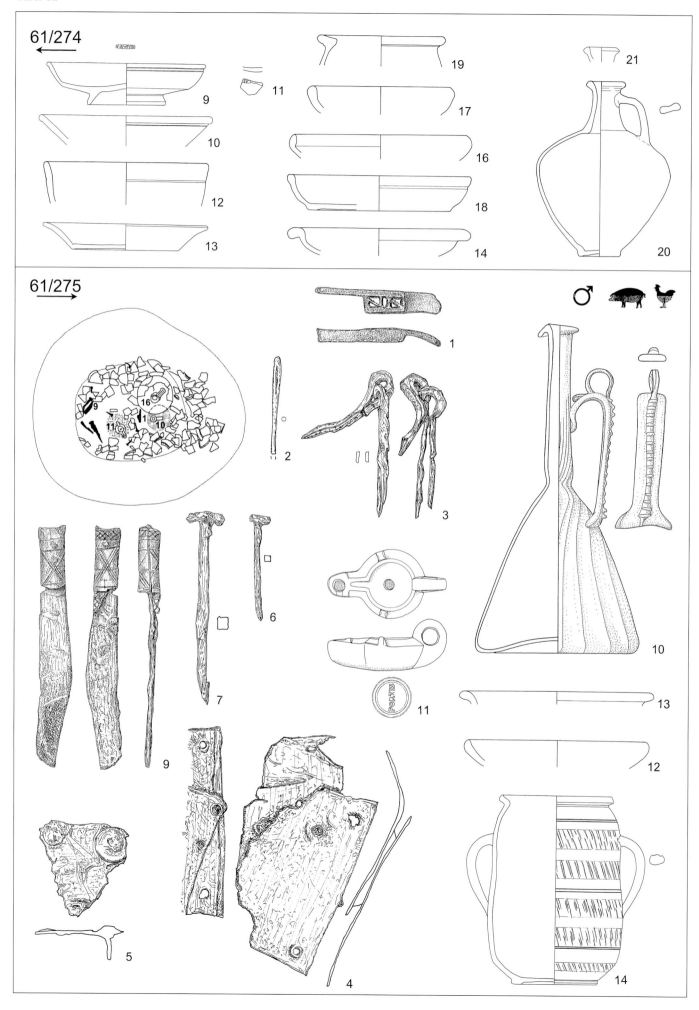

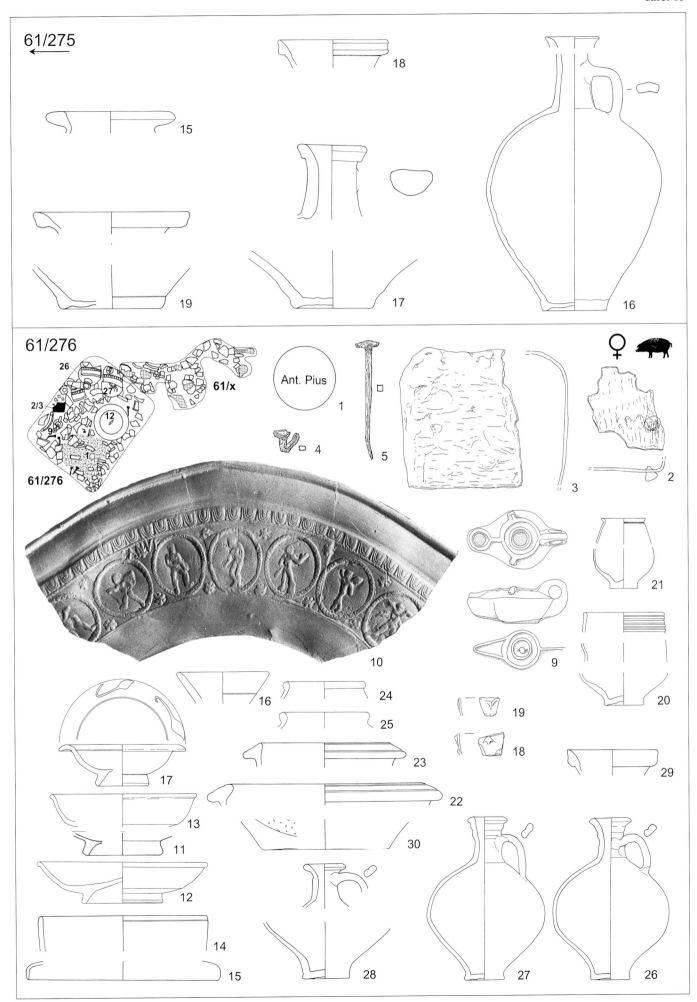

Tafel 83

Tafel 84

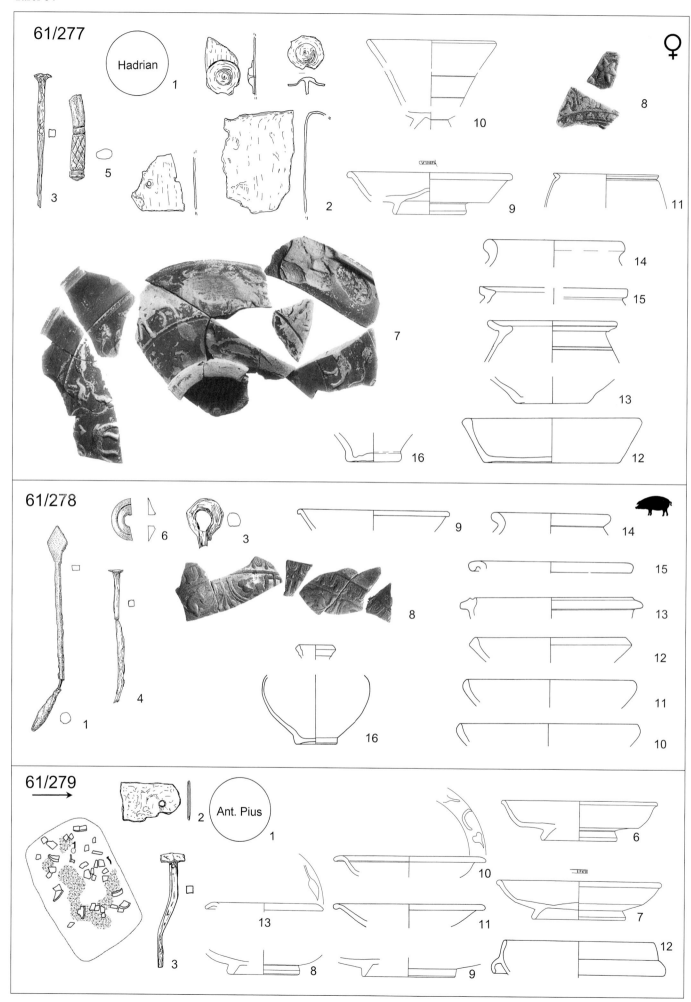

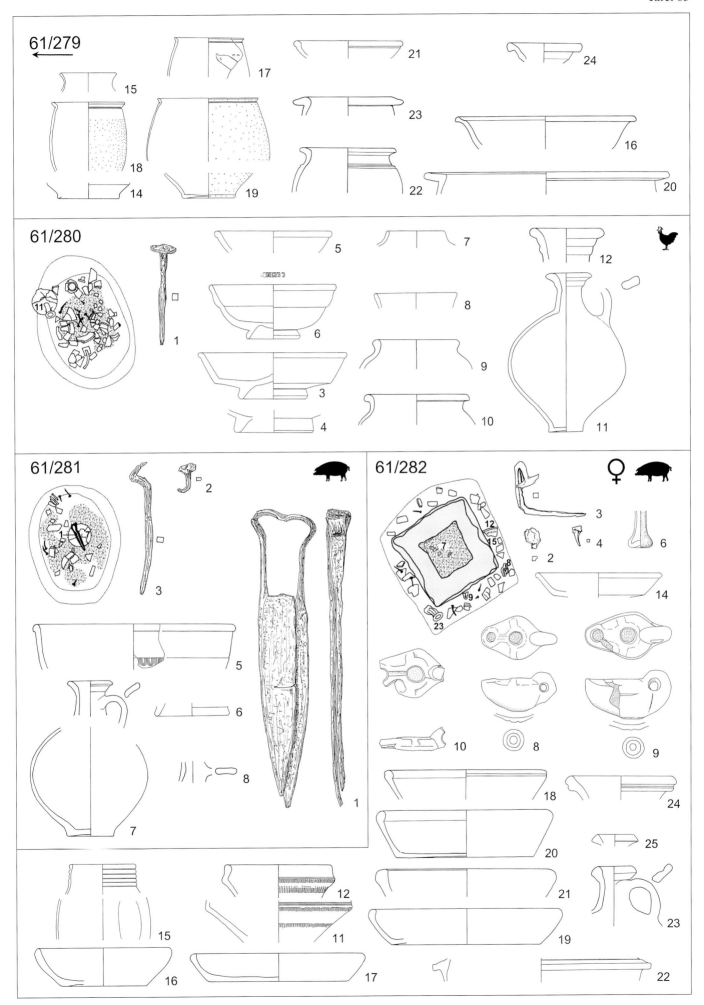

Tafel 85

Tafel 86

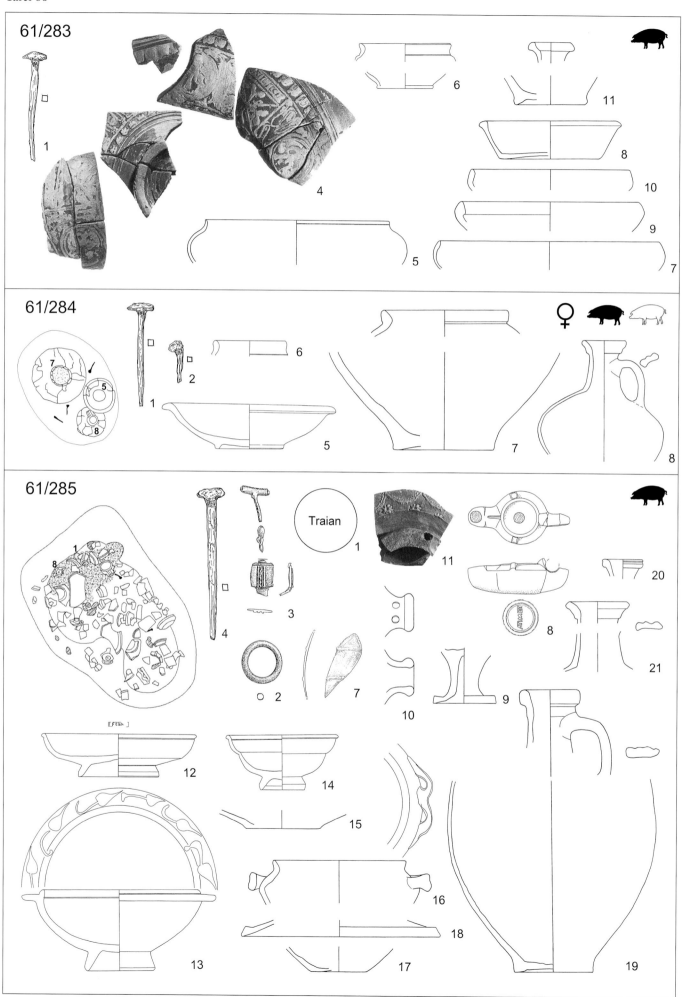

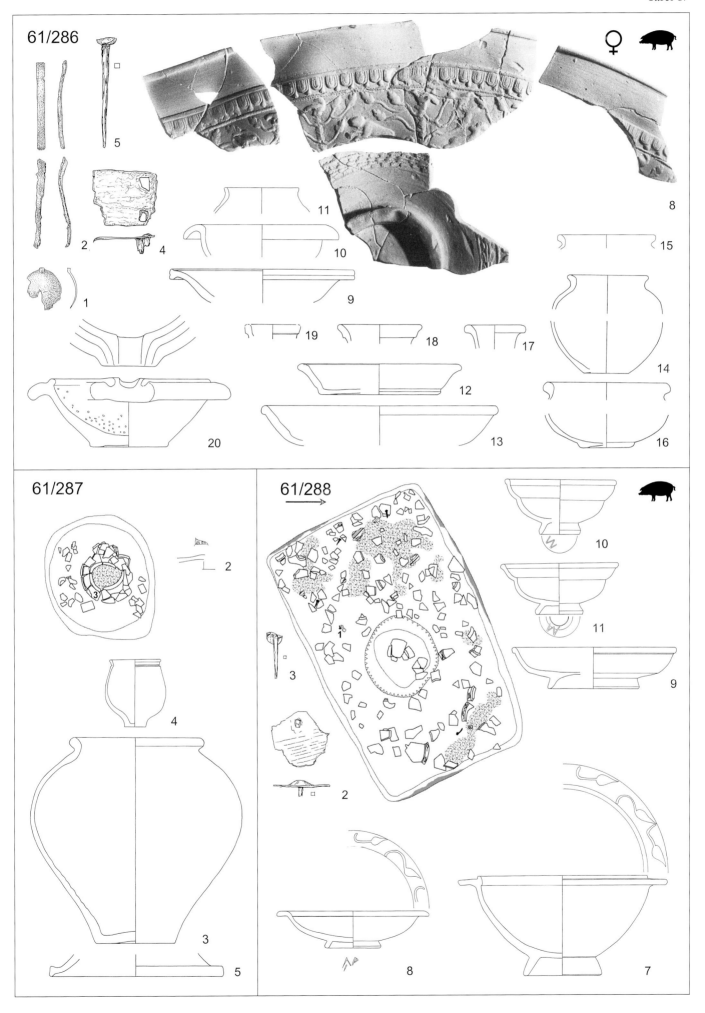

Tafel 87

Tafel 88

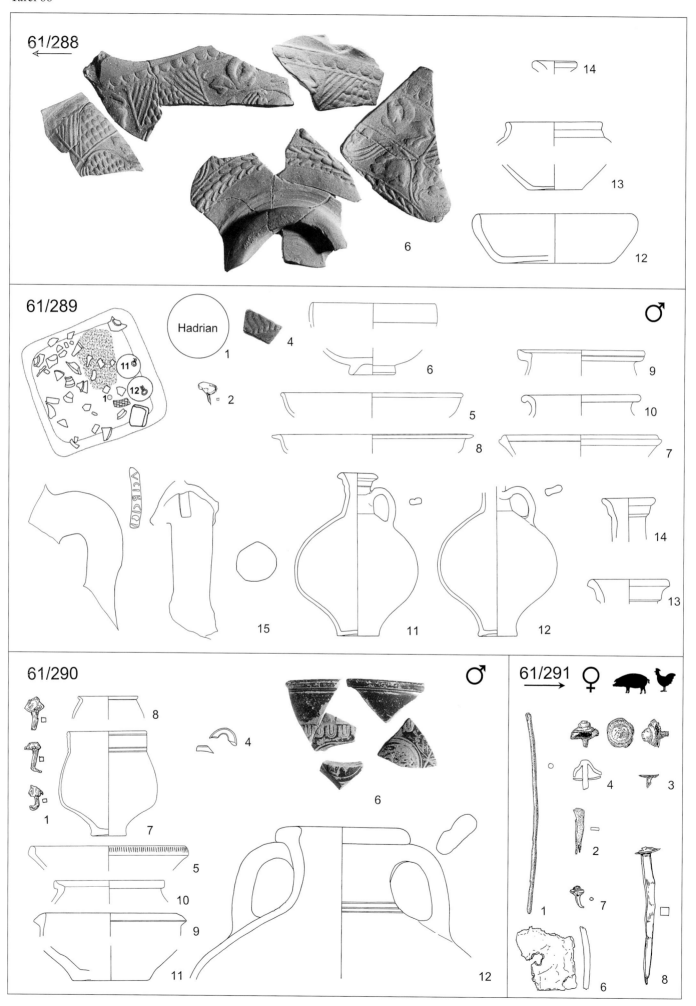

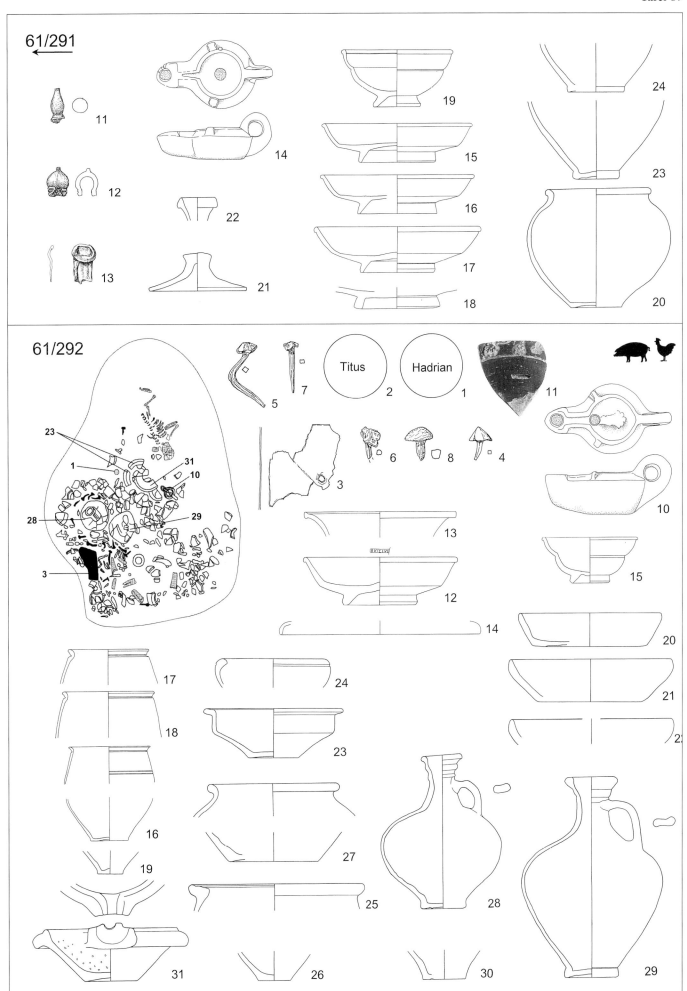

Tafel 89

Tafel 90

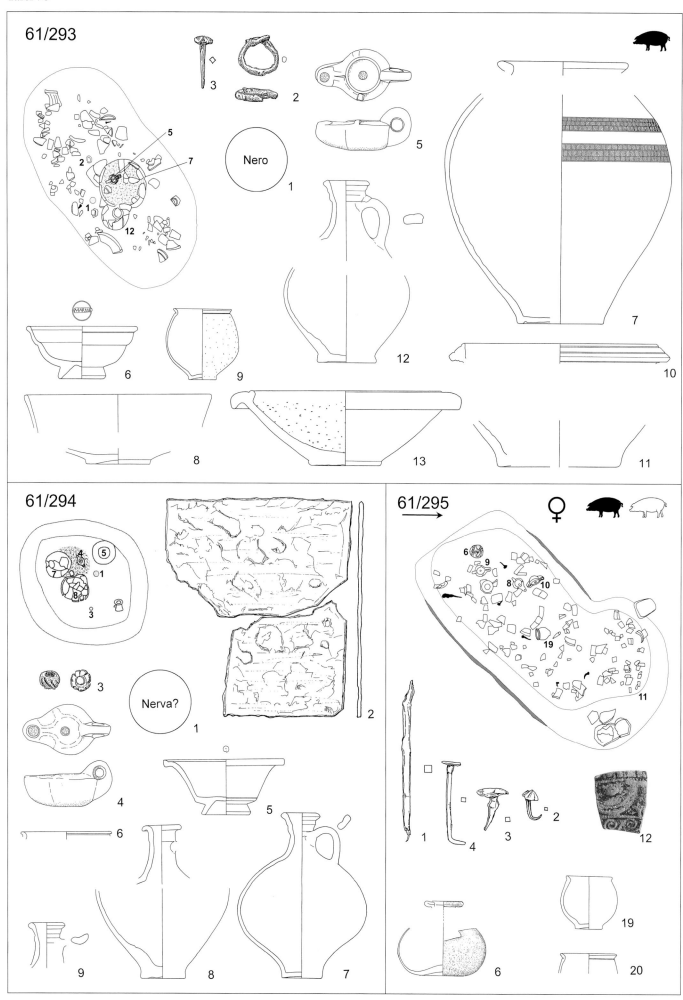

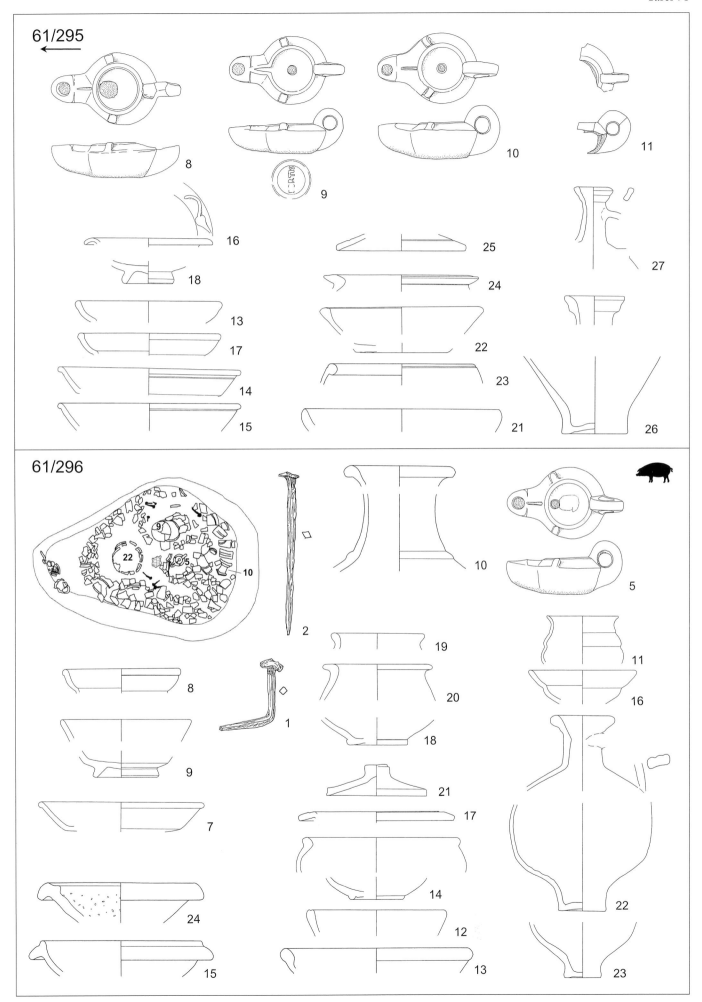

Tafel 91

Tafel 92

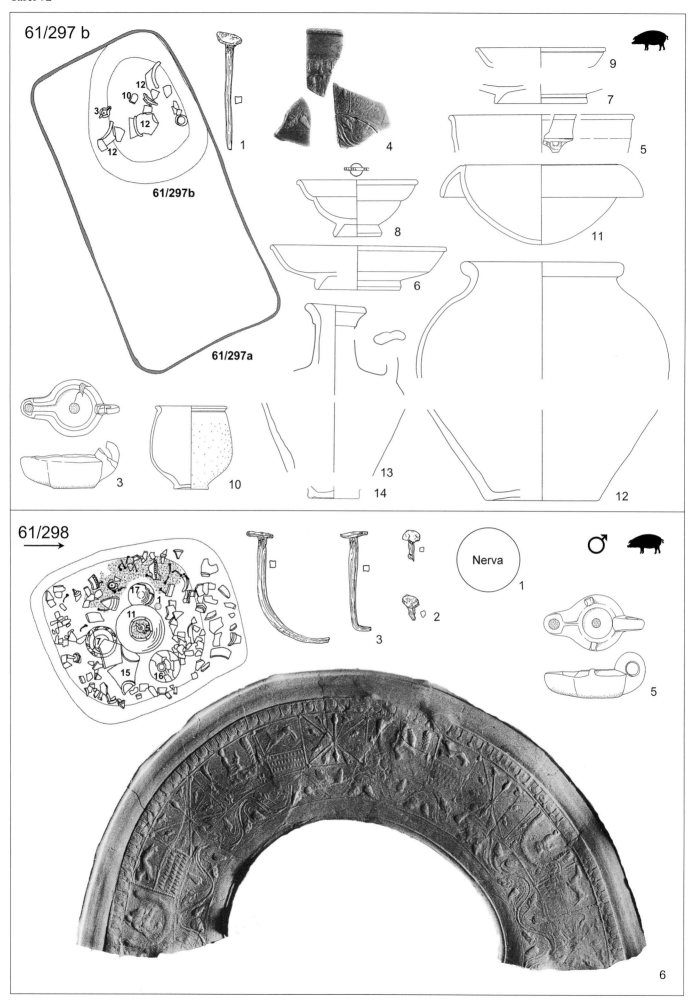

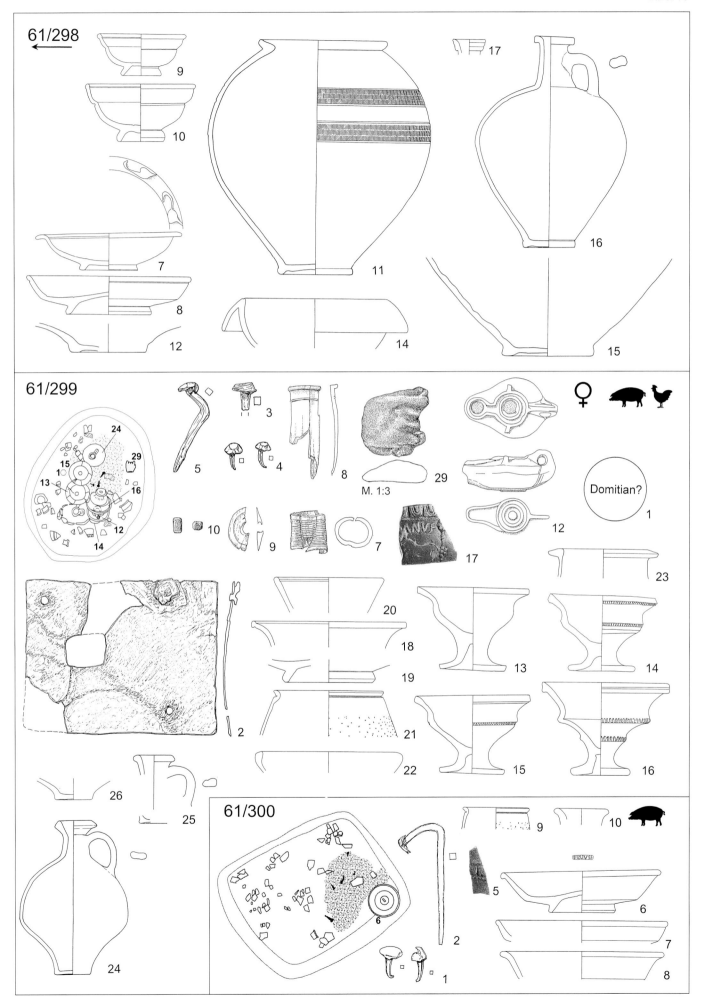

Tafel 93

Tafel 94

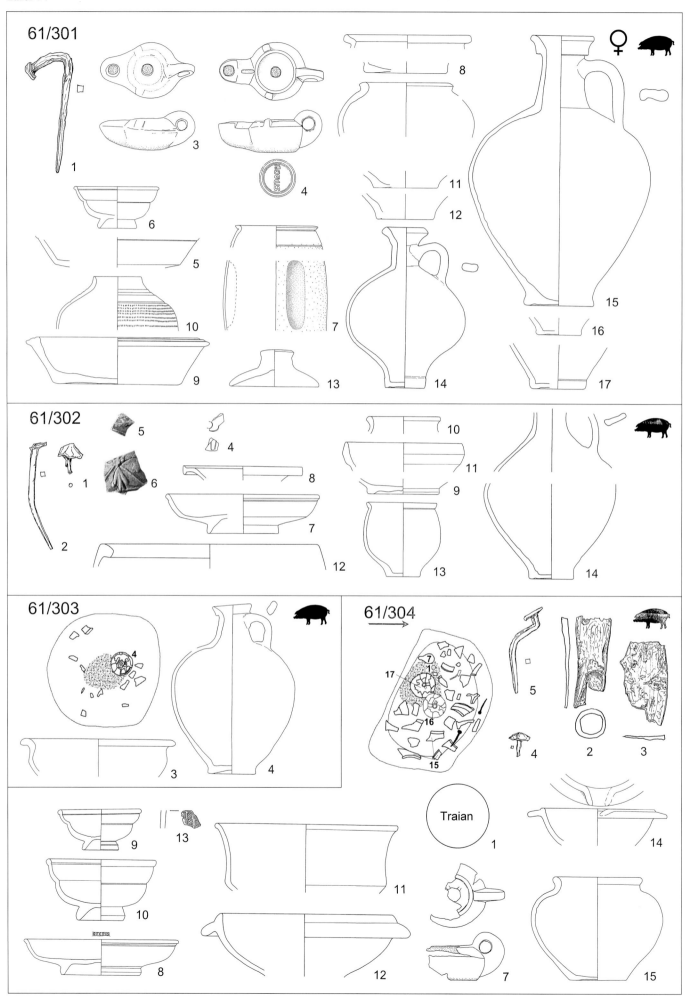

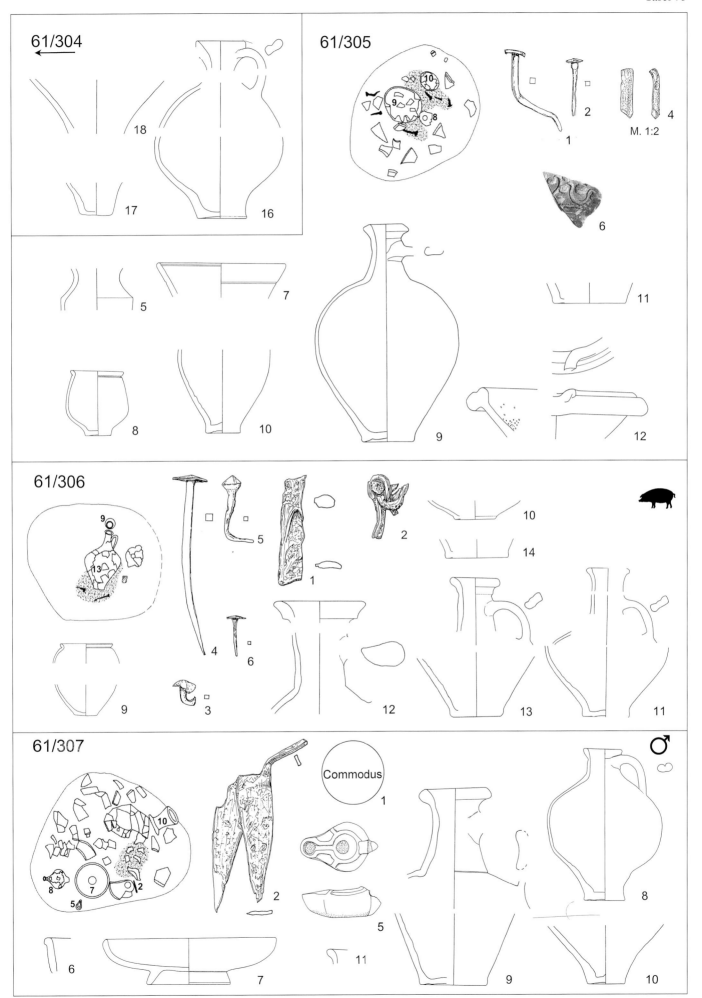

Tafel 95

Tafel 96

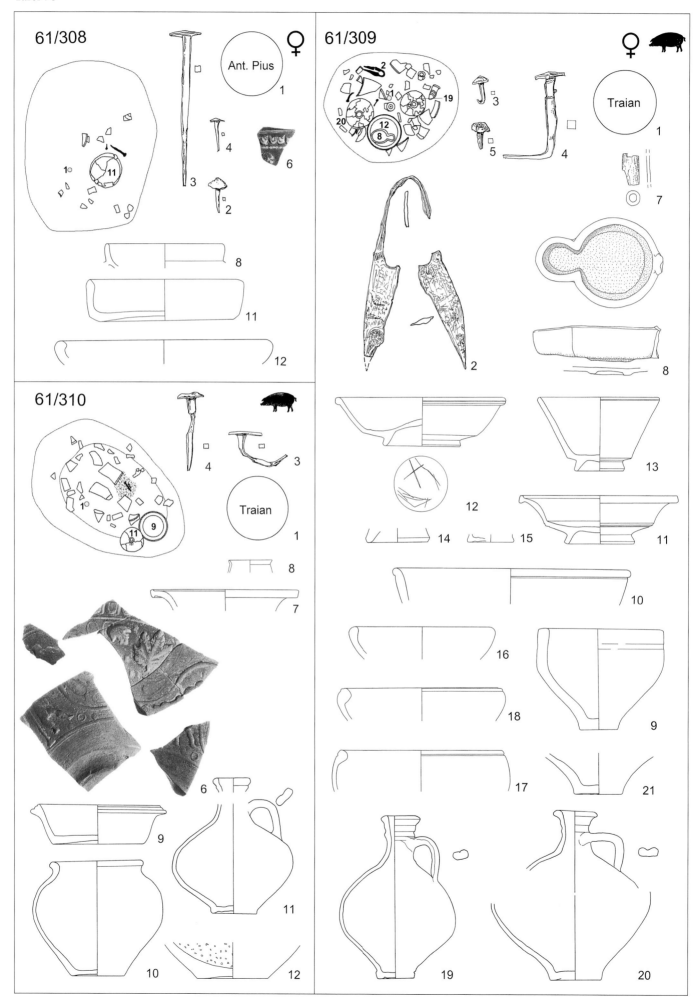

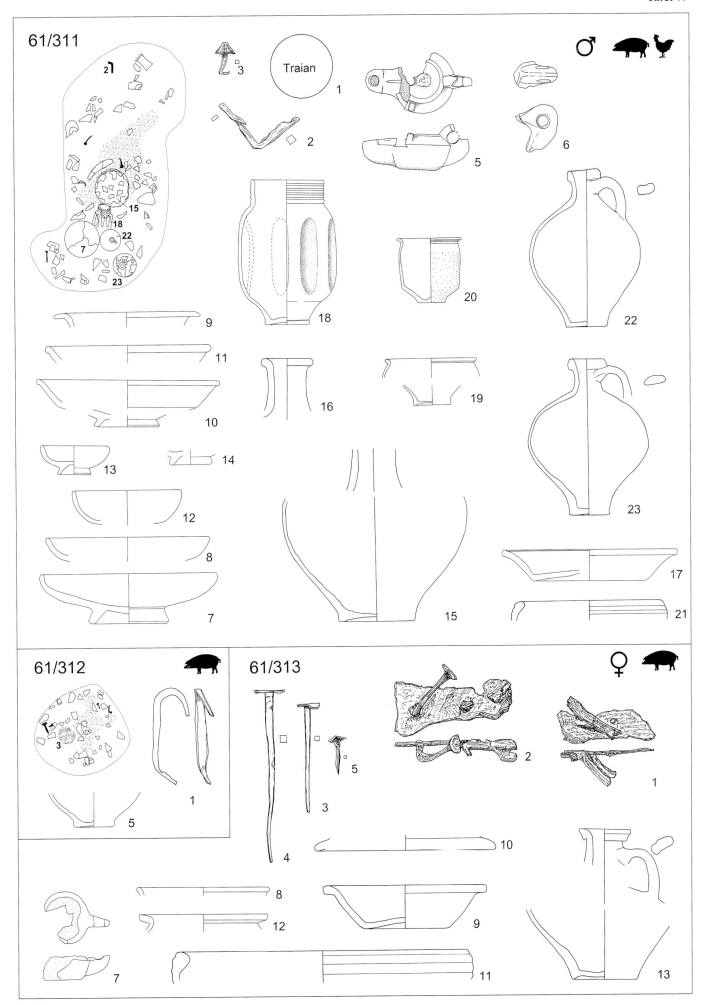

Tafel 97

Tafel 98

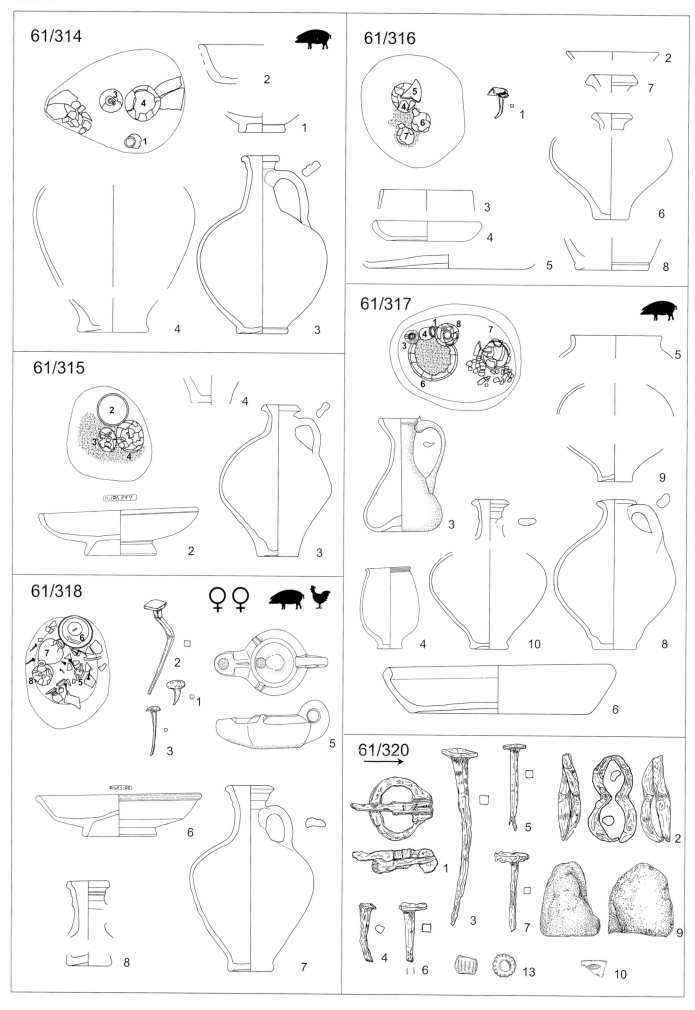

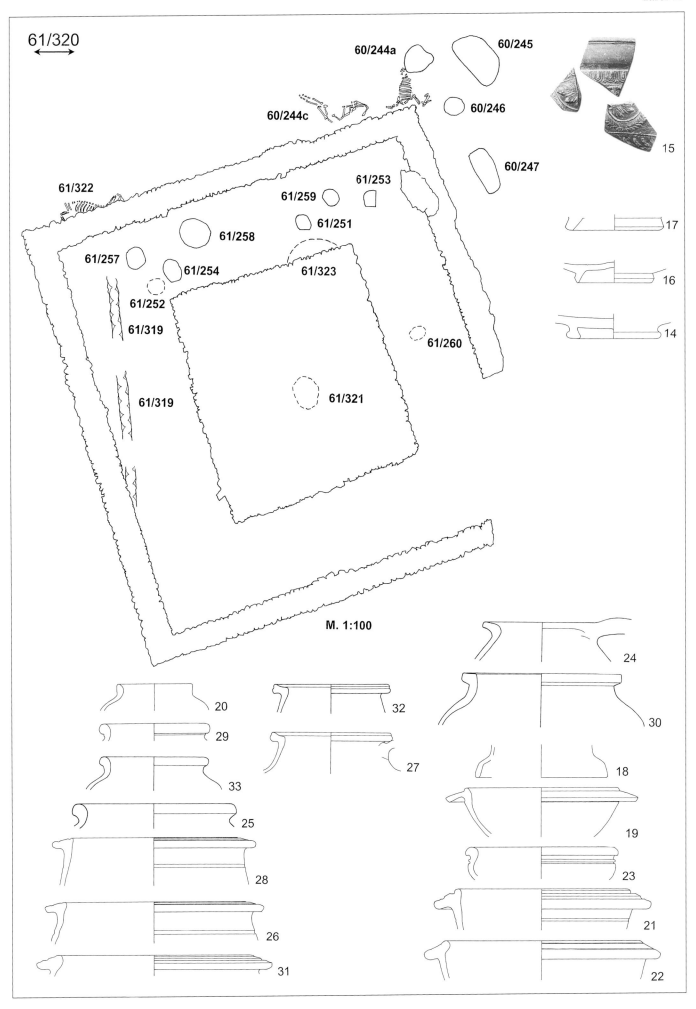

Tafel 99

Tafel 100

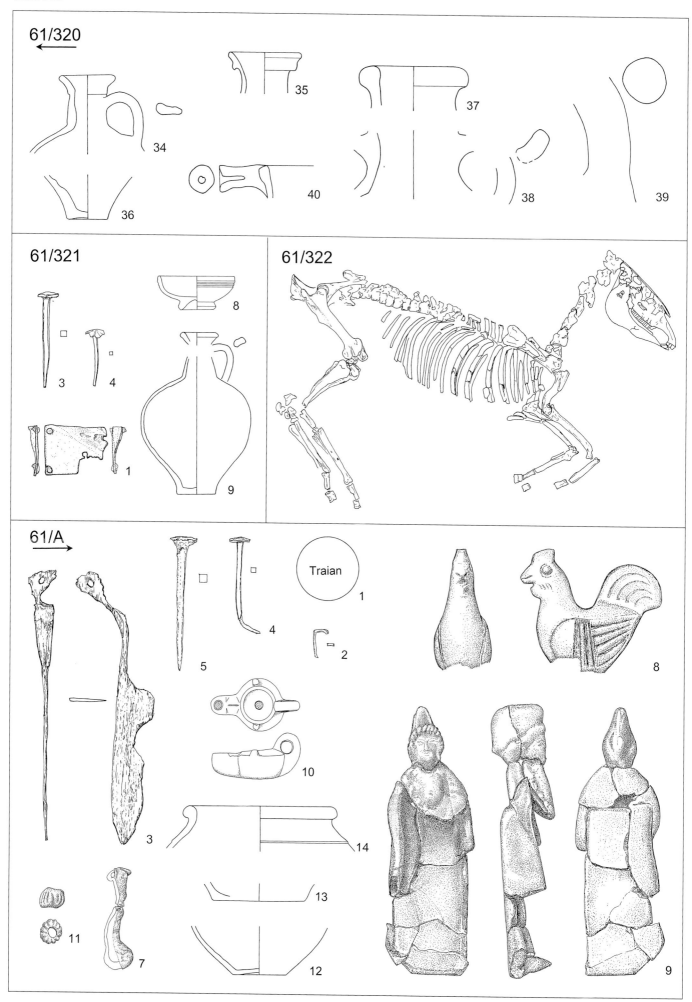

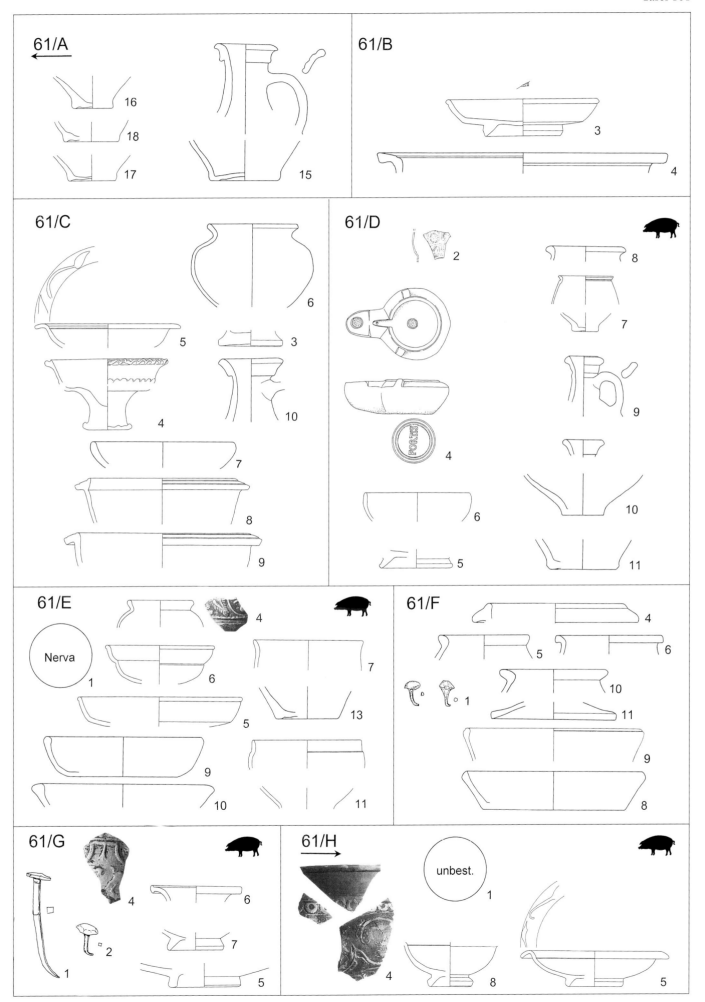

Tafel 101

Tafel 102

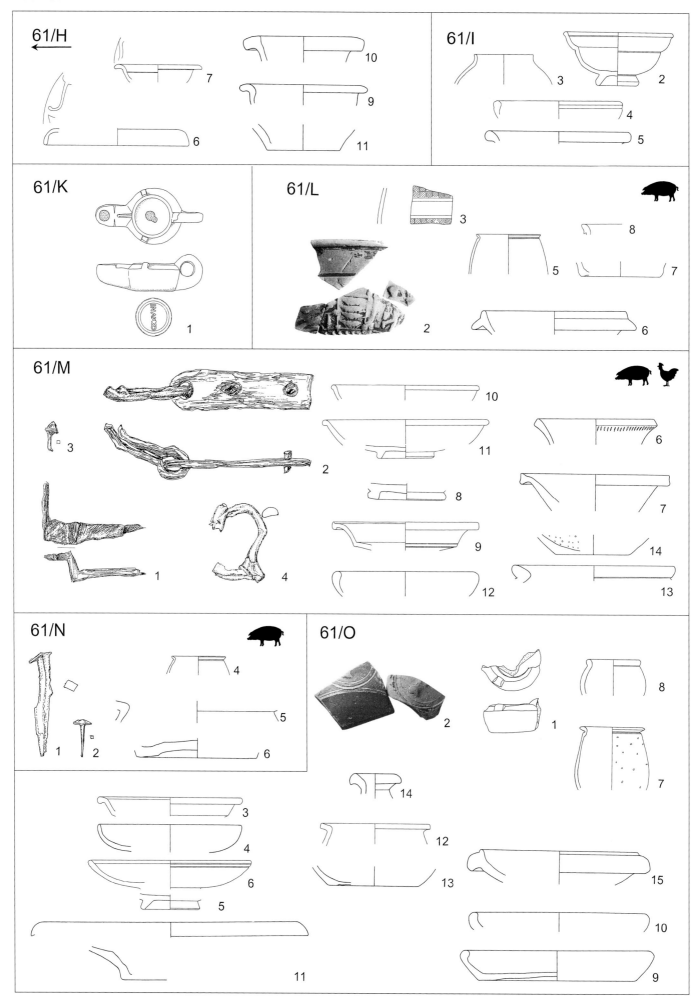

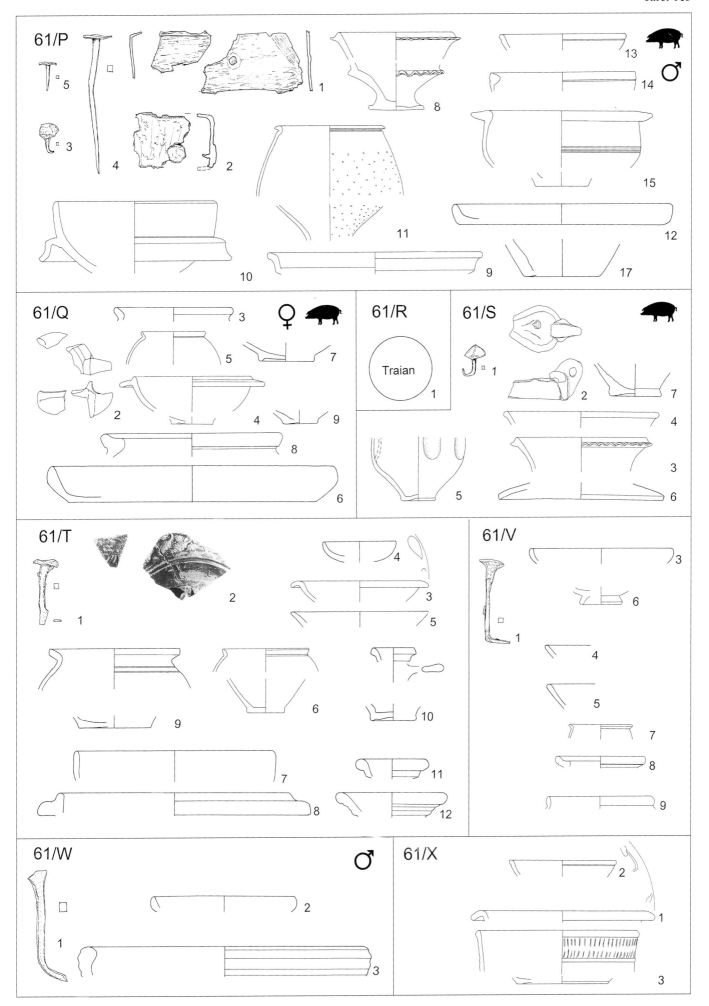

Tafel 103

Tafel 104

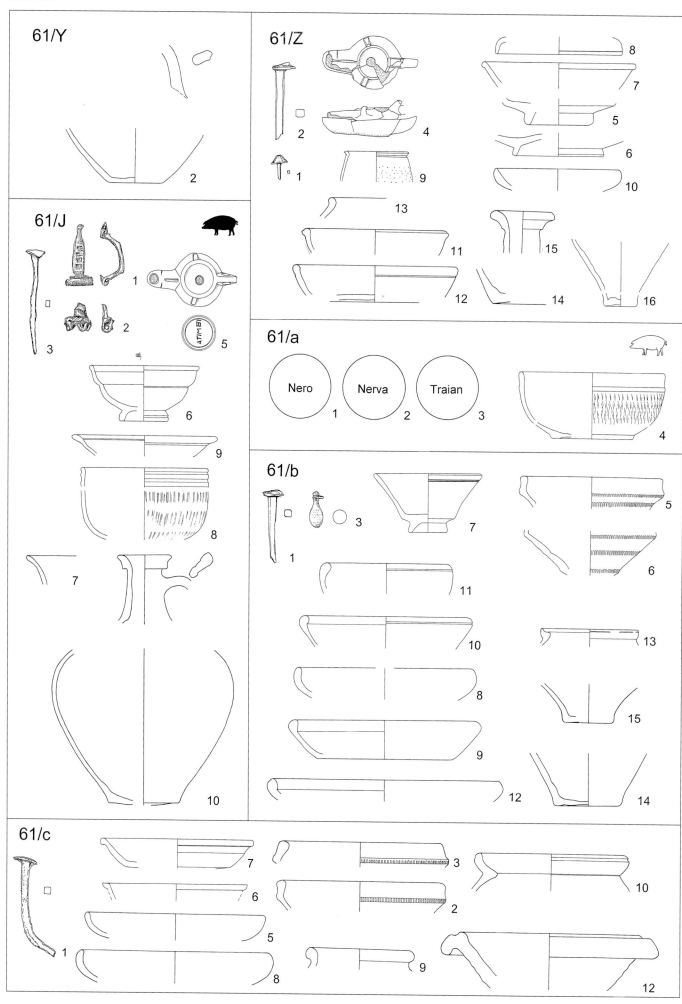

Tafel 105

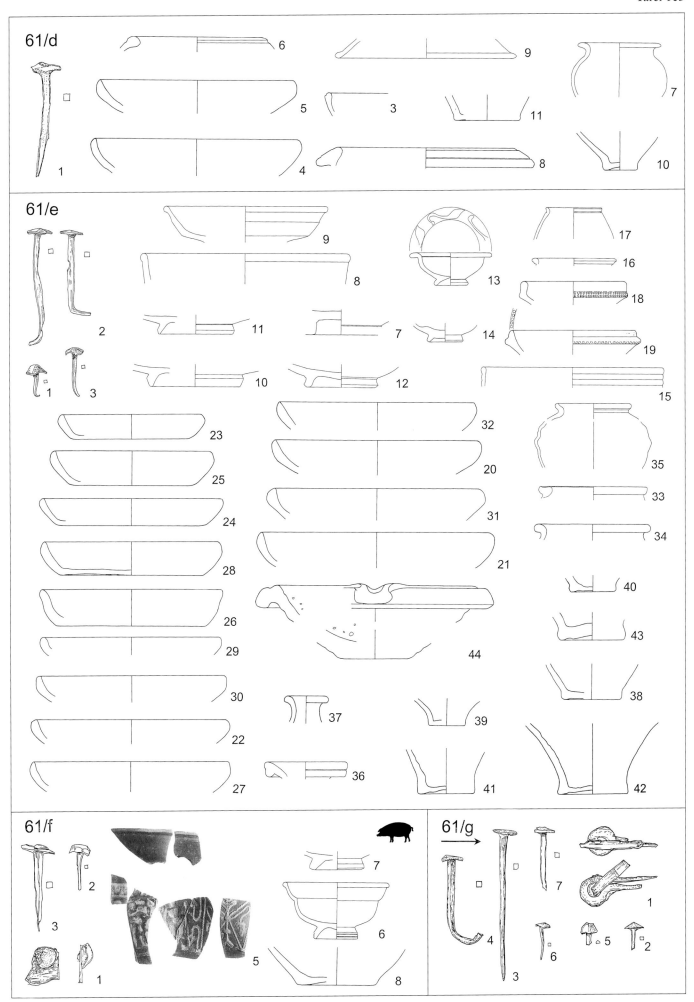

Tafel 106

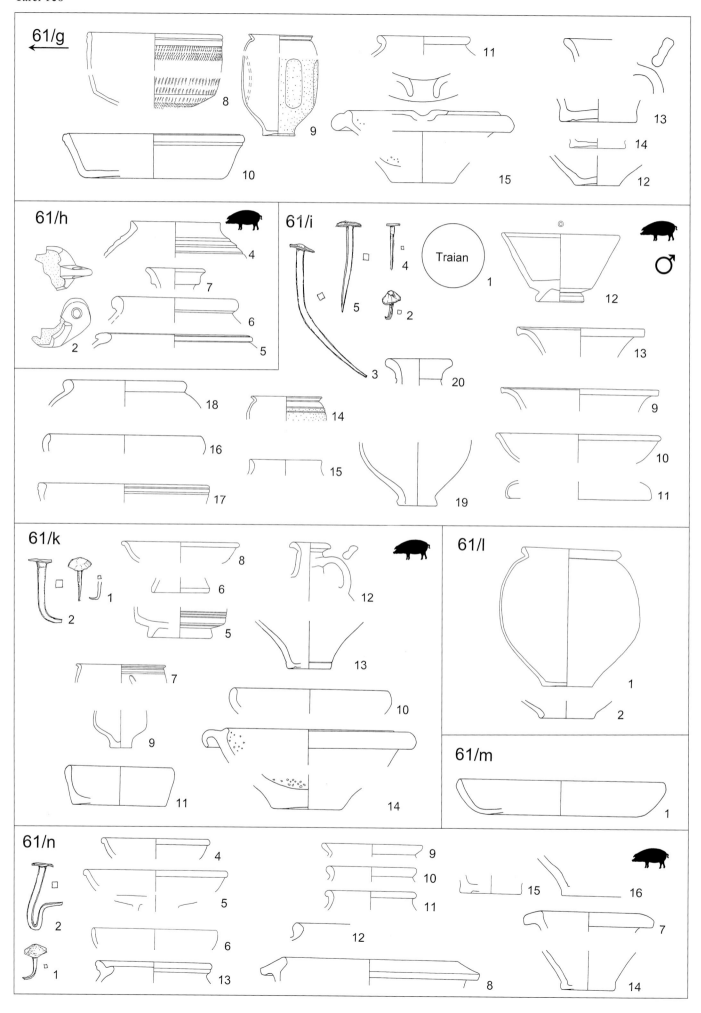

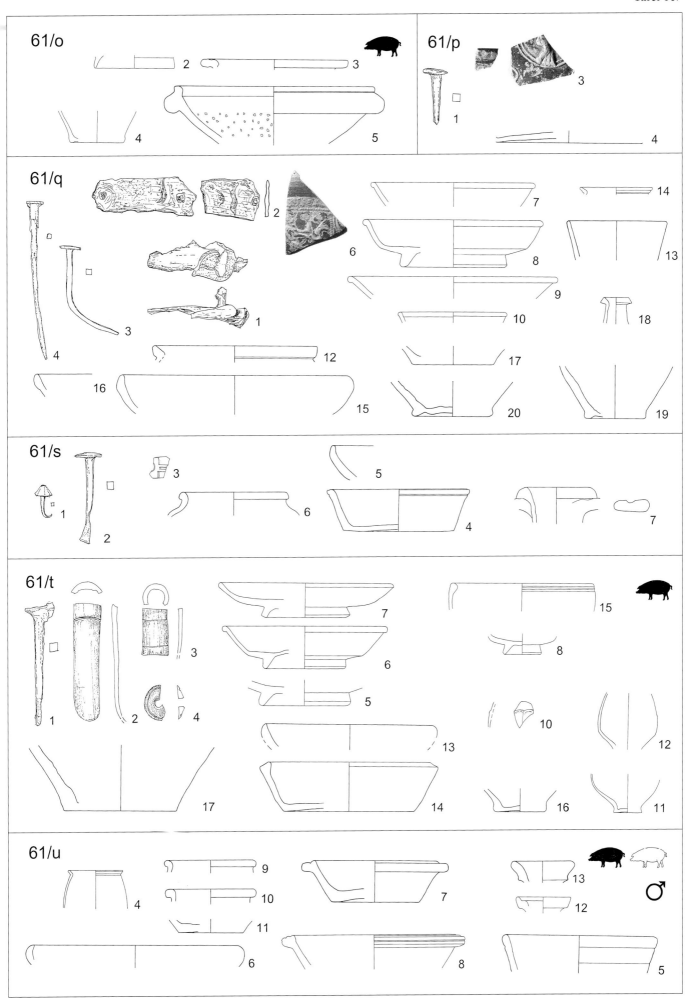

Tafel 107

Tafel 108

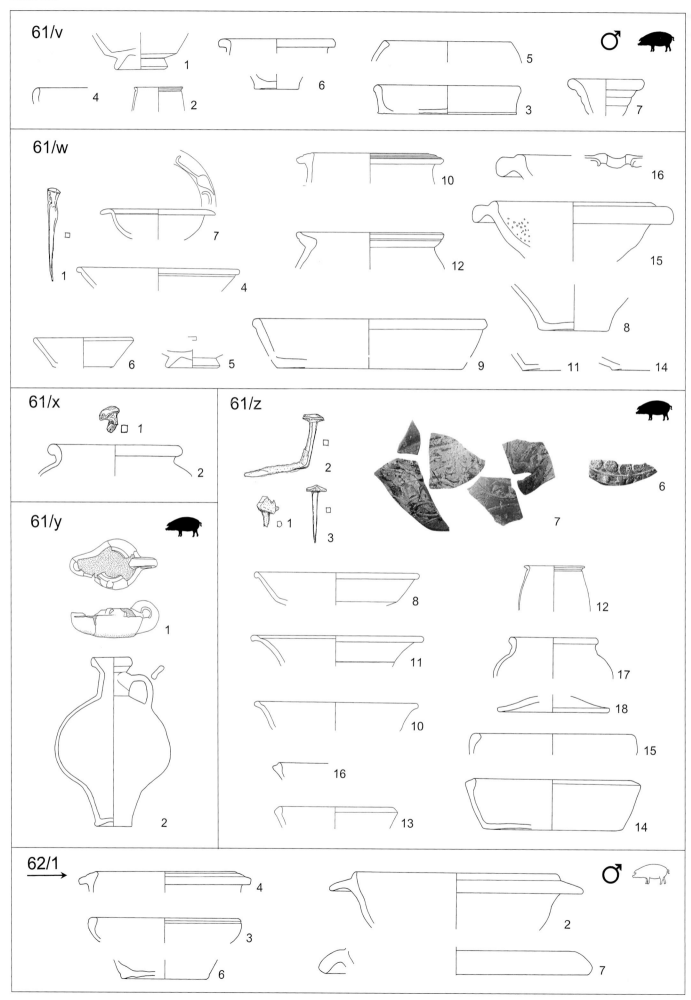

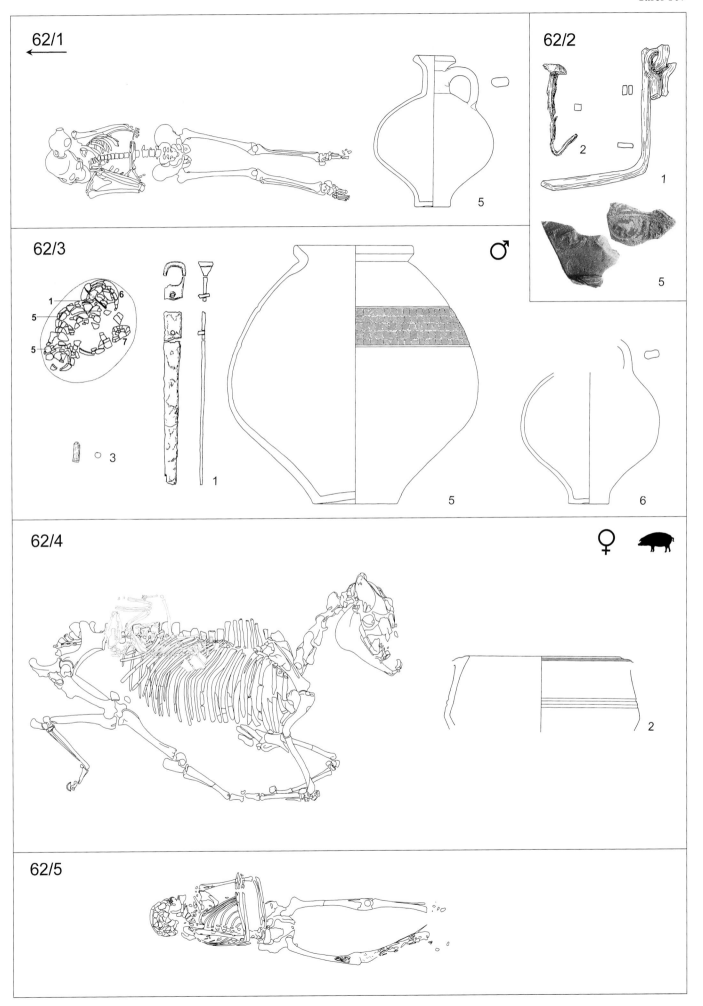

Tafel 109

Tafel 110

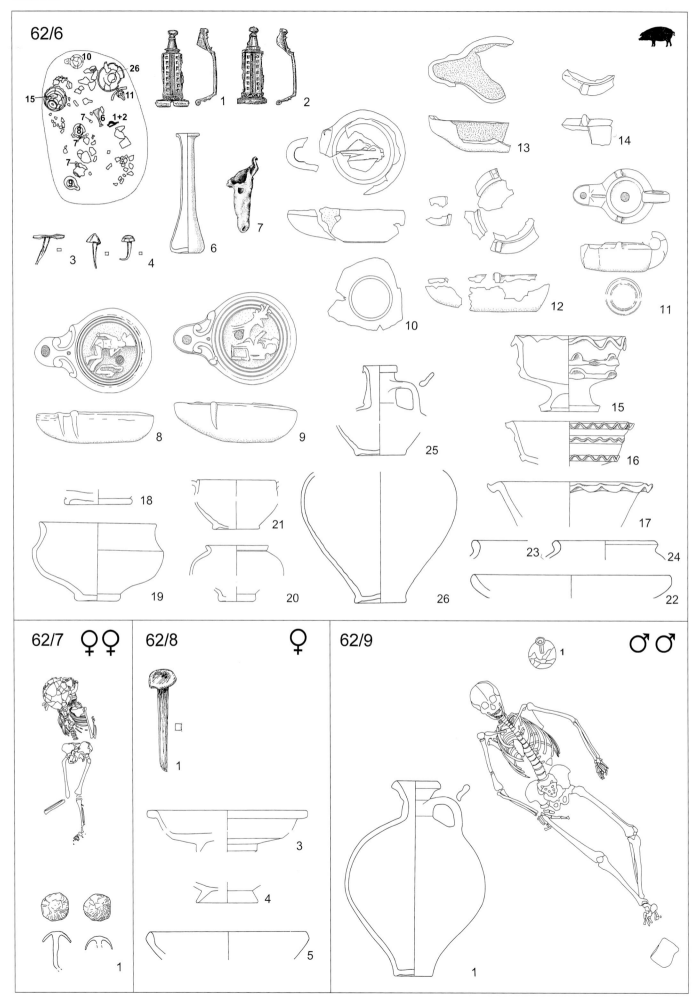

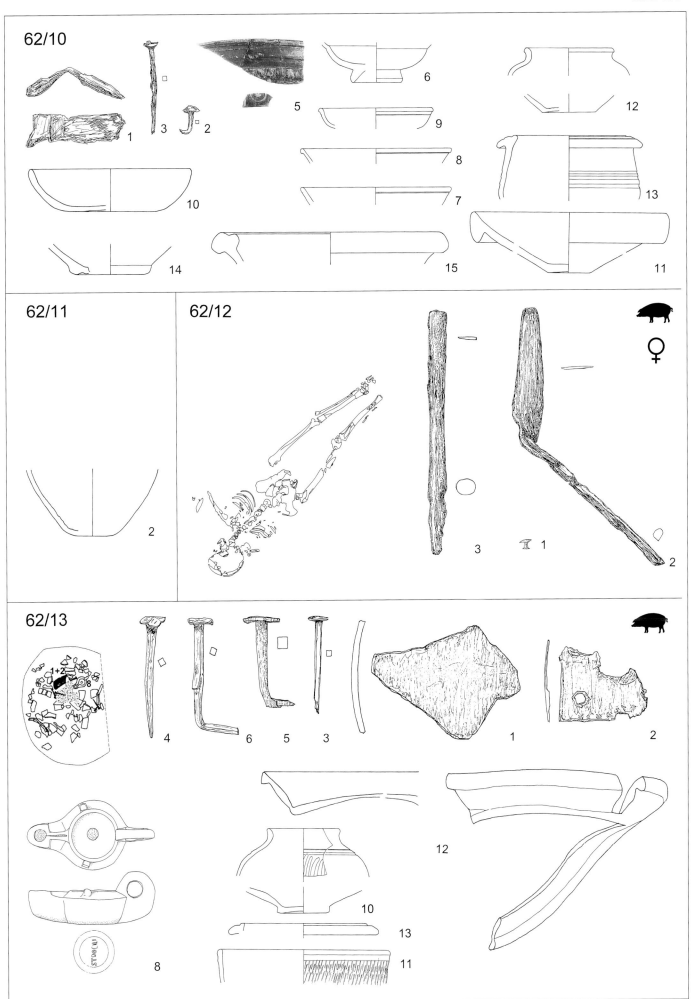

Tafel 112

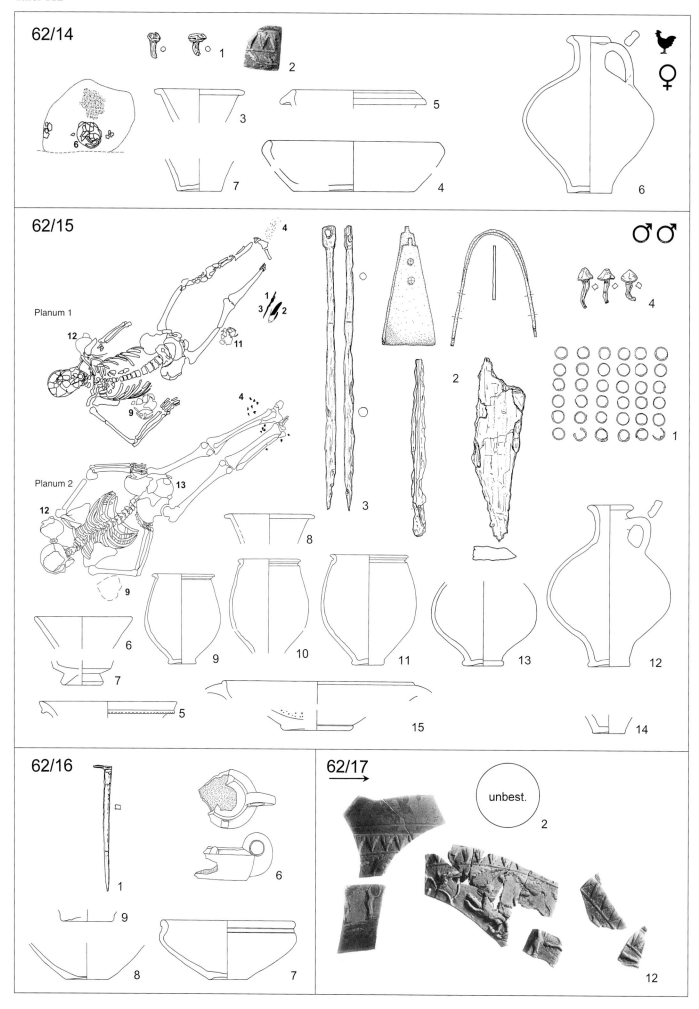

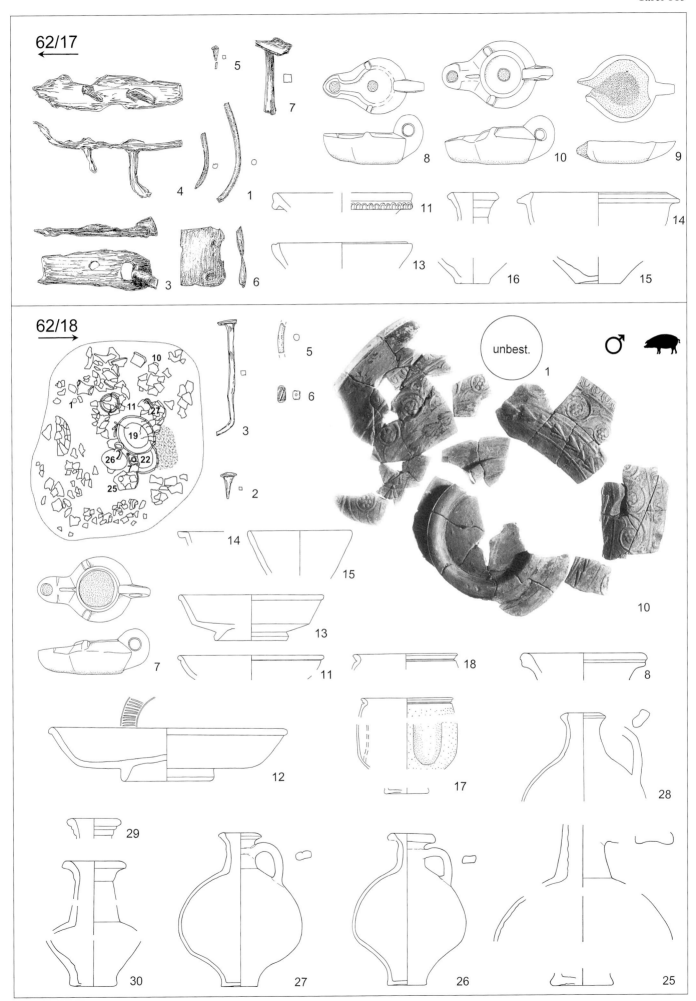

Tafel 113

Tafel 114

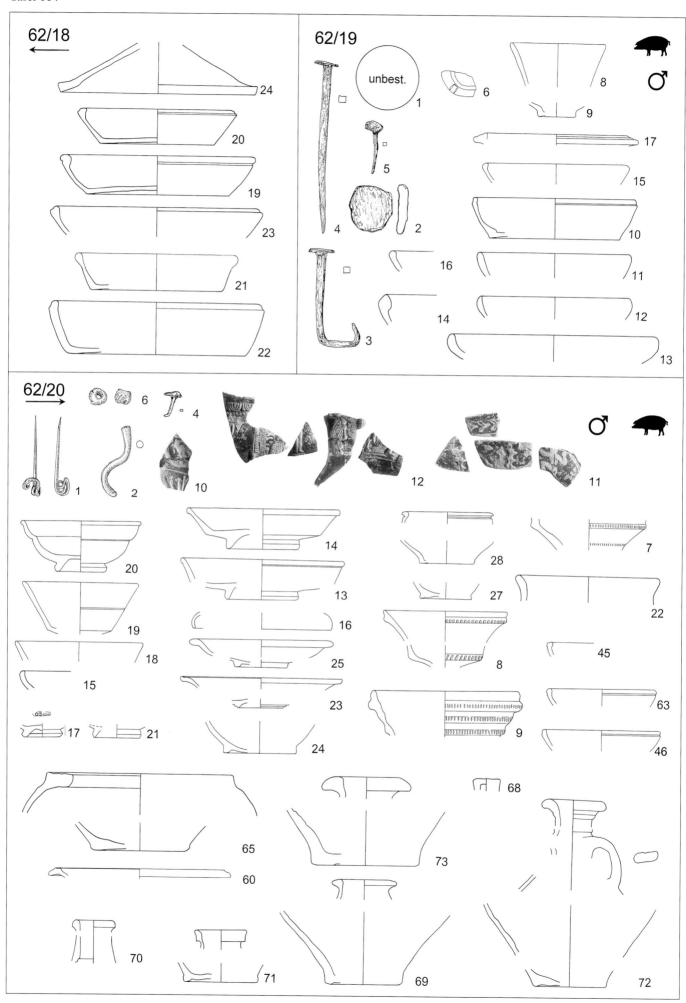

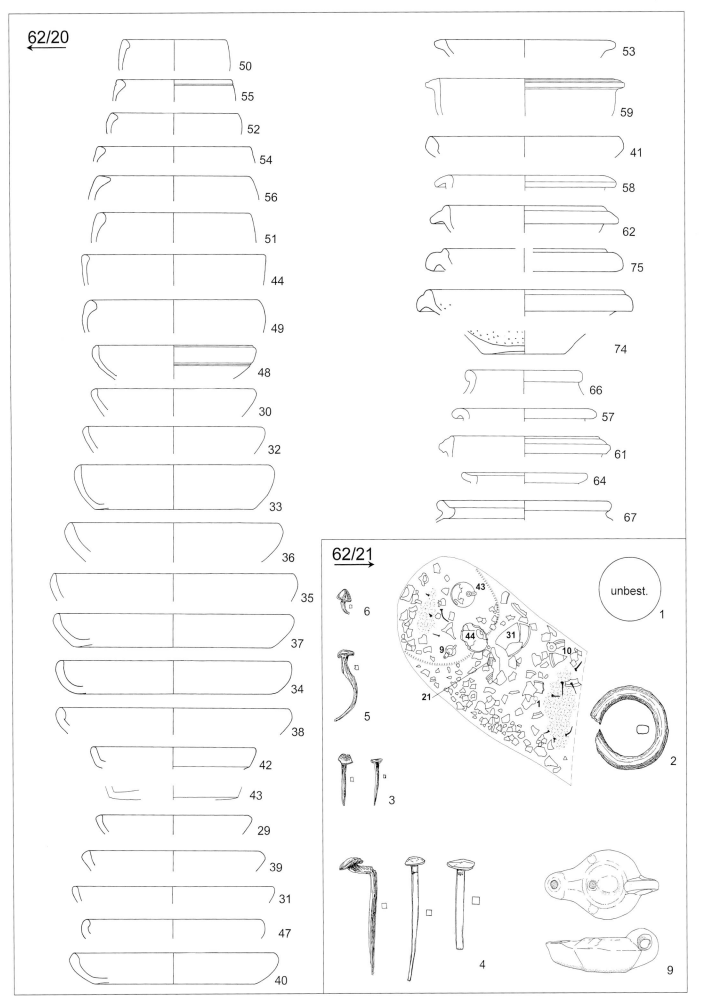

Tafel 115

Tafel 116

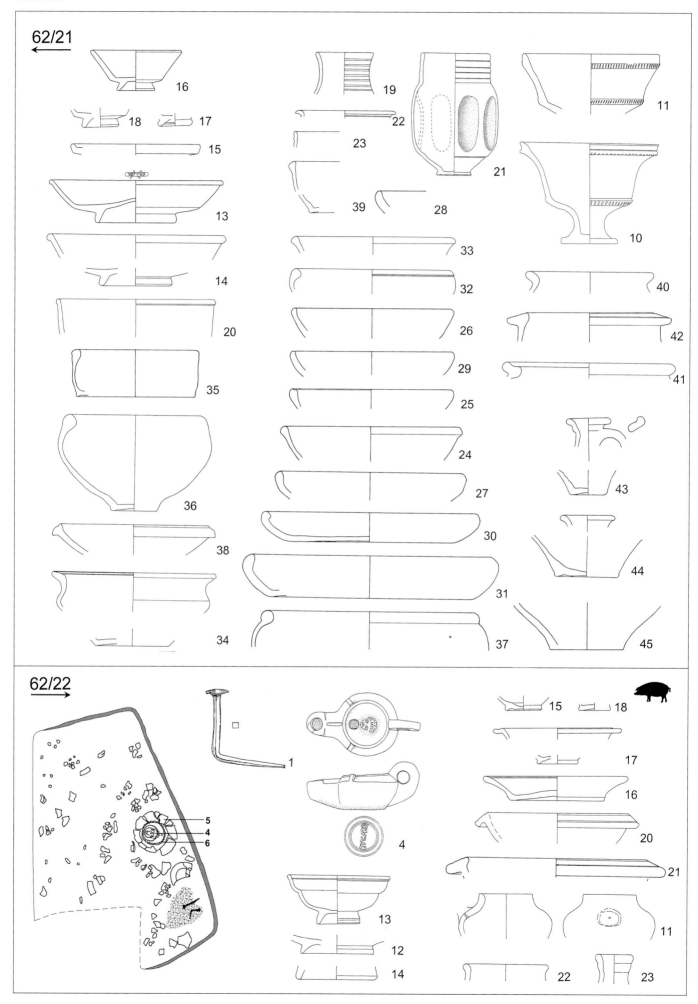

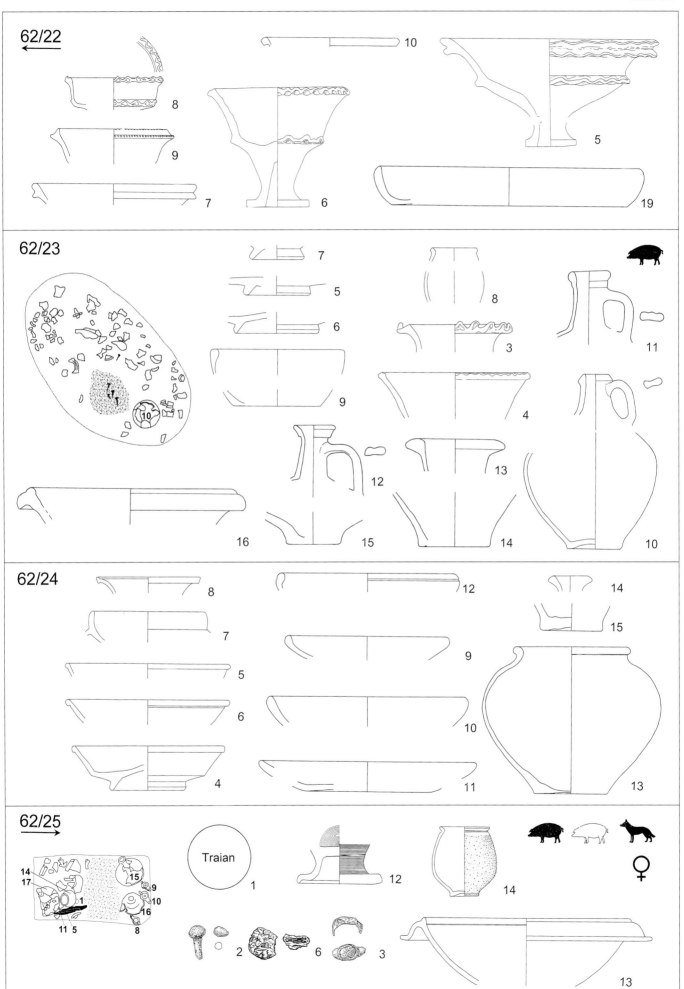

Tafel 117

Tafel 118

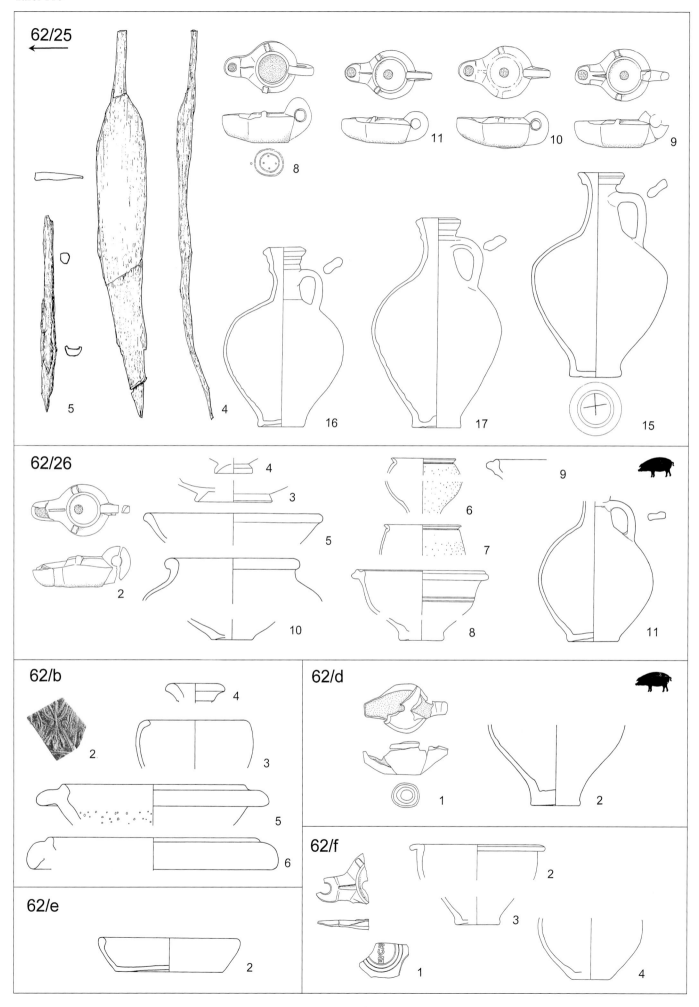

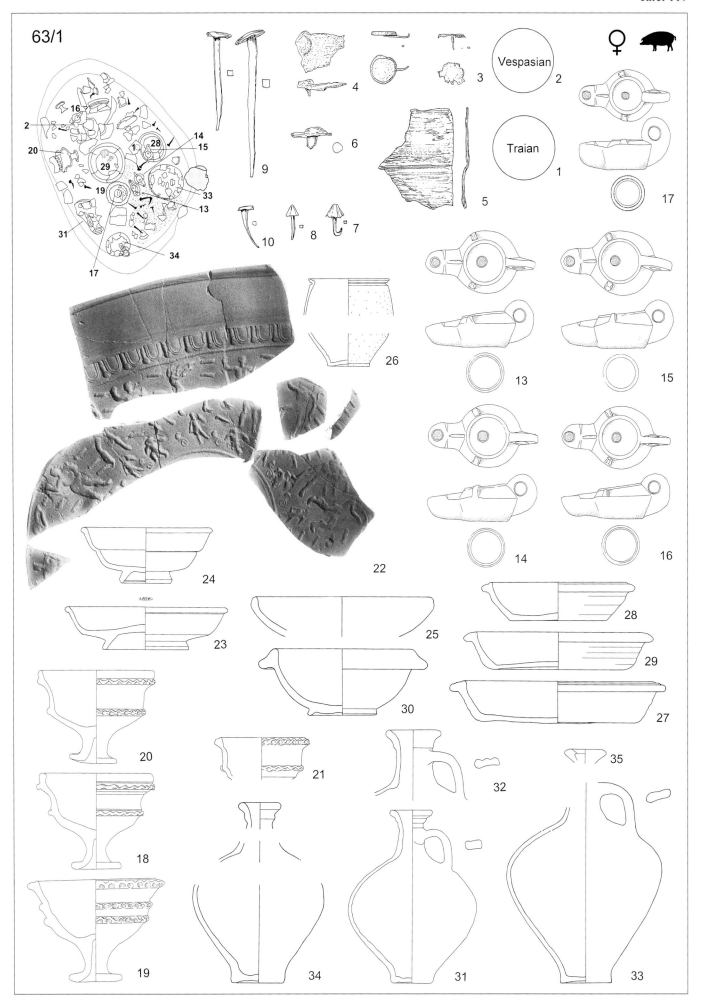

Tafel 119

Tafel 120

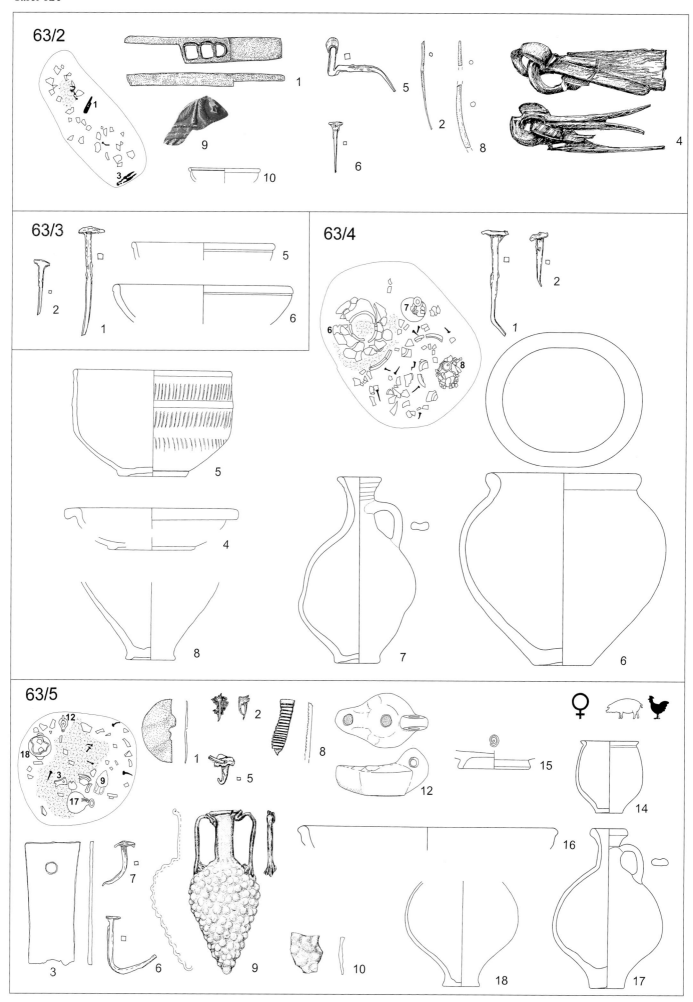

Tafel 121

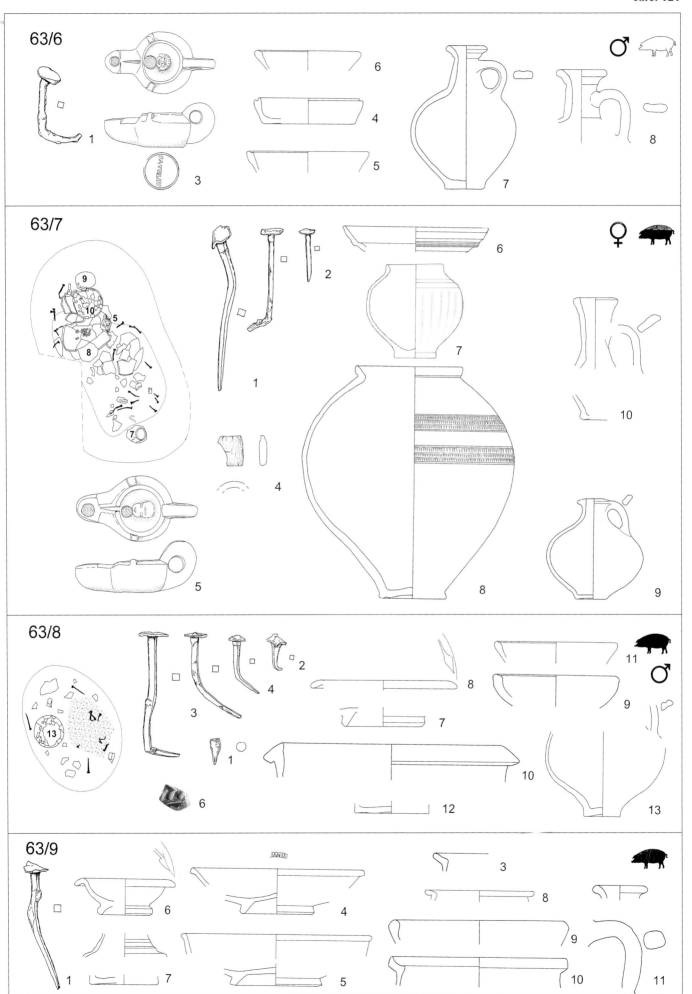

Tafel 122

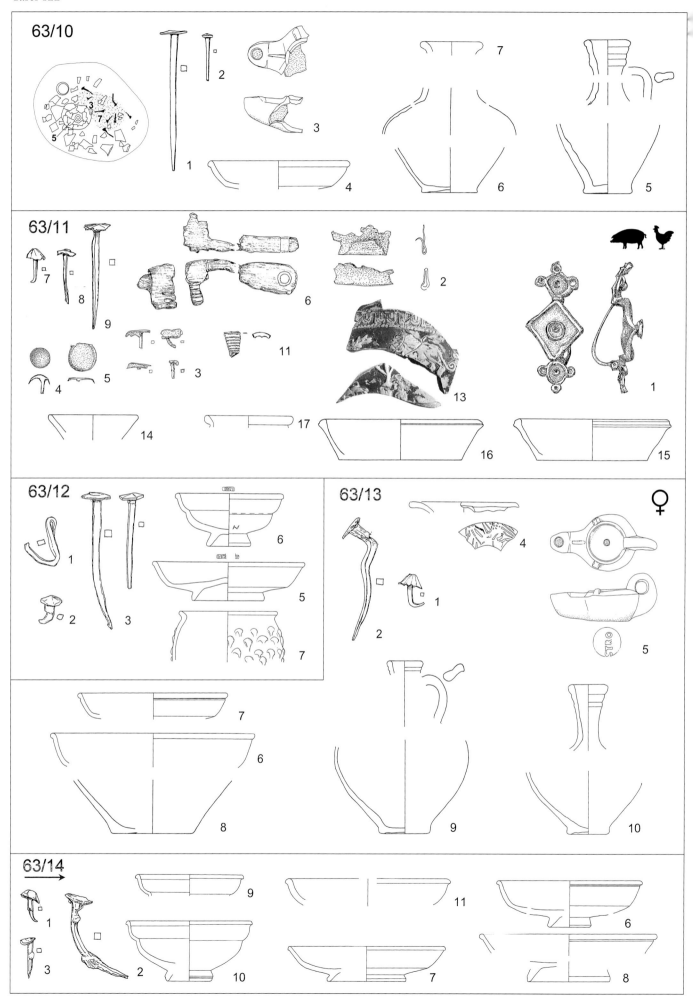

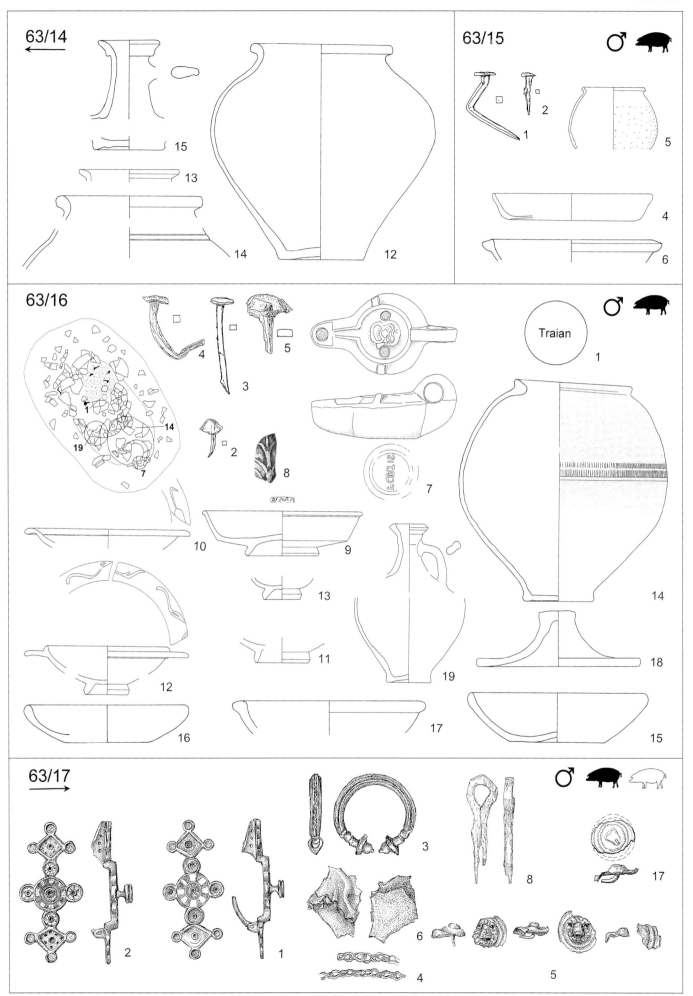

Tafel 123

Tafel 124

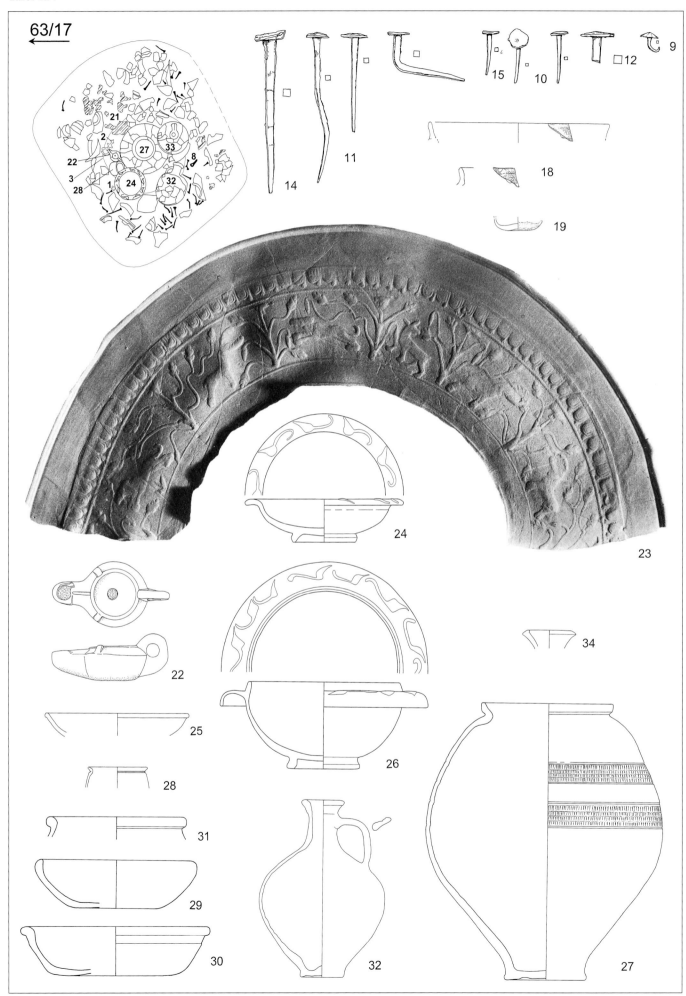

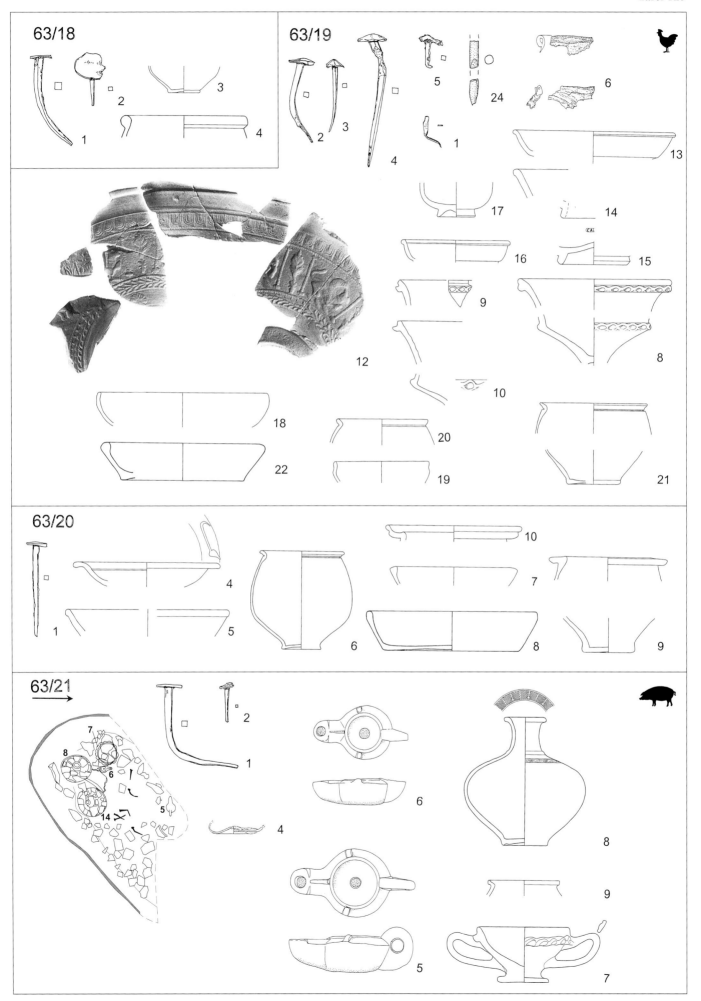

Tafel 125

Tafel 126

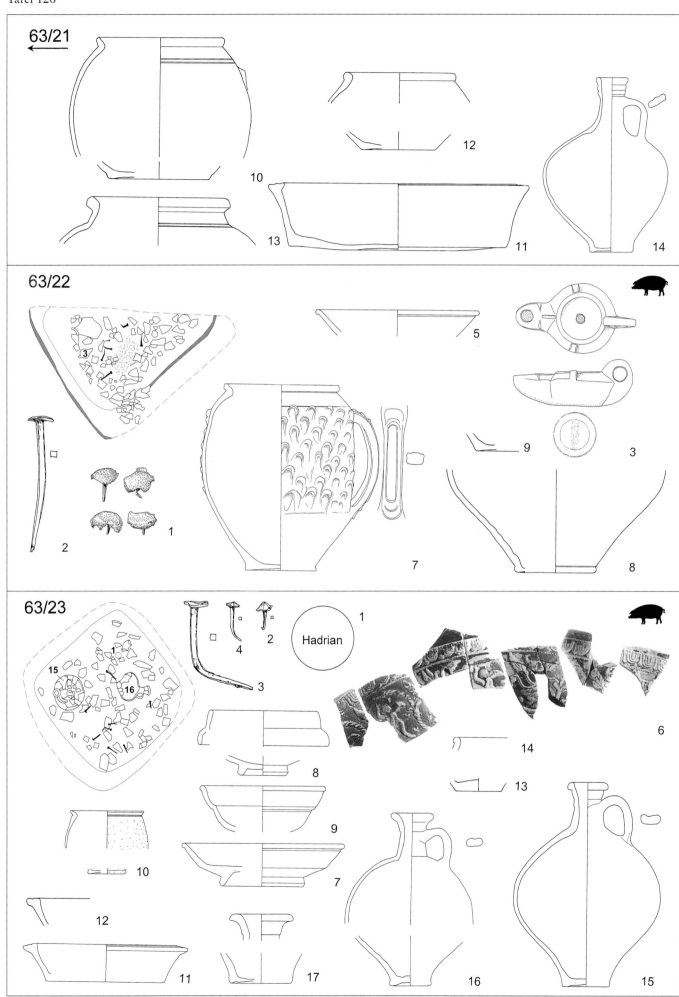

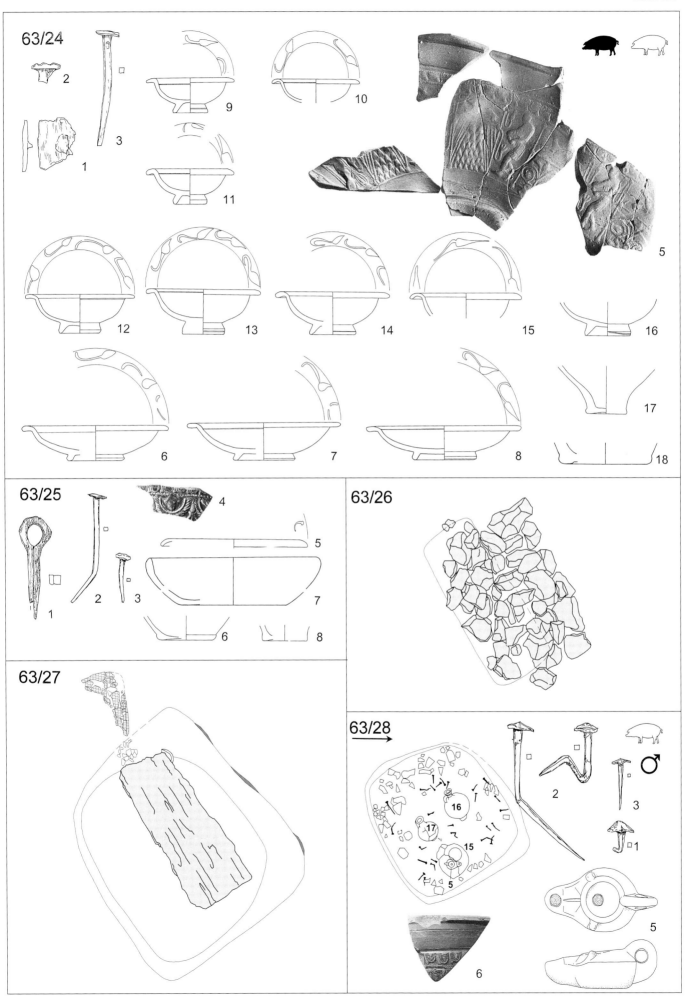

Tafel 127

Tafel 128

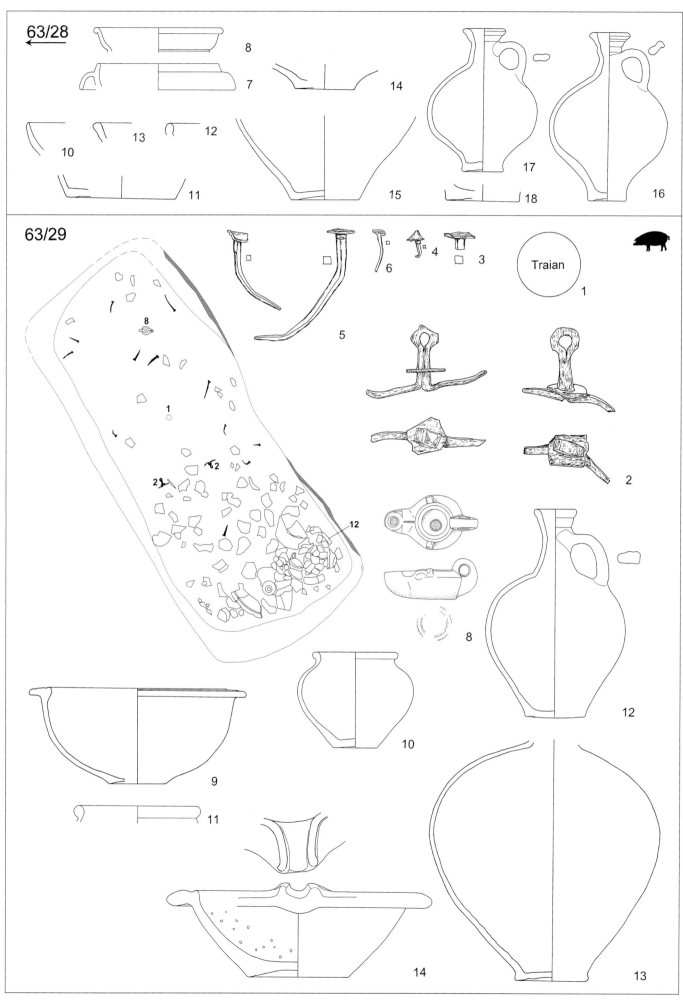

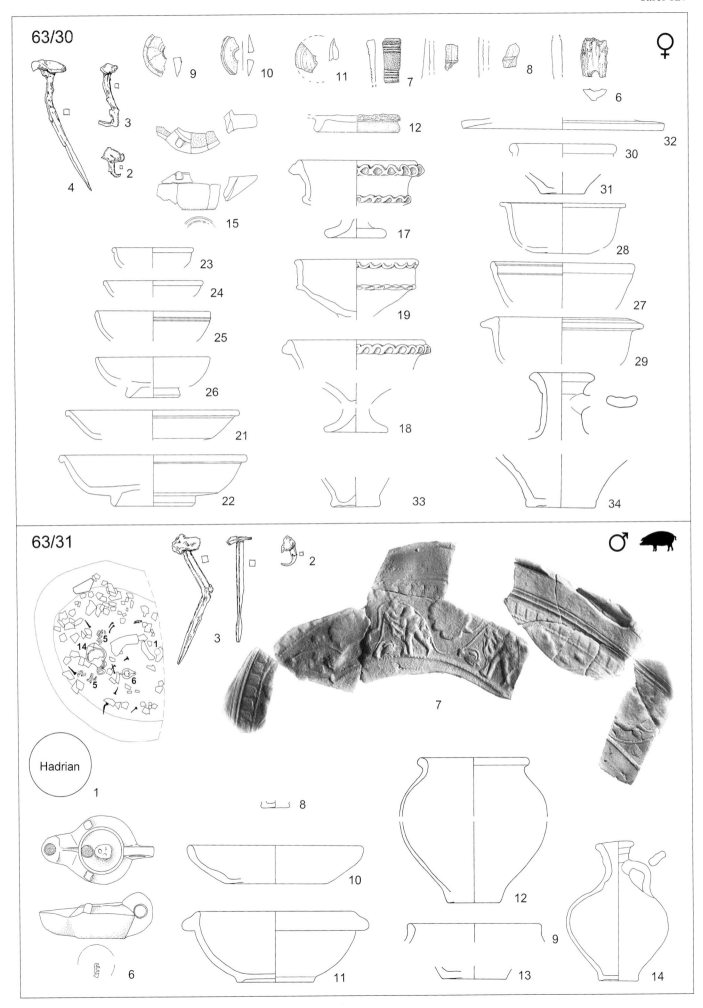

Tafel 129

Tafel 130

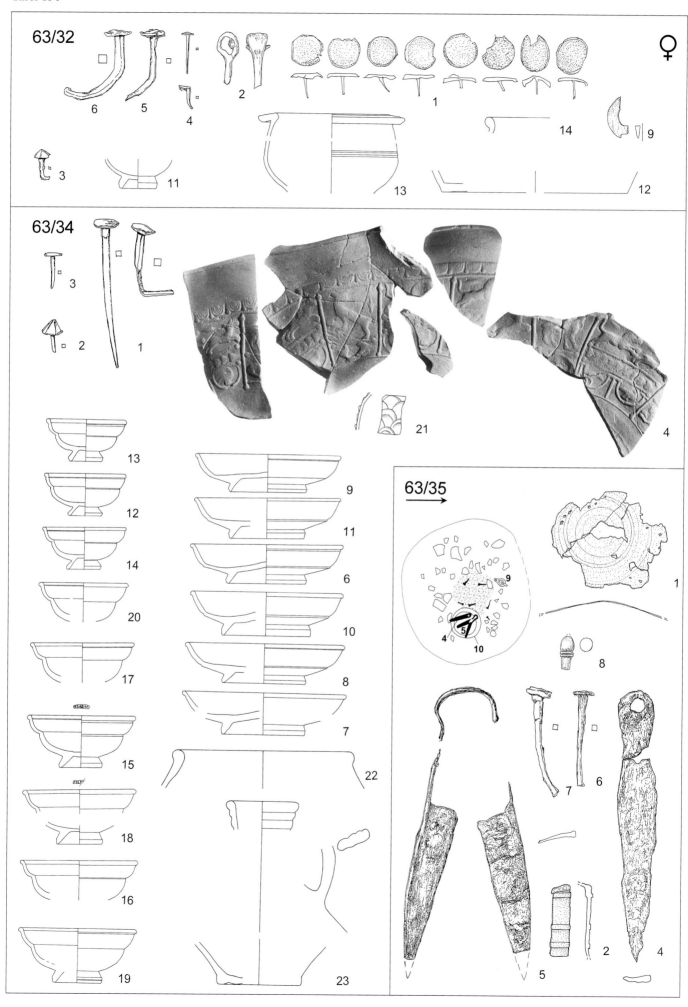

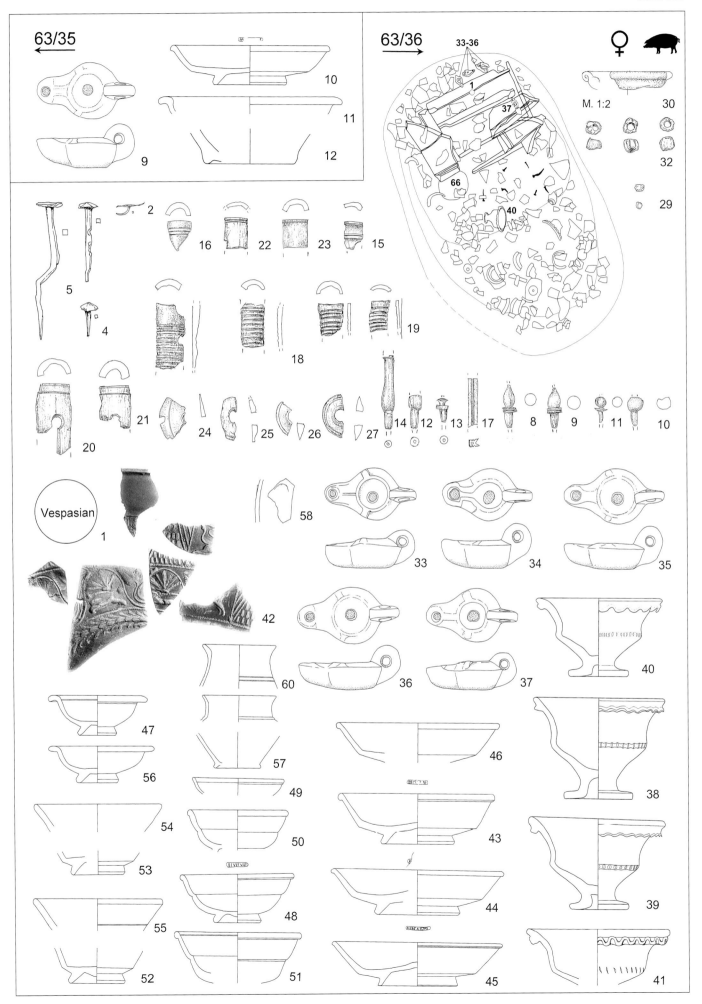

Tafel 131

Tafel 132

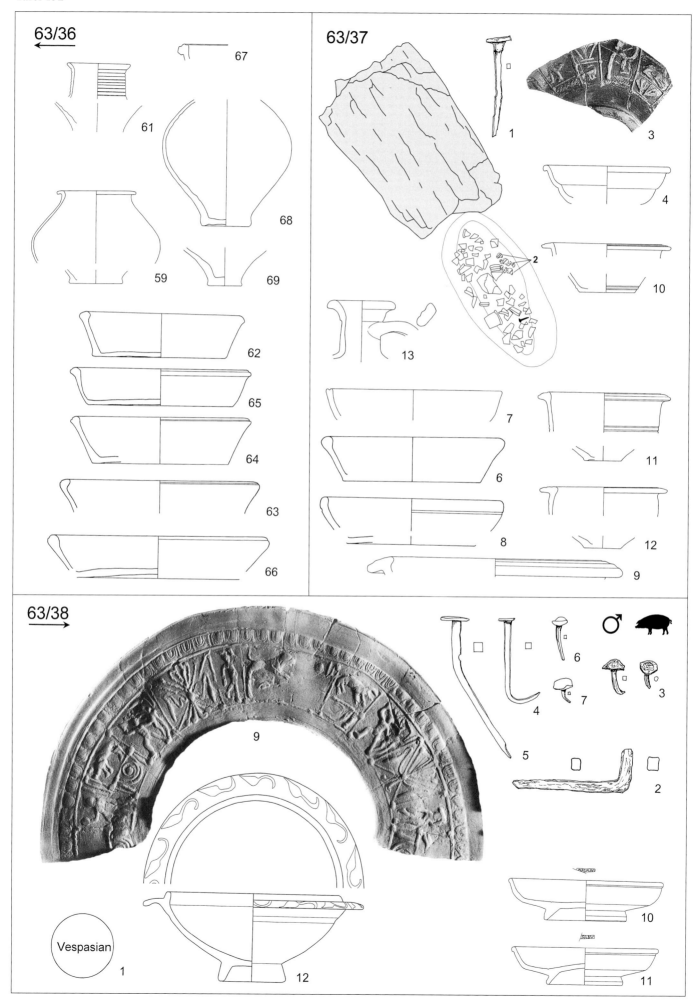

Tafel 133

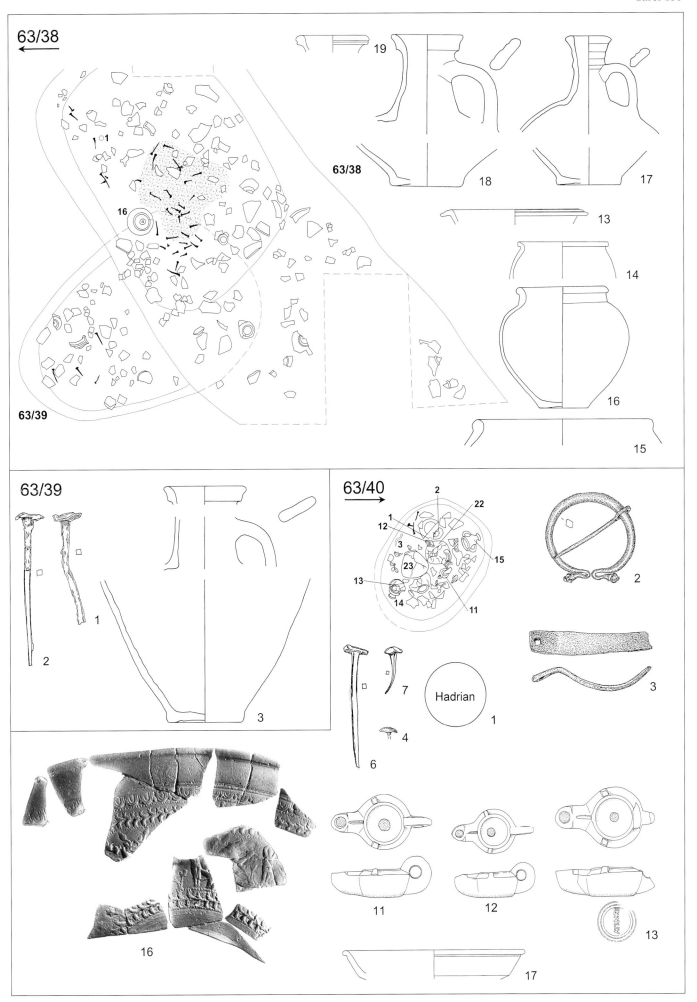

Tafel 134

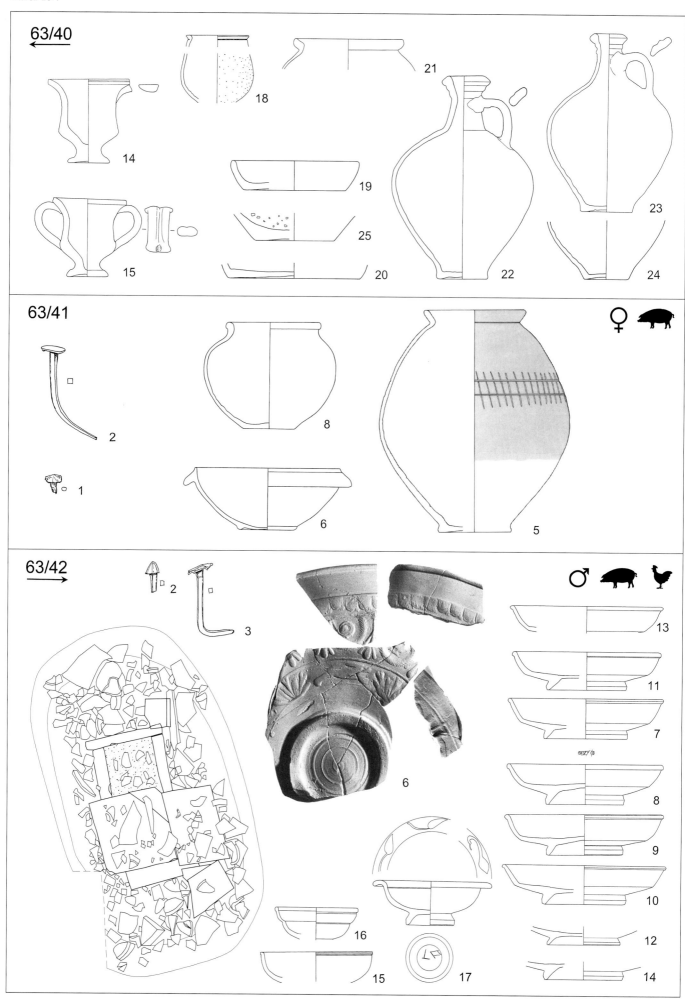

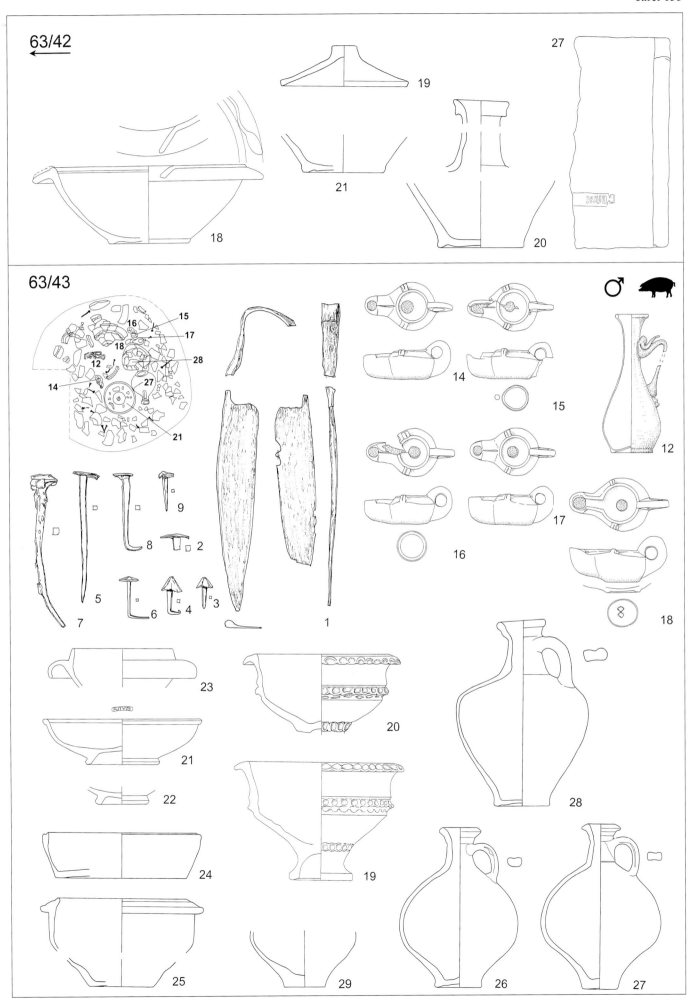

Tafel 135

Tafel 136

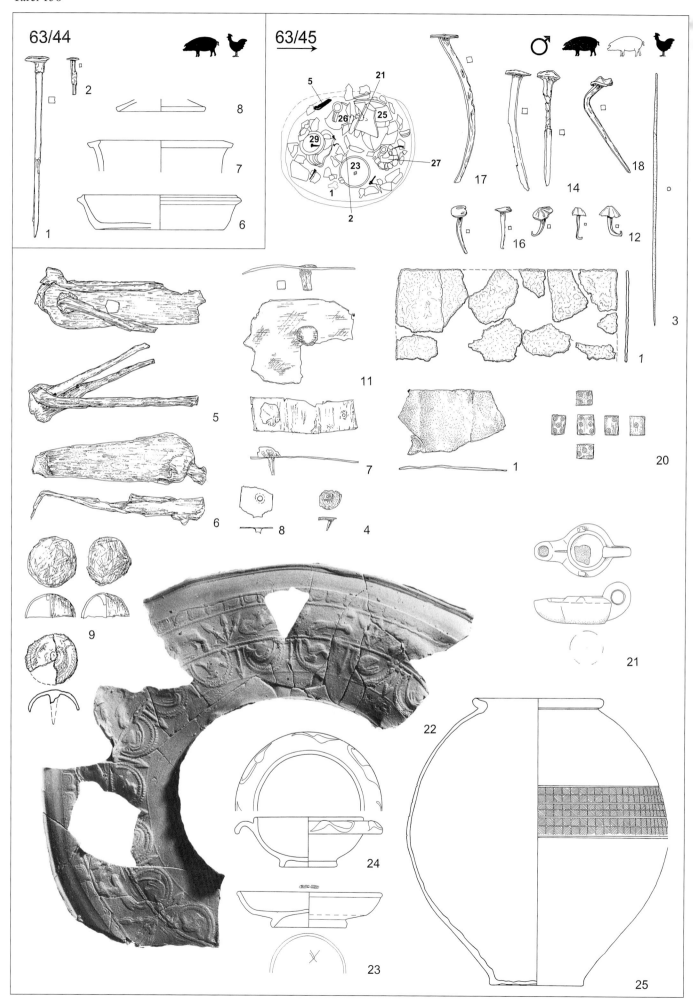

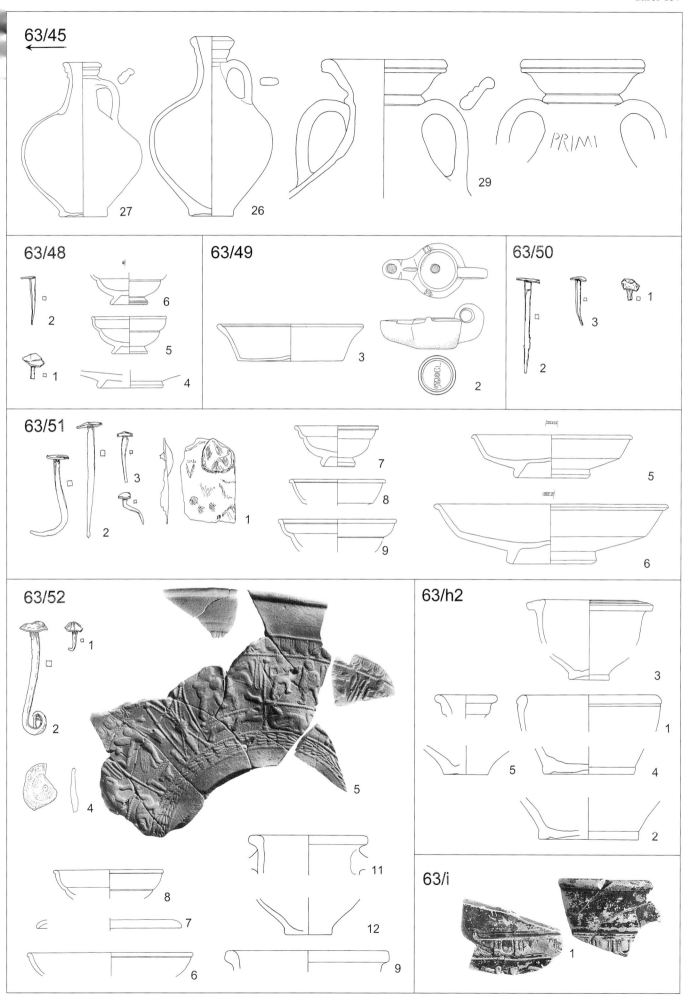
Tafel 137

Tafel 138

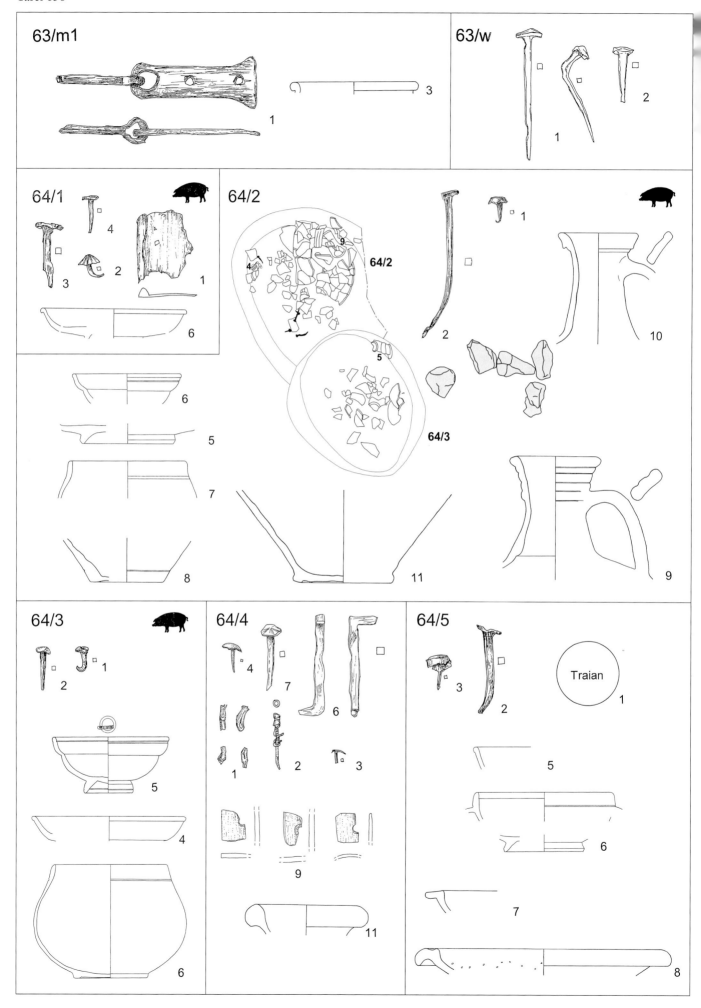

Tafel 139

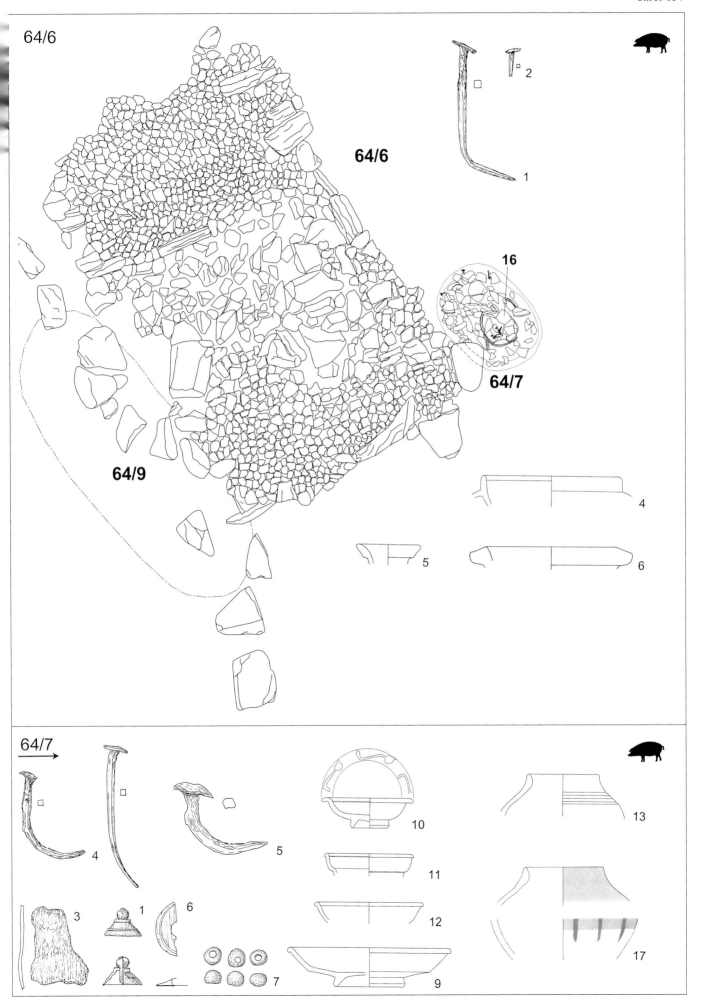

Tafel 140

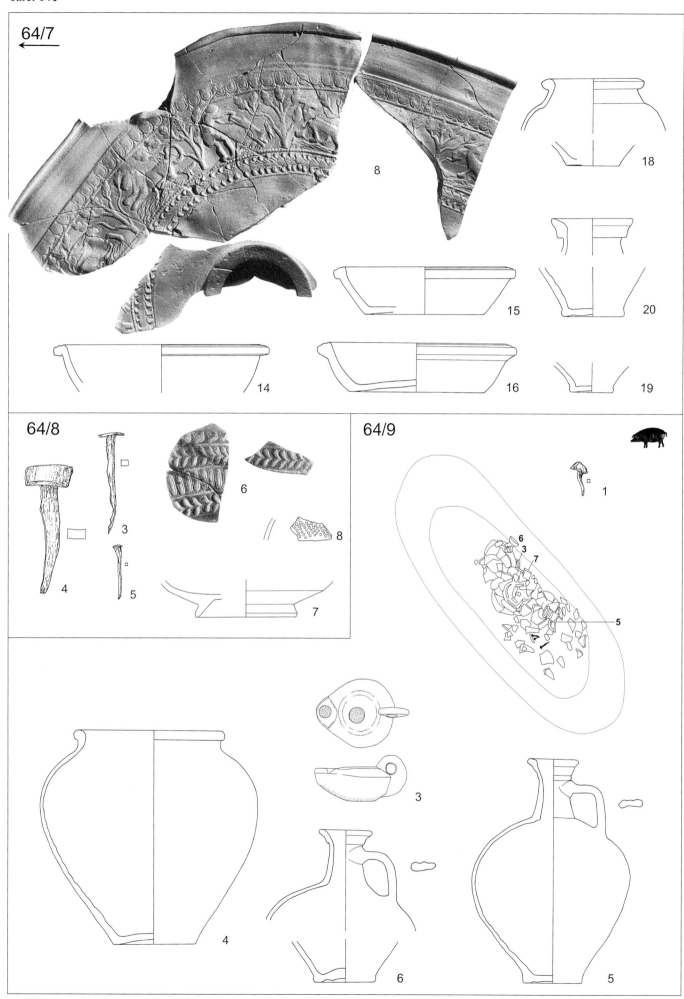

Tafel 141

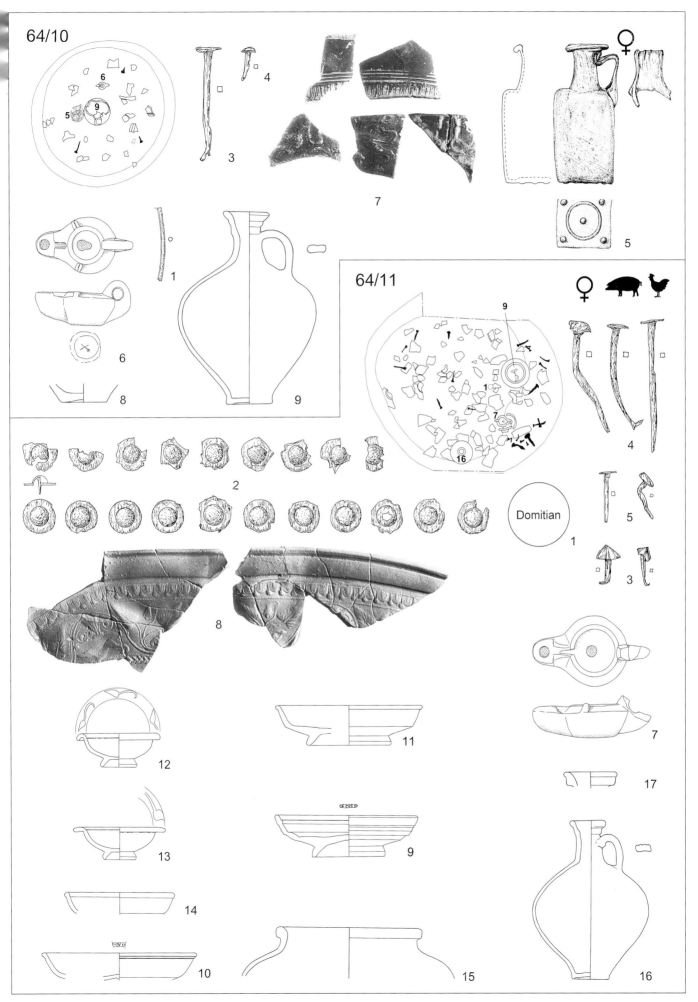

Tafel 142

64/12

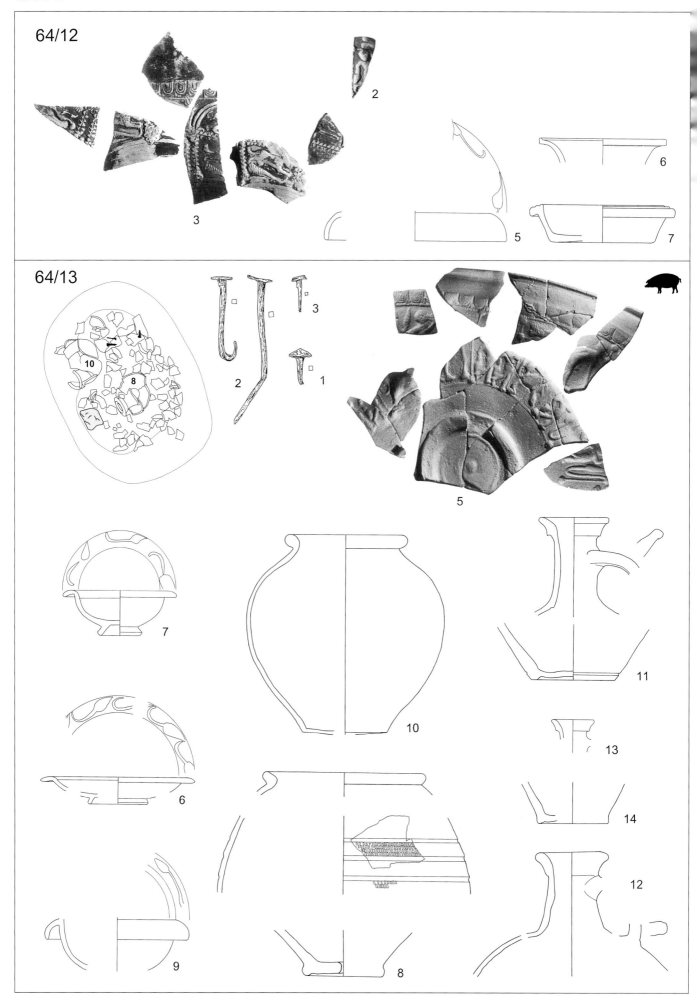

64/13

Tafel 143

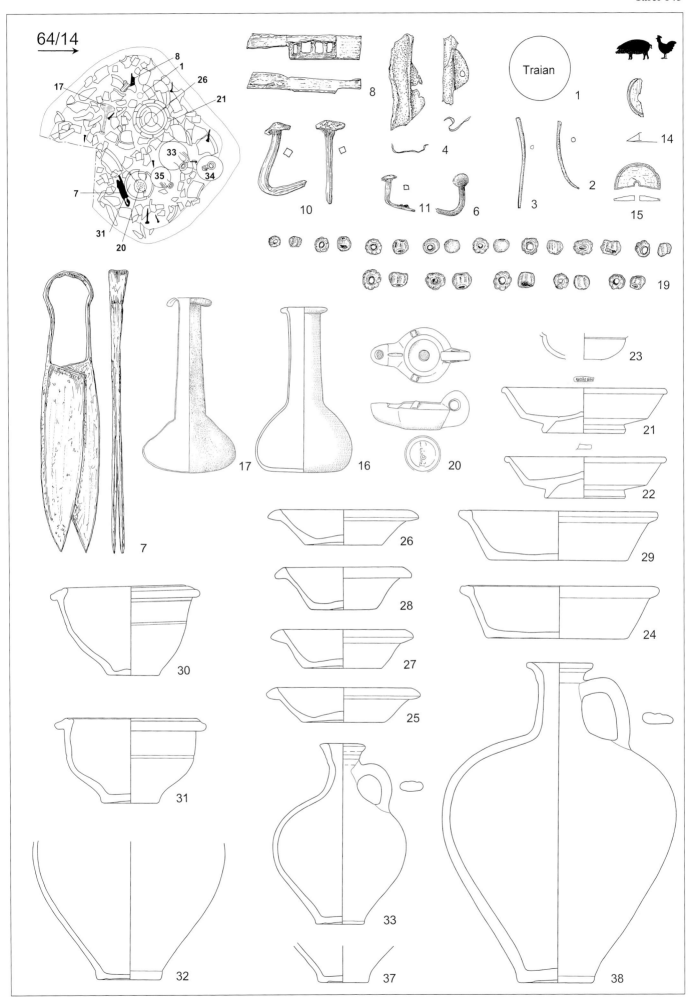

Tafel 144

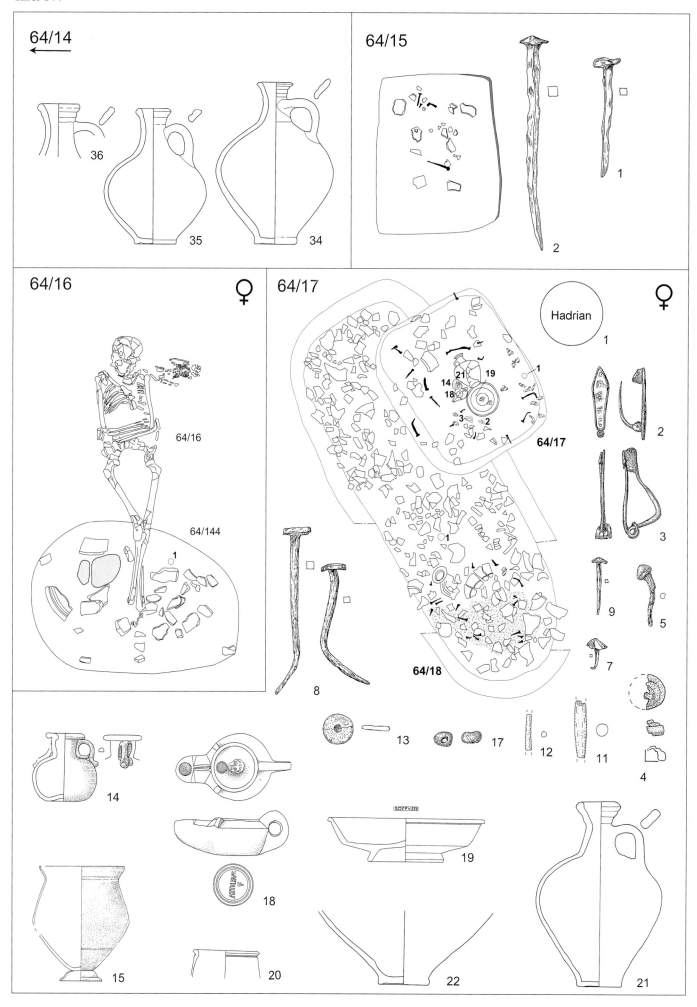

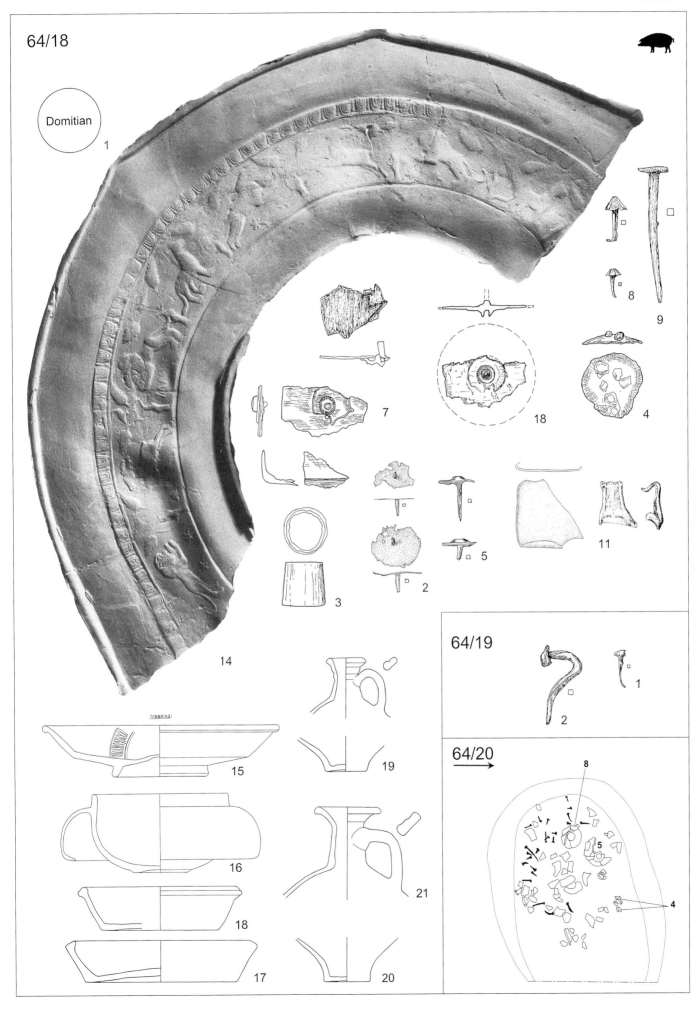

Tafel 145

Tafel 146

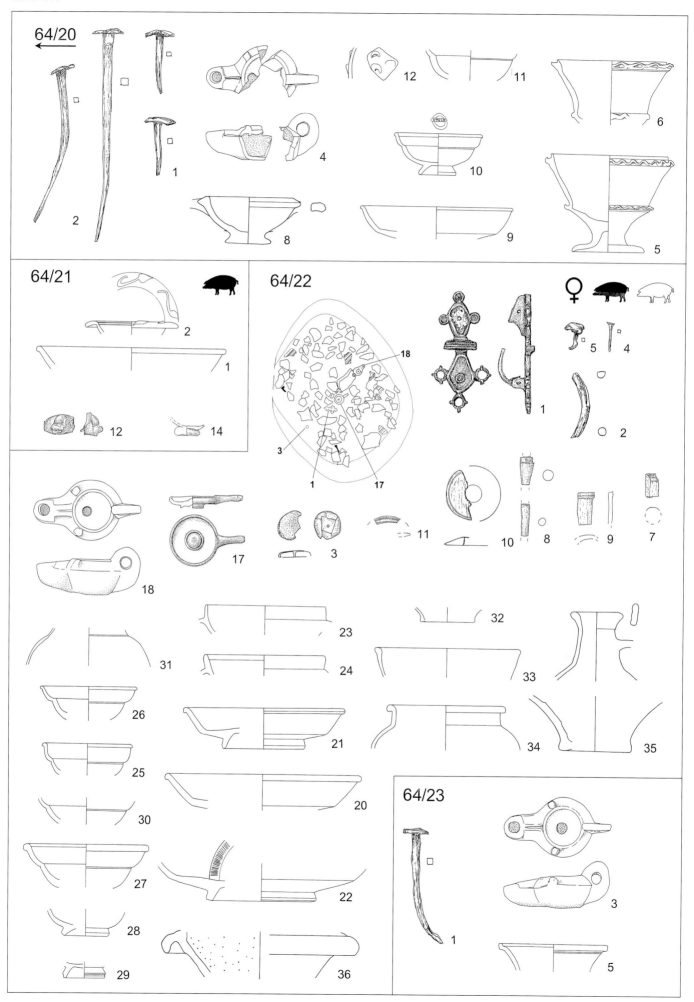

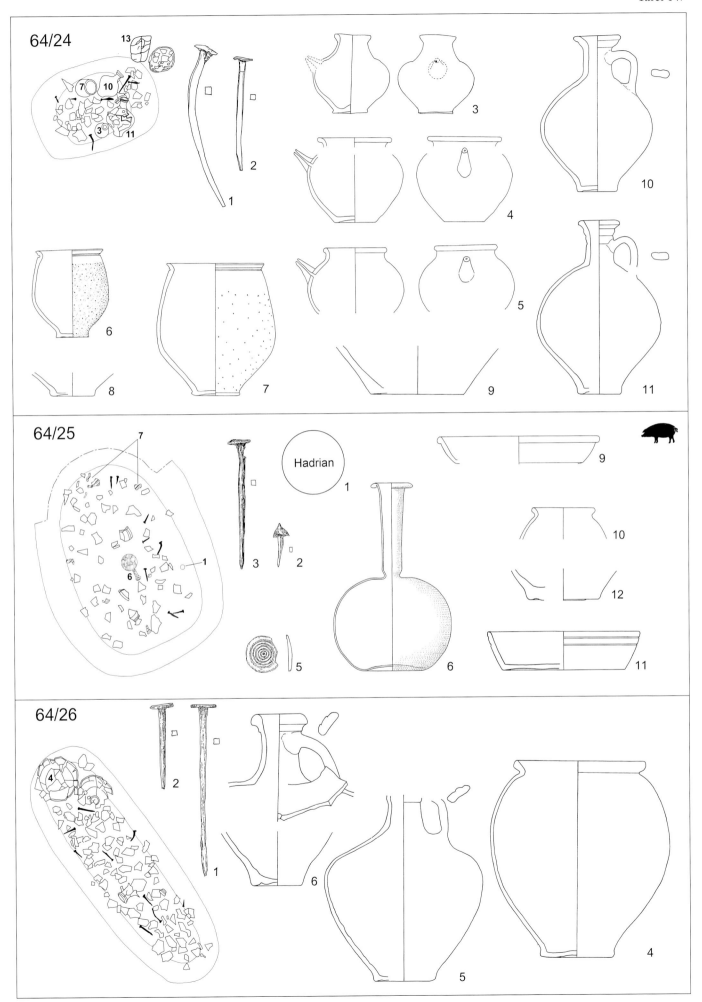

Tafel 147

Tafel 148

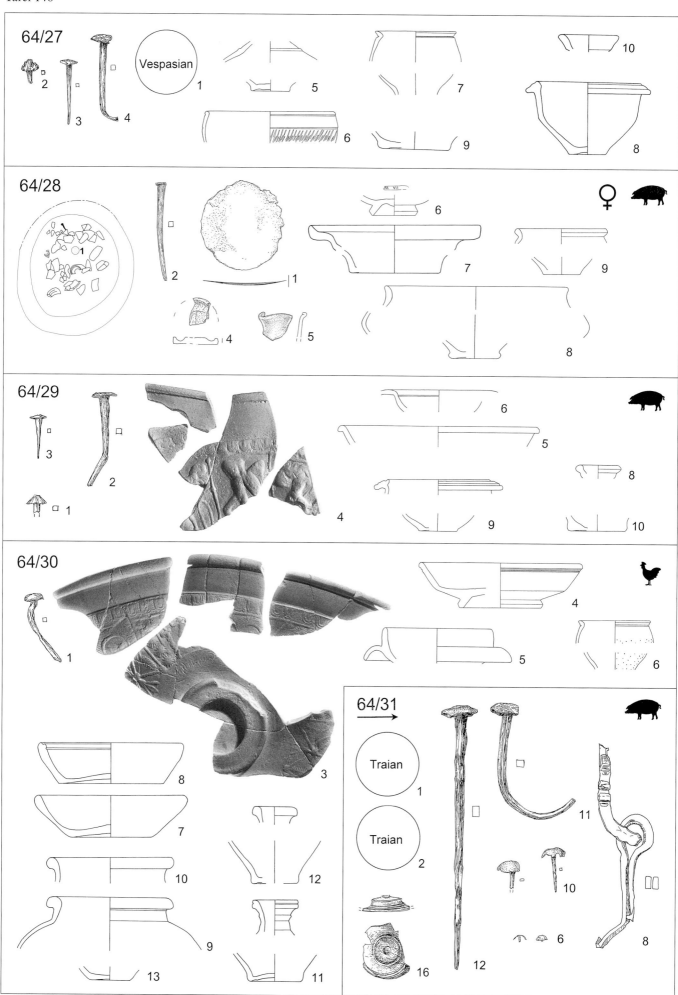

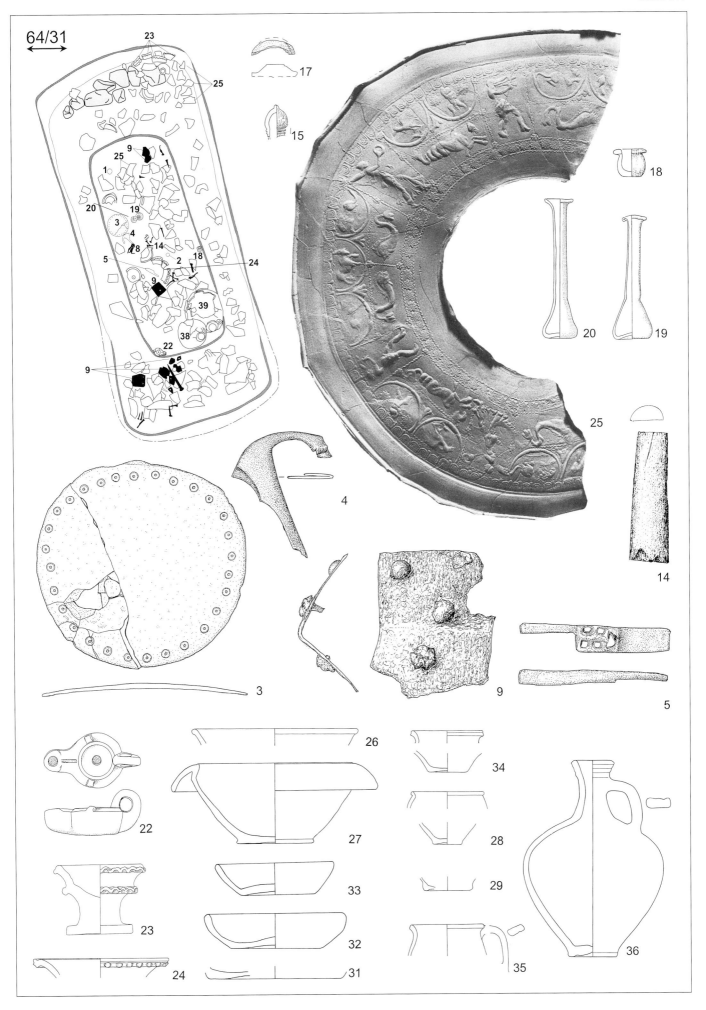

Tafel 149

Tafel 150

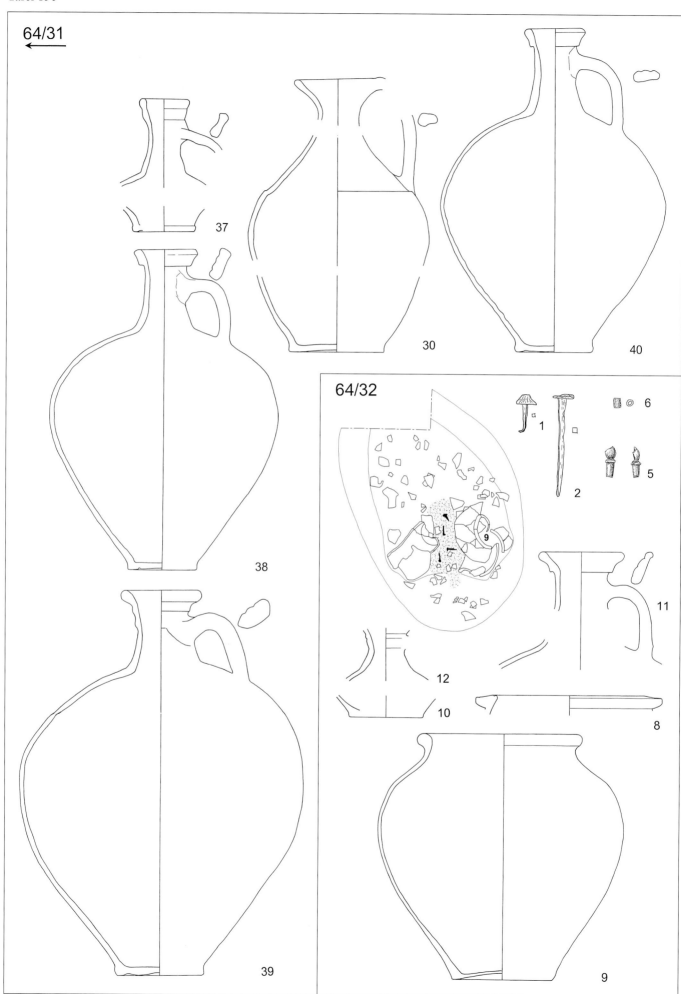

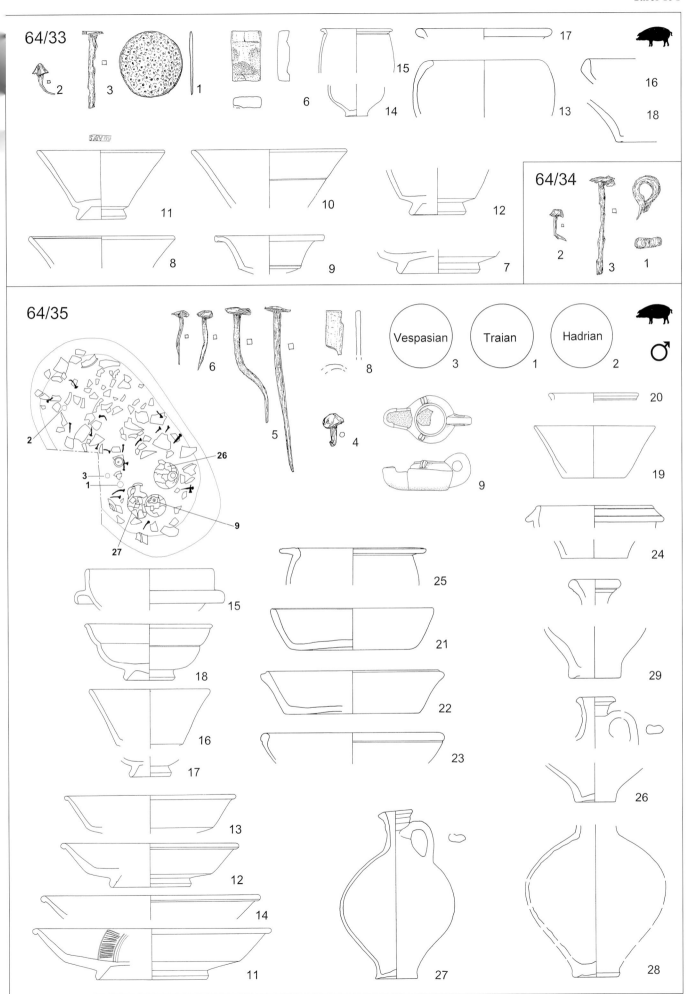

Tafel 152

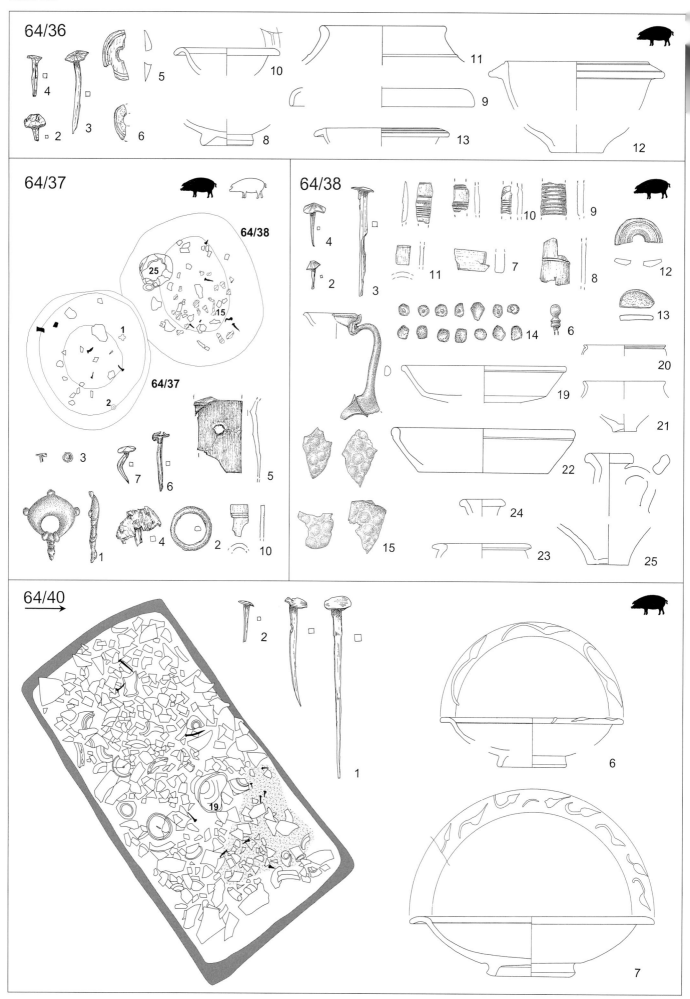

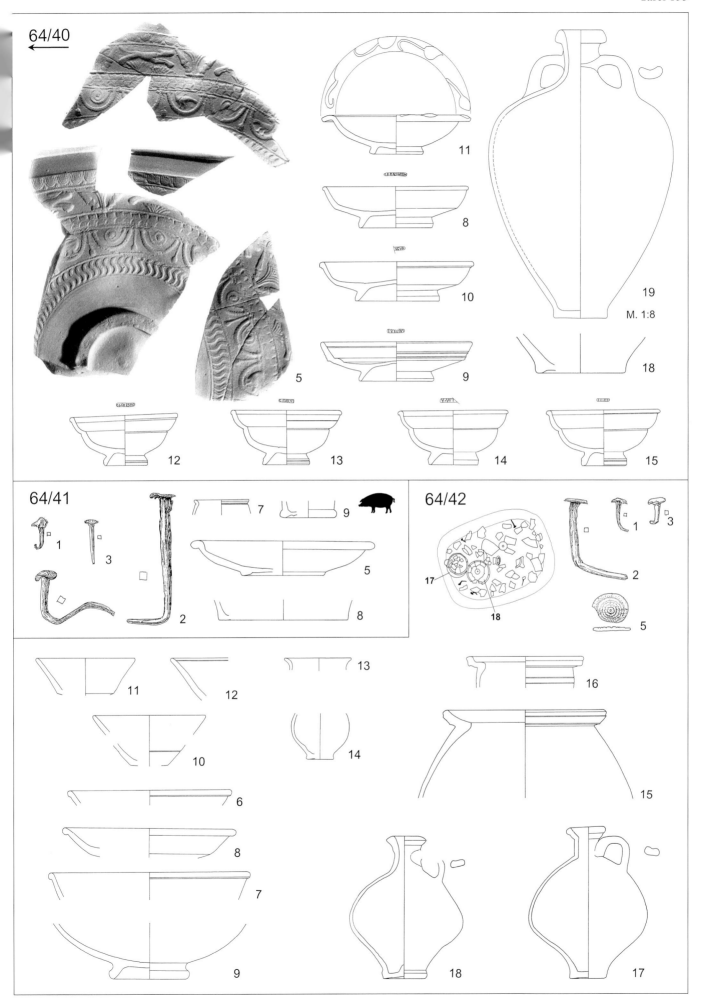

Tafel 153

Tafel 154

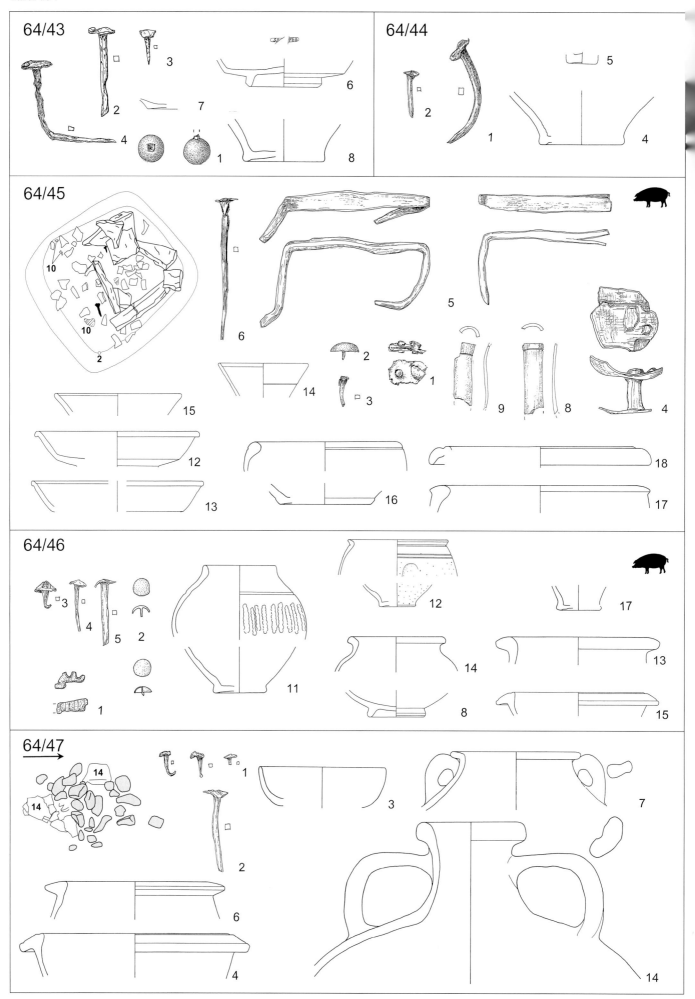

Tafel 155

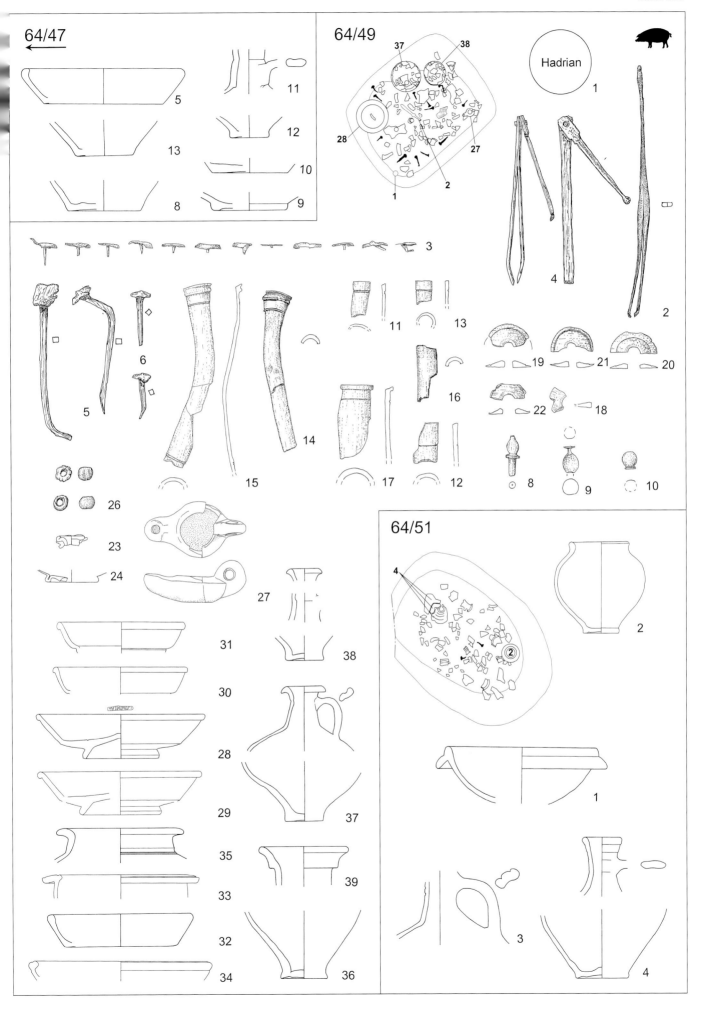

Tafel 156

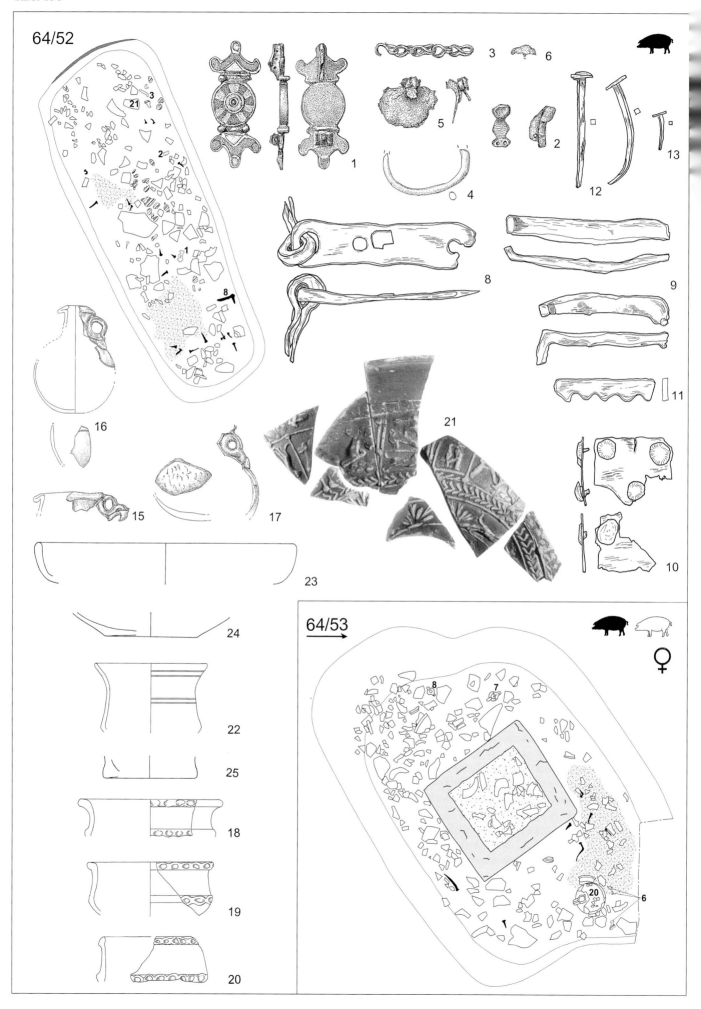

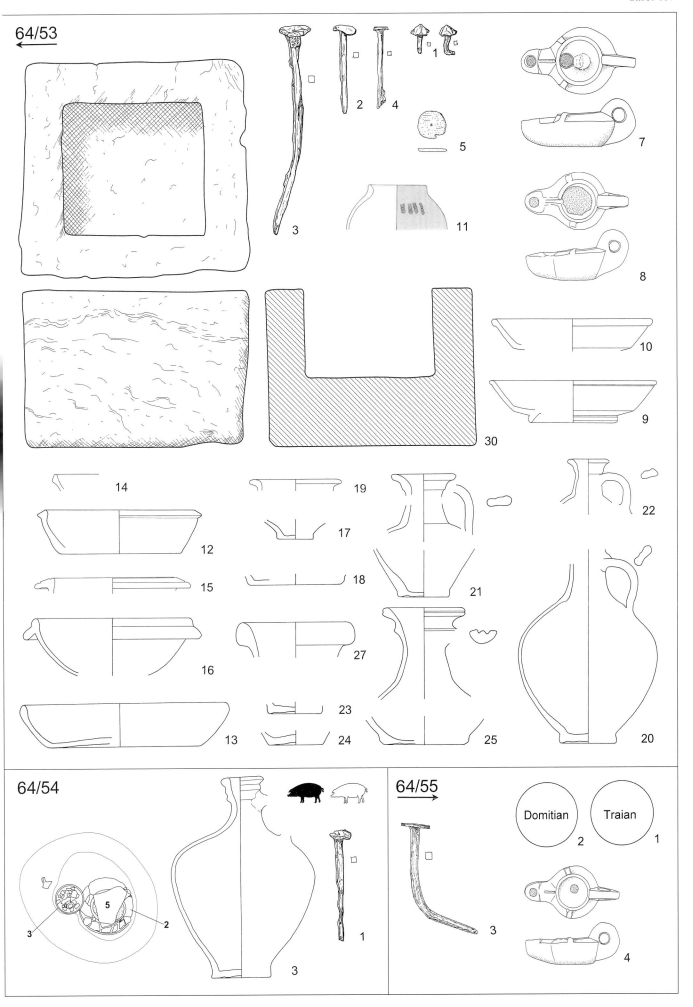

Tafel 157

Tafel 158

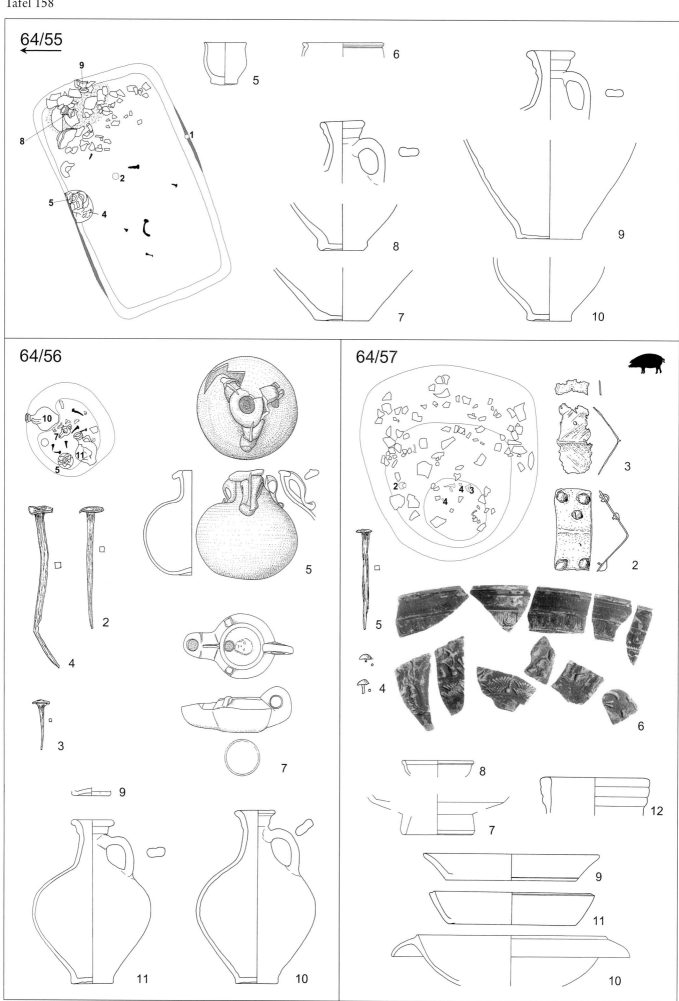

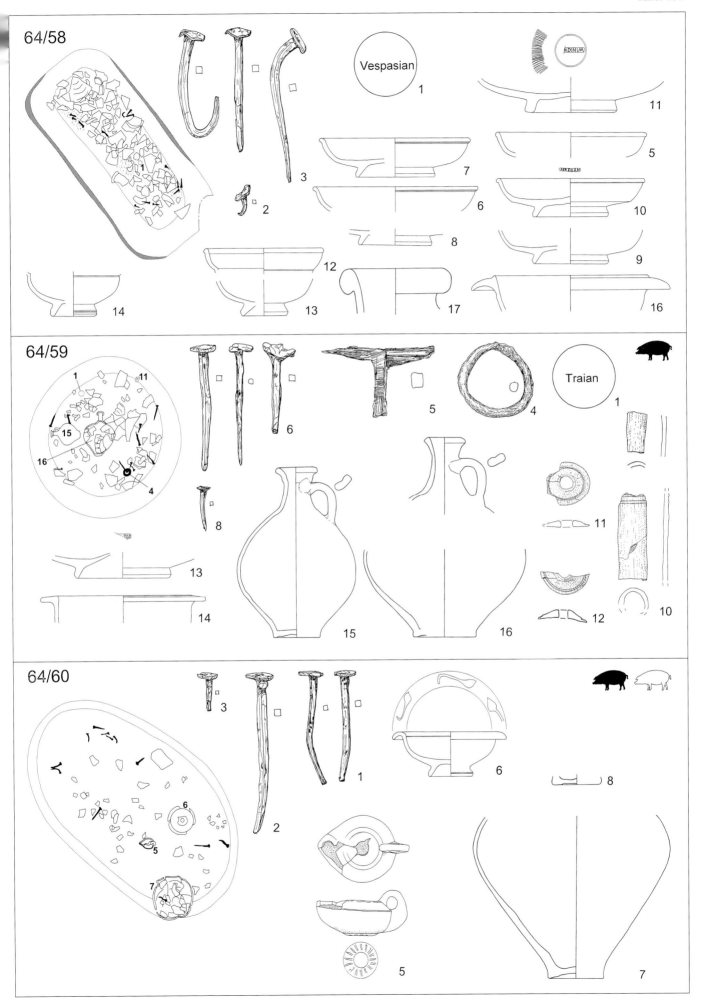

Tafel 159

Tafel 160

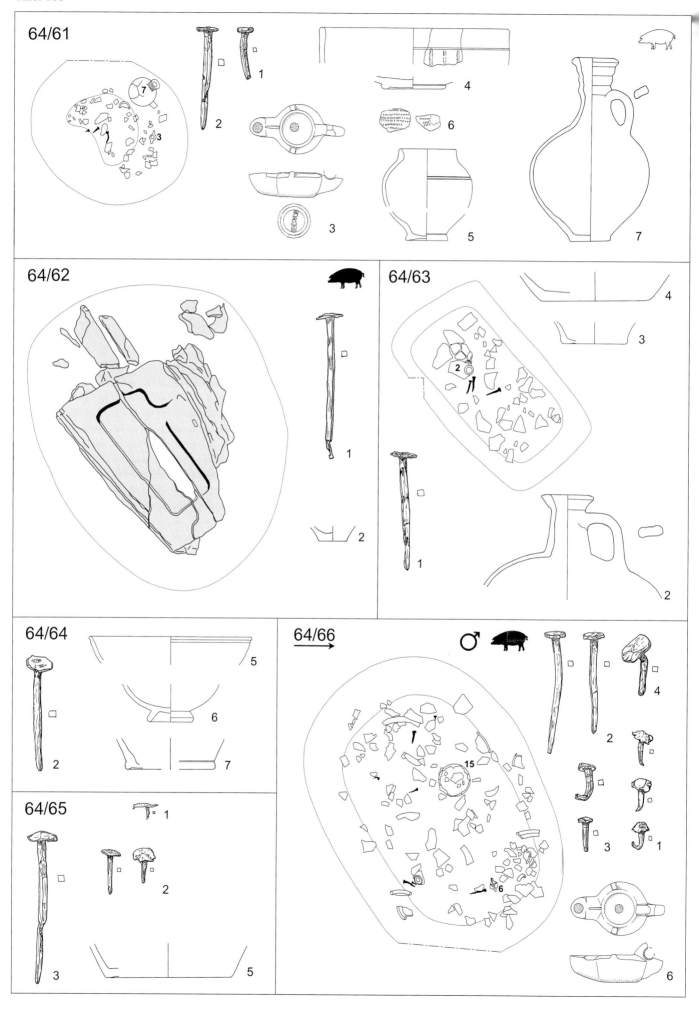

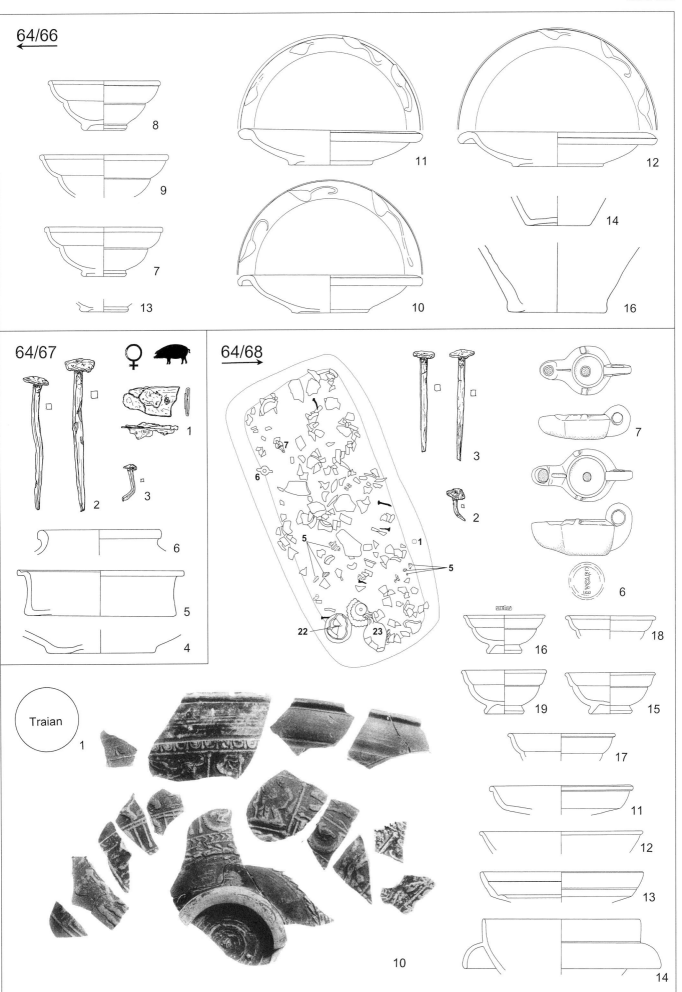
Tafel 161

Tafel 162

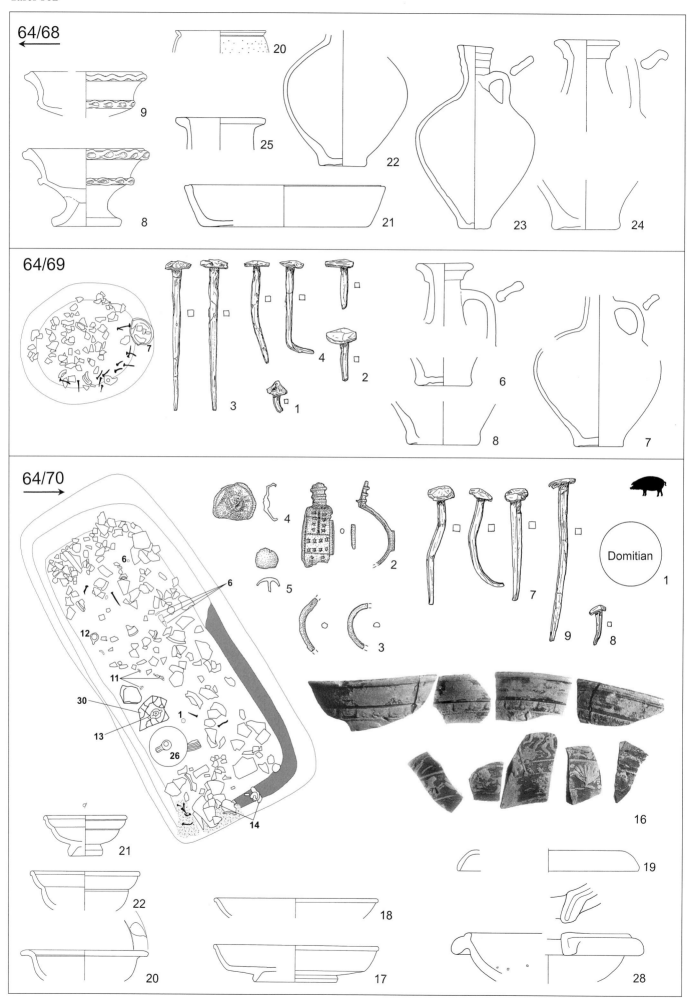

Tafel 163

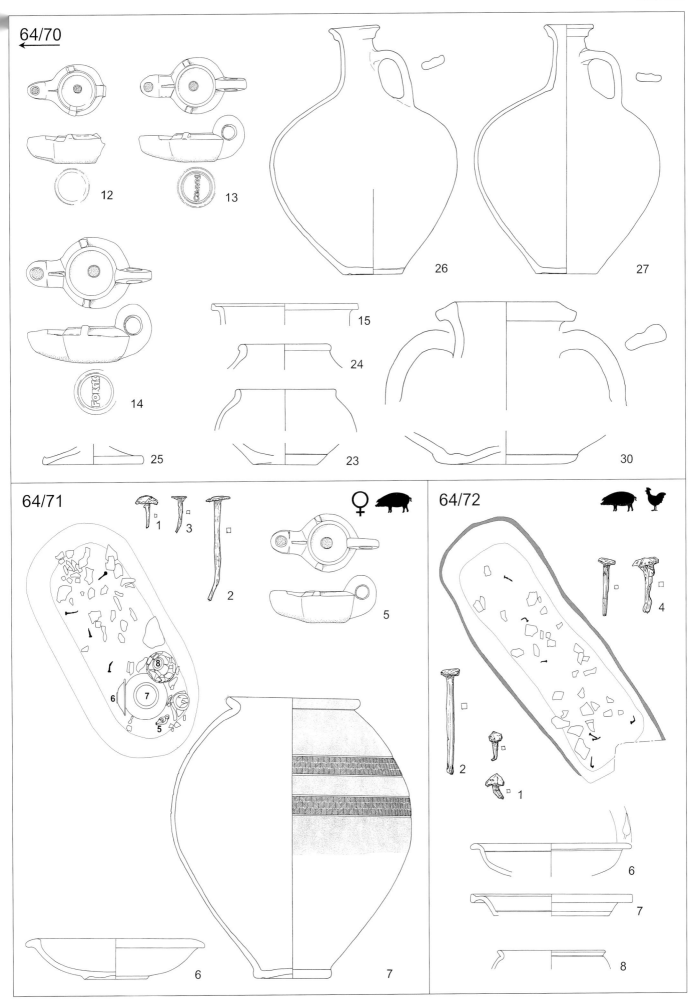

Tafel 164

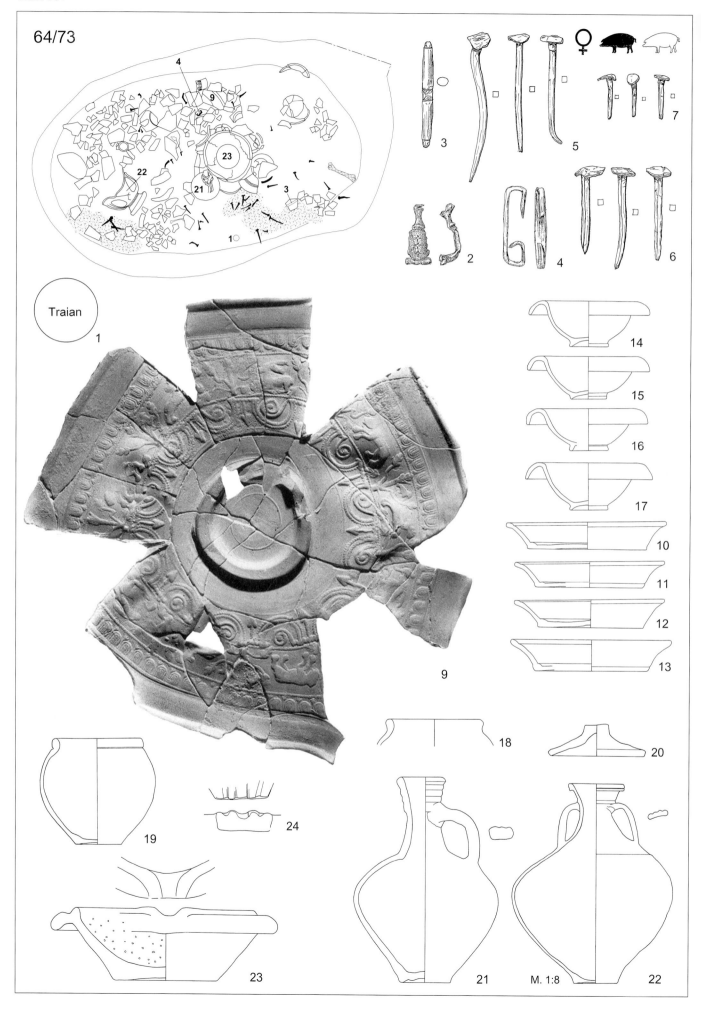

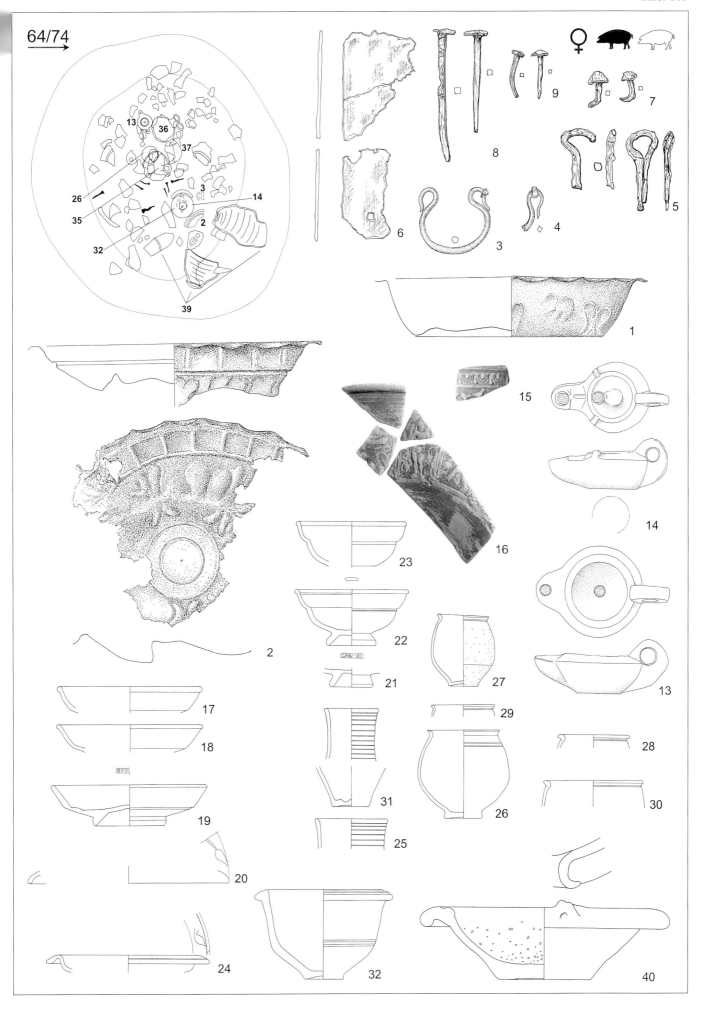

Tafel 165

Tafel 166

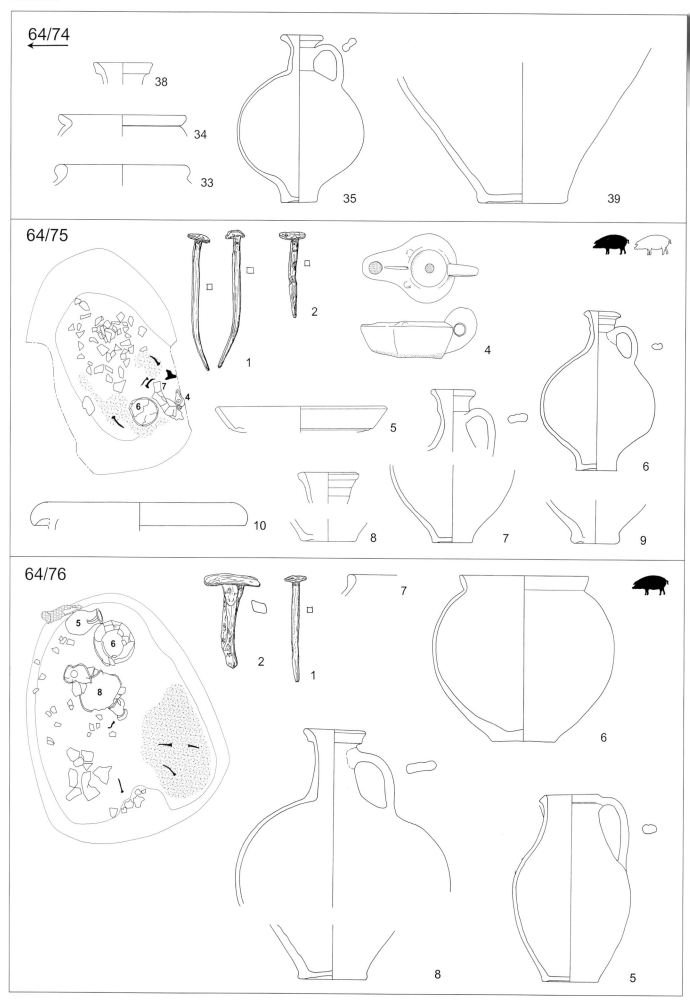

Tafel 167

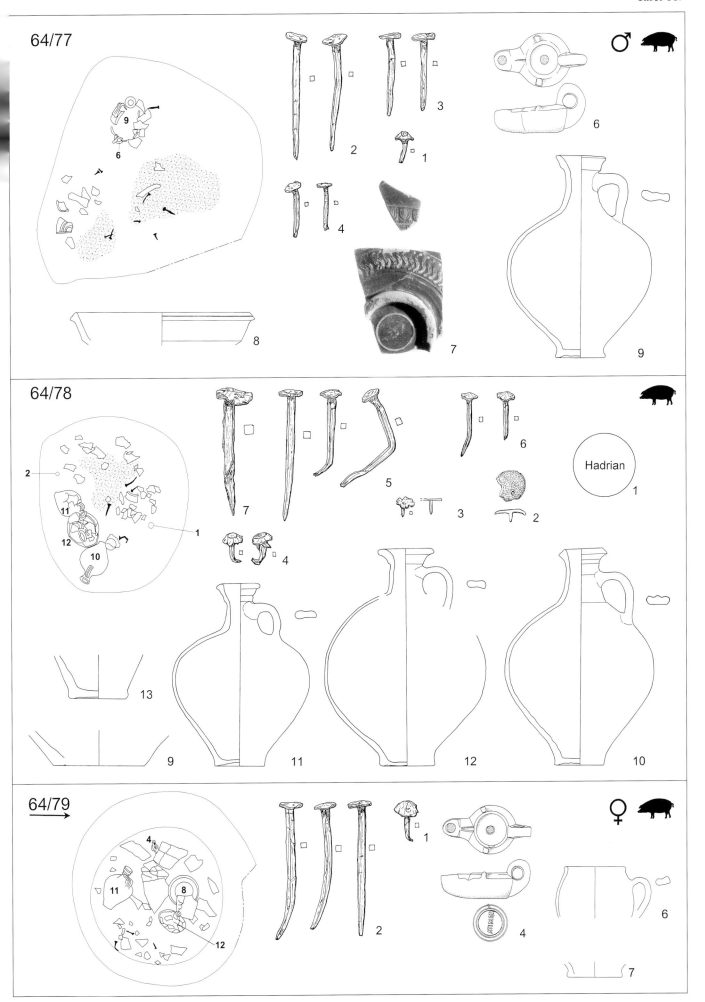

Tafel 168

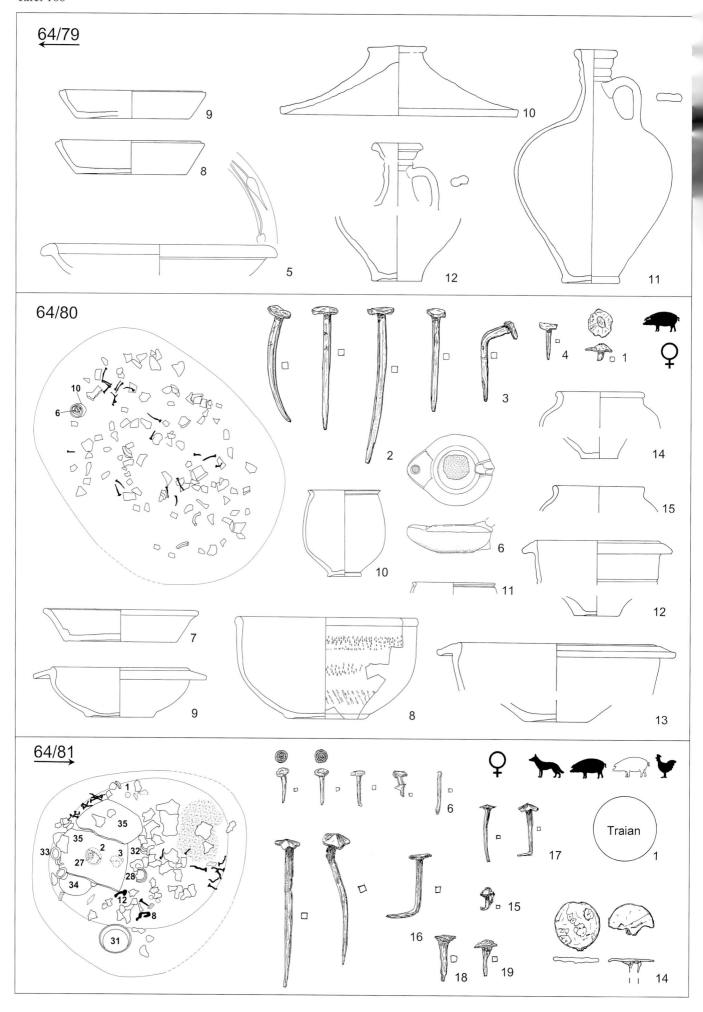

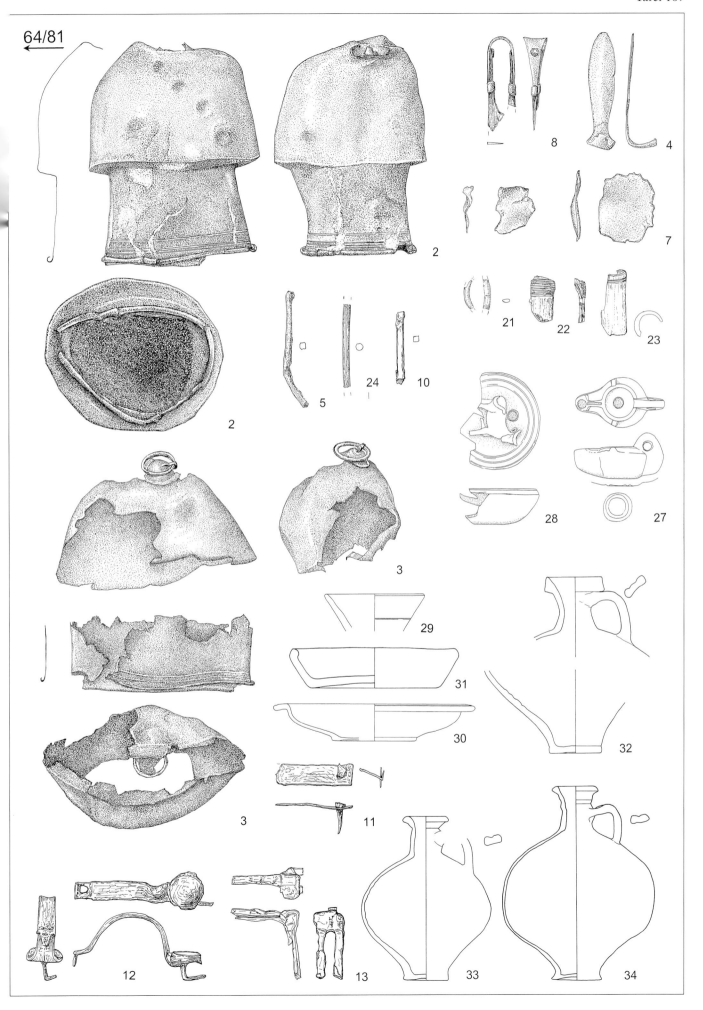

Tafel 169

Tafel 170

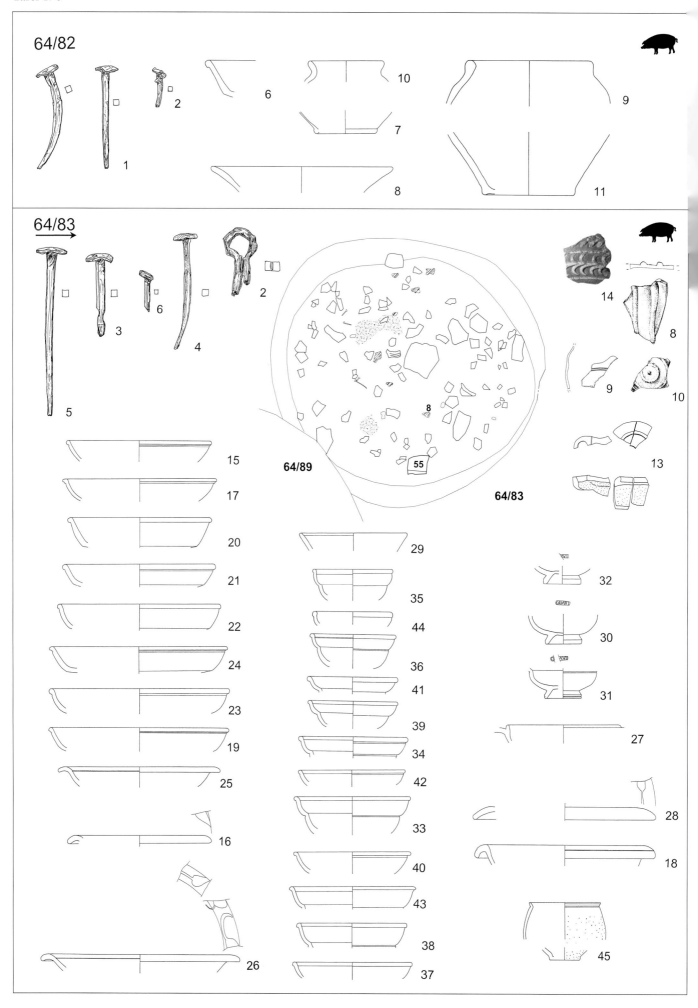

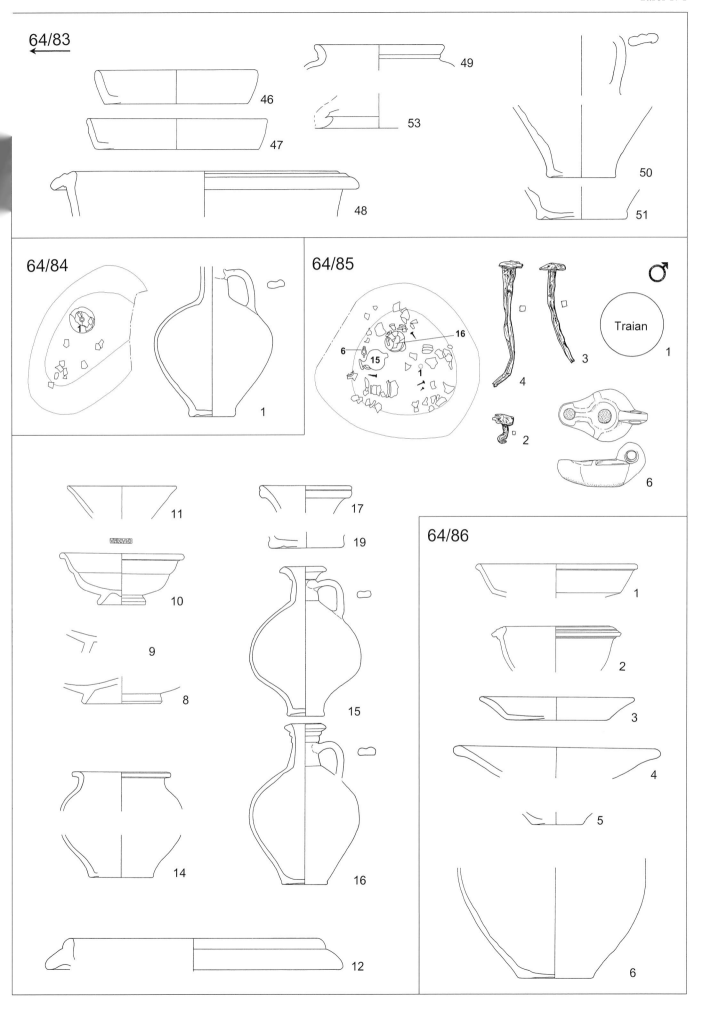

Tafel 171

Tafel 172

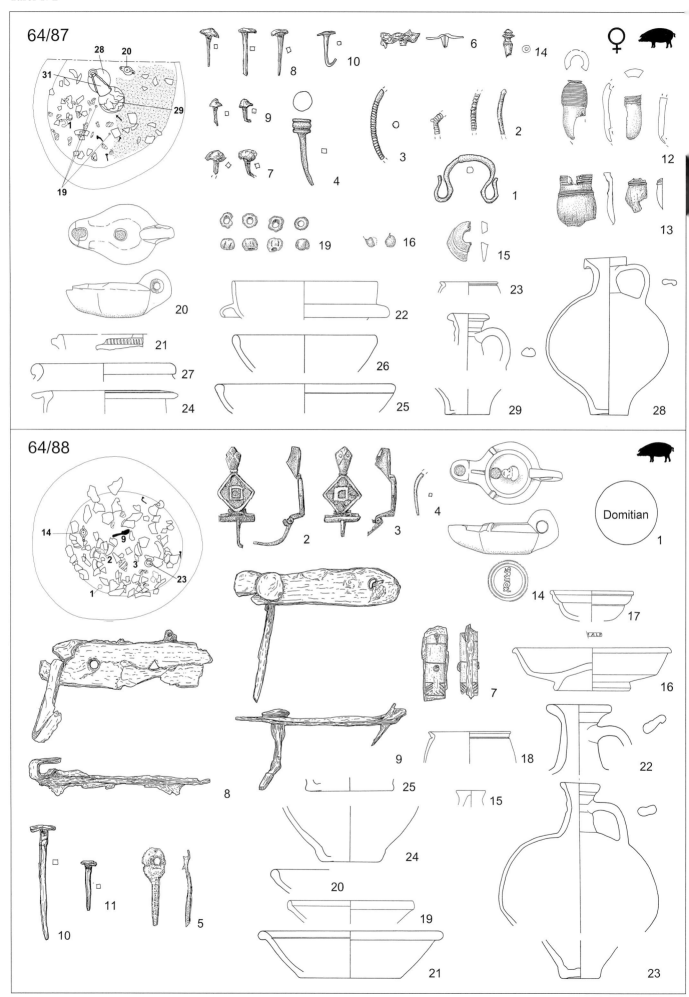

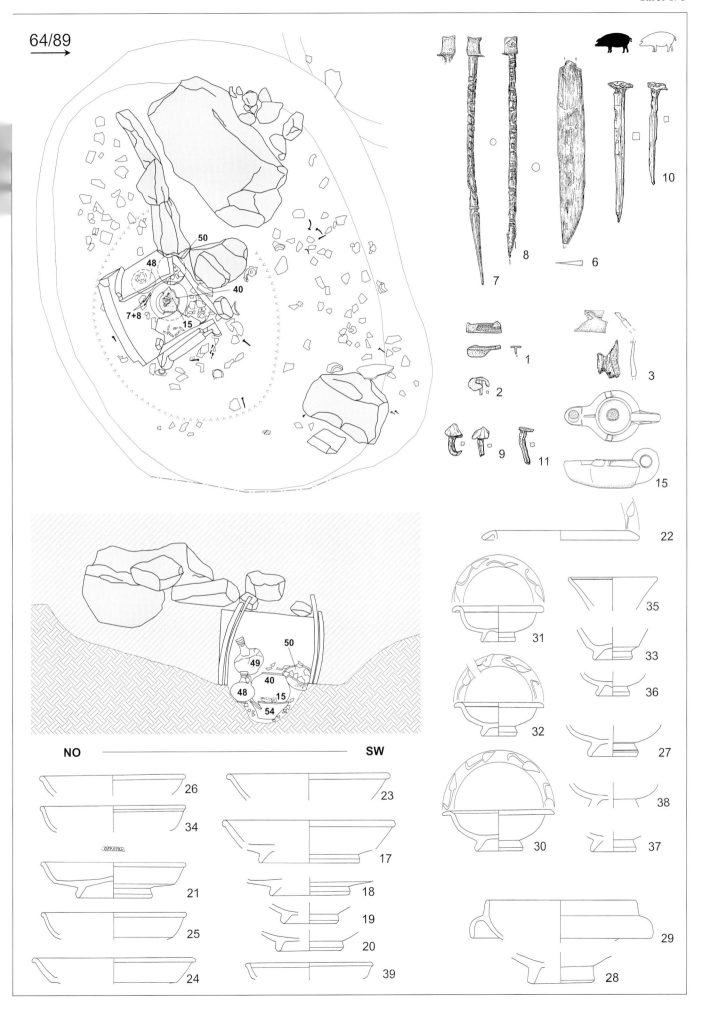

Tafel 173

Tafel 174

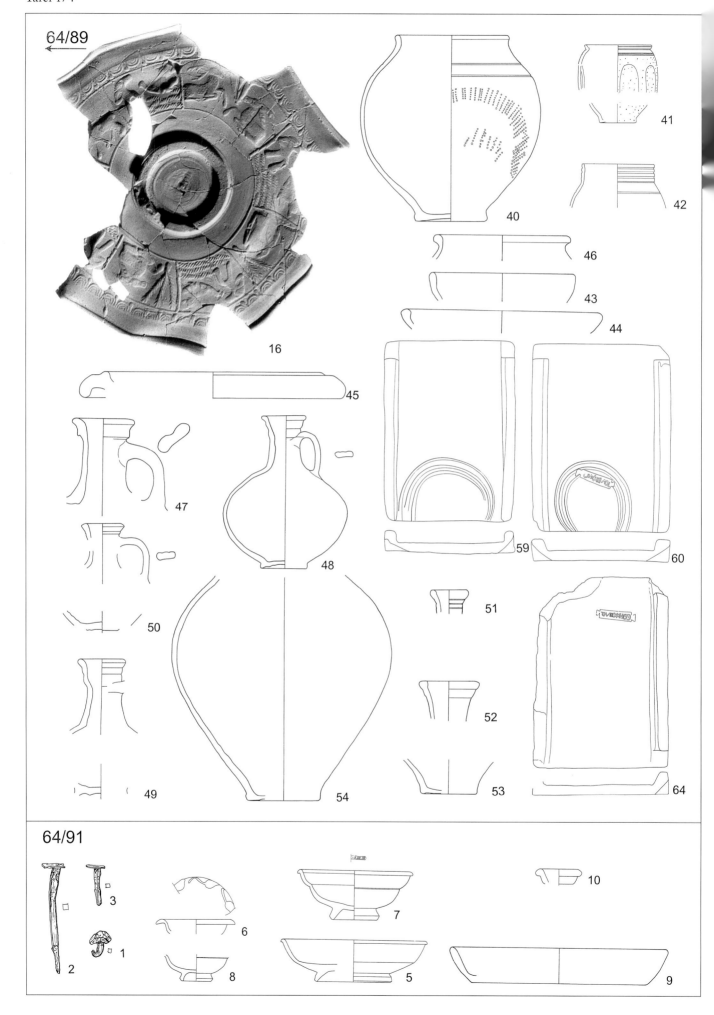

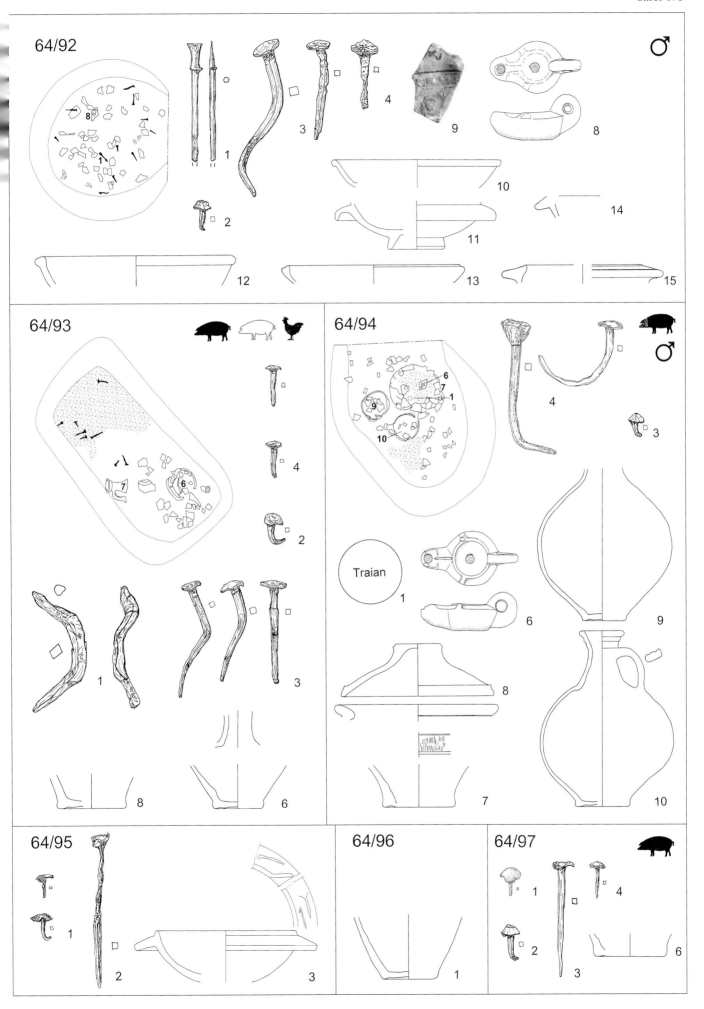

Tafel 175

Tafel 176

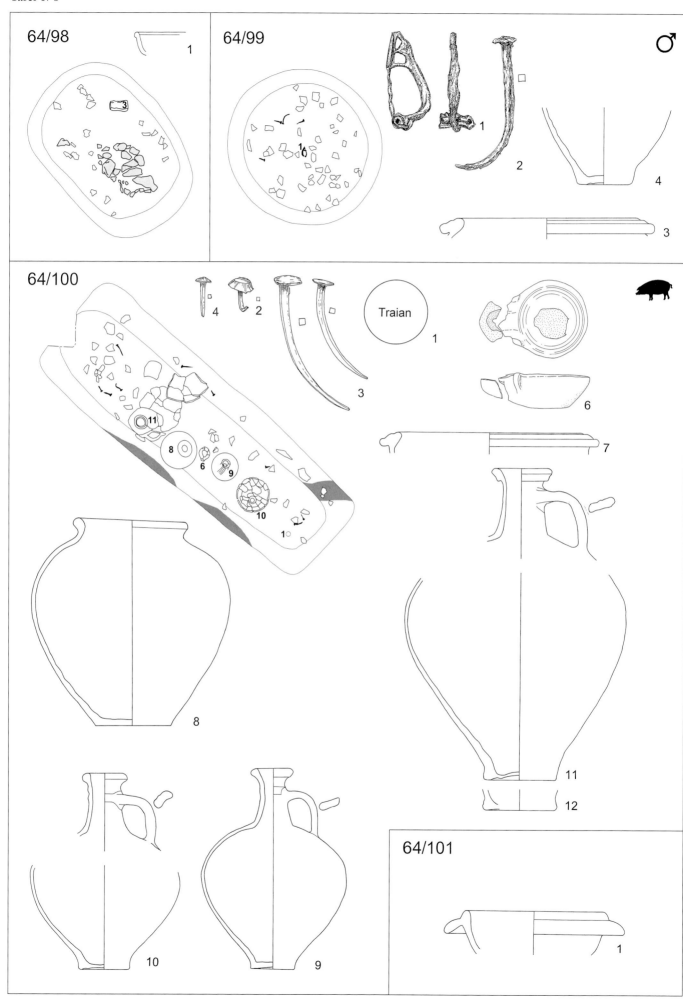

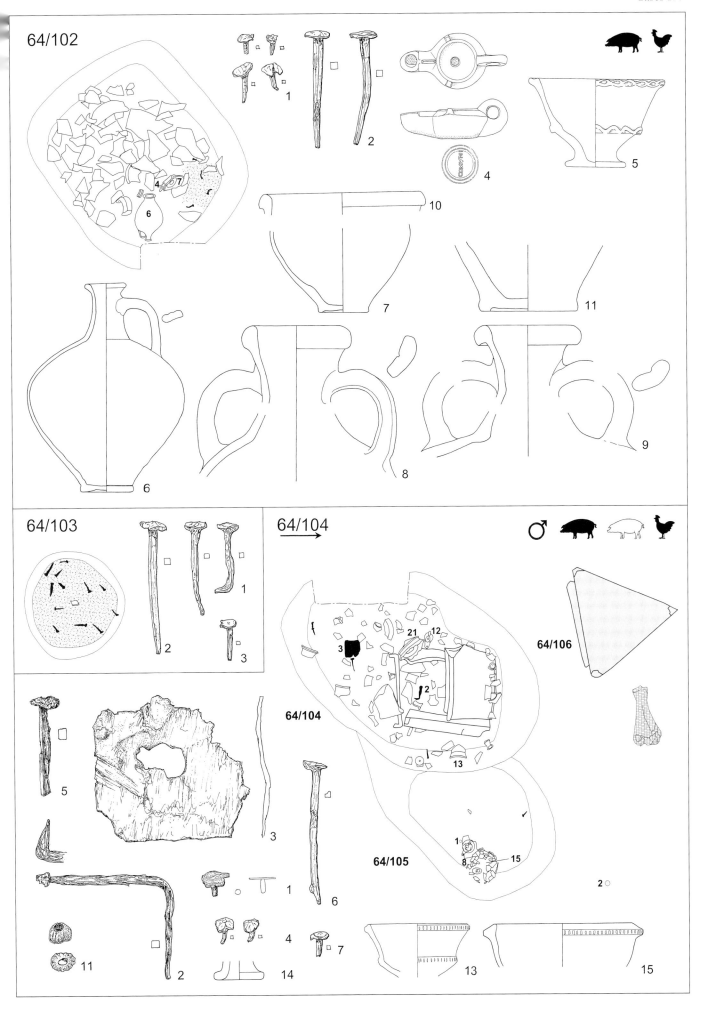

Tafel 177

Tafel 178

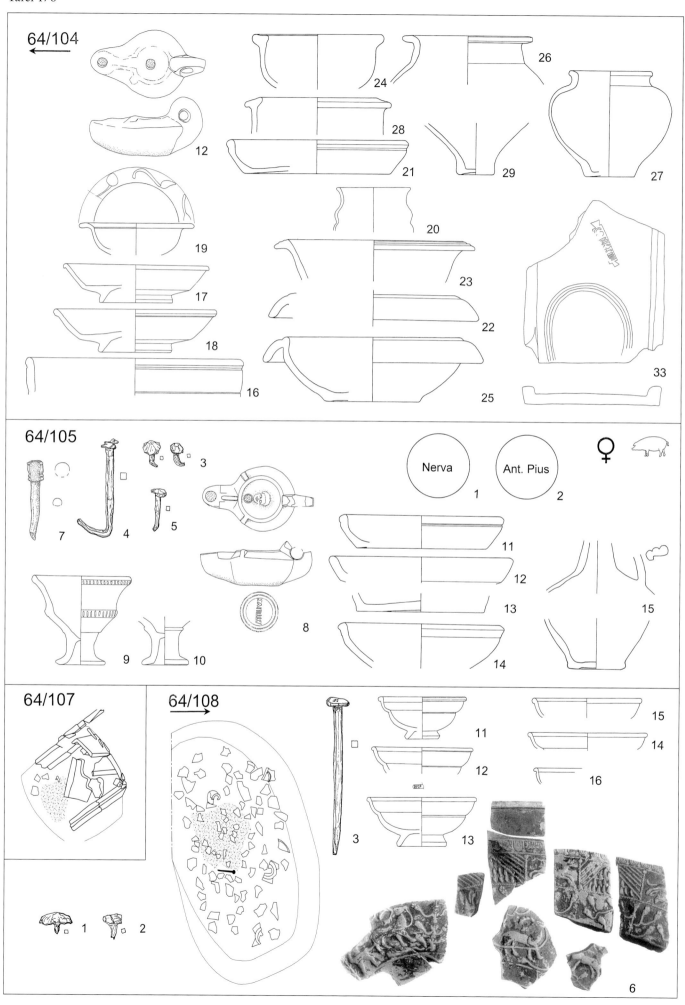

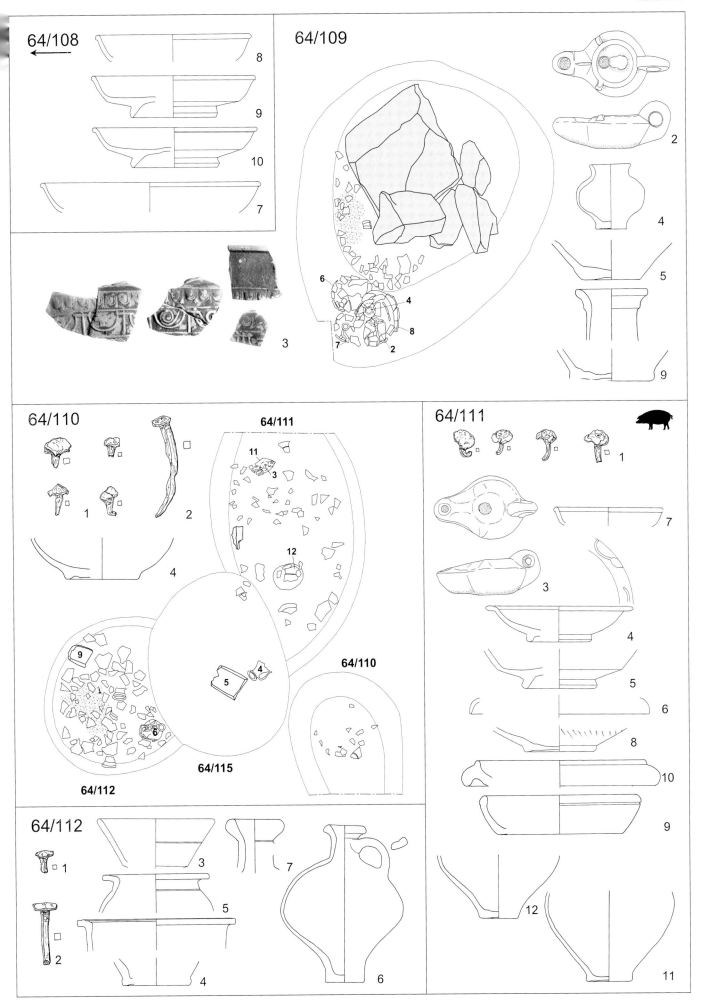

Tafel 179

Tafel 180

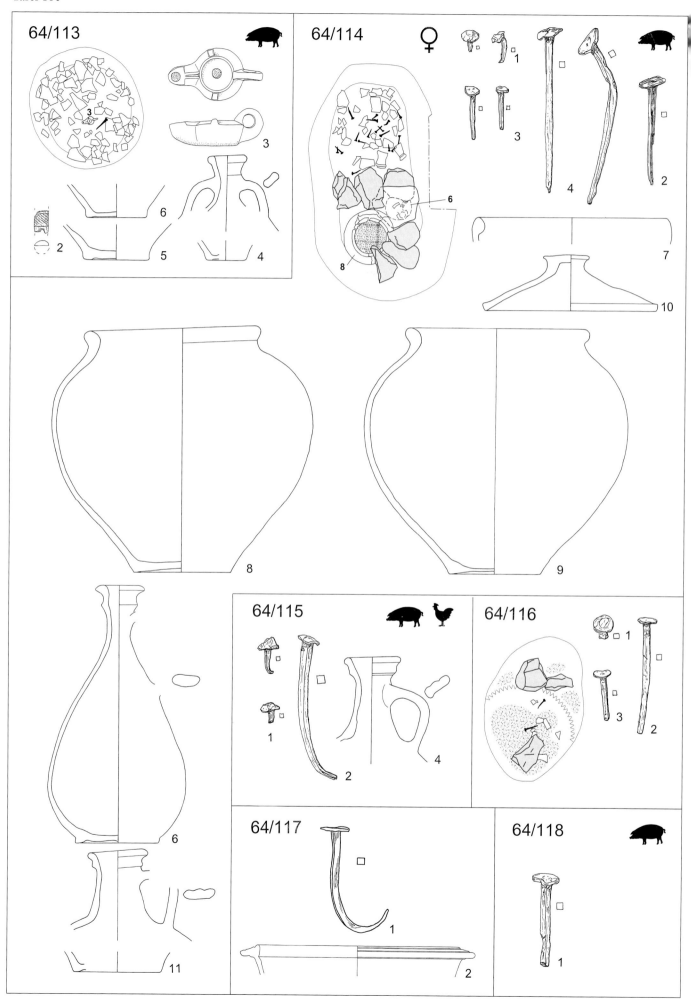

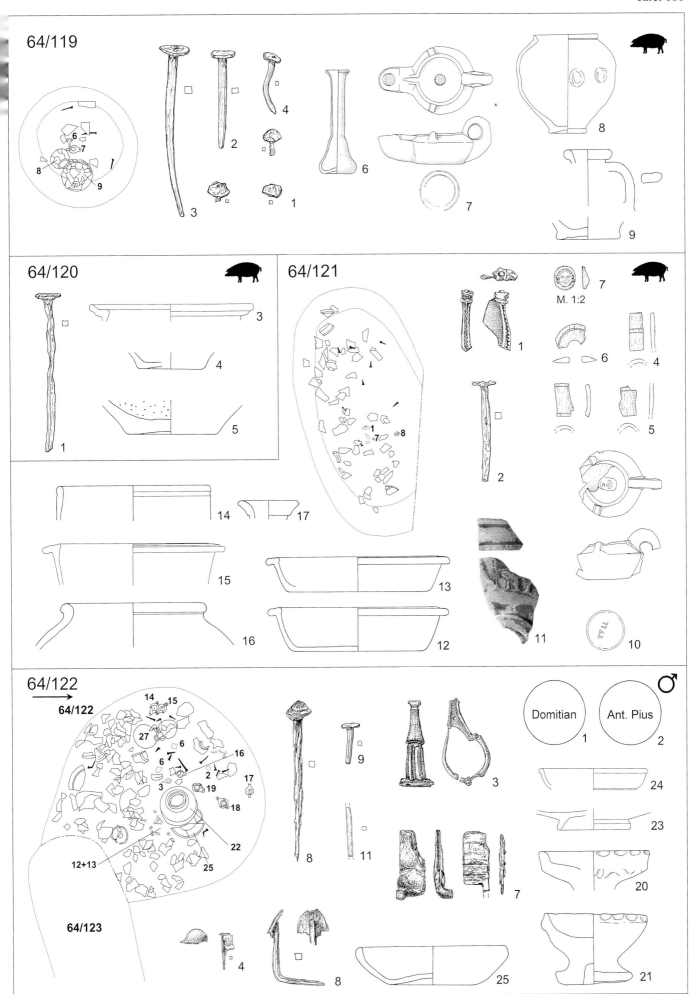

Tafel 182

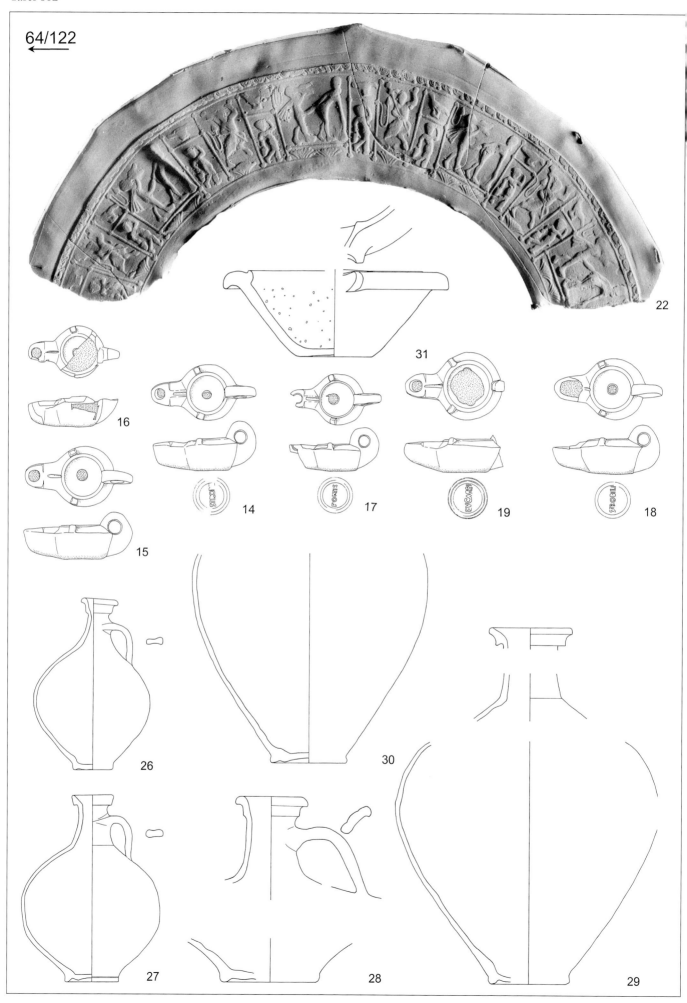

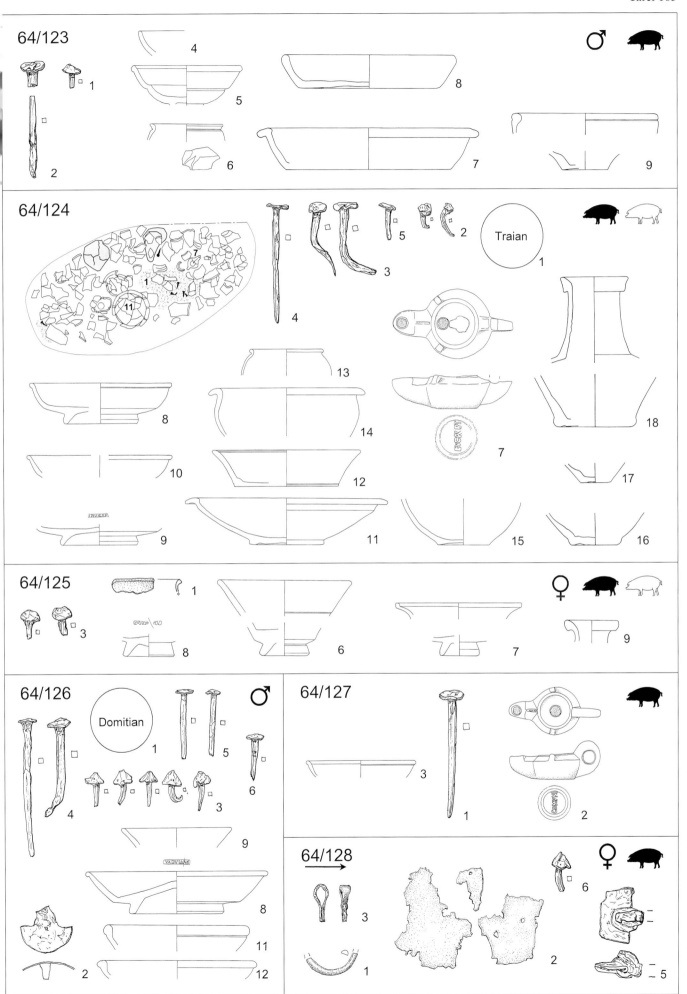

Tafel 184

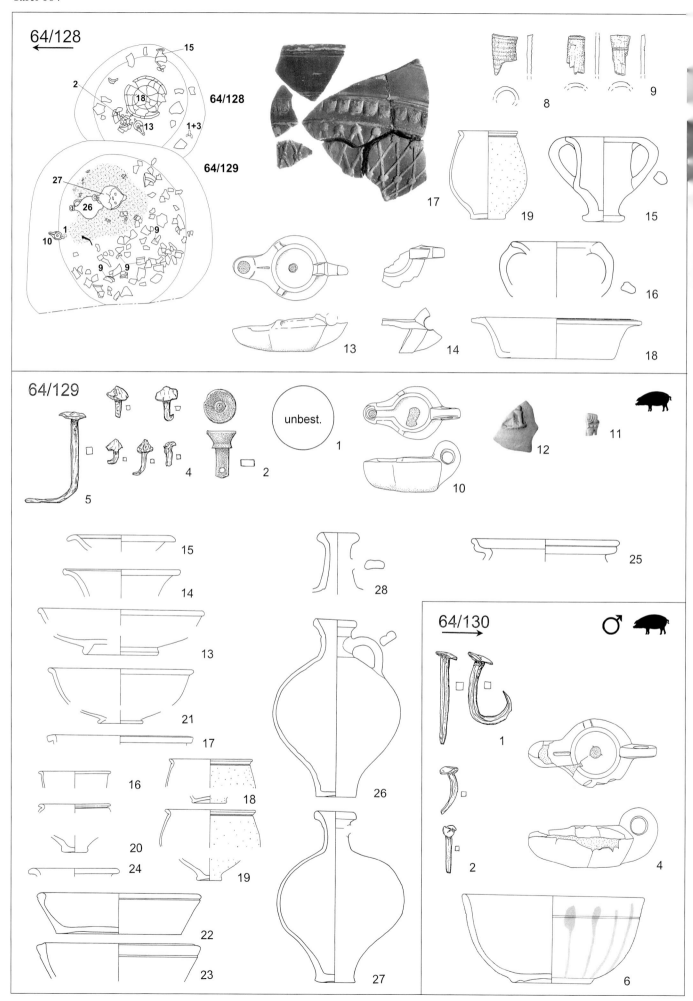

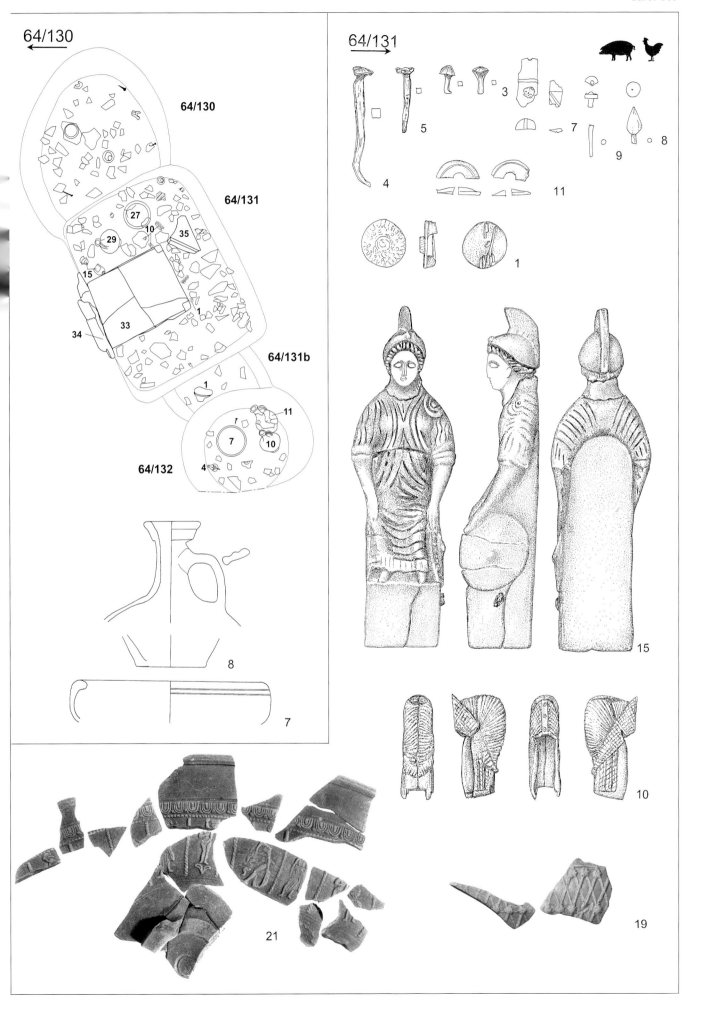

Tafel 185

Tafel 186

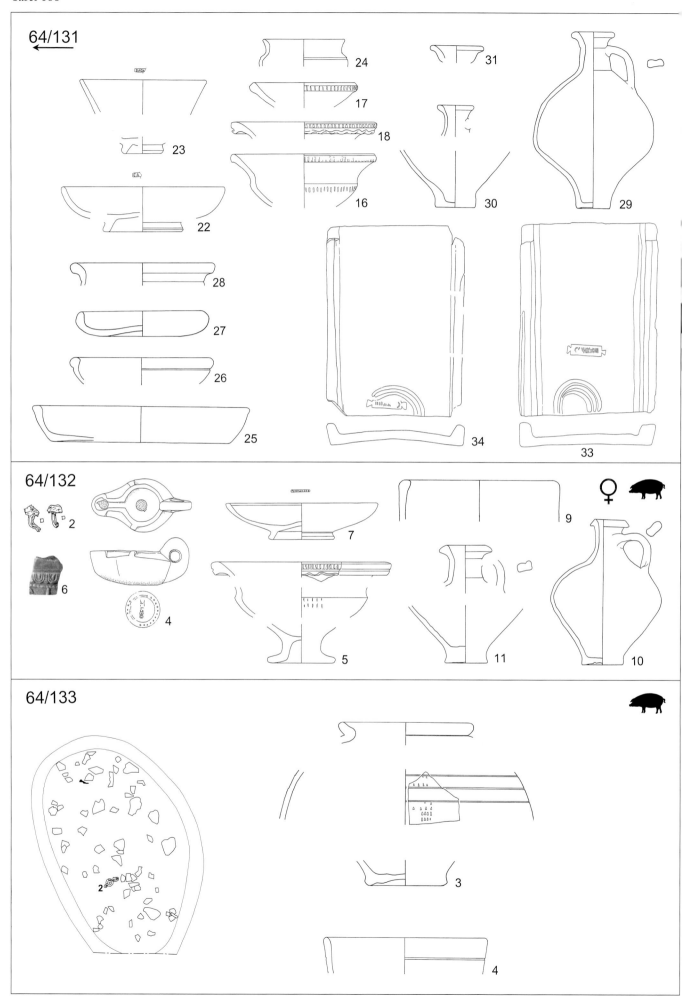

Tafel 187

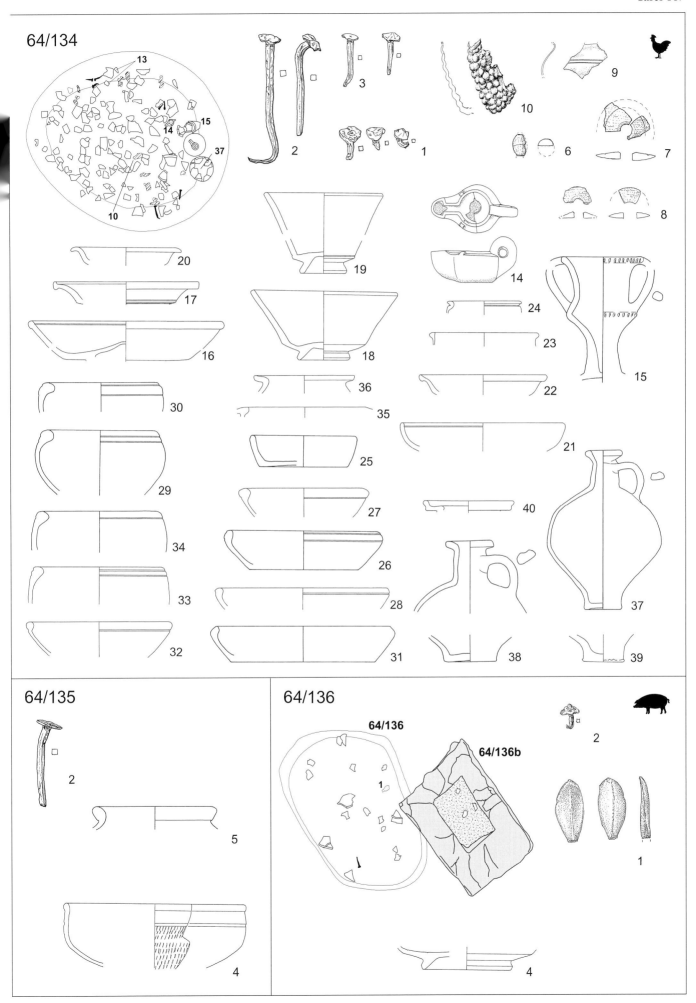

Tafel 188

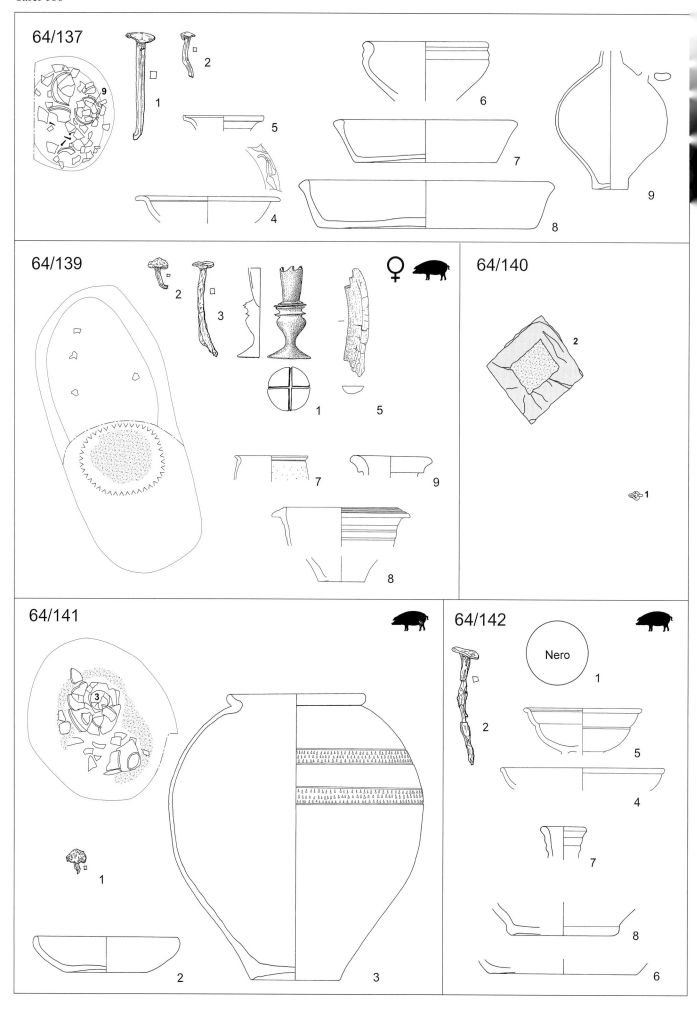

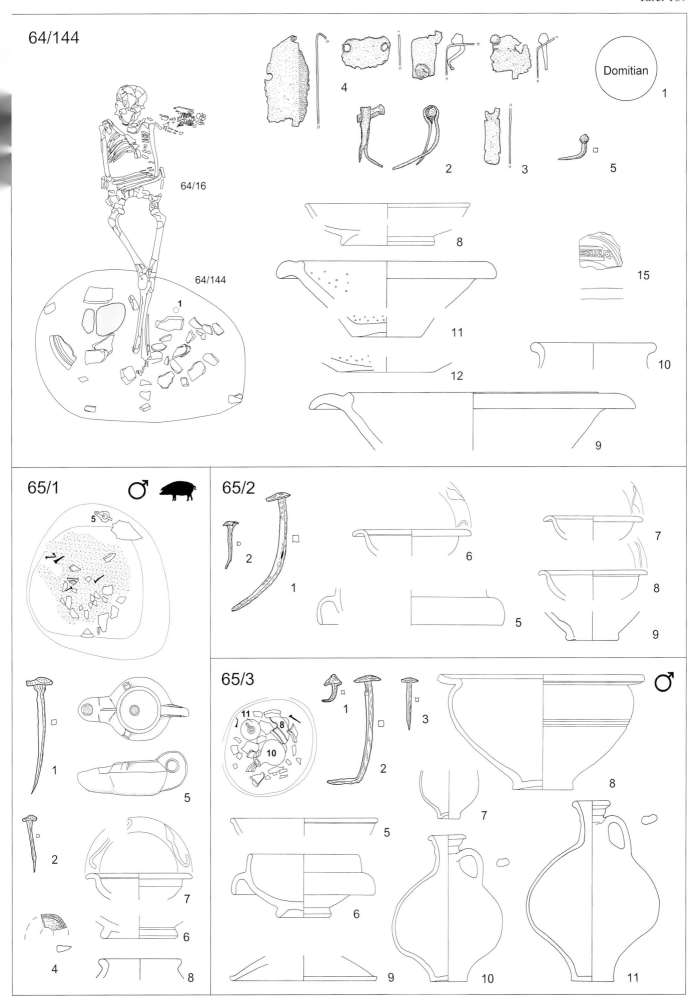

Tafel 189

Tafel 190

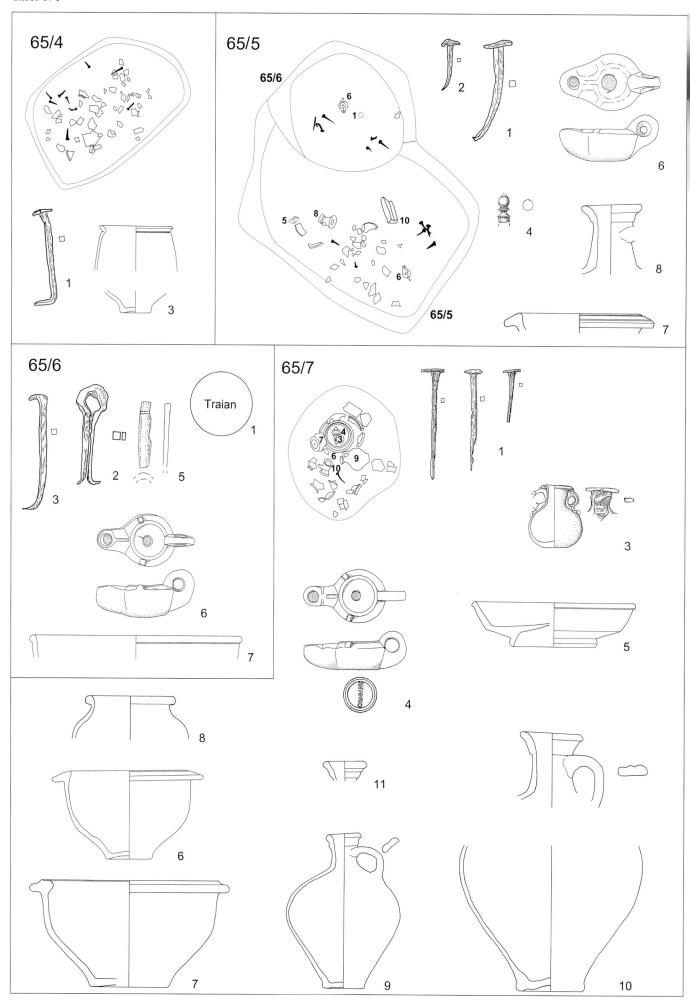

Tafel 191

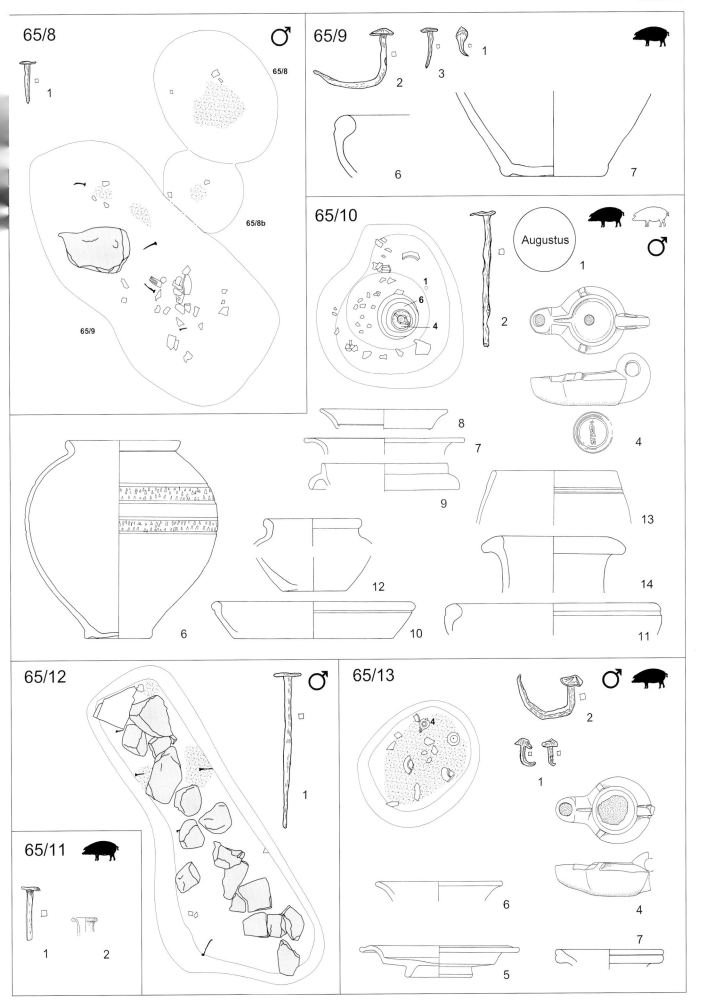

Tafel 192

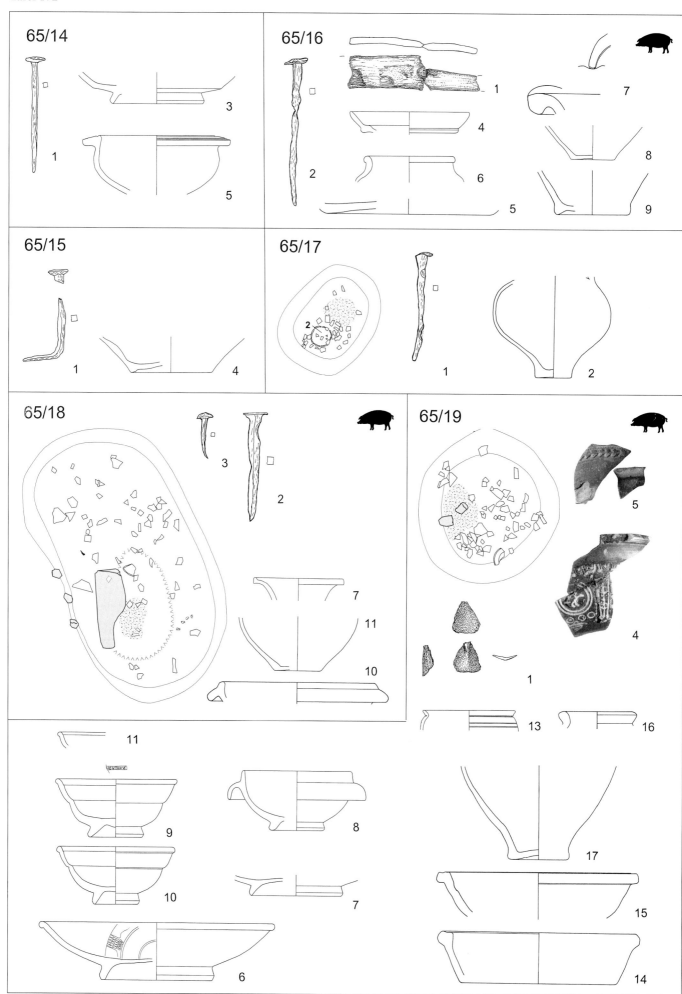

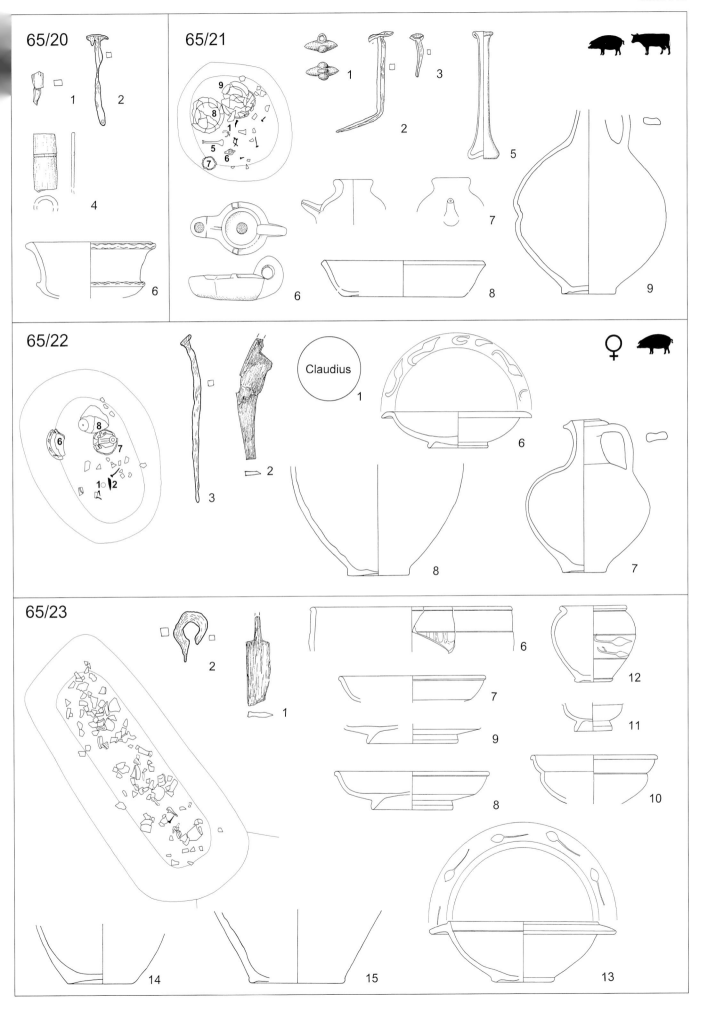

Tafel 193

Tafel 194

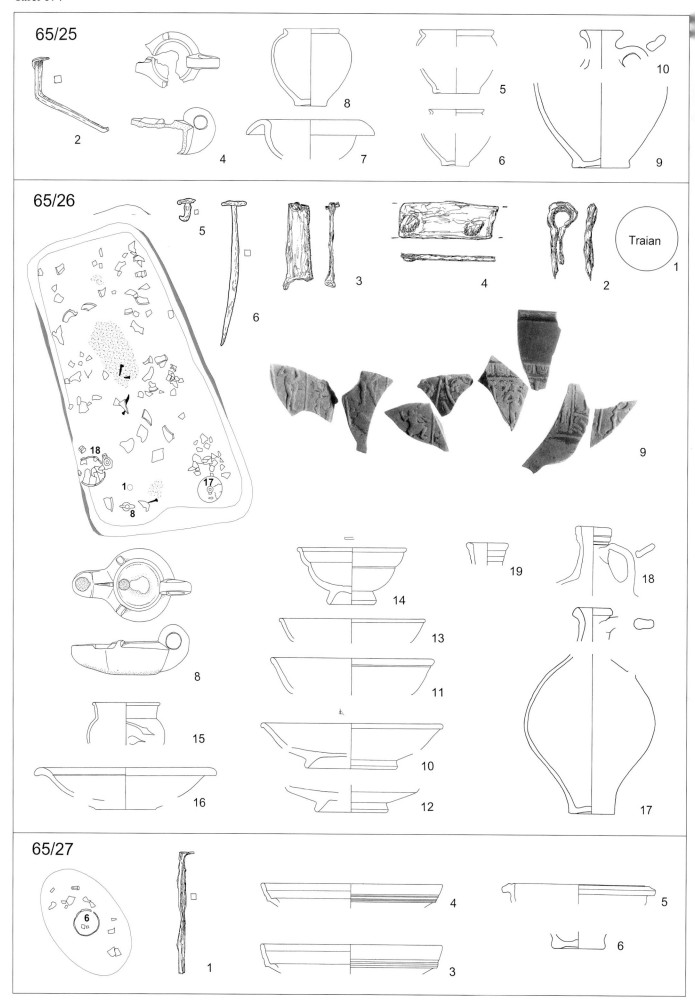

Tafel 195

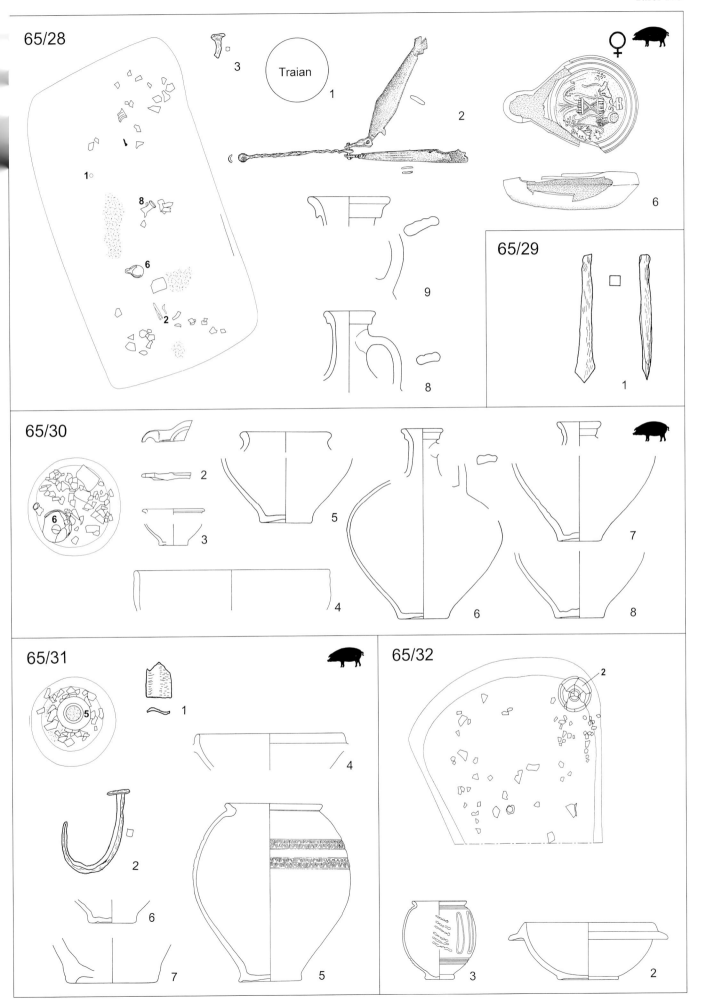

Tafel 196

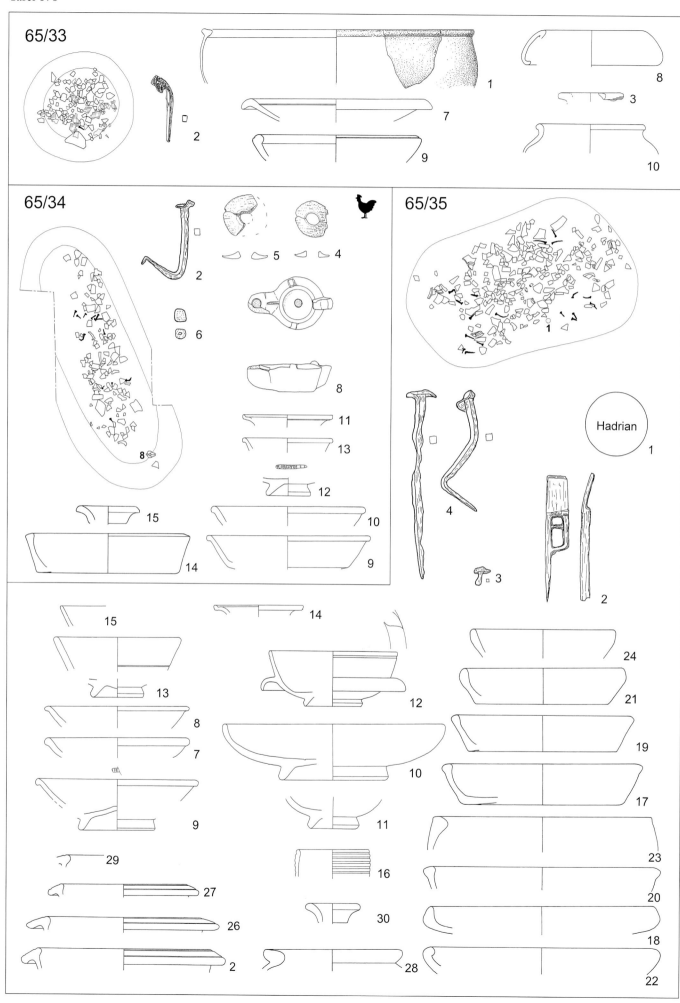

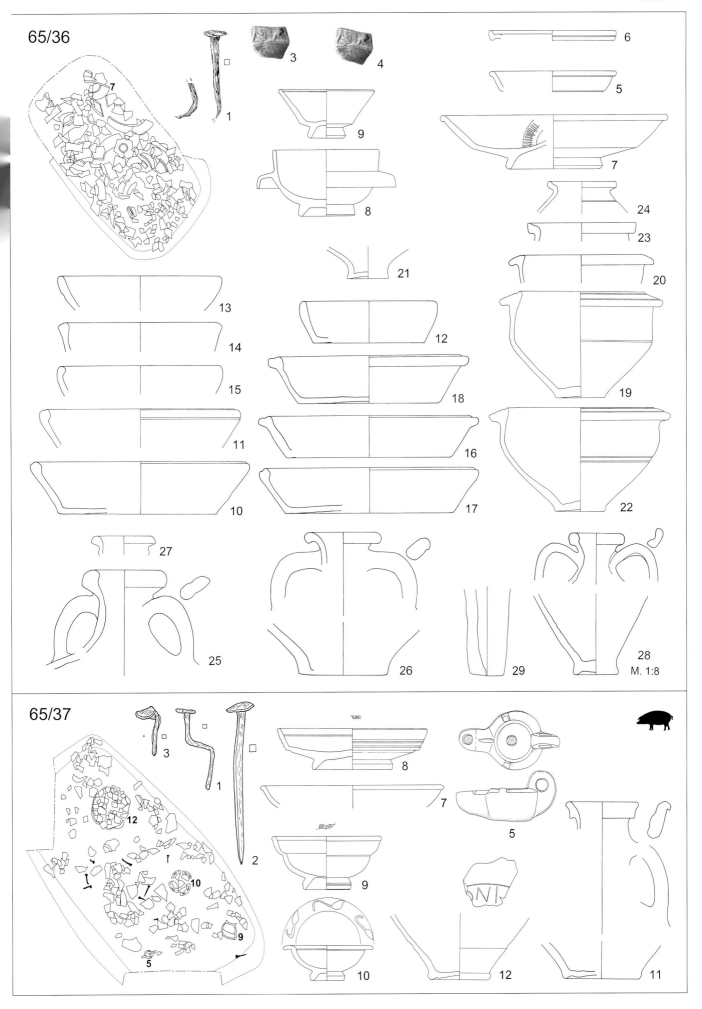

Tafel 197

Tafel 198

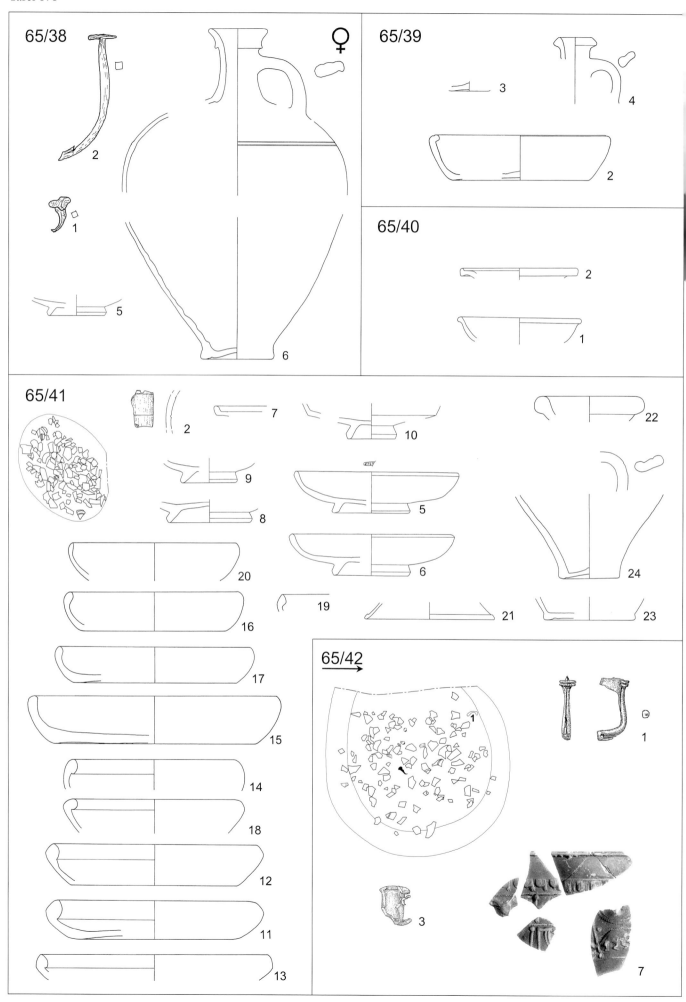

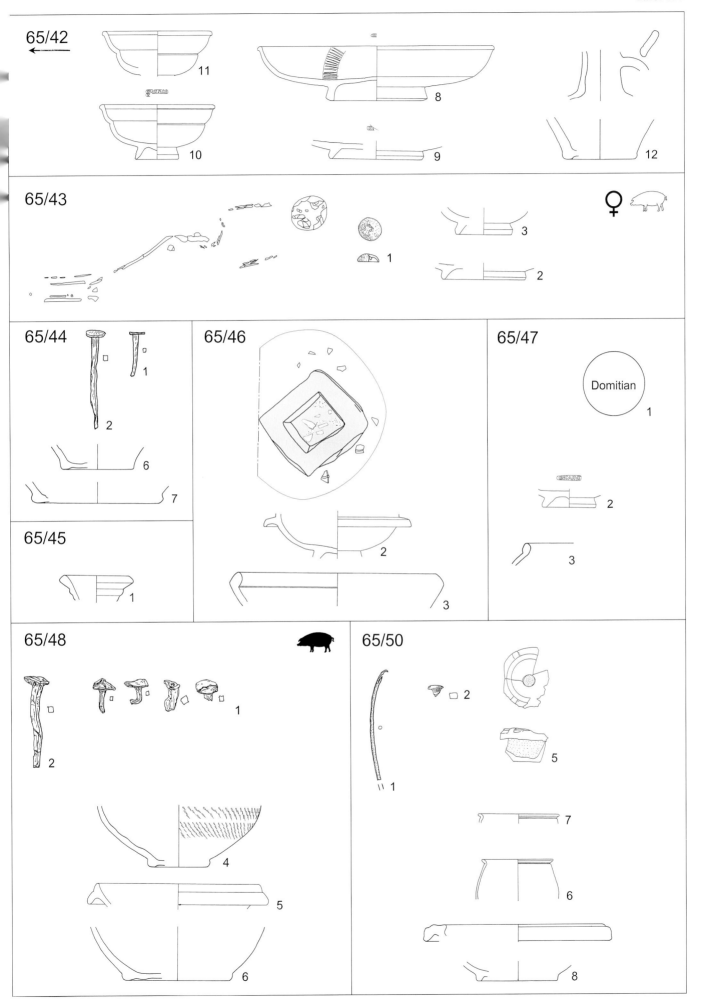

Tafel 199

Tafel 200

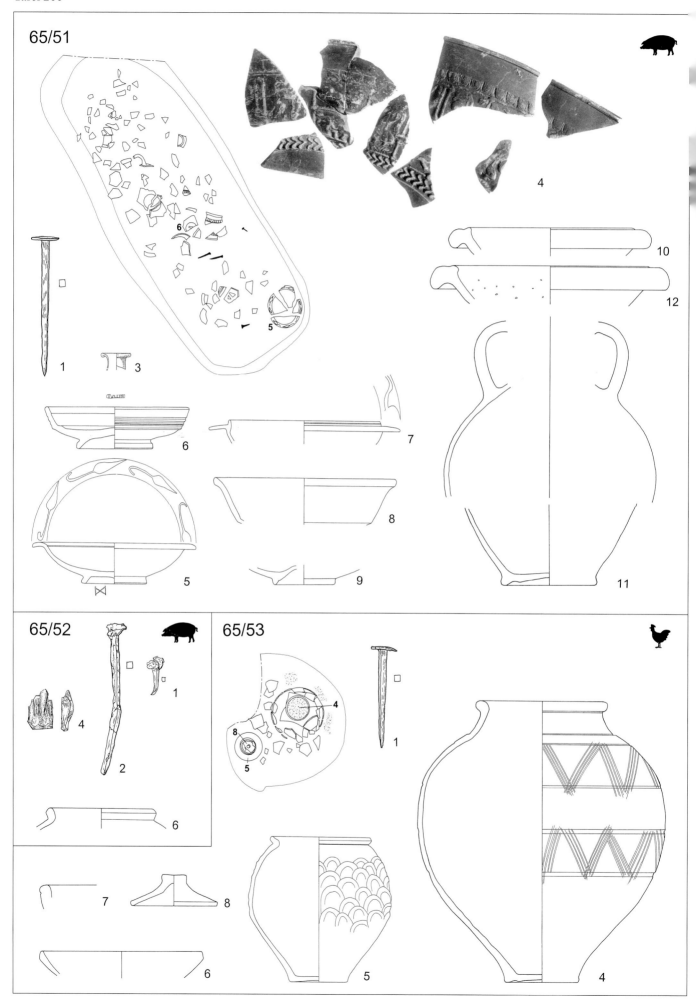

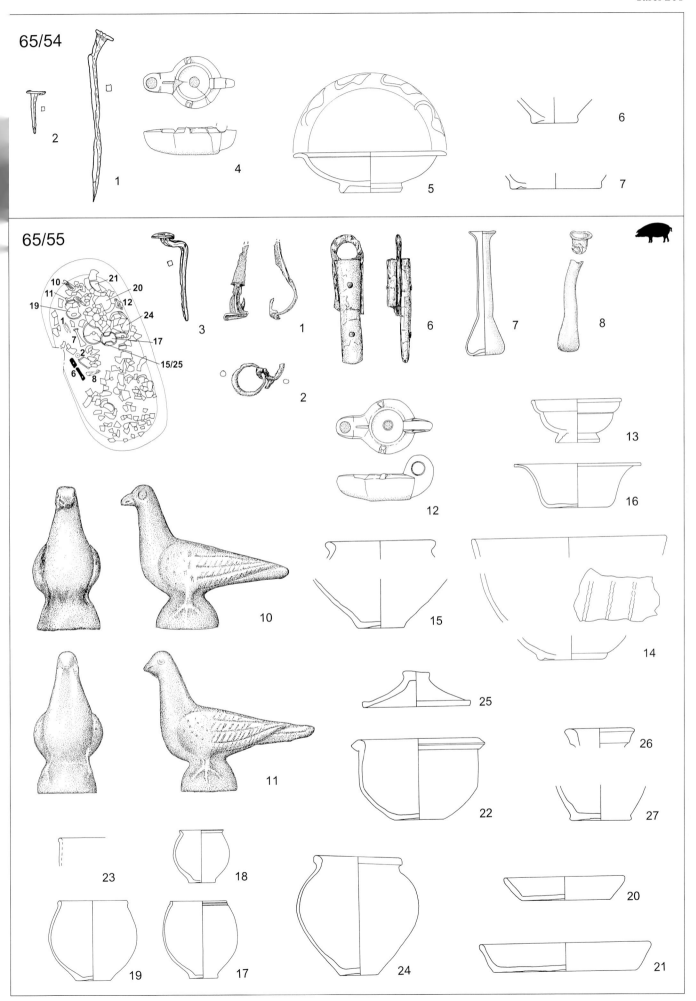

Tafel 201

Tafel 202

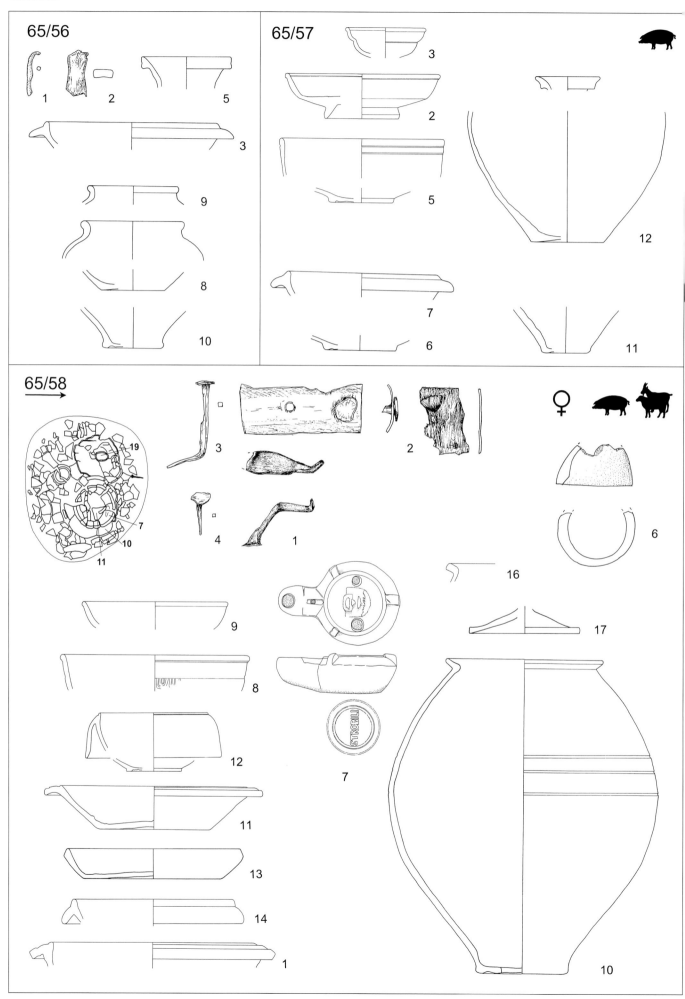

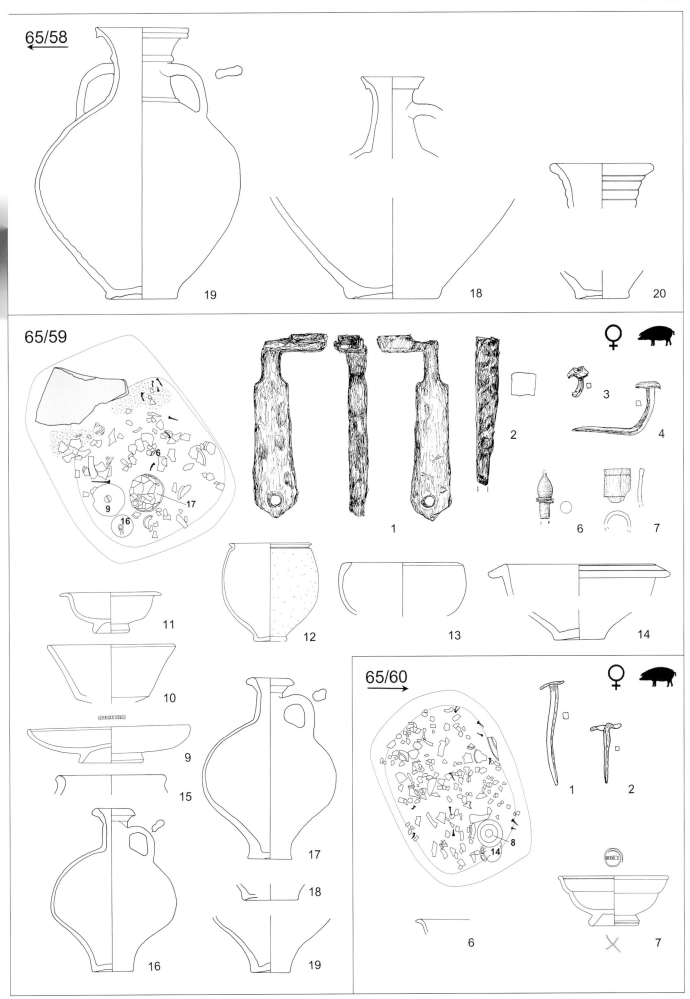

Tafel 203

Tafel 204

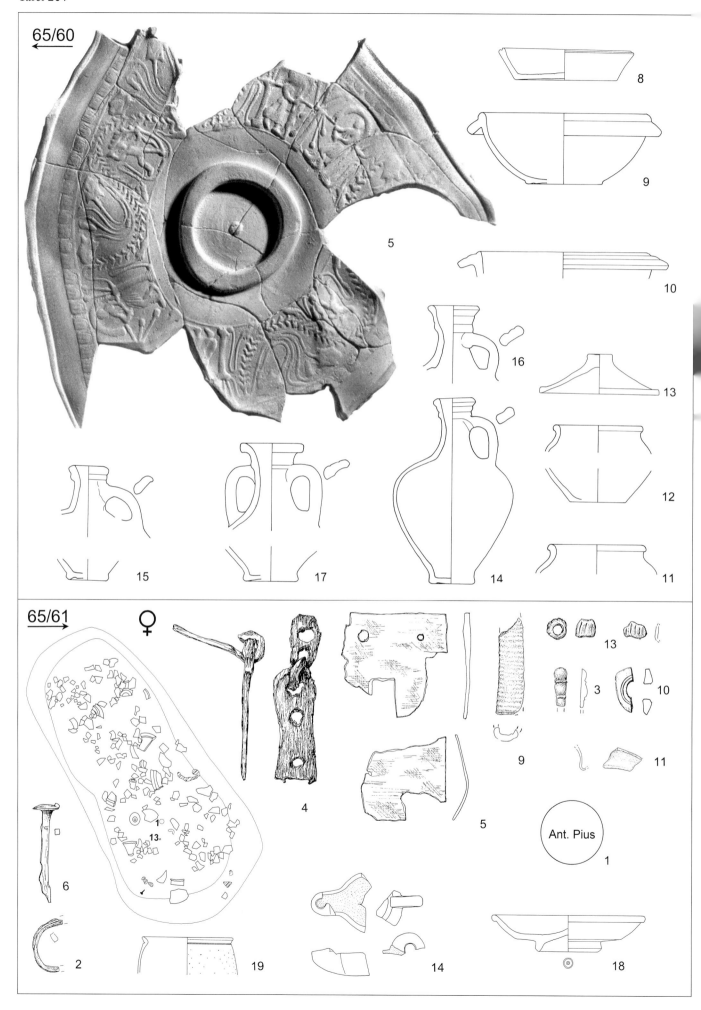

Tafel 205

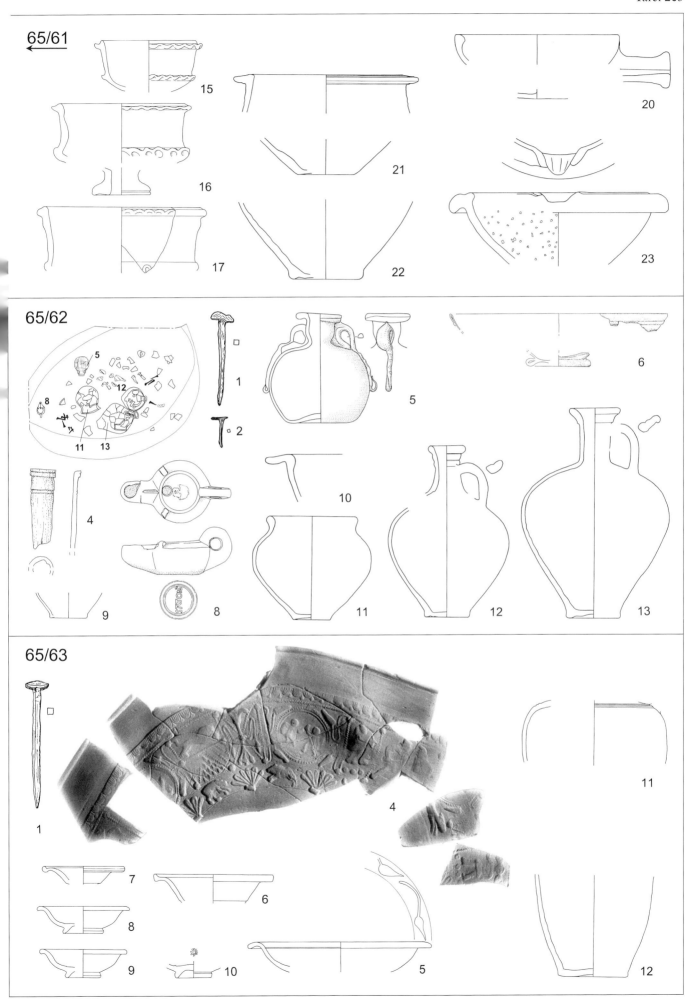

Tafel 206

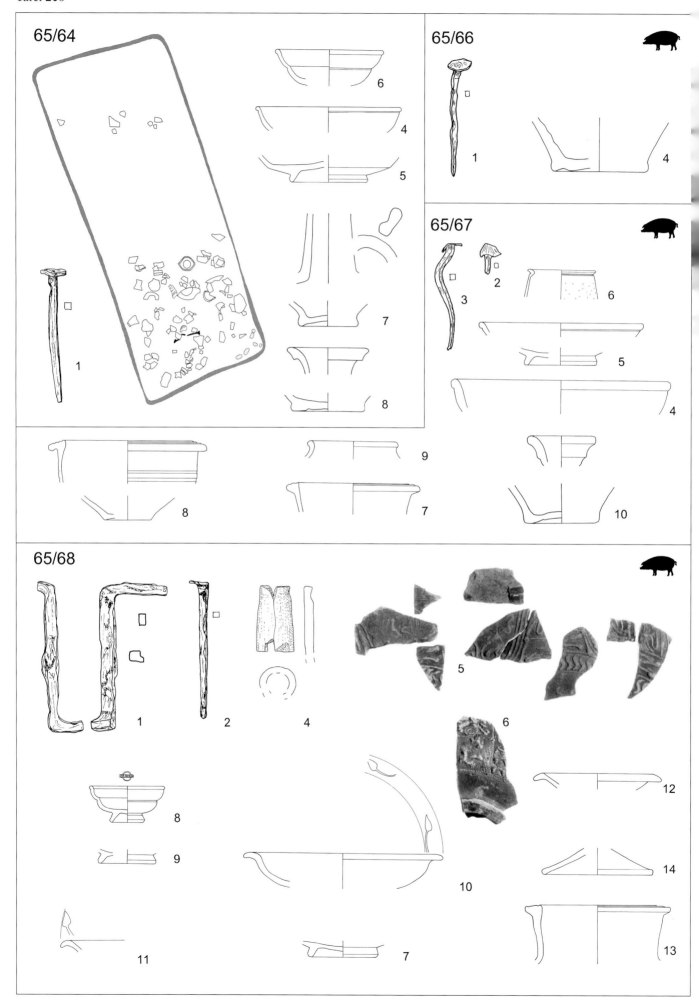

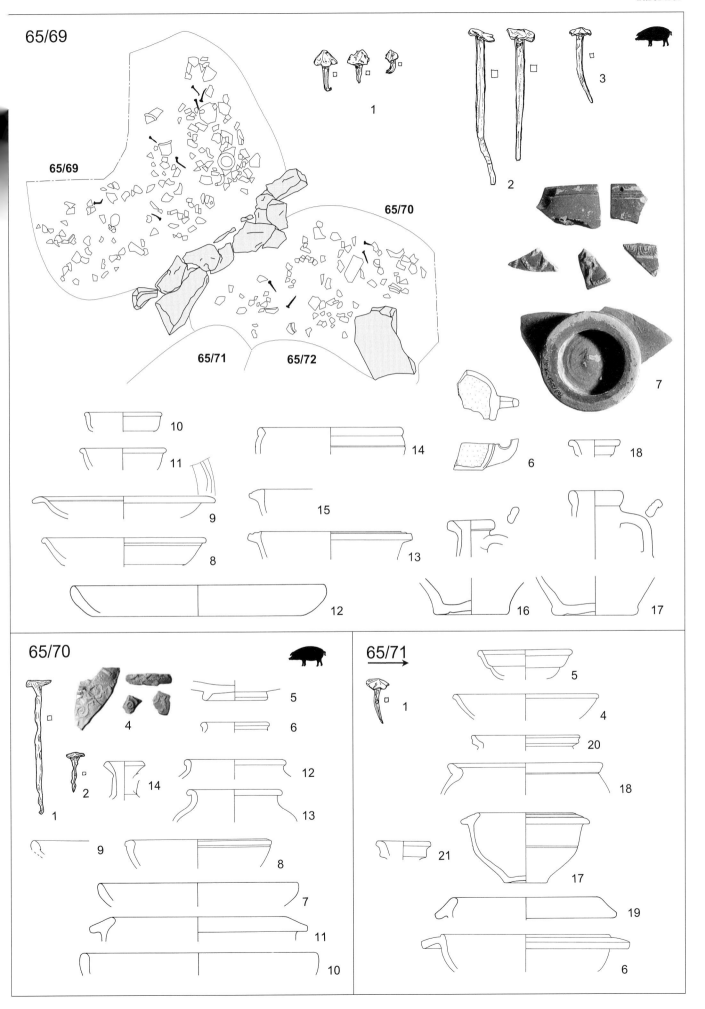

Tafel 207

Tafel 208

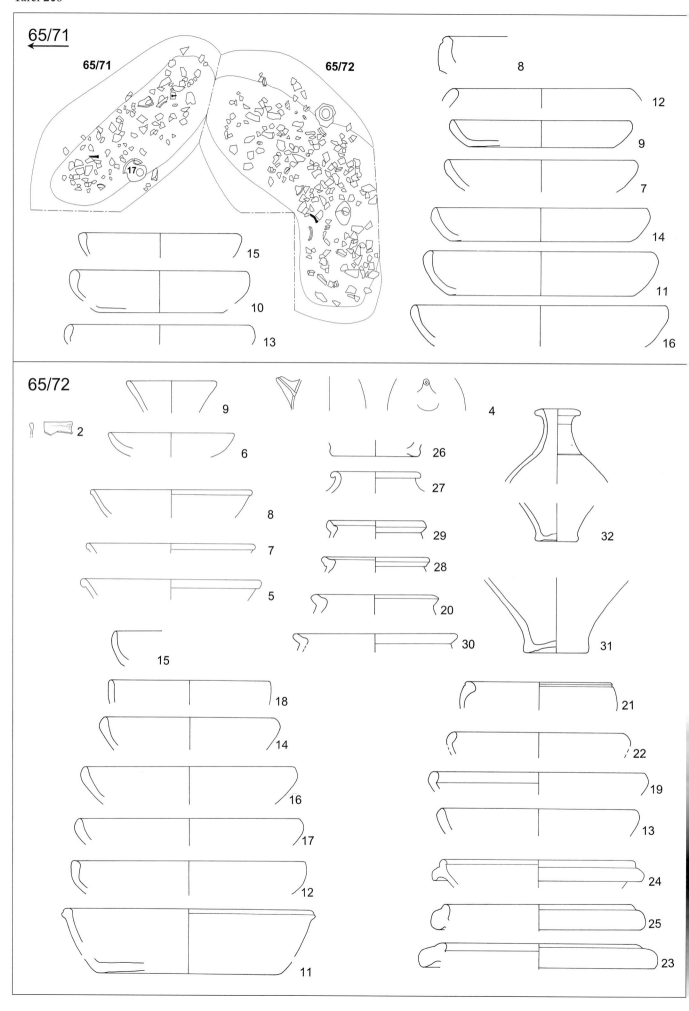

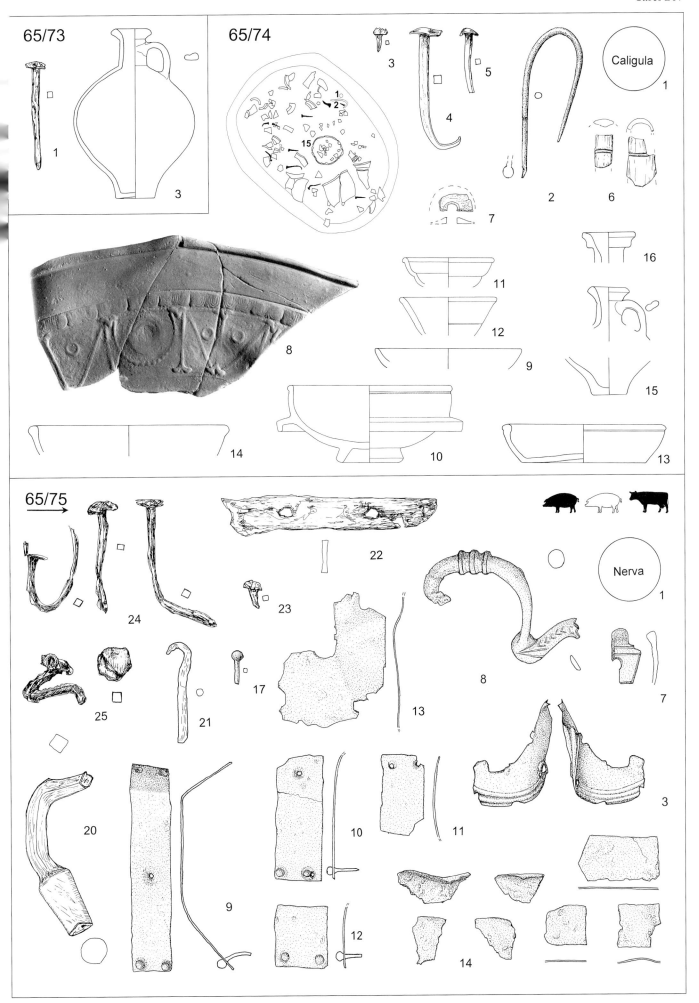

Tafel 209

Tafel 210

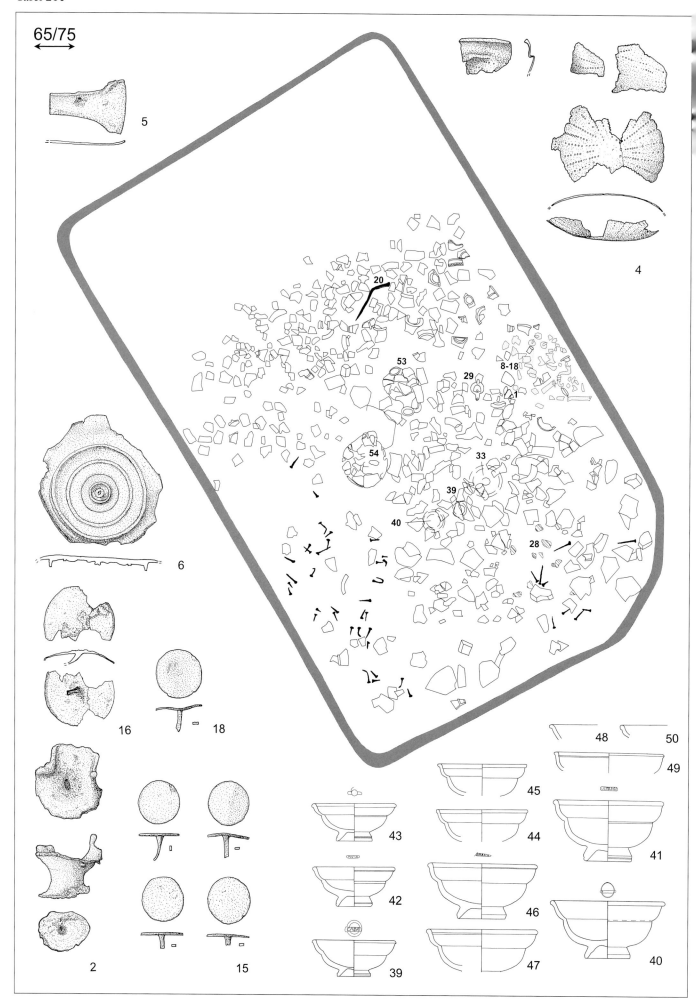

Tafel 211

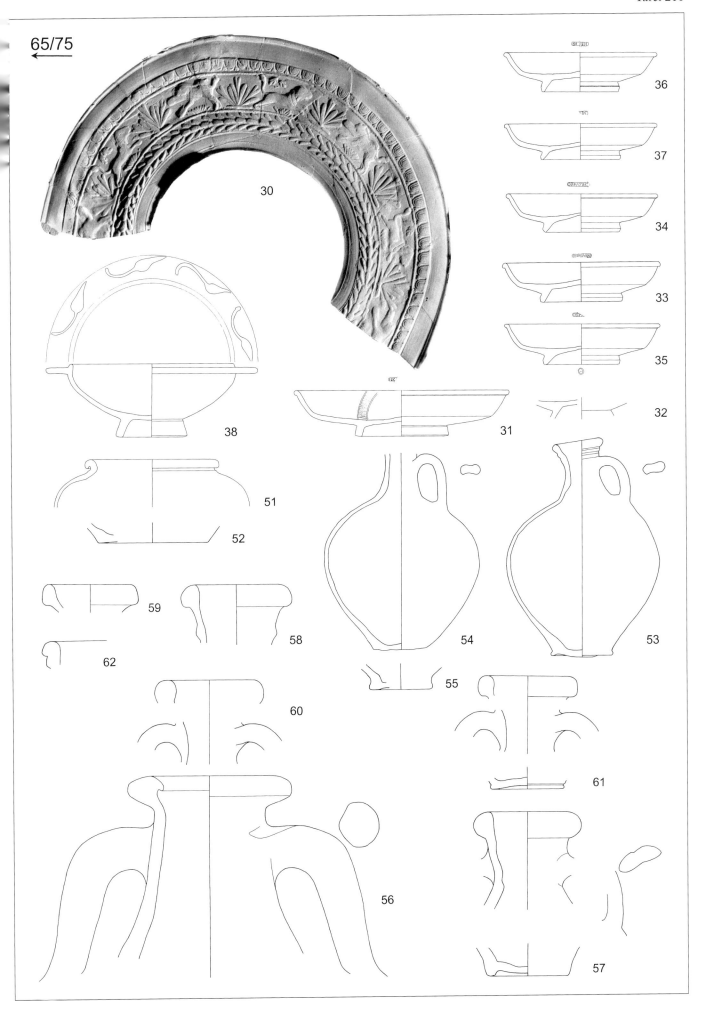

Tafel 212

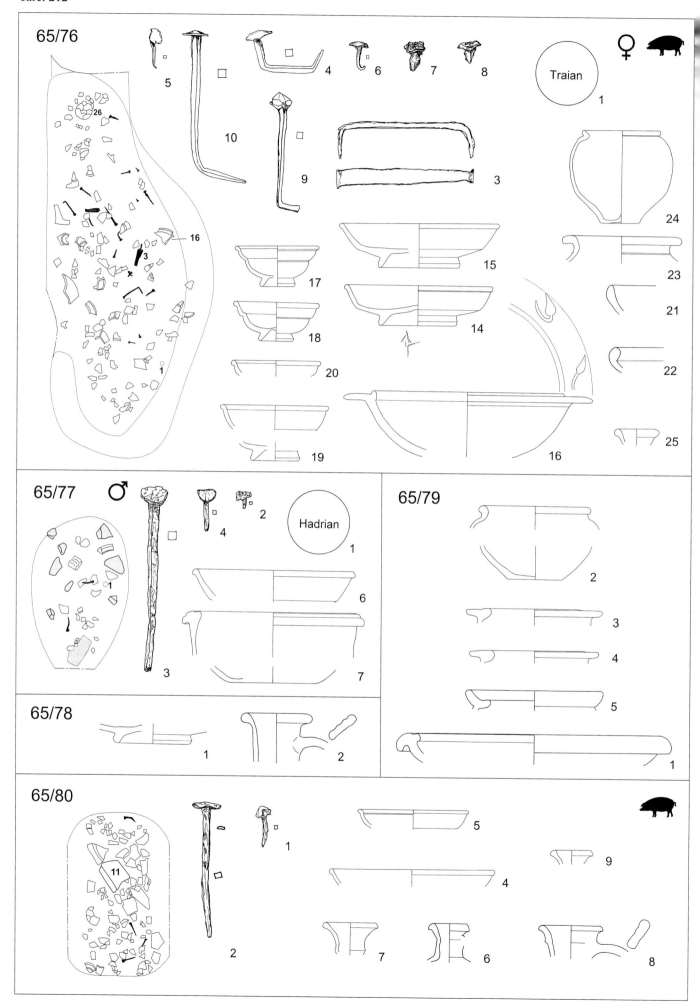

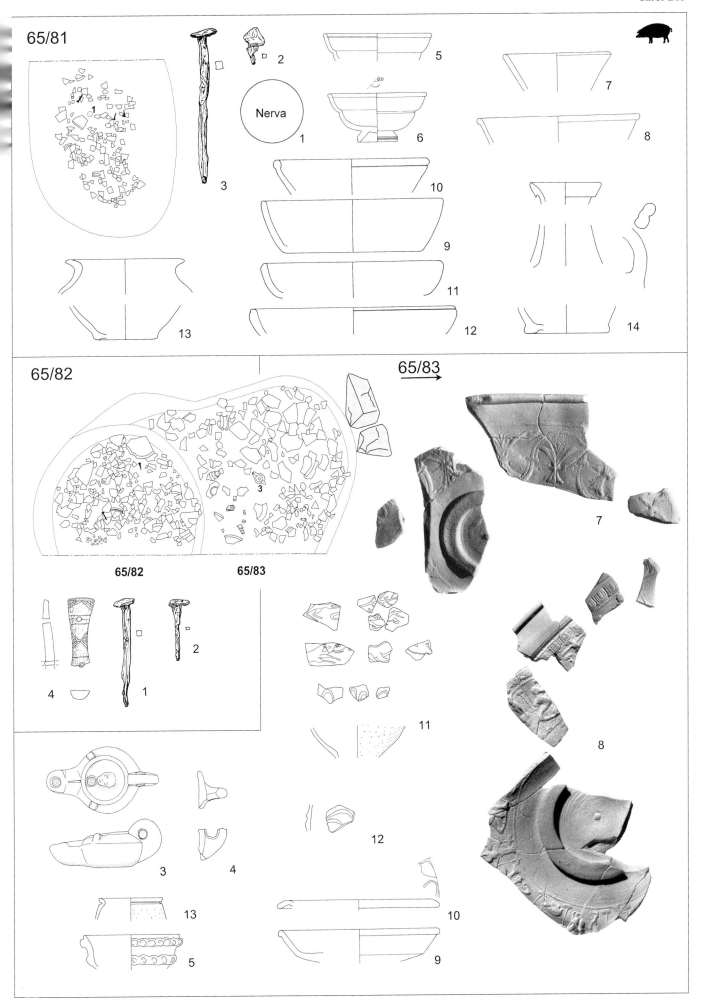

Tafel 213

Tafel 214

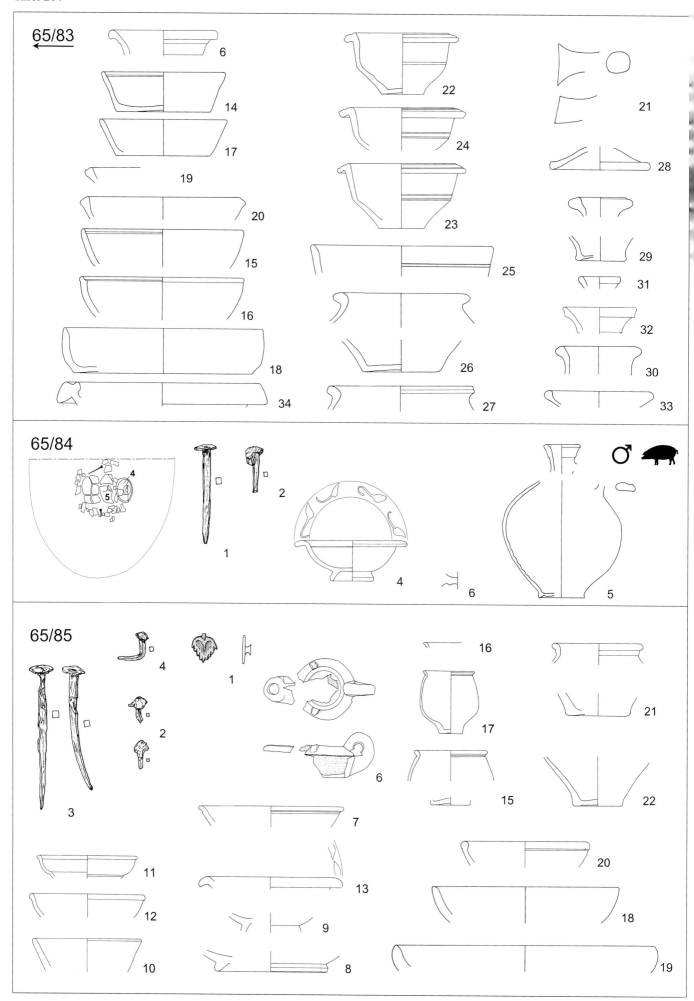

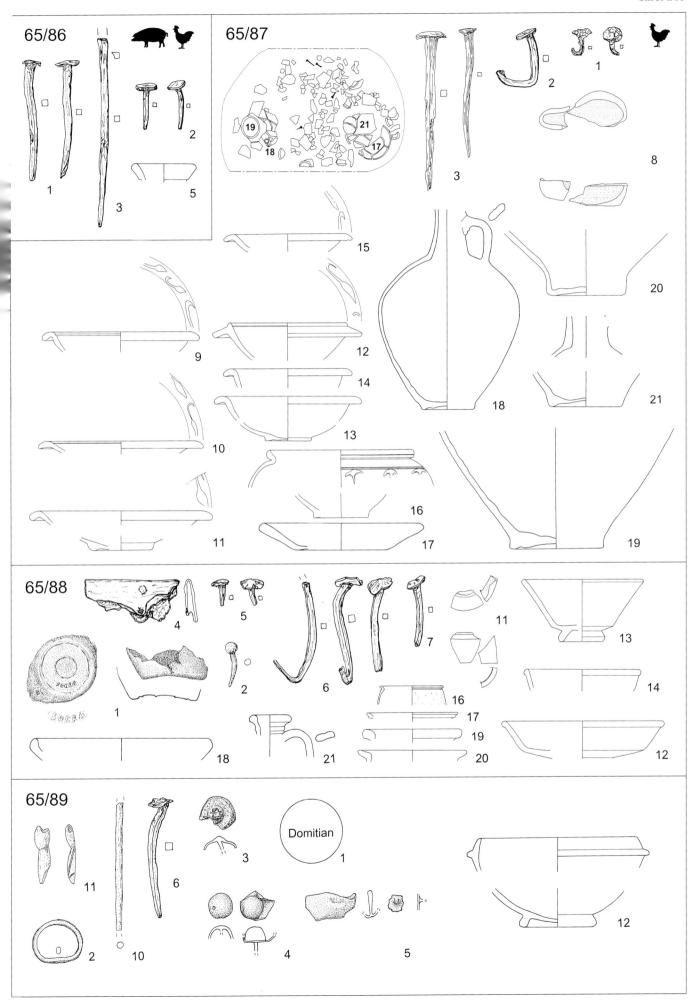

Tafel 215

Tafel 216

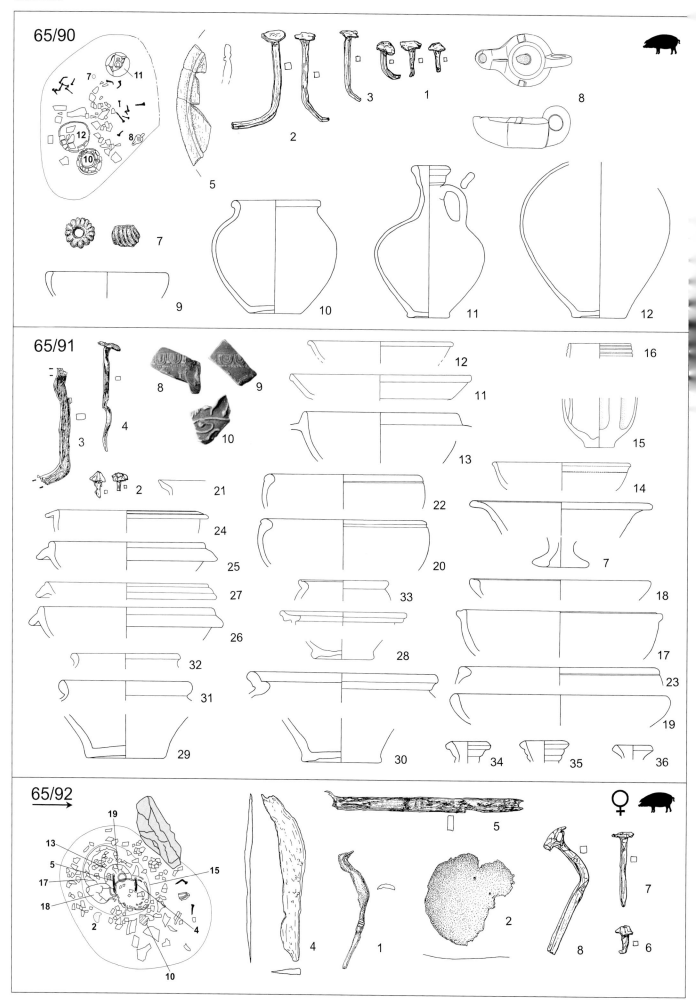

Tafel 217

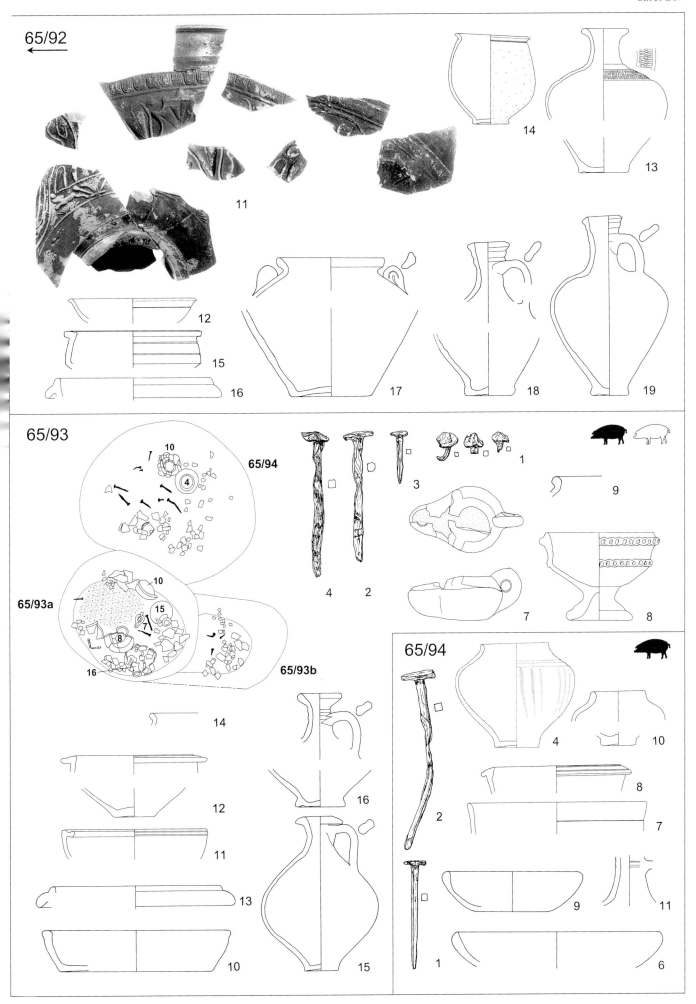

Tafel 218

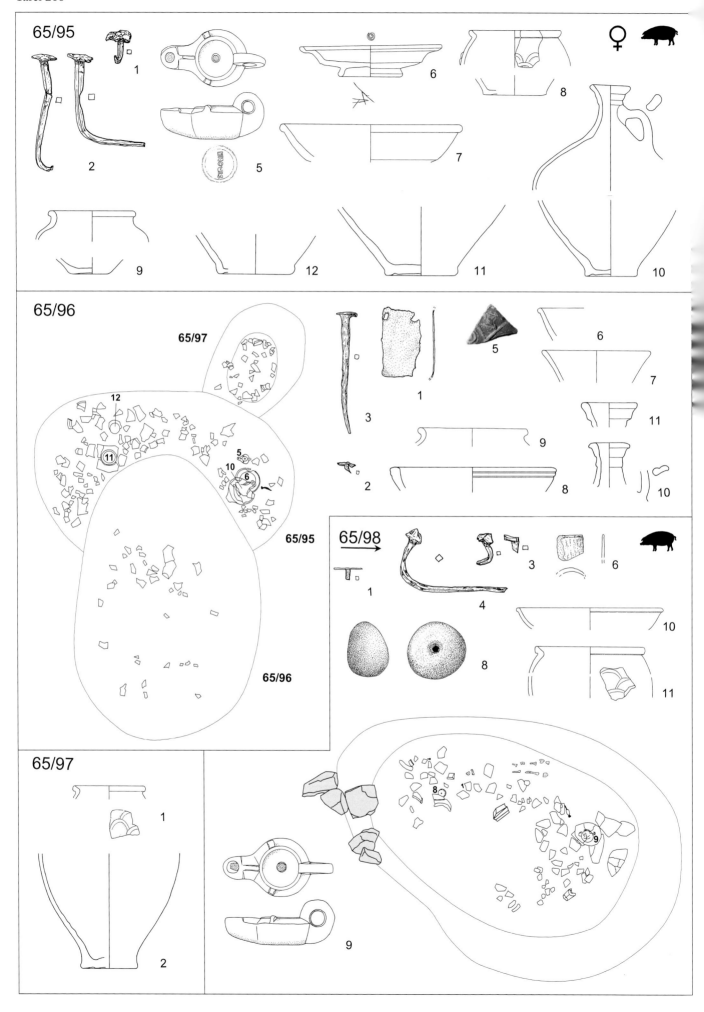

Tafel 219

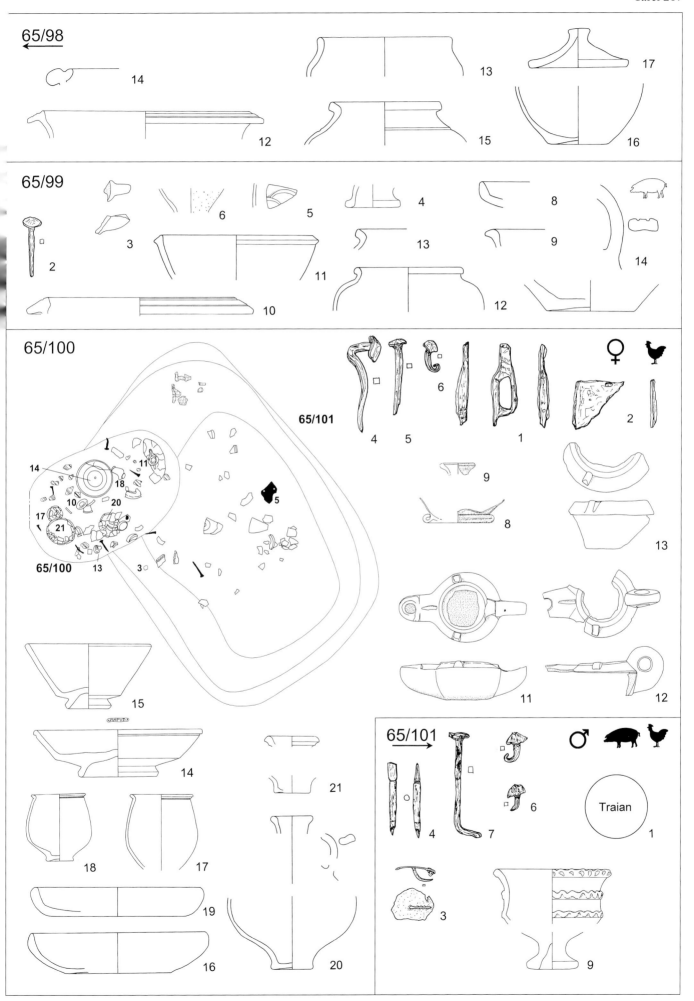

Tafel 220

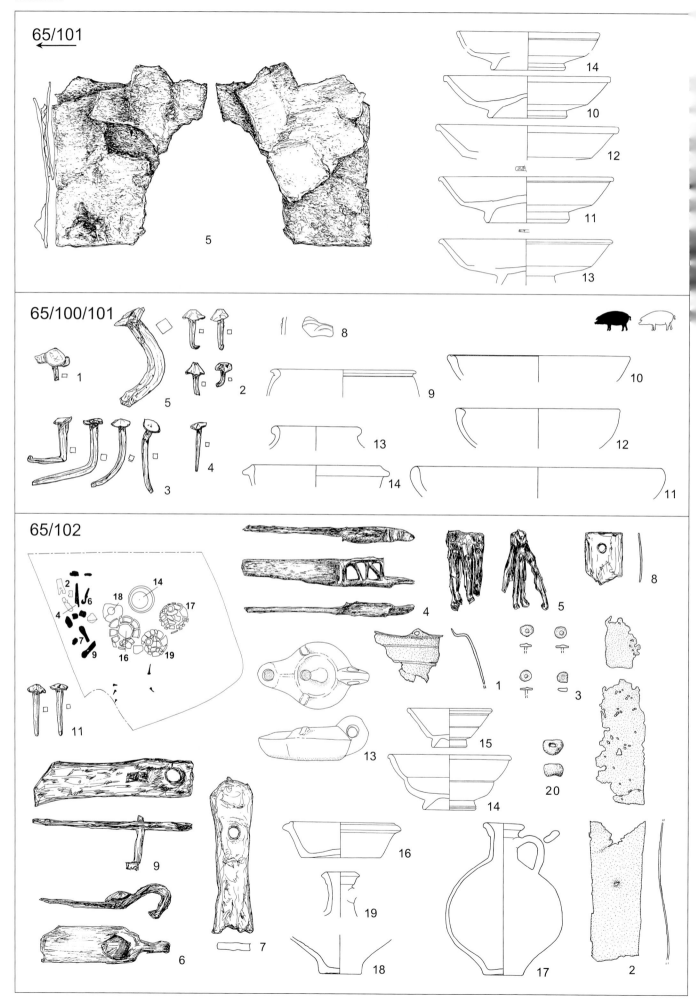

Tafel 221

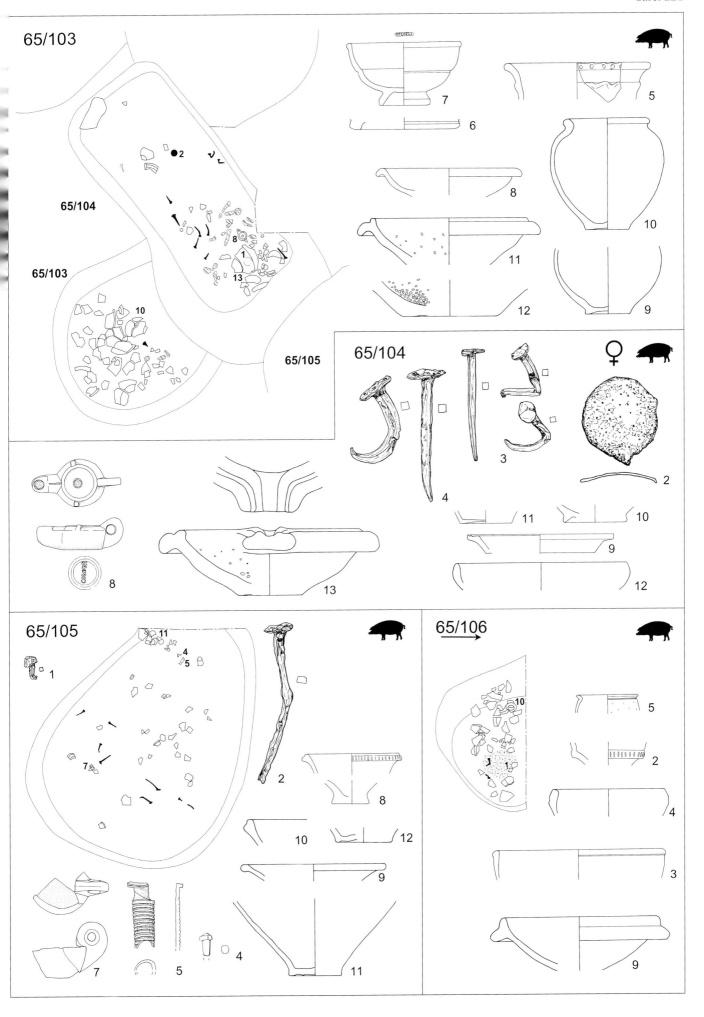

Tafel 222

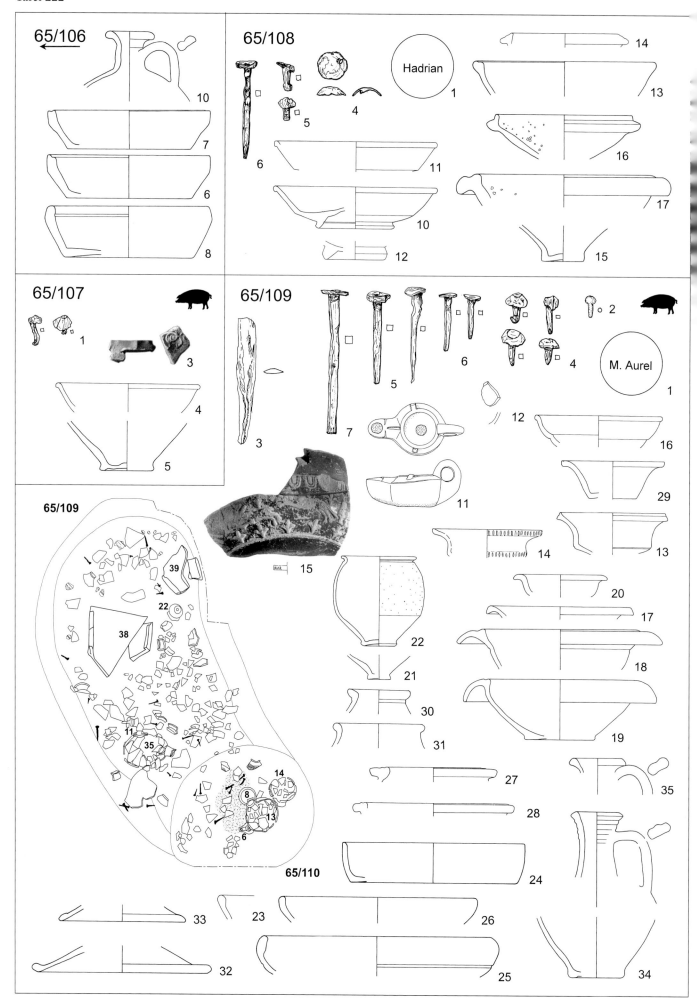

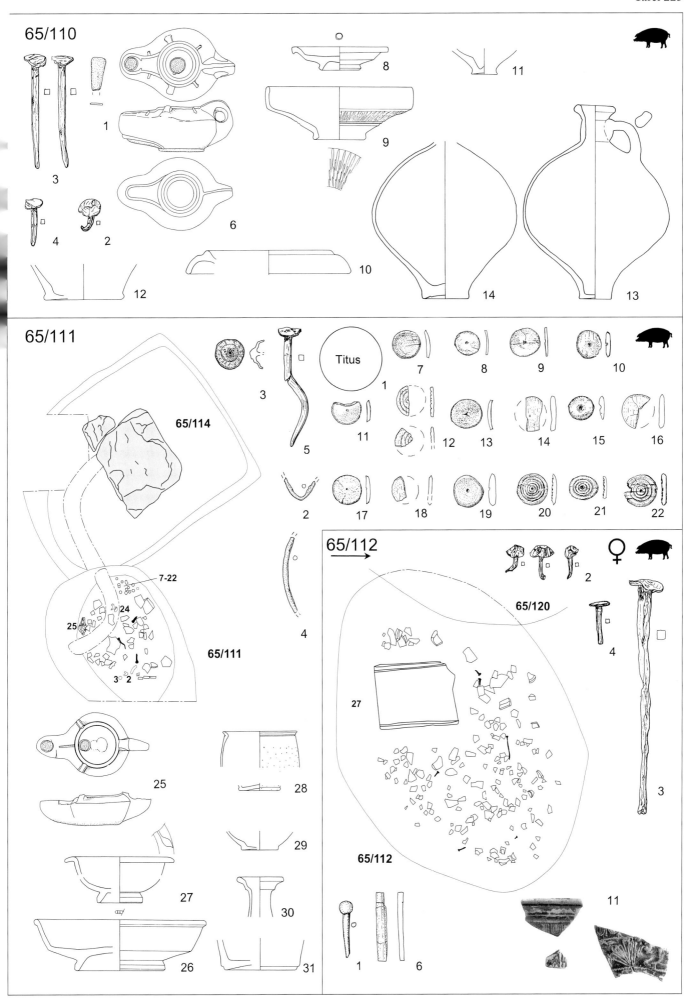

Tafel 223

Tafel 224

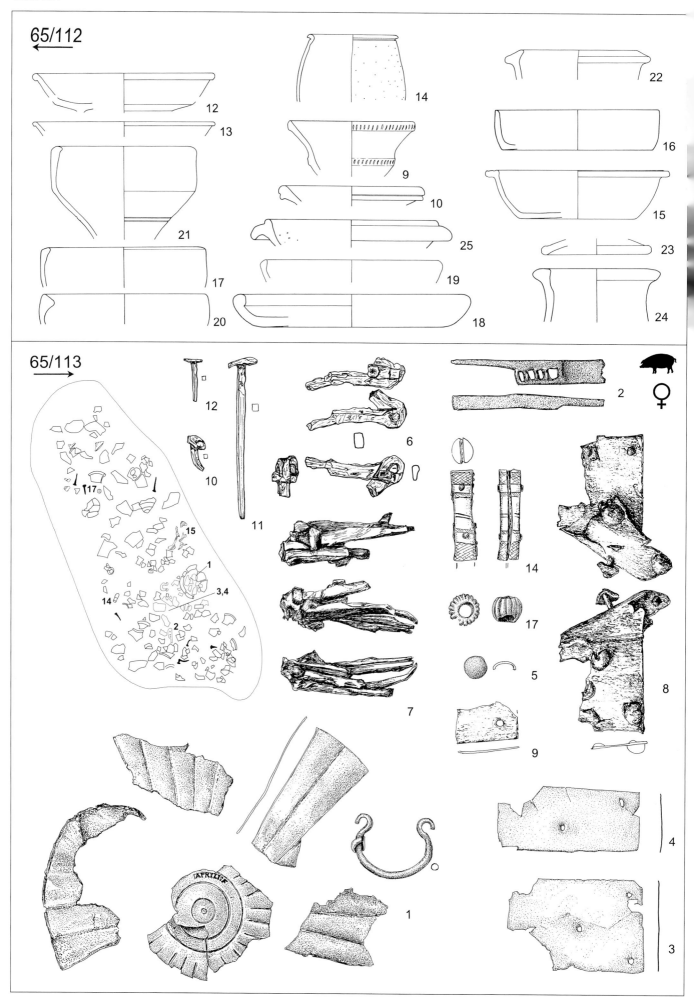

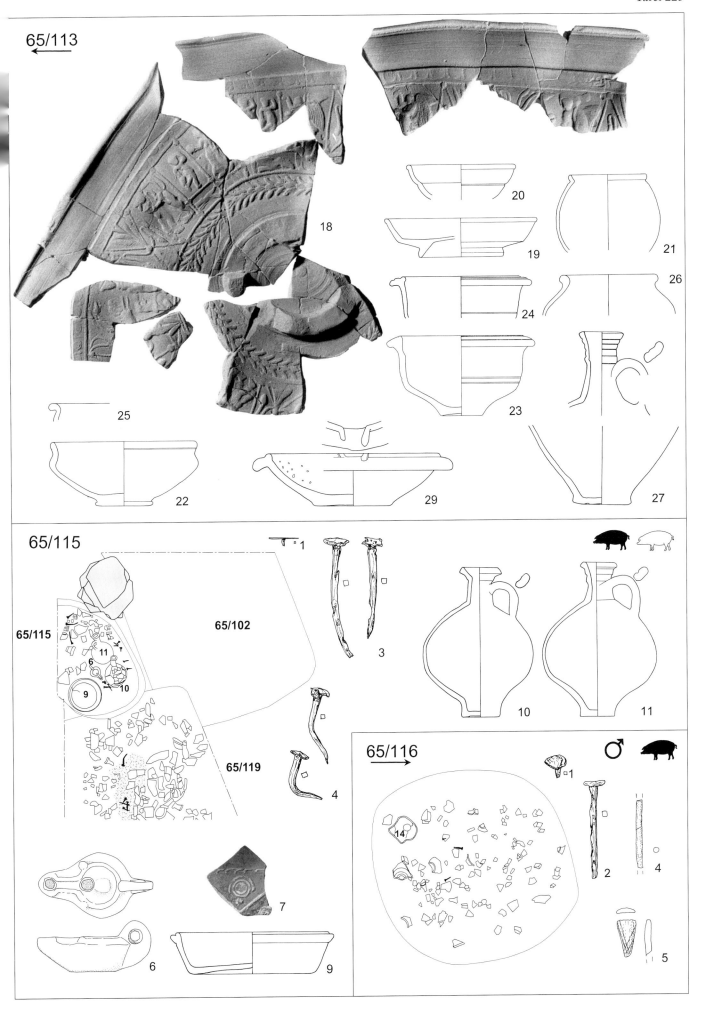

Tafel 225

Tafel 226

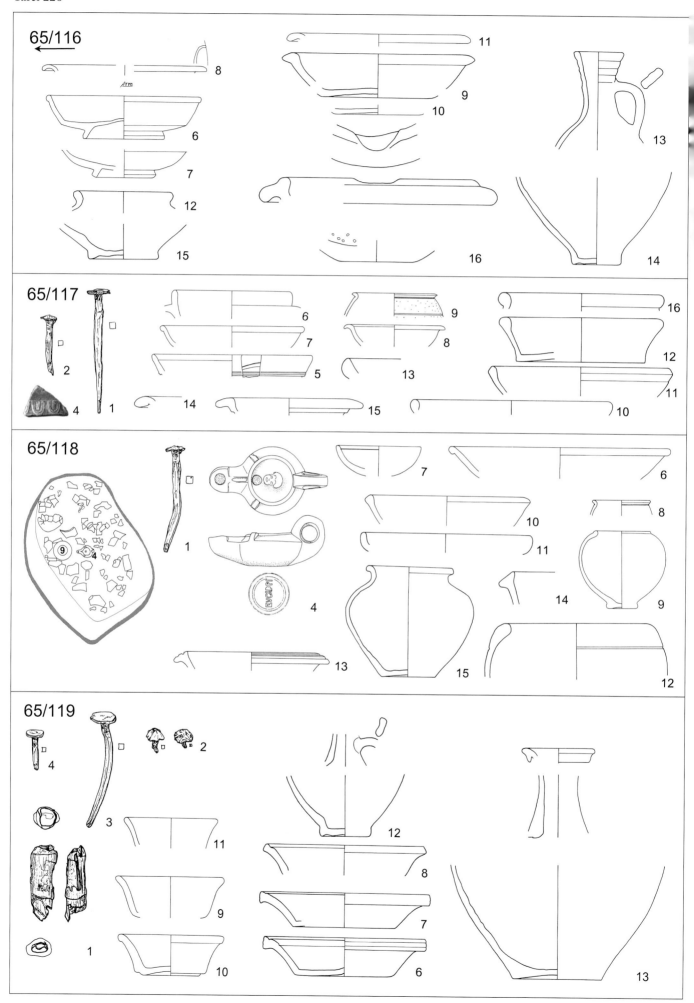

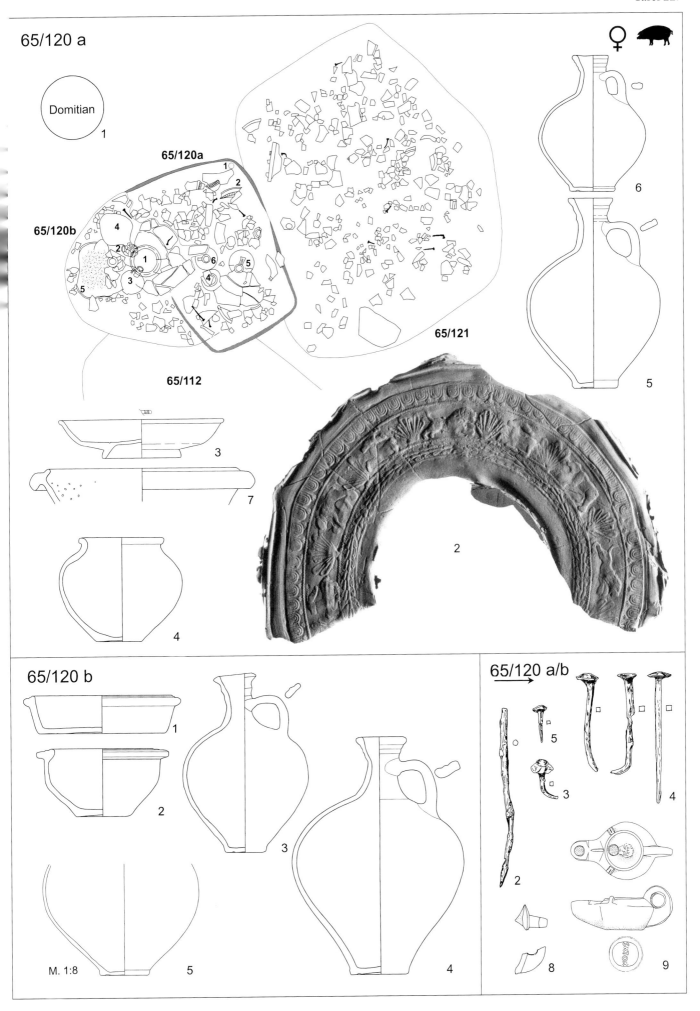

Tafel 228

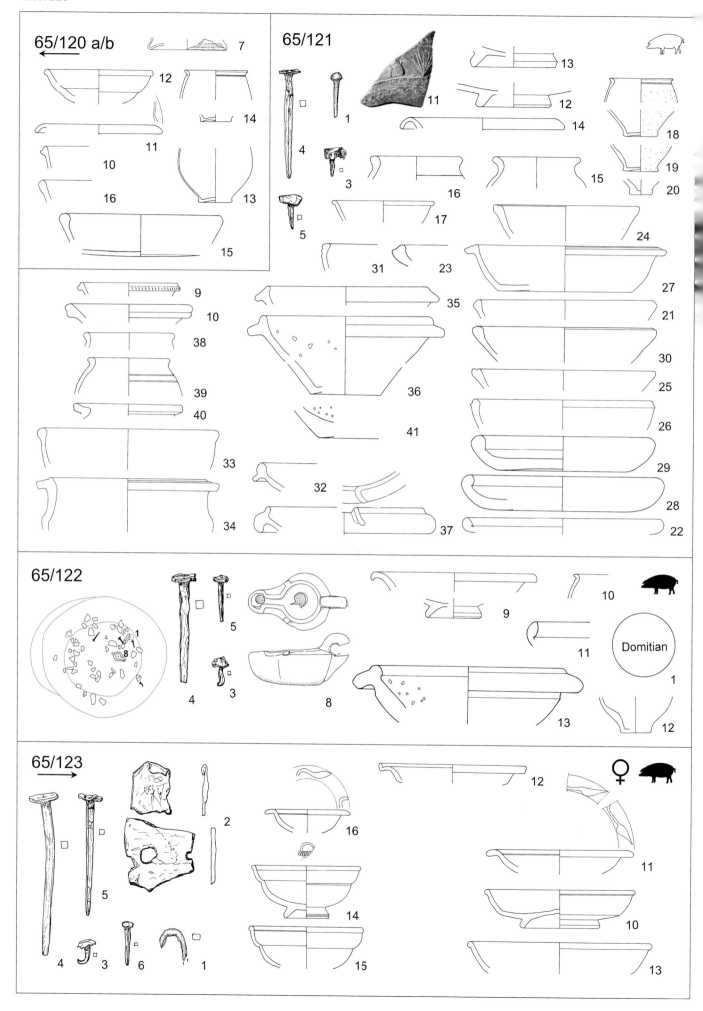

Tafel 229

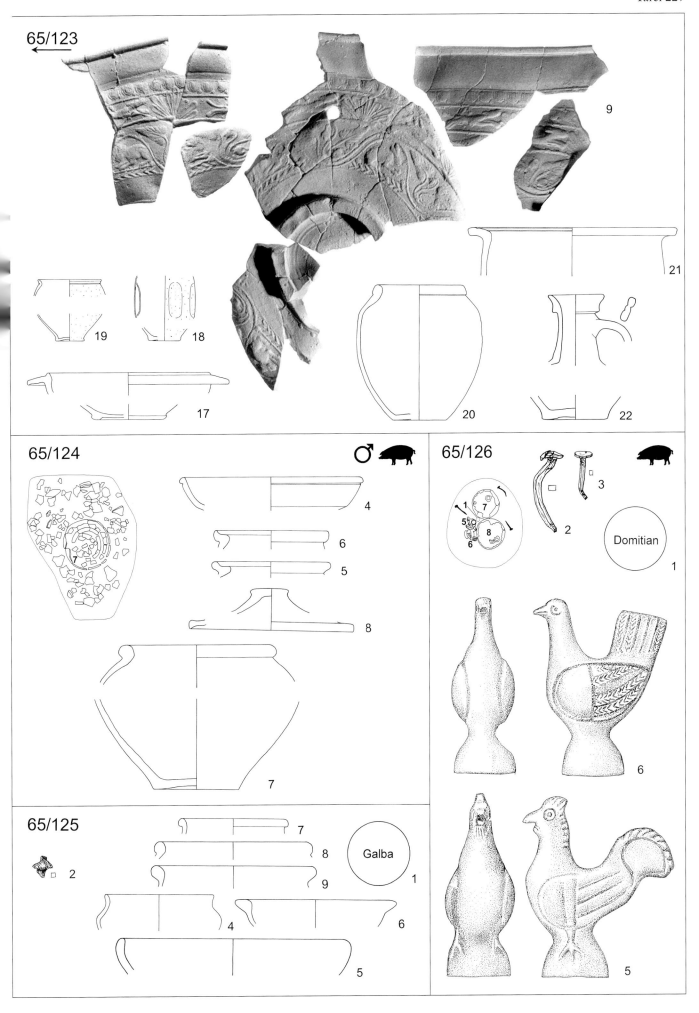

Tafel 230

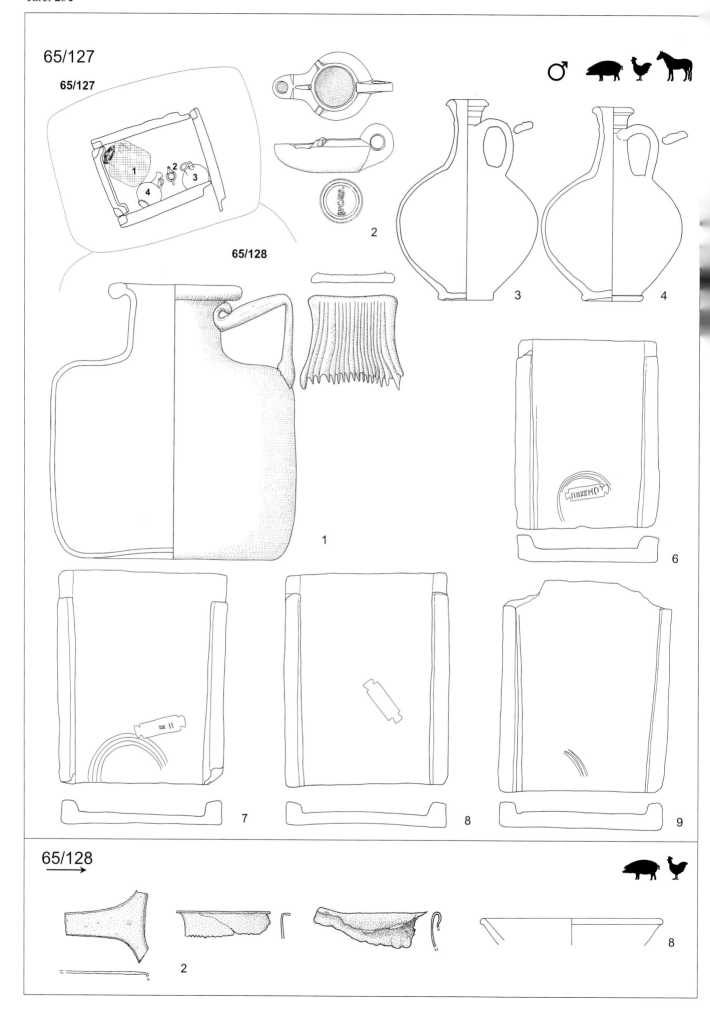

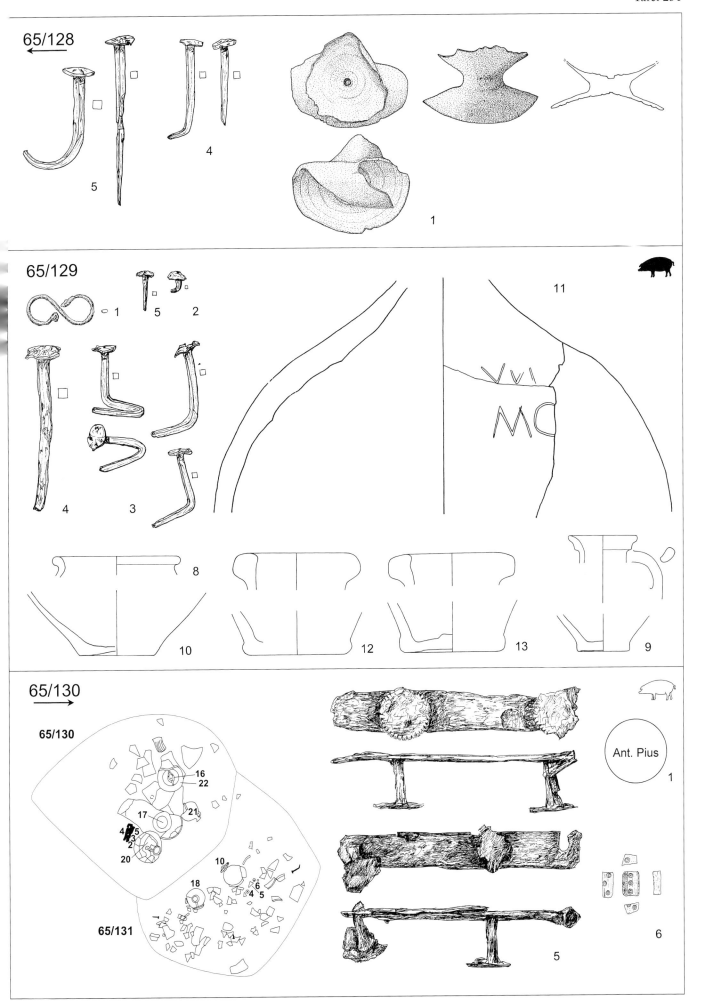

Tafel 231

Tafel 232

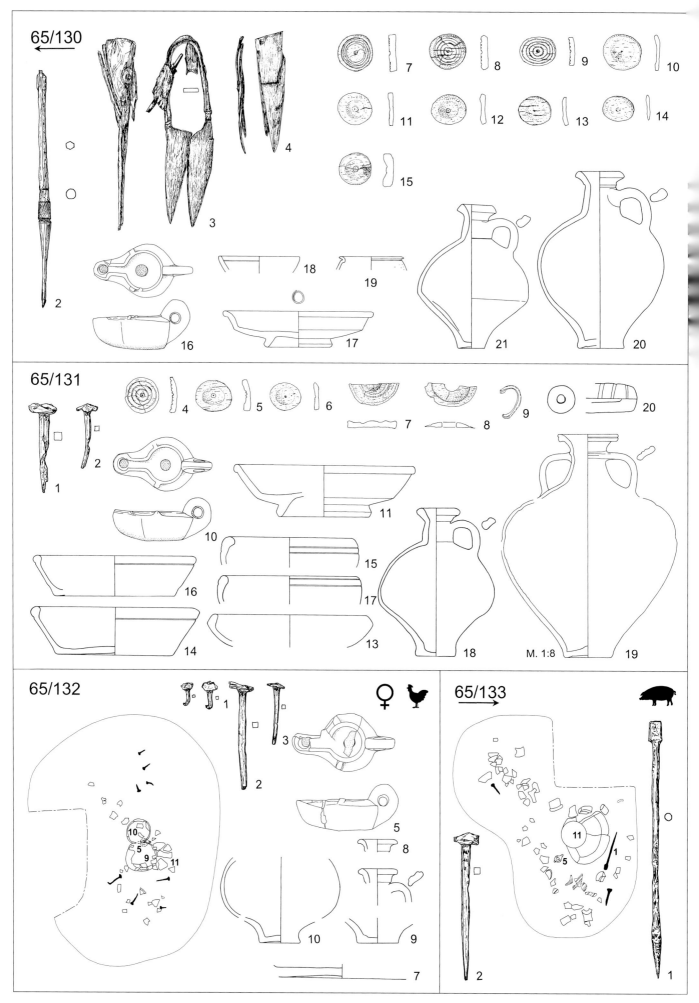

Tafel 233

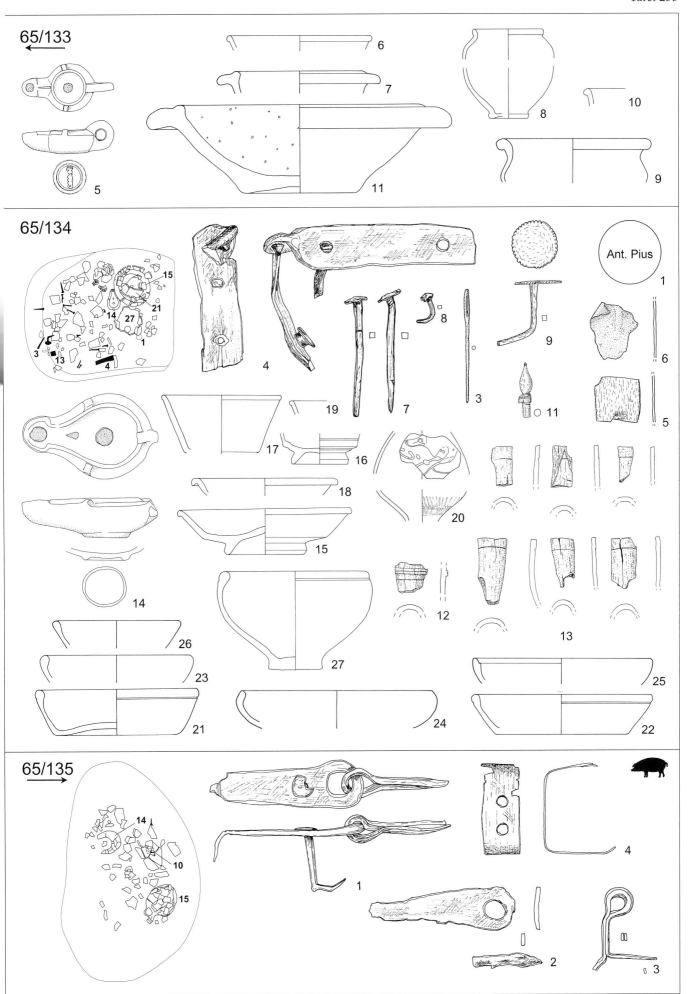

Tafel 234

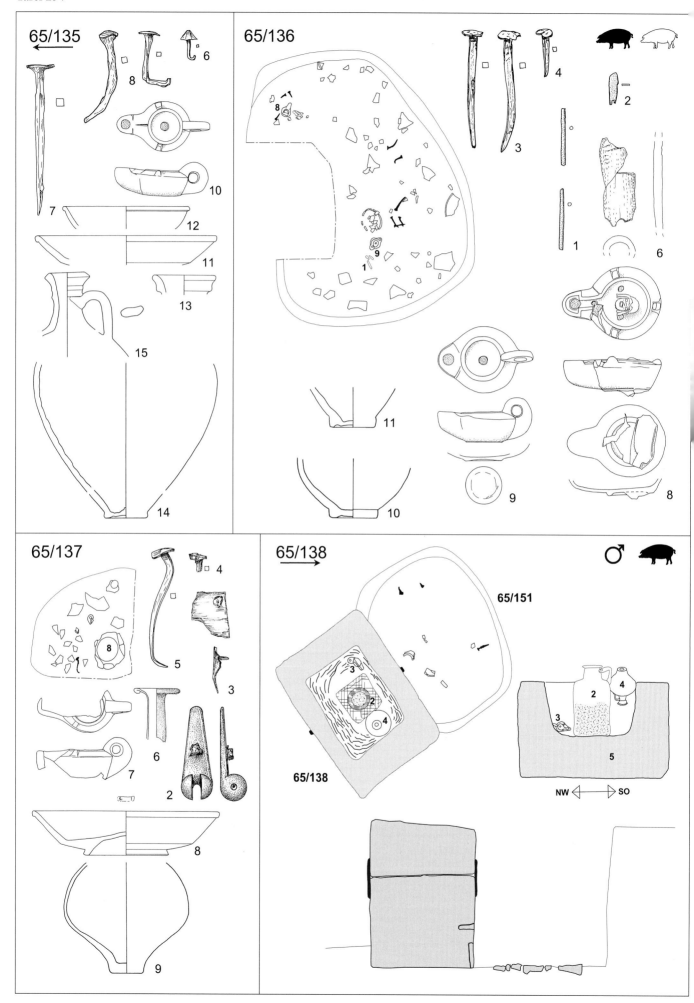

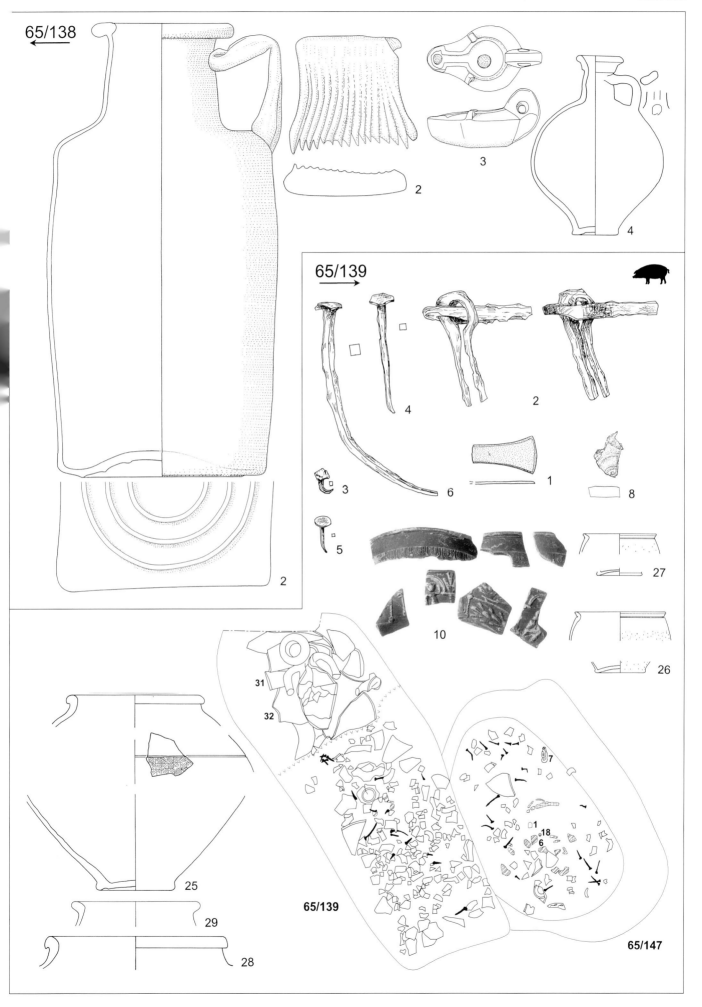

Tafel 235

Tafel 236

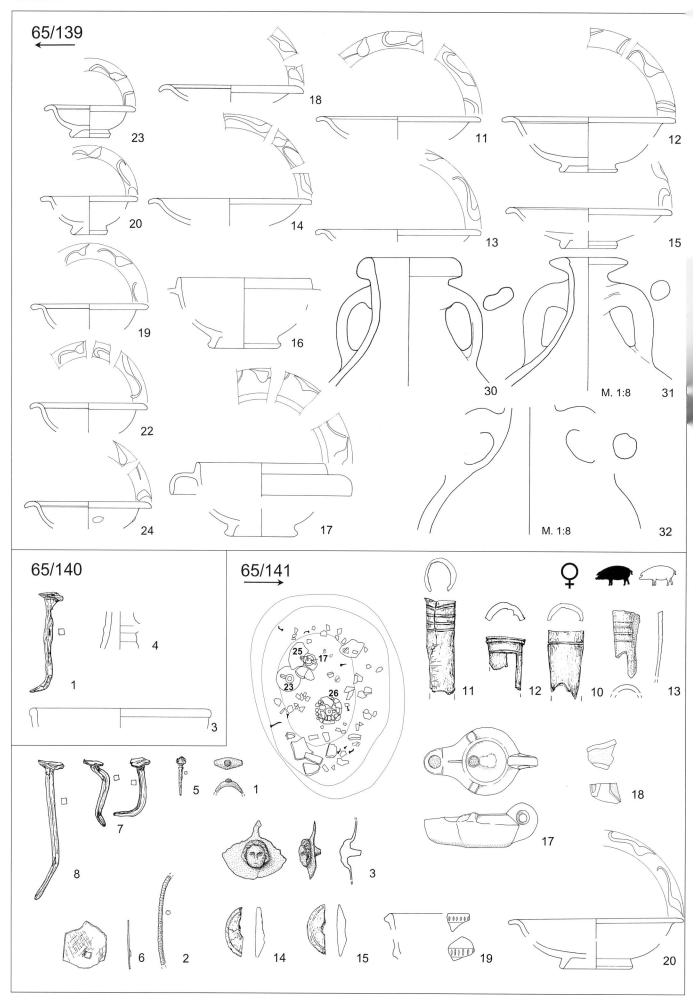

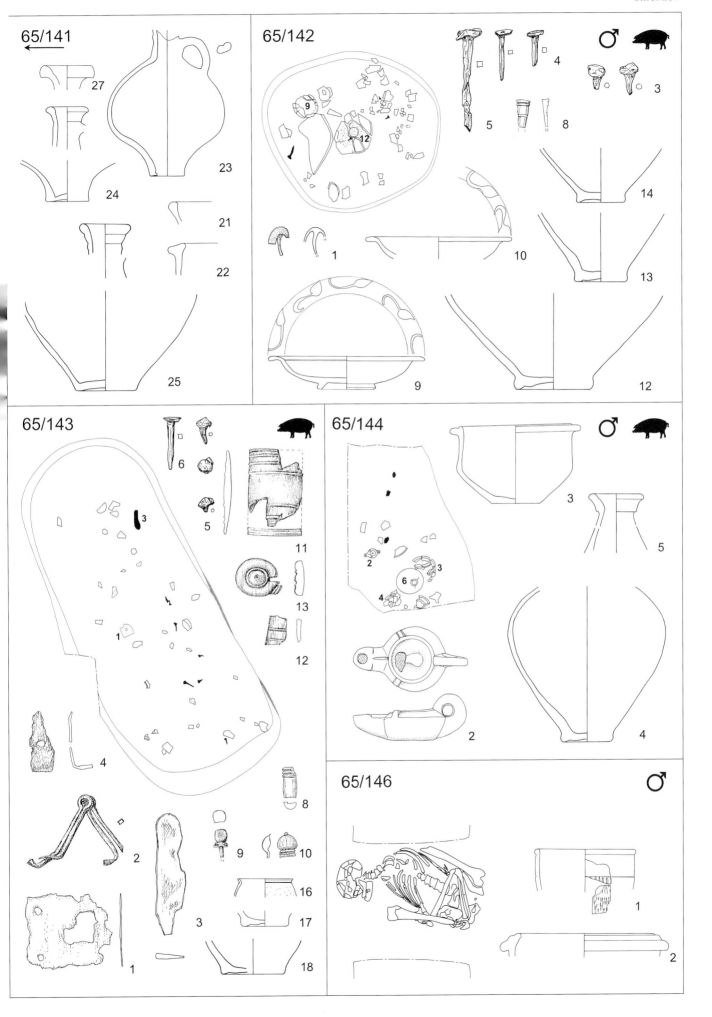

Tafel 237

Tafel 238

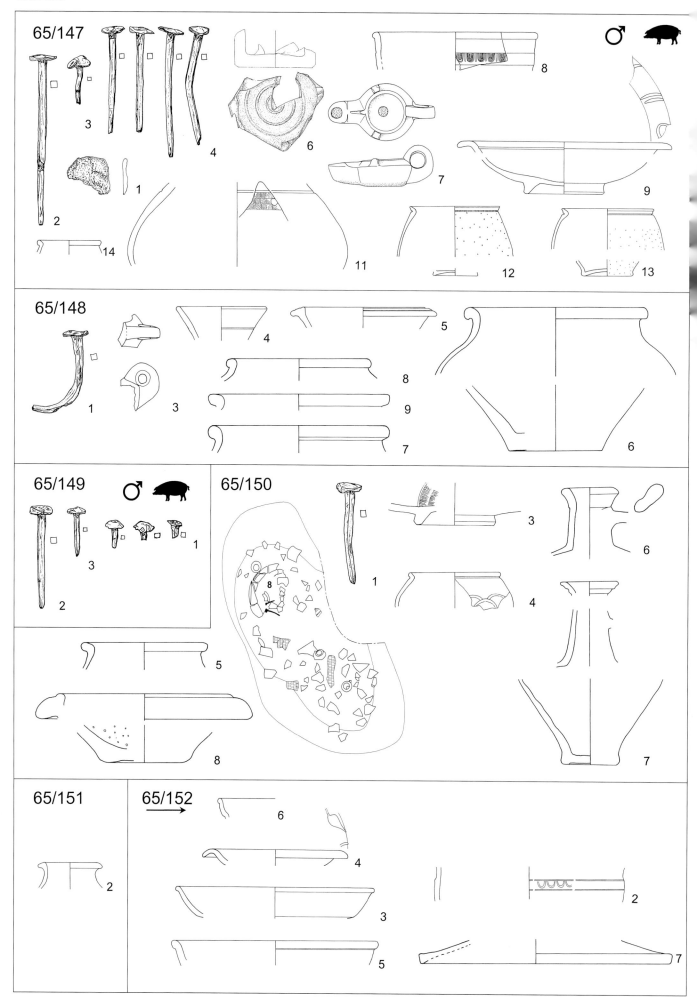

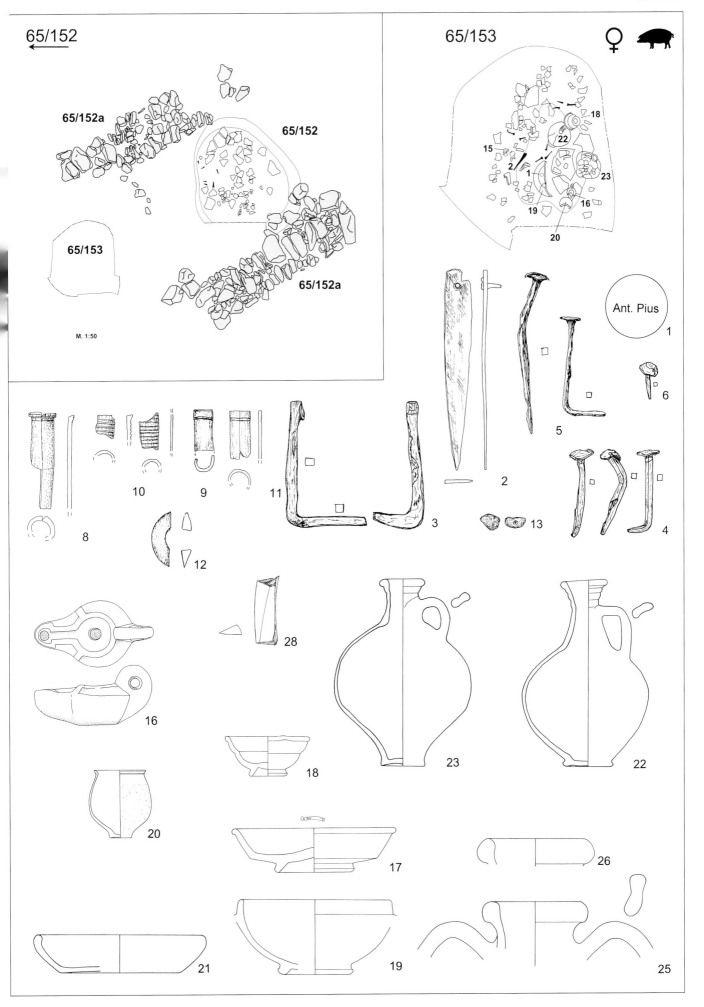
Tafel 239

Tafel 240

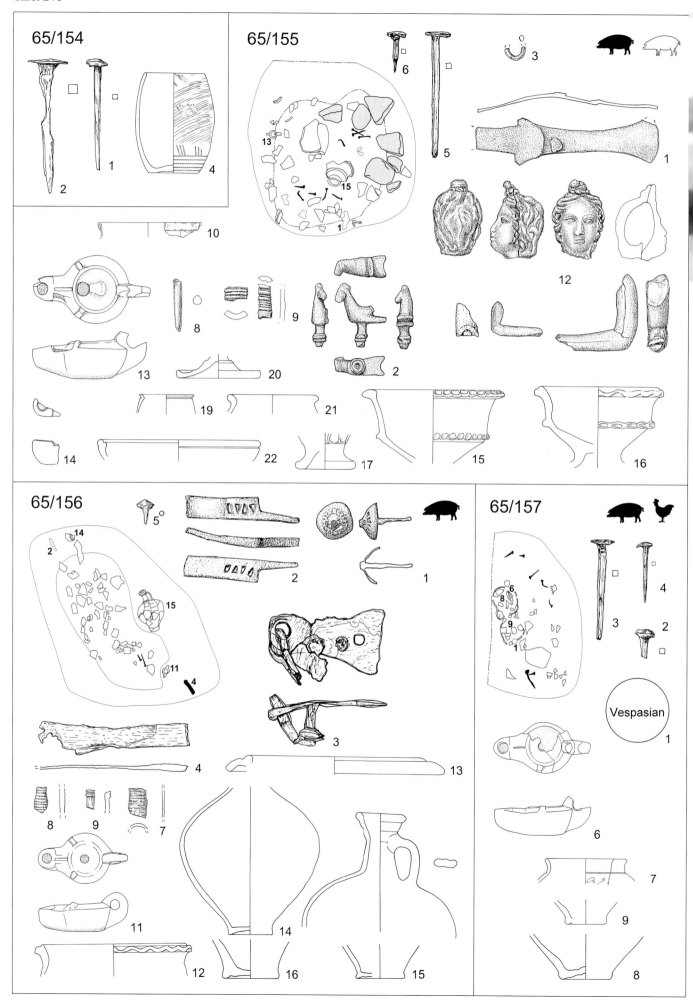

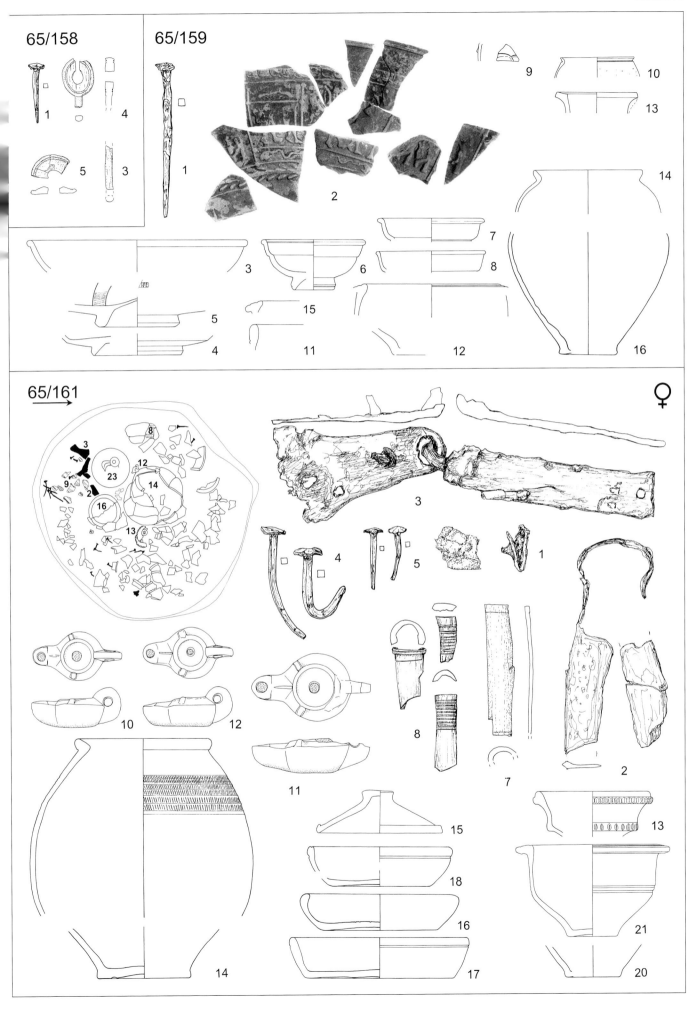

Tafel 241

Tafel 242

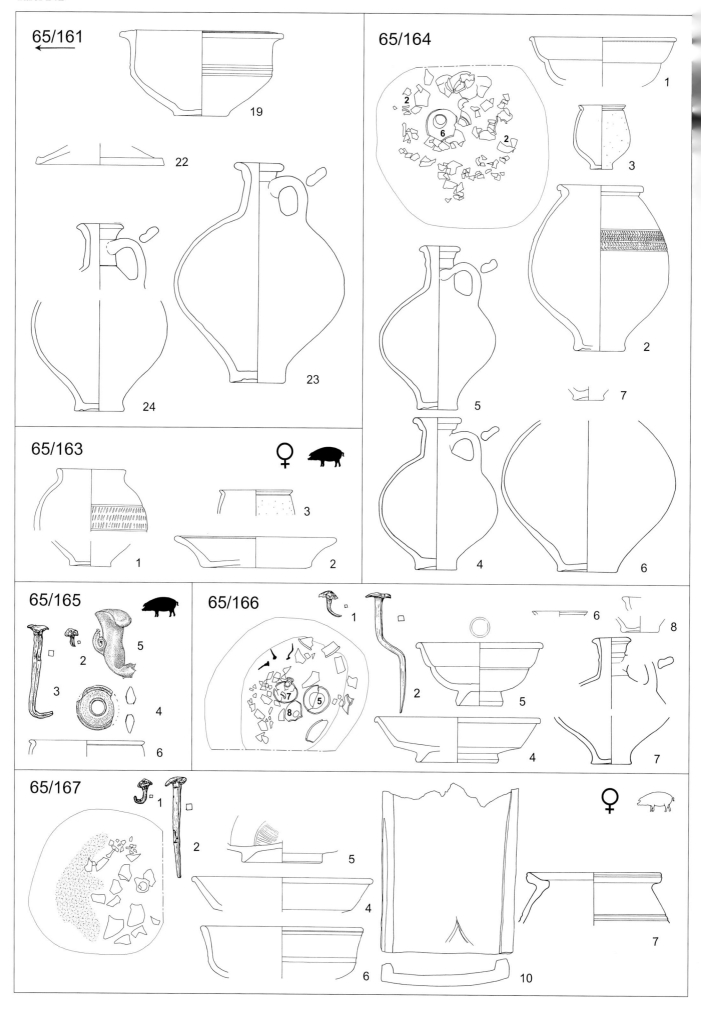

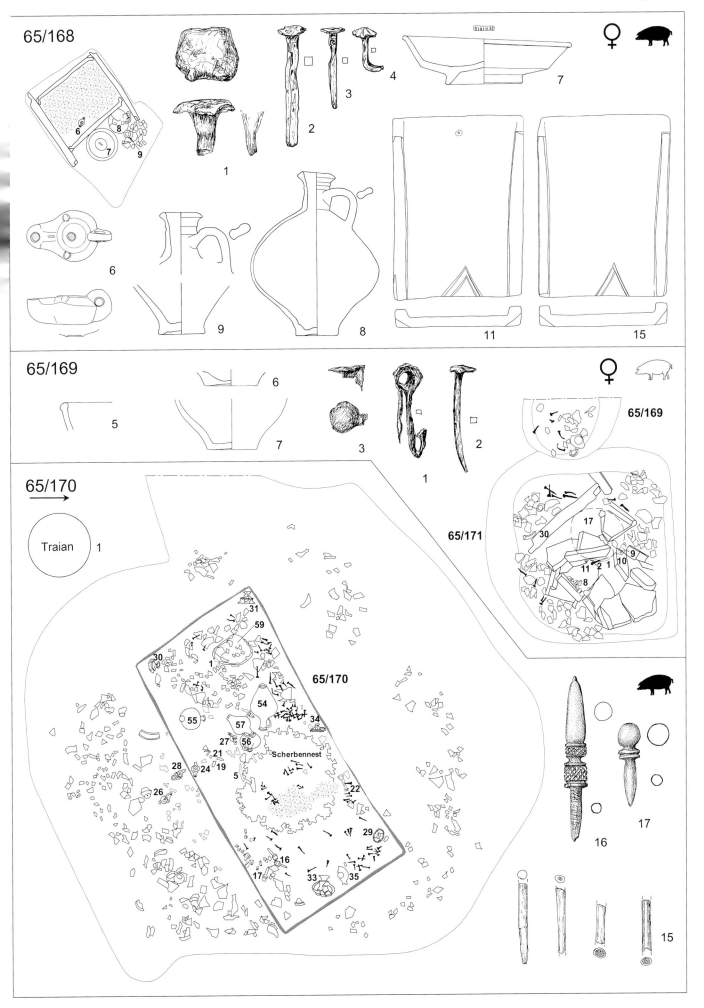

Tafel 243

Tafel 244

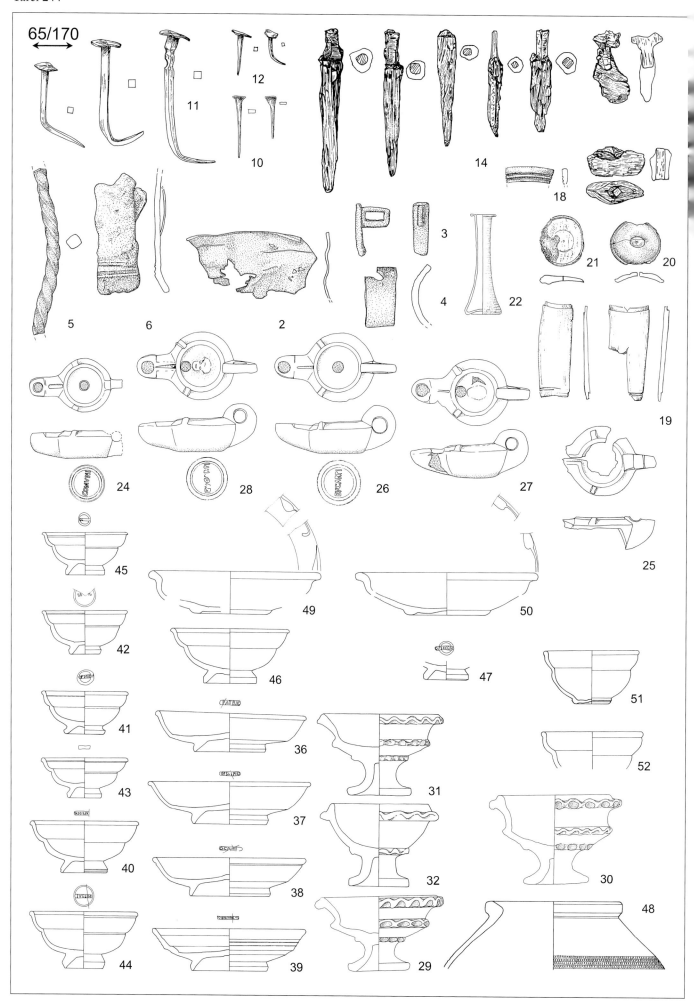

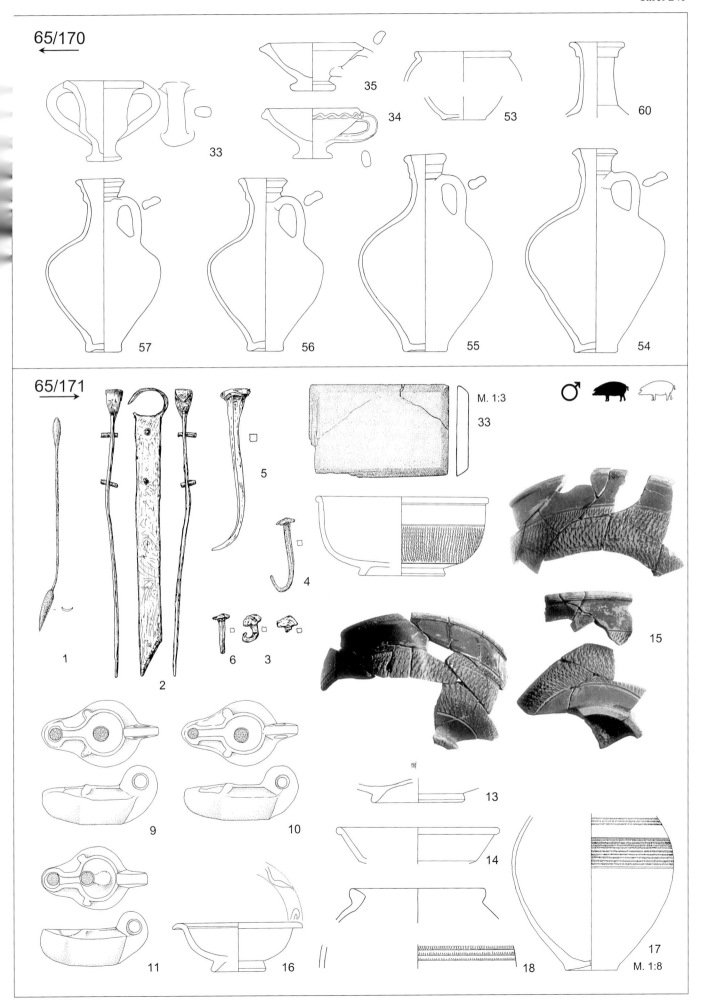
Tafel 245

Tafel 246

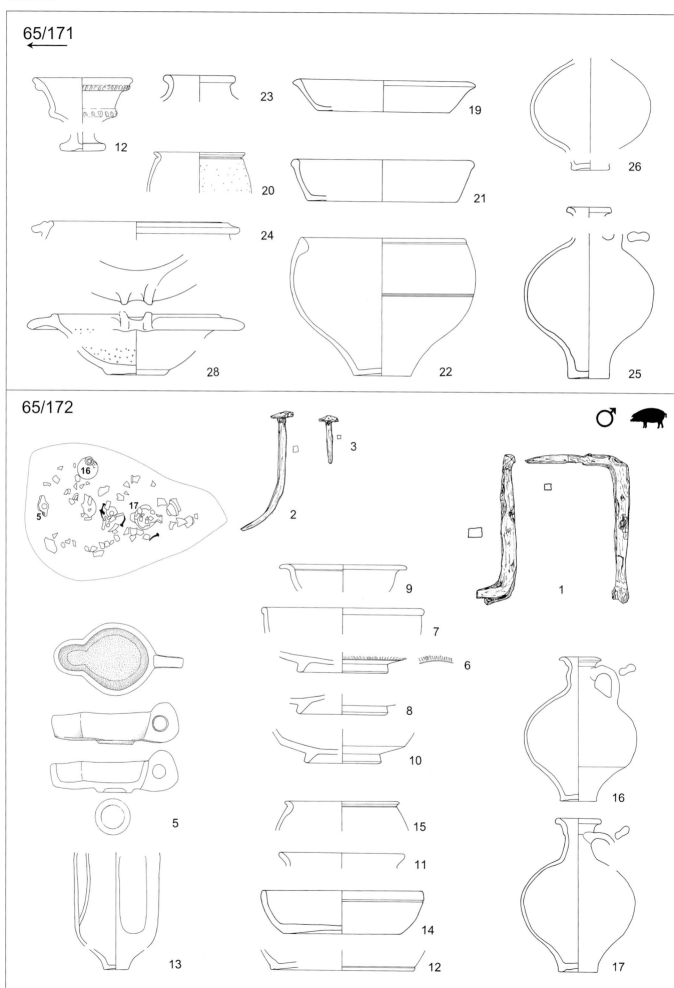

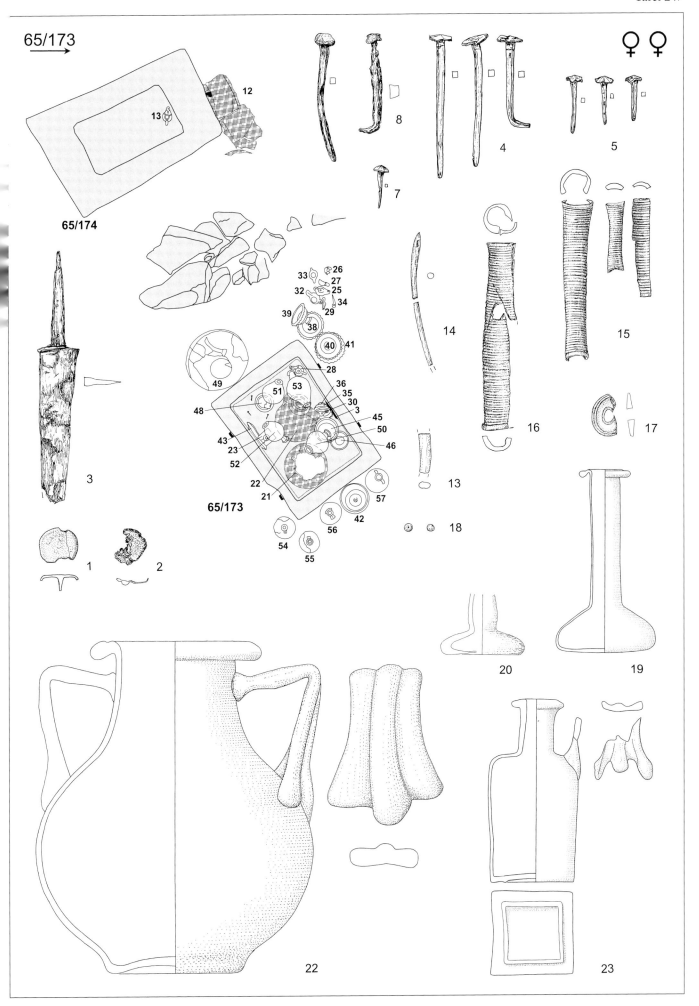

Tafel 247

Tafel 248

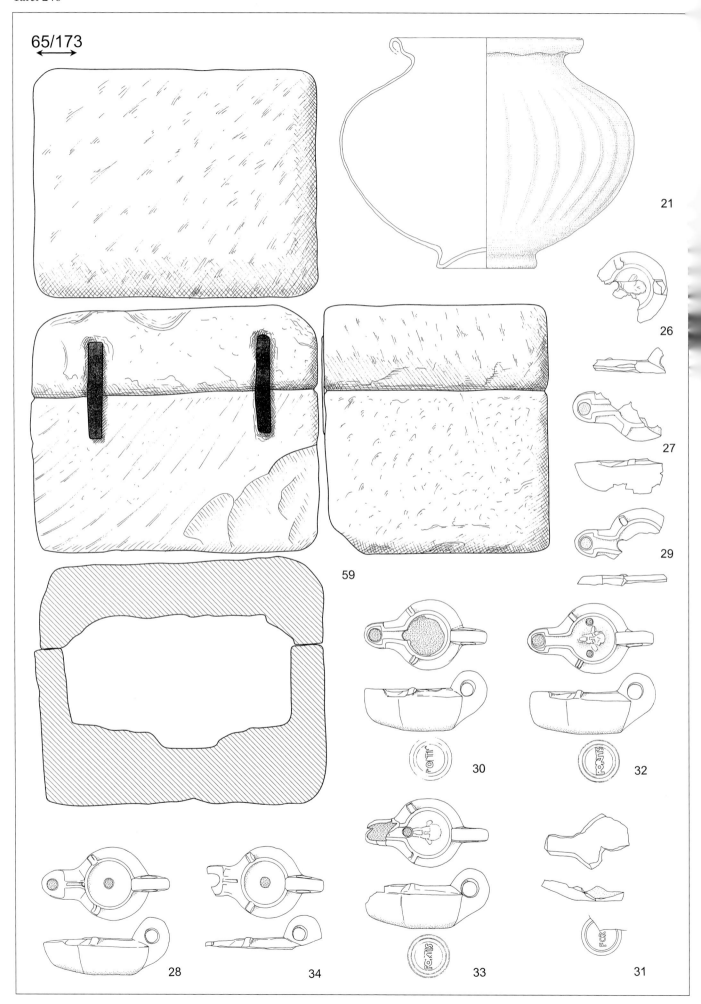

Tafel 249

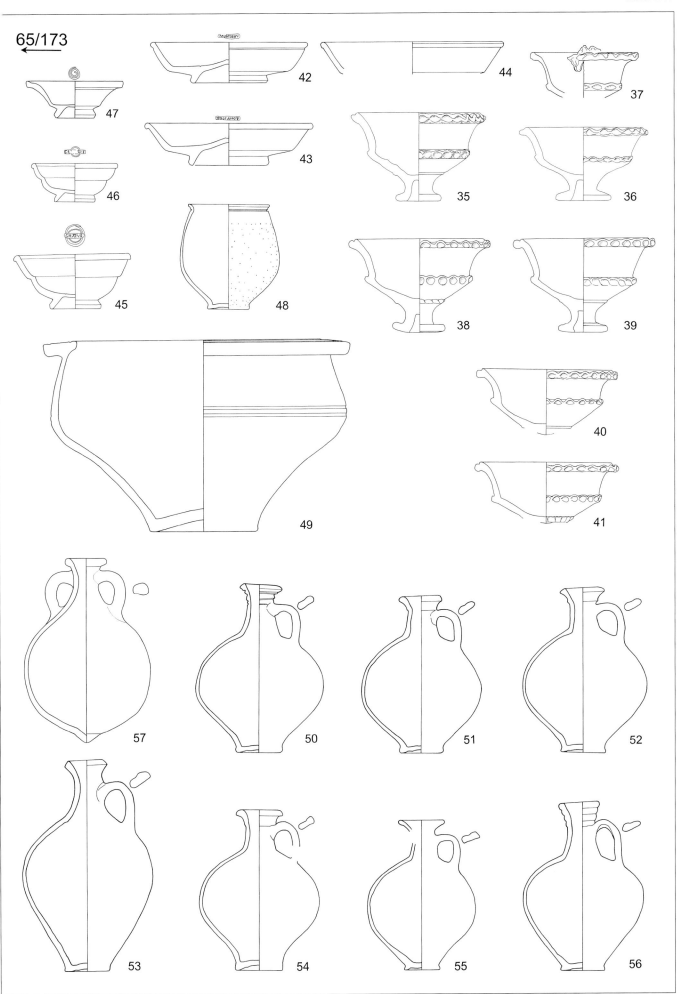

Tafel 250

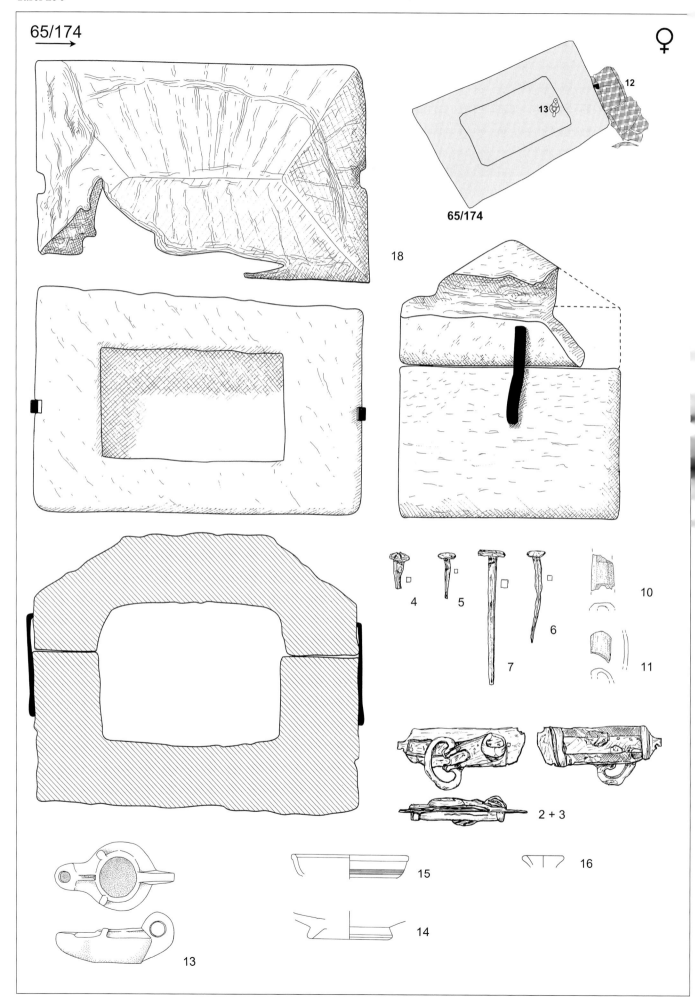

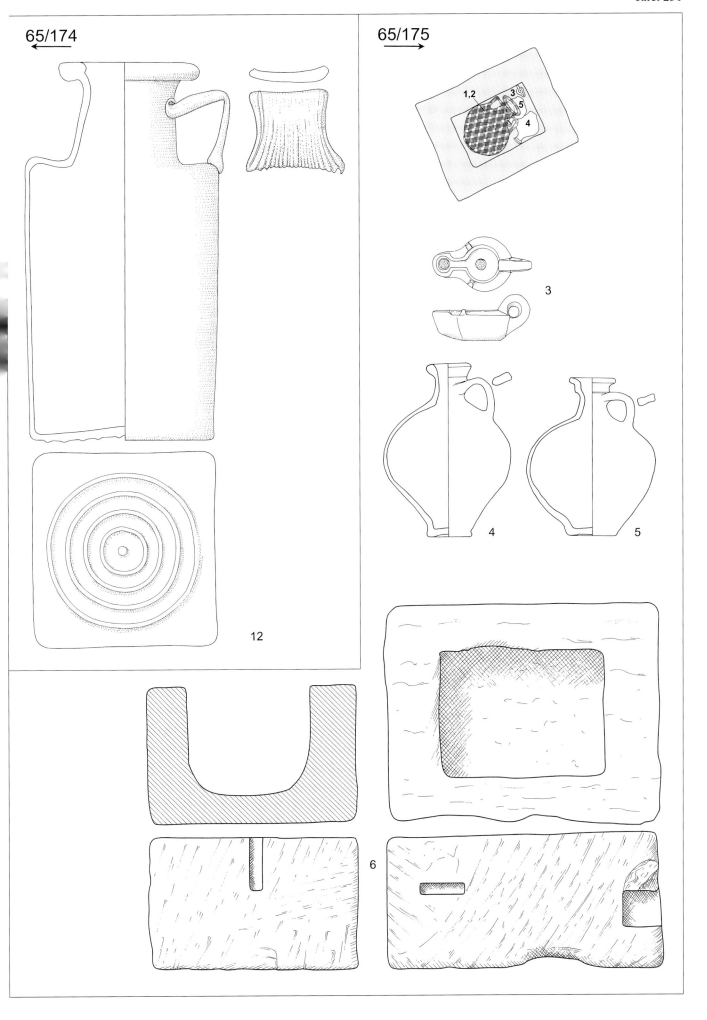

Tafel 251

Tafel 252

65/175

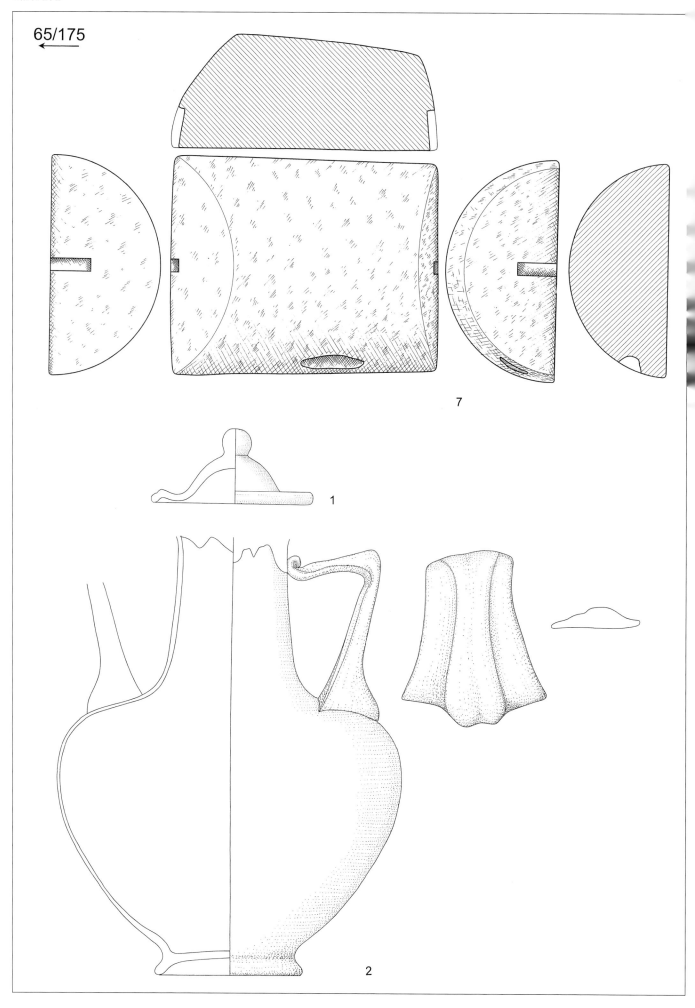

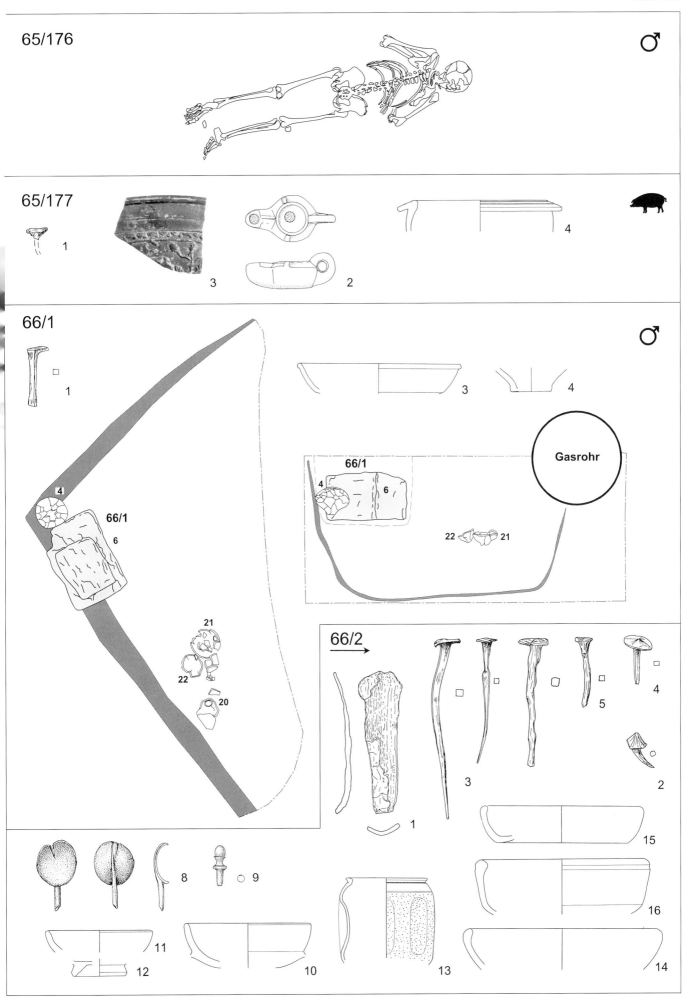

Tafel 253

Tafel 254

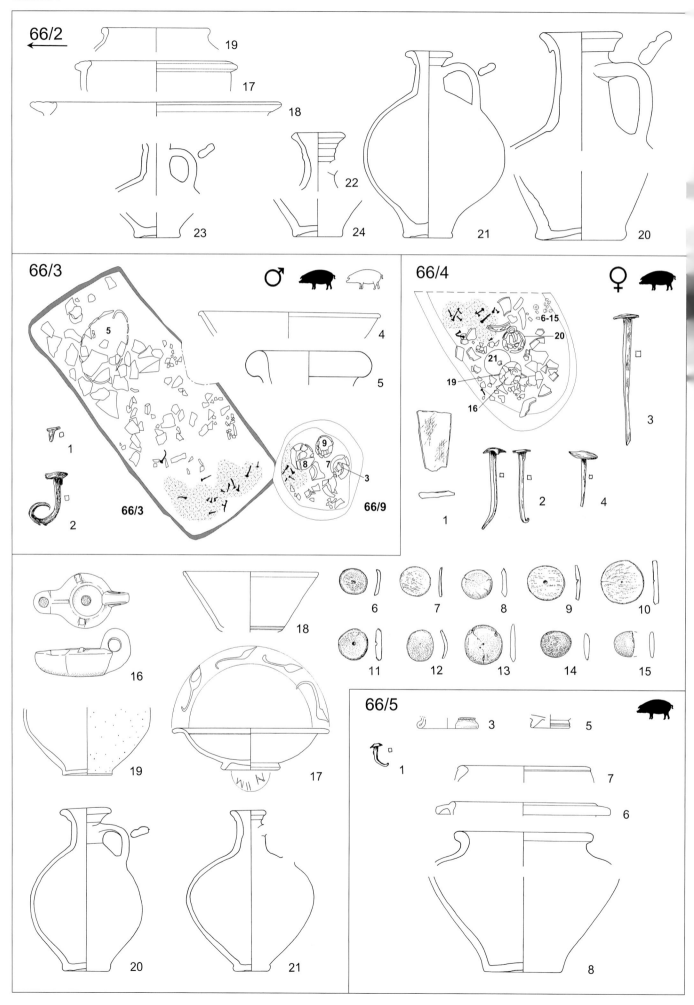

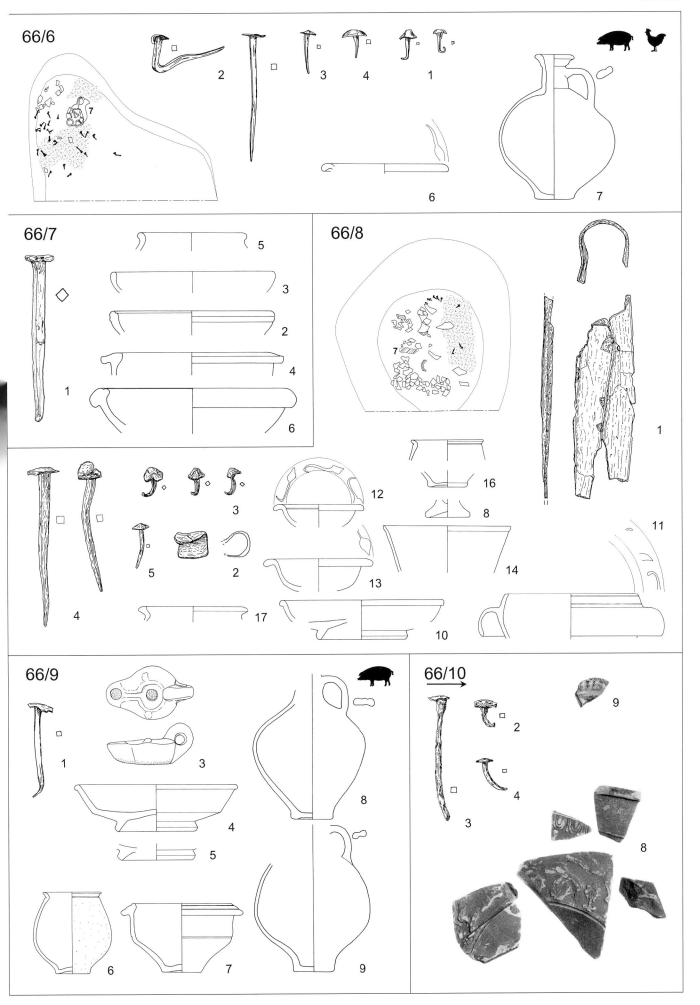

Tafel 255

Tafel 256

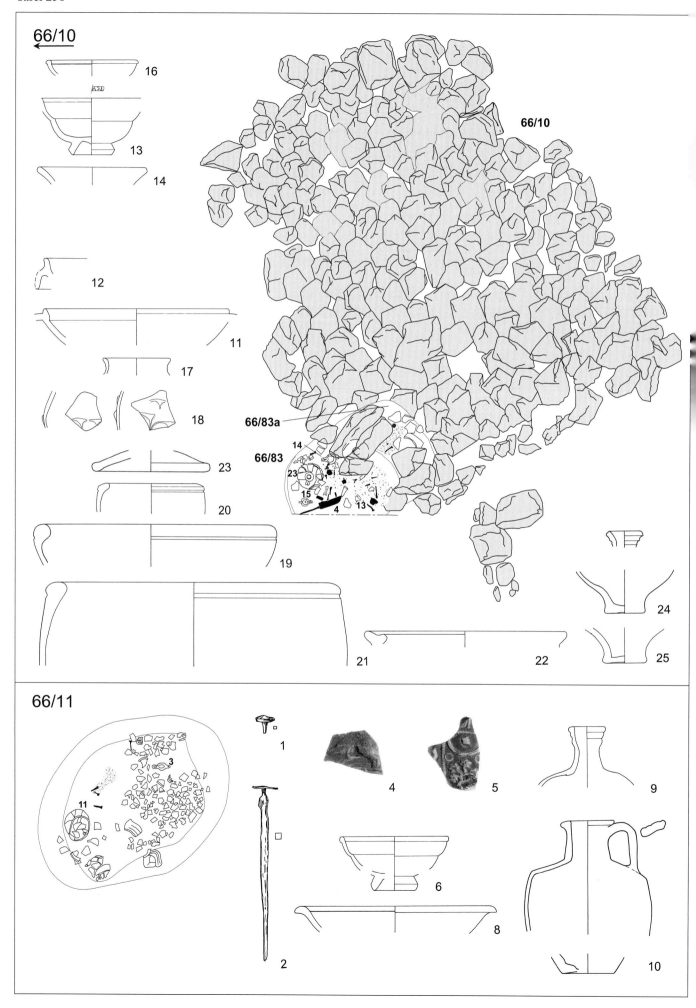

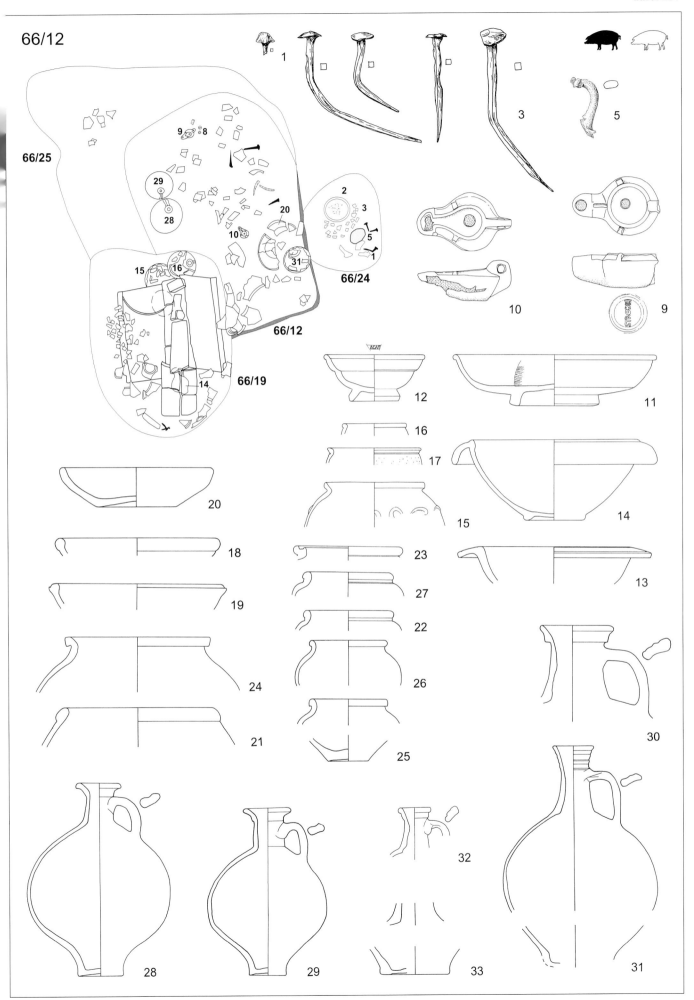

Tafel 257

Tafel 258

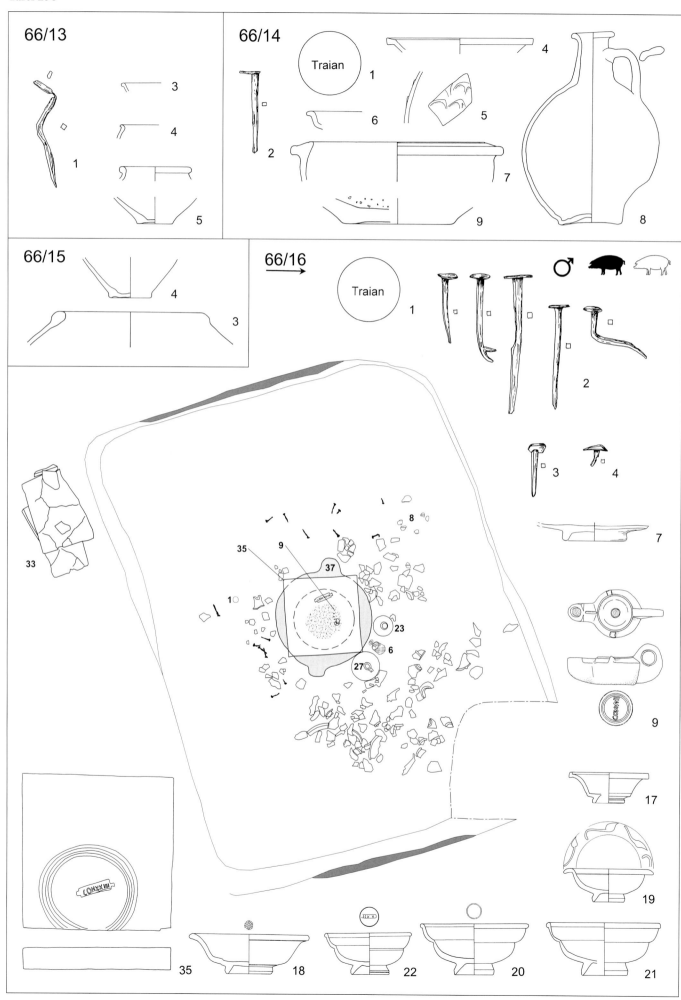

Tafel 259

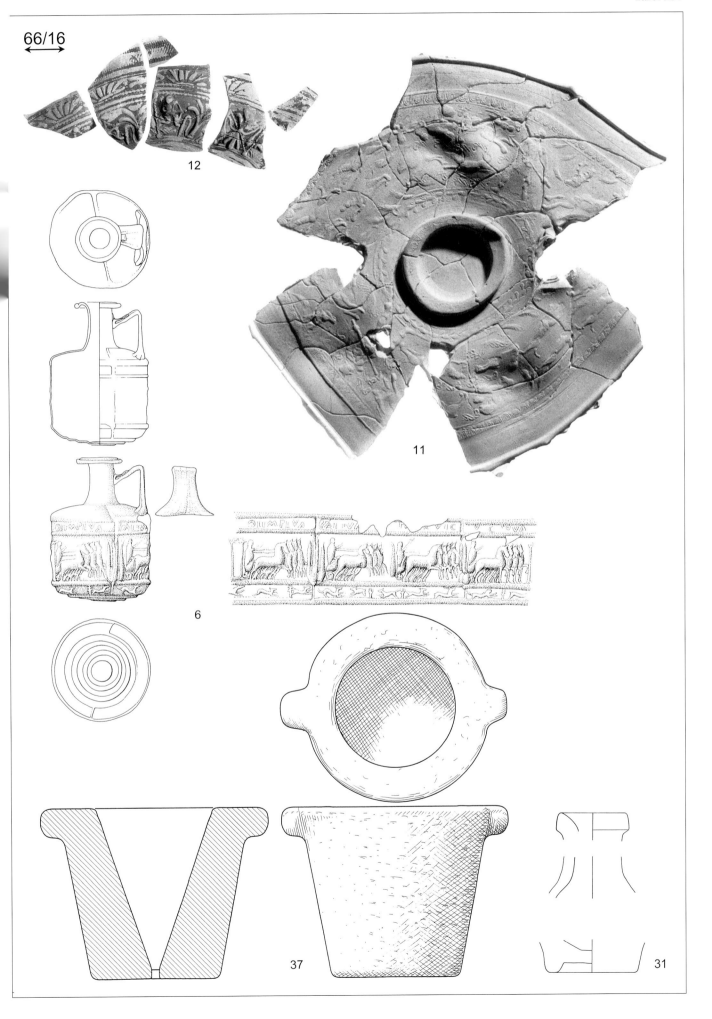

Tafel 260

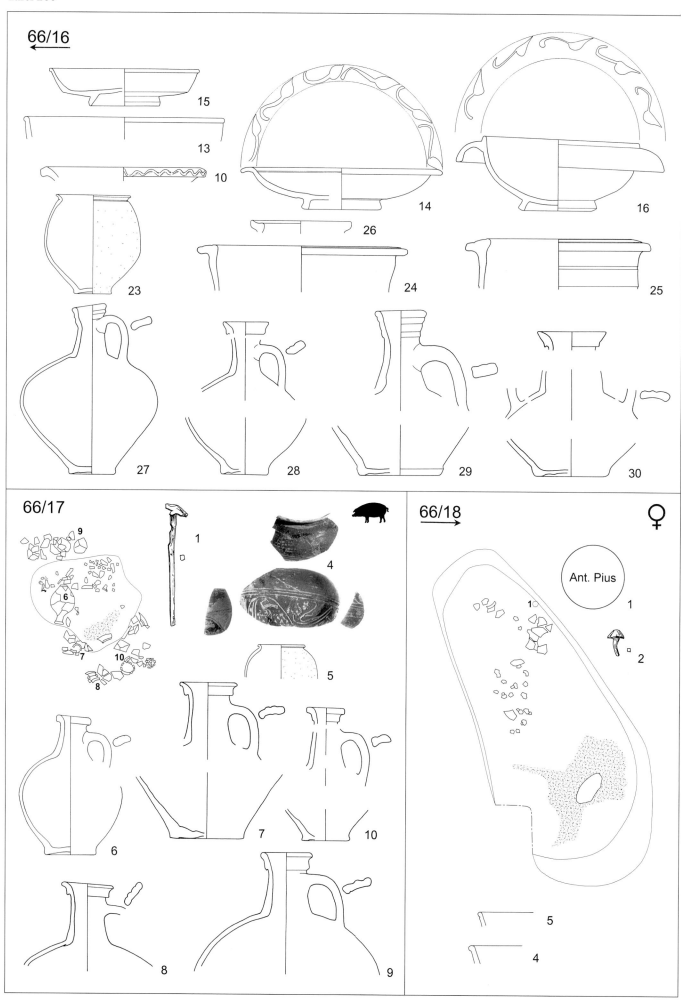

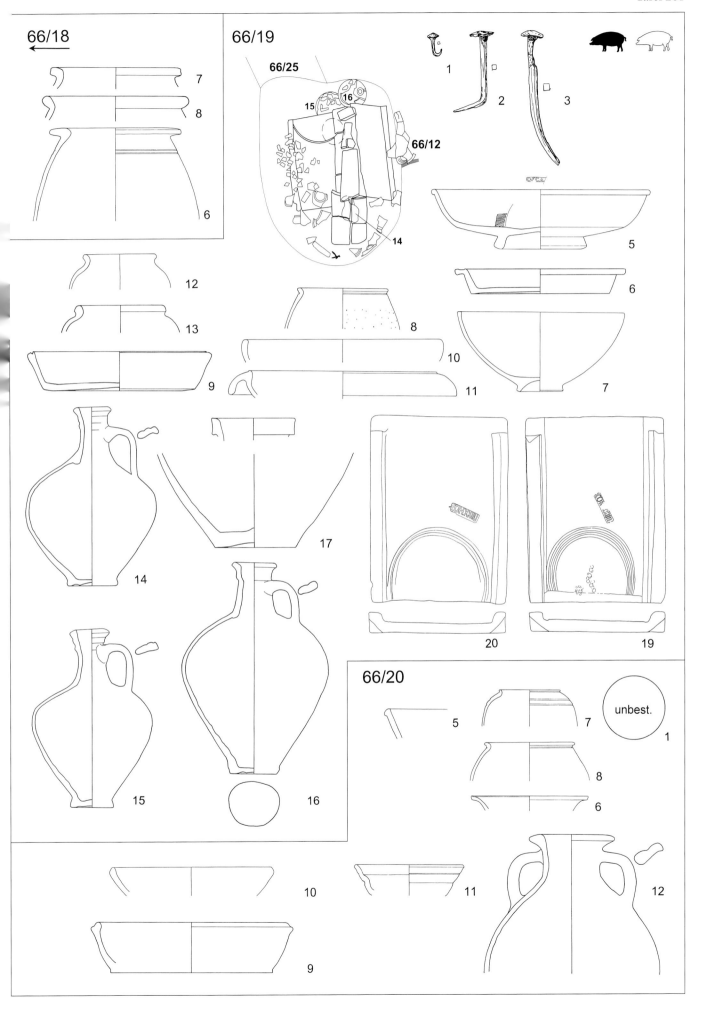

Tafel 261

Tafel 262

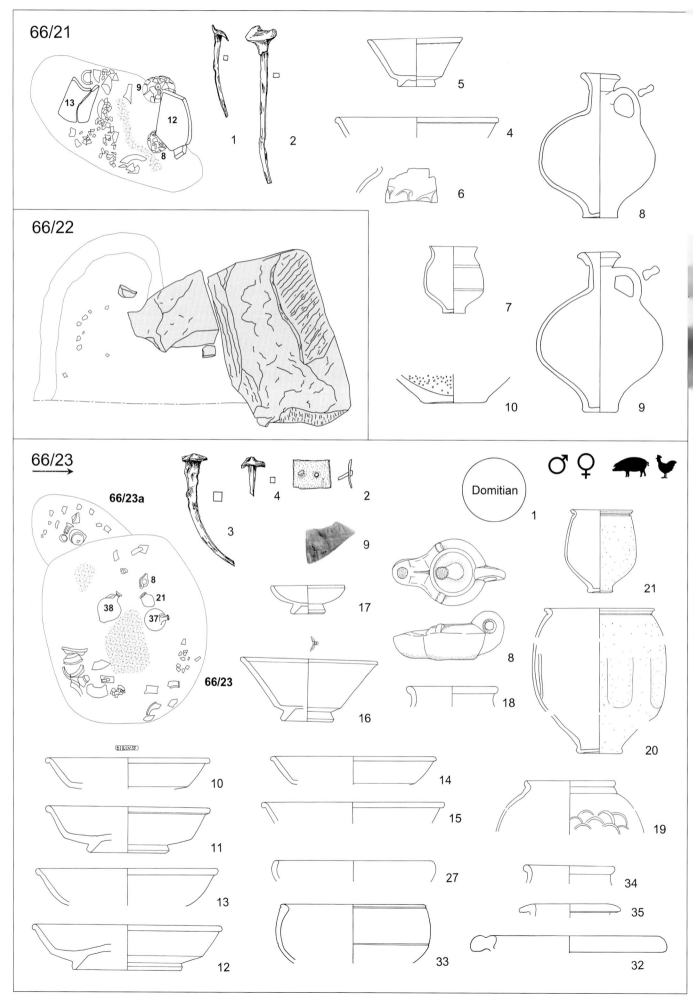

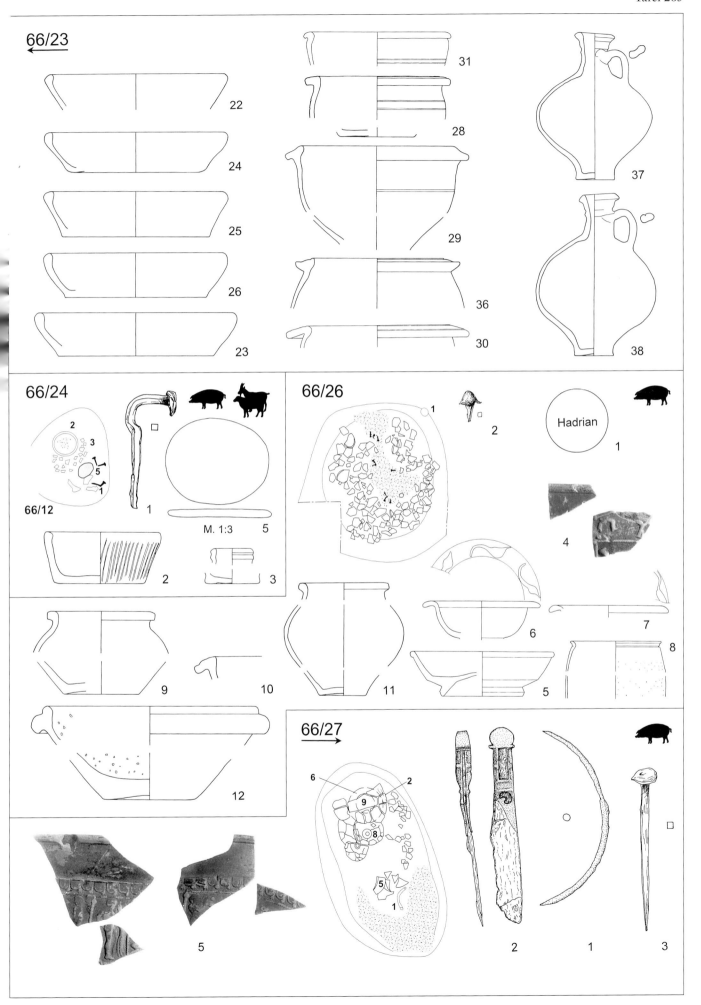

Tafel 263

Tafel 264

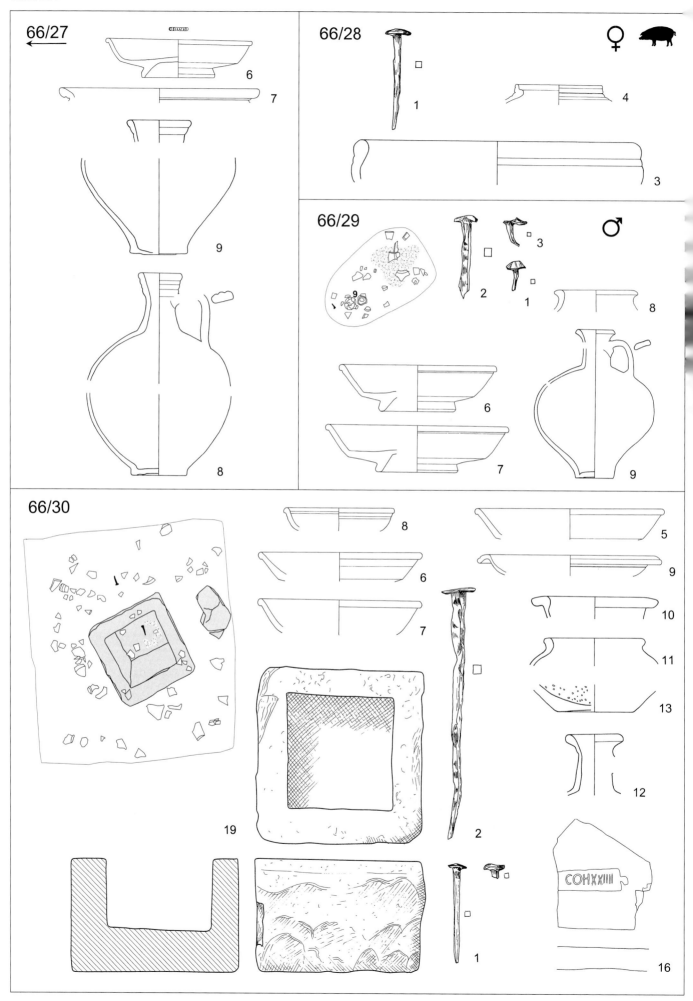

Tafel 265

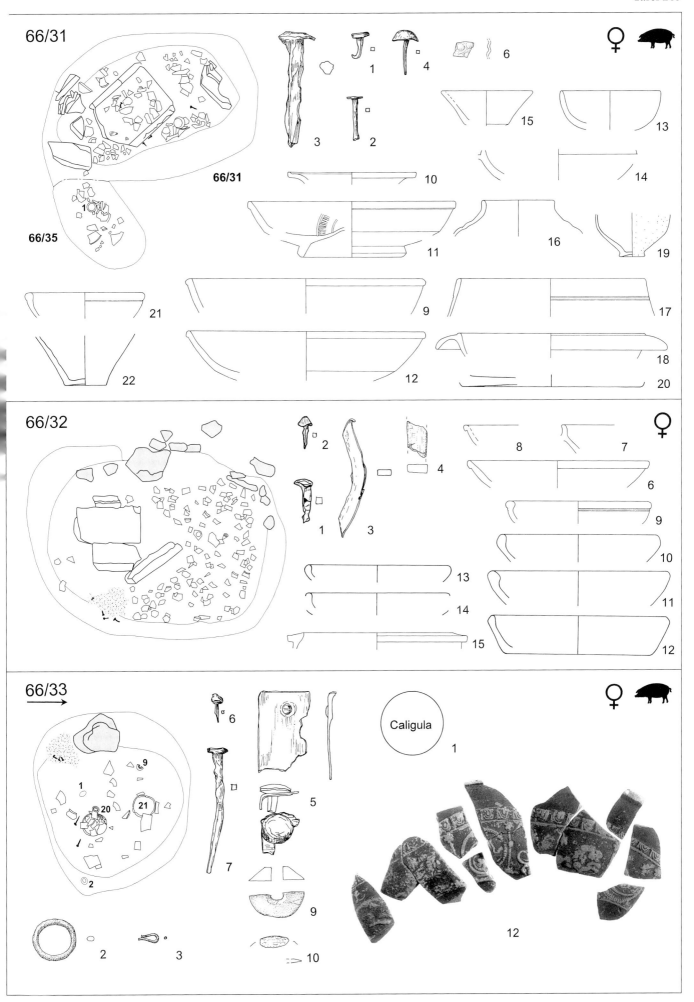

Tafel 266

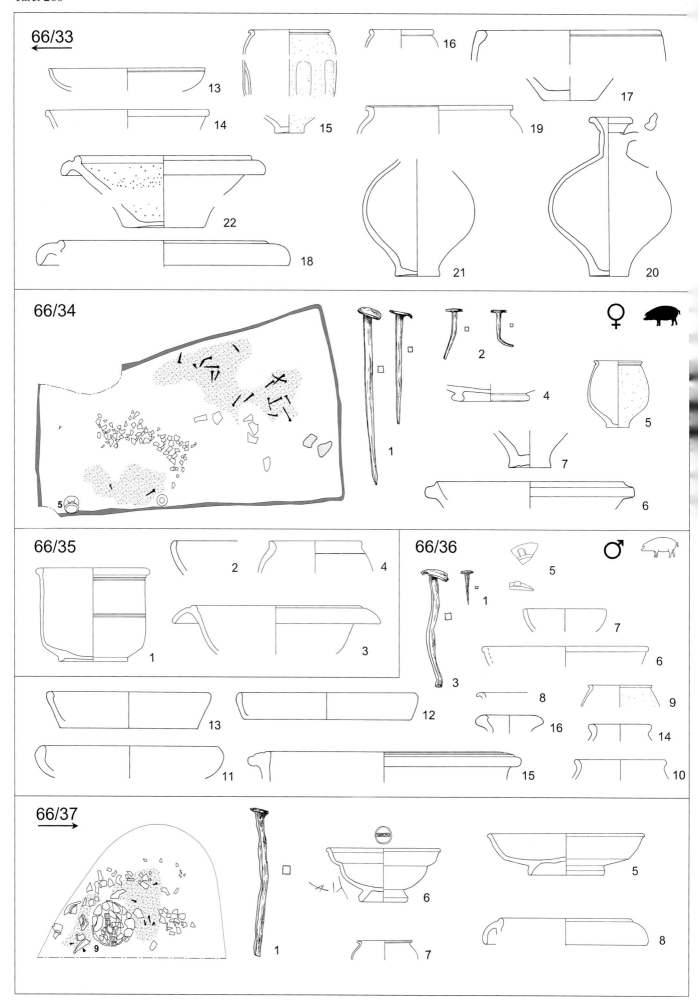

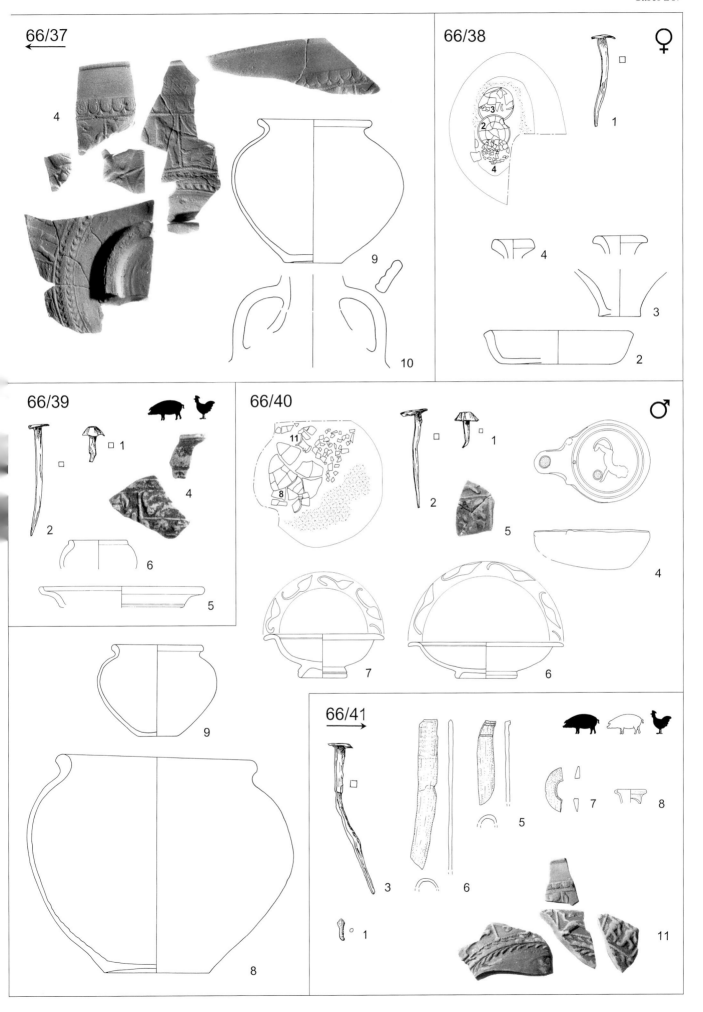

Tafel 267

Tafel 268

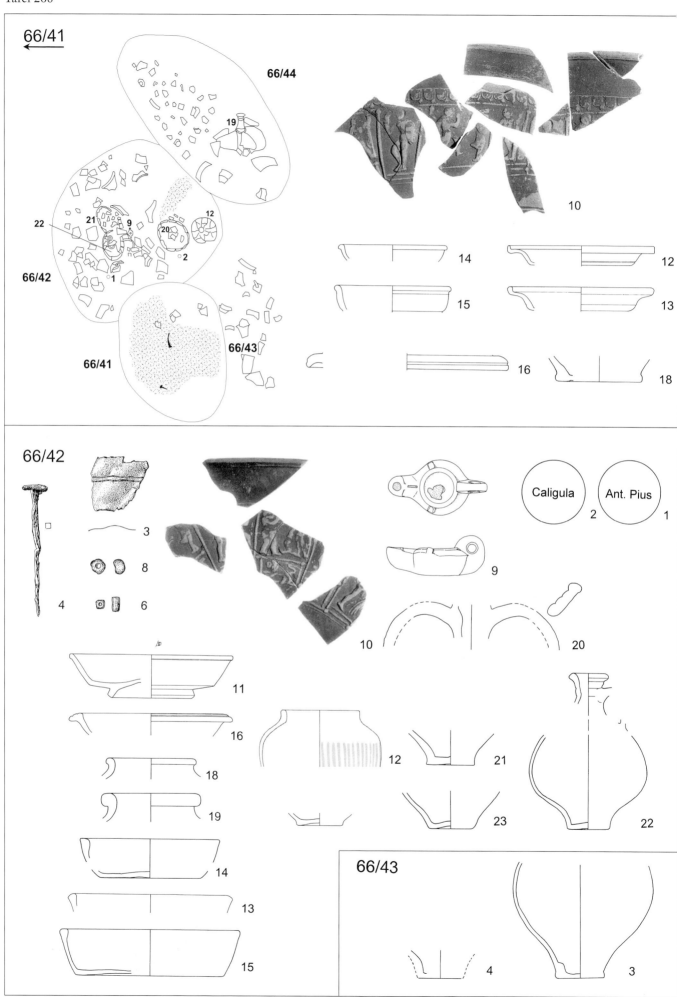

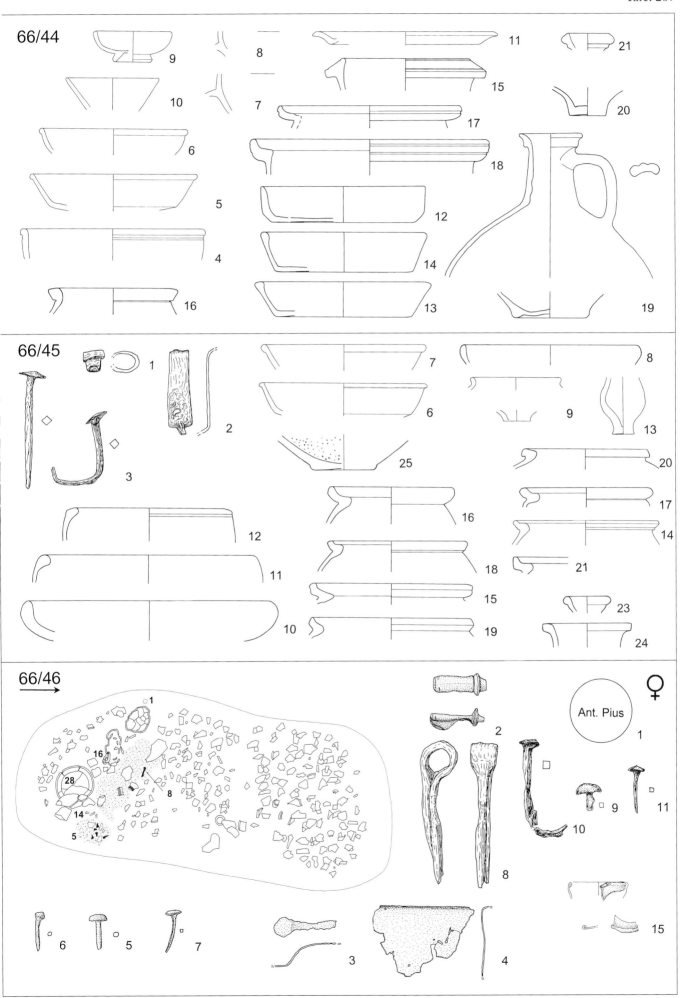

Tafel 270

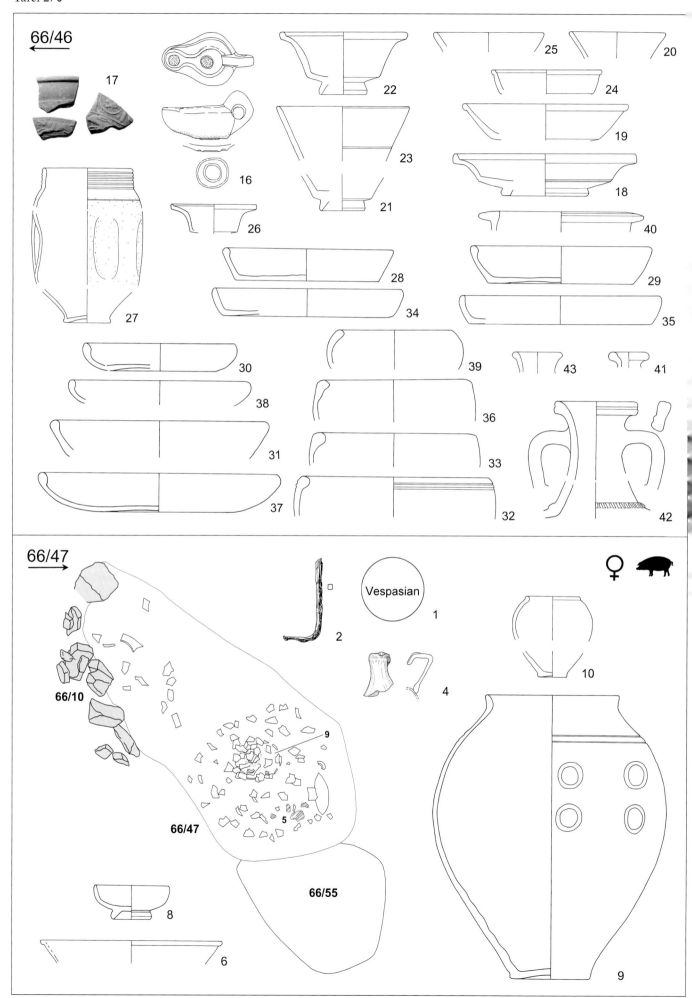

Tafel 271

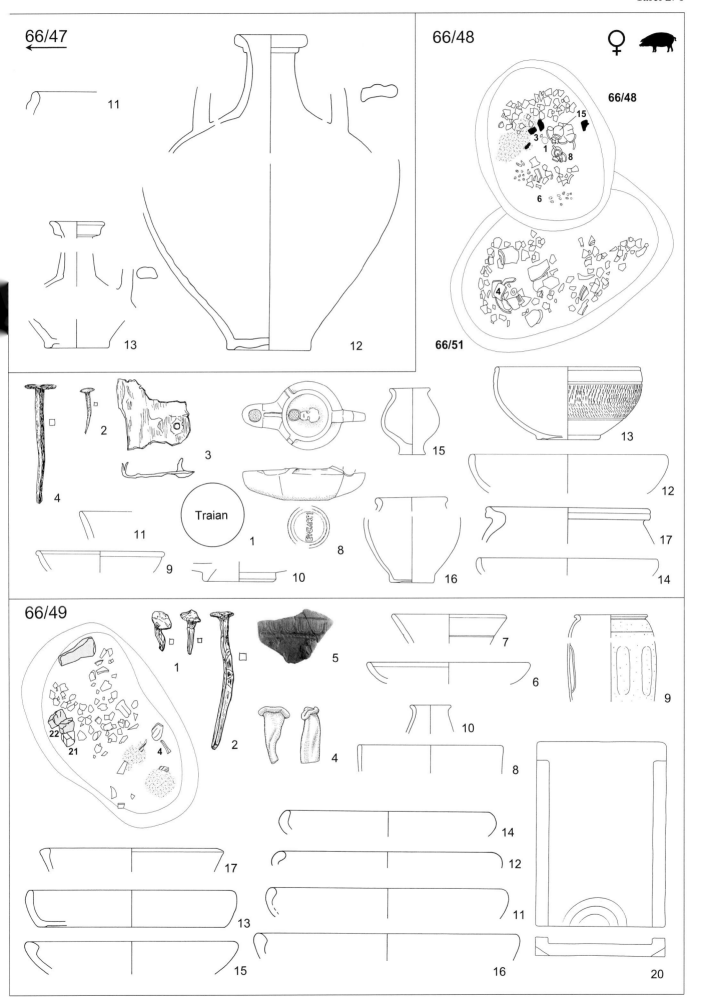

Tafel 272

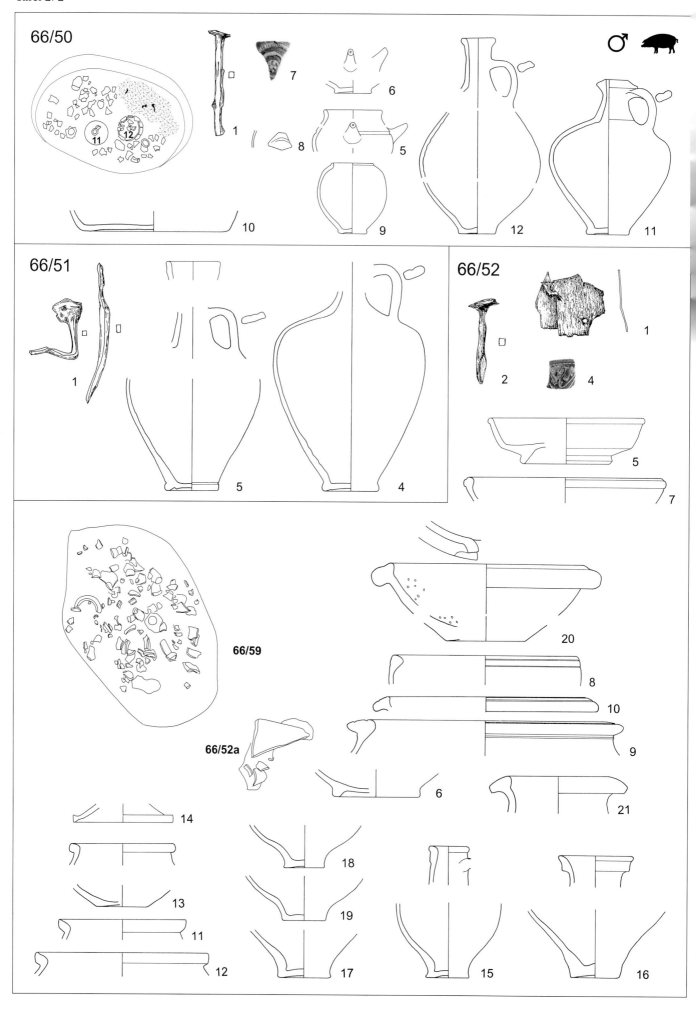

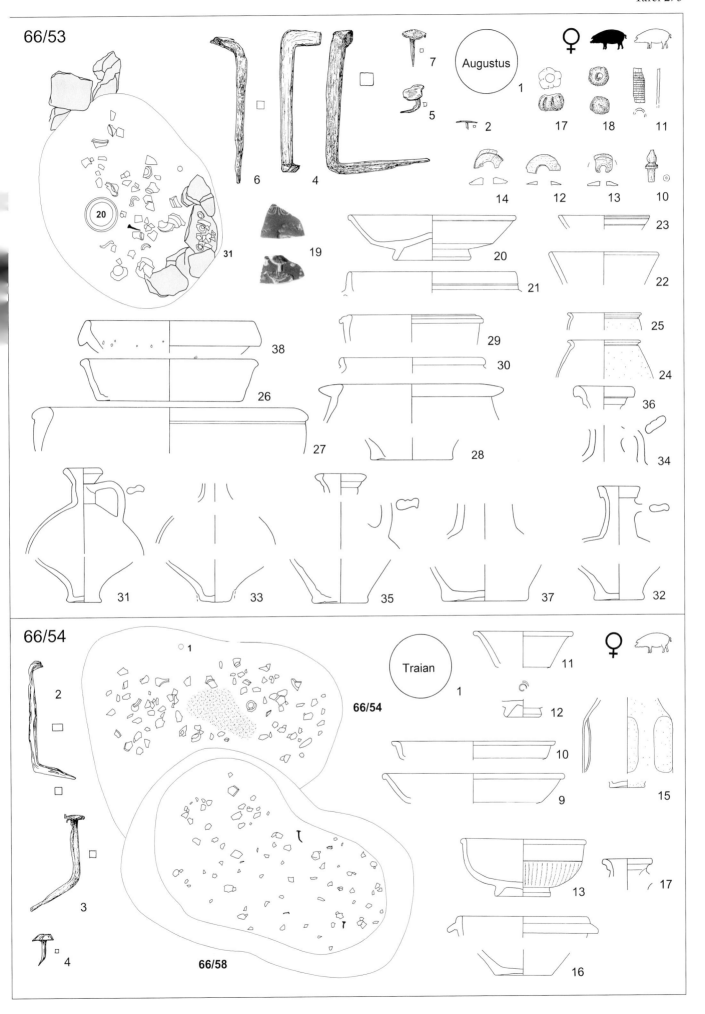
Tafel 273

Tafel 274

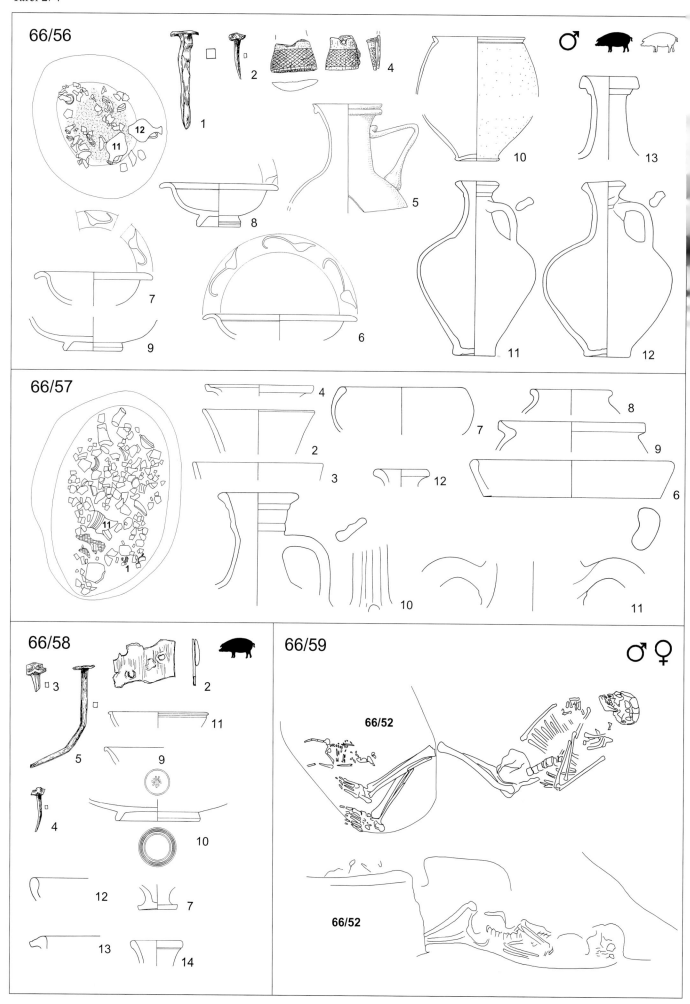

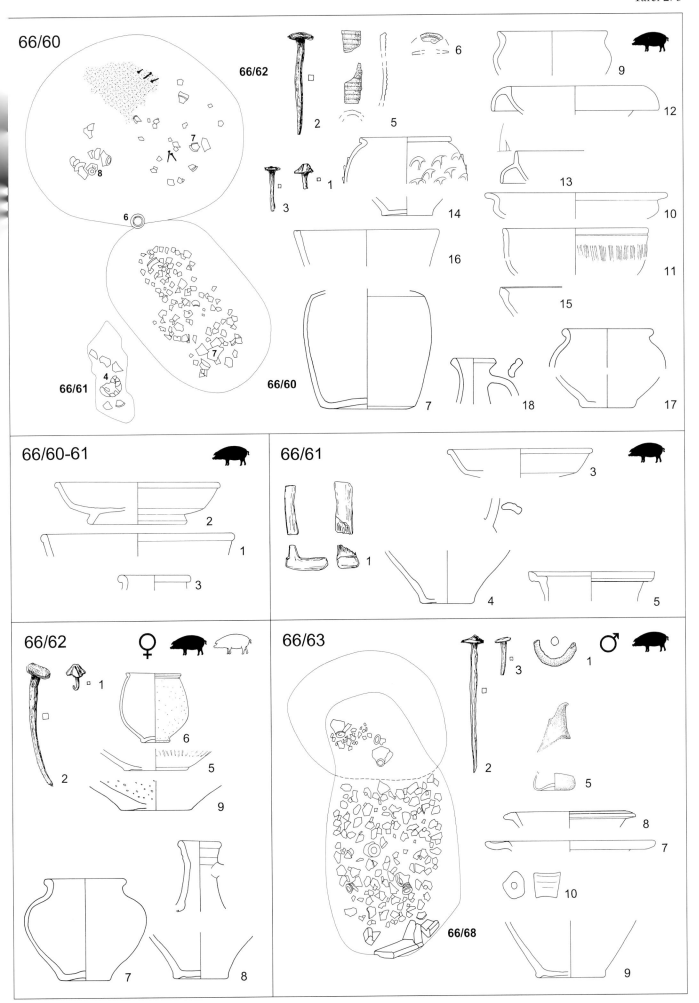

Tafel 275

Tafel 276

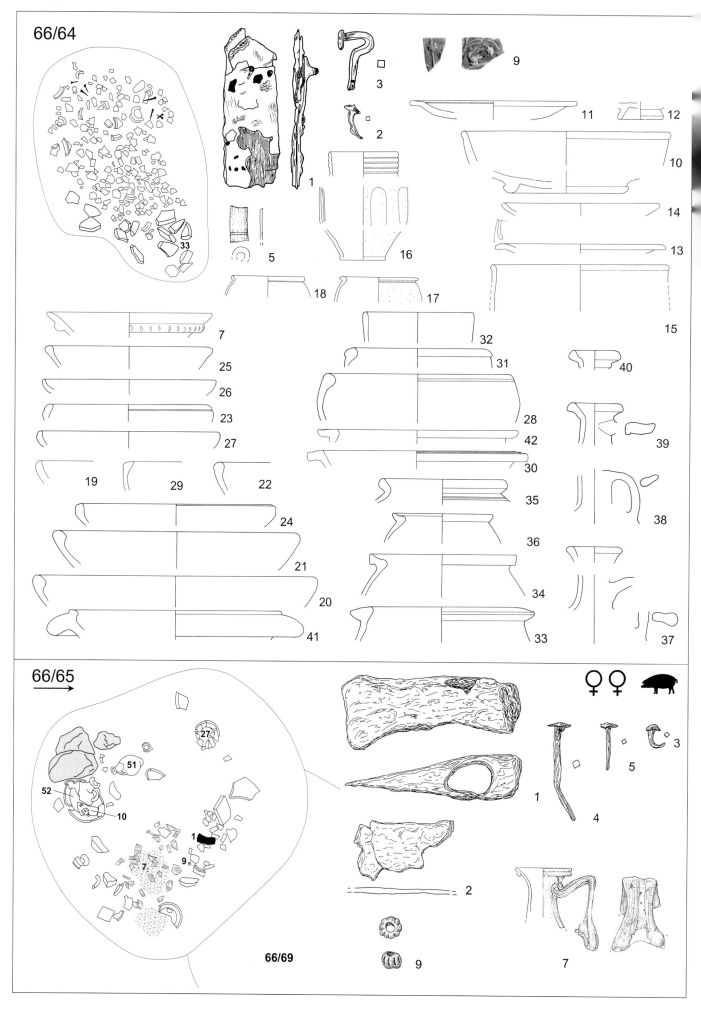

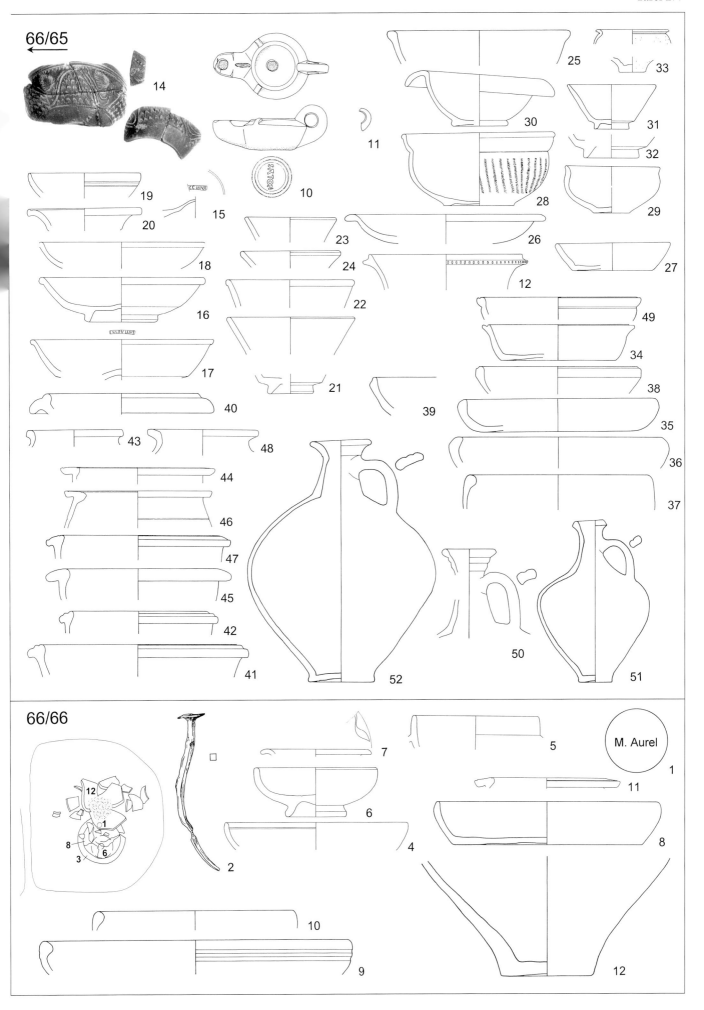
Tafel 277

Tafel 278

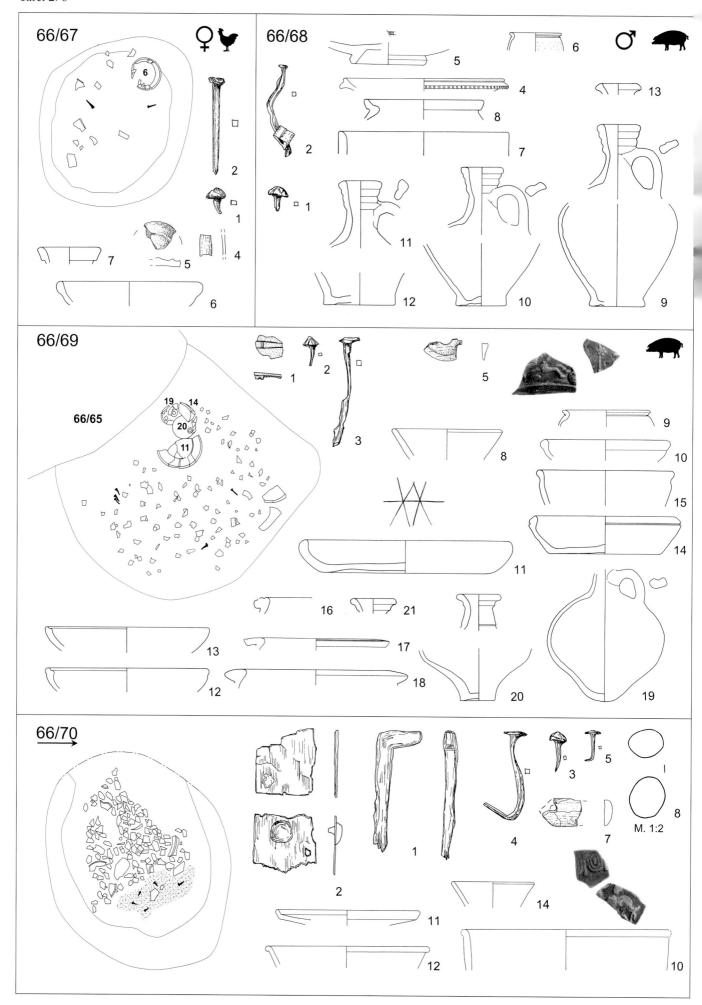

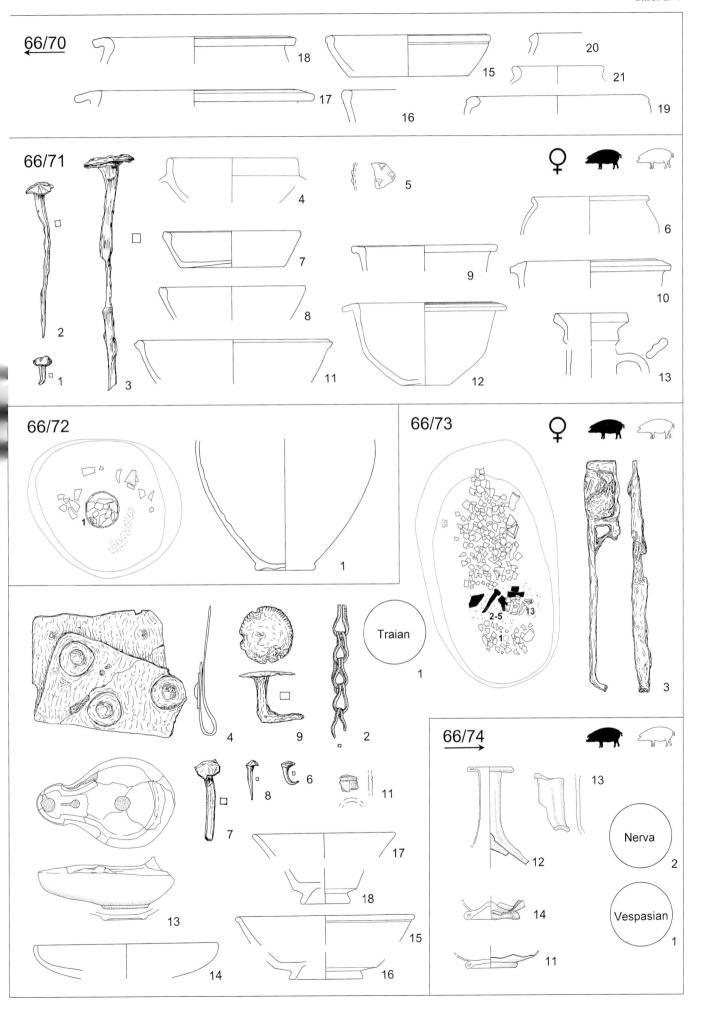

Tafel 279

Tafel 280

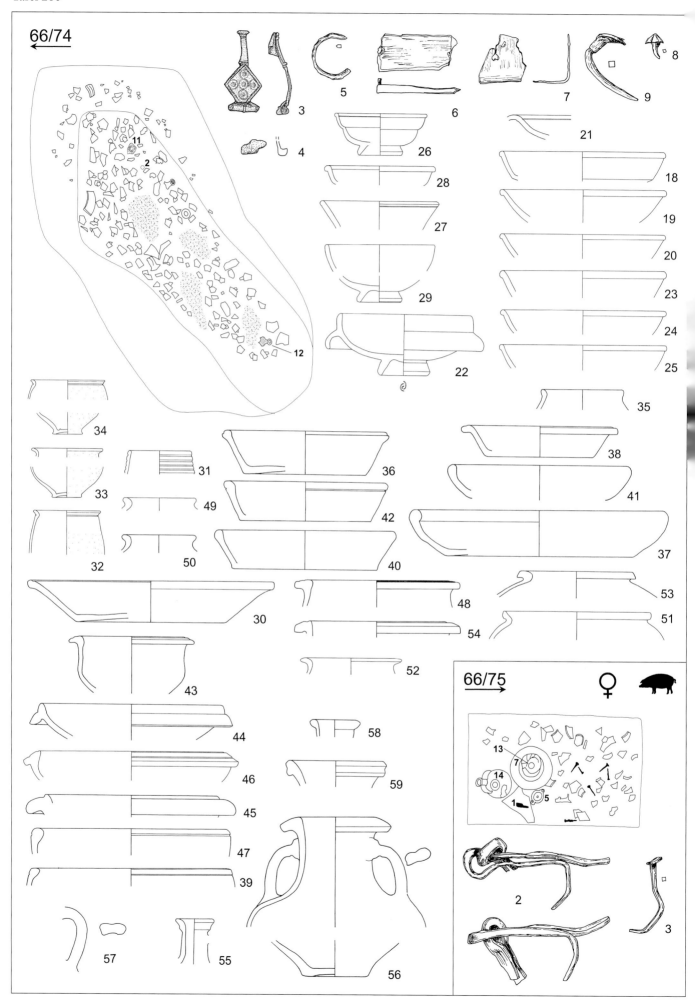

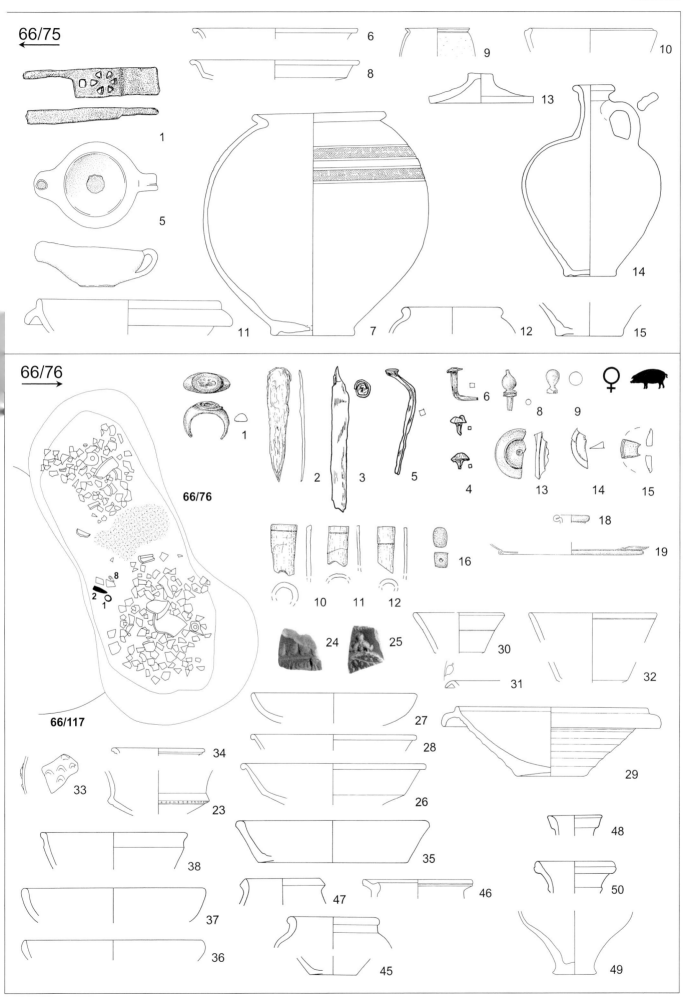
Tafel 281

Tafel 282

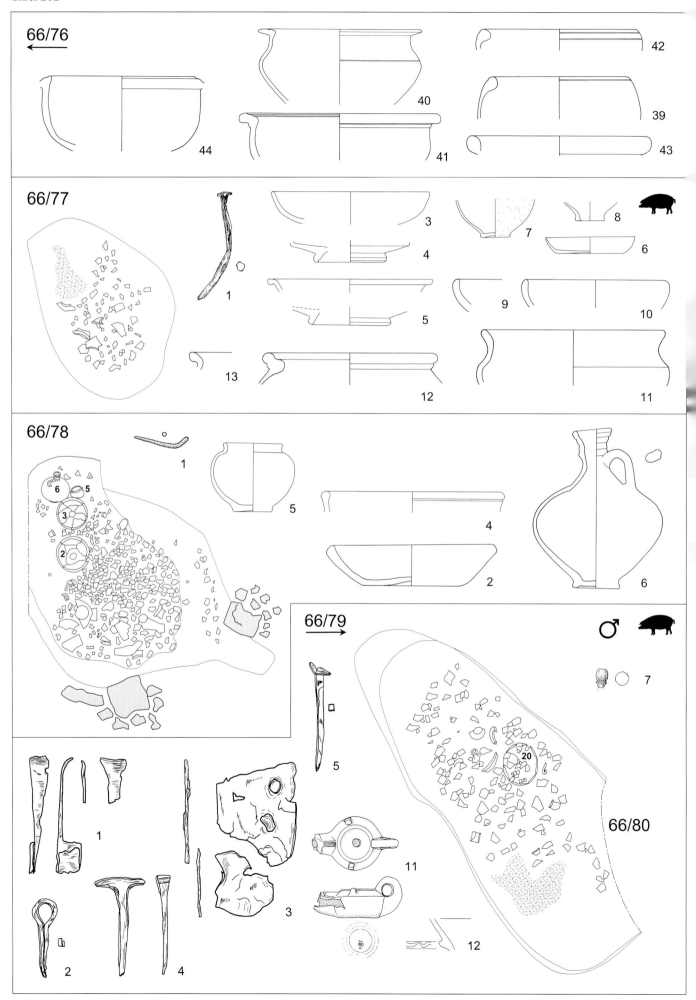

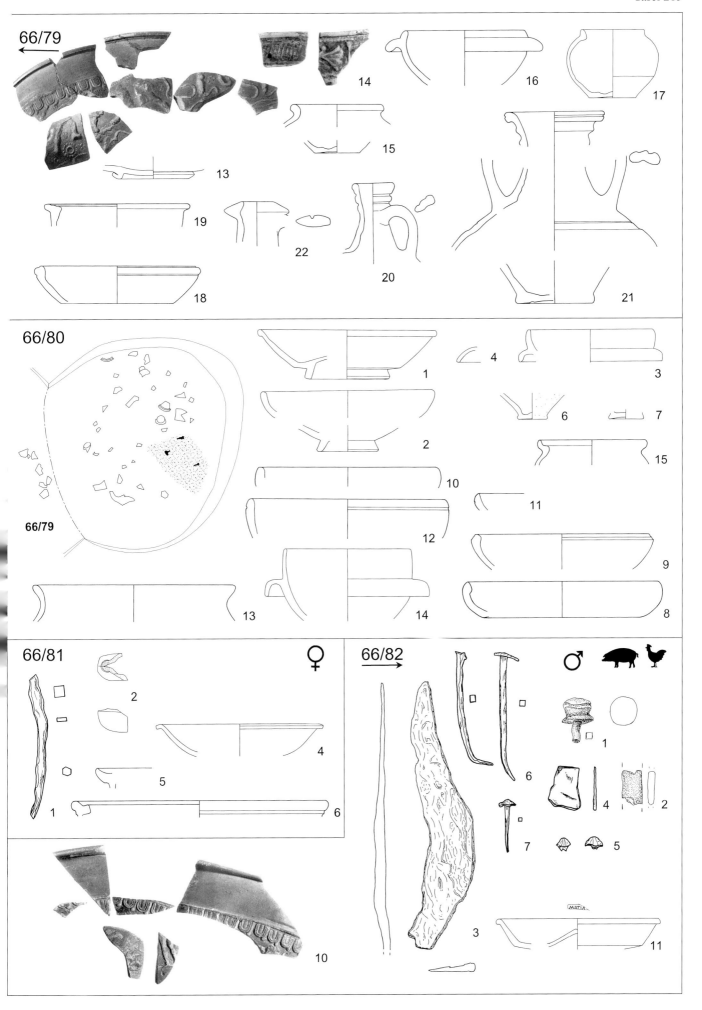

Tafel 283

Tafel 284

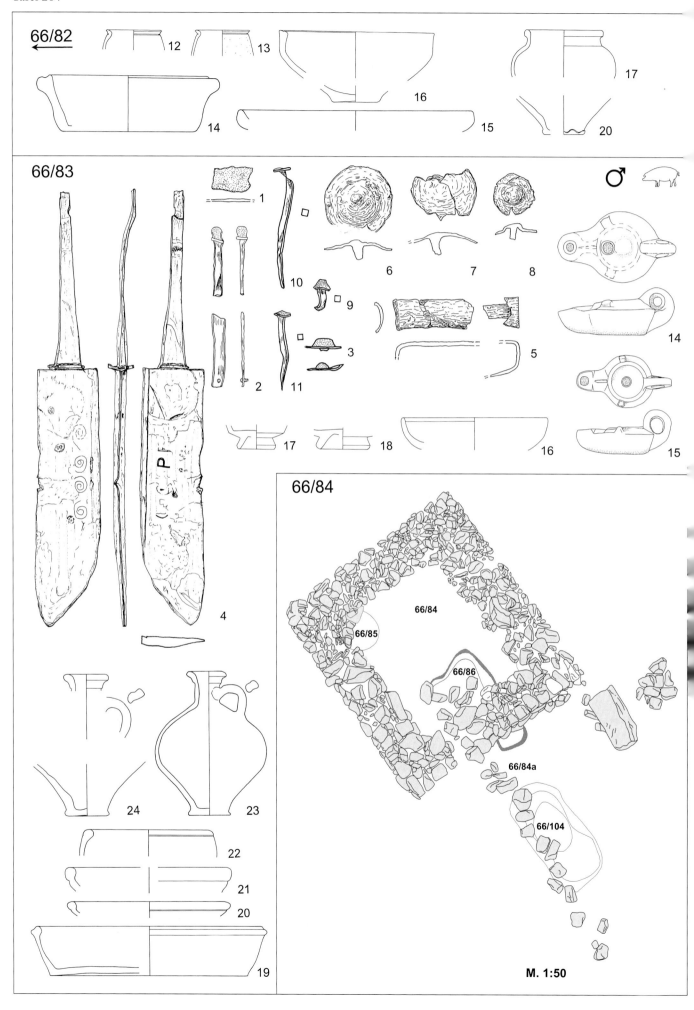

Tafel 285

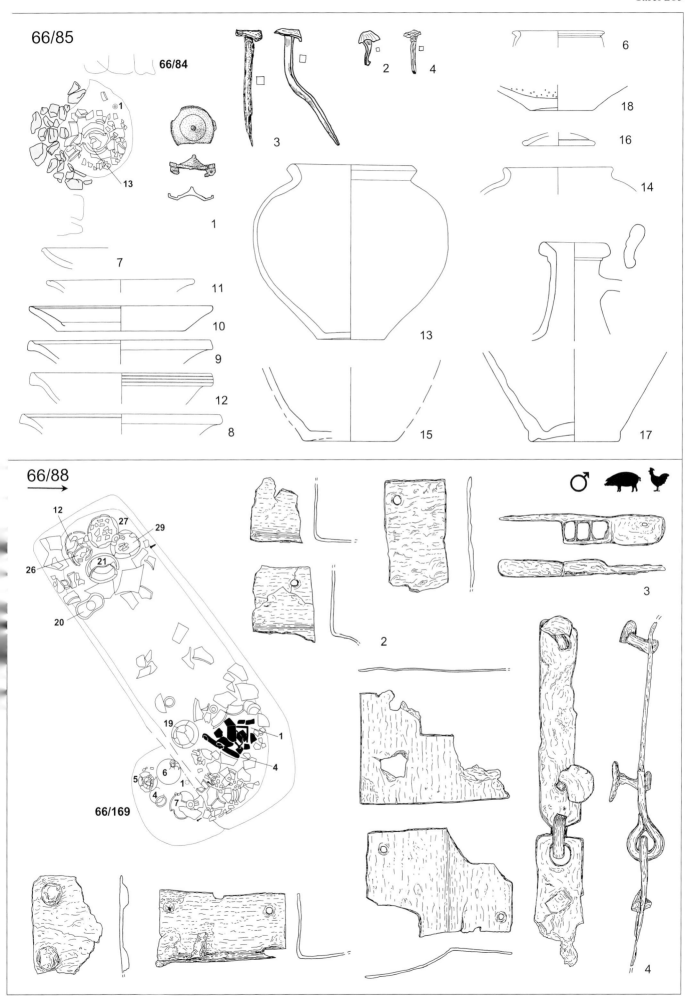

Tafel 286

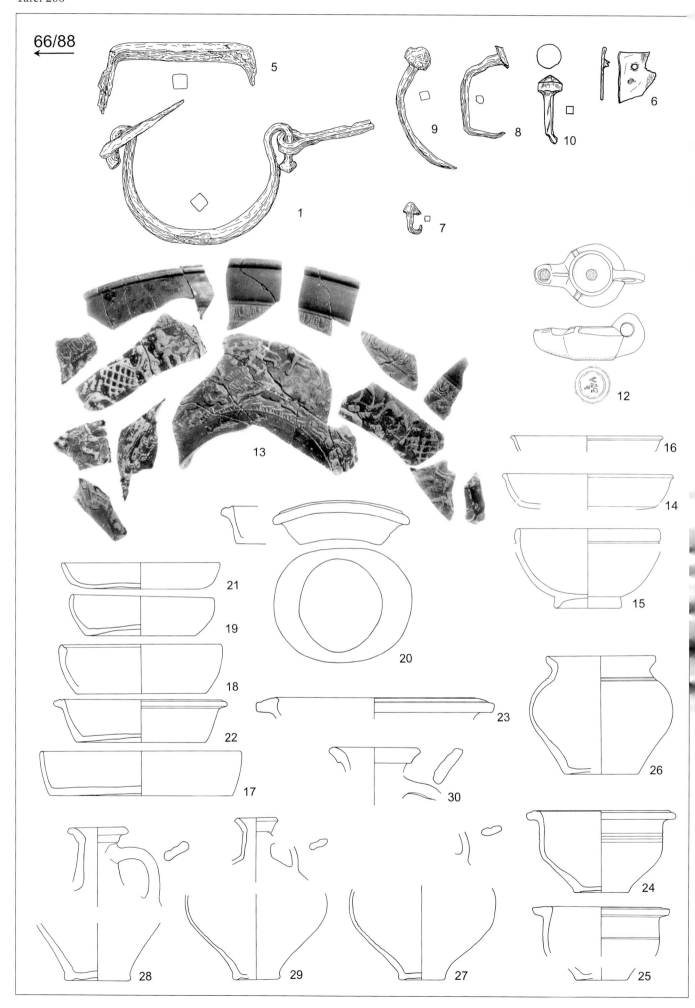

Tafel 287

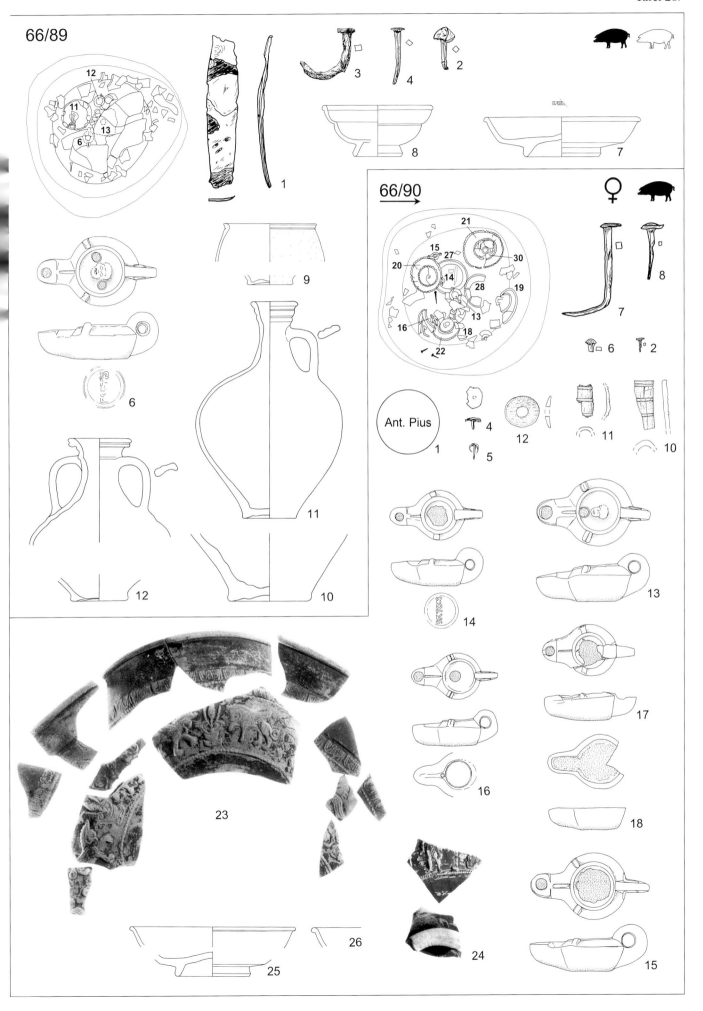

Tafel 288

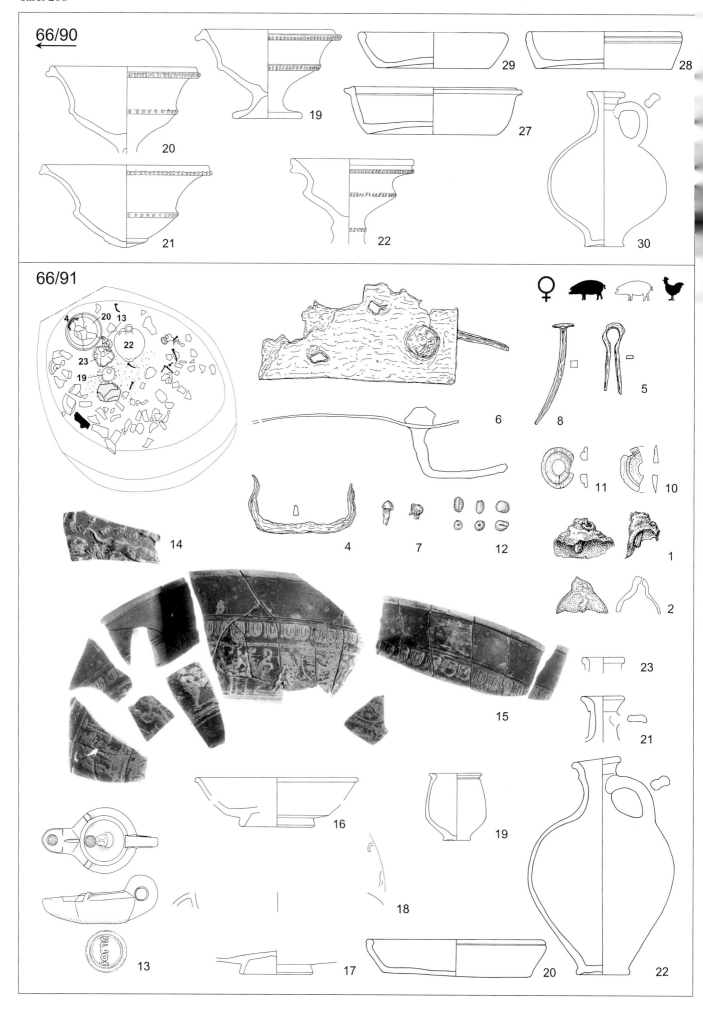

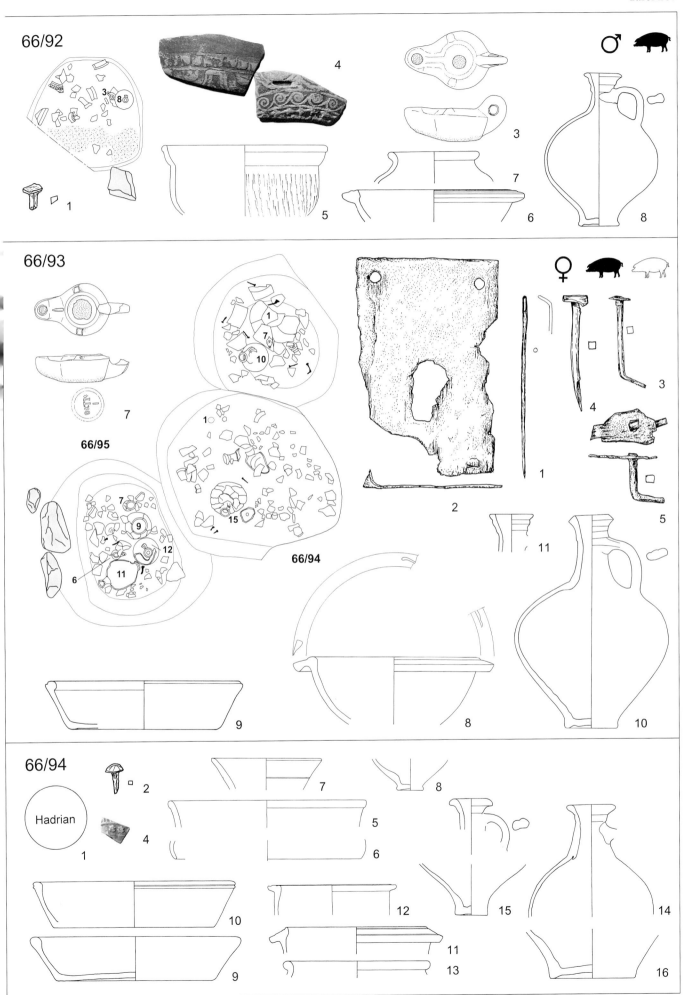

Tafel 289

Tafel 290

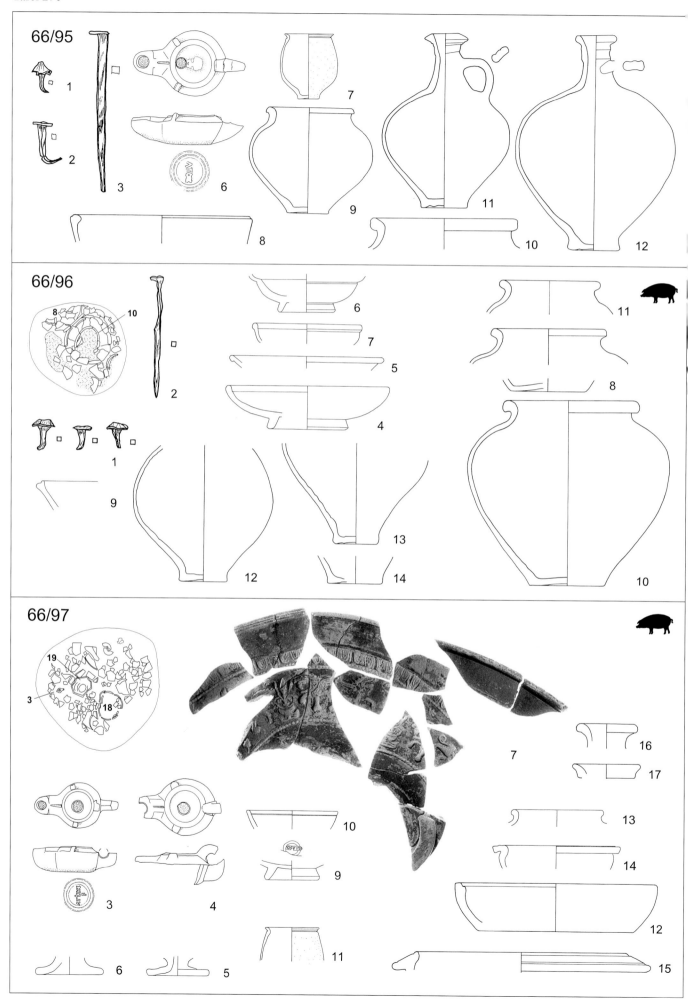

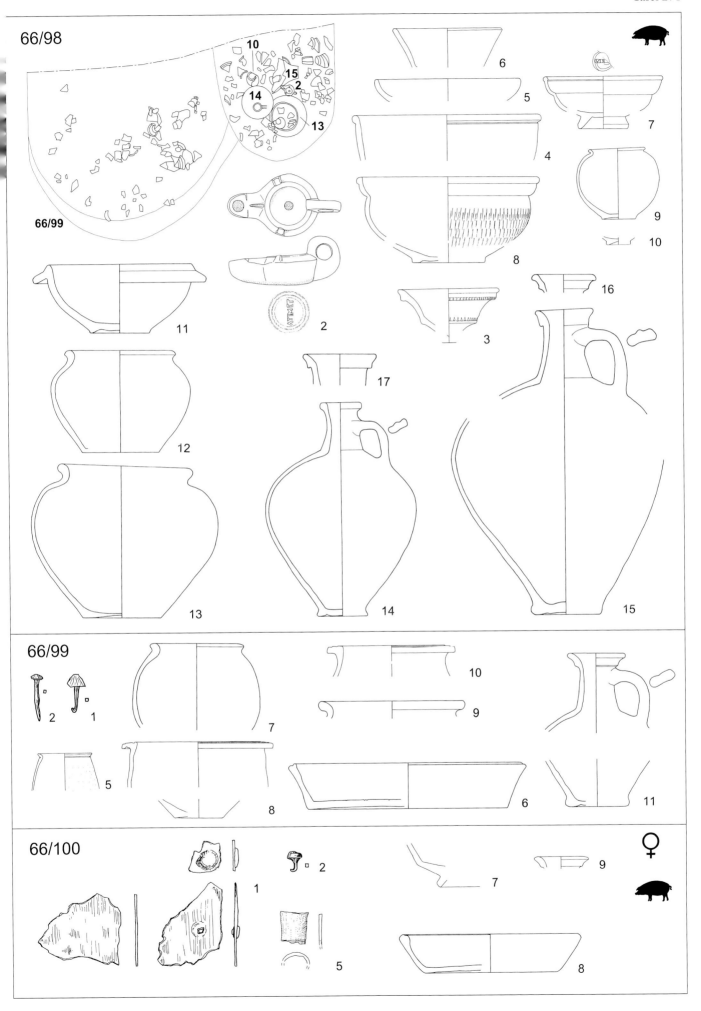

Tafel 291

Tafel 292

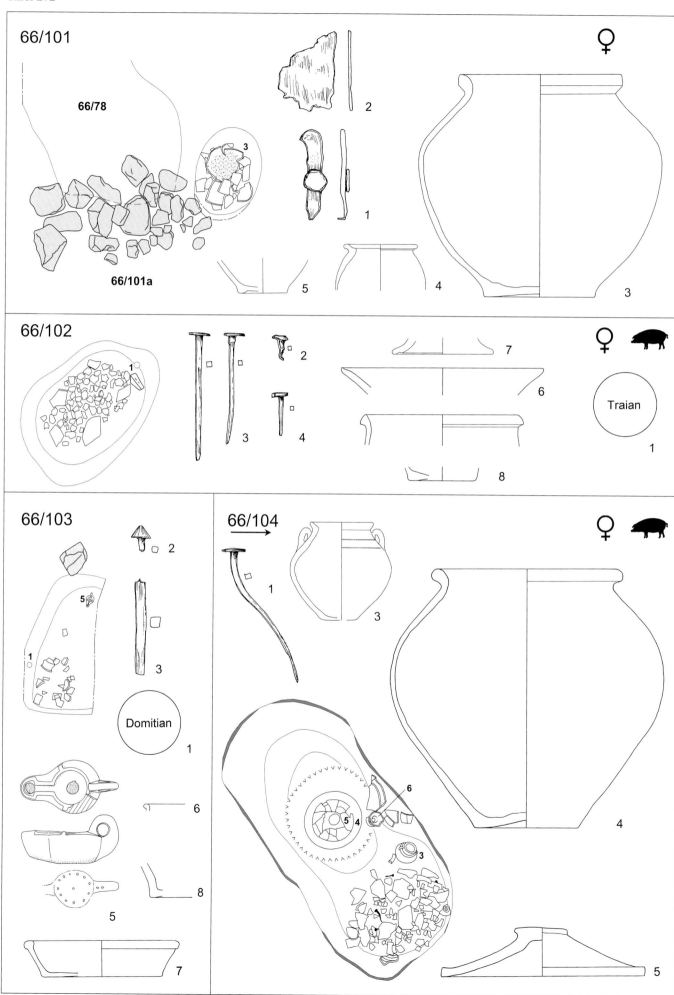

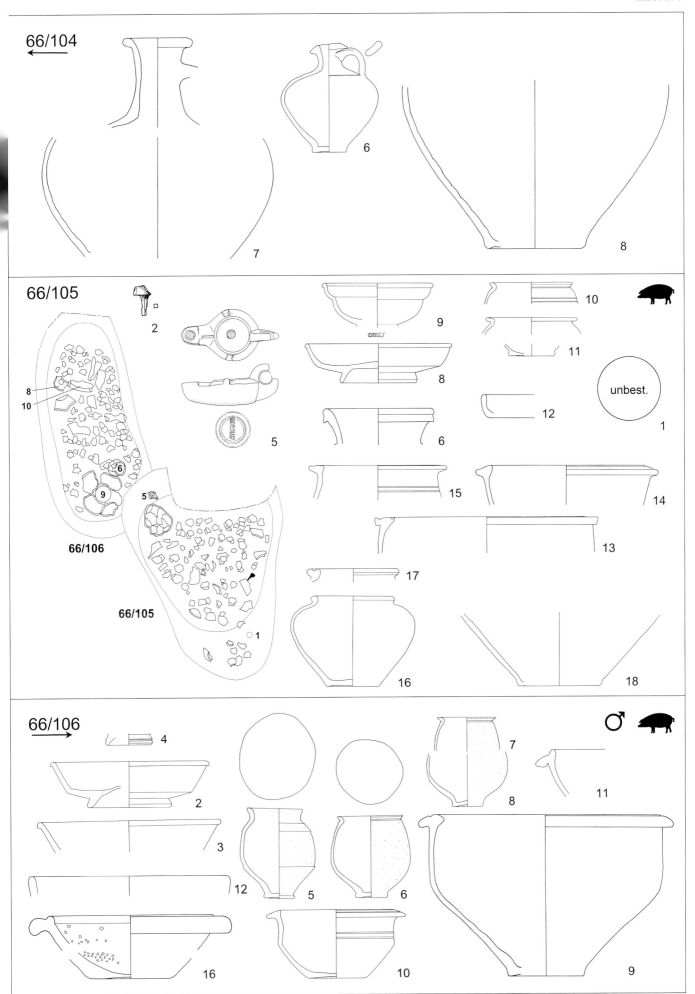

Tafel 294

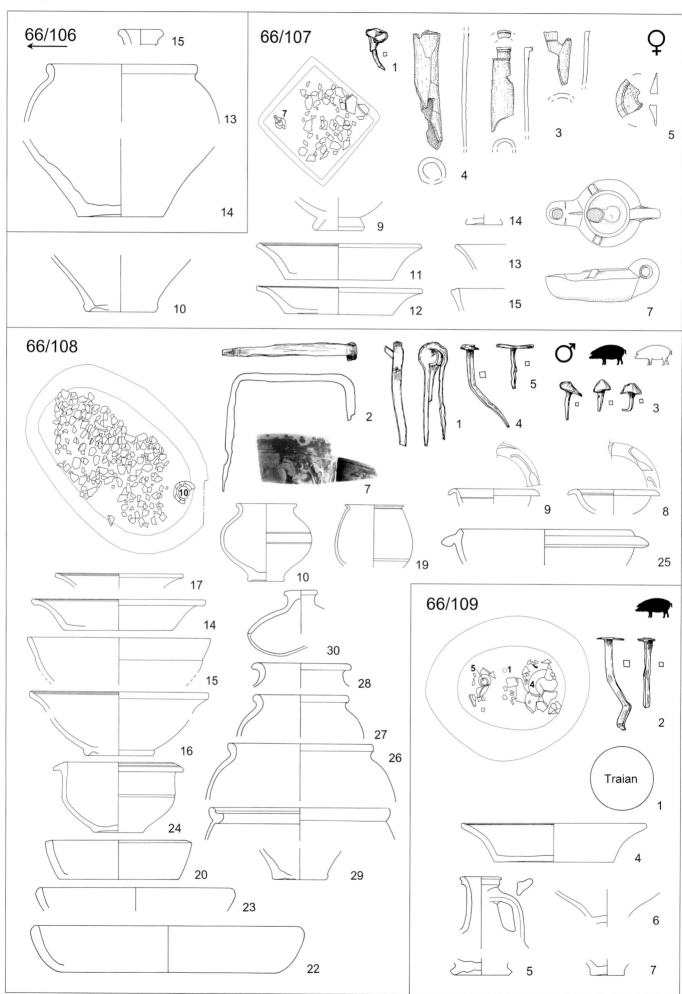

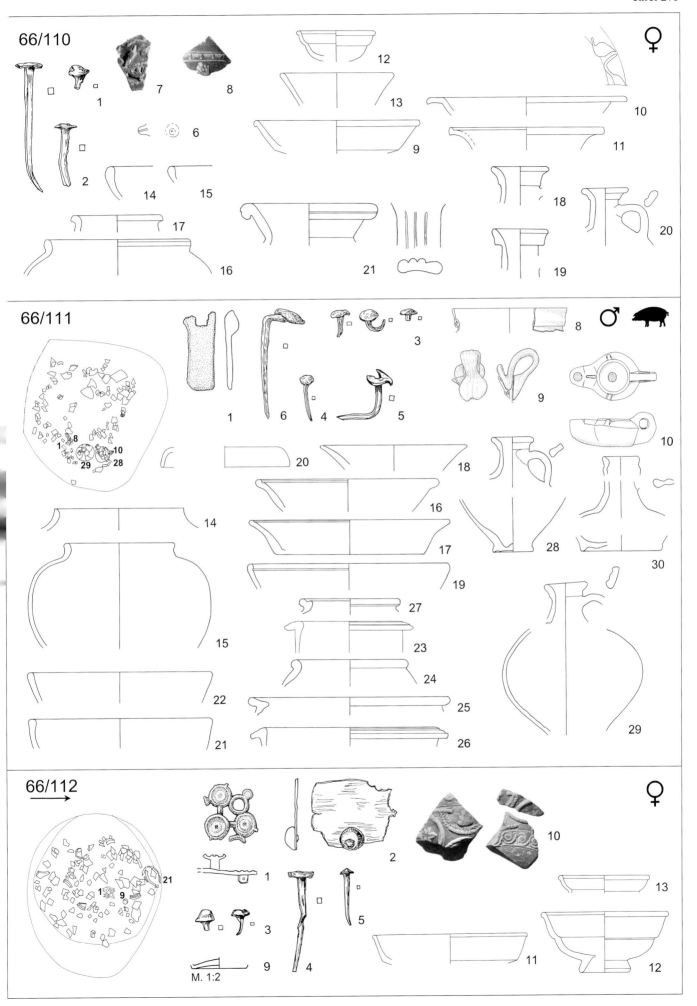

Tafel 295

Tafel 296

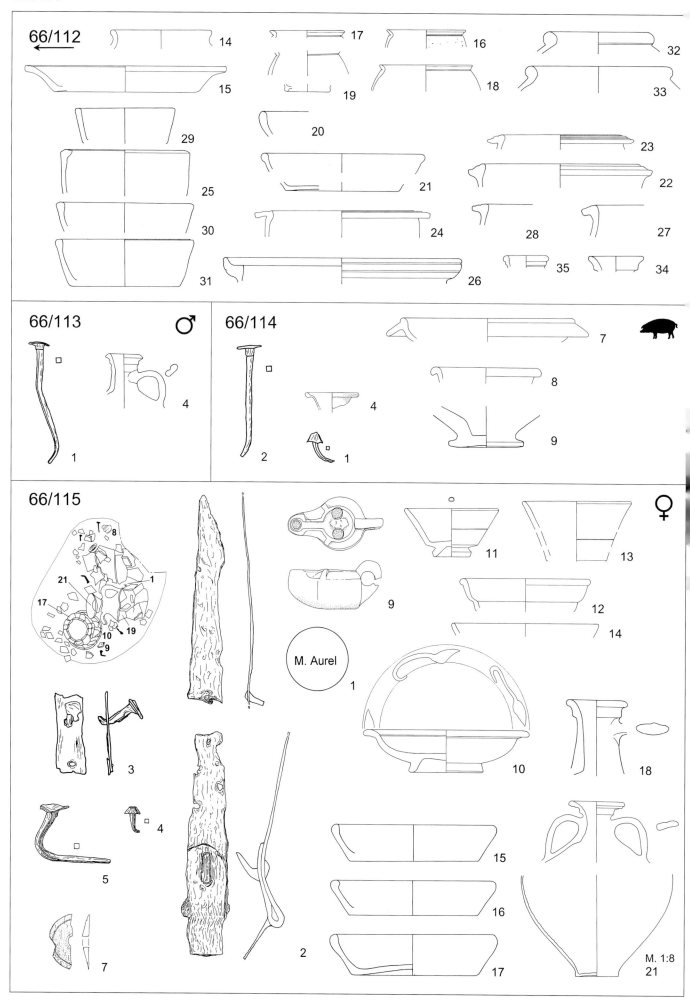

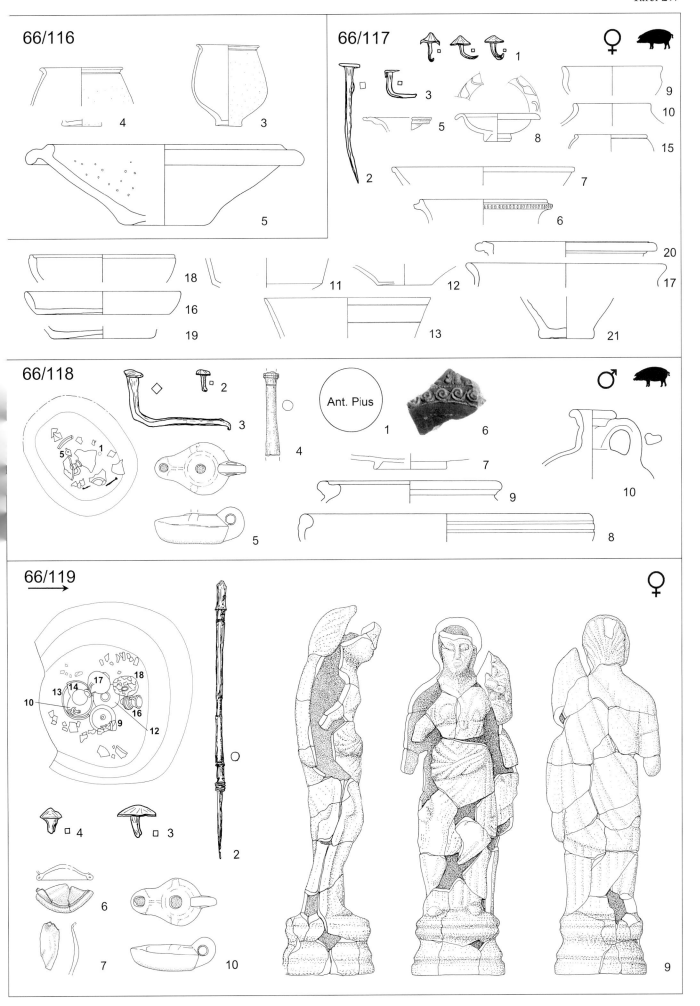

Tafel 297

Tafel 298

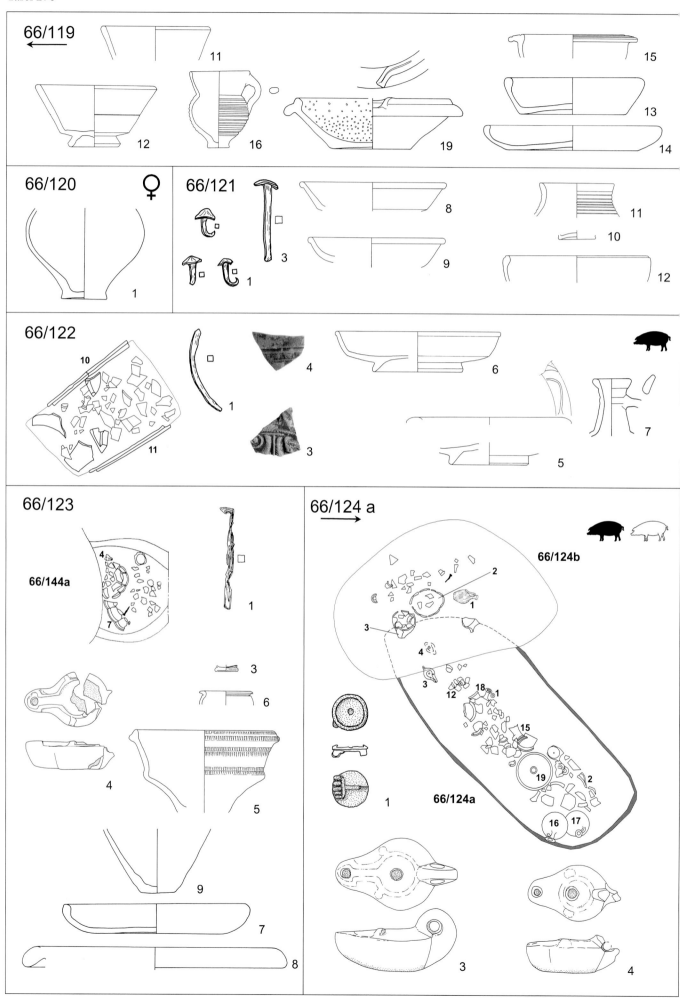

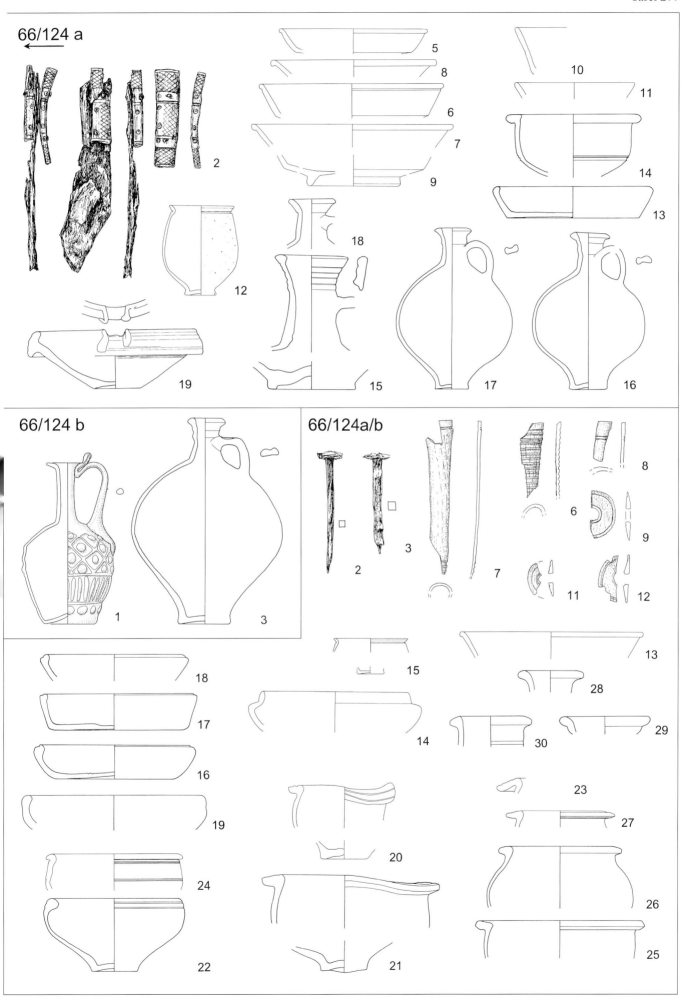

Tafel 299

Tafel 300

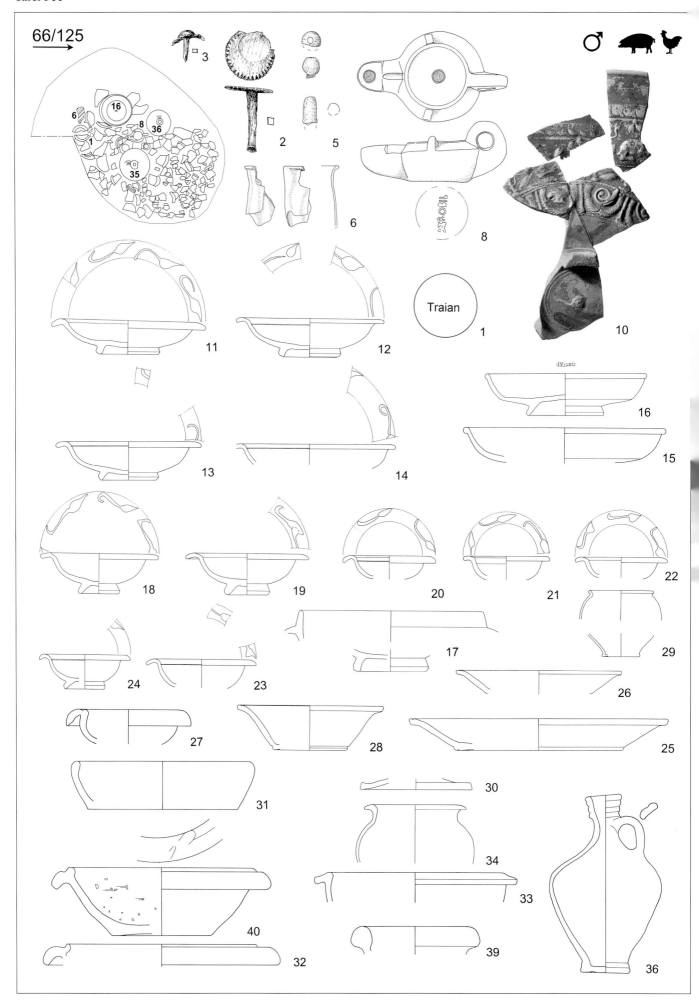

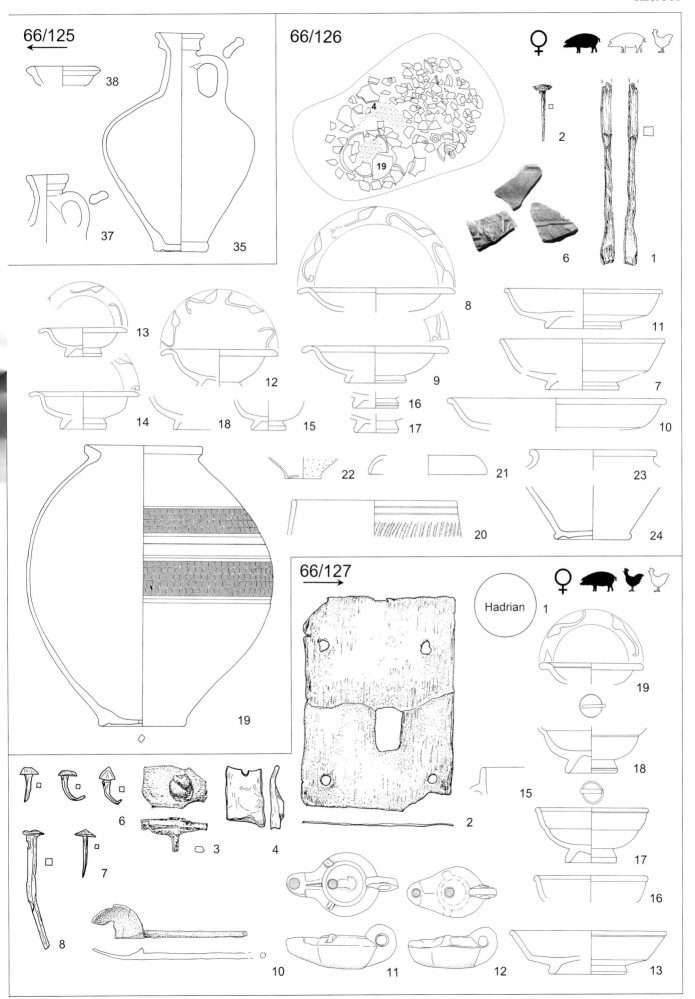

Tafel 301

Tafel 302

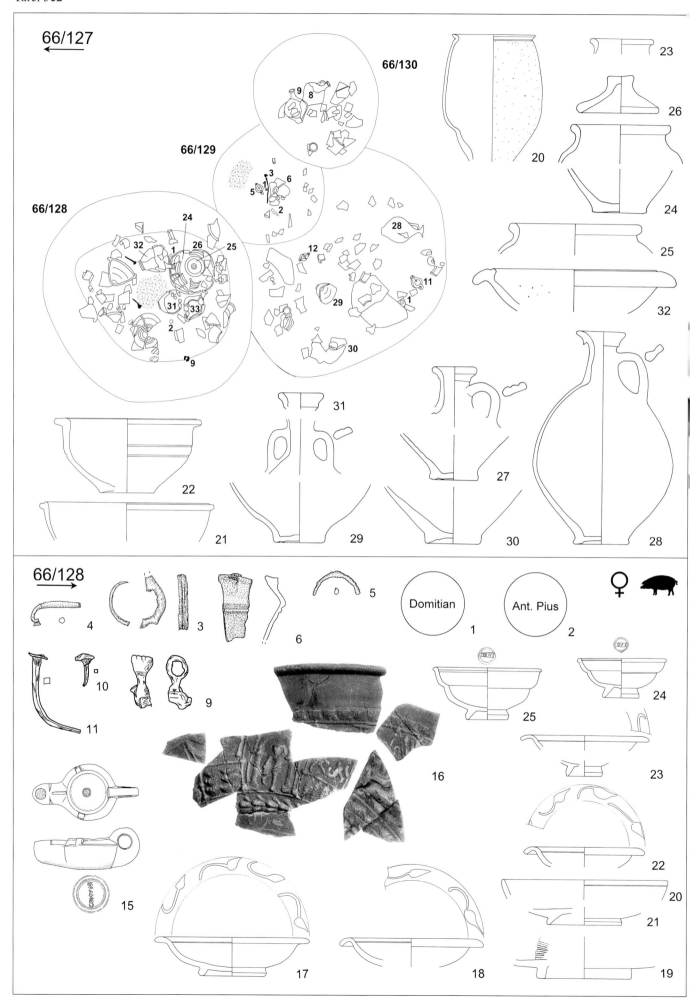

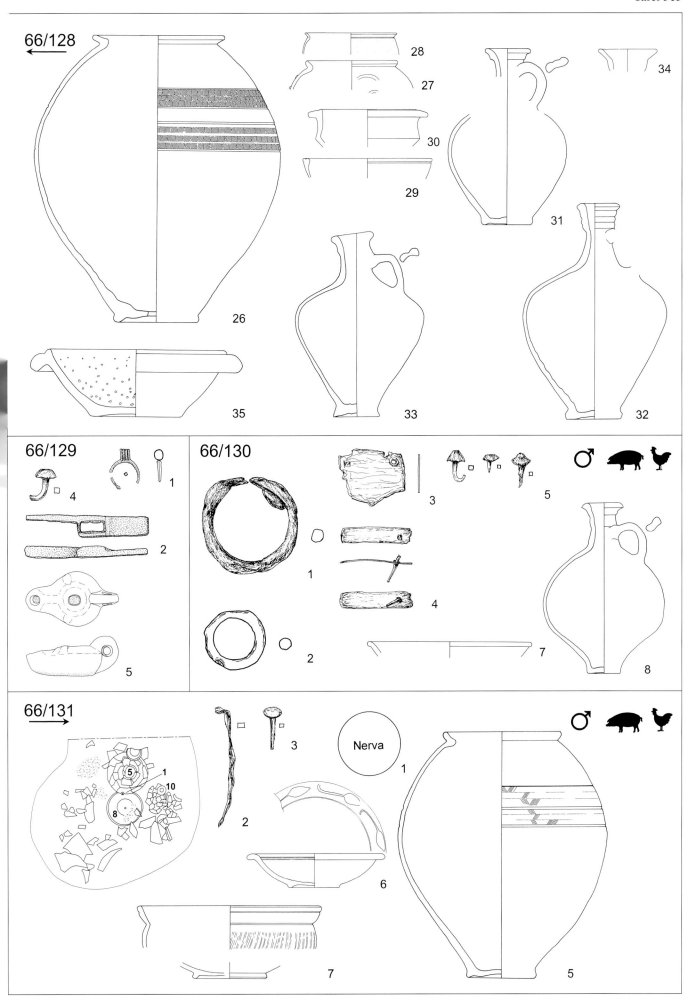

Tafel 303

Tafel 304

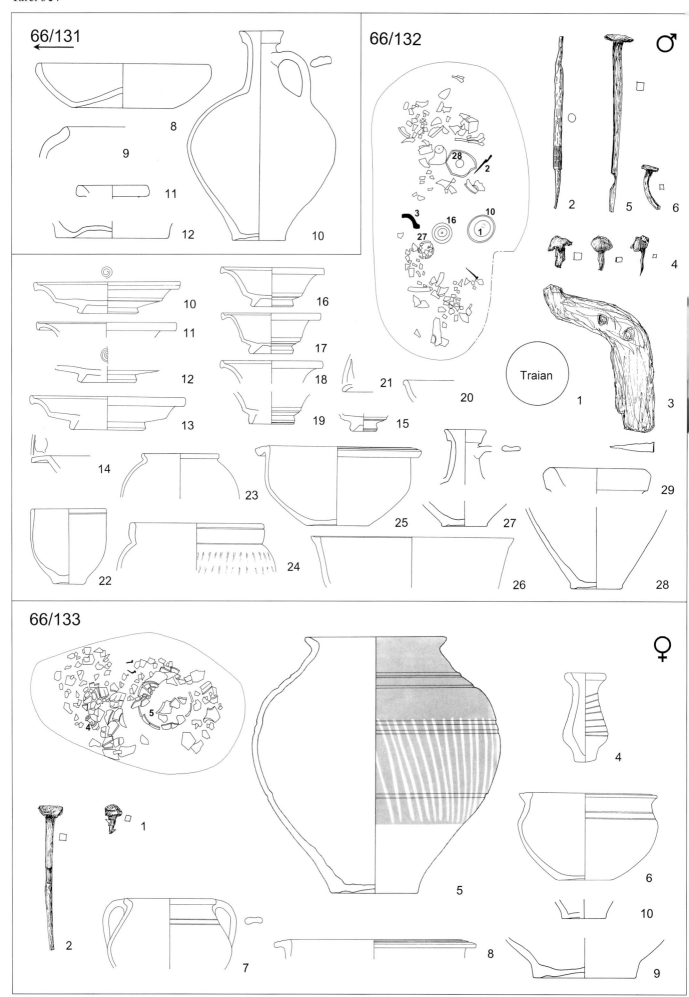

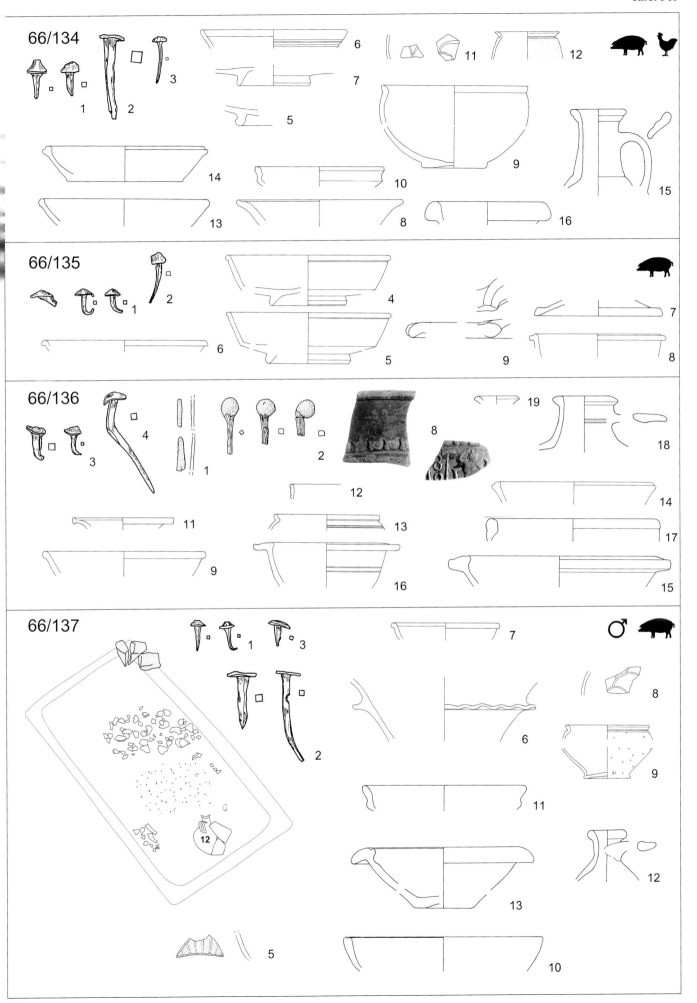

Tafel 305

Tafel 306

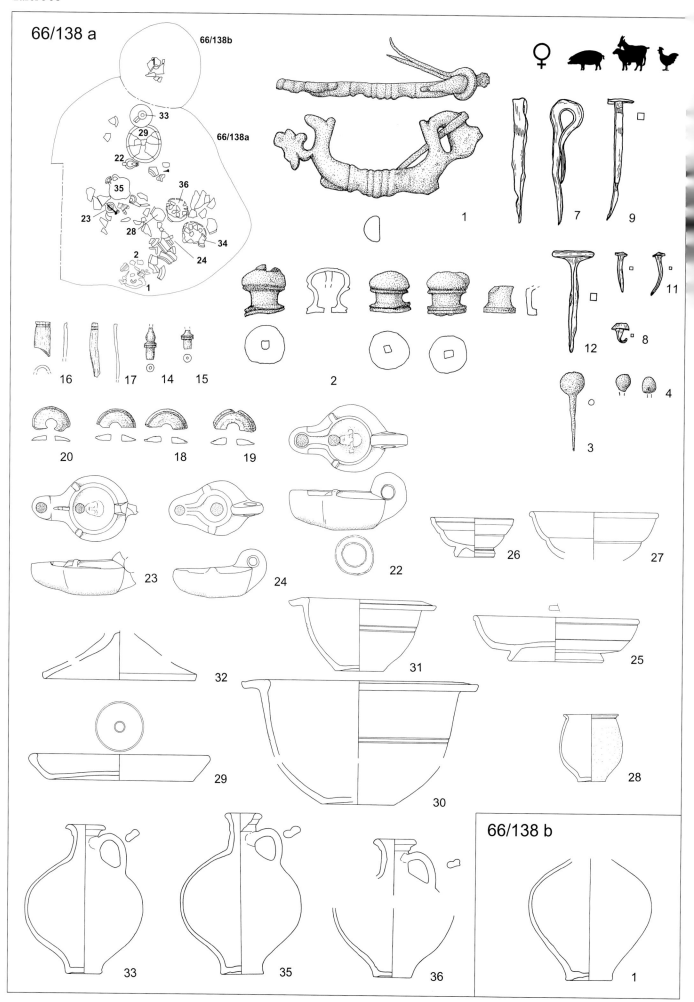

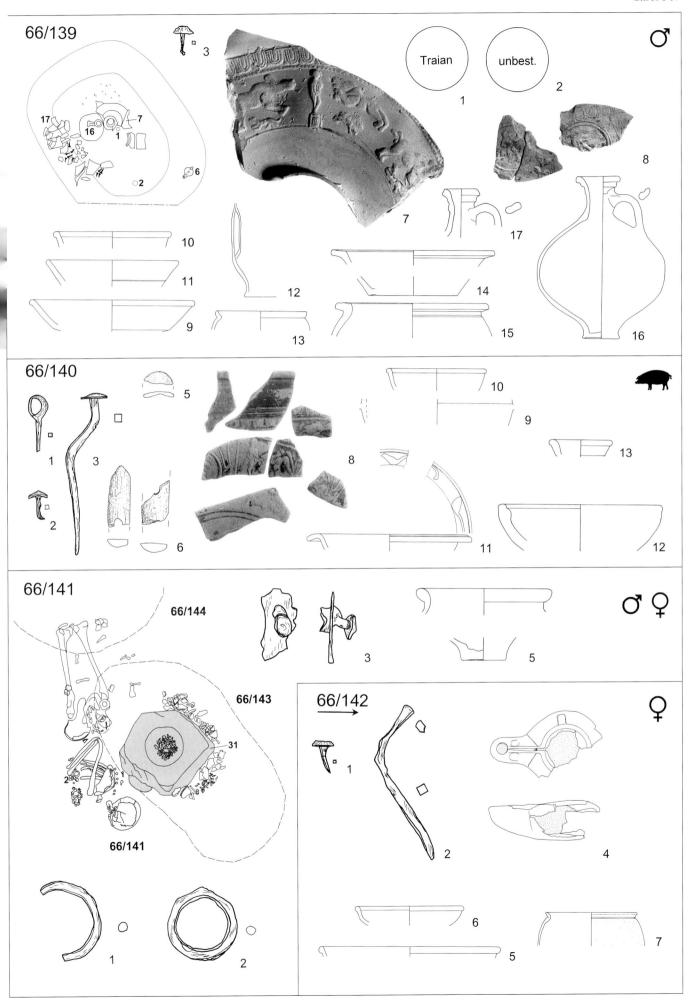

Tafel 307

Tafel 308

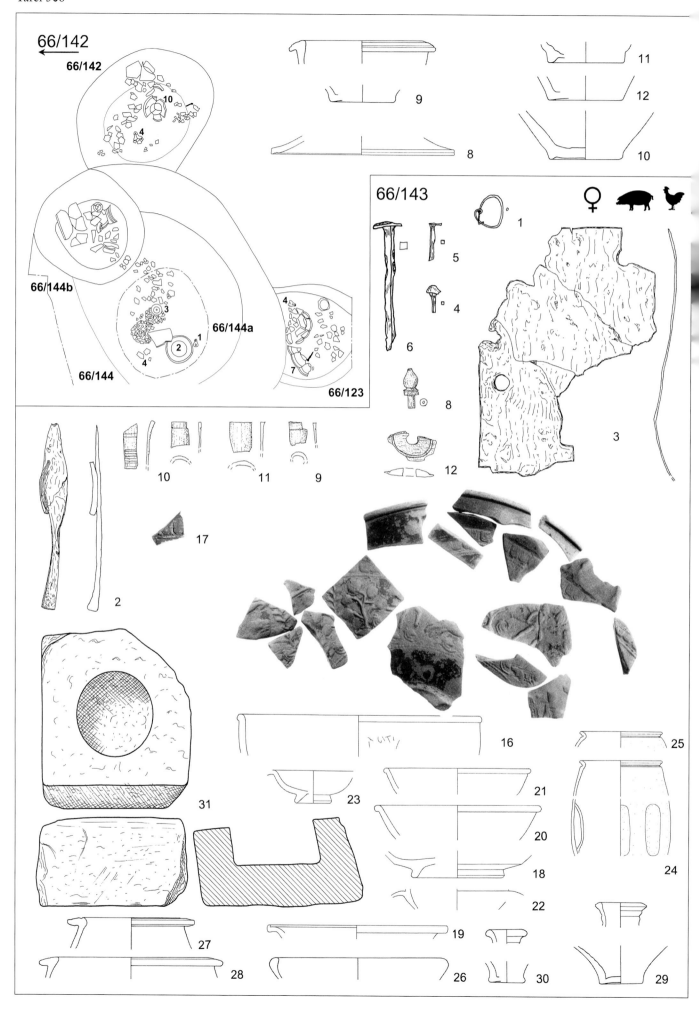

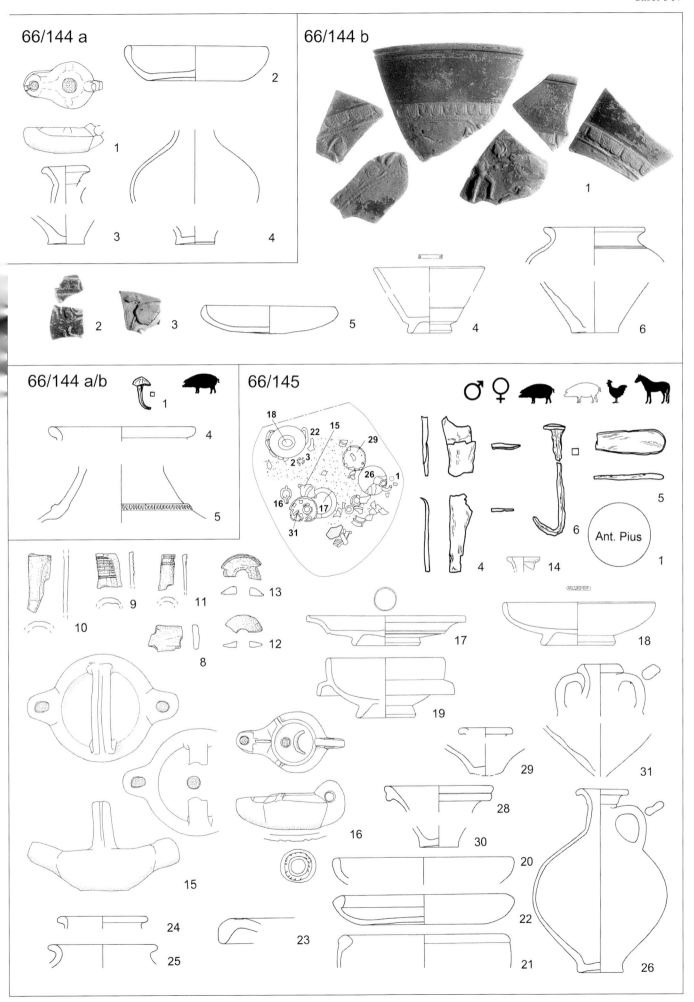

Tafel 309

Tafel 310

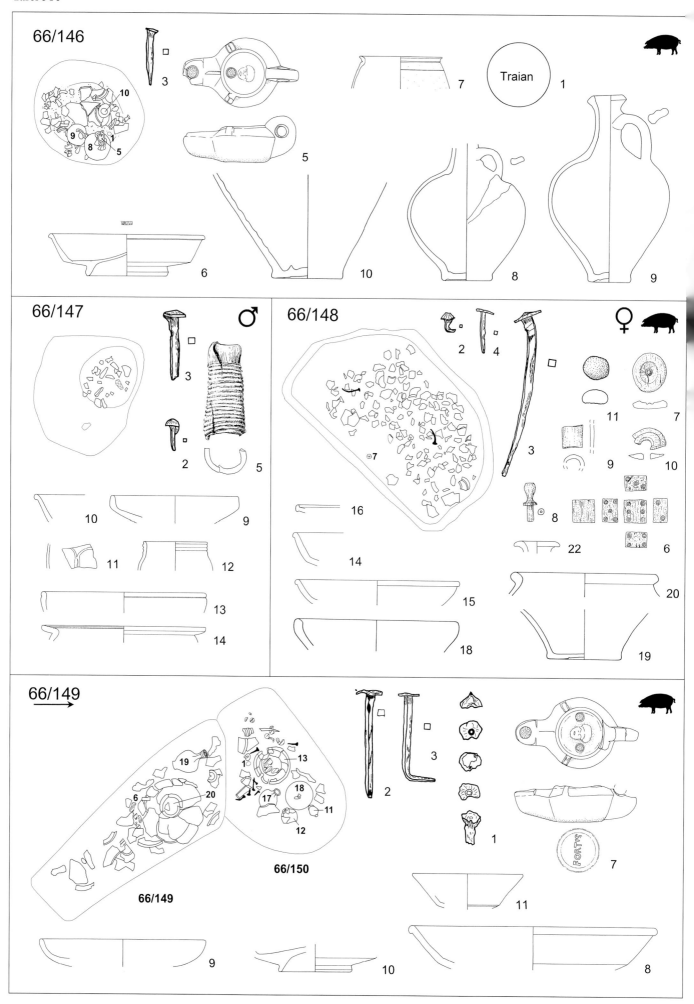

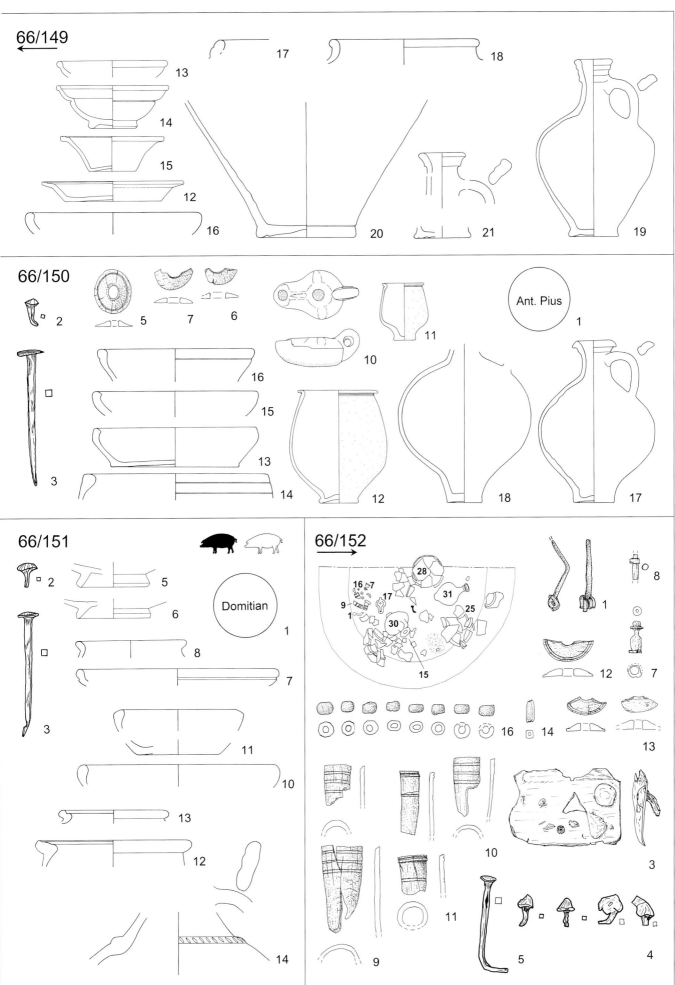

Tafel 311

Tafel 312

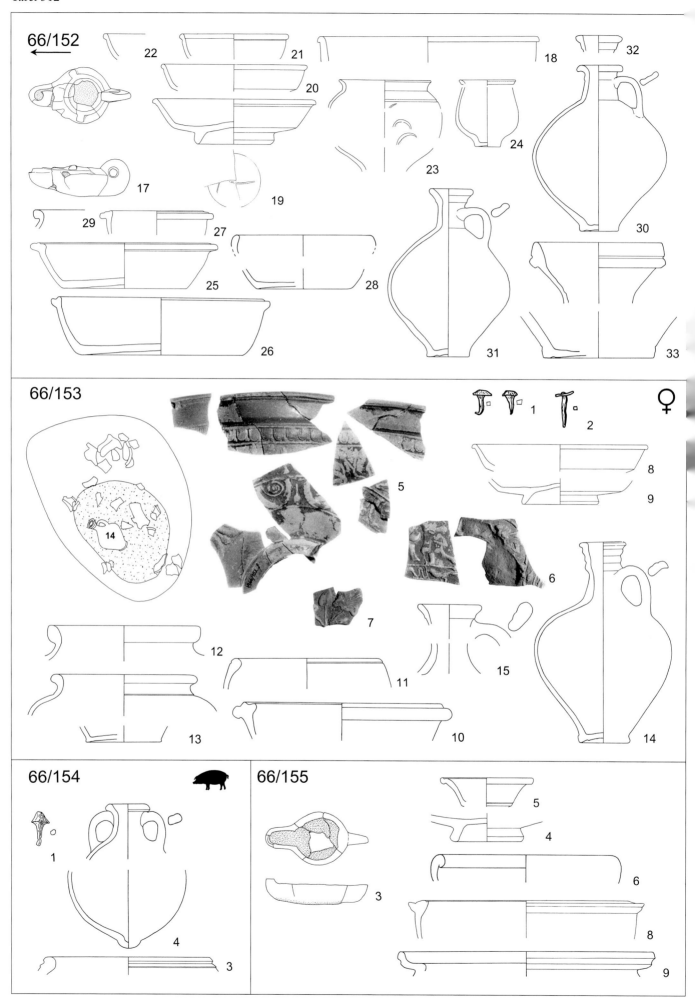

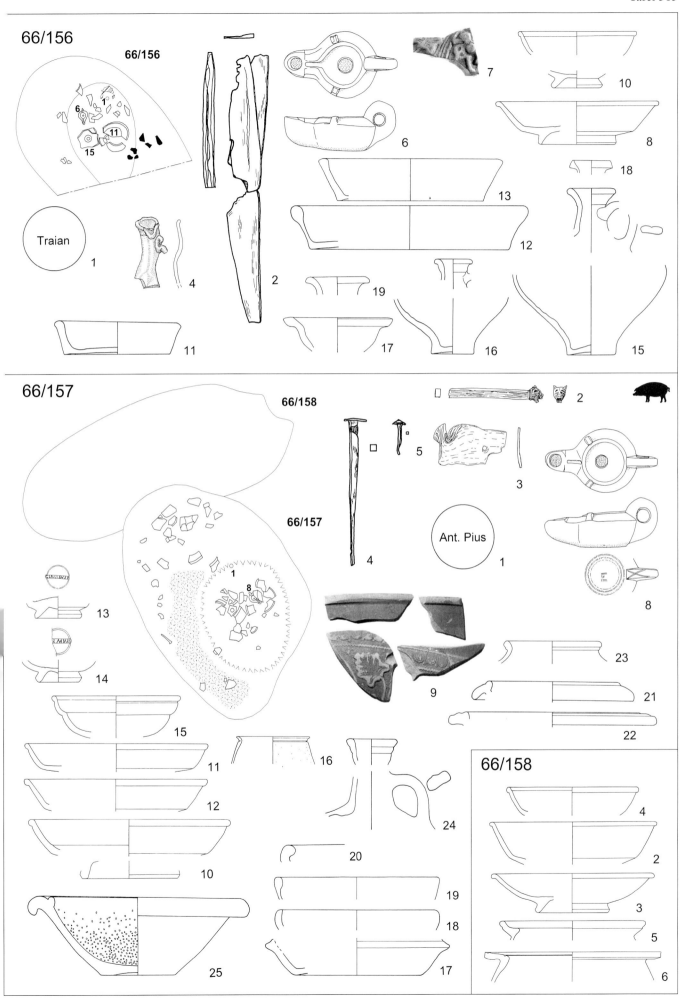

Tafel 313

Tafel 314

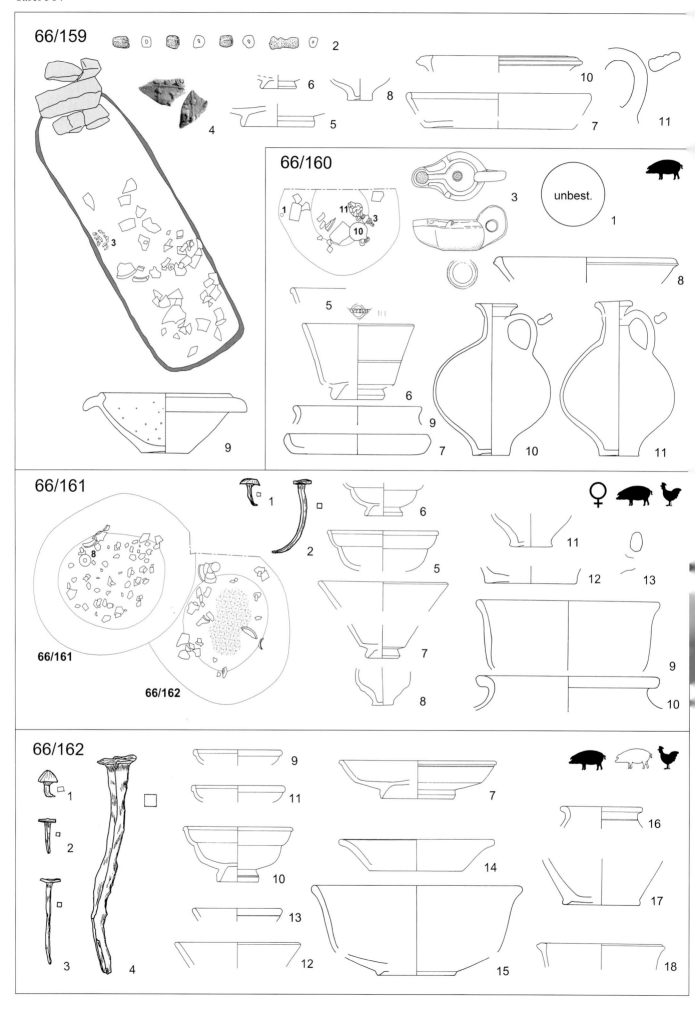

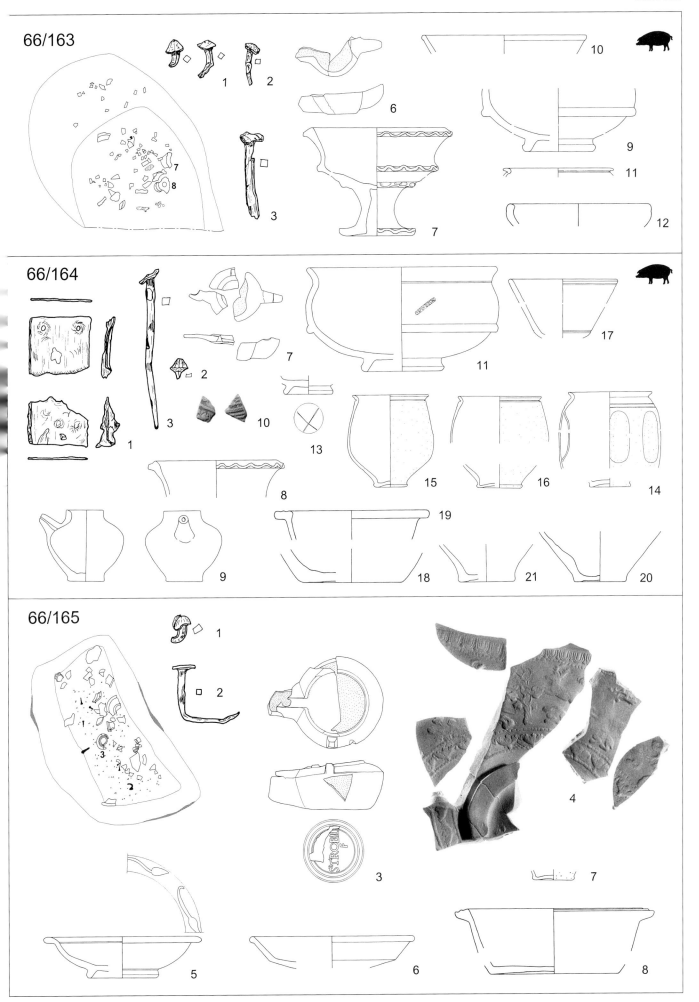

Tafel 315

Tafel 316

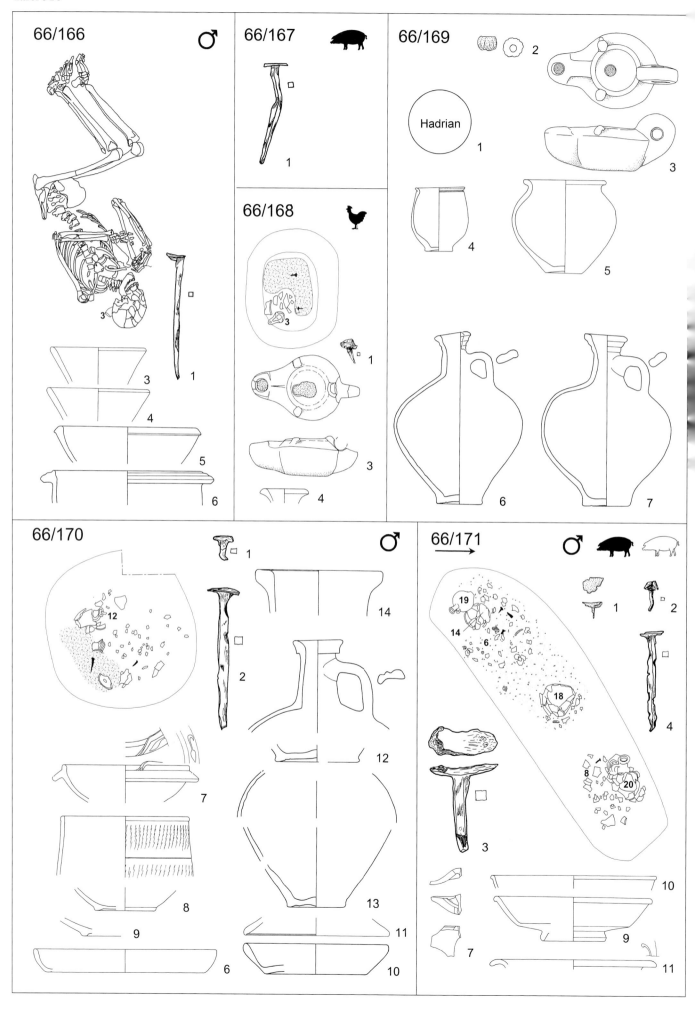

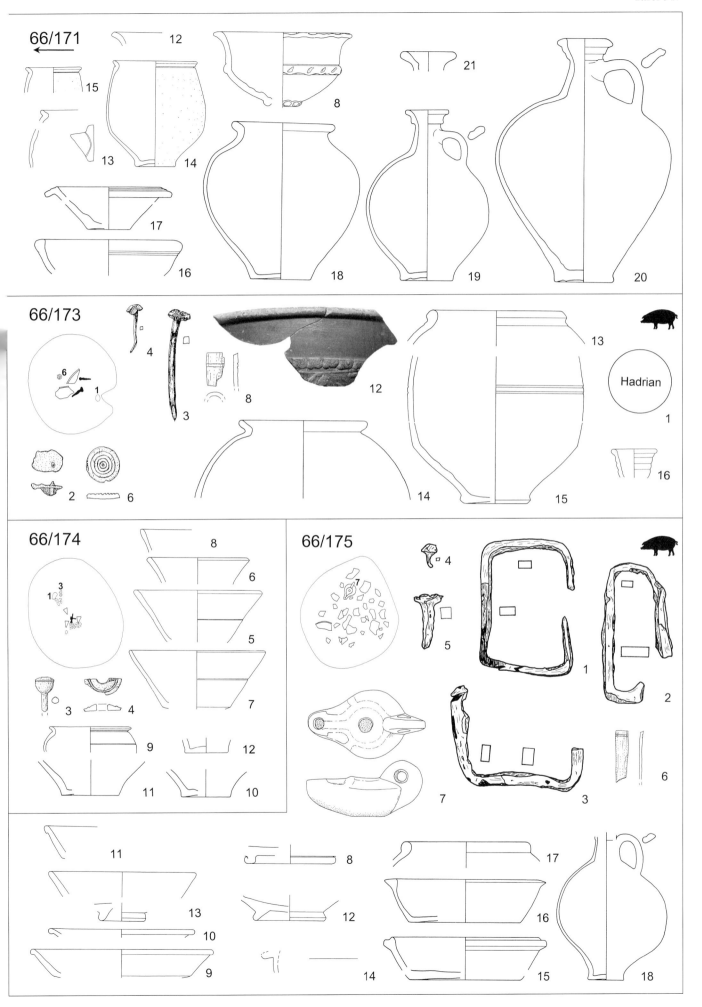

Tafel 318

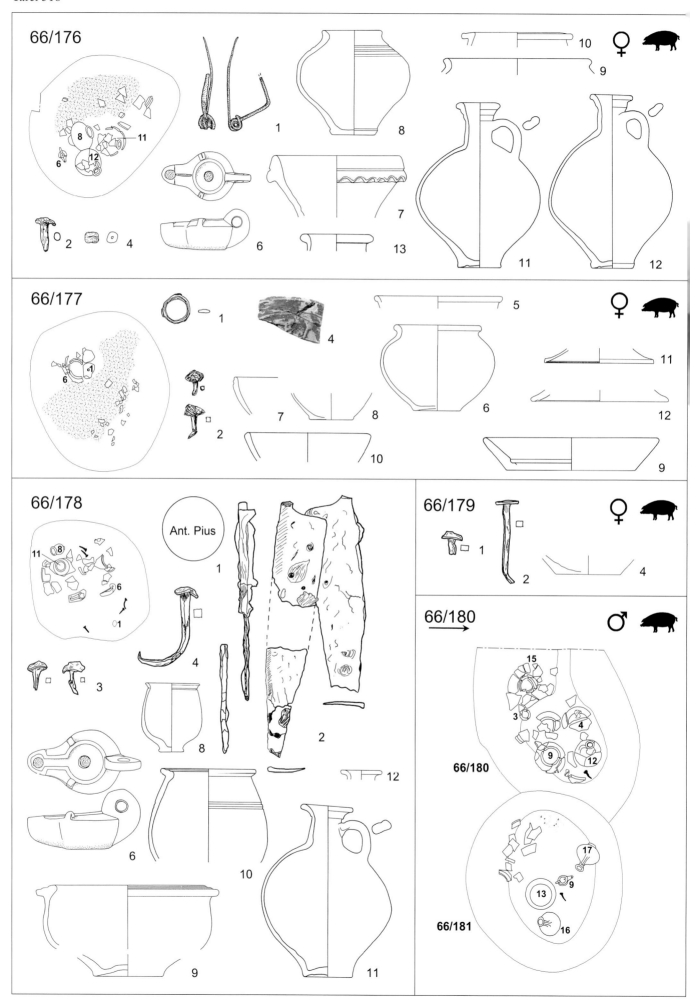

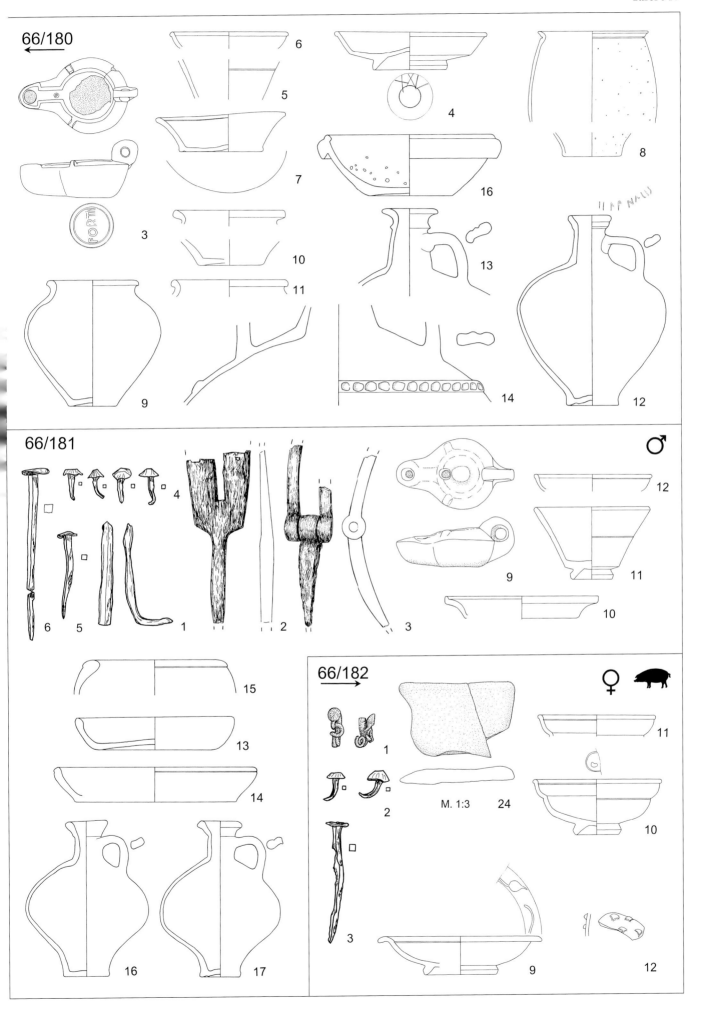

Tafel 319

Tafel 320

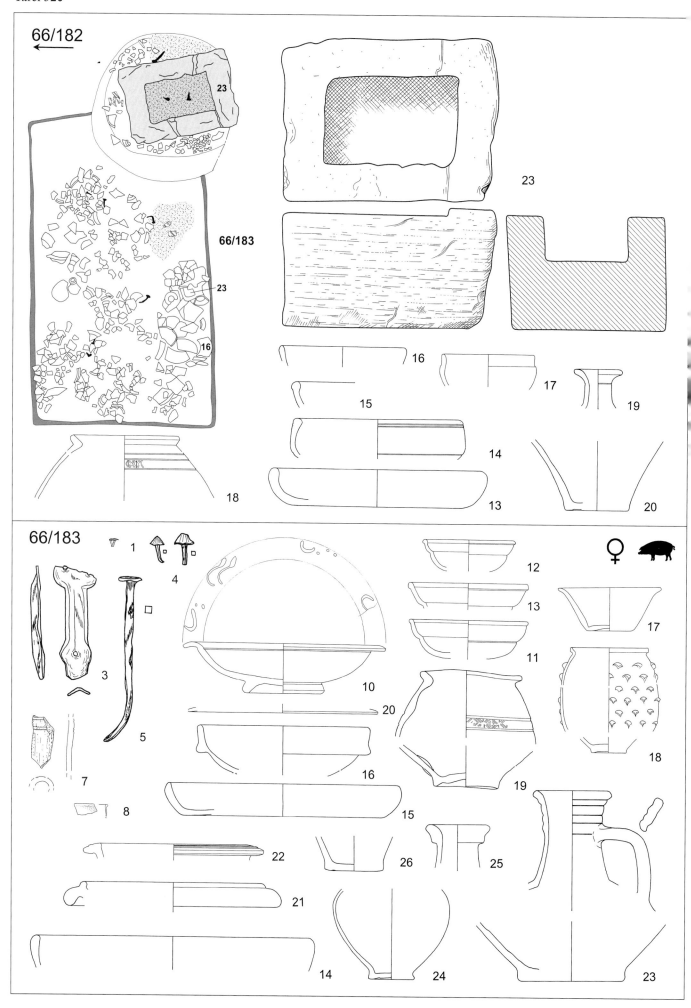

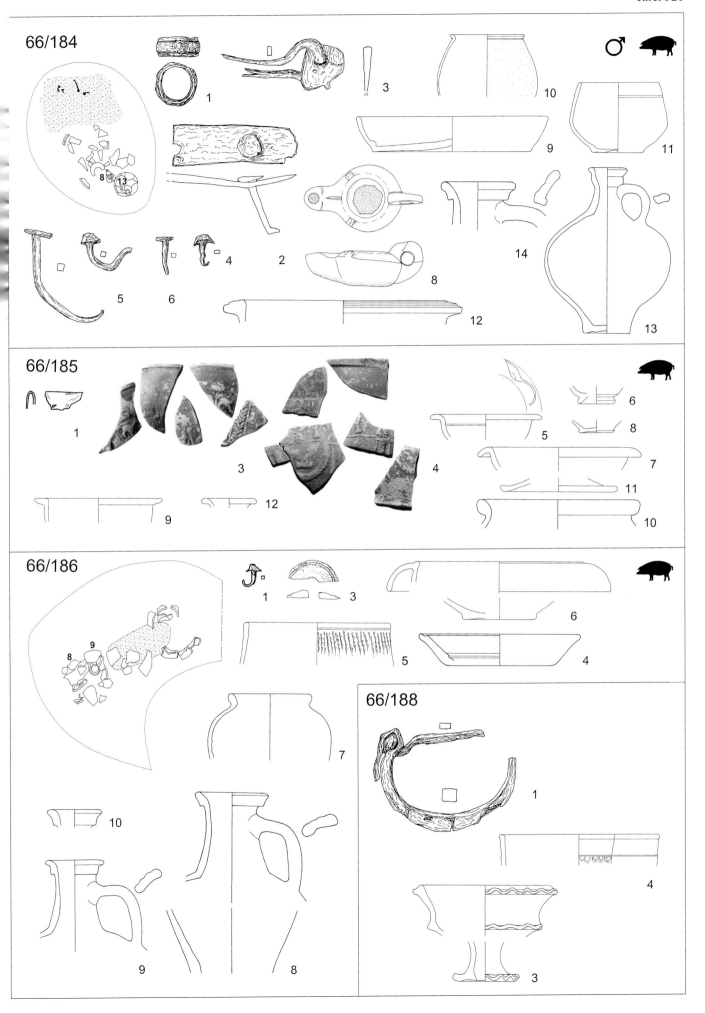
Tafel 321

Tafel 322

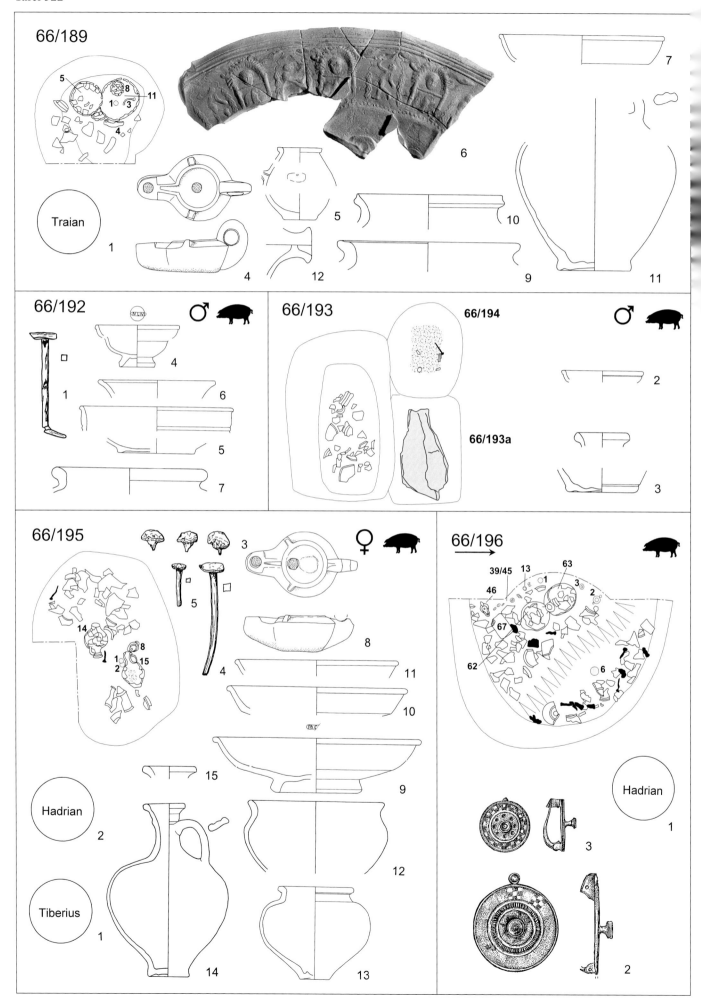

Tafel 323

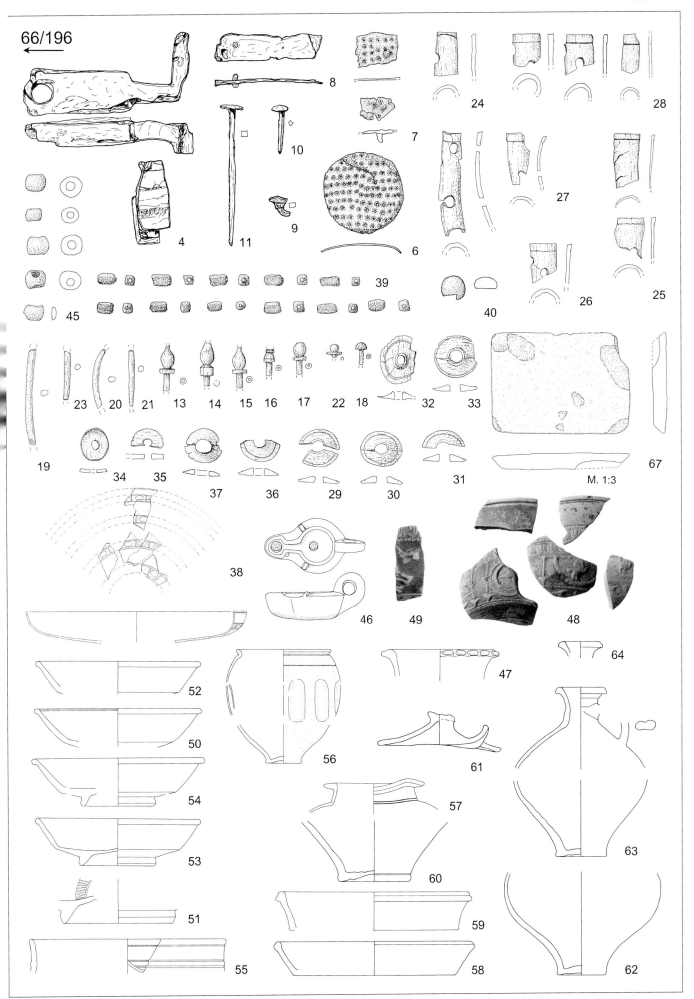

66/196

Tafel 324

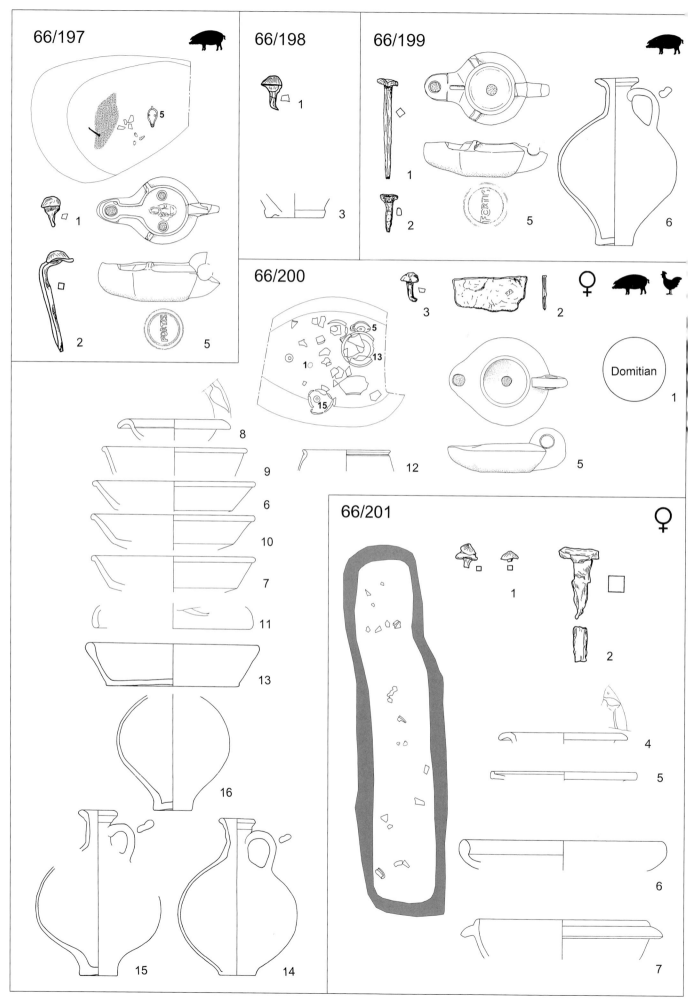

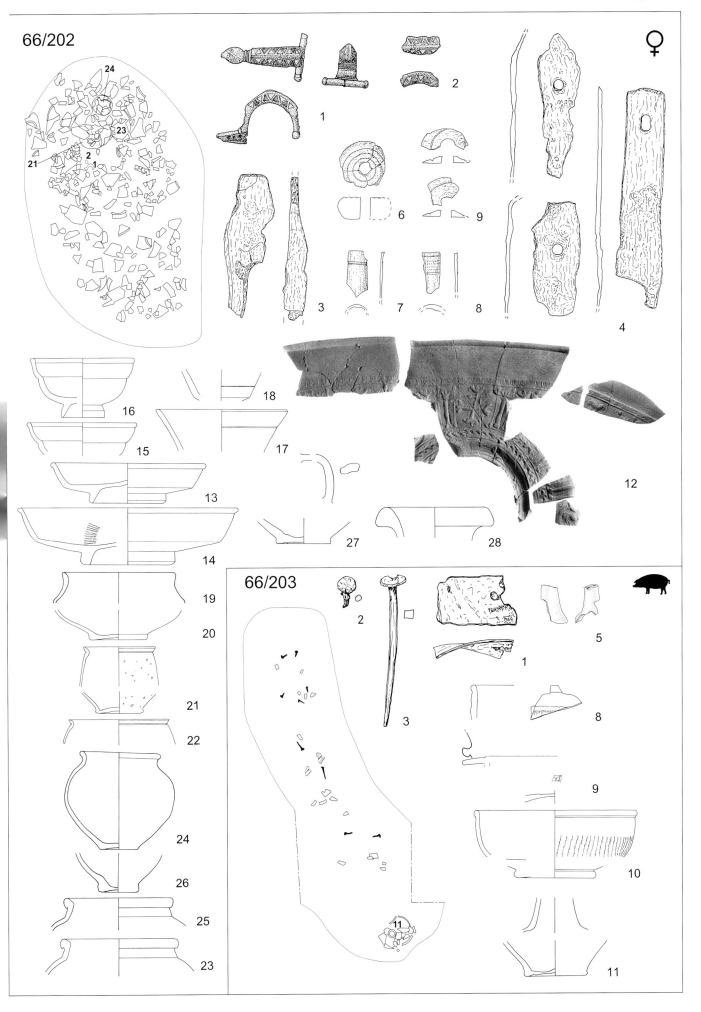

Tafel 325

Tafel 326

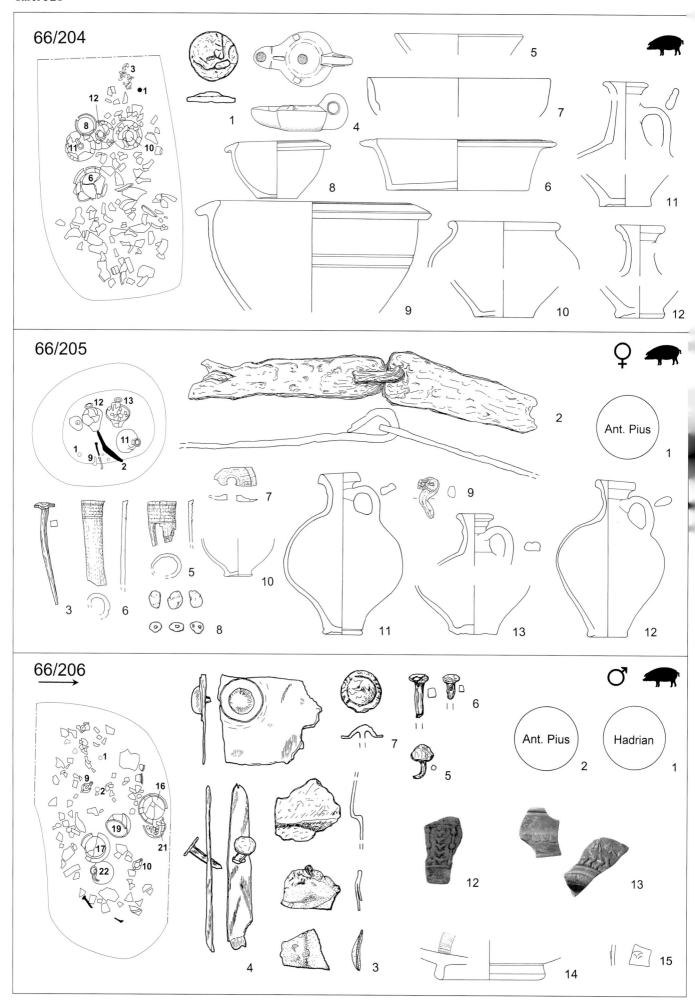

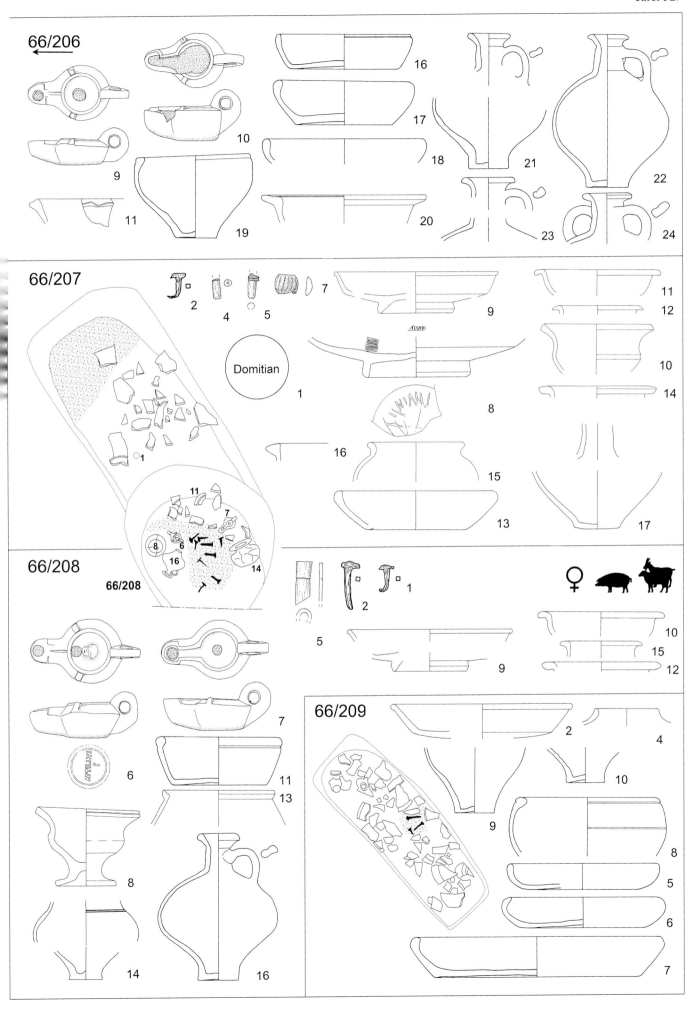

Tafel 327

Tafel 328

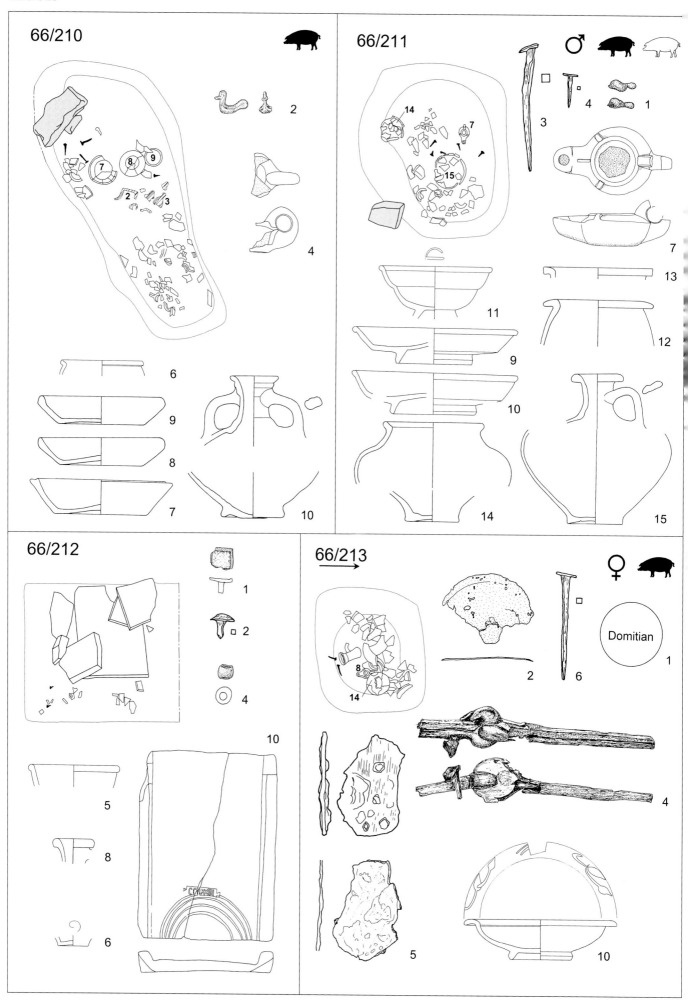

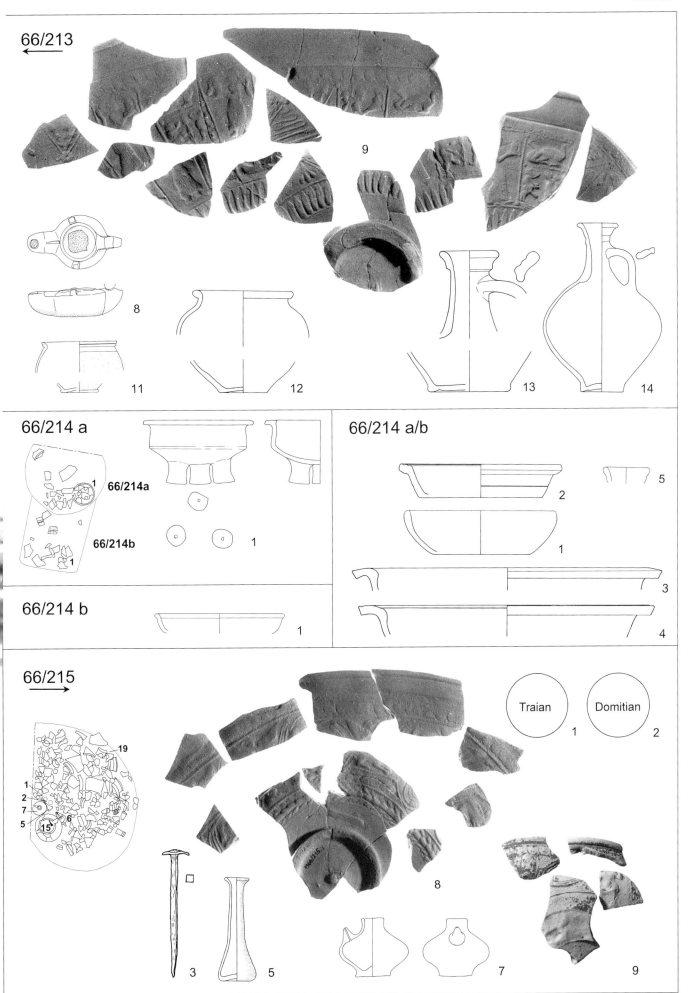

Tafel 329

Tafel 330

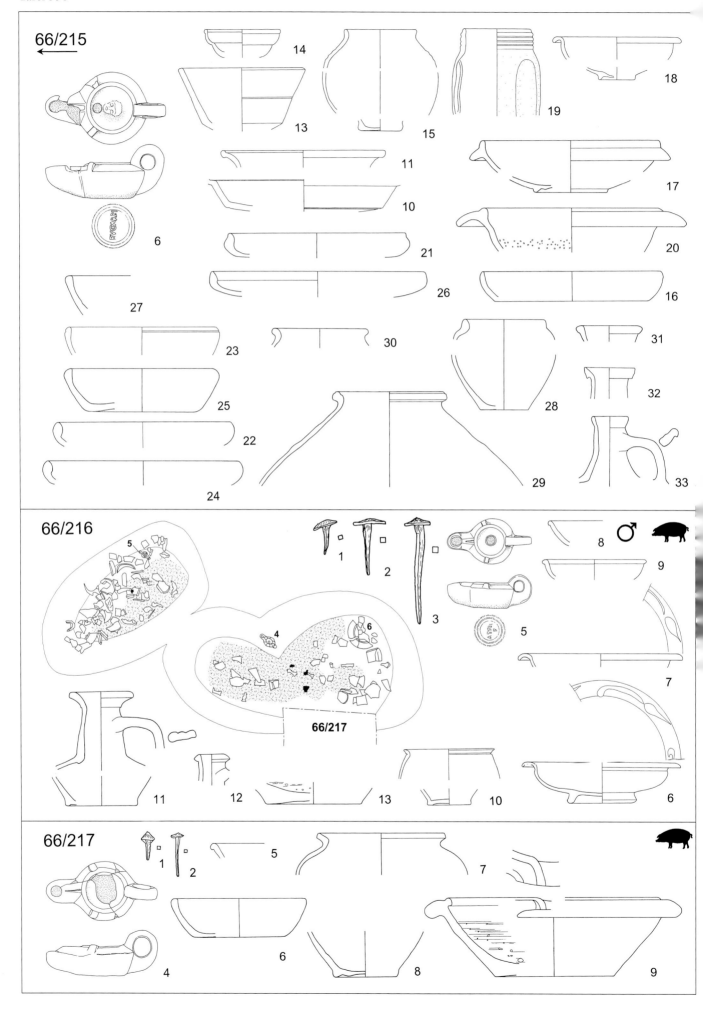

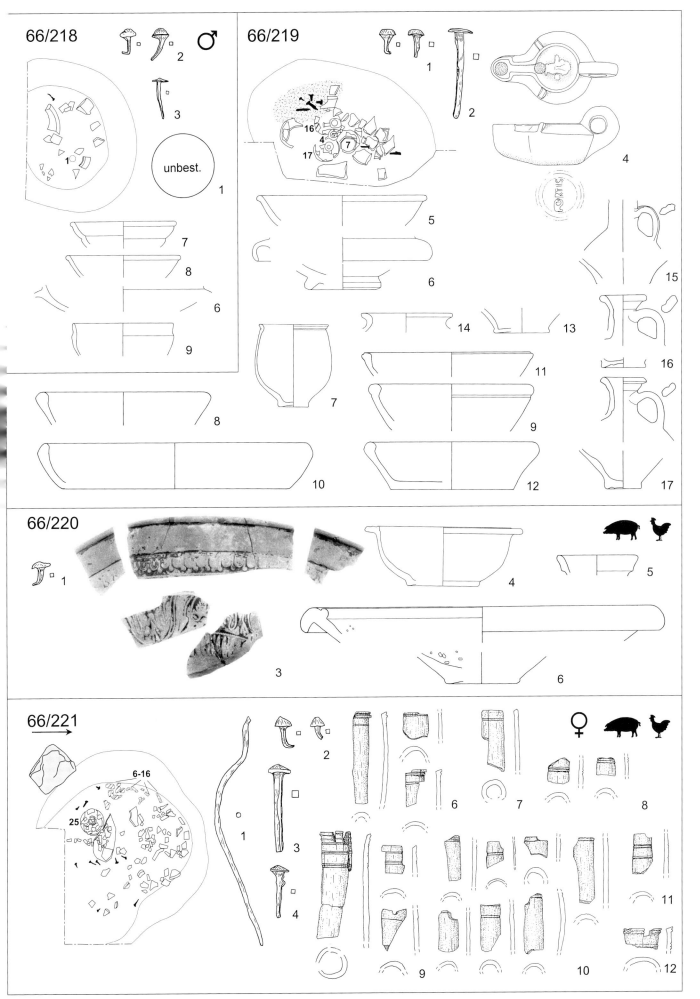

Tafel 332

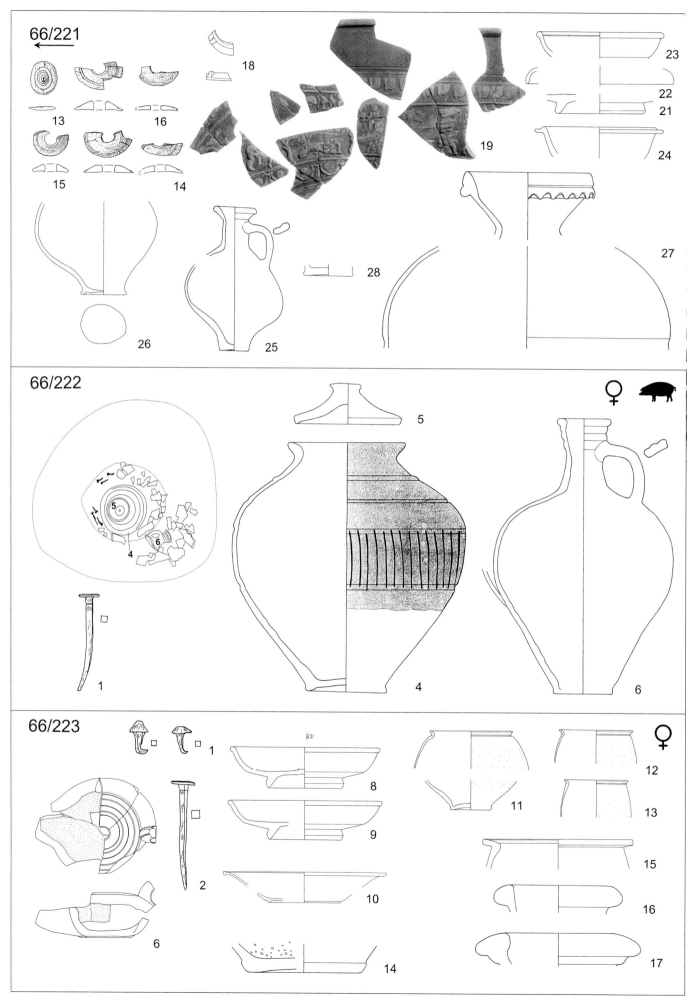

Tafel 333

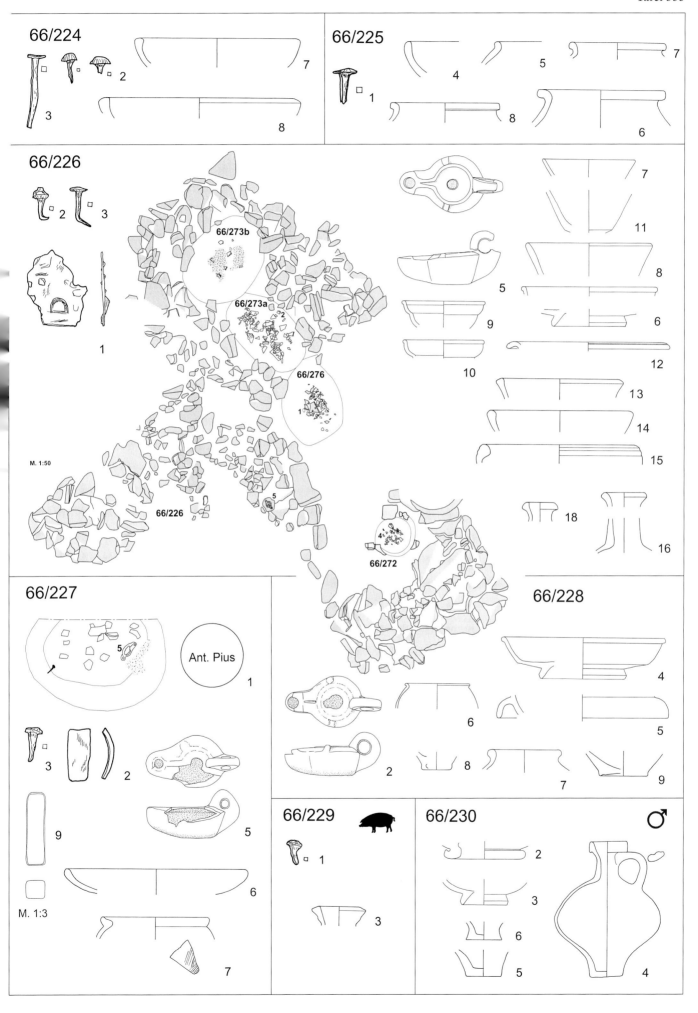

Tafel 334

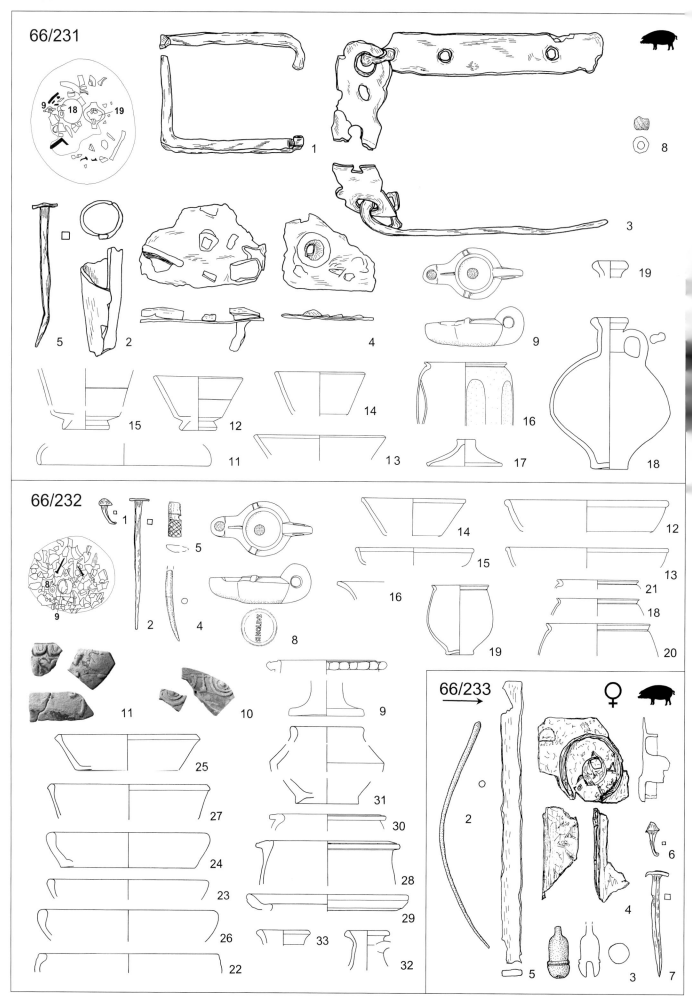

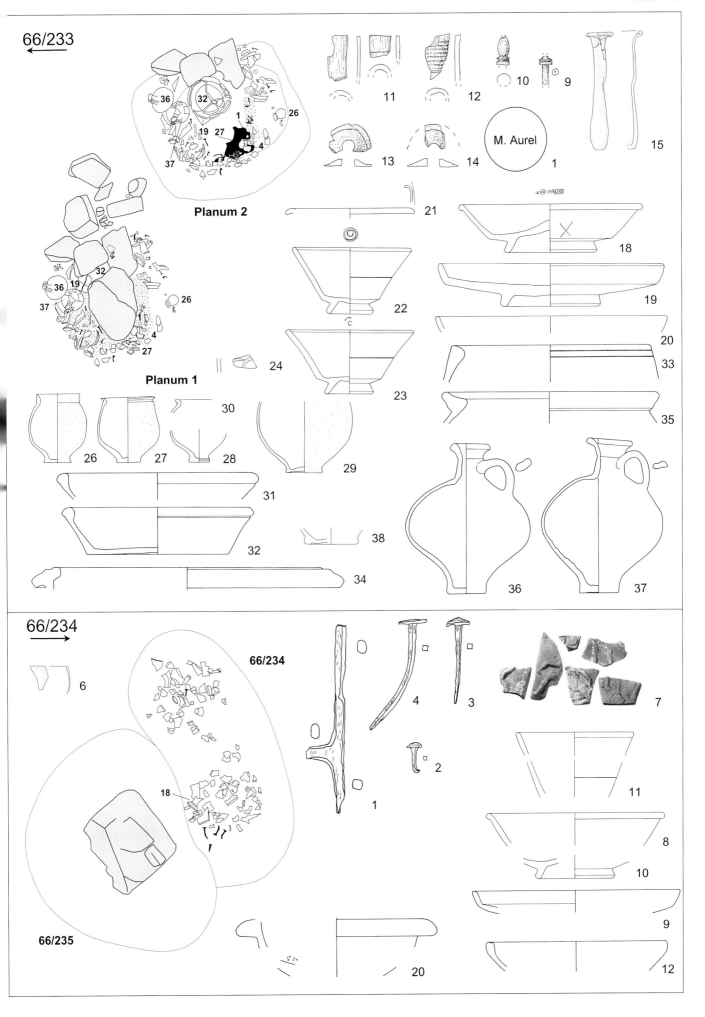

Tafel 335

Tafel 336

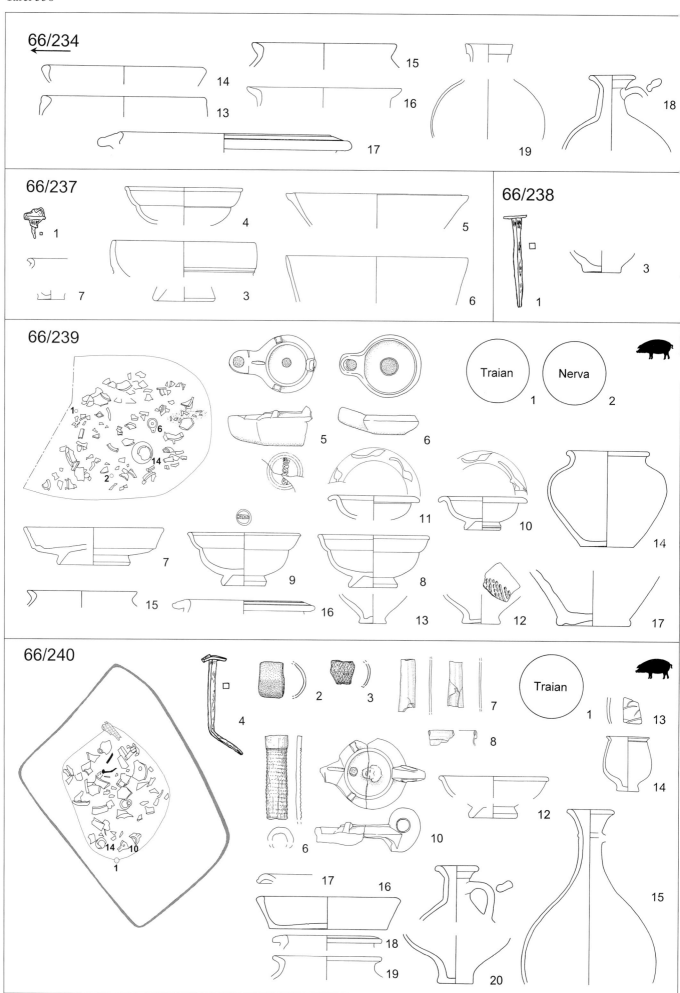

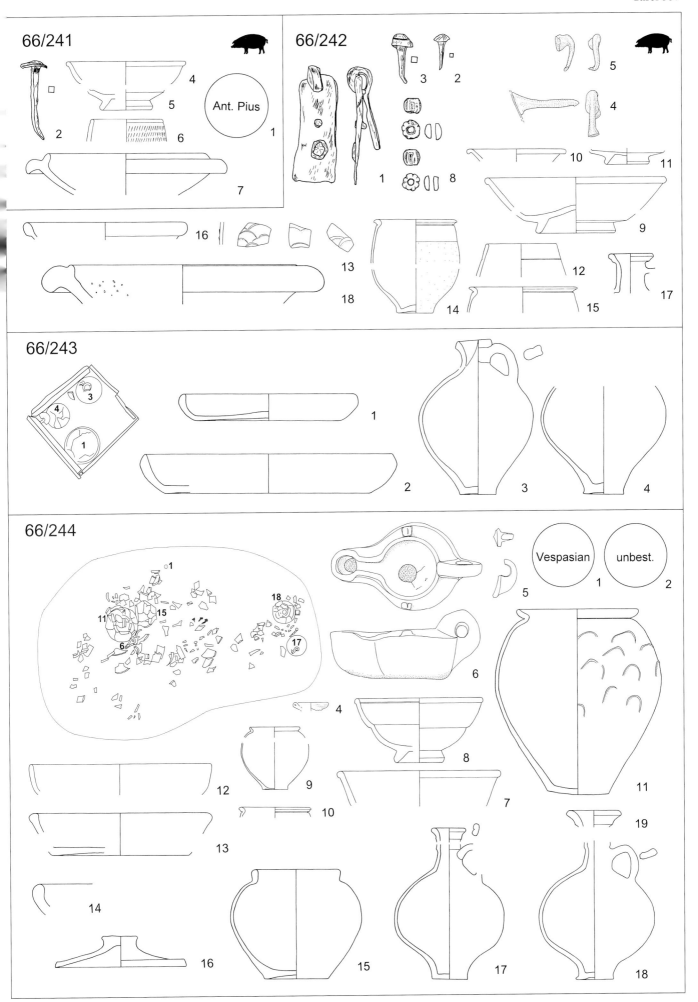

Tafel 338

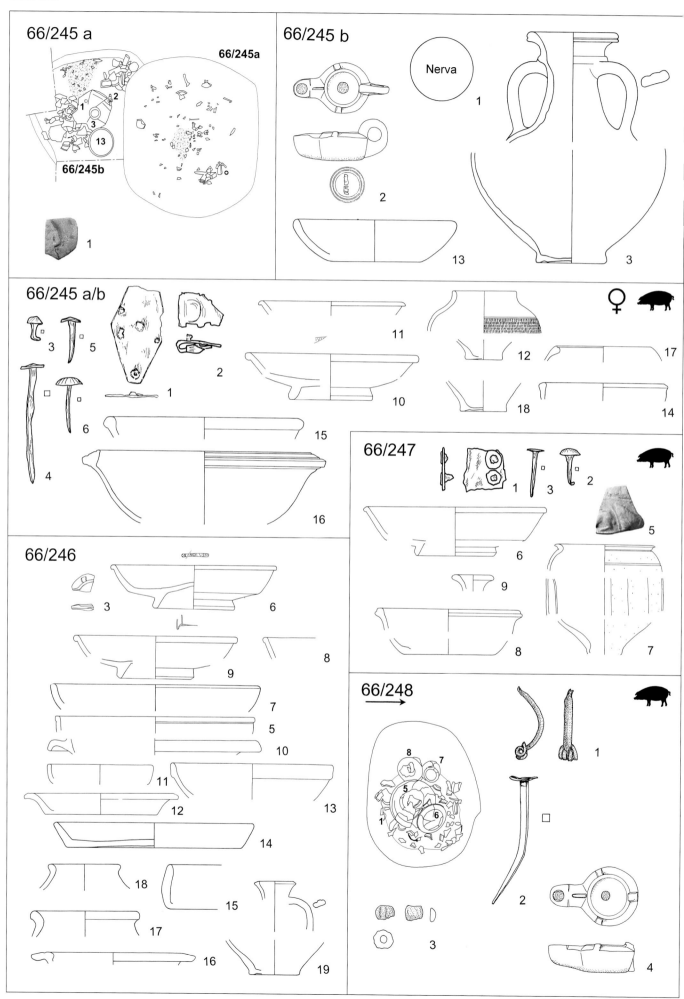

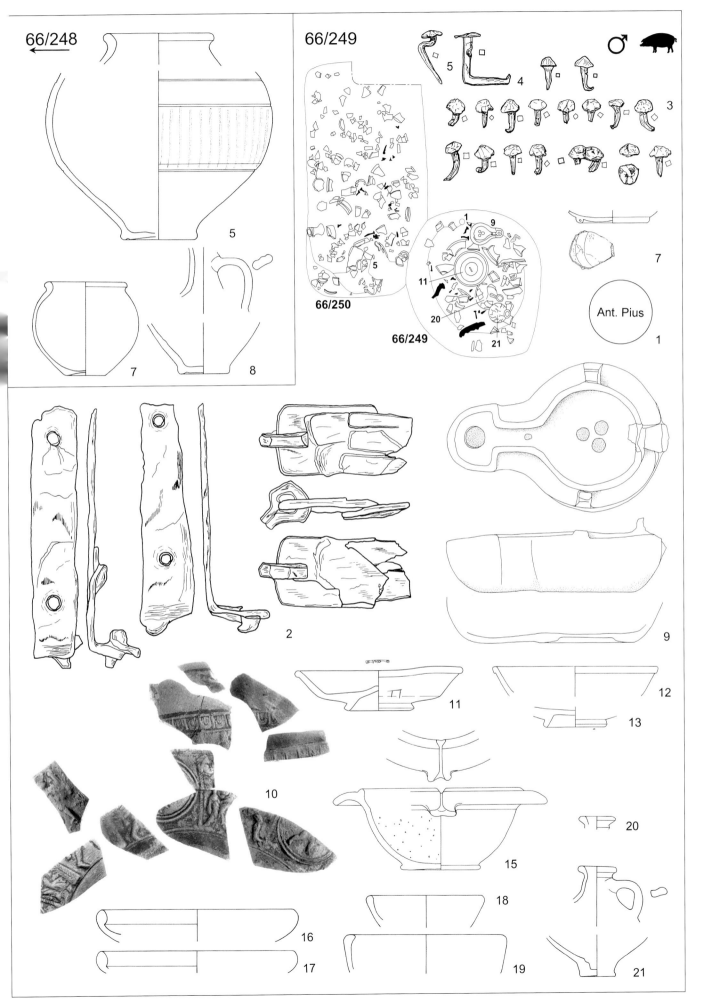

Tafel 339

Tafel 340

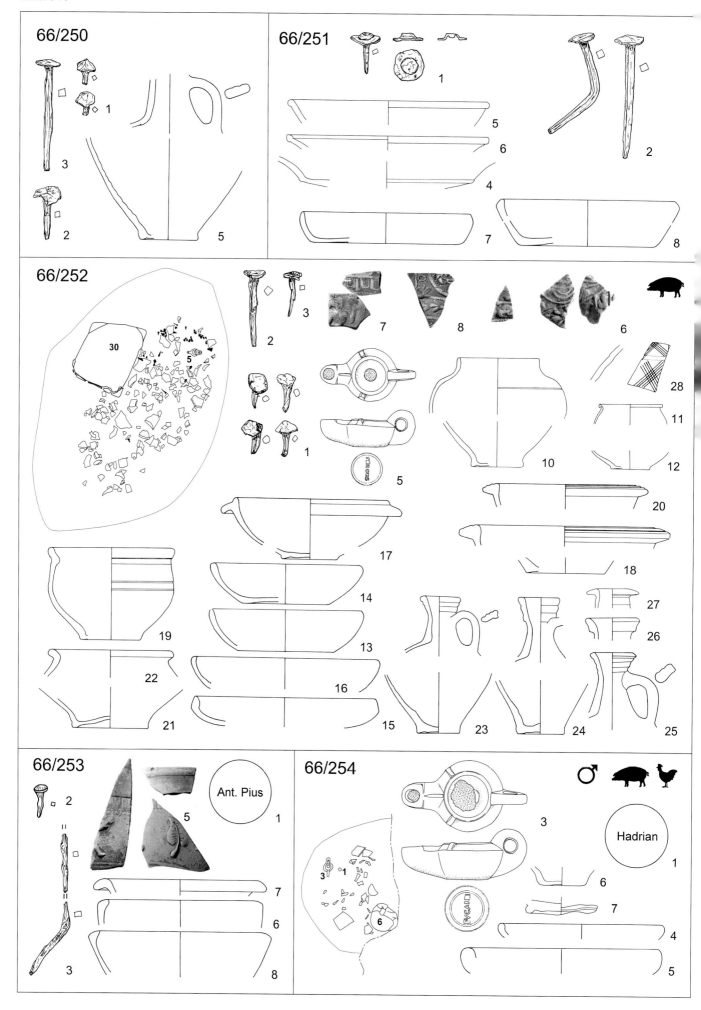

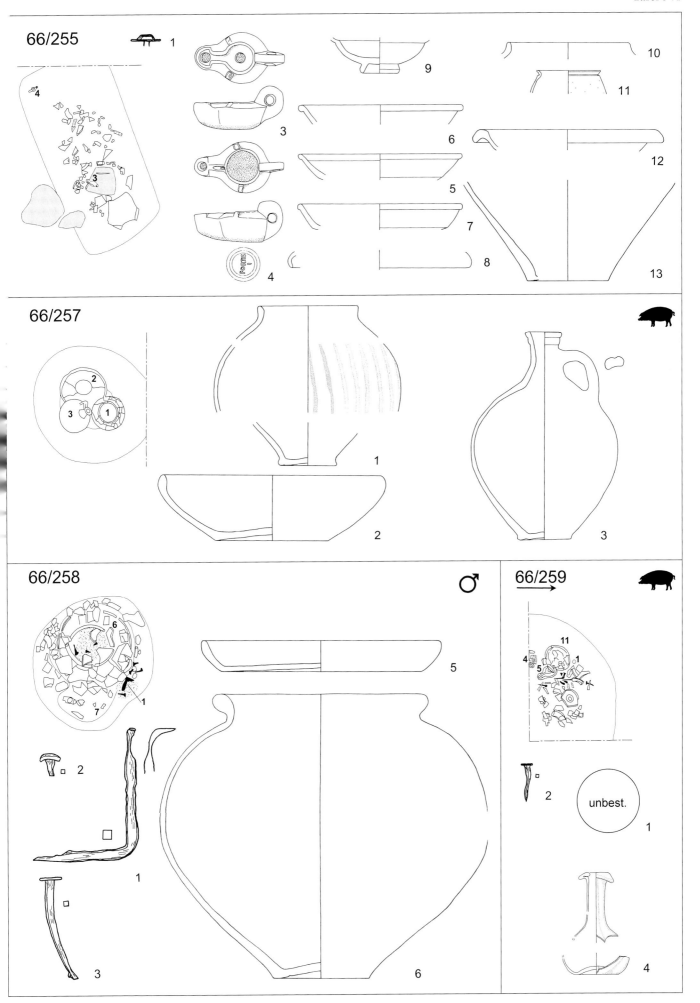

Tafel 341

Tafel 342

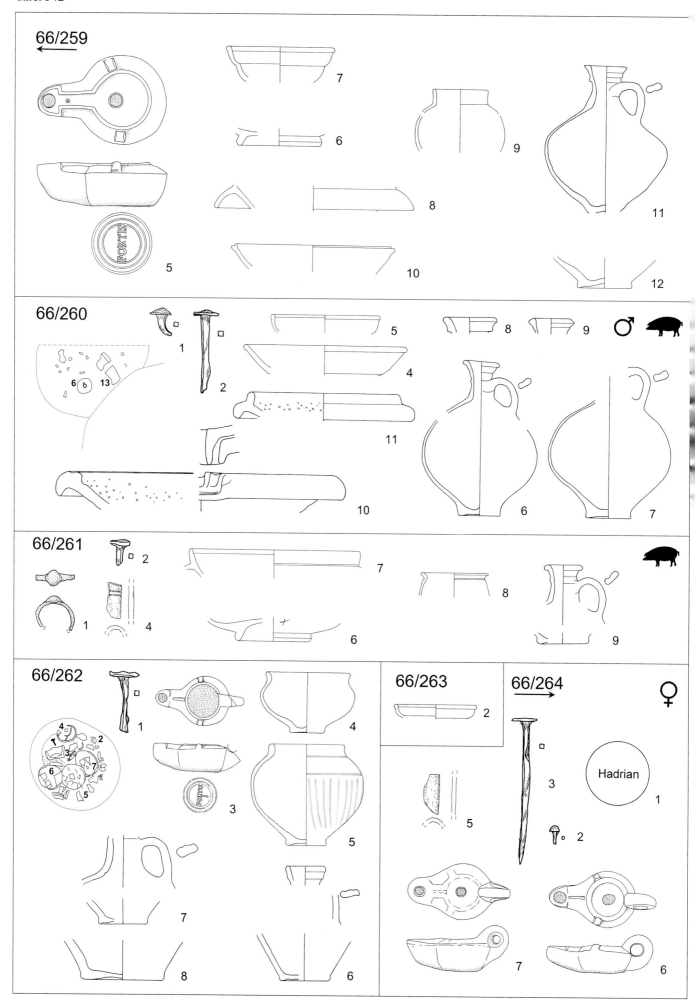

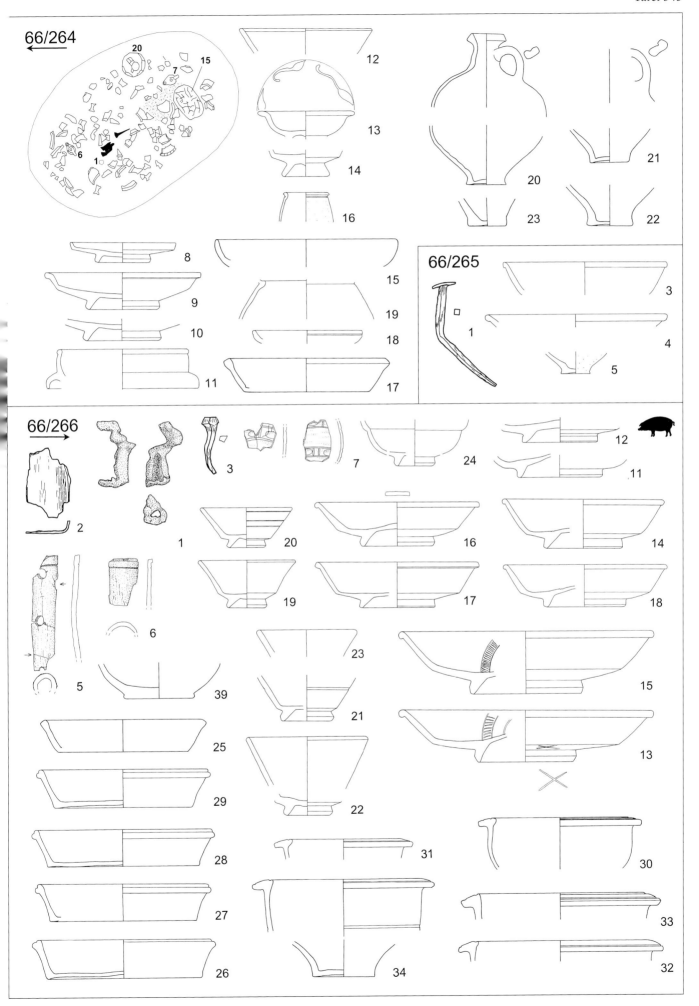

Tafel 343

Tafel 344

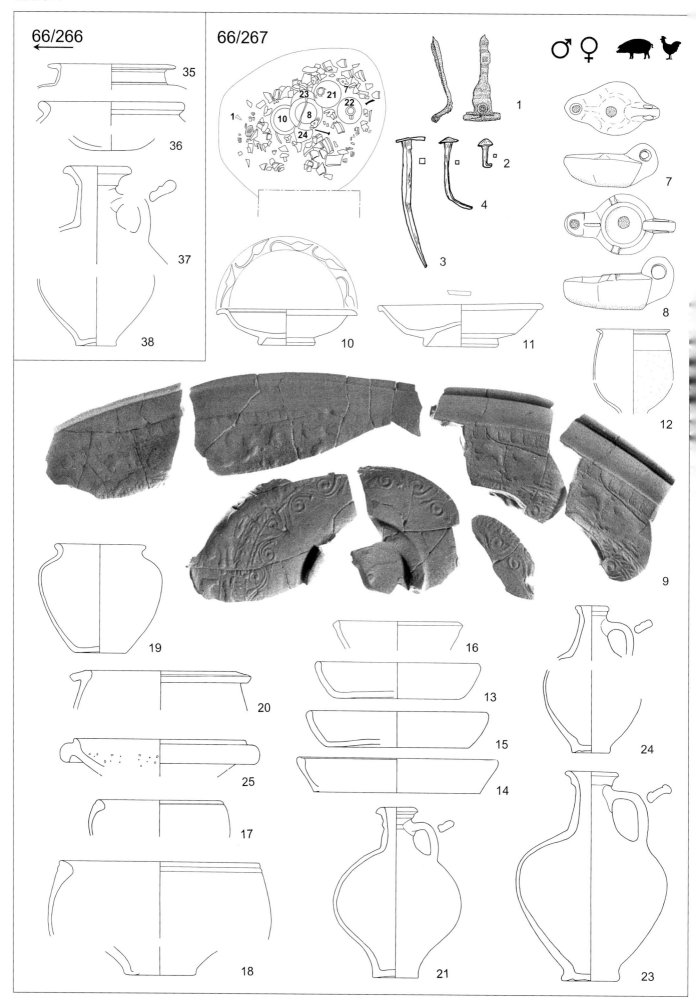

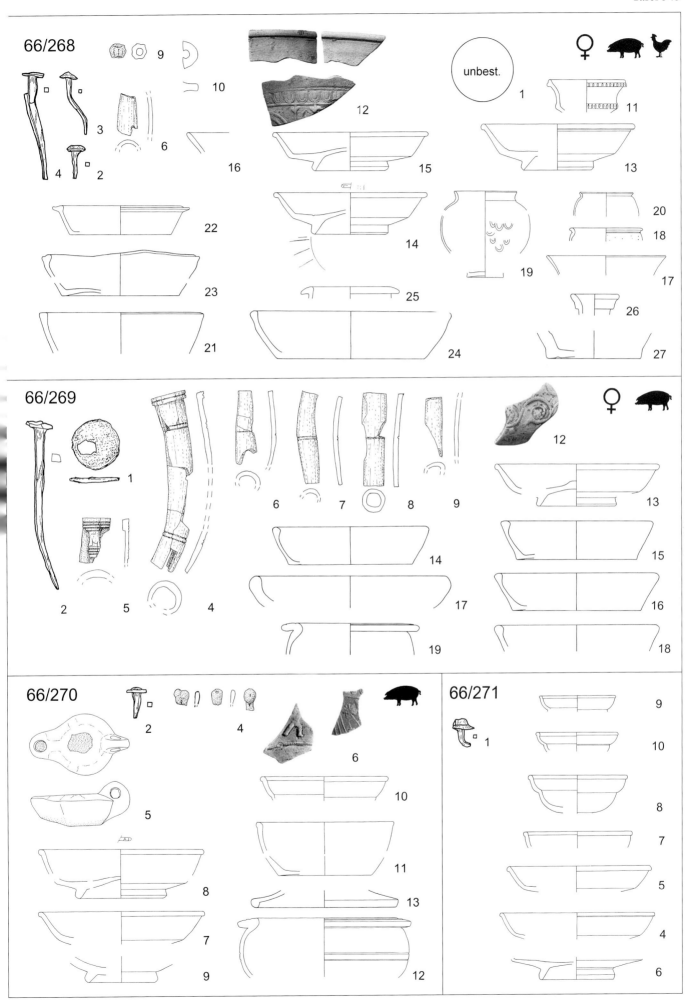

Tafel 345

Tafel 346

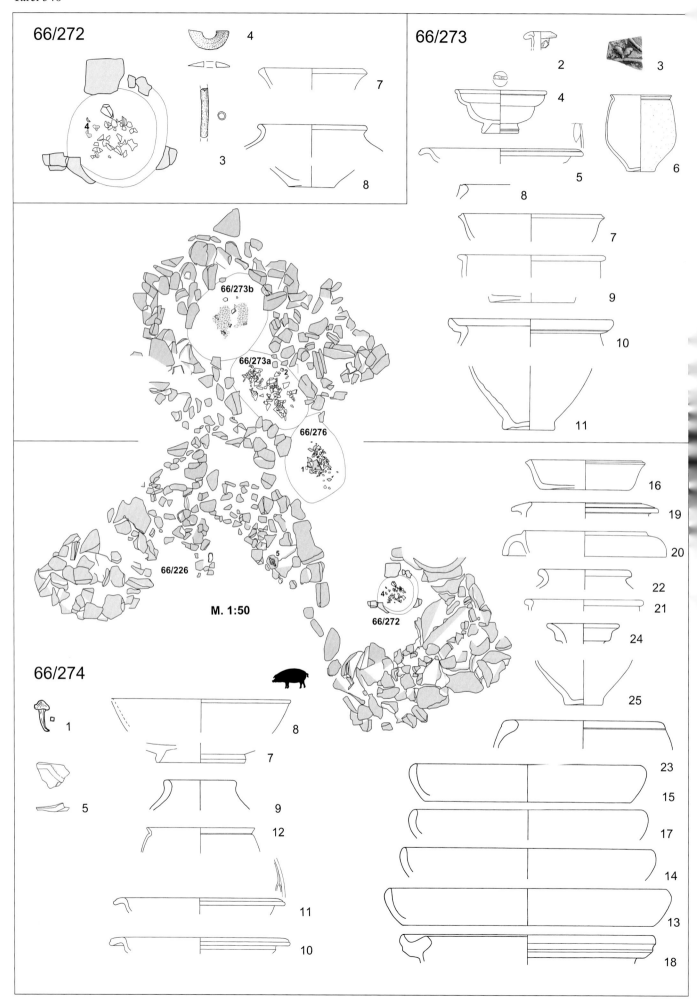

Tafel 347

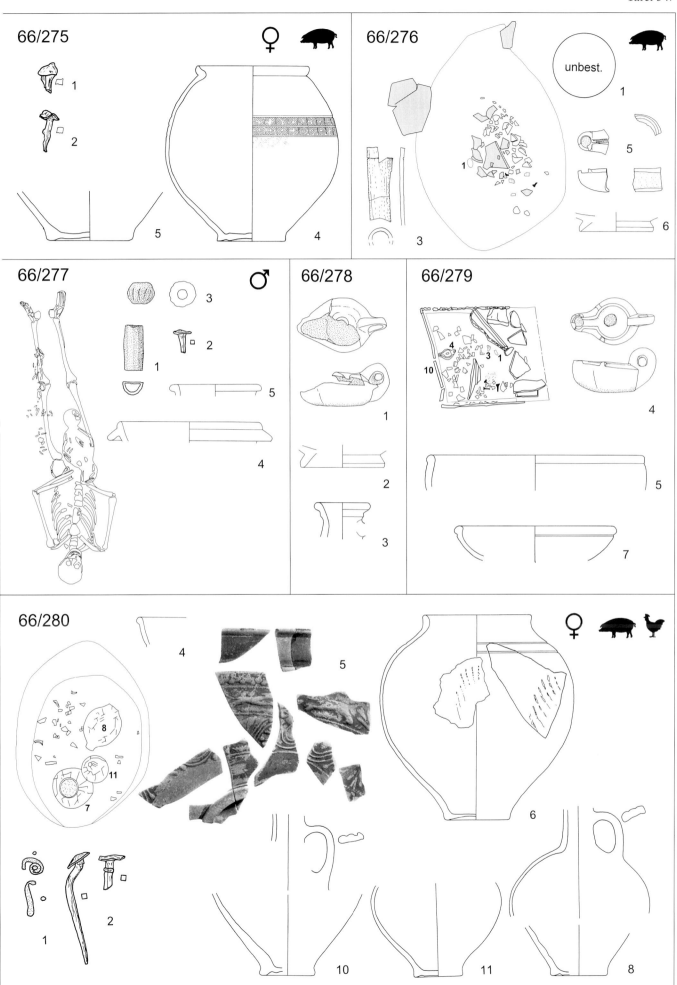

Tafel 348

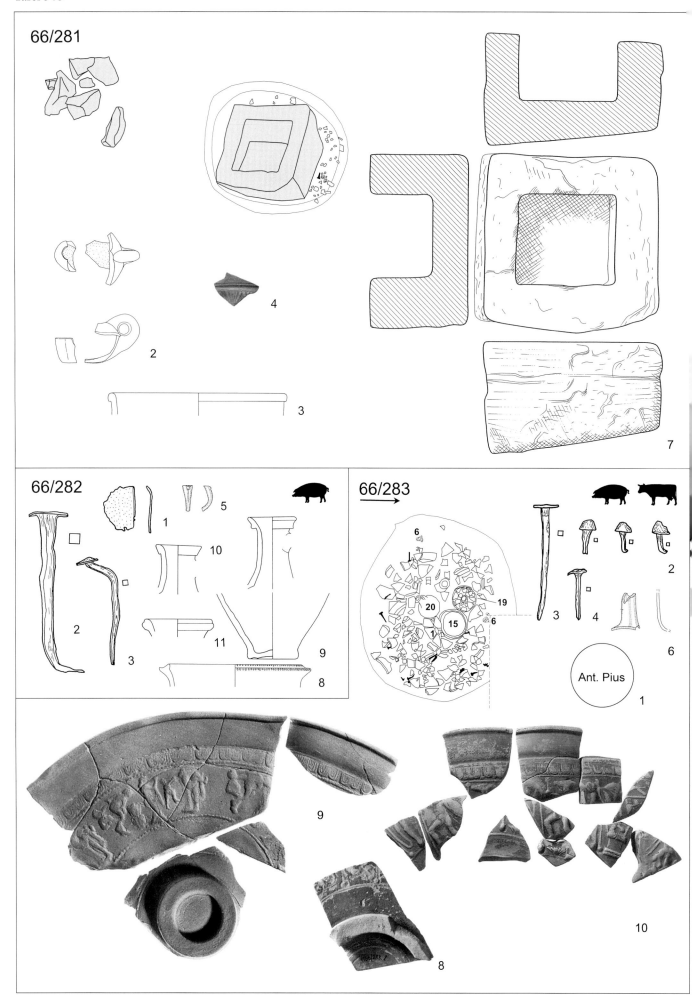

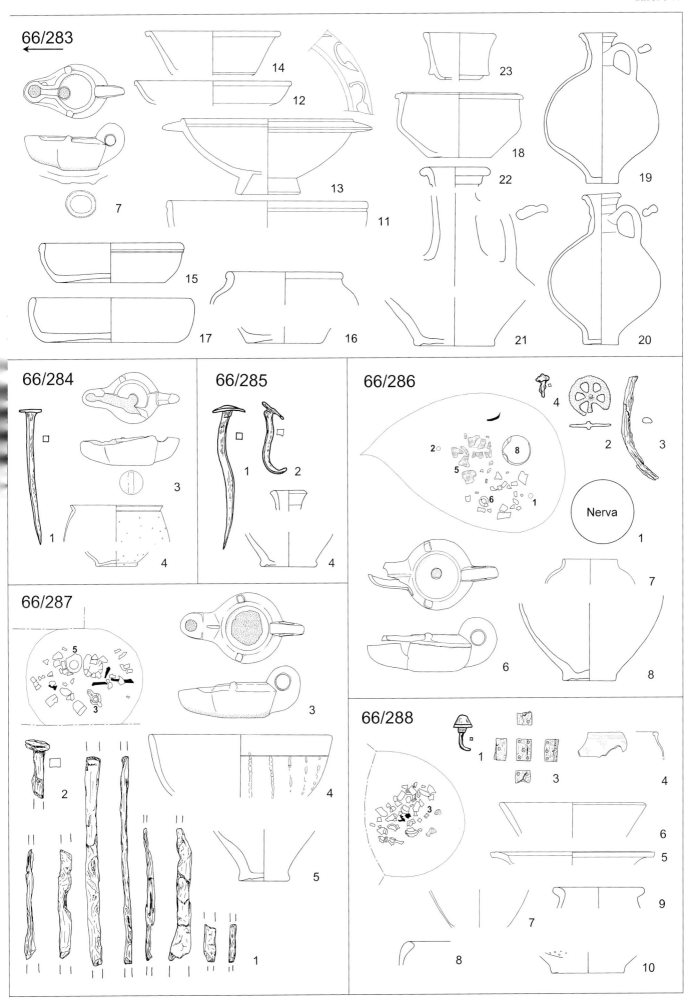
Tafel 349

Tafel 350

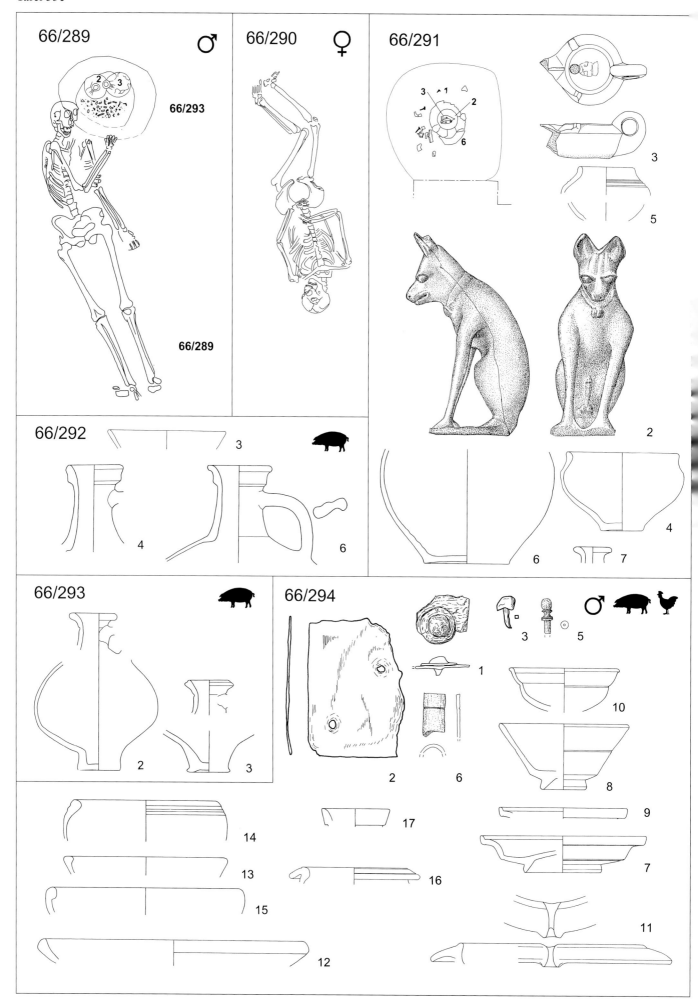

Tafel 351

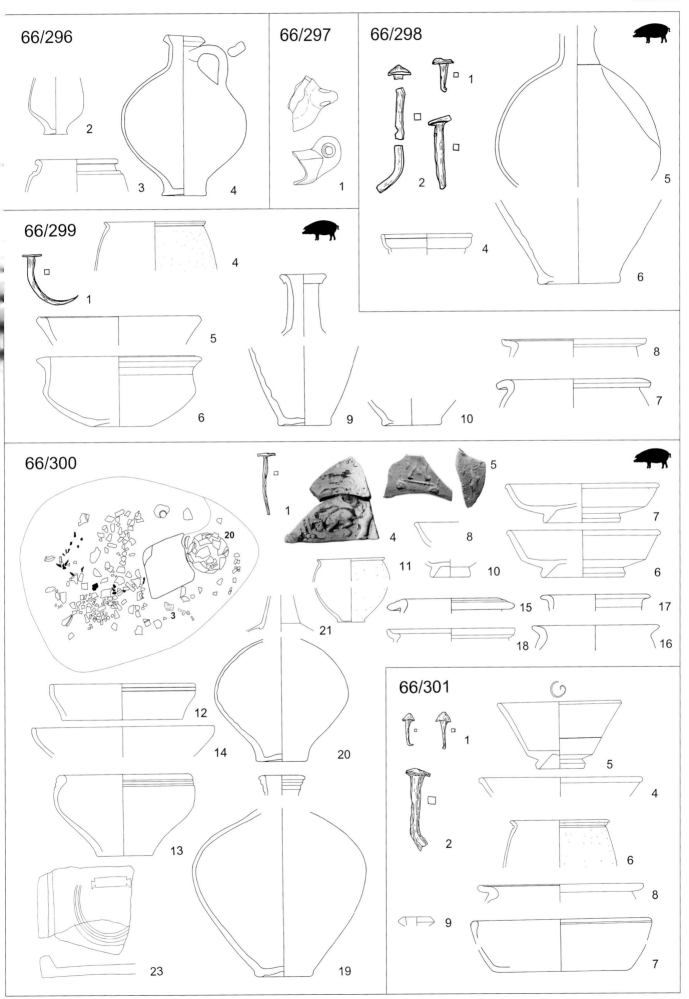

Tafel 352

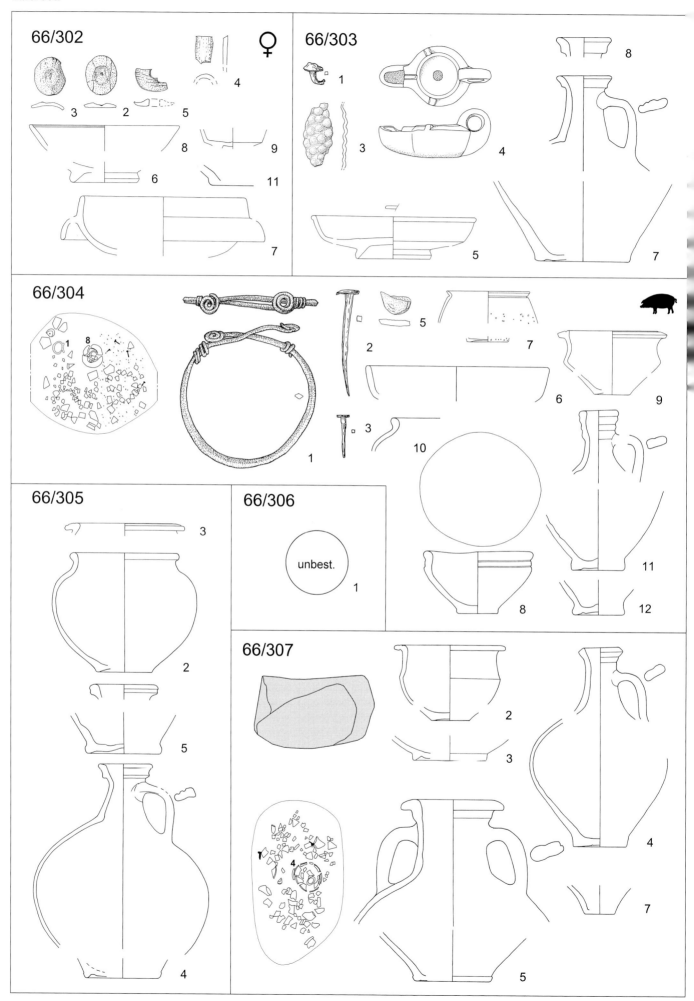

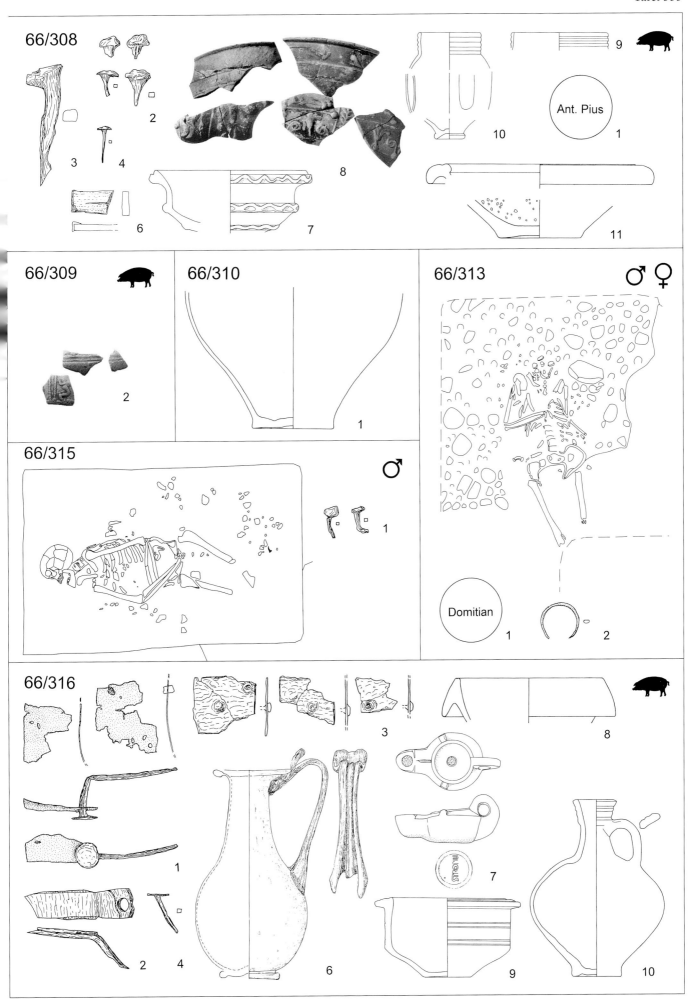

Tafel 353

Tafel 354

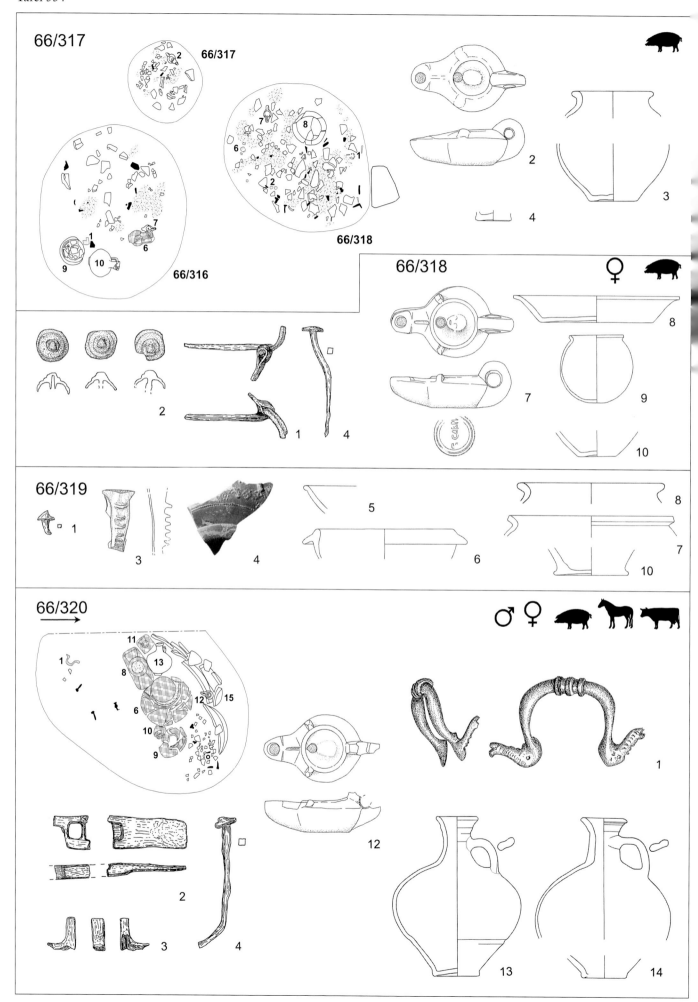

Tafel 355

66/320

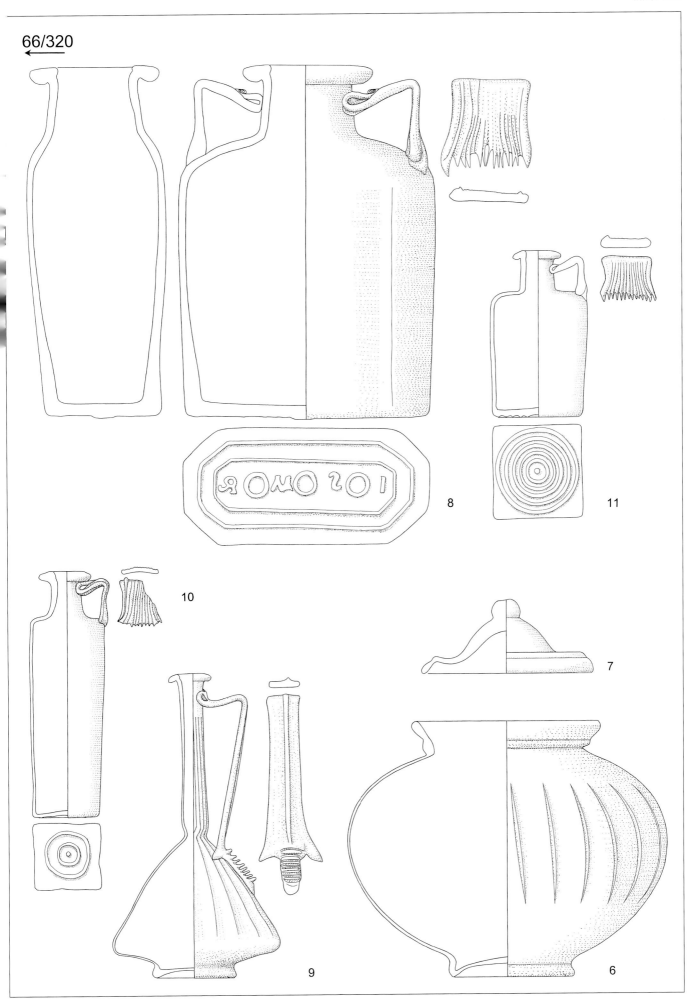

Tafel 356

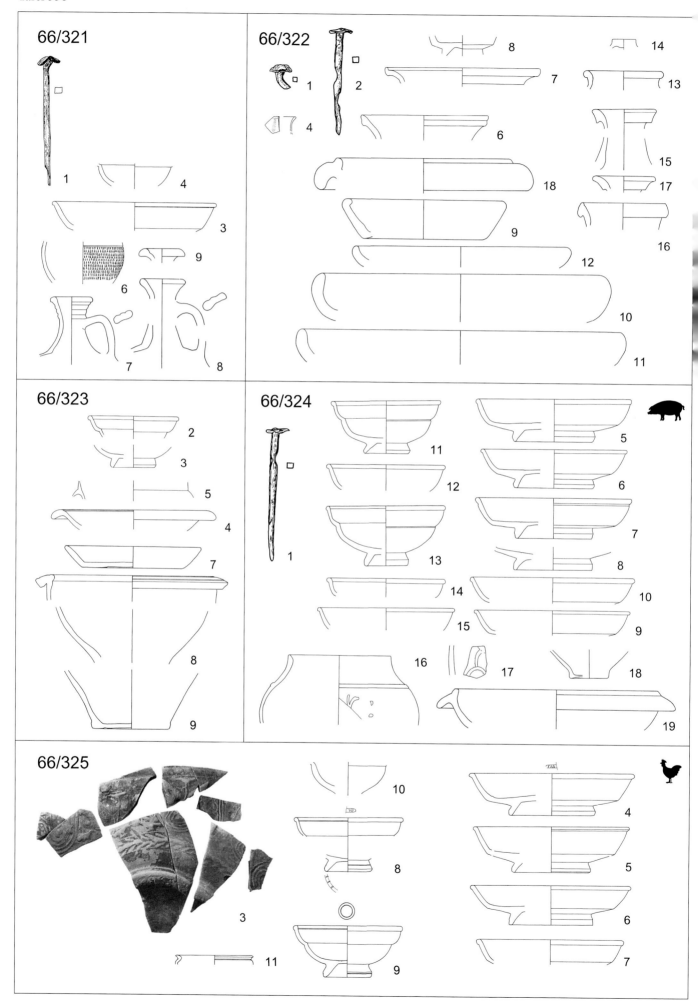

Tafel 357

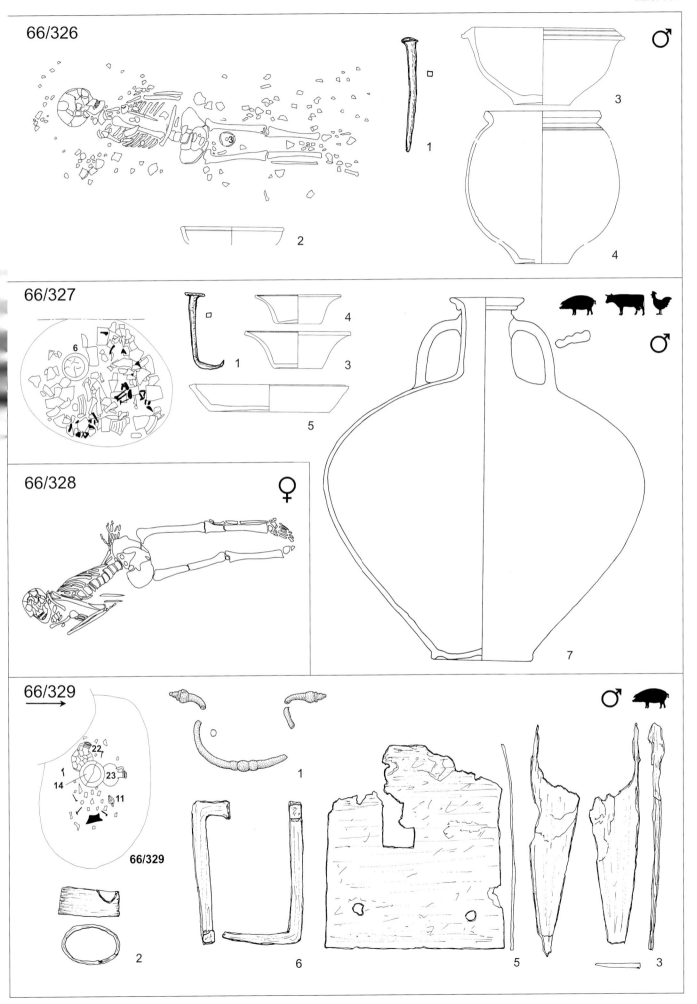

Tafel 358

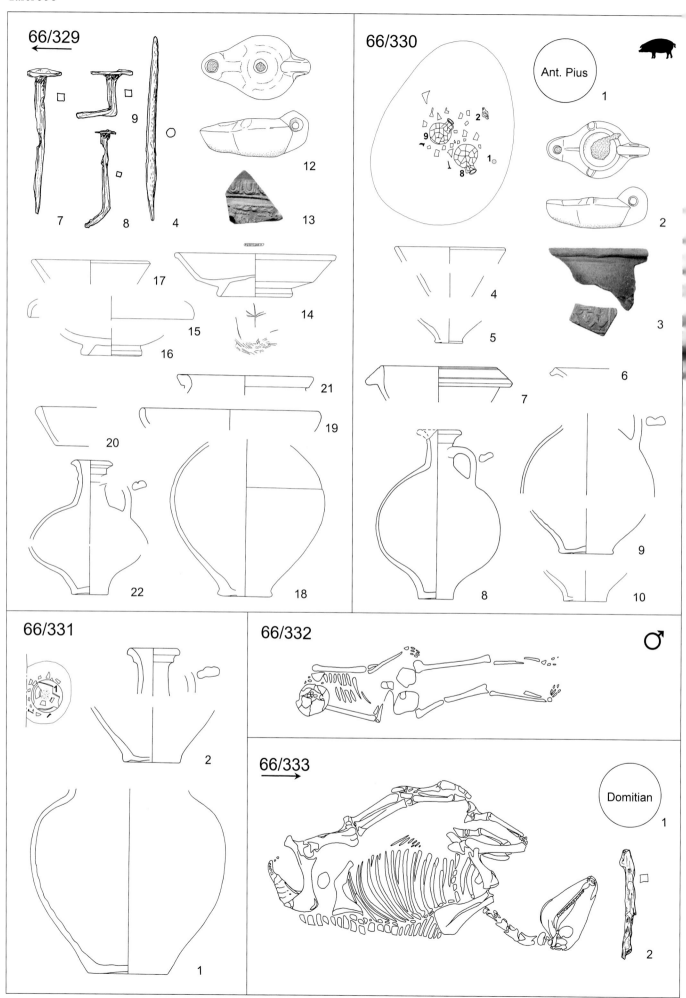

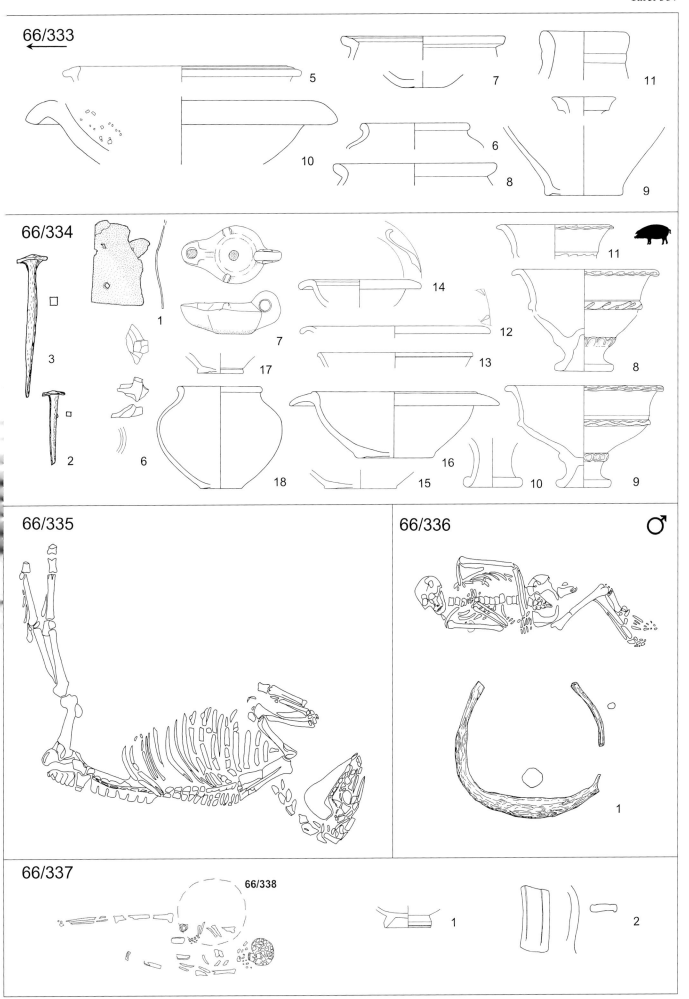

Tafel 359

Tafel 360

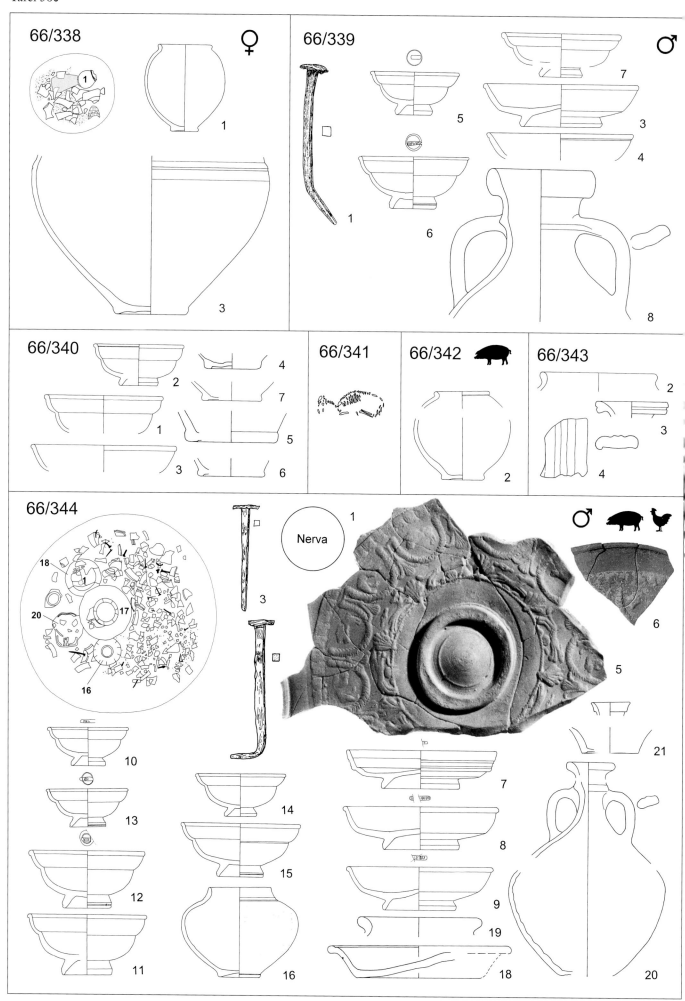

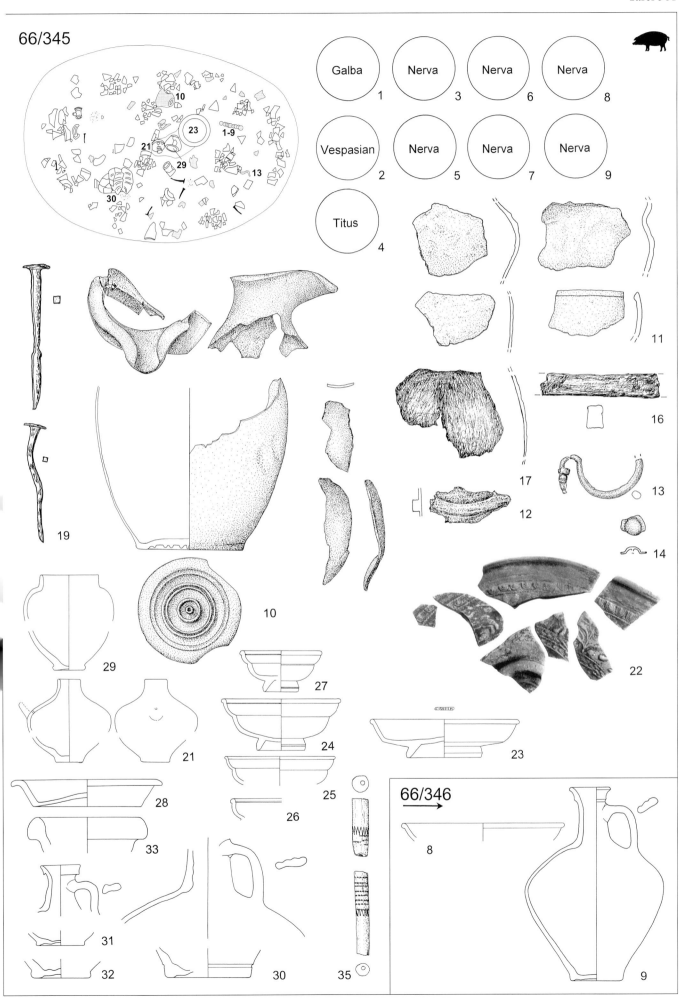

Tafel 361

Tafel 362

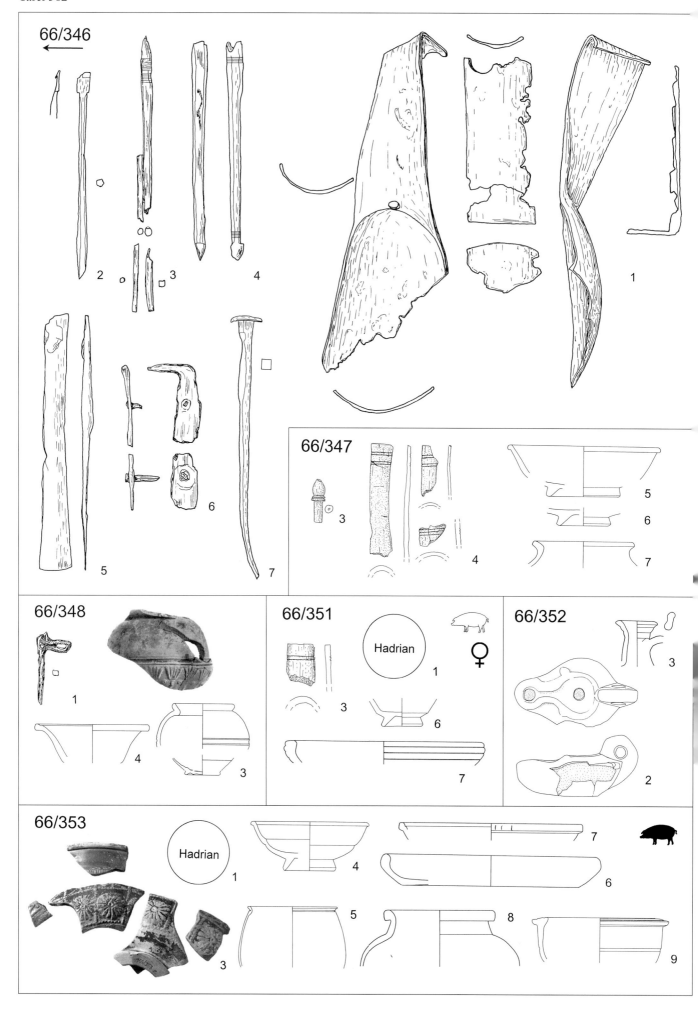

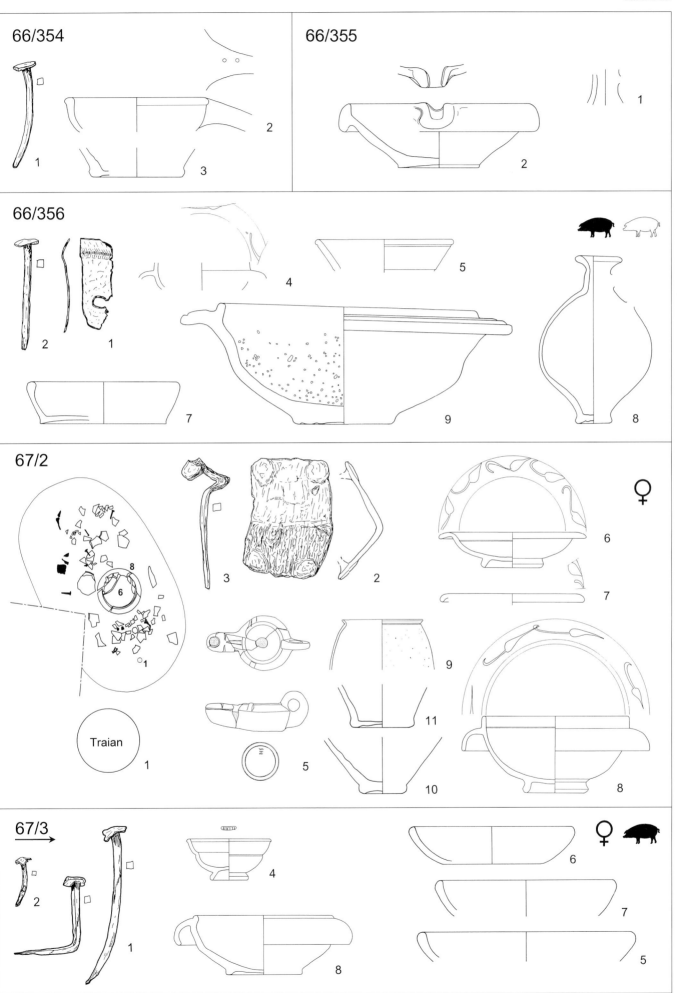

Tafel 364

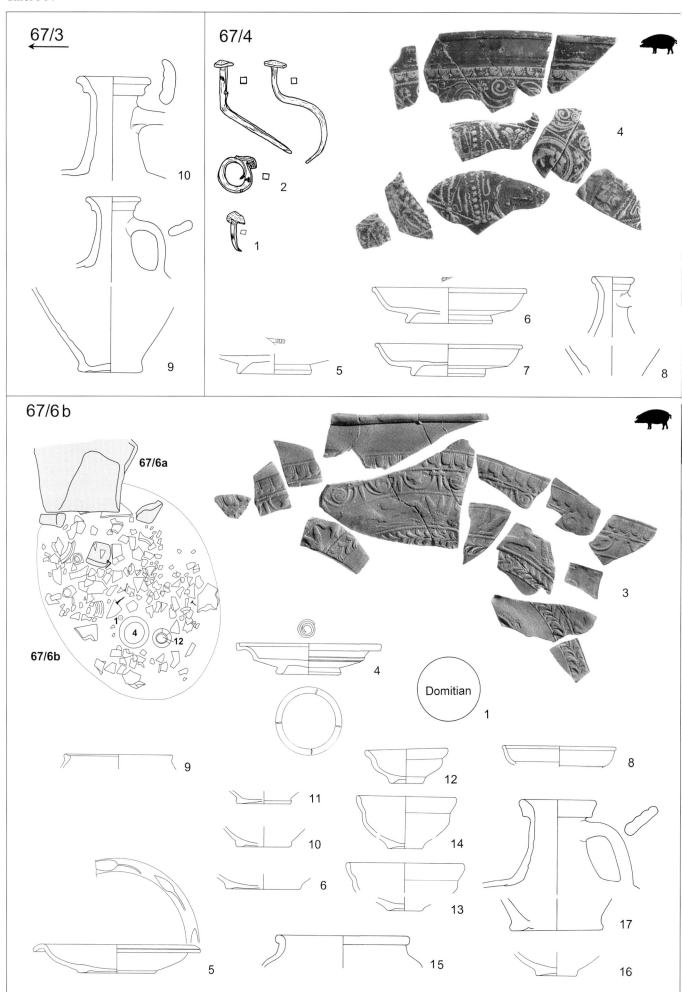

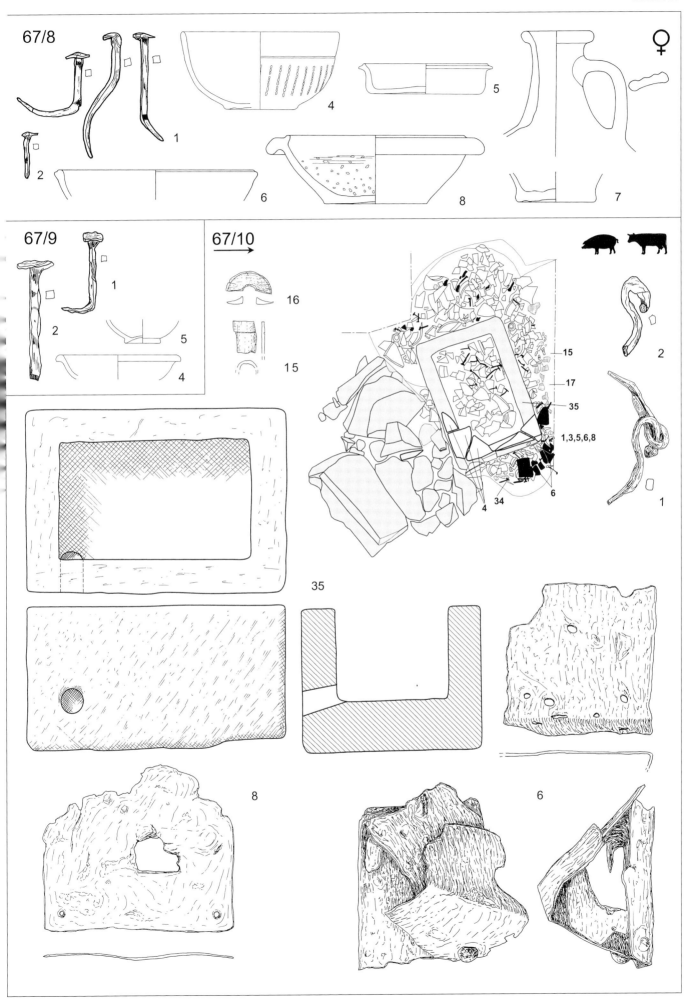

Tafel 365

Tafel 366

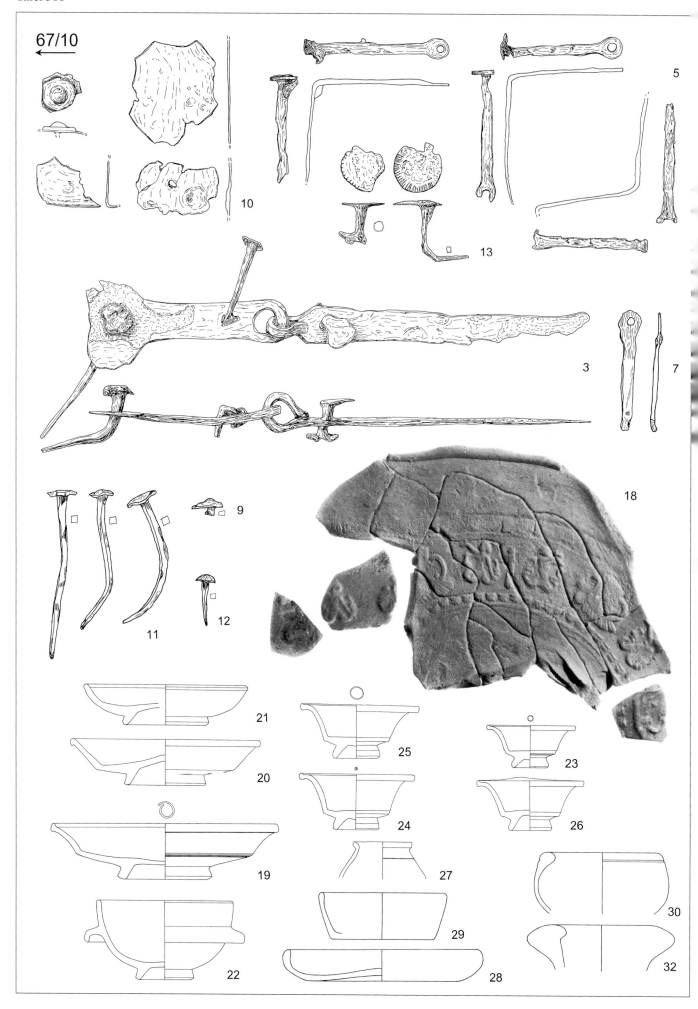

Tafel 367

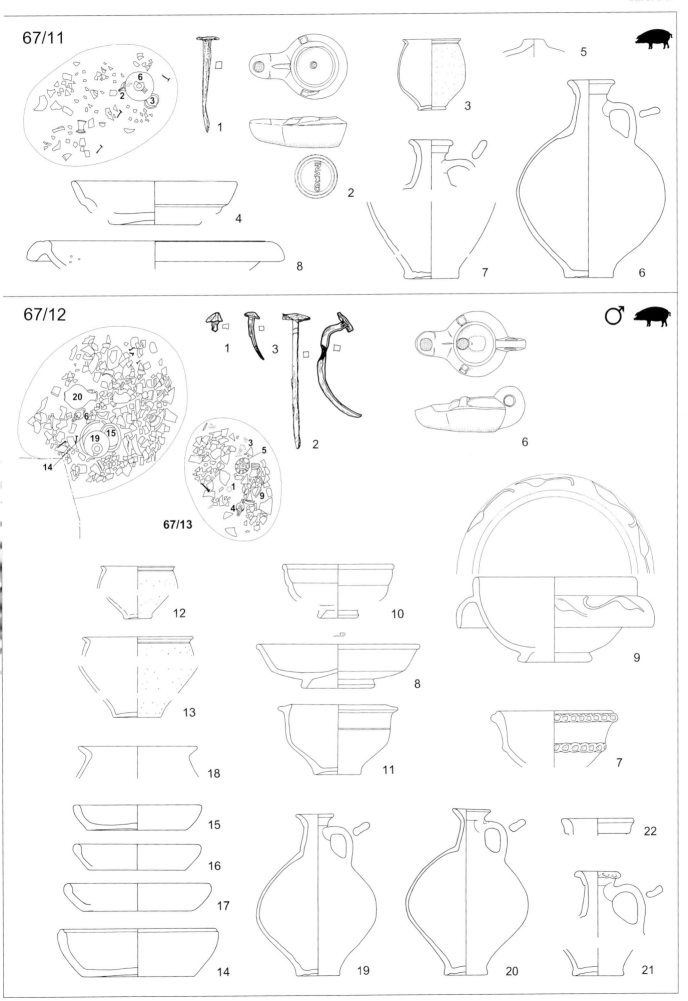

Tafel 368

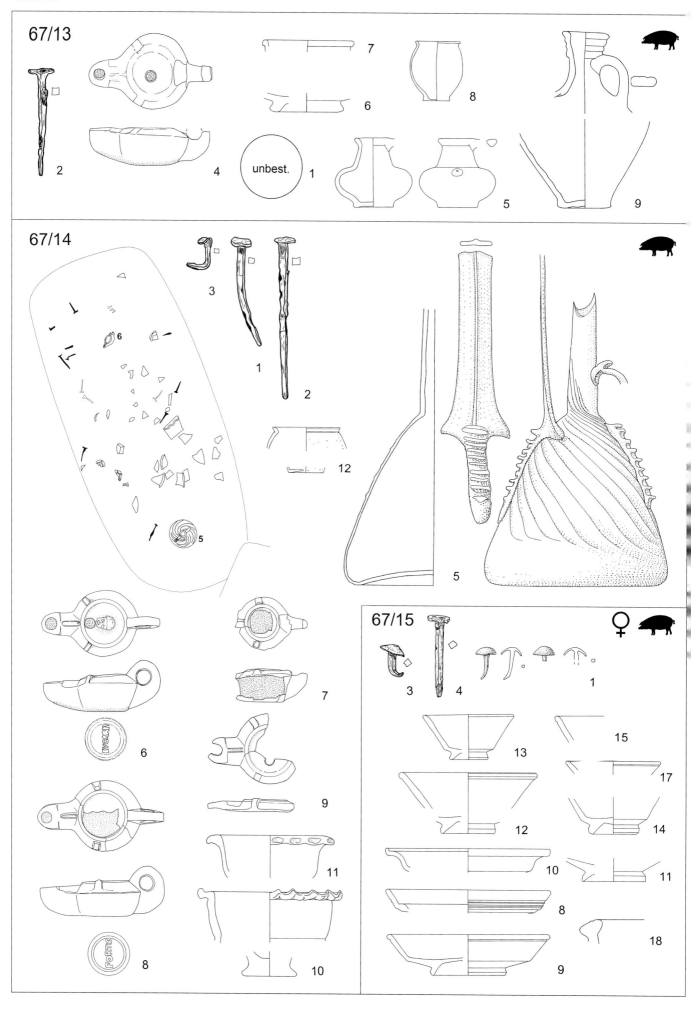

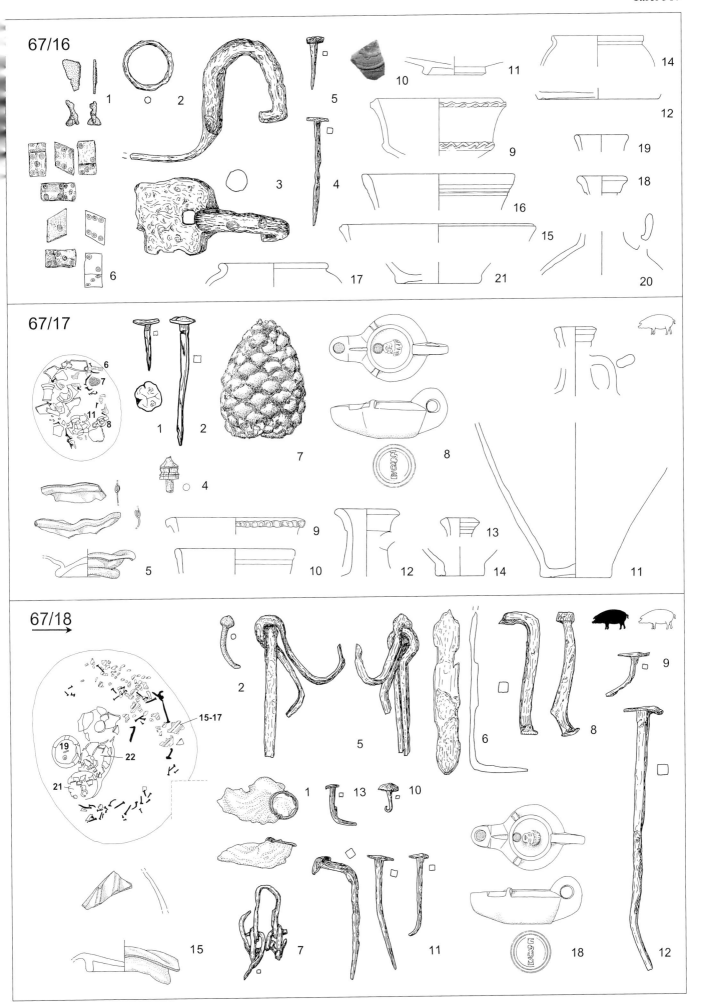

Tafel 369

Tafel 370

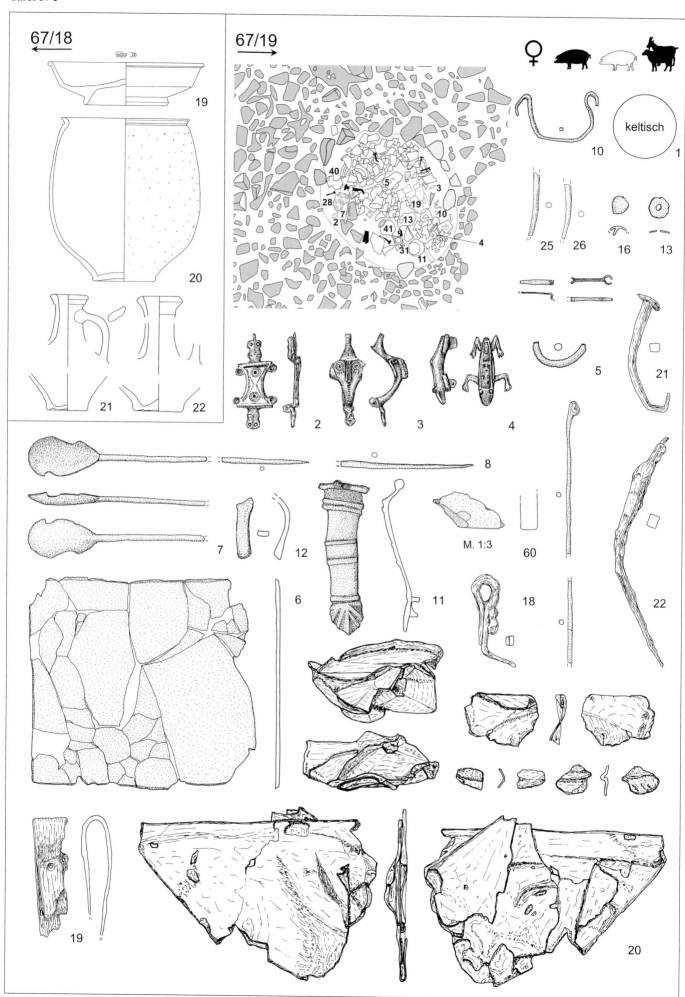

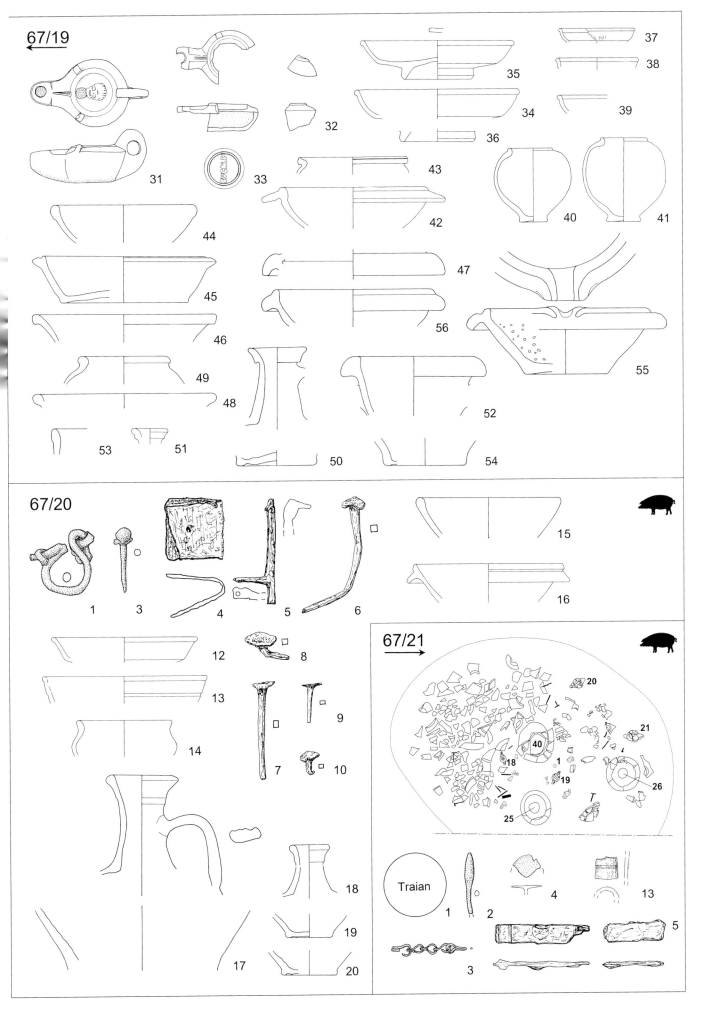

Tafel 371

Tafel 372

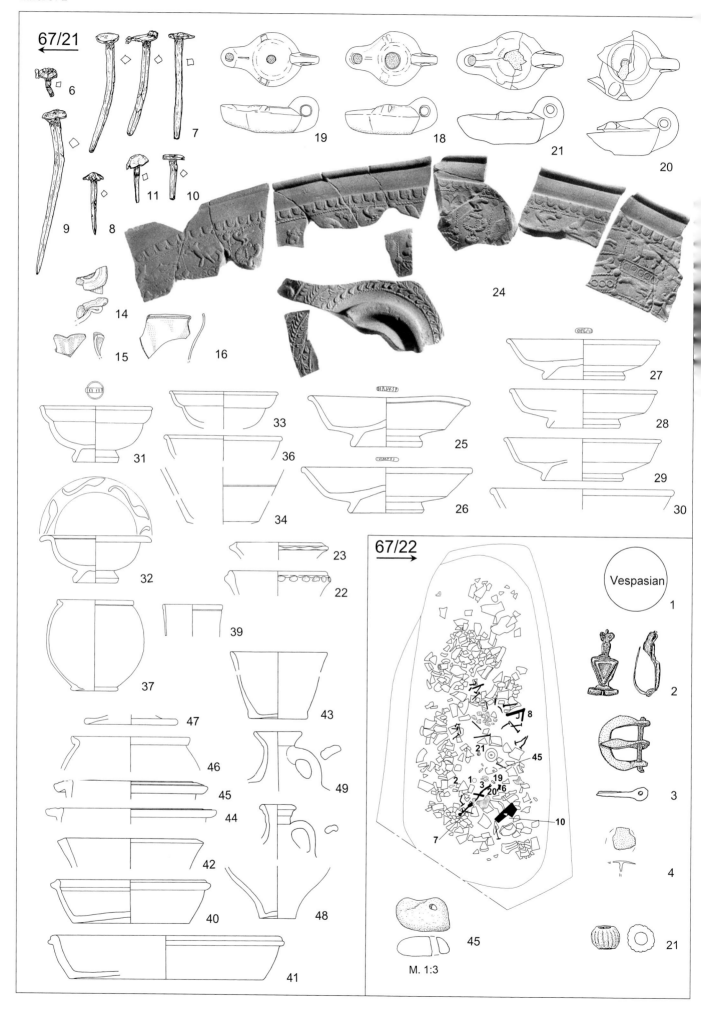

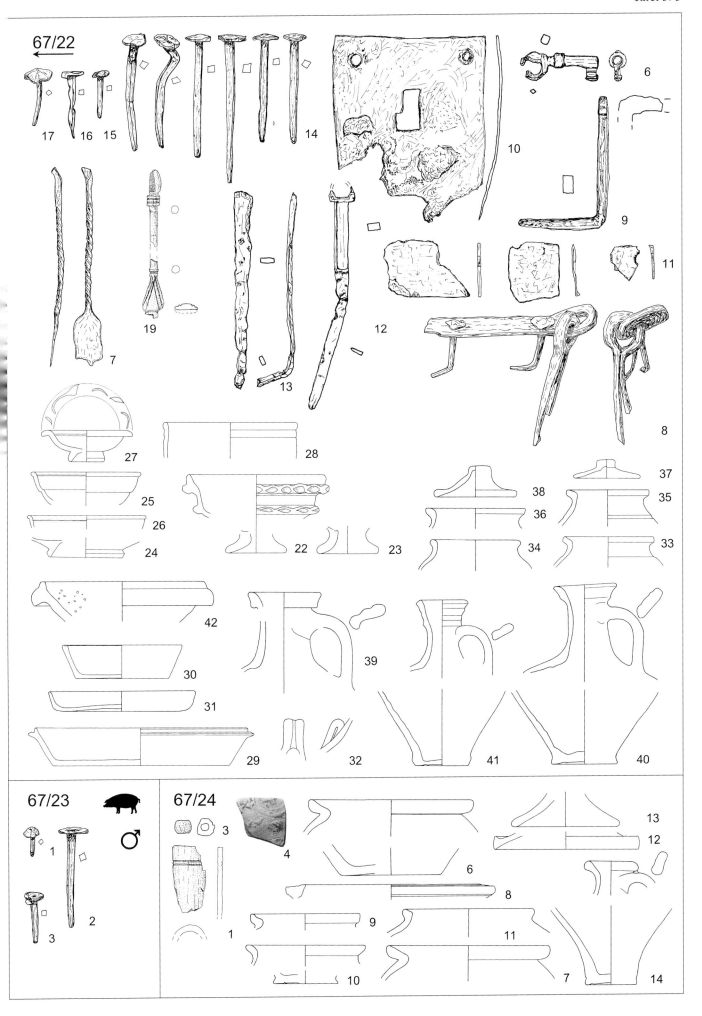
Tafel 373

Tafel 374

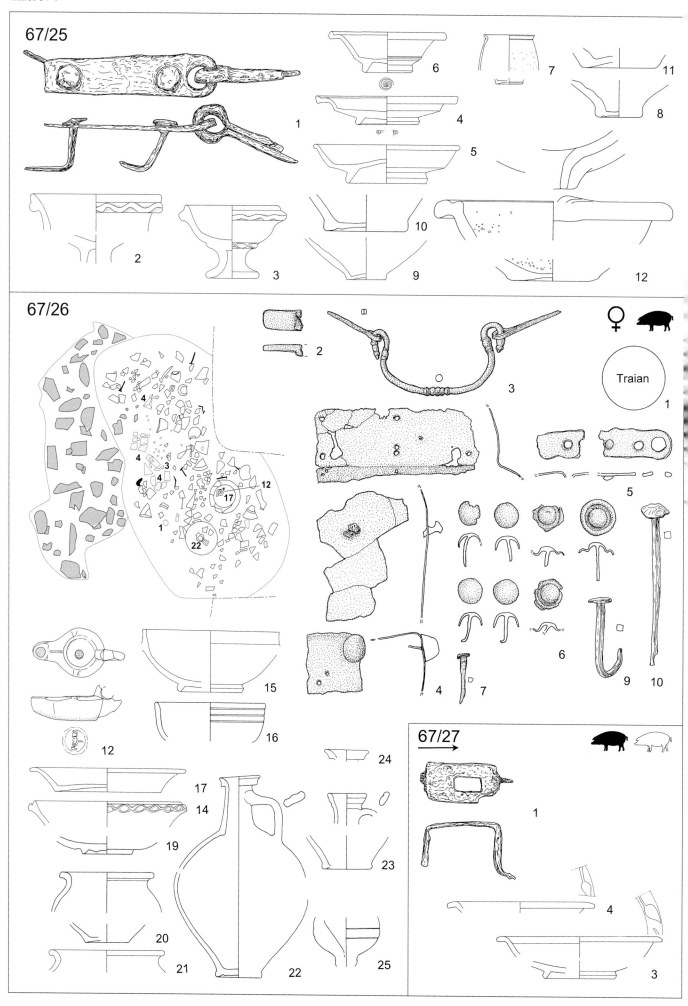

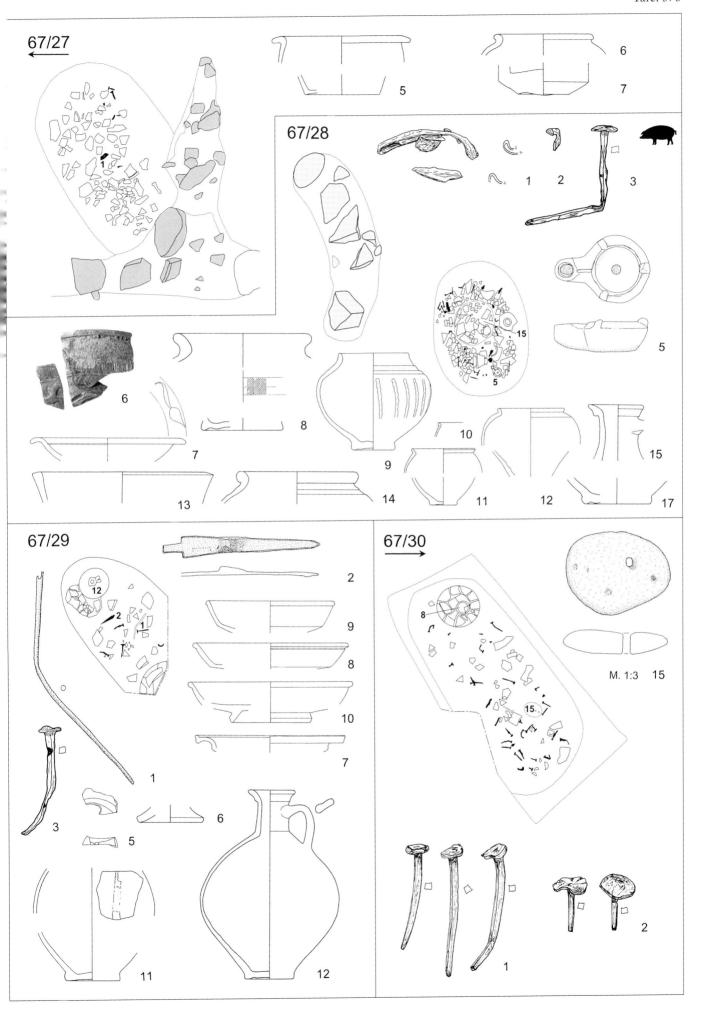

Tafel 375

Tafel 376

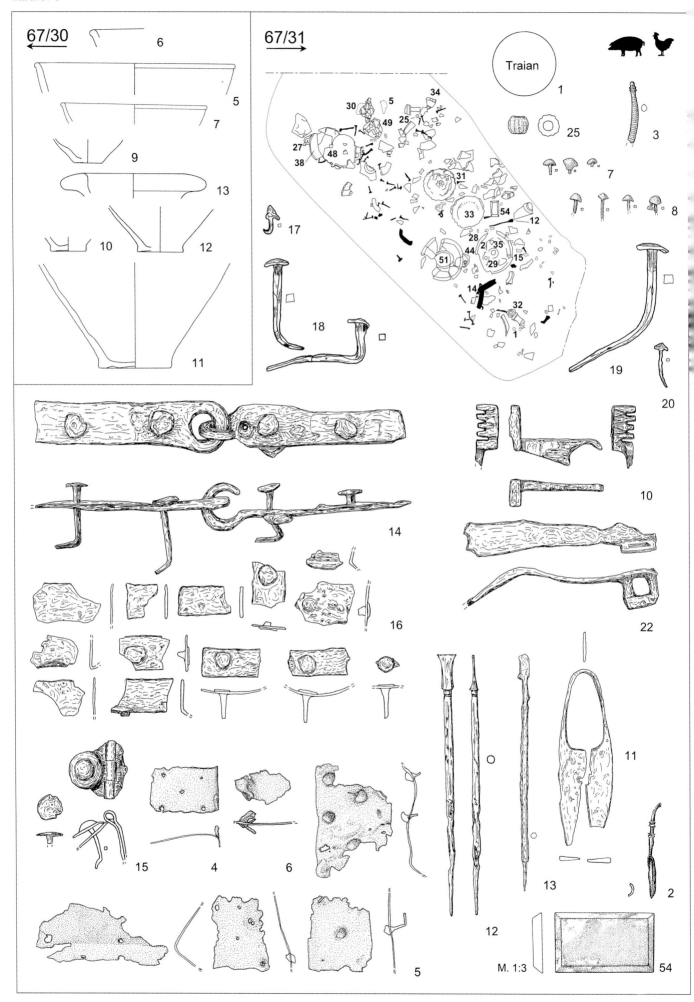

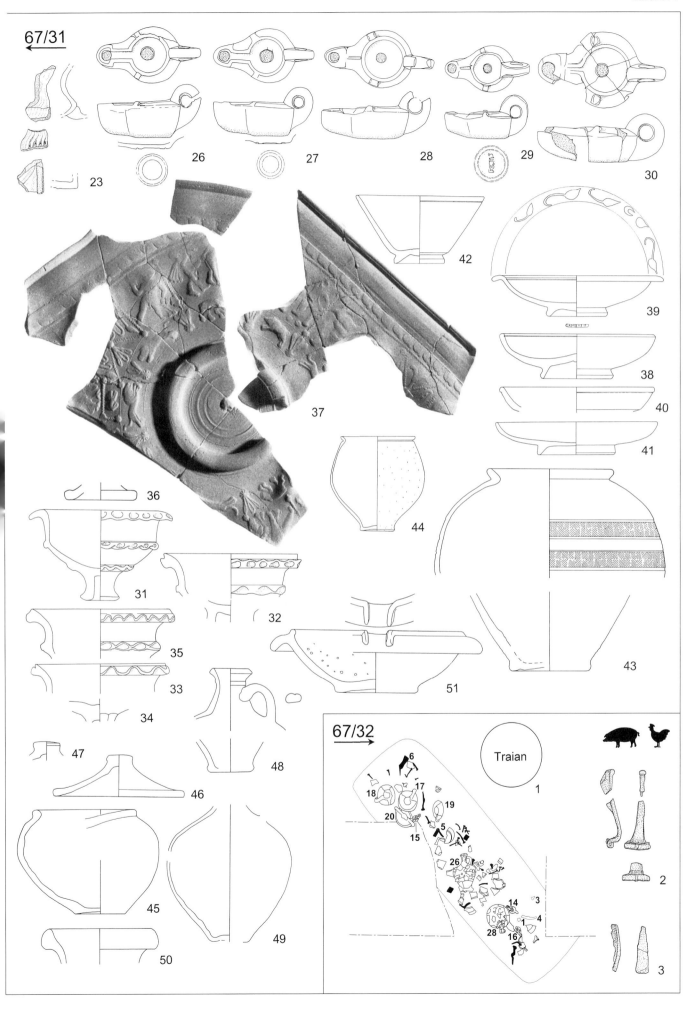
Tafel 377

Tafel 378

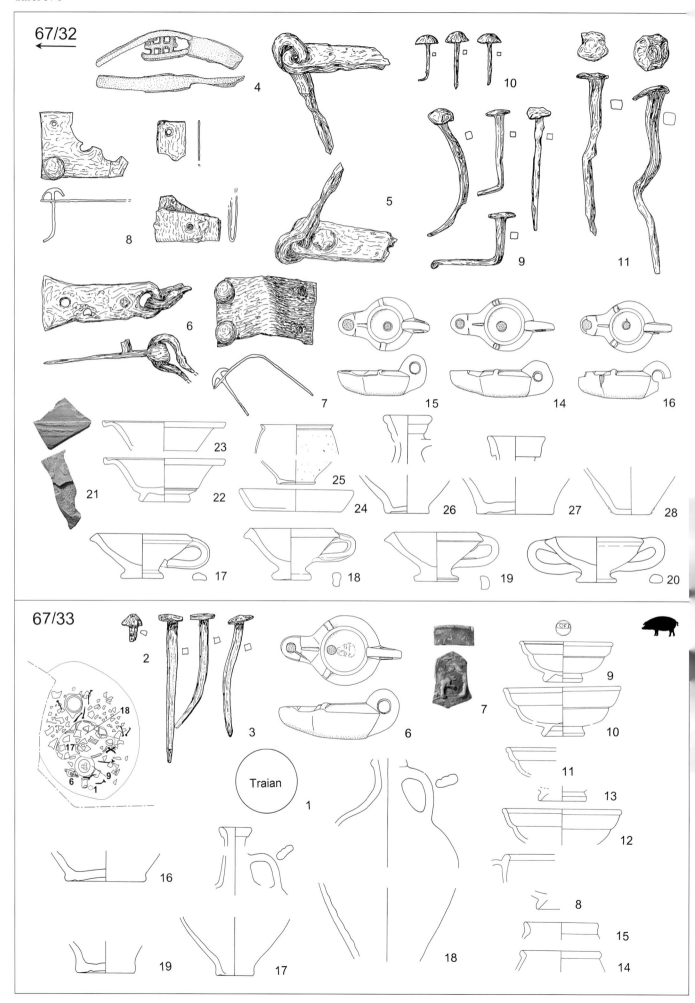

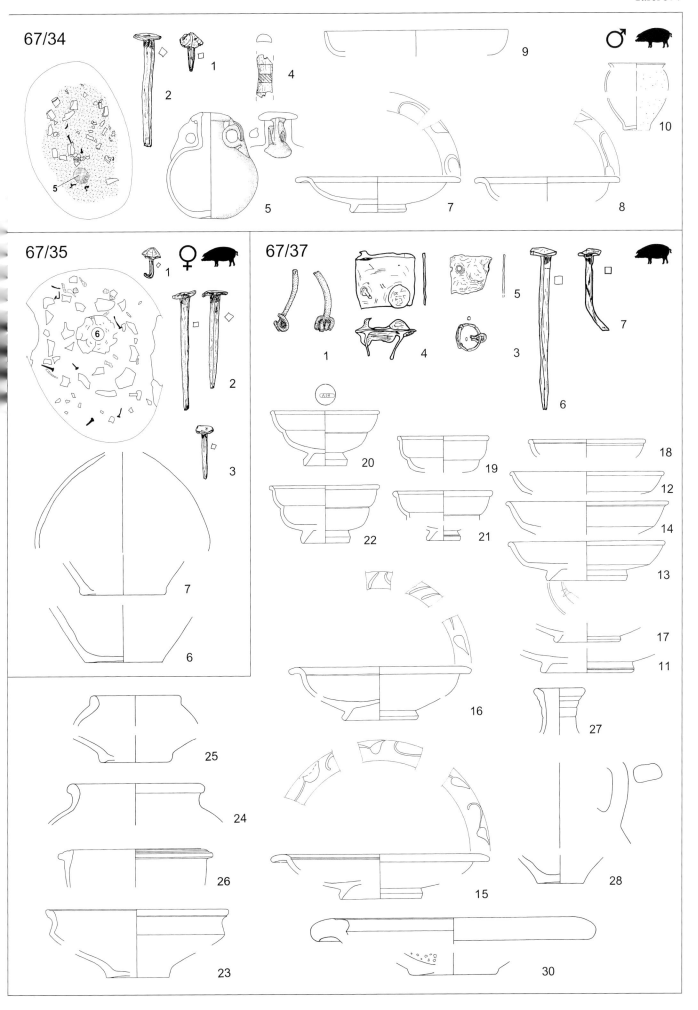

Tafel 379

Tafel 380

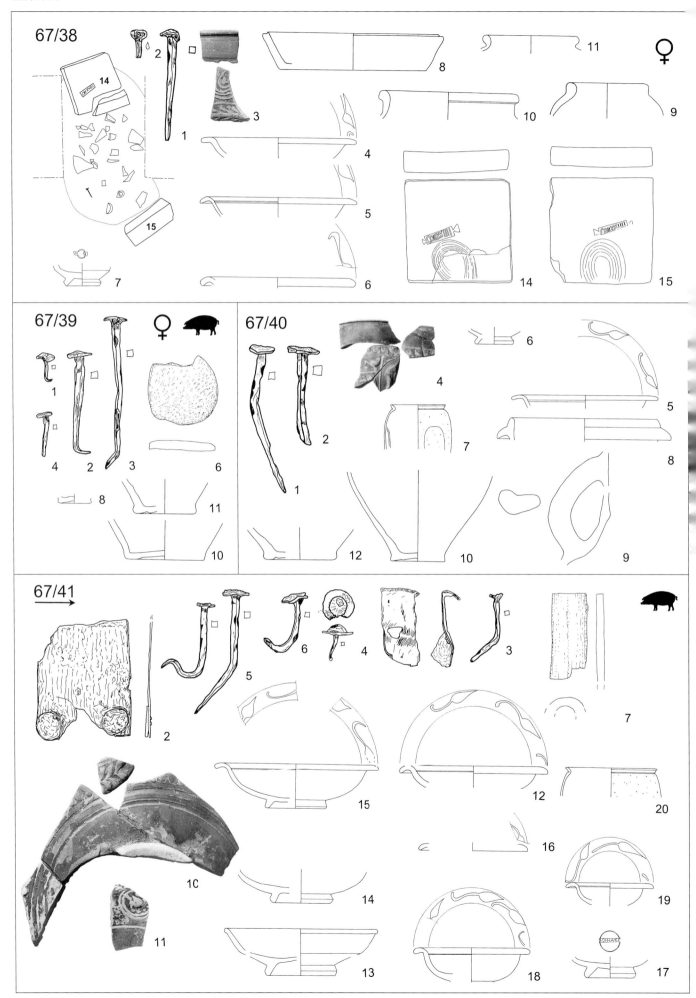

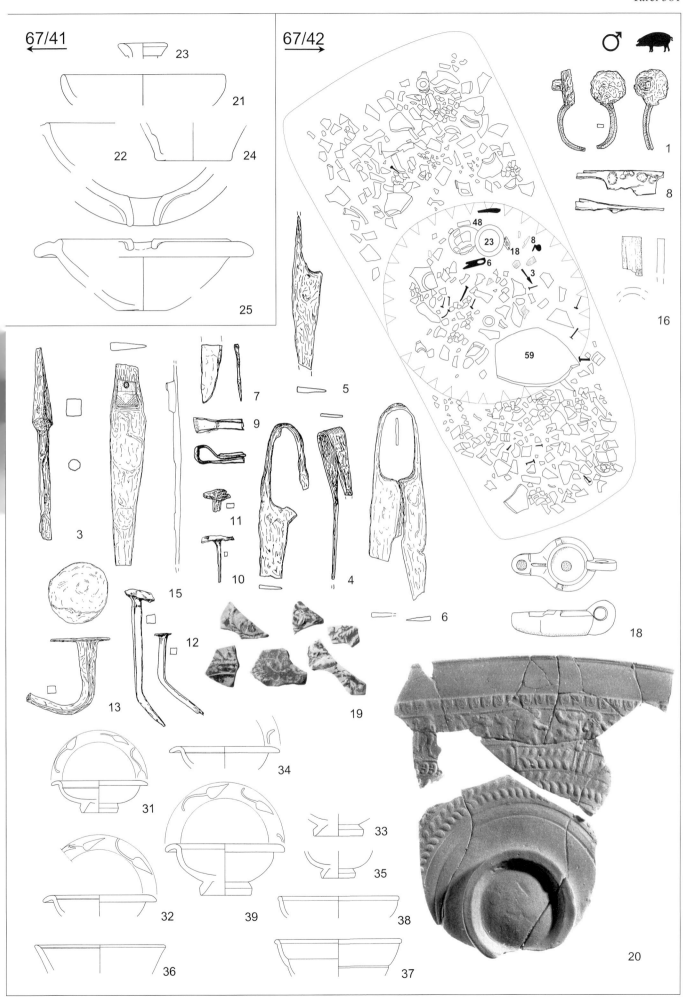

Tafel 381

Tafel 382

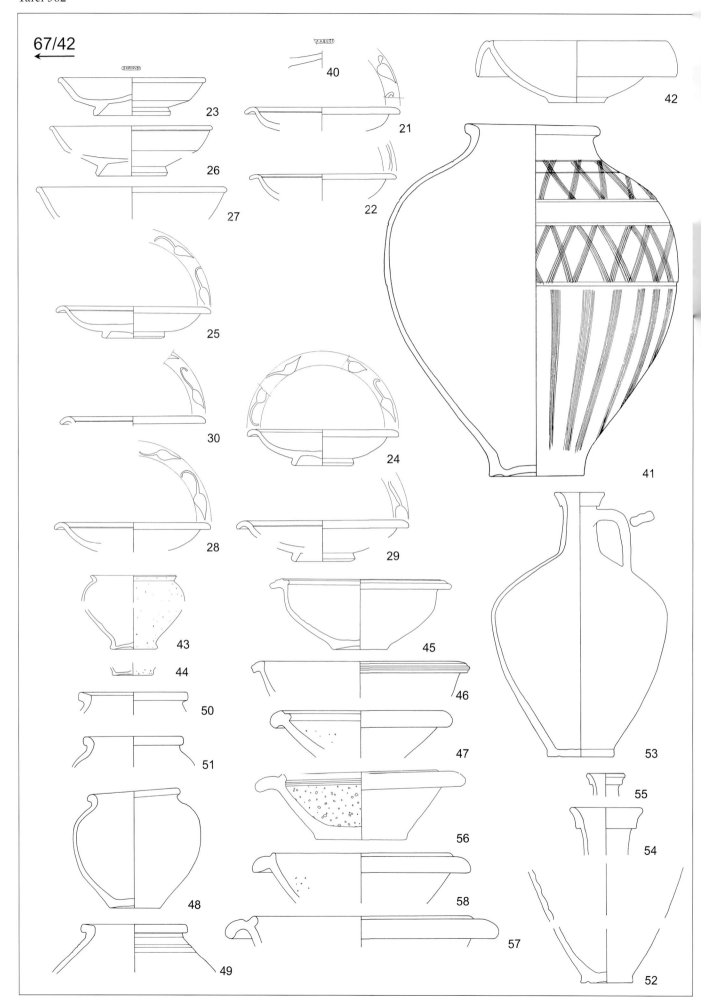

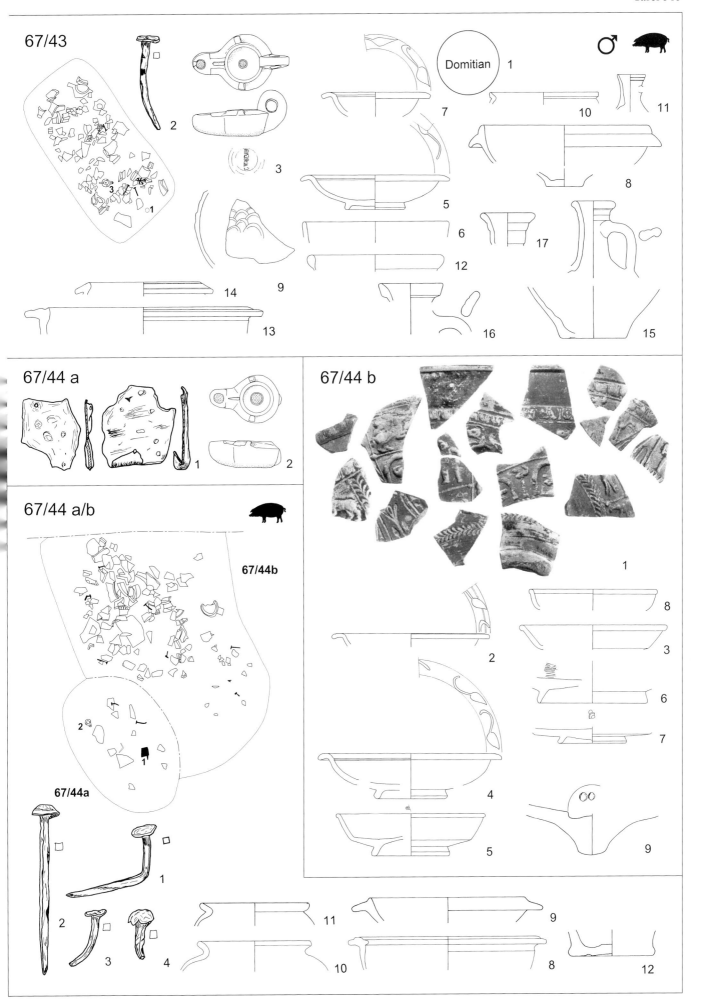

Tafel 383

Tafel 384

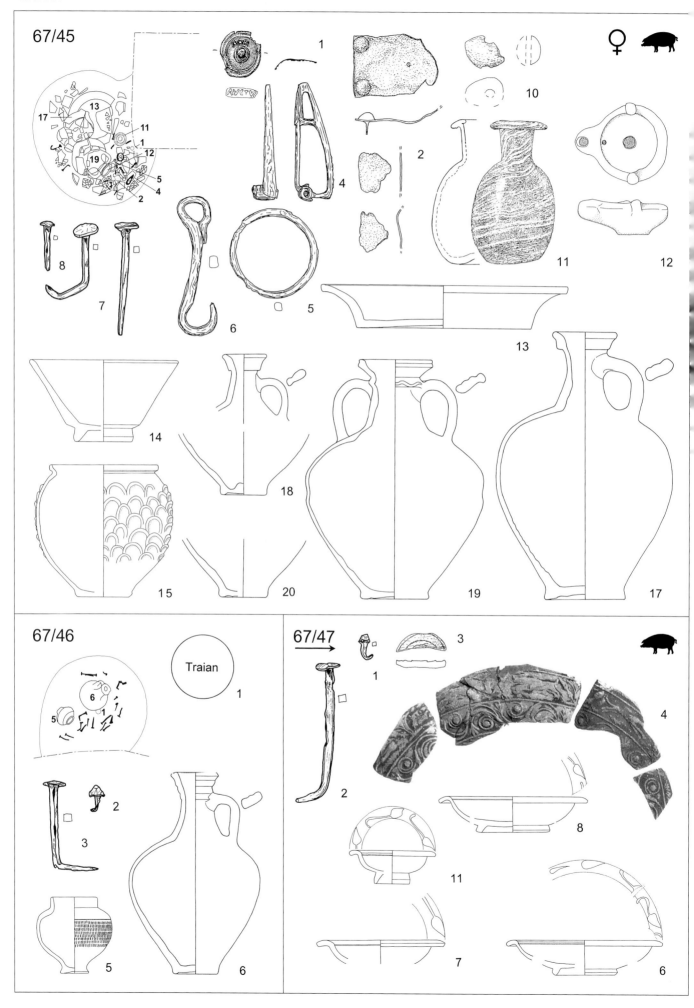

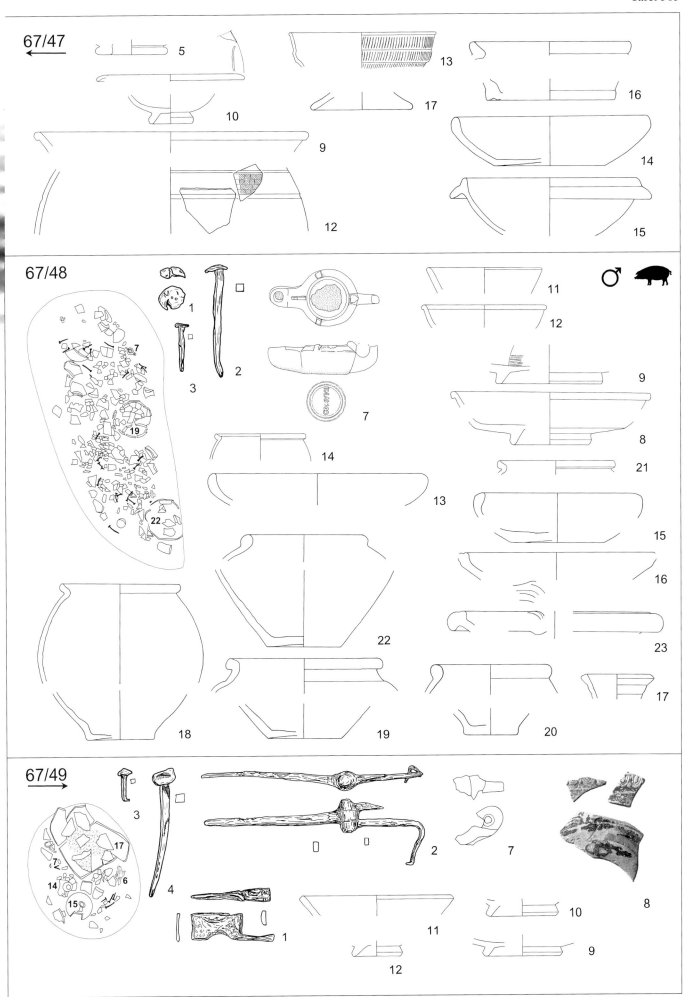

Tafel 385

Tafel 386

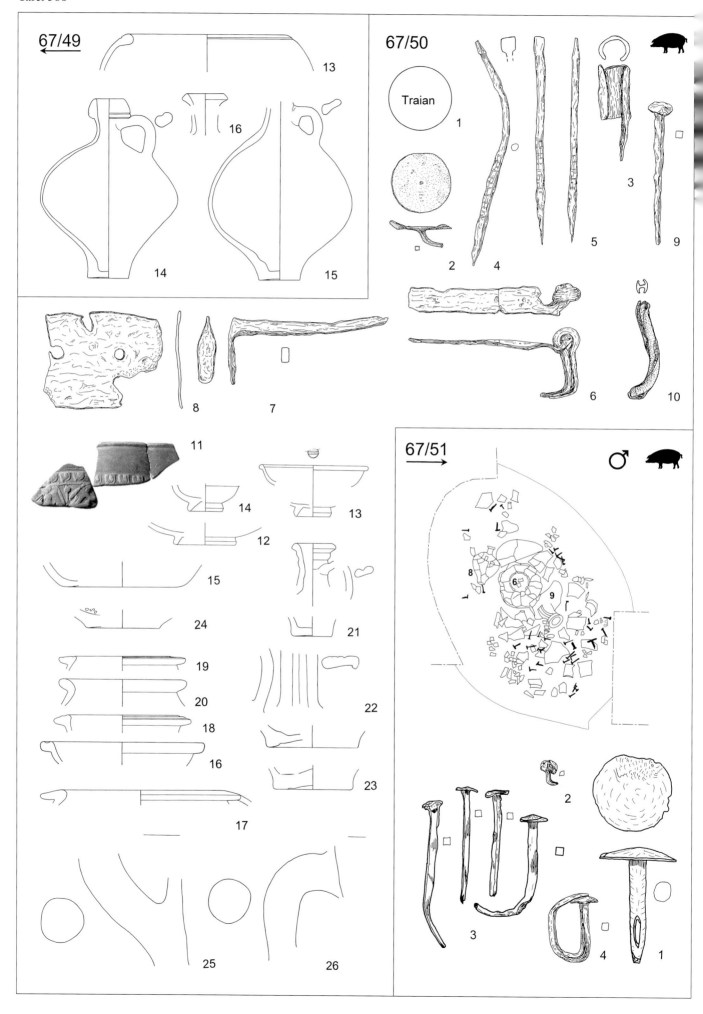

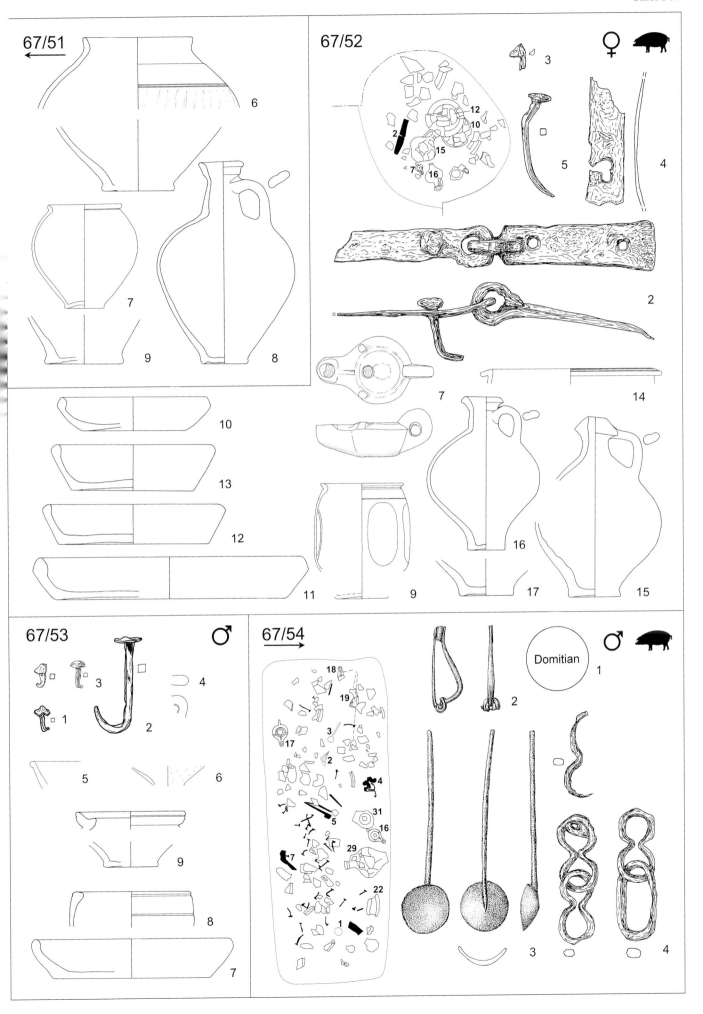
Tafel 387

Tafel 388

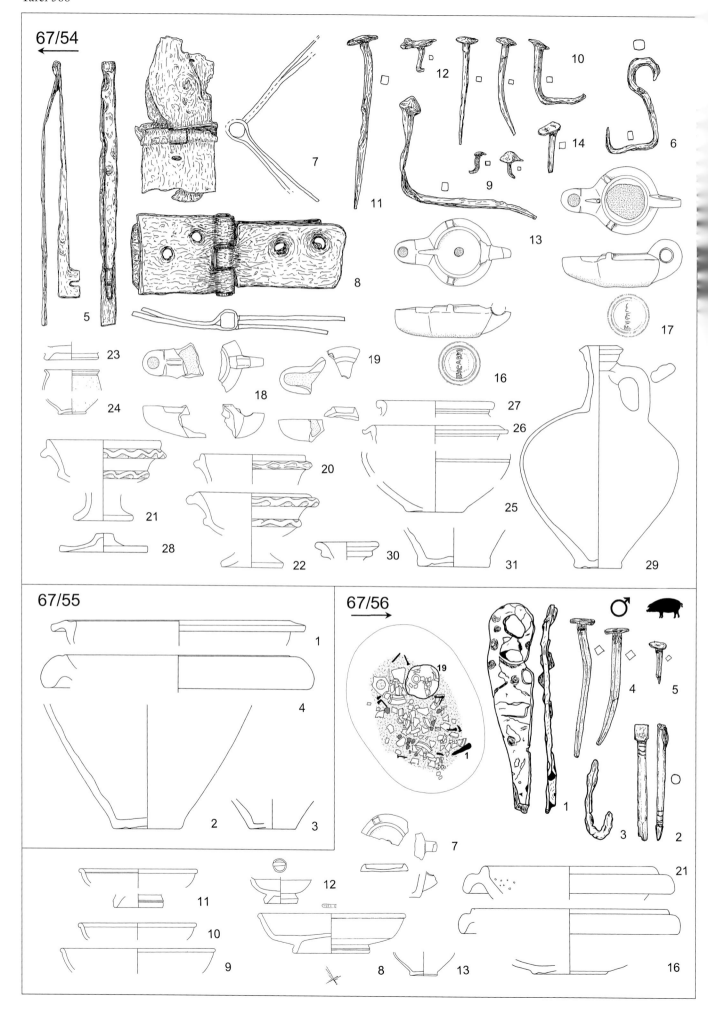

Tafel 389

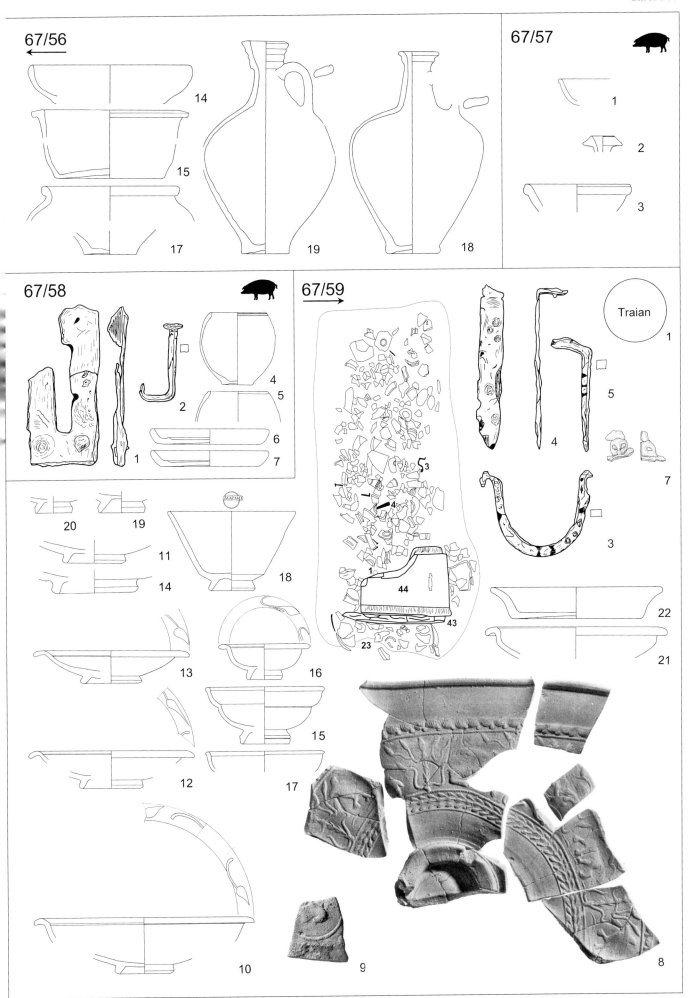

Tafel 390

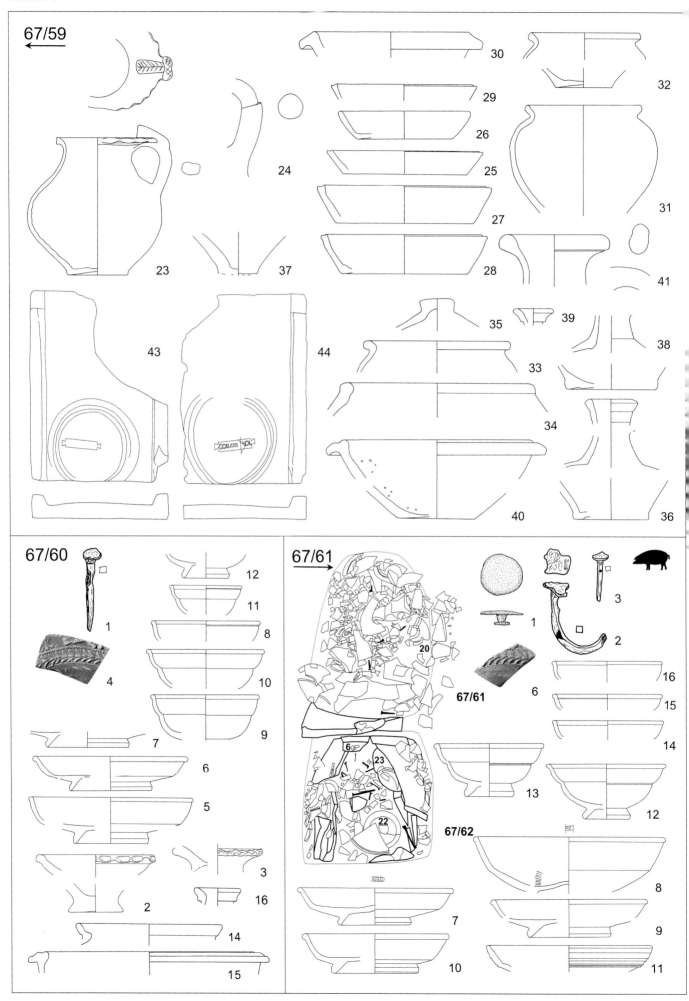

Tafel 391

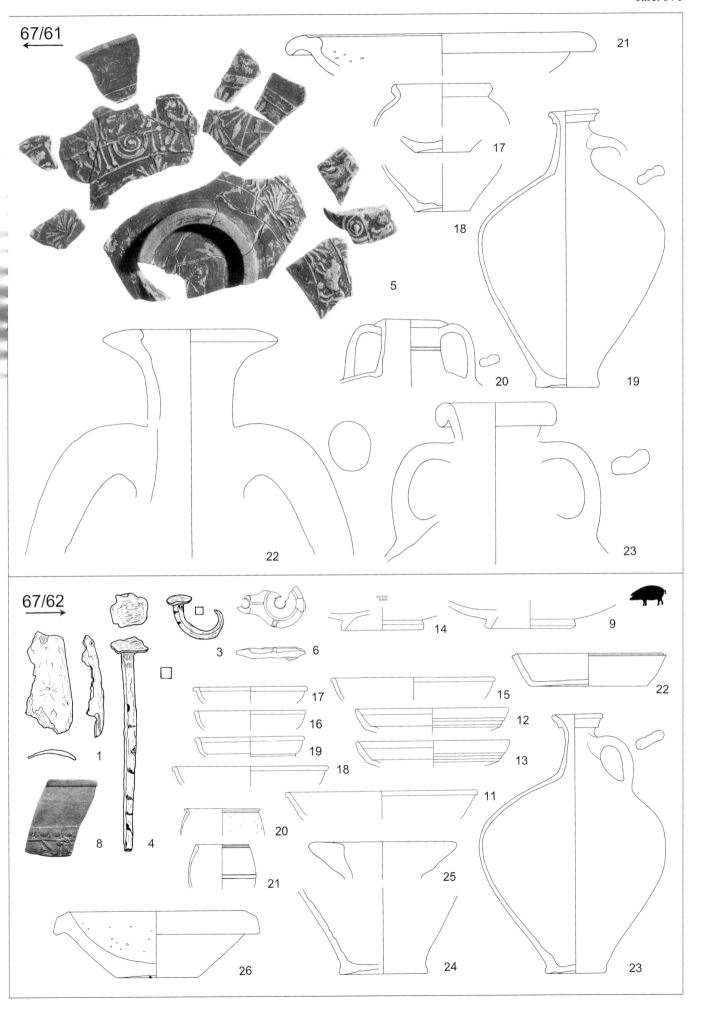

Tafel 392

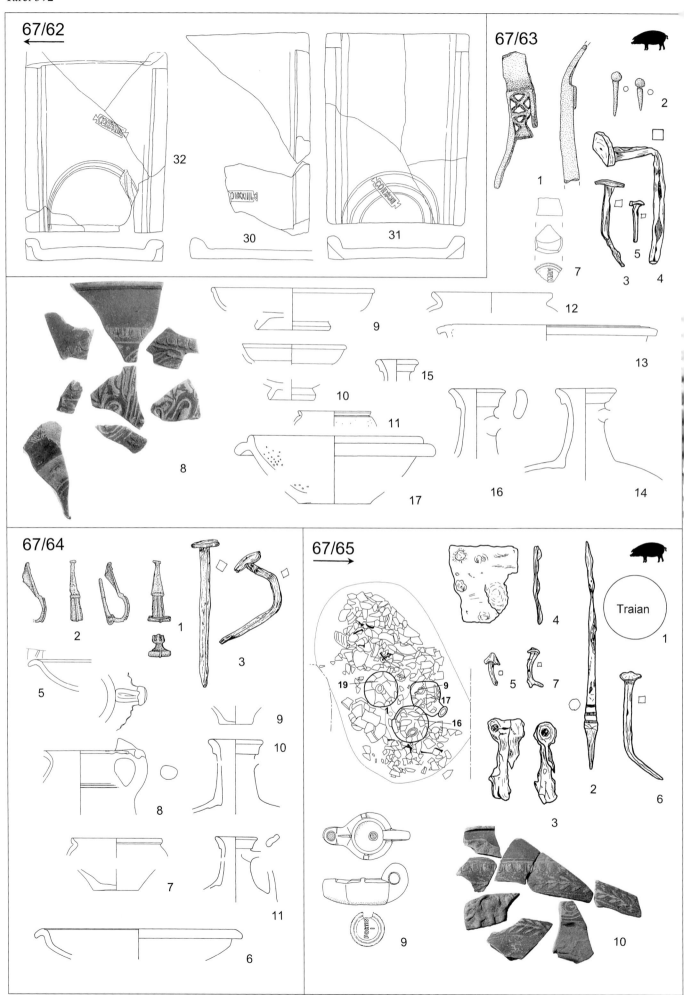

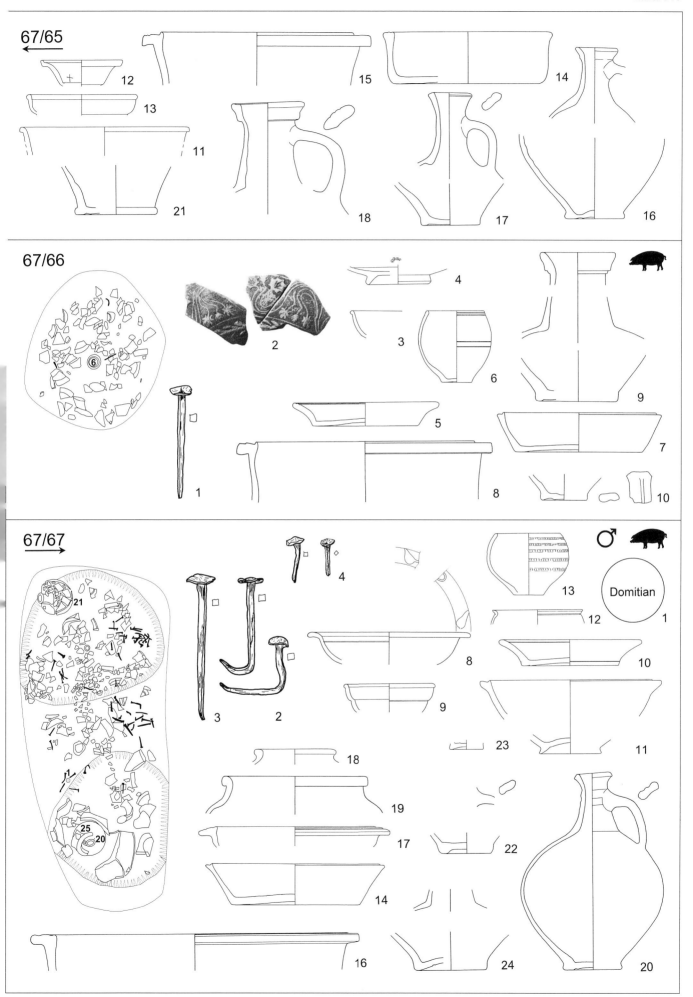

Tafel 393

Tafel 394

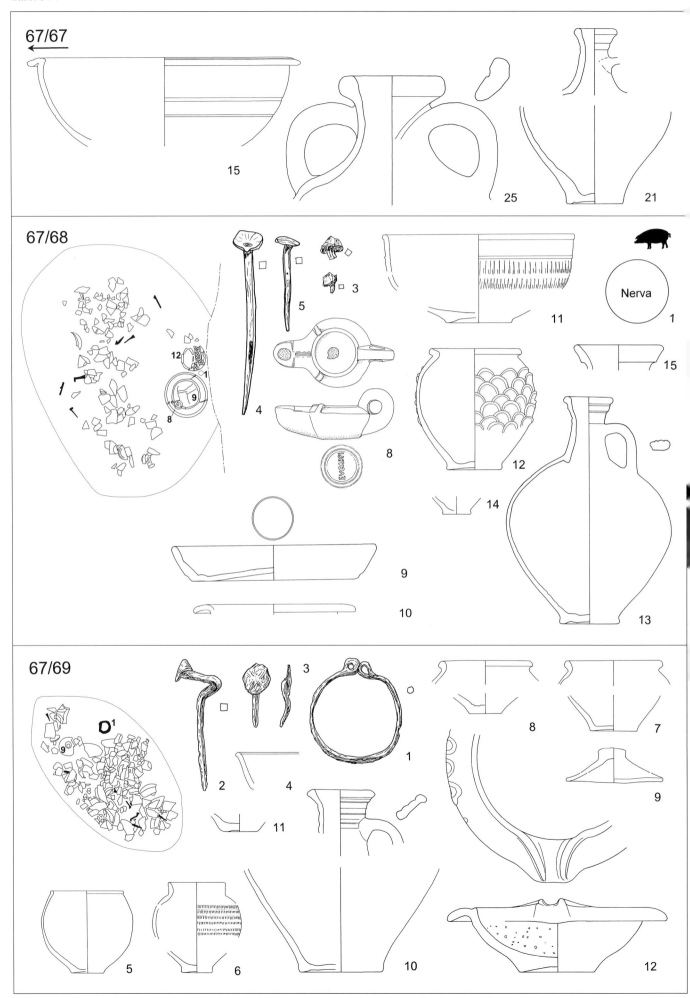

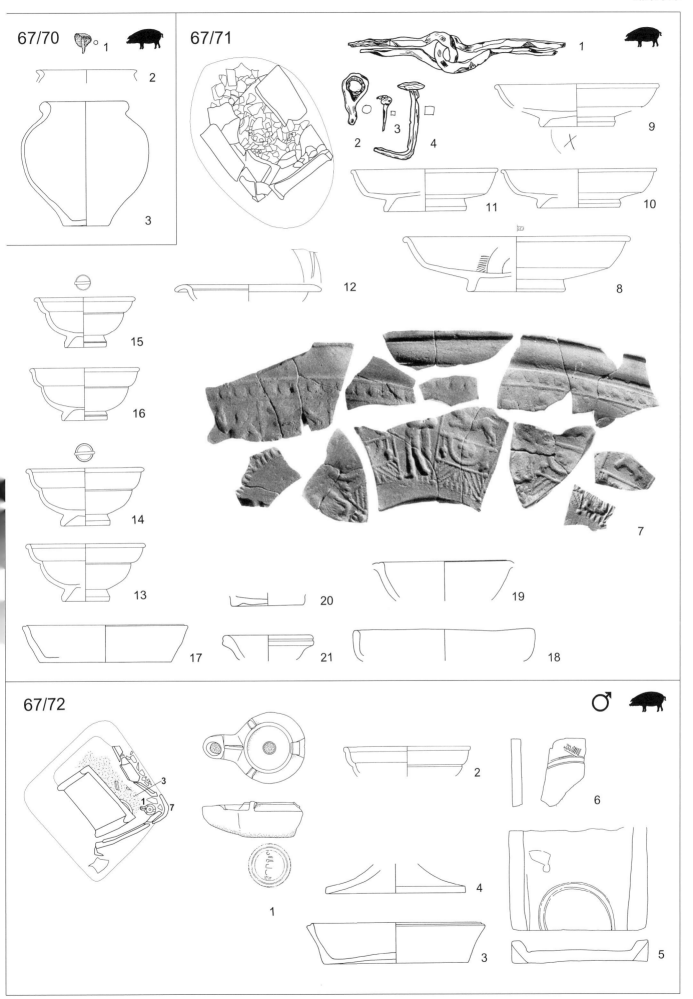
Tafel 395

Tafel 396

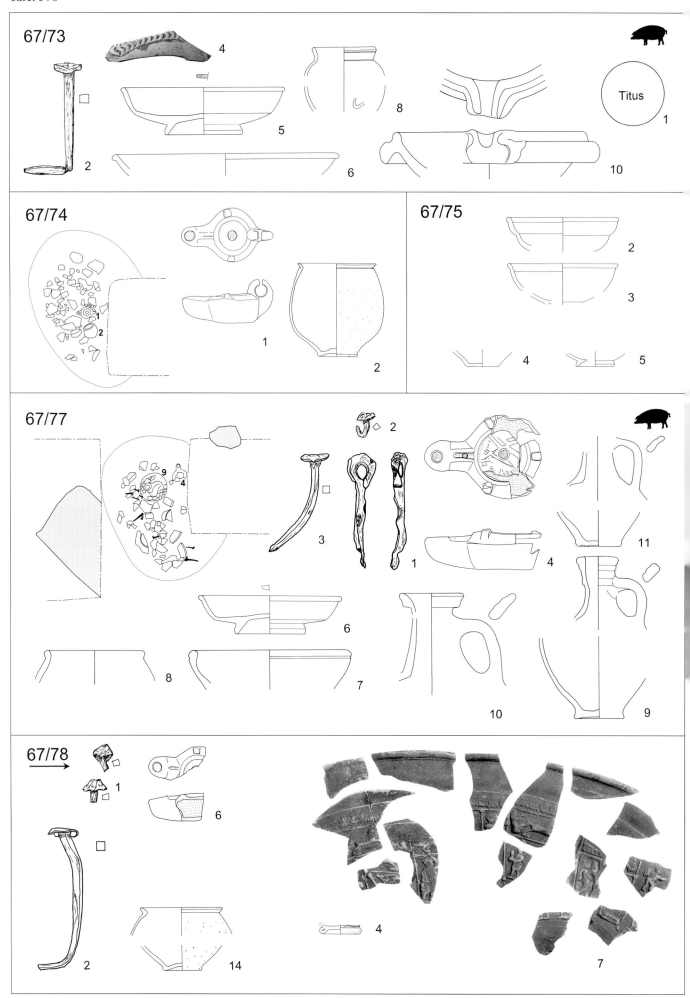

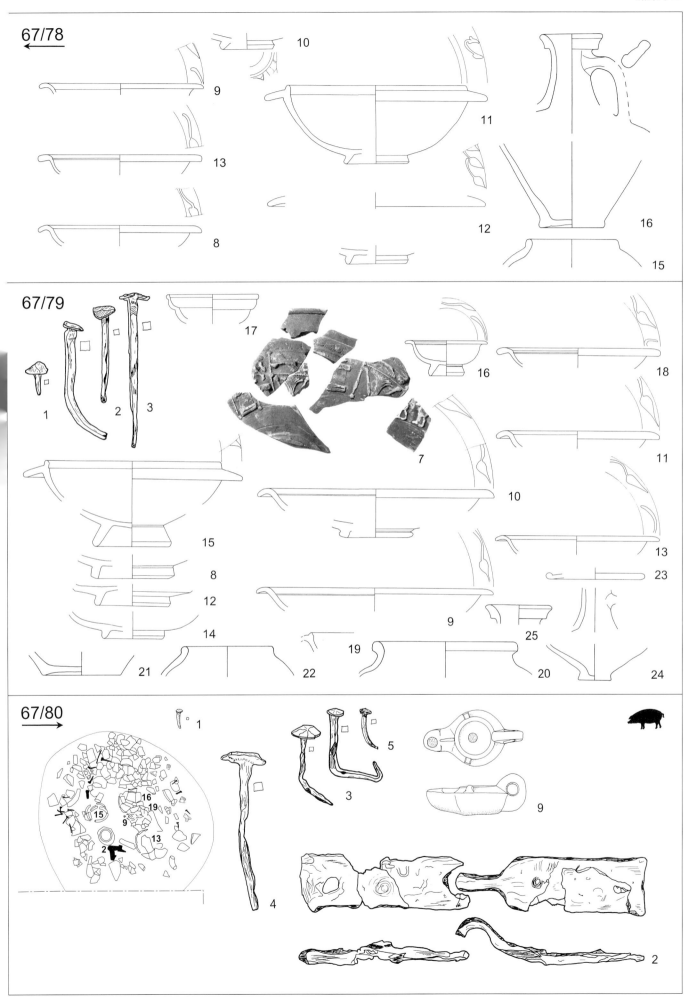
Tafel 397

Tafel 398

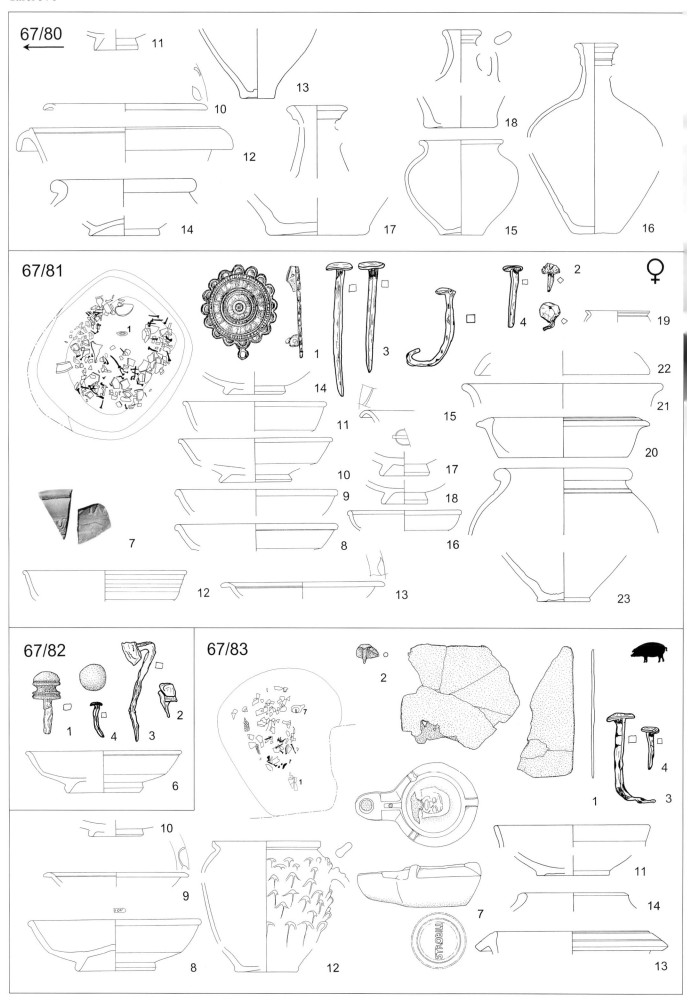

Tafel 399

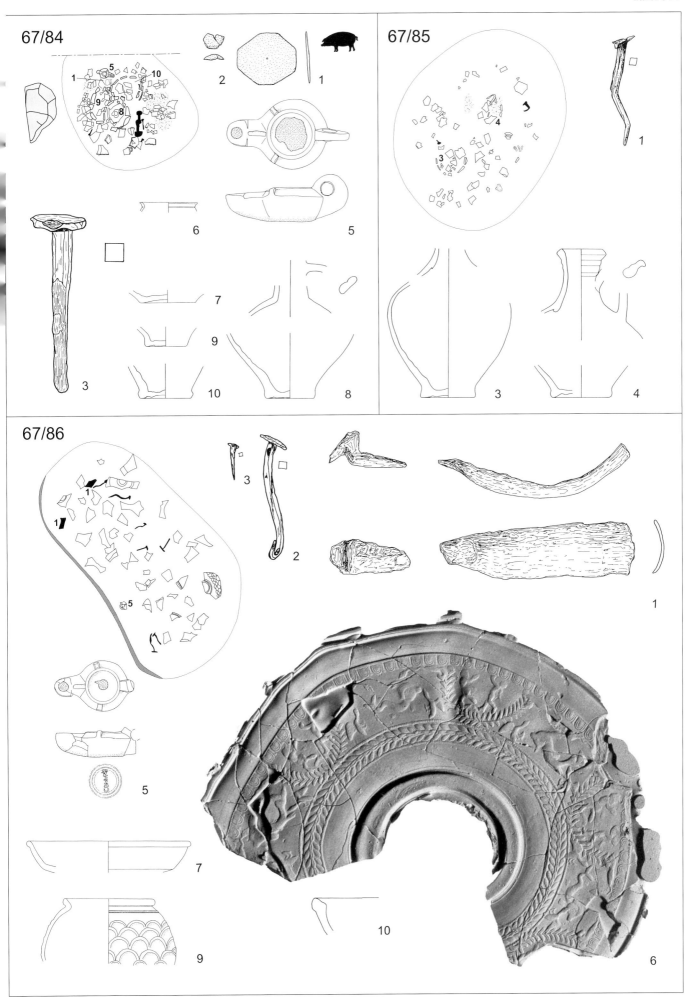

Tafel 400

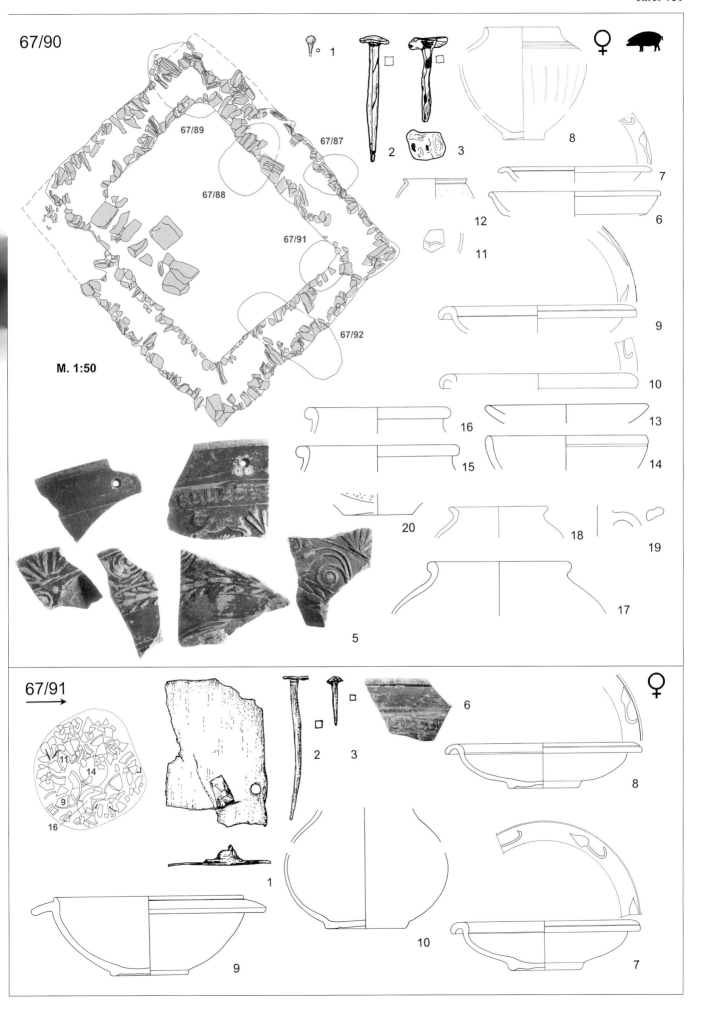
Tafel 401

Tafel 402

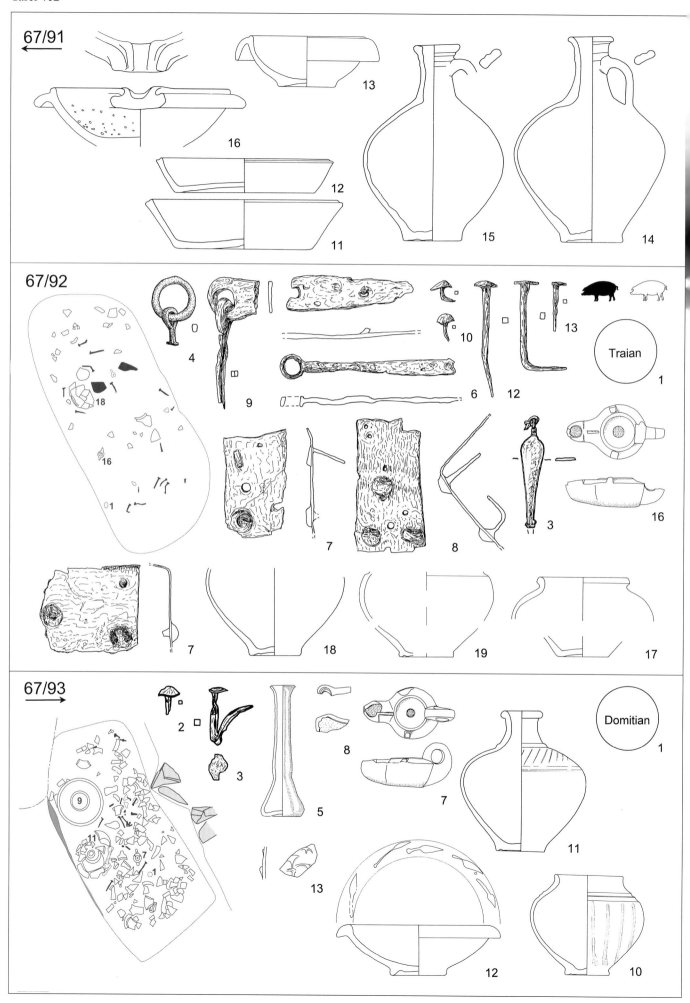

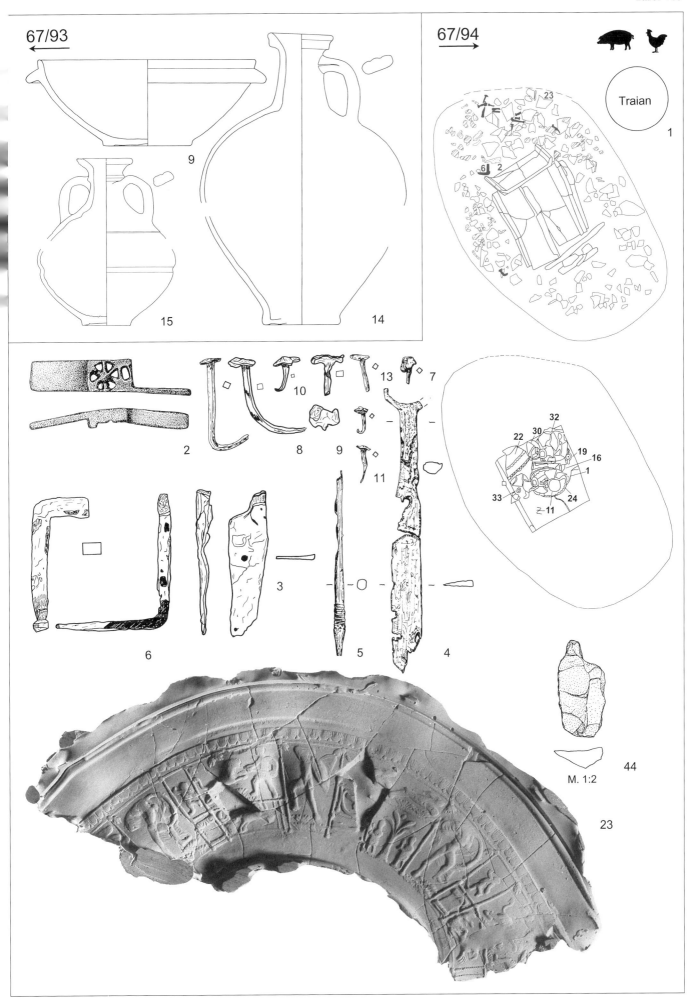

Tafel 403

Tafel 404

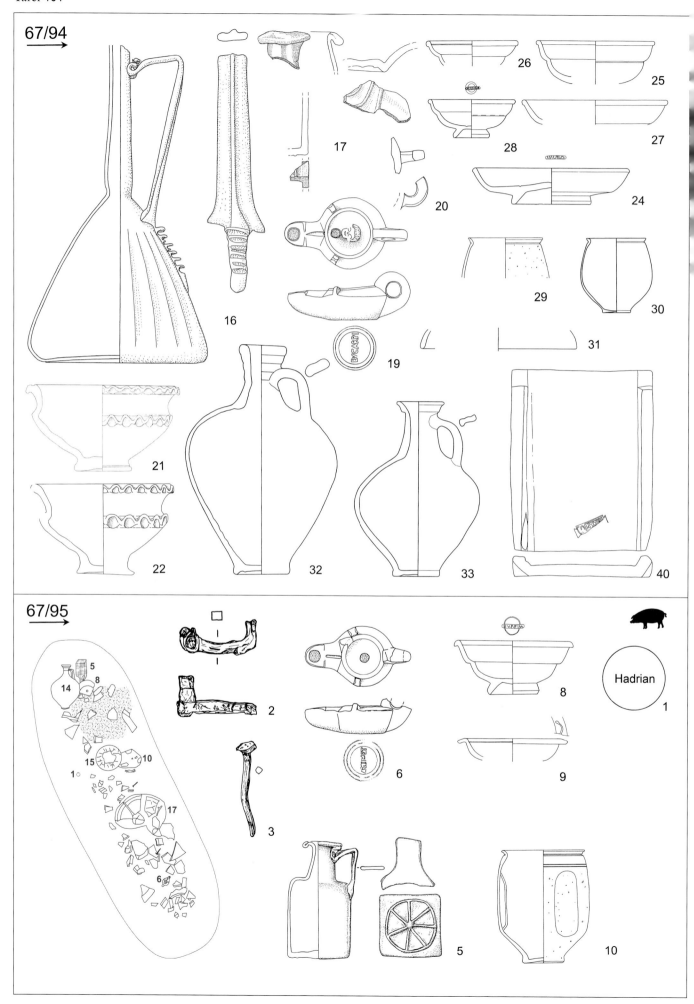

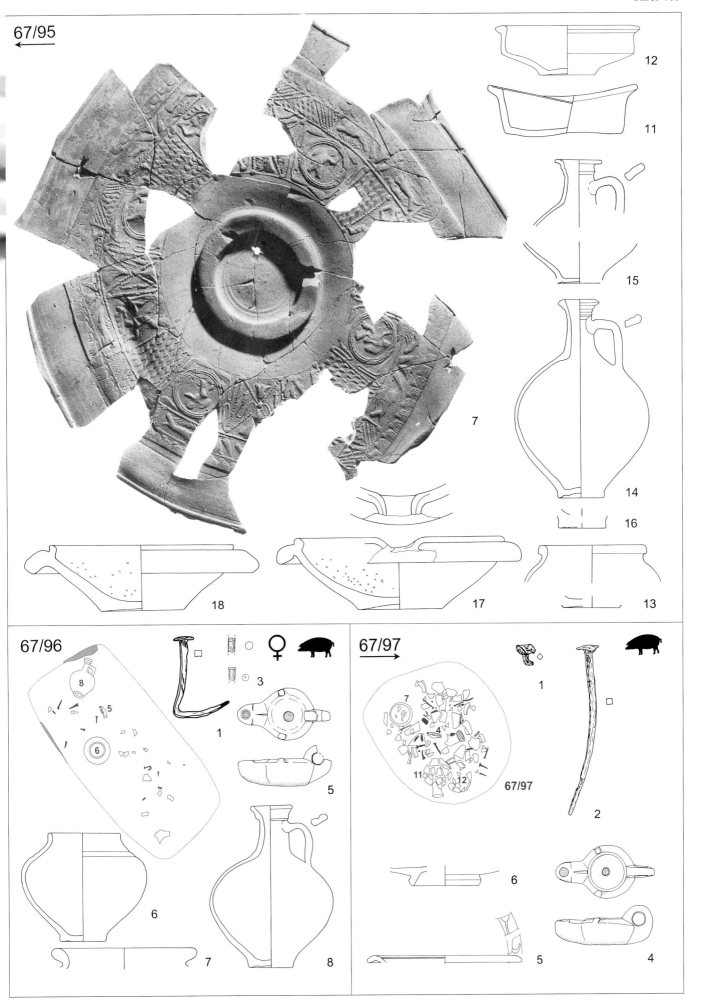

Tafel 405

Tafel 406

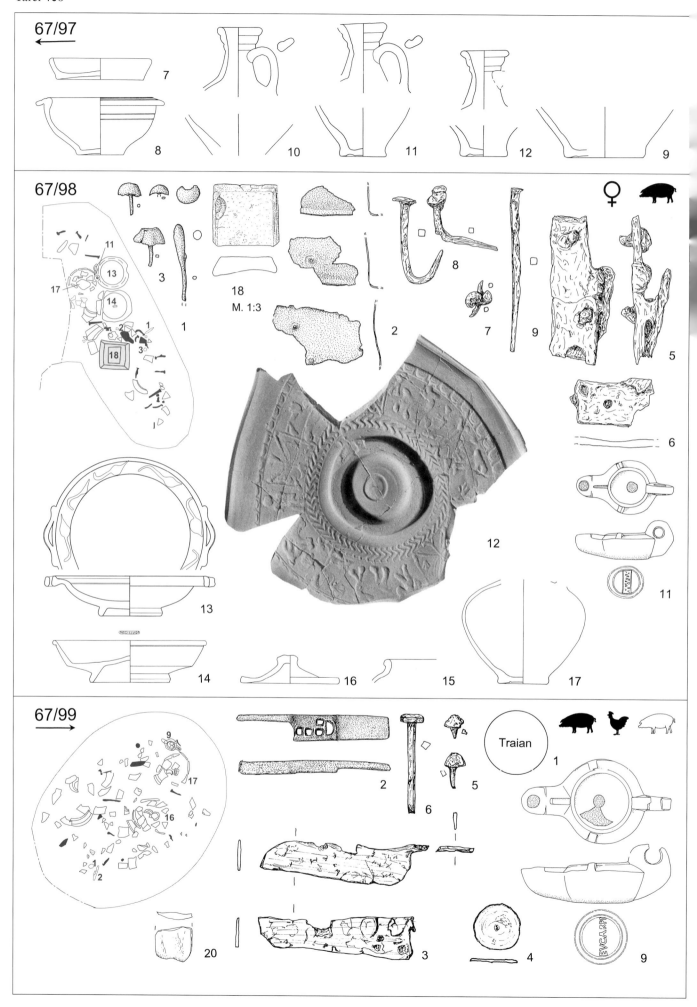

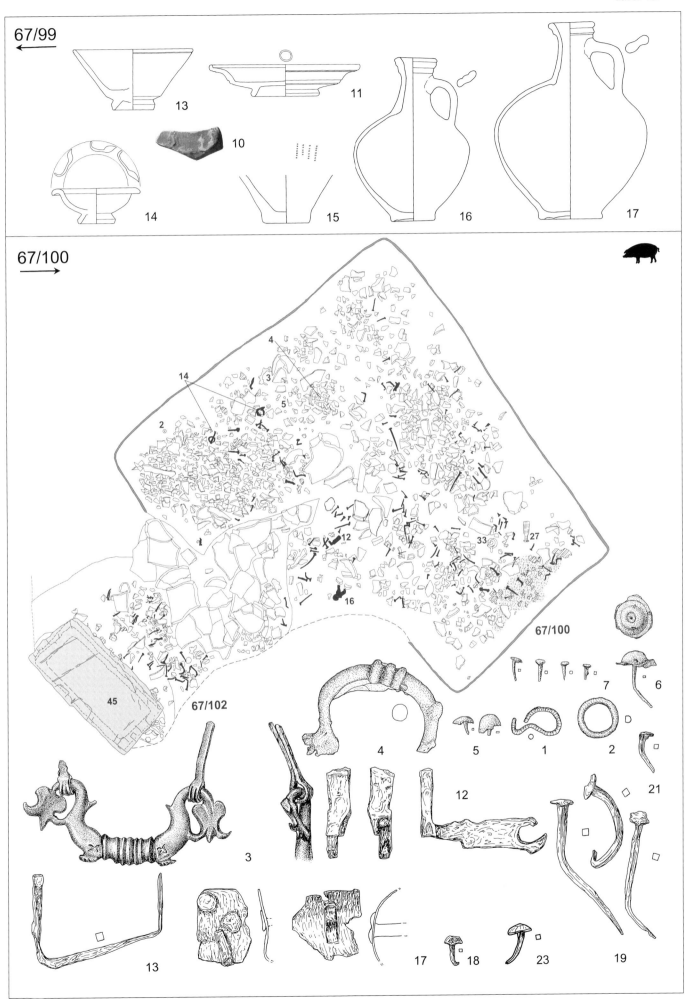

Tafel 407

Tafel 408

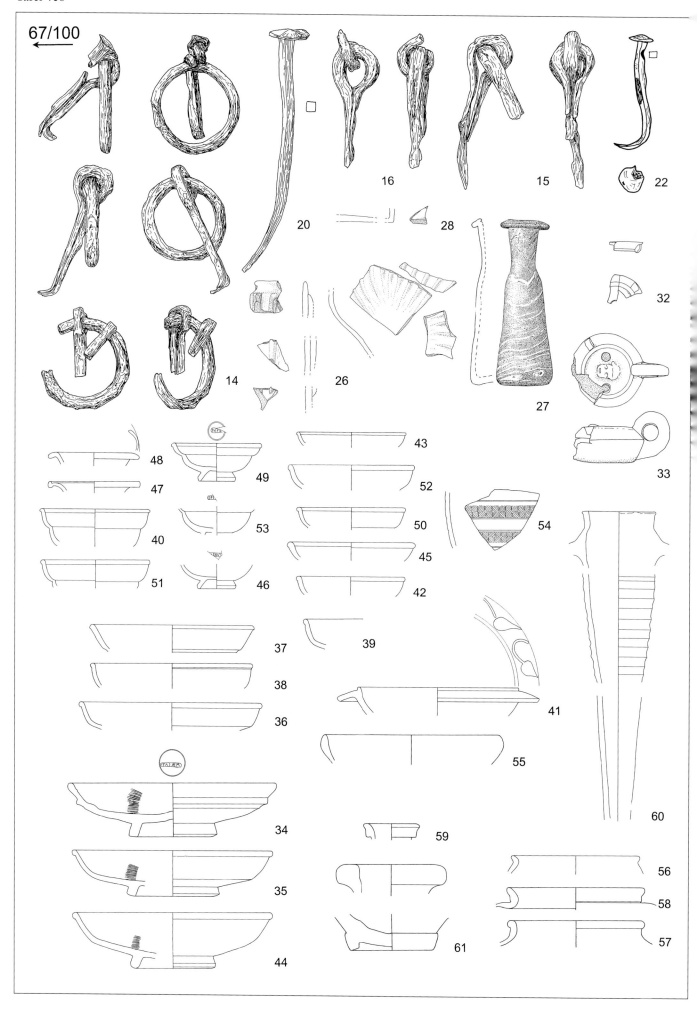

Tafel 409

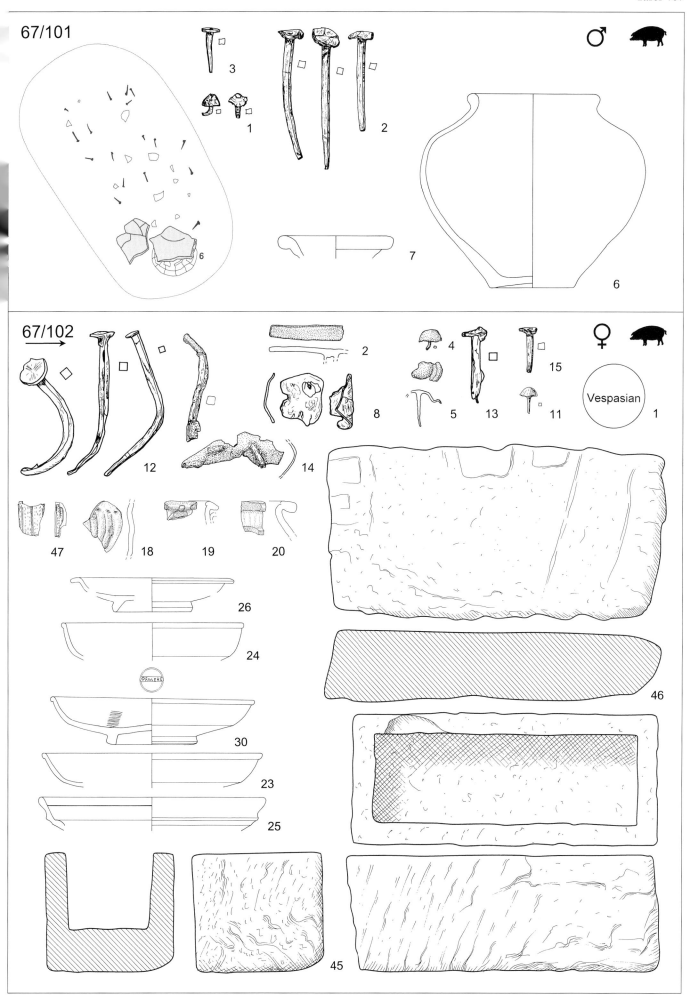

Tafel 410

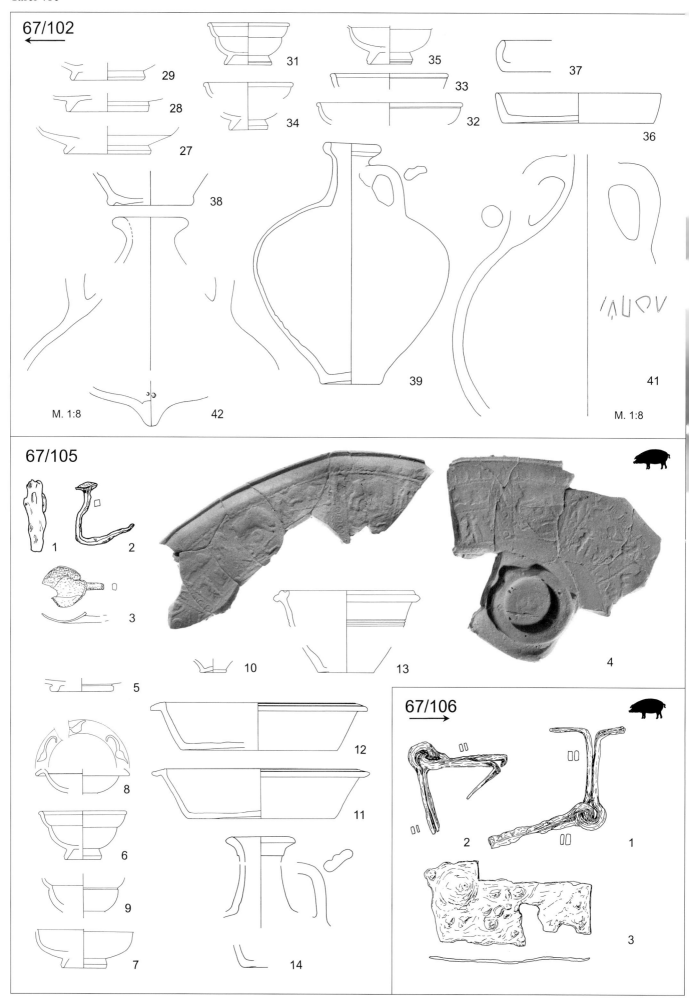

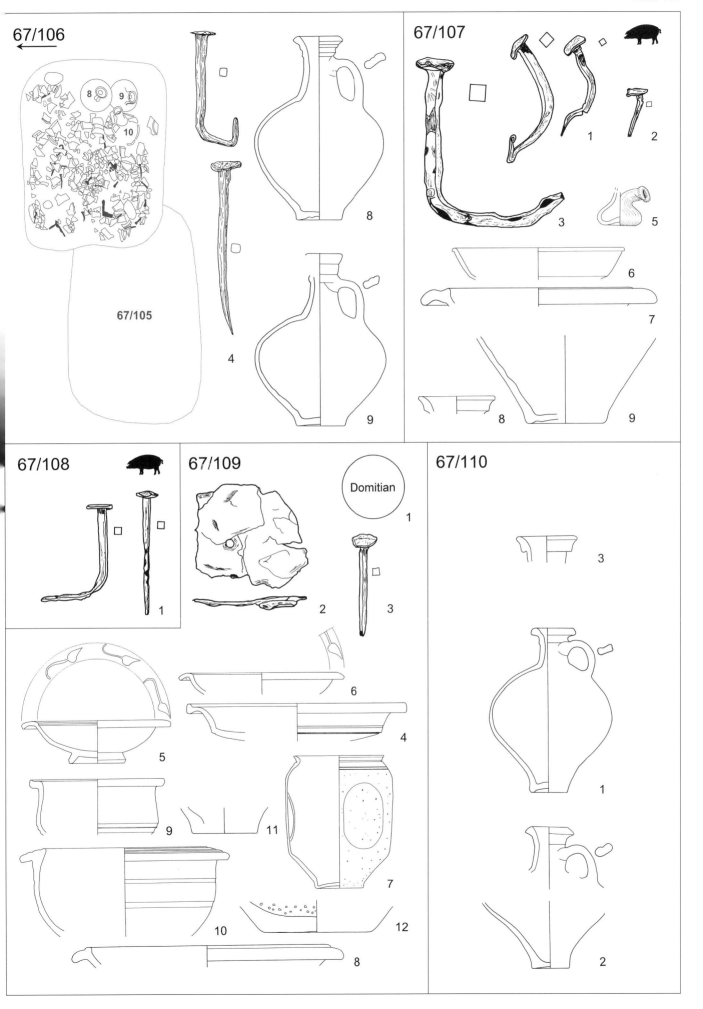

Tafel 411

Tafel 412

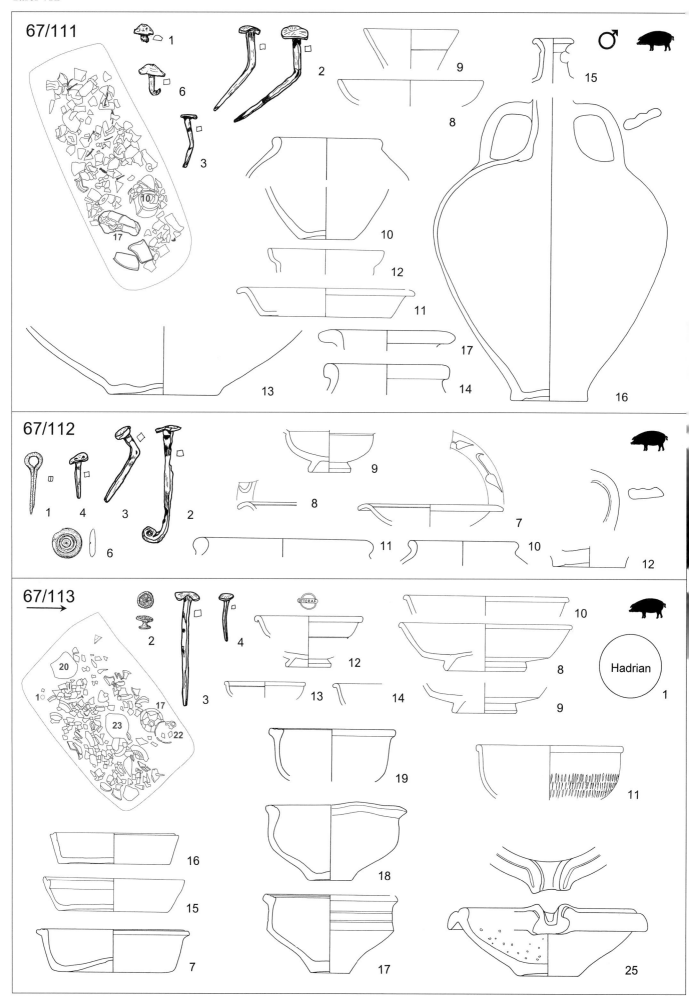

Tafel 413

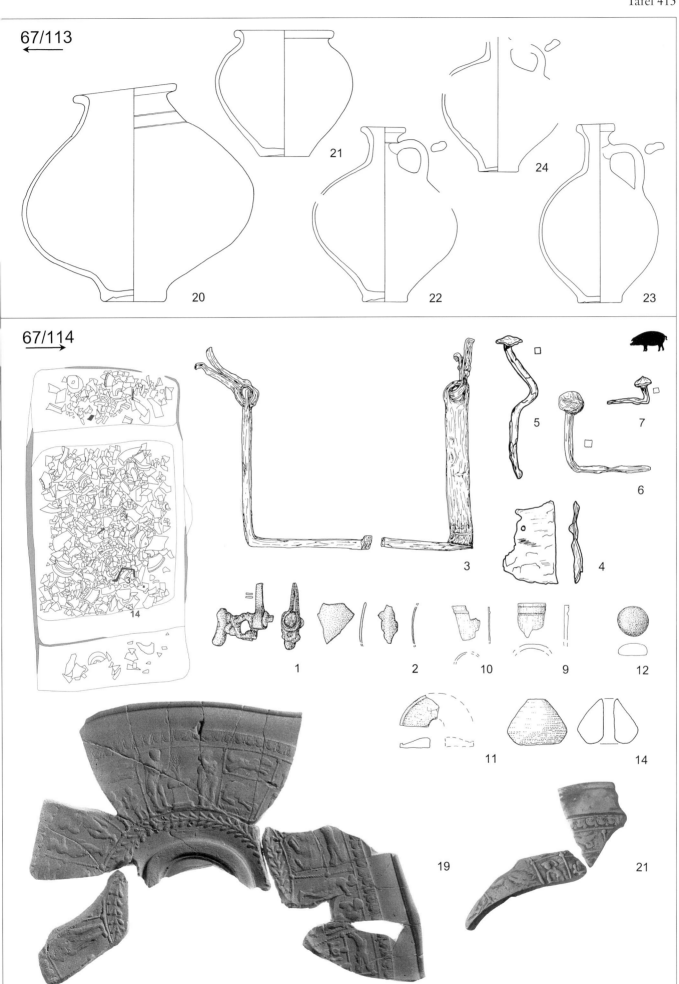

Tafel 414

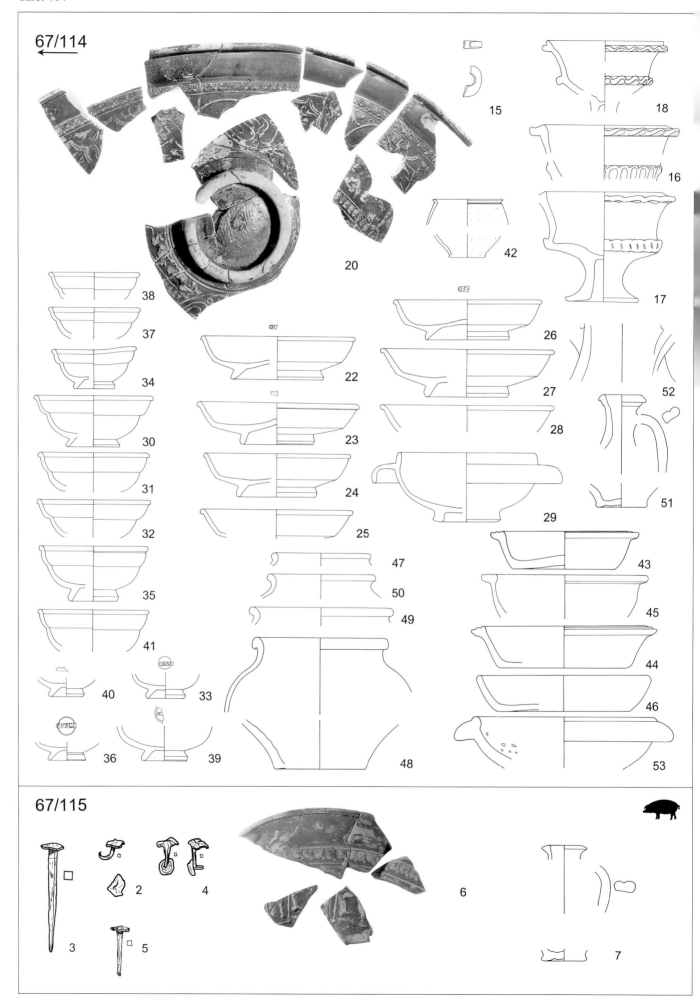

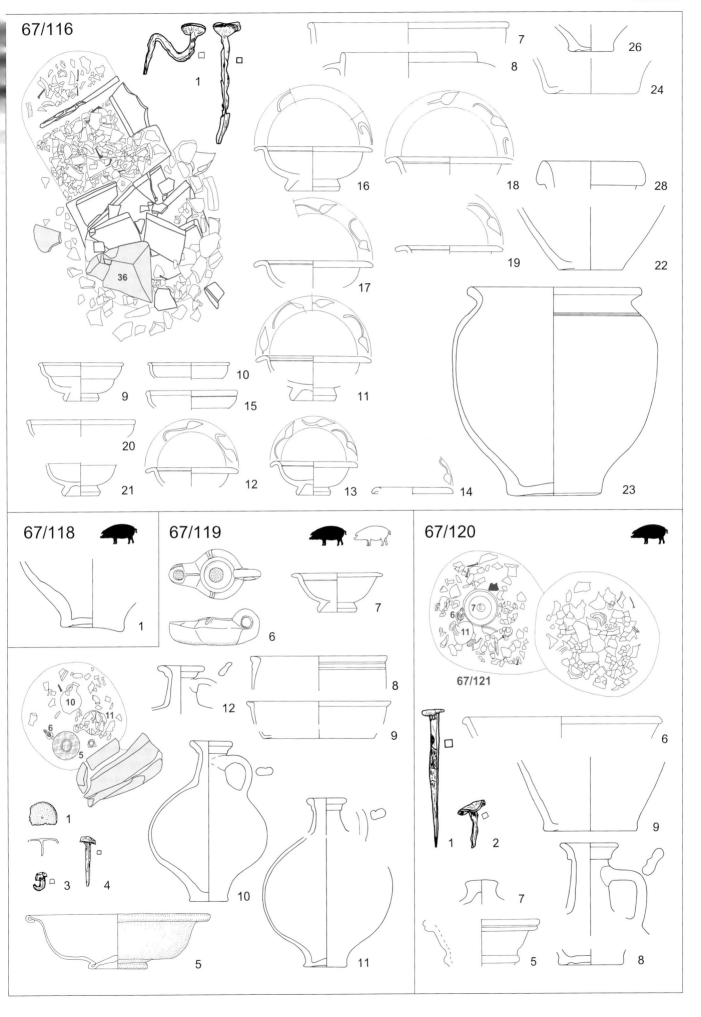

Tafel 416

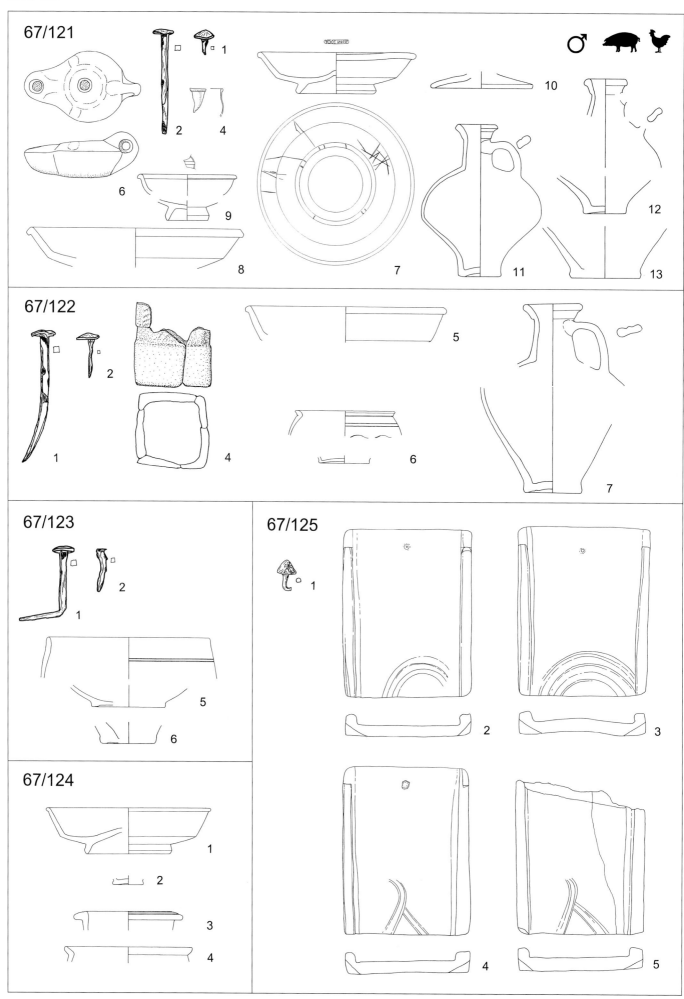

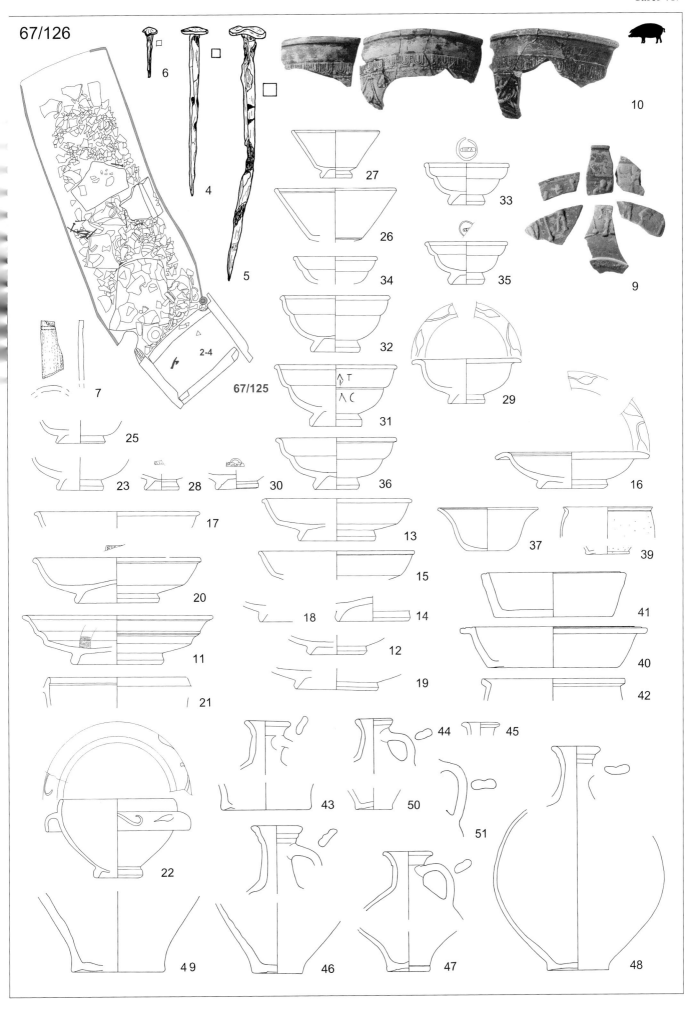

Tafel 417

Tafel 418

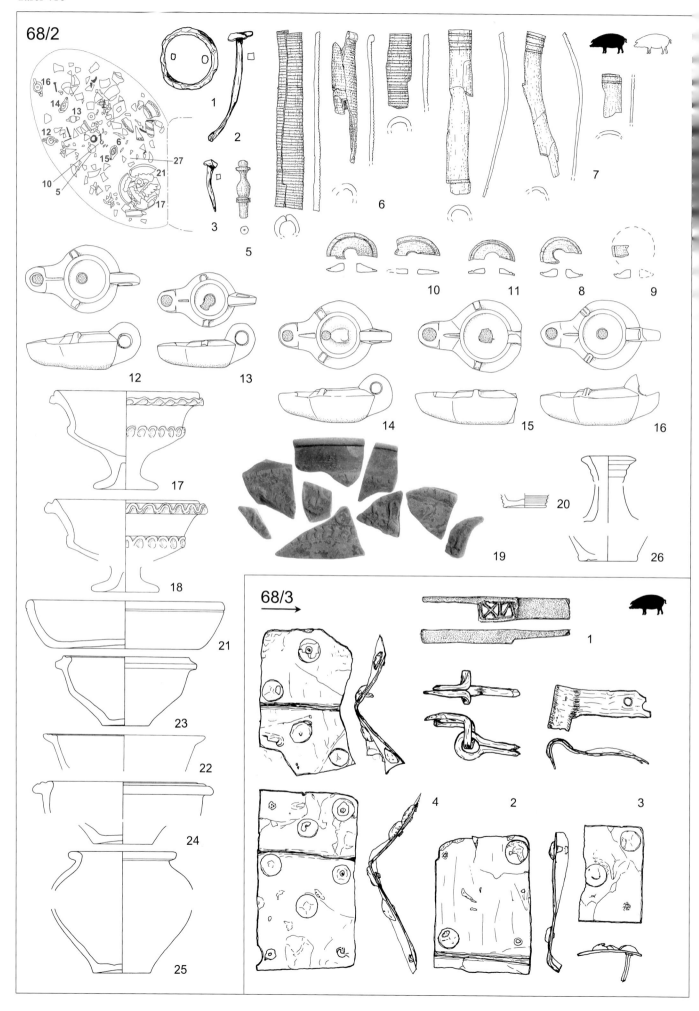

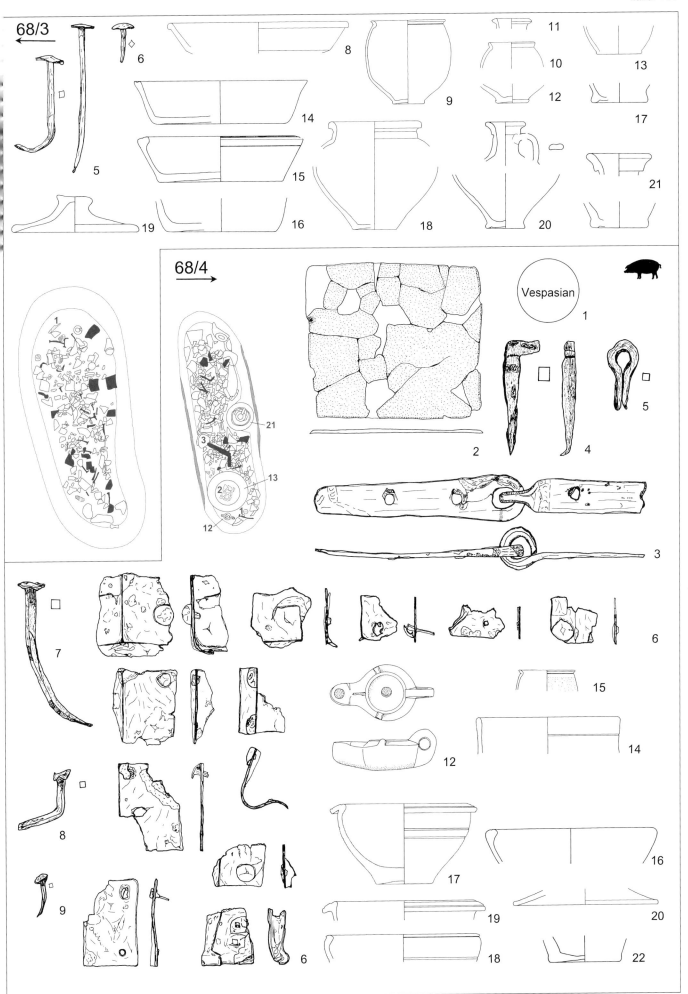

Tafel 419

Tafel 420

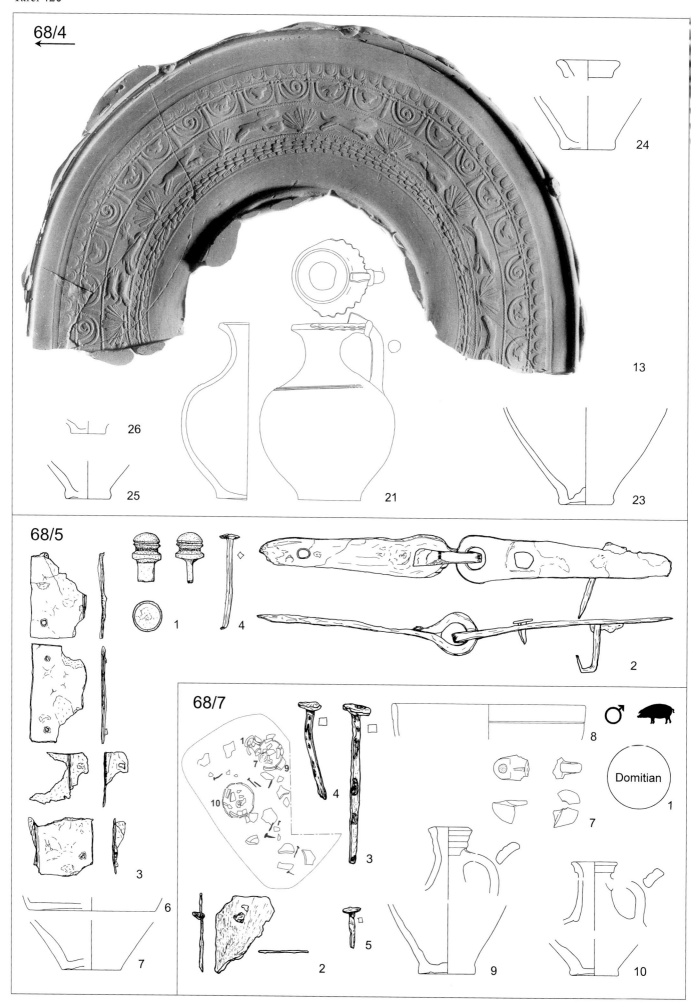

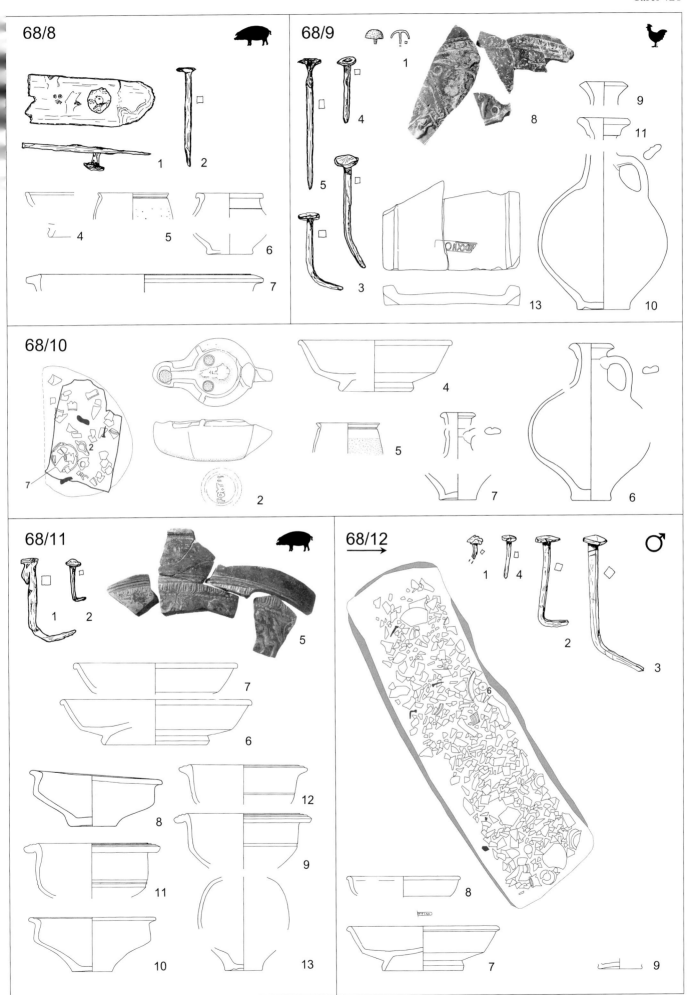

Tafel 421

Tafel 422

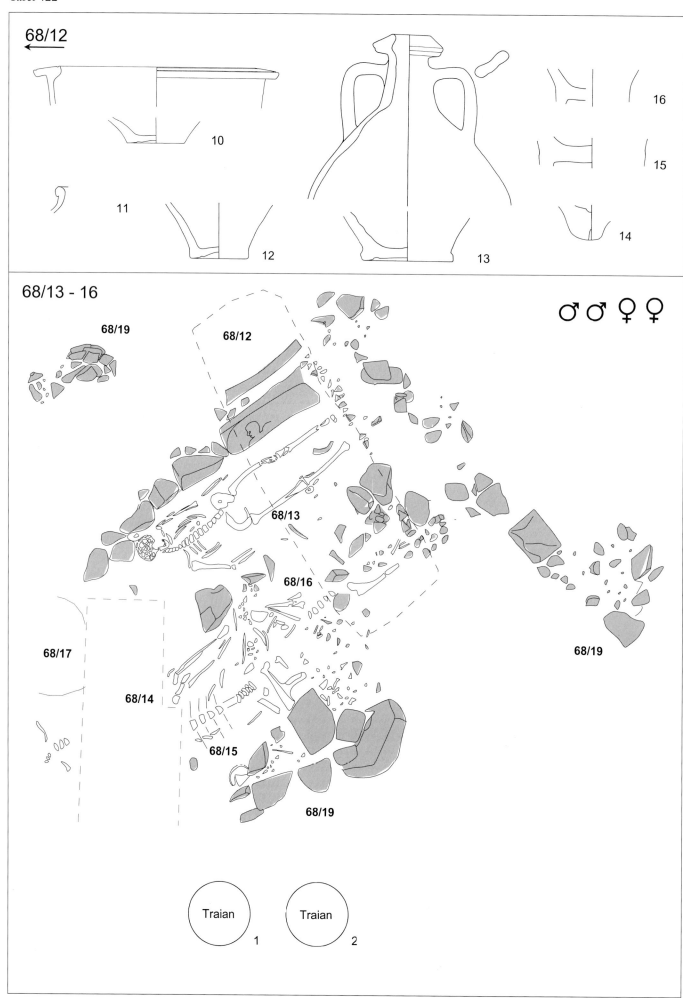

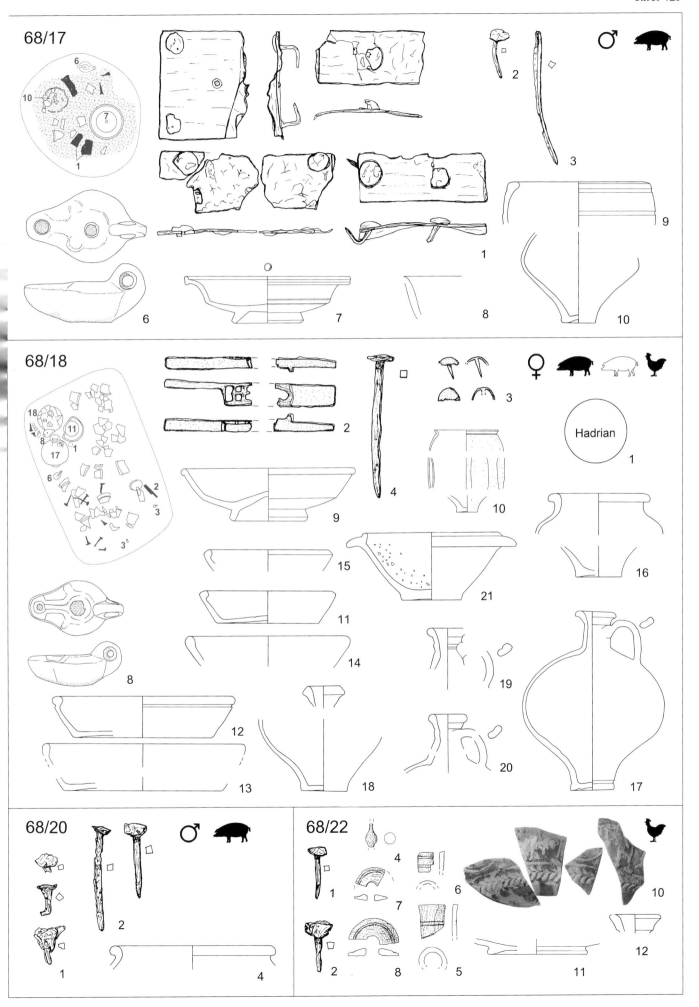
Tafel 423

Tafel 424

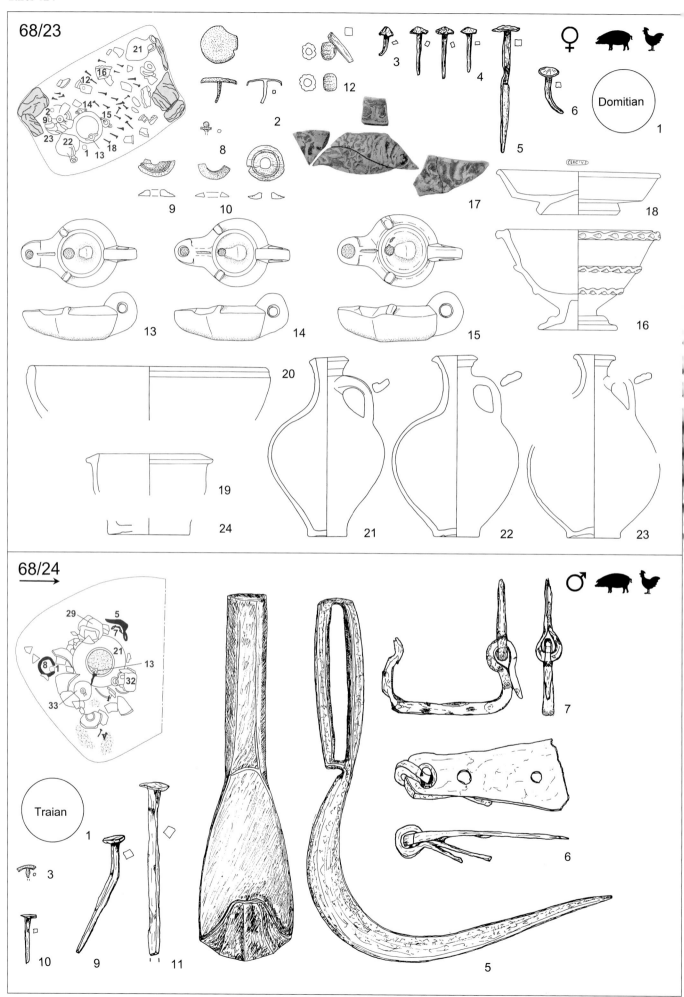

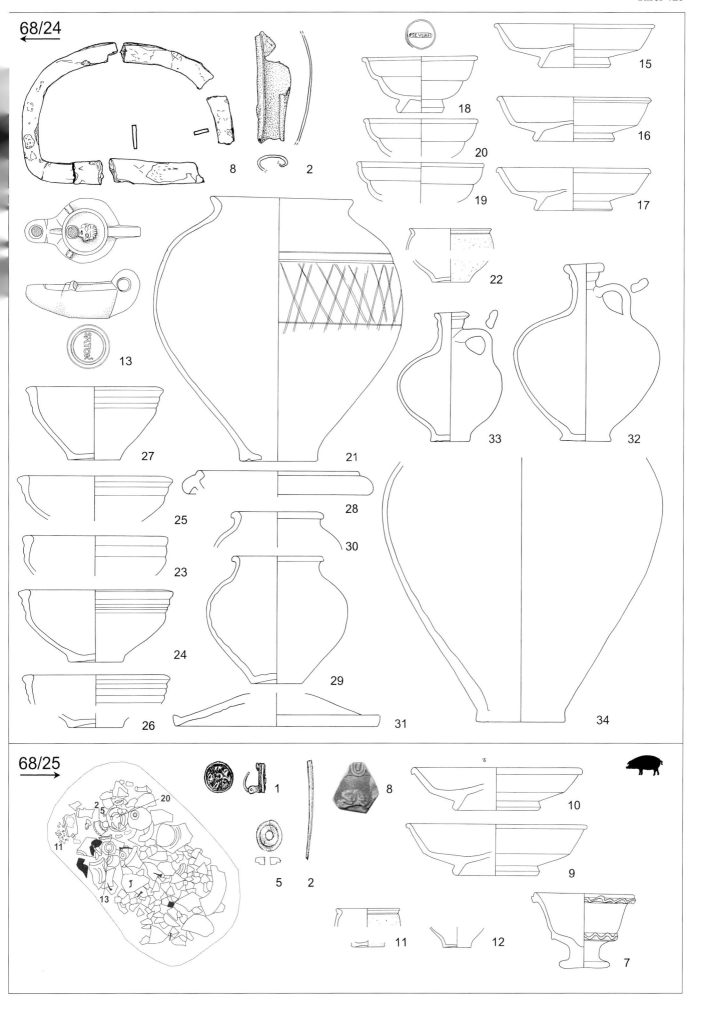

Tafel 425

Tafel 426

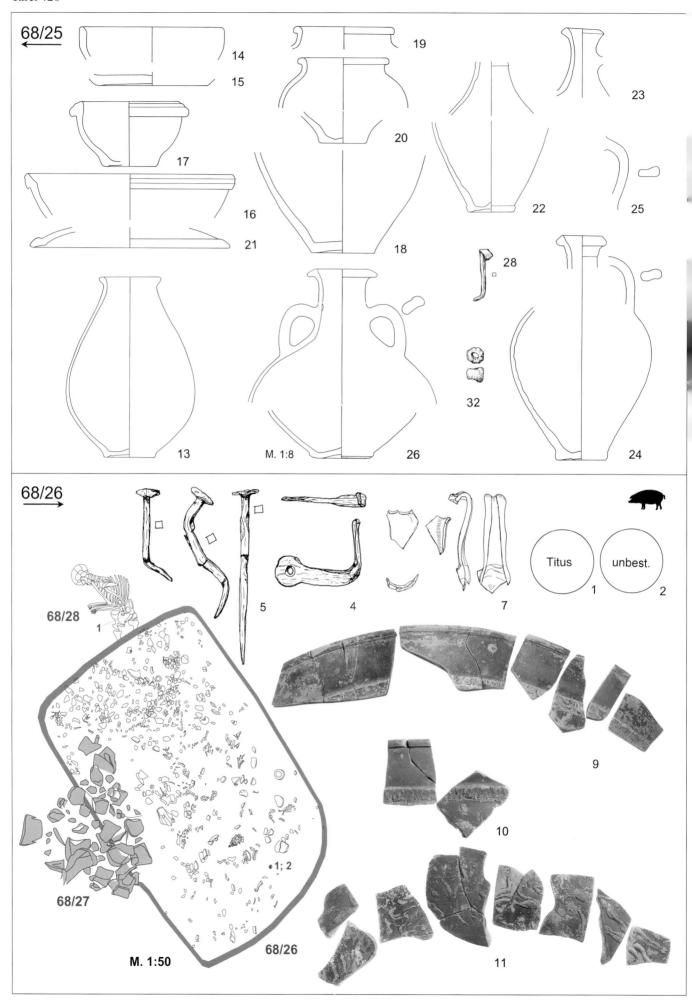

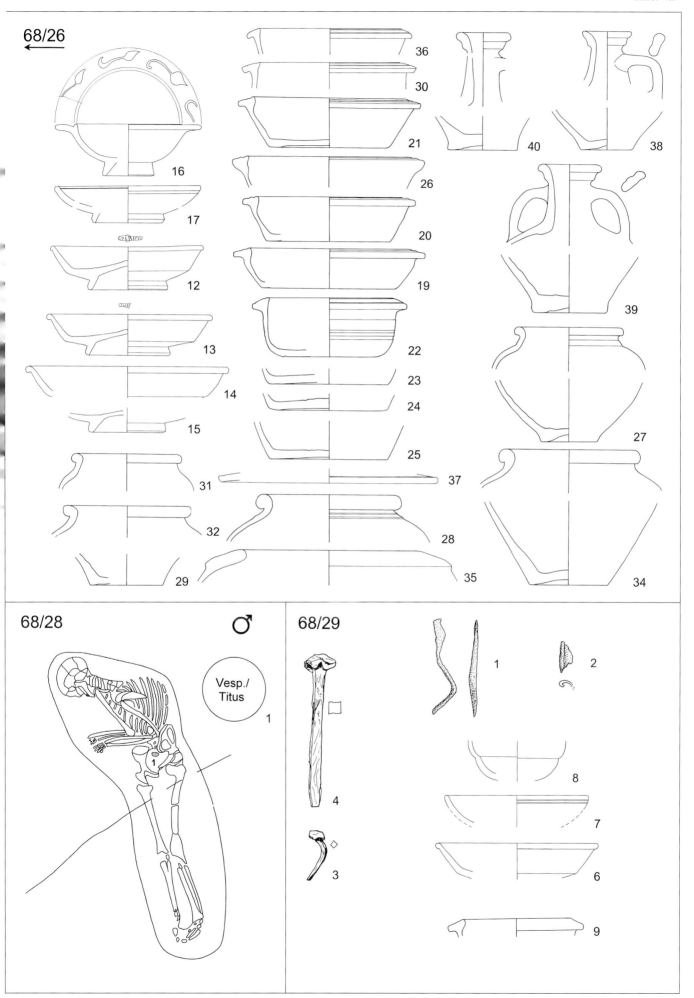

Tafel 427

Tafel 428

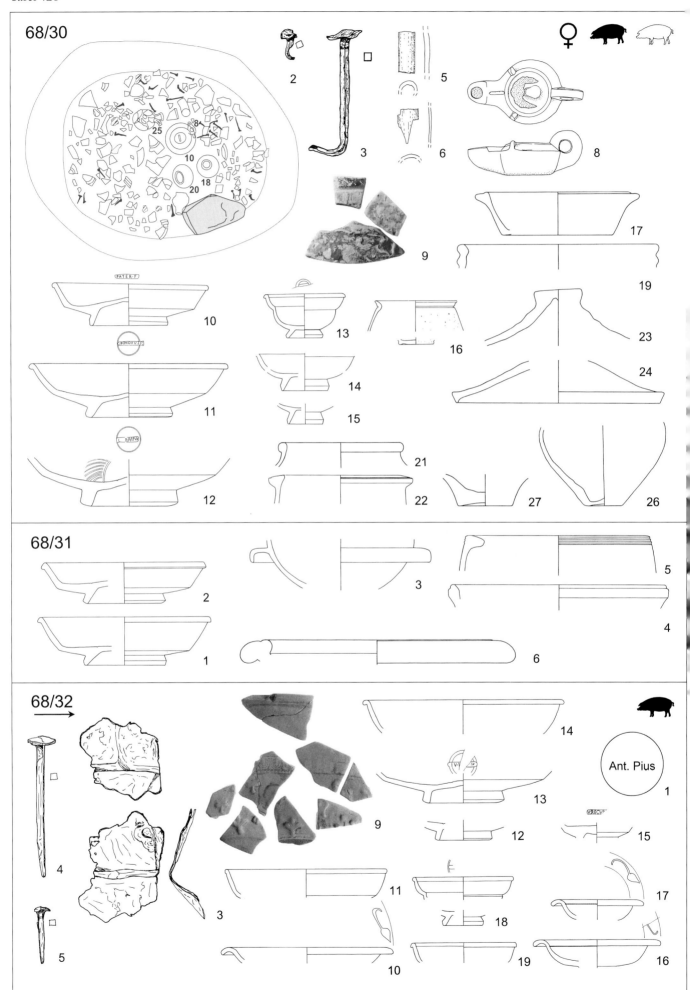

Tafel 429

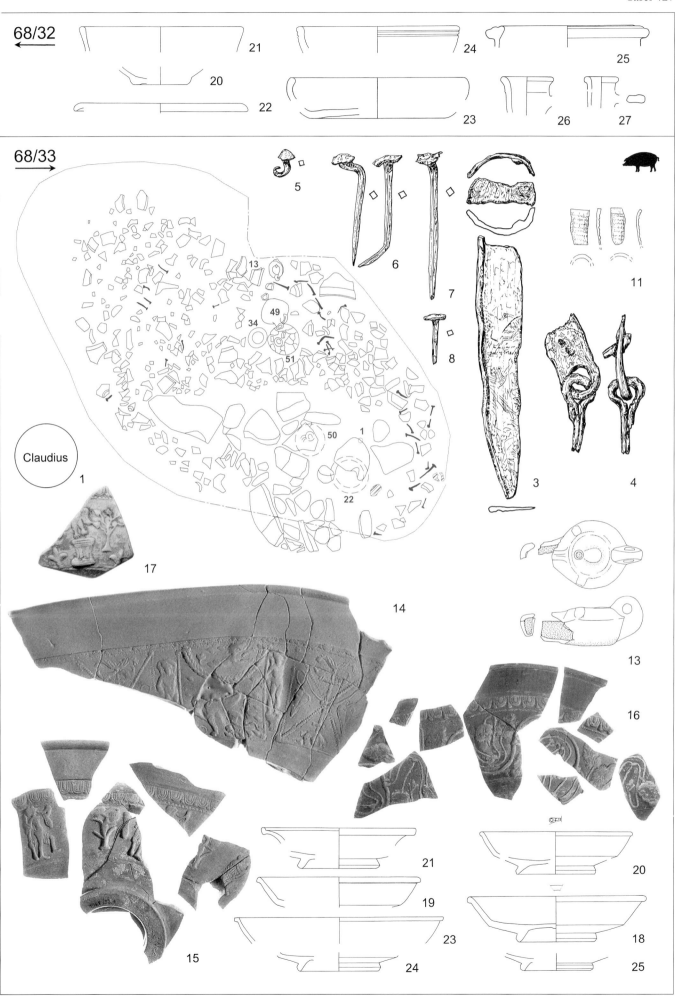

Tafel 430

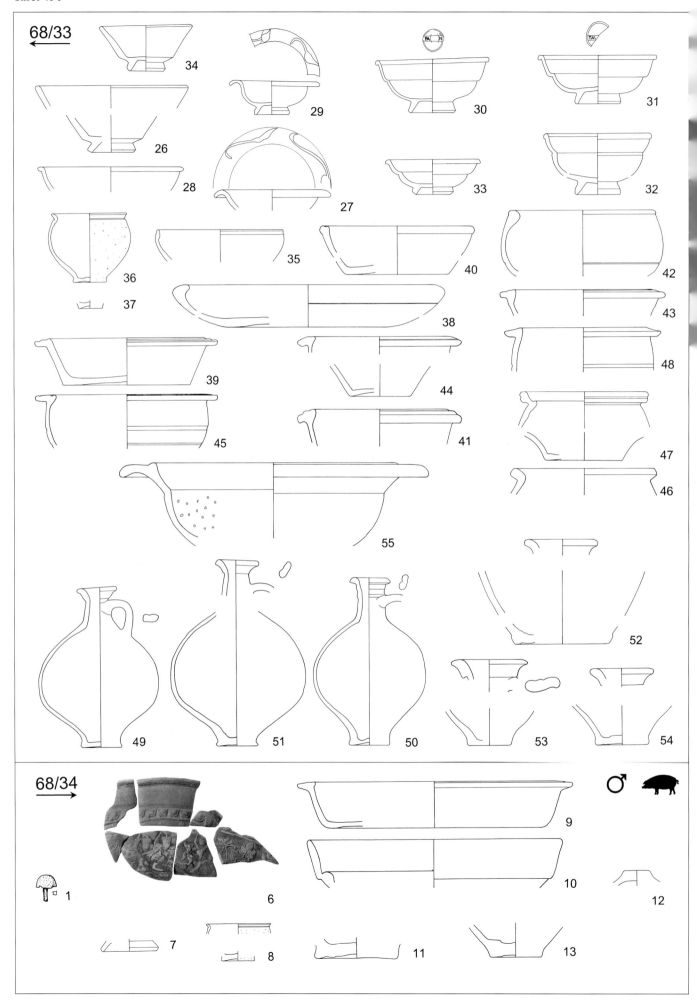

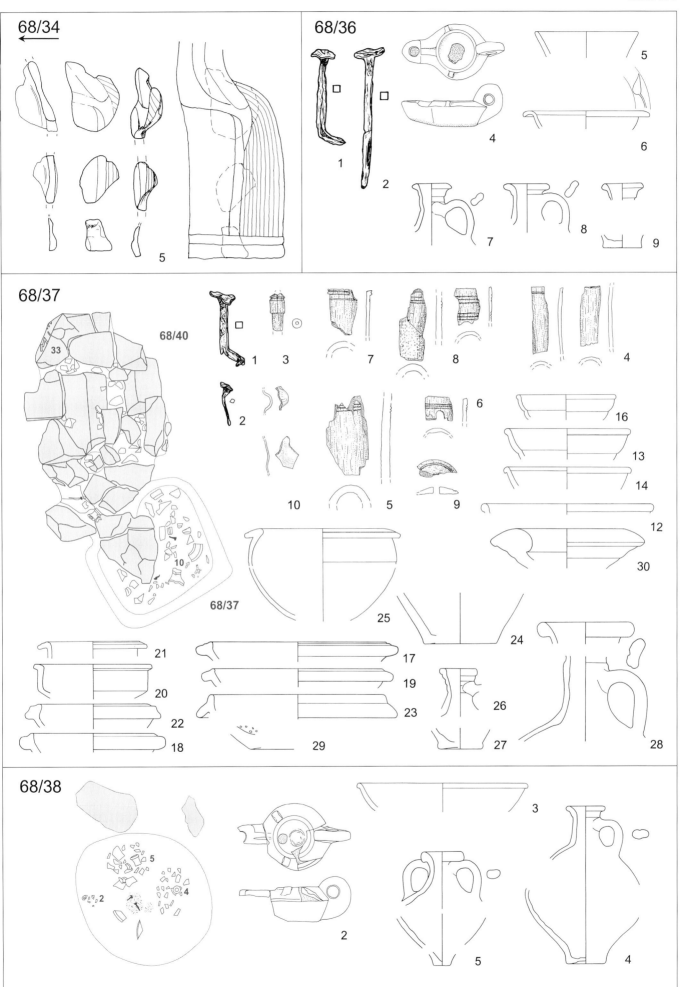

Tafel 431

Tafel 432

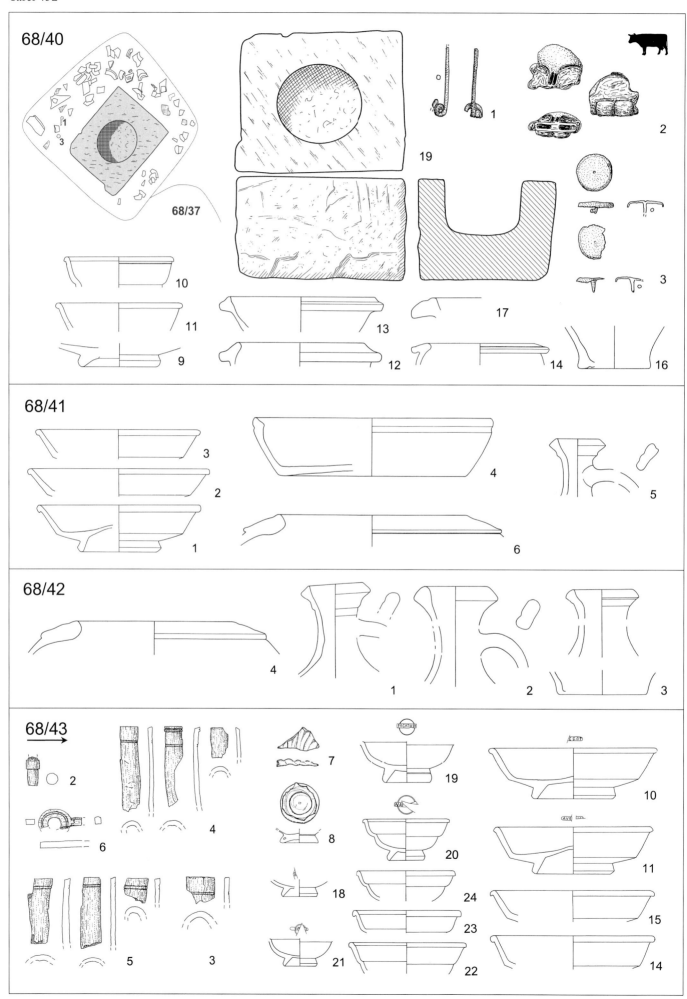

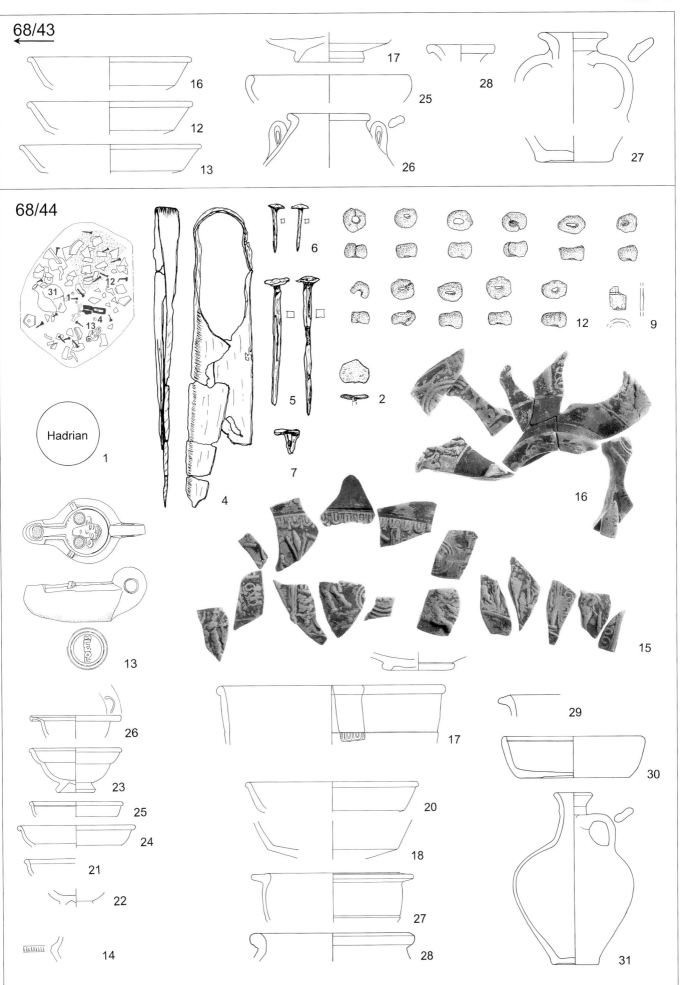

Tafel 434

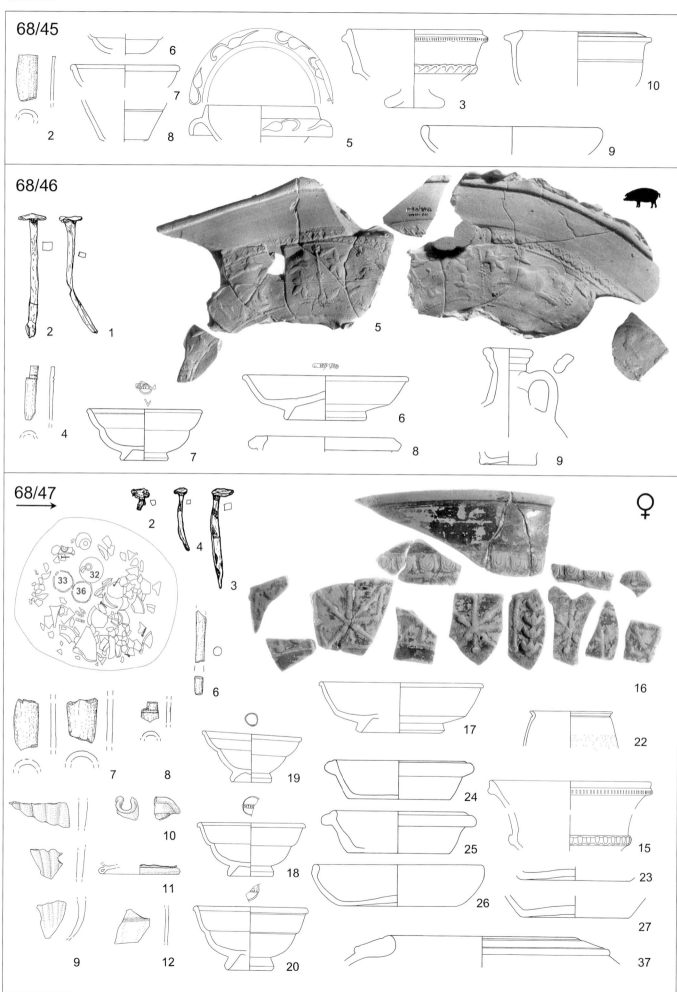

Tafel 435

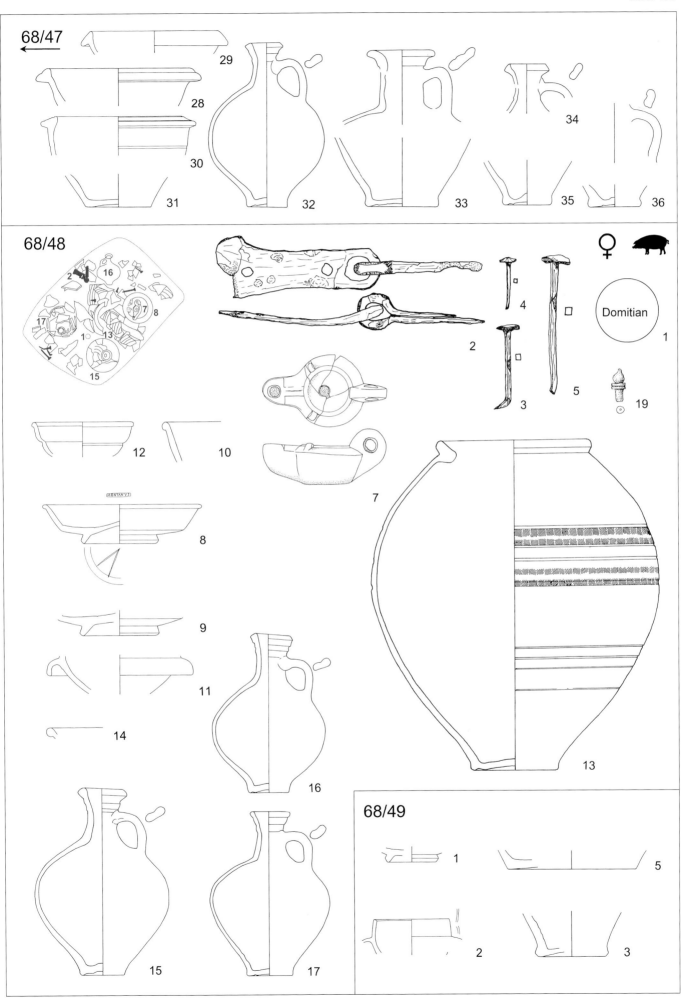

Tafel 436

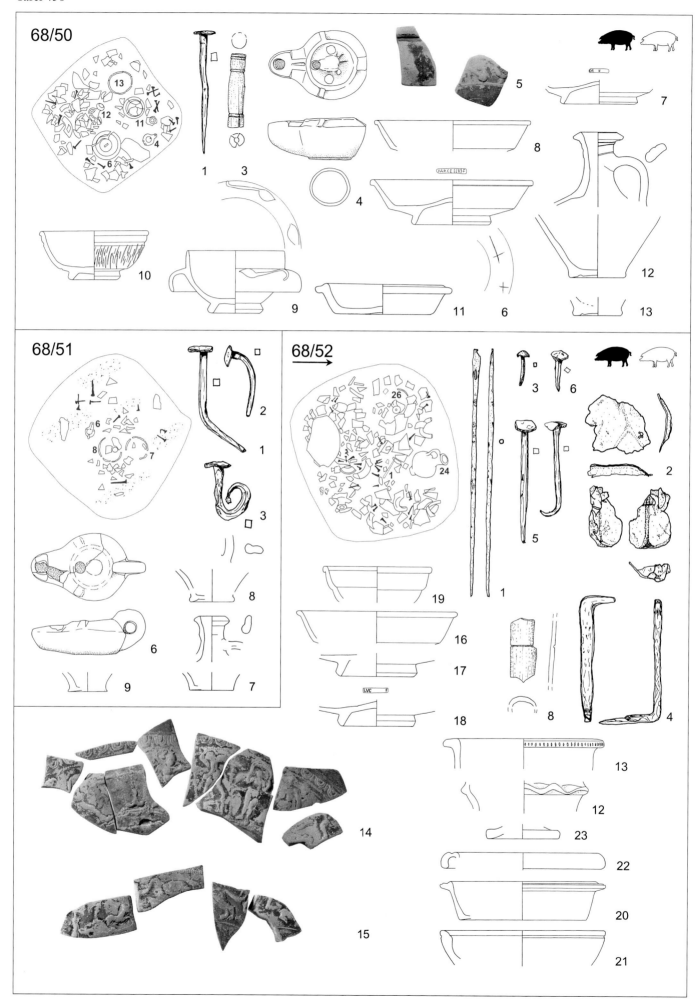

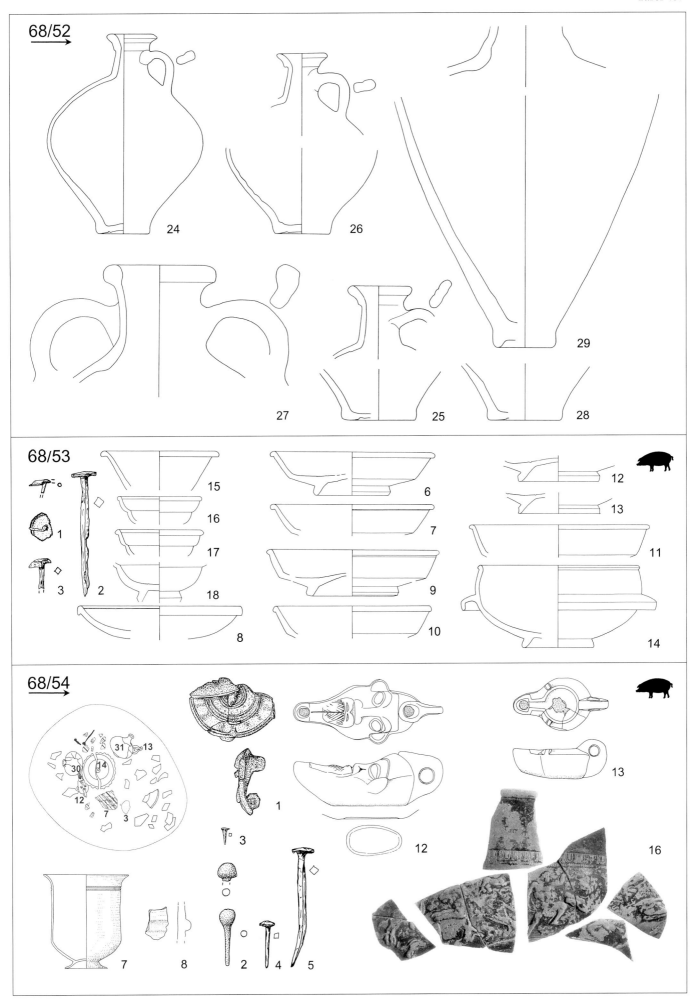
Tafel 437

Tafel 438

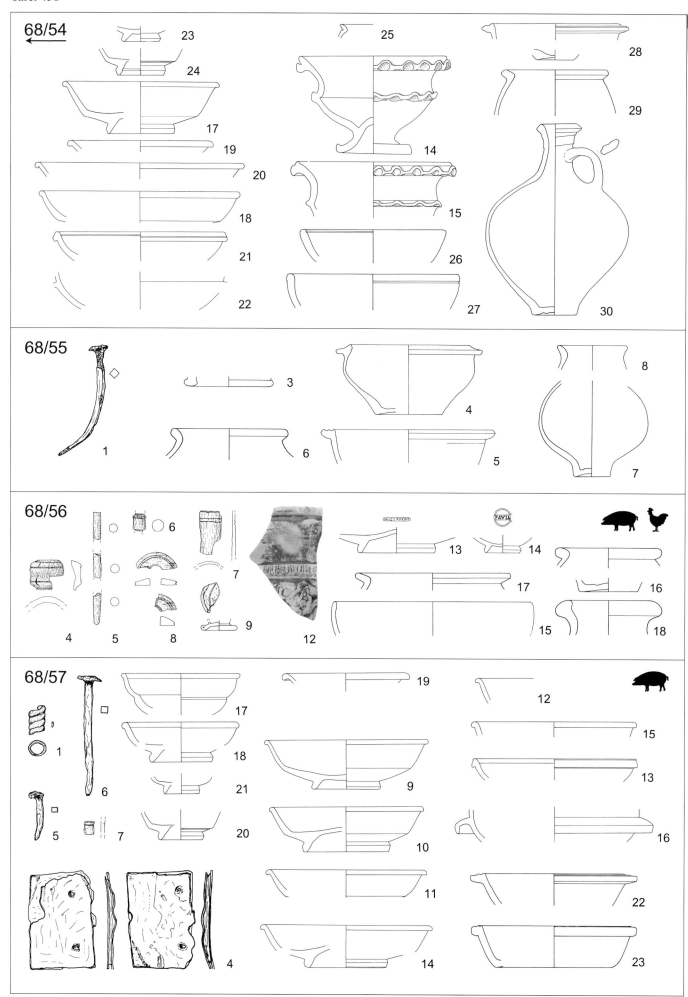

Tafel 439

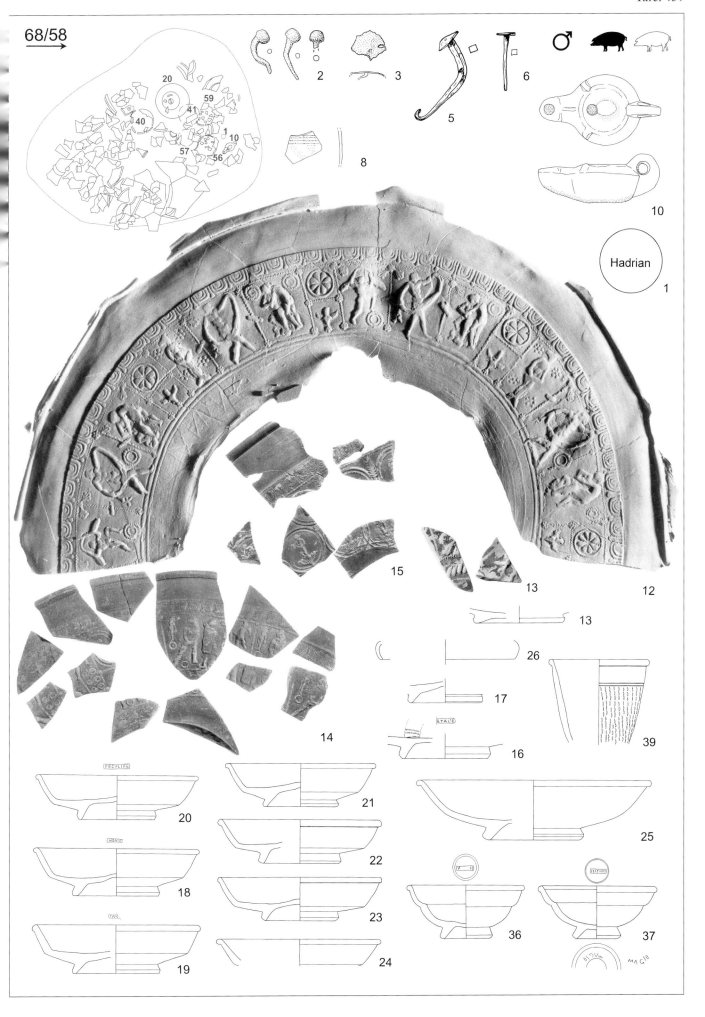

Tafel 440

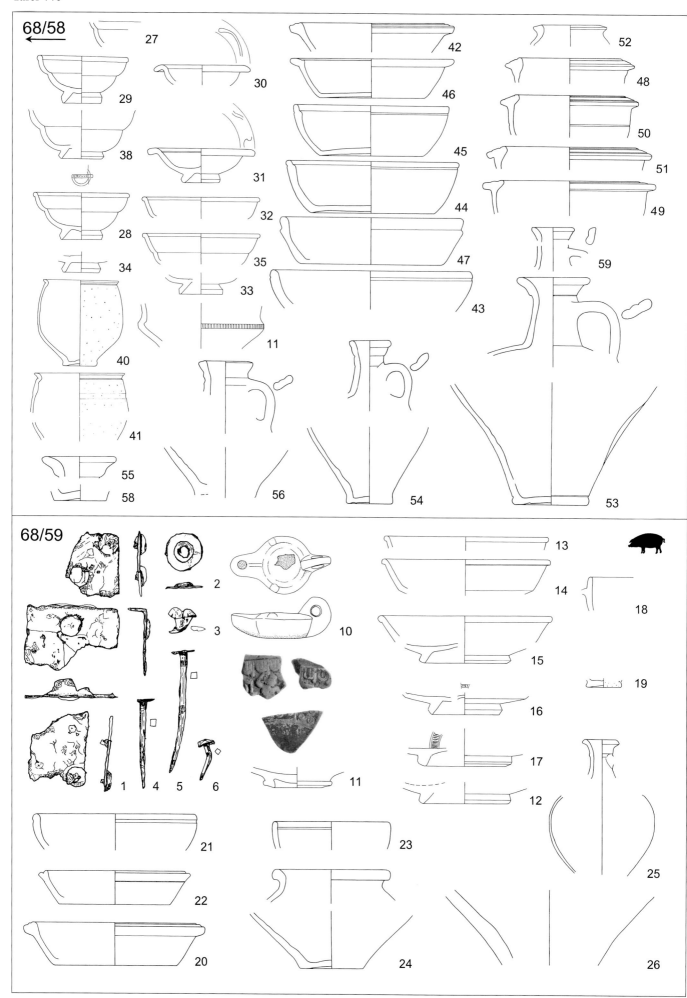

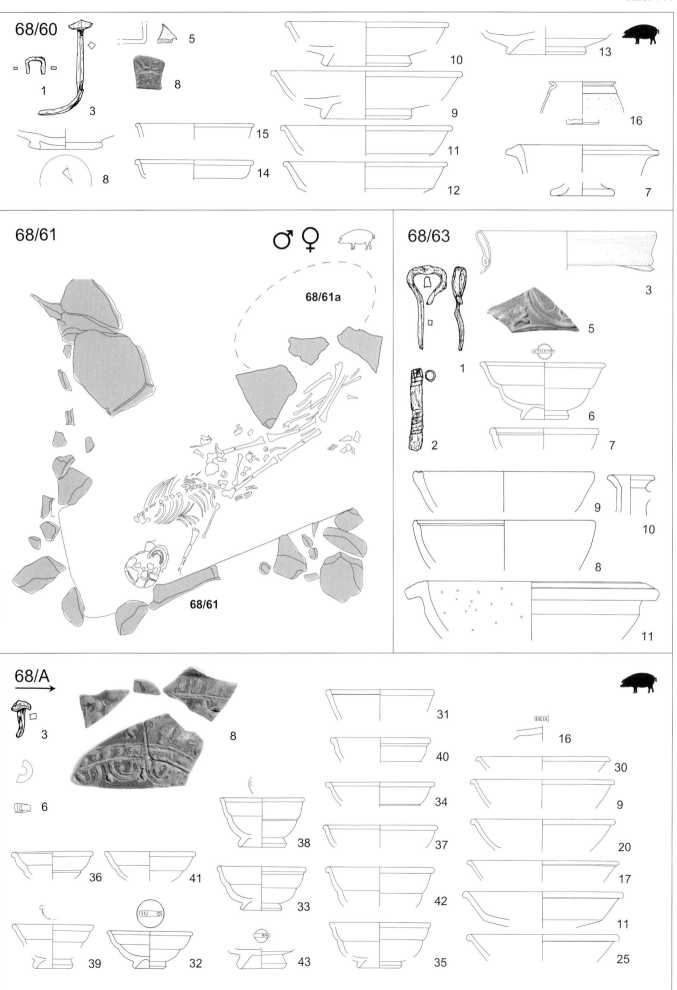

Tafel 441

Tafel 442

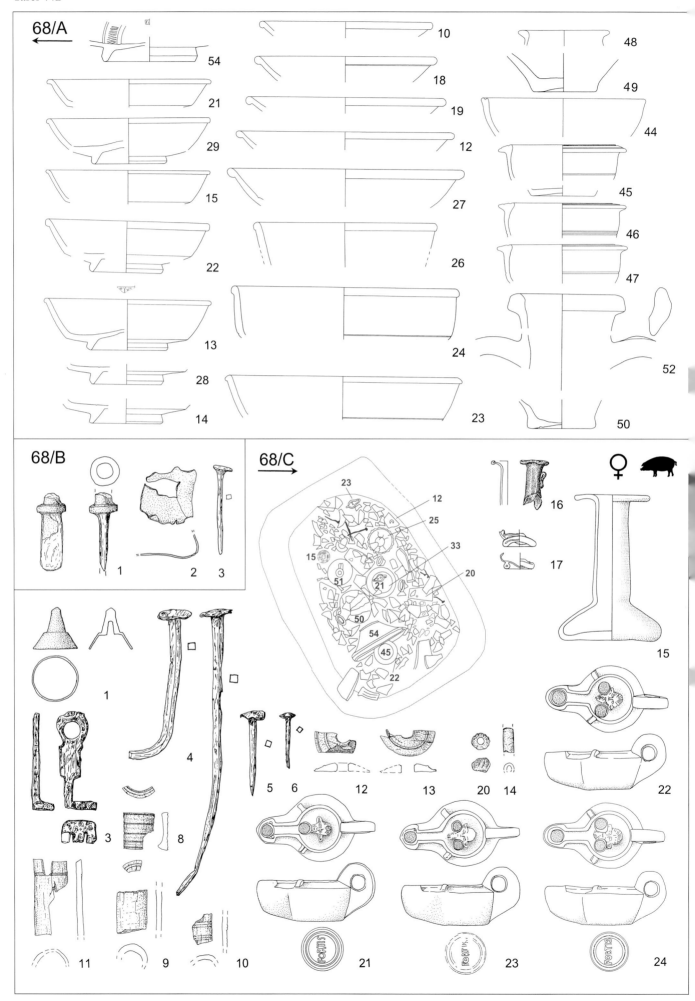

Tafel 443

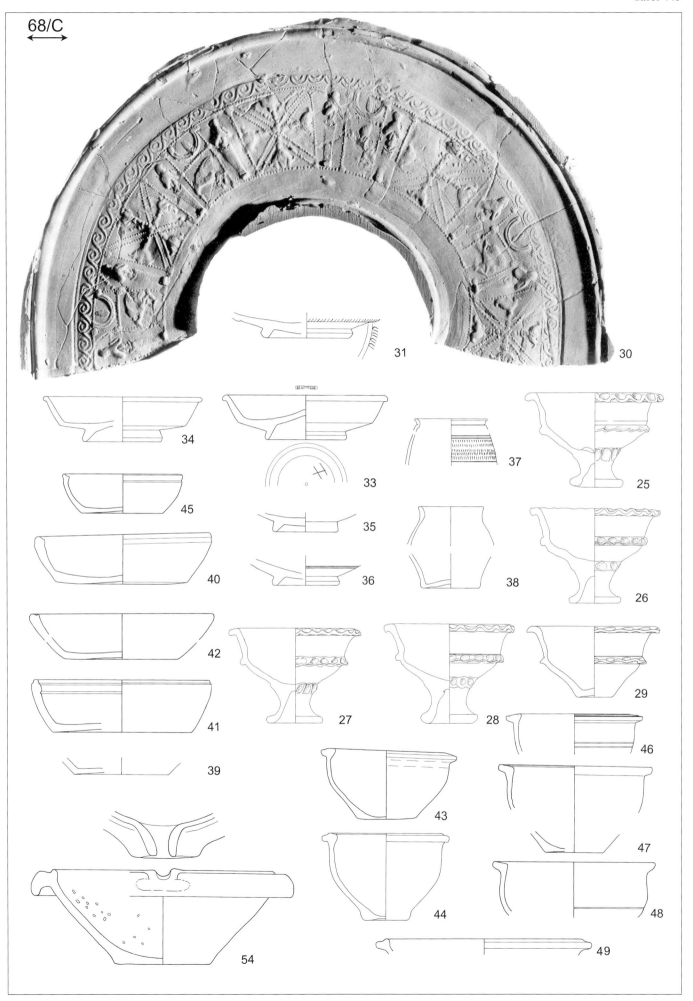

Tafel 444

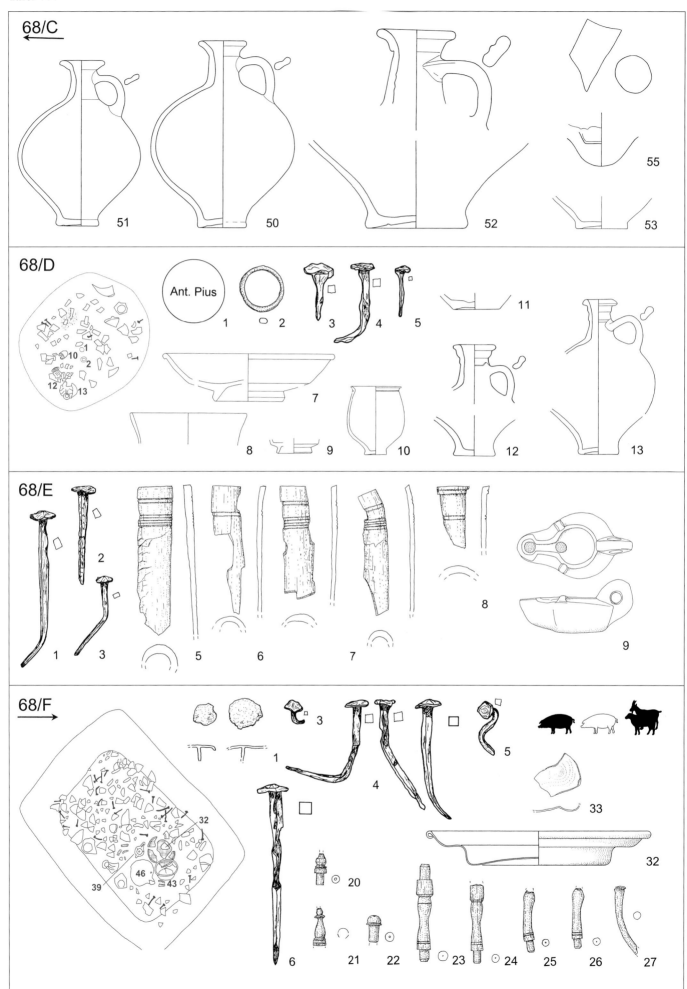

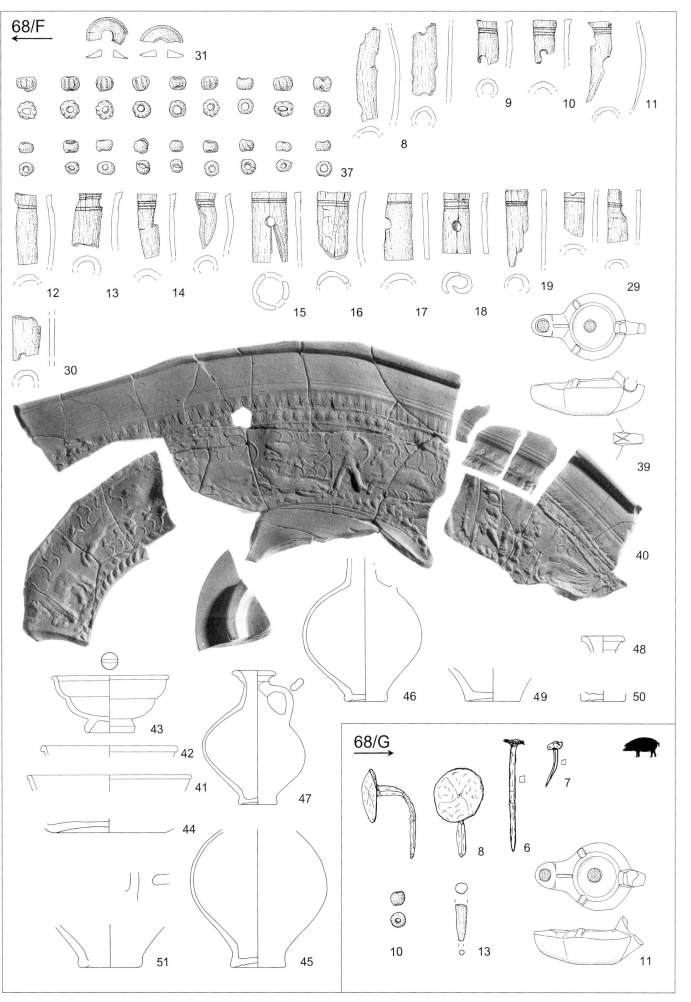

Tafel 445

Tafel 446

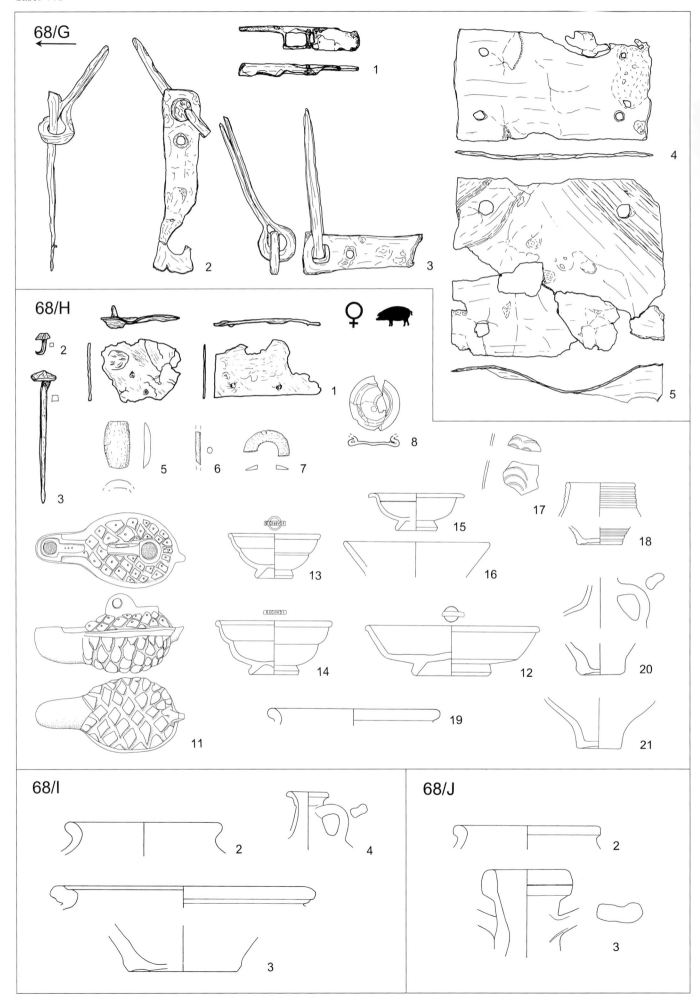

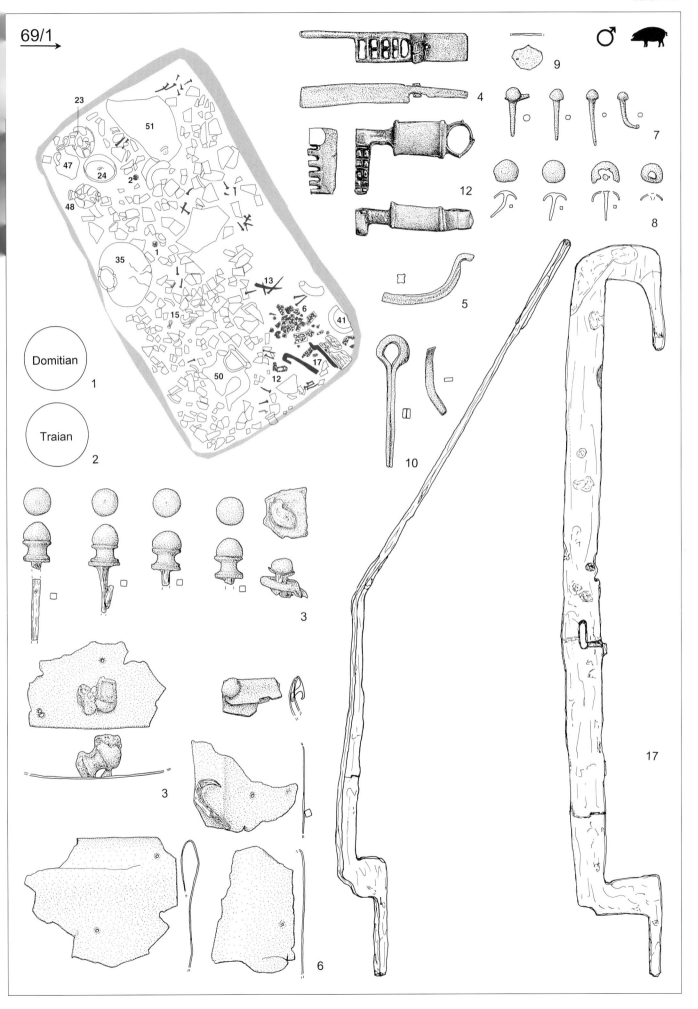

Tafel 447

Tafel 448

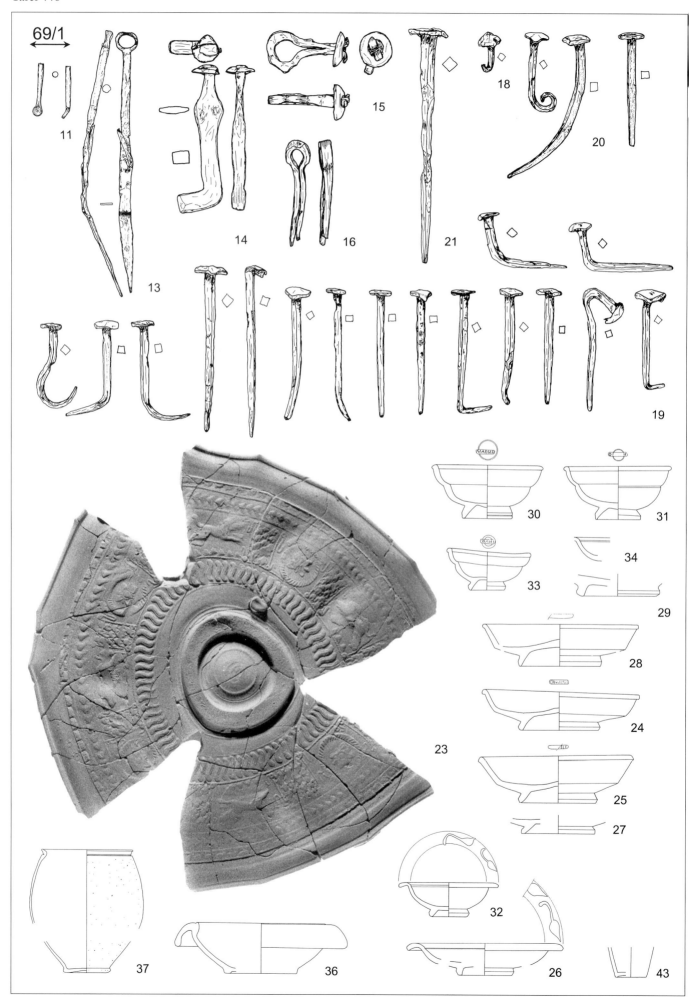

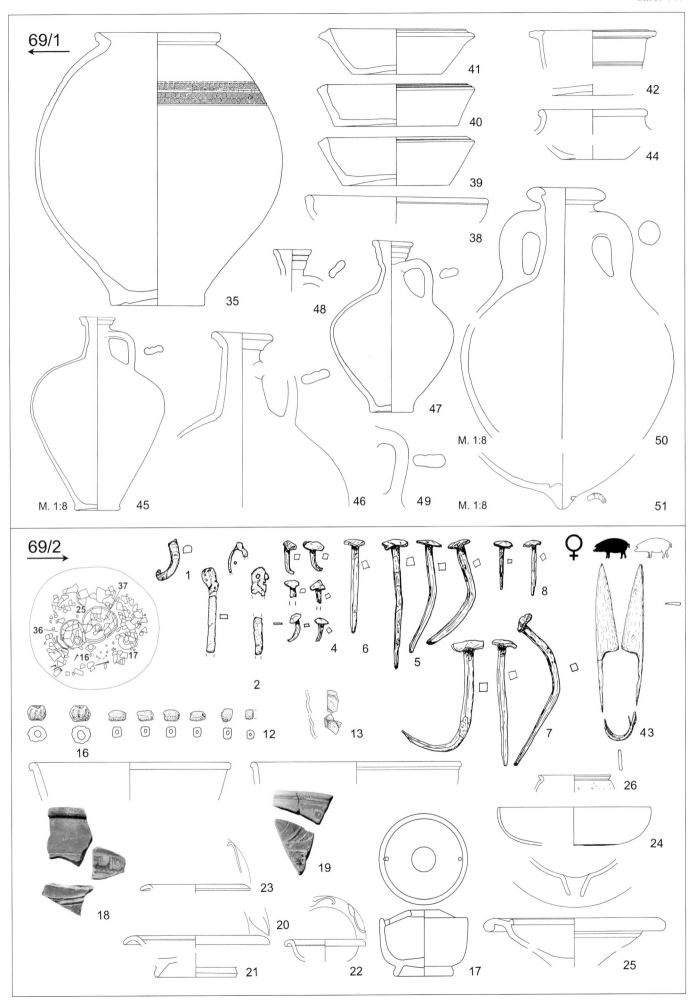

Tafel 449

Tafel 450

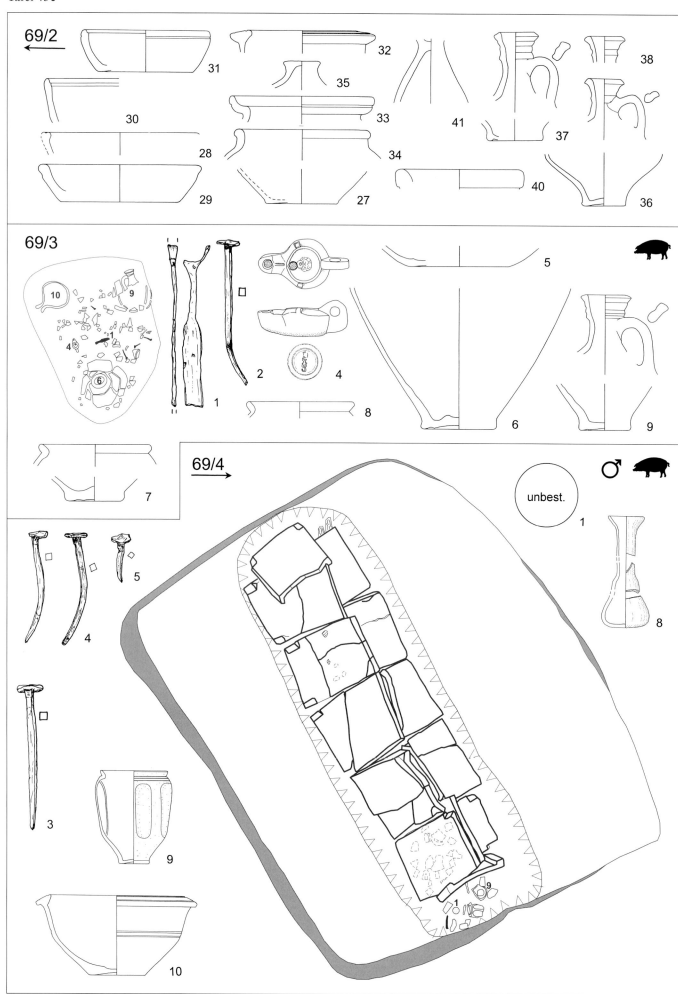

Tafel 451

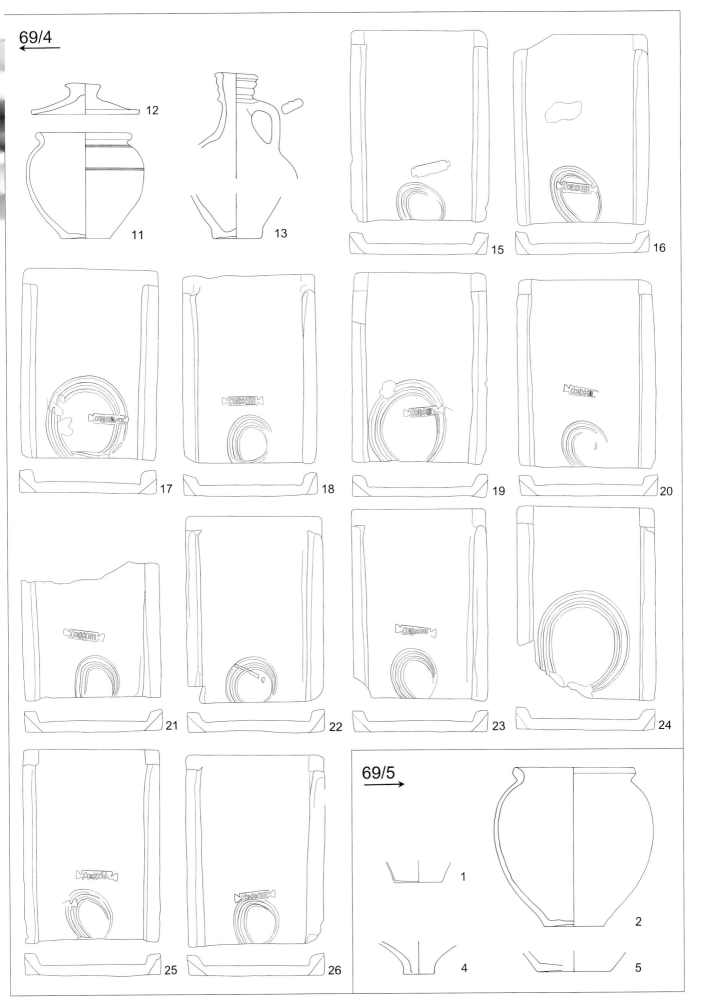

Tafel 452

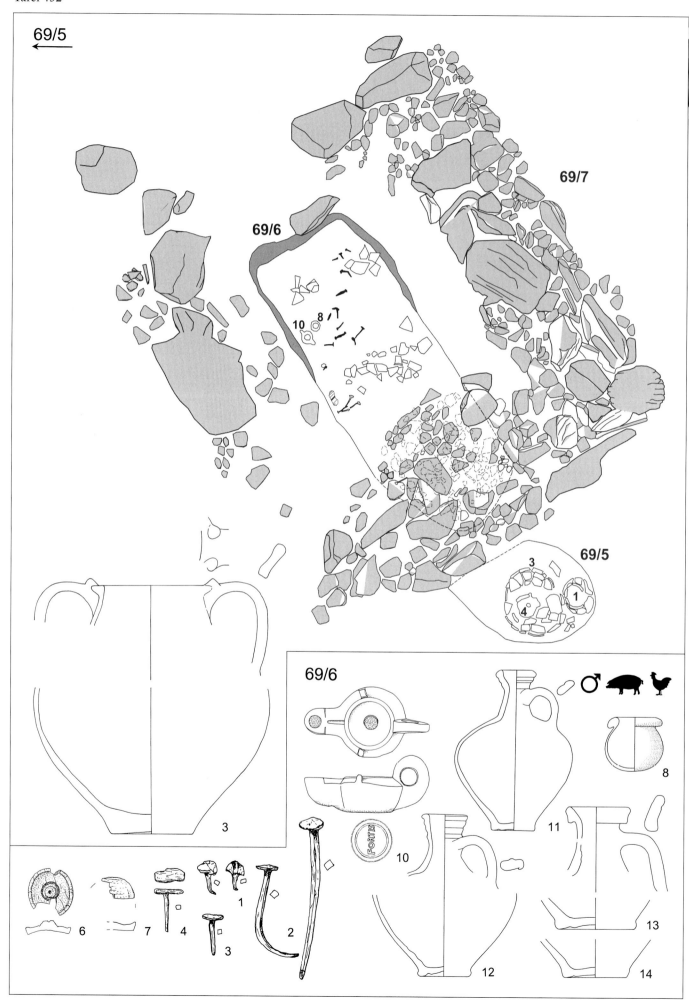

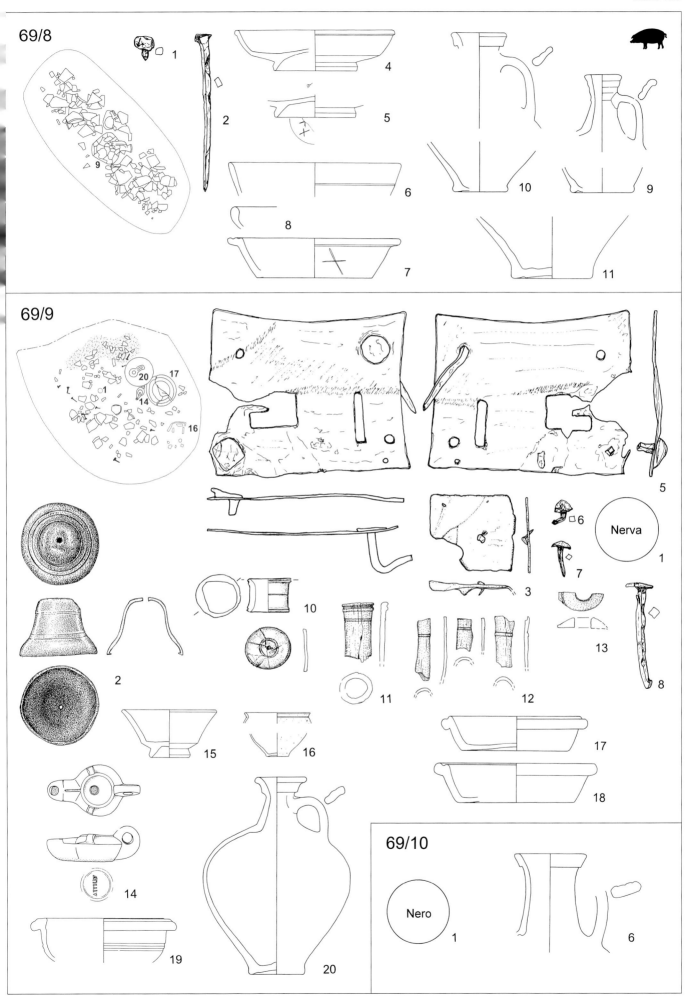

Tafel 453

Tafel 454

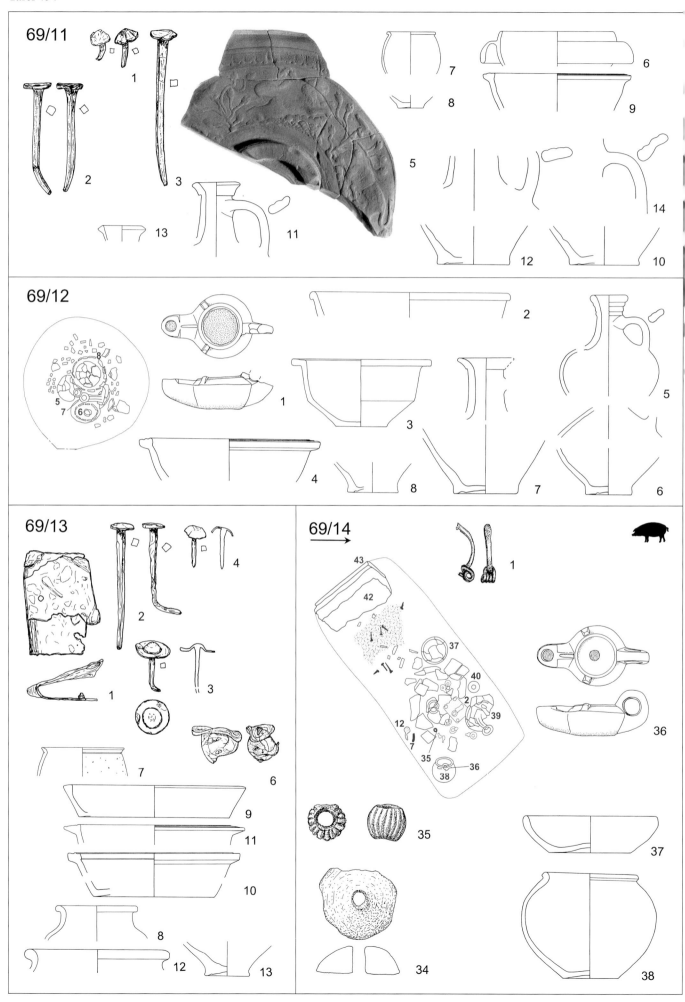

Tafel 455

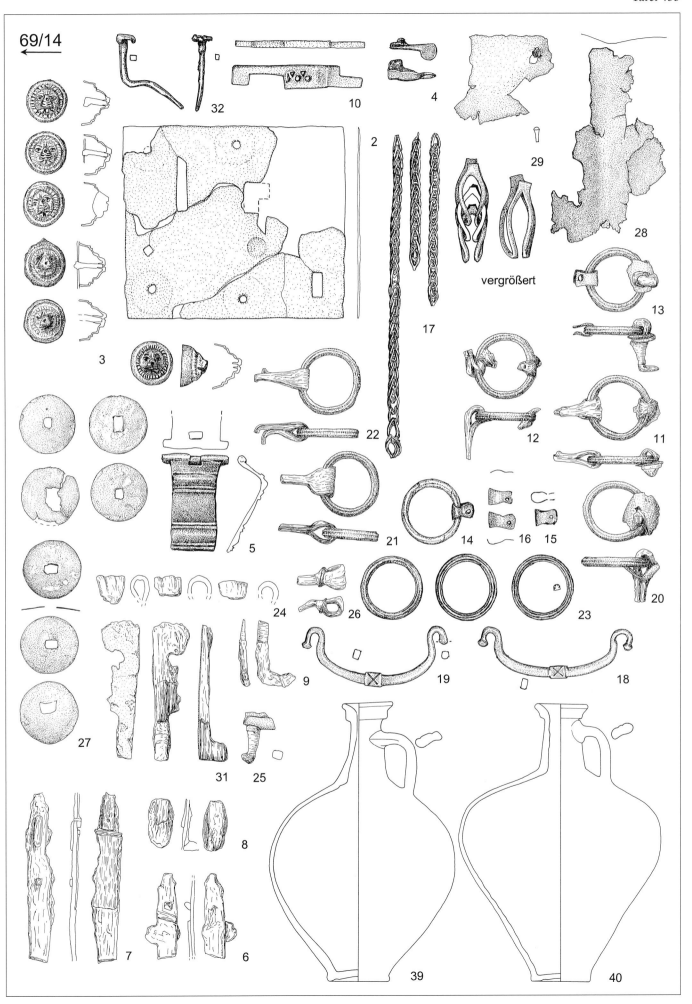

Tafel 456

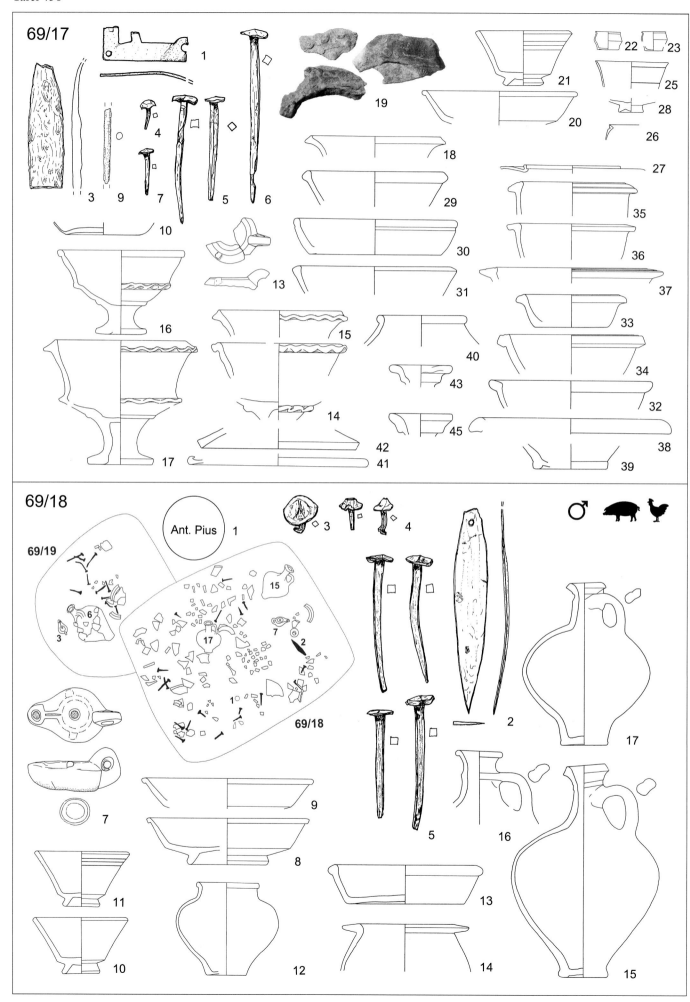

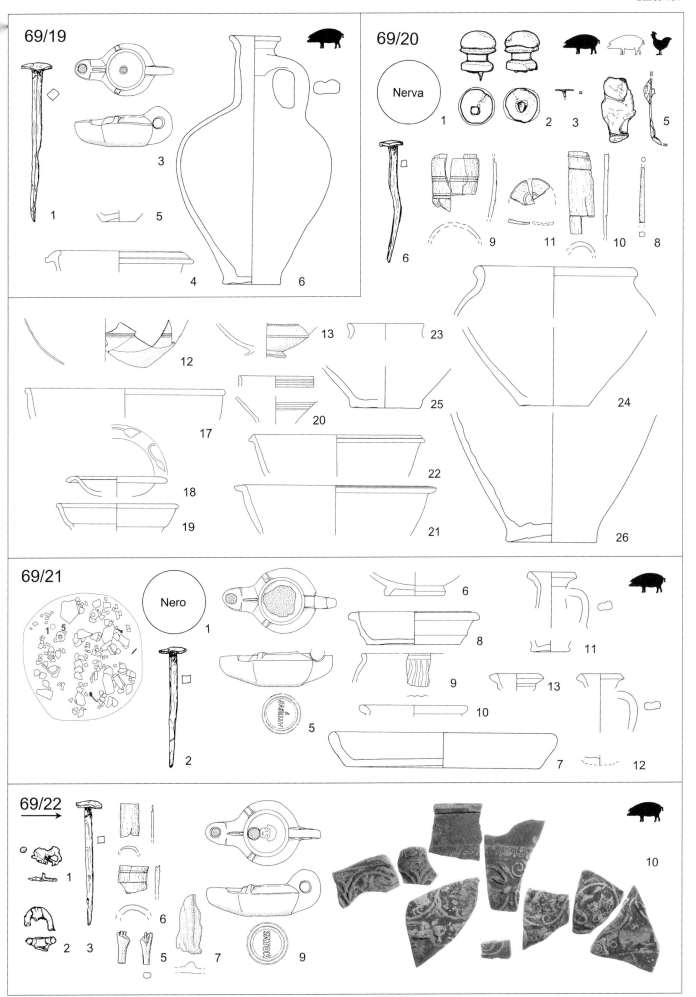

Tafel 458

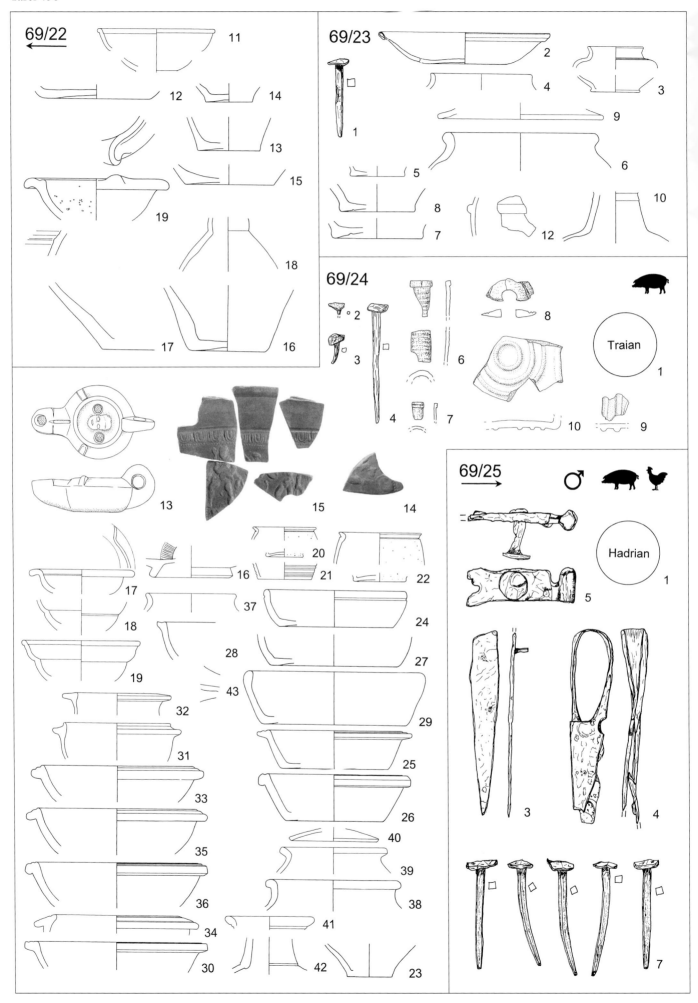

Tafel 459

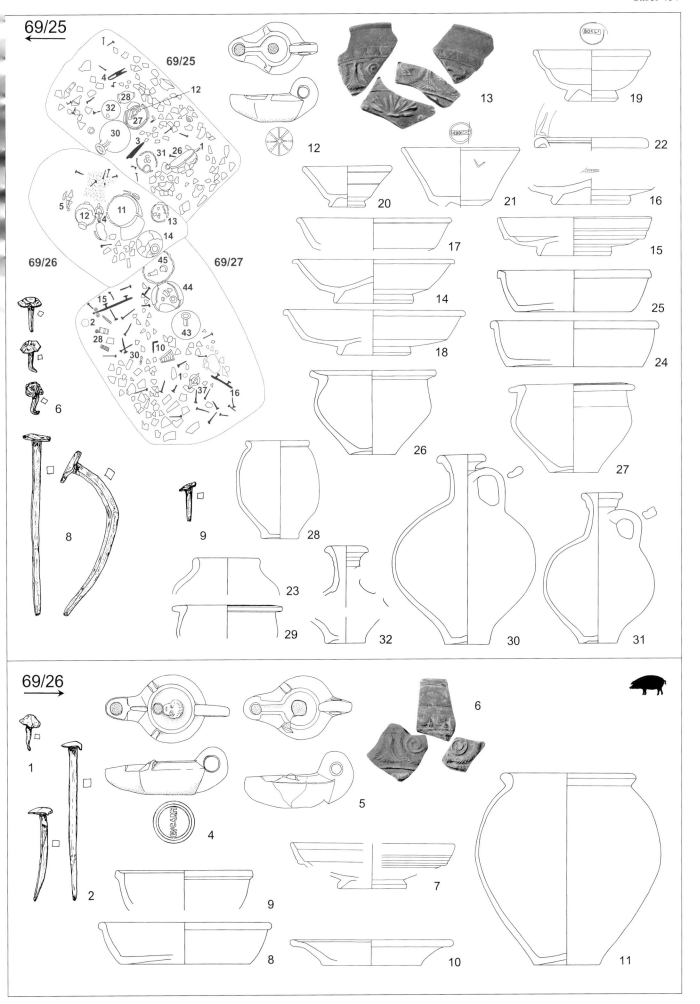

Tafel 460

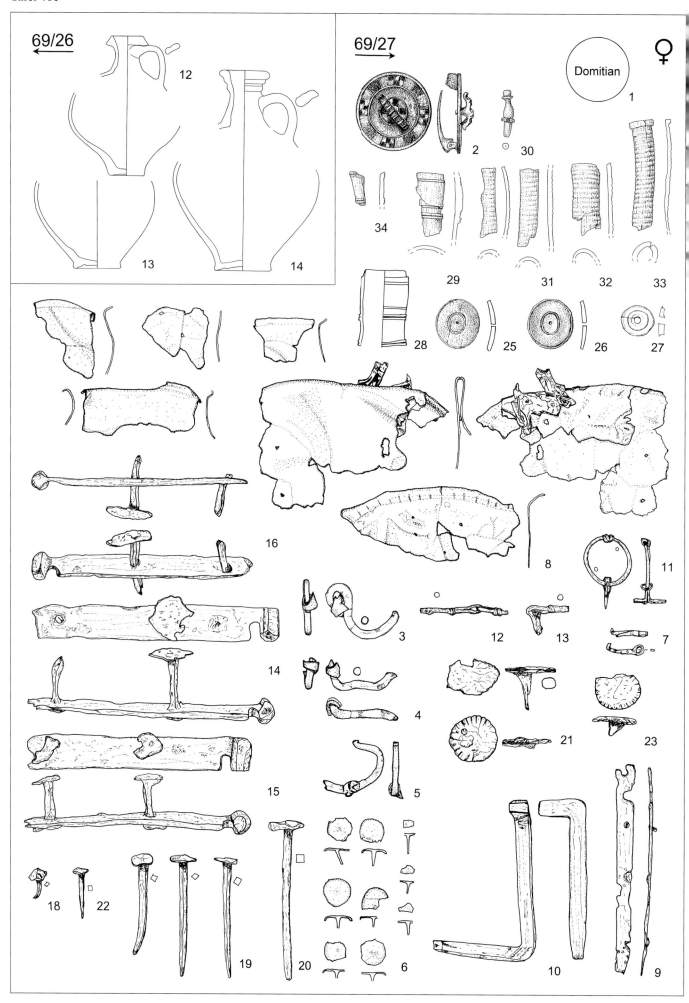

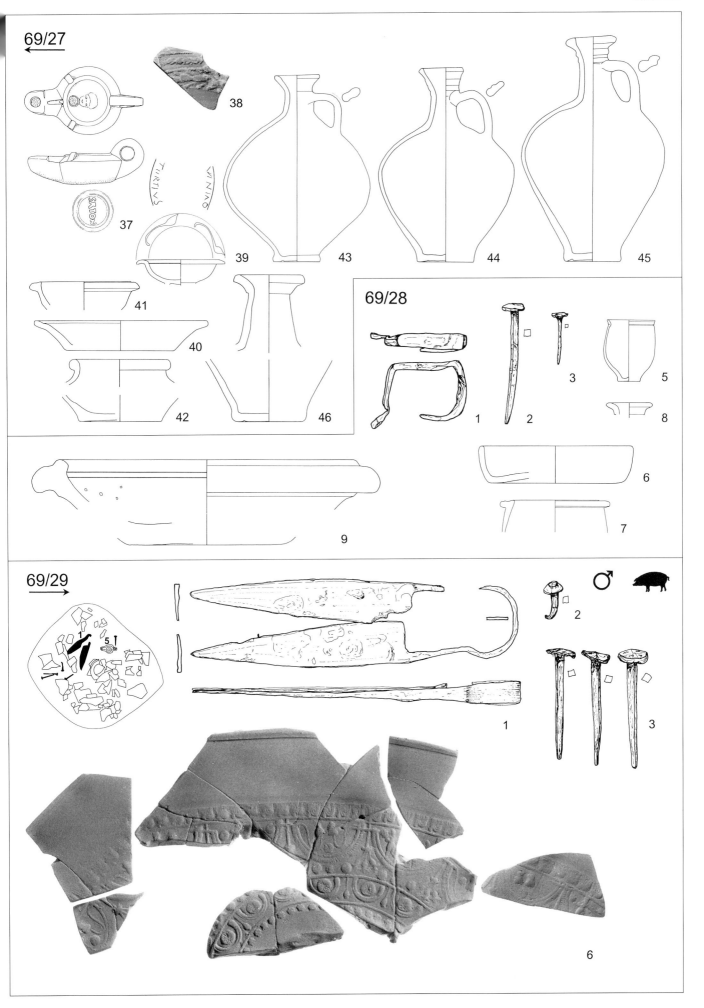

Tafel 461

Tafel 462

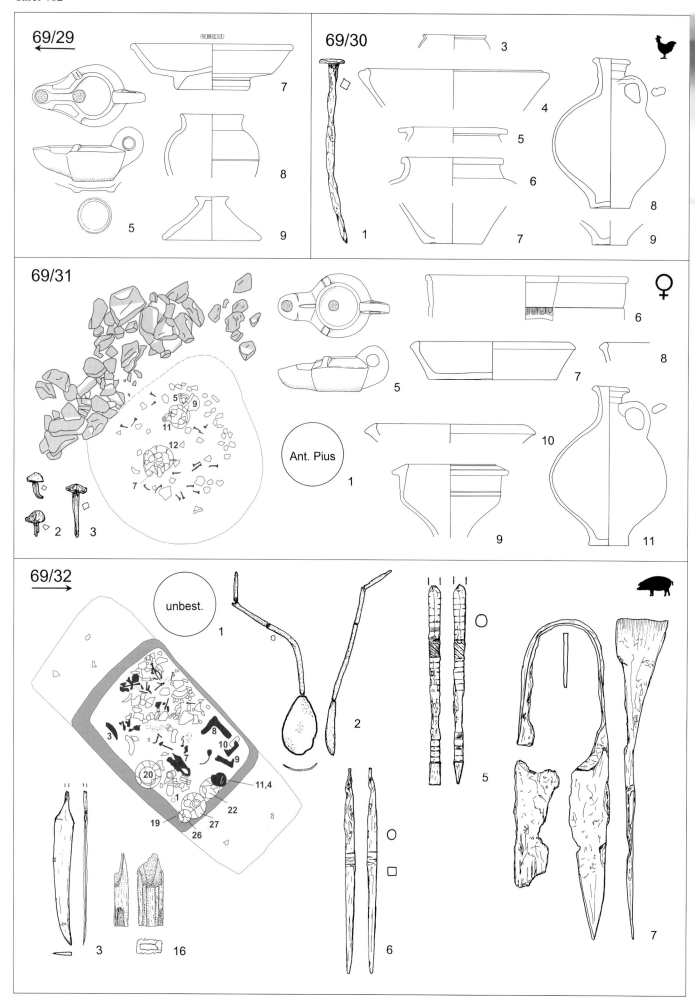

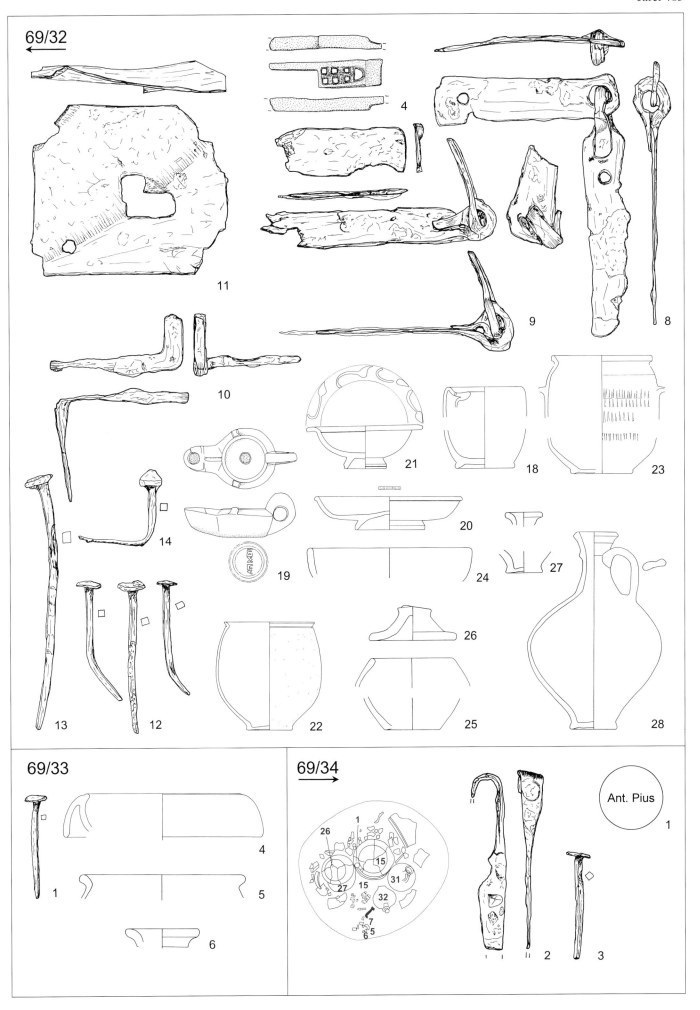
Tafel 463

Tafel 464

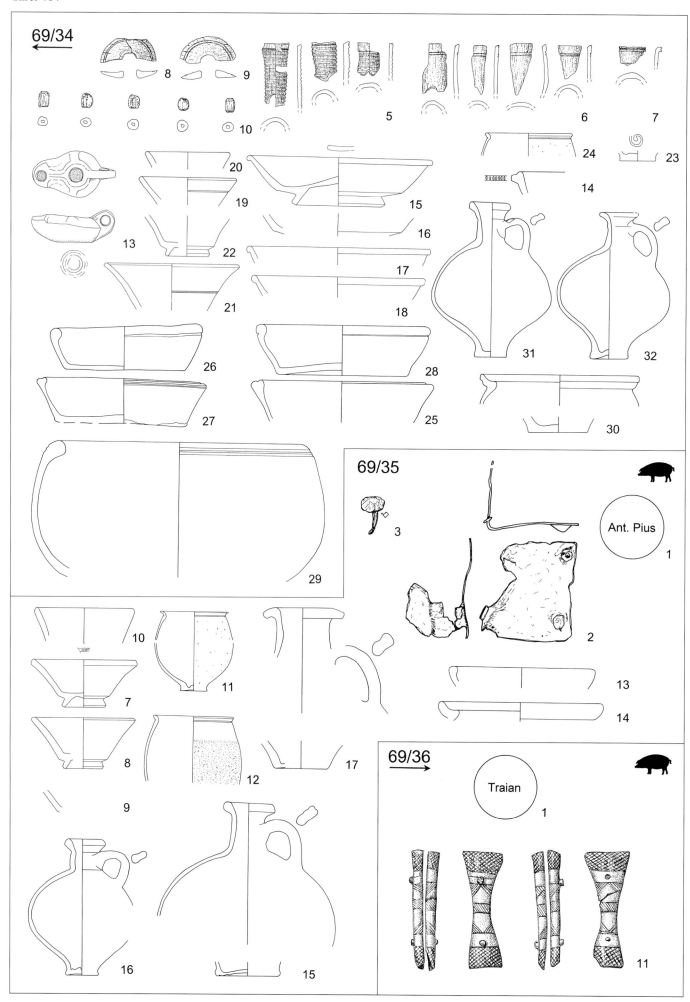

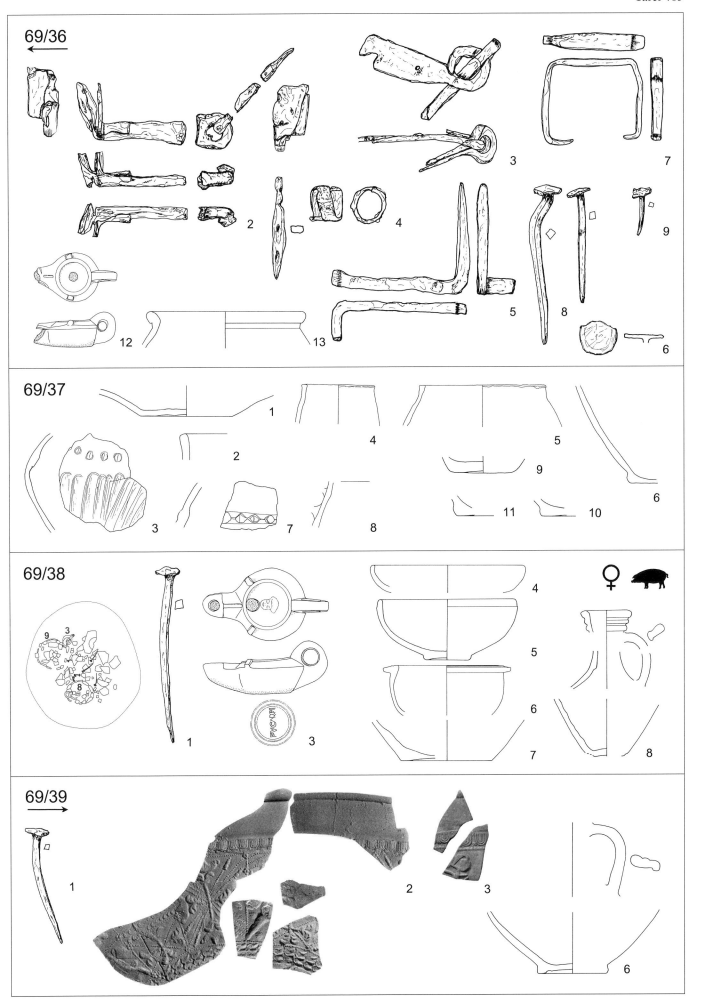

Tafel 466

69/39

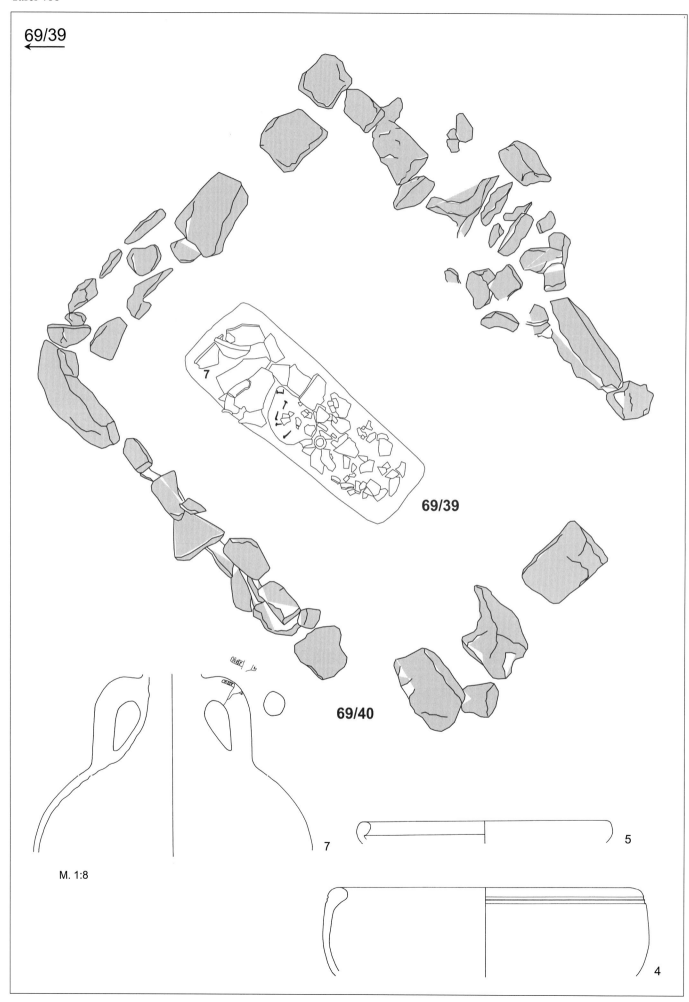

M. 1:8

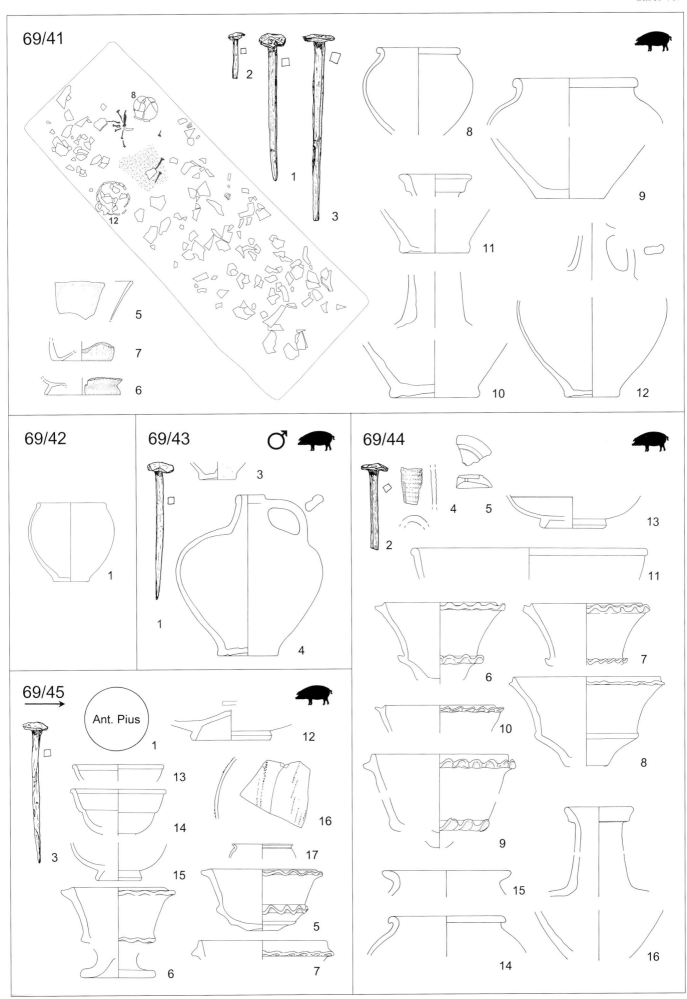

Tafel 468

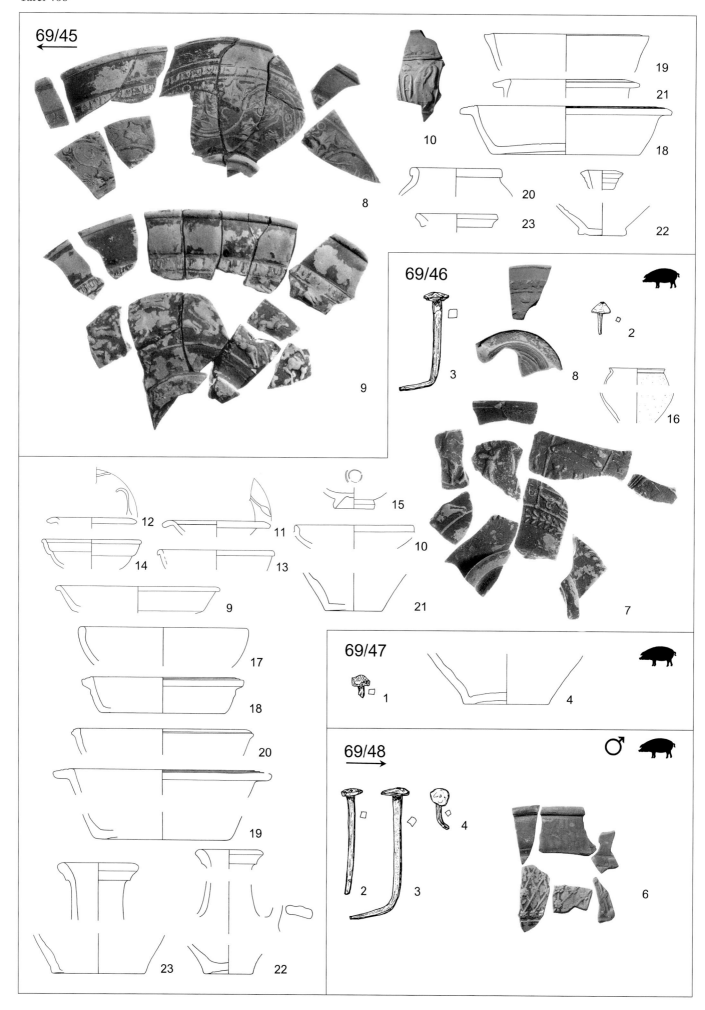

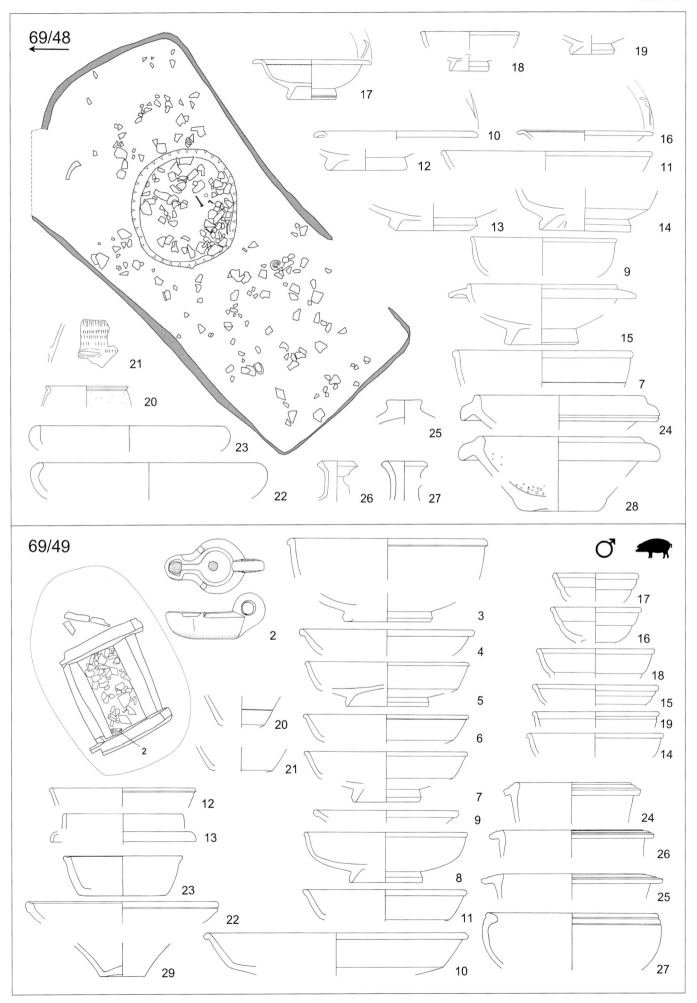

Tafel 469

Tafel 470

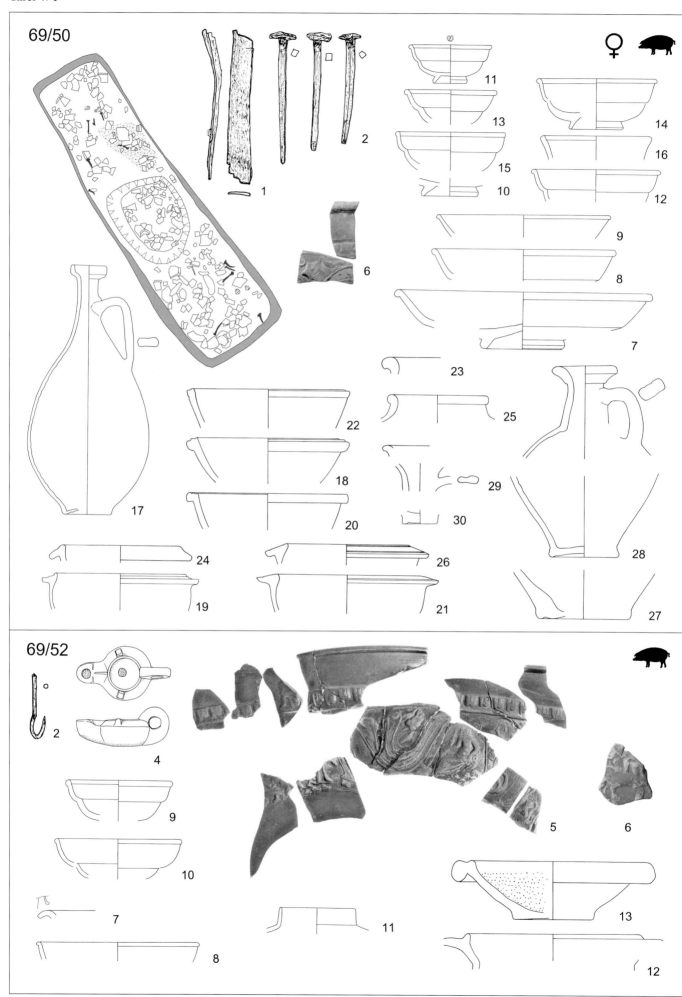

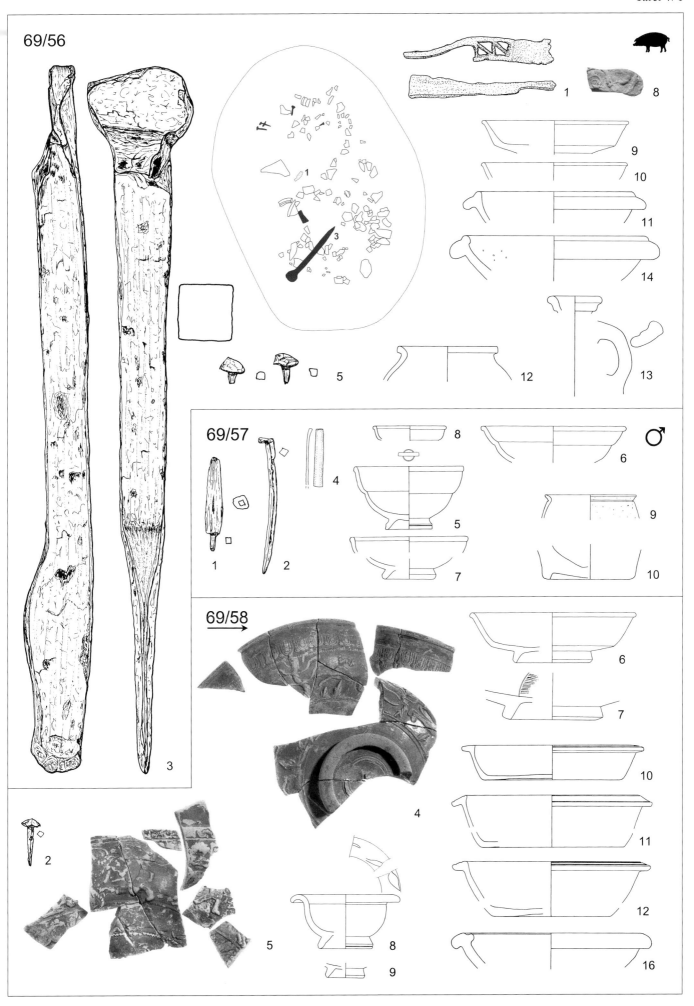

Tafel 471

Tafel 472

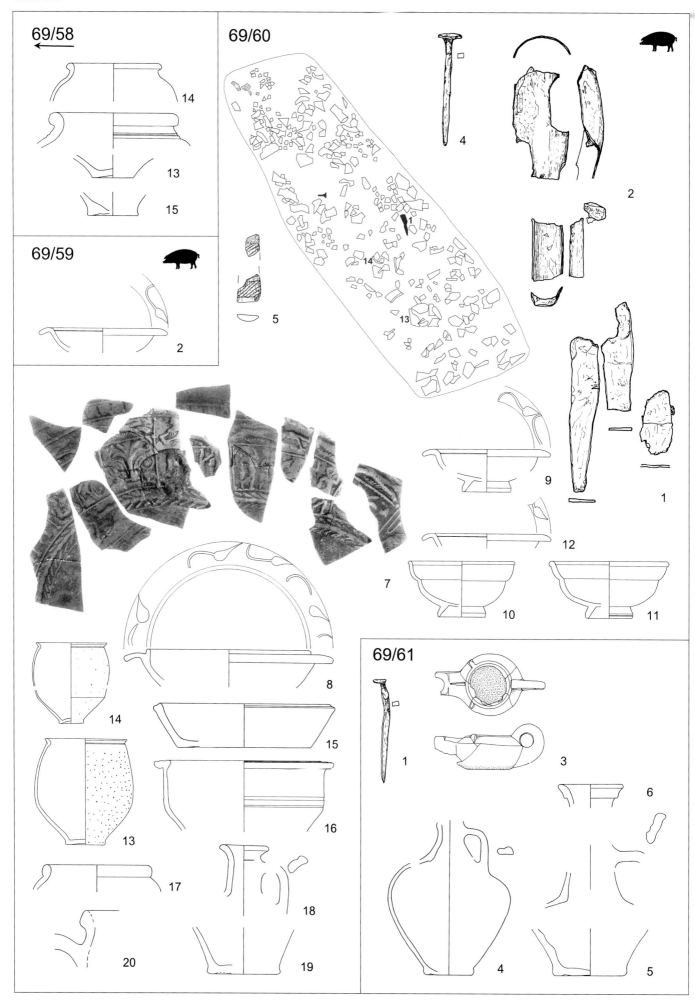

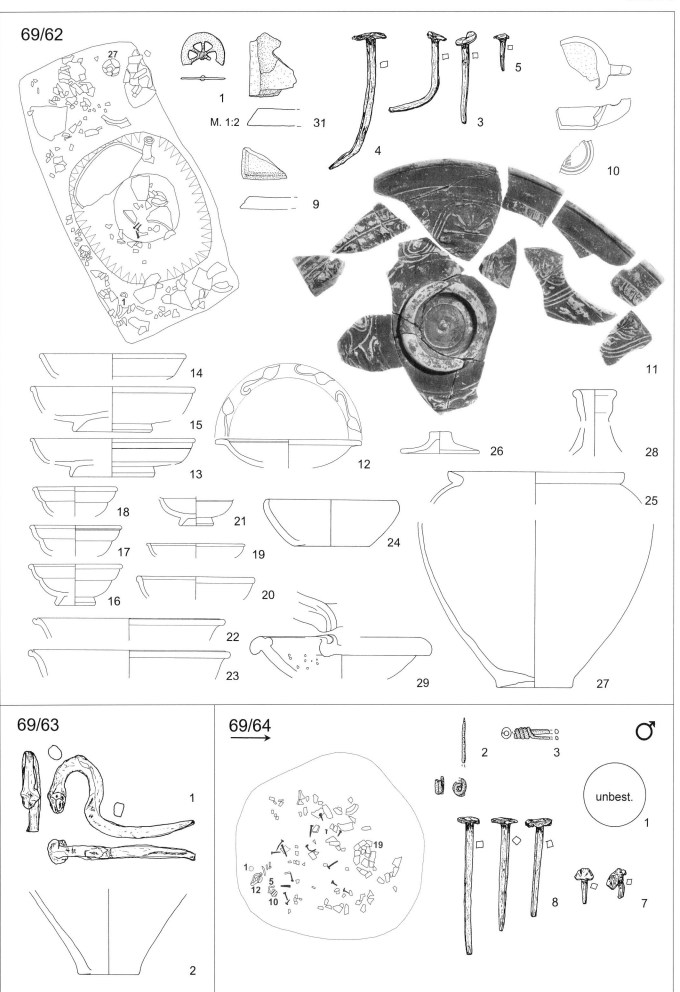

Tafel 473

Tafel 474

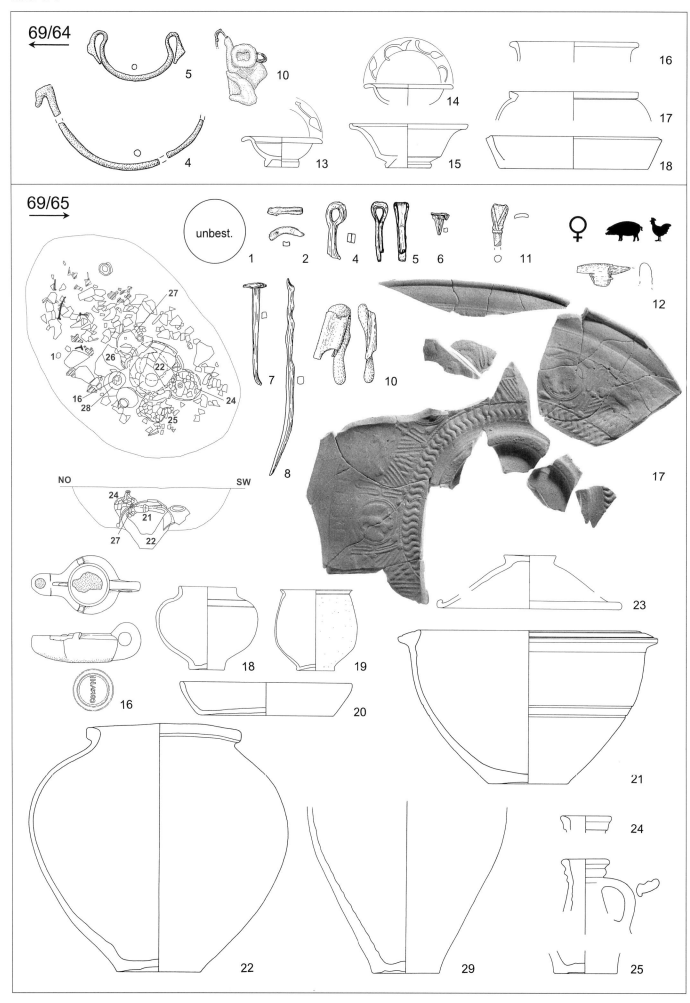

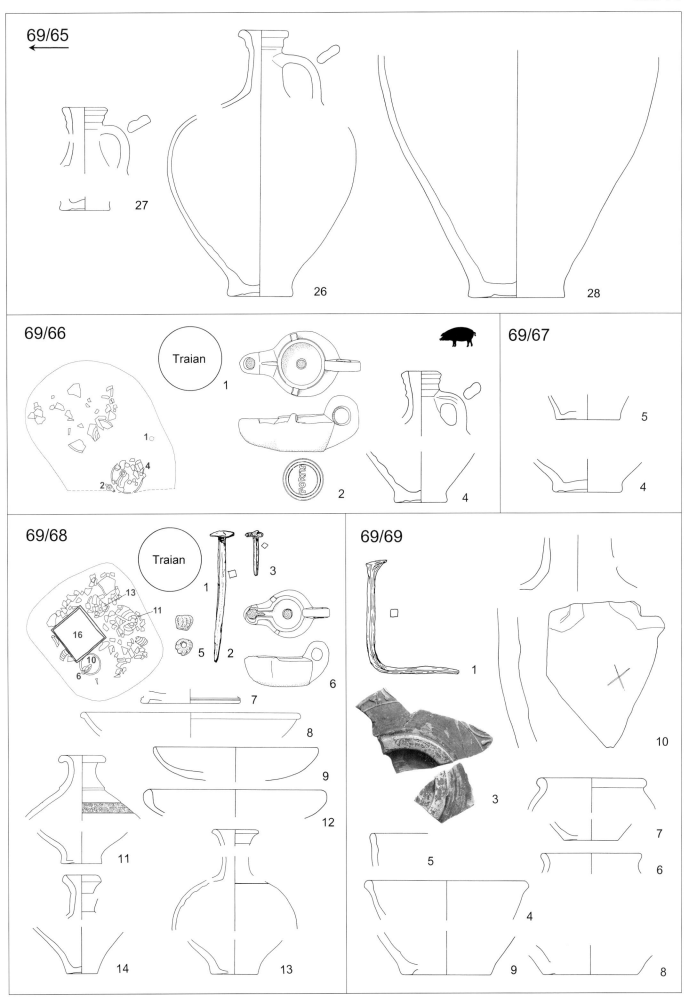

Tafel 475

Tafel 476

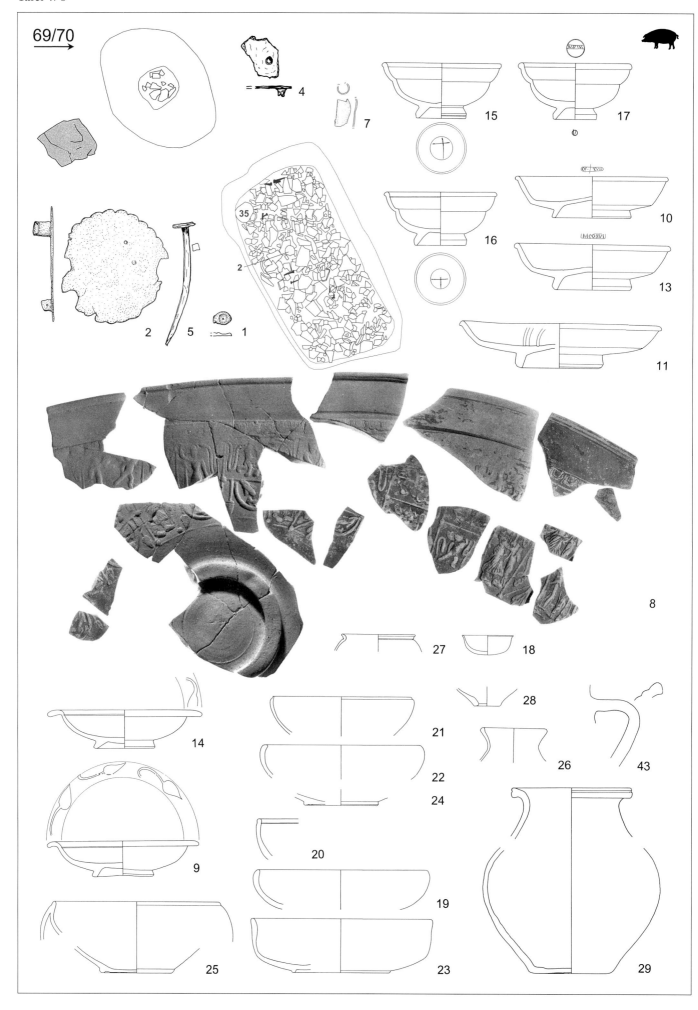

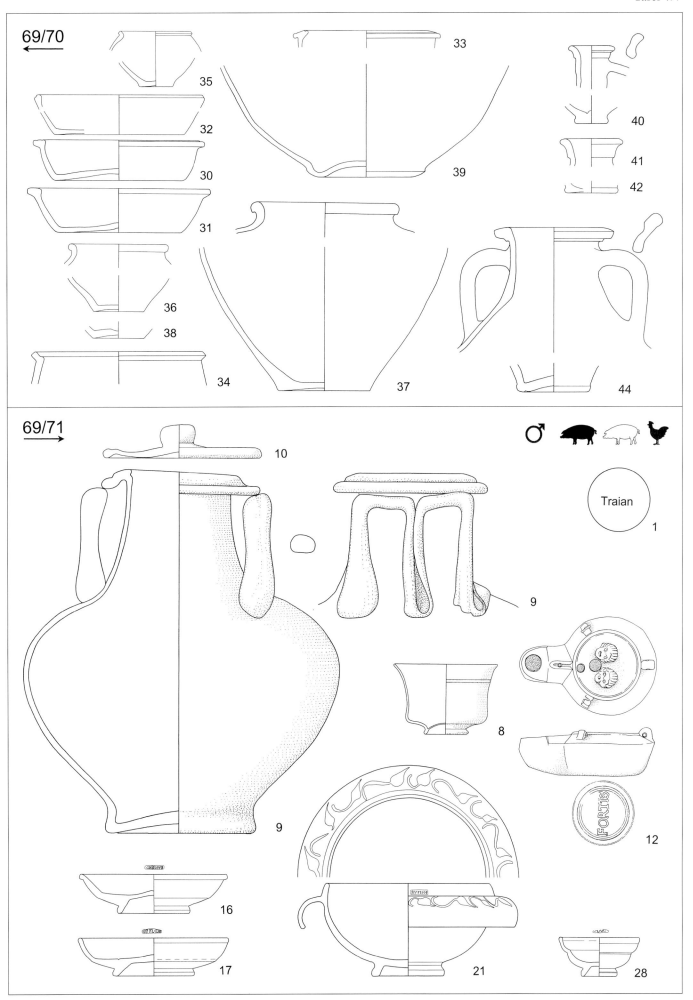

Tafel 477

Tafel 478

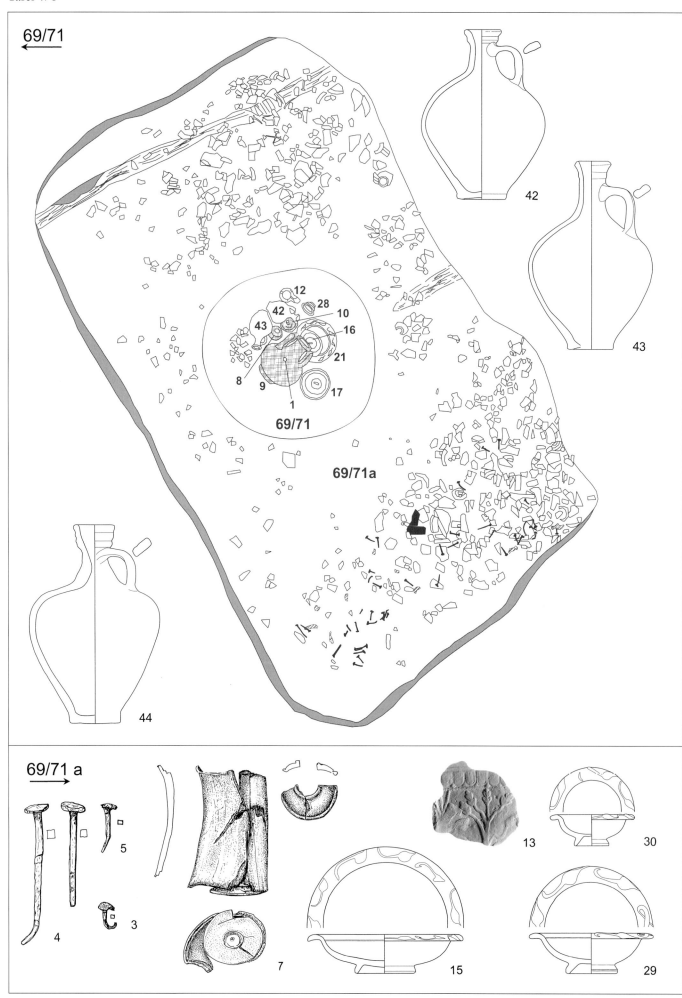

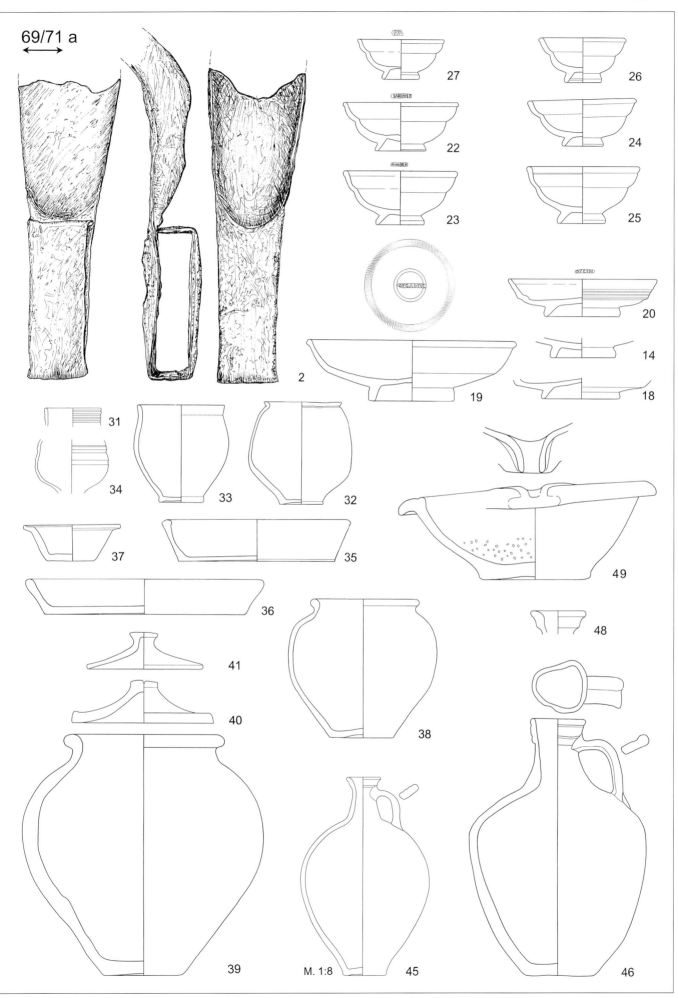

Tafel 479

Tafel 480

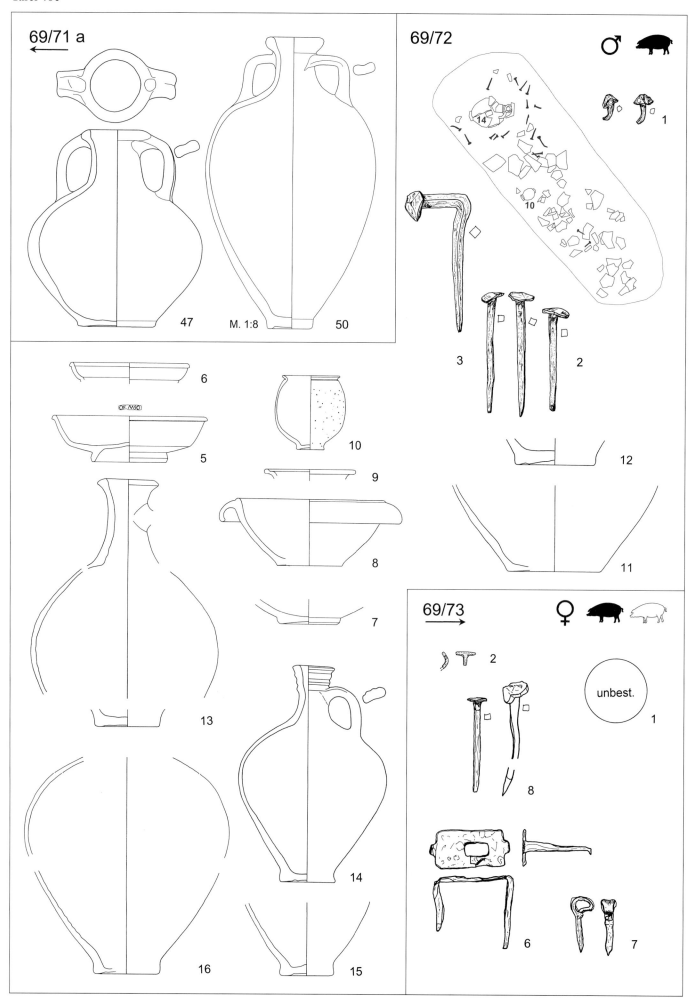

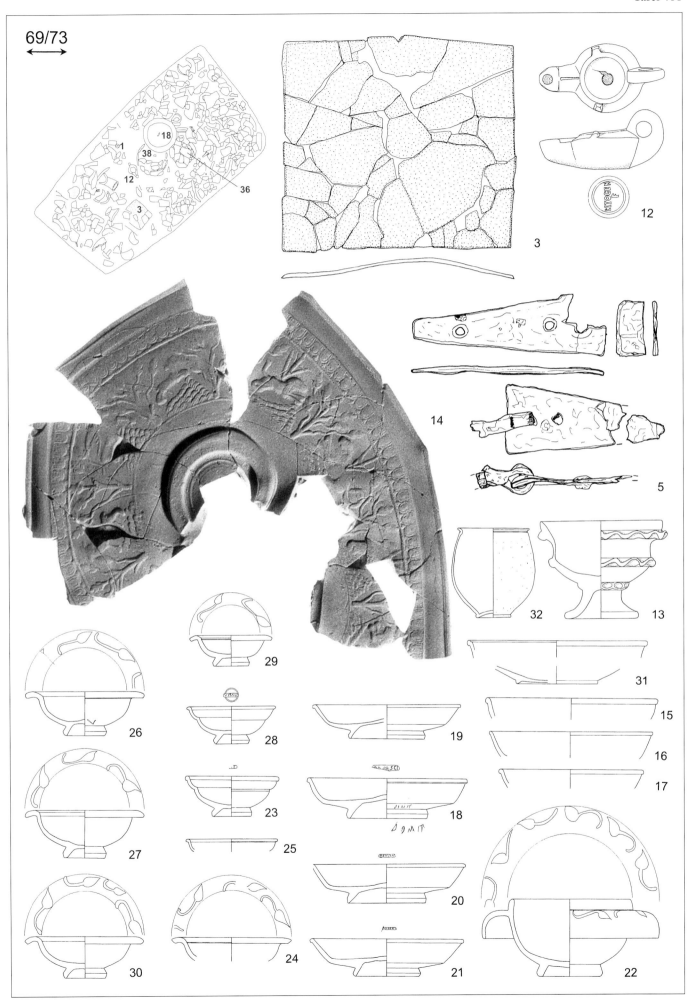

Tafel 481

Tafel 482

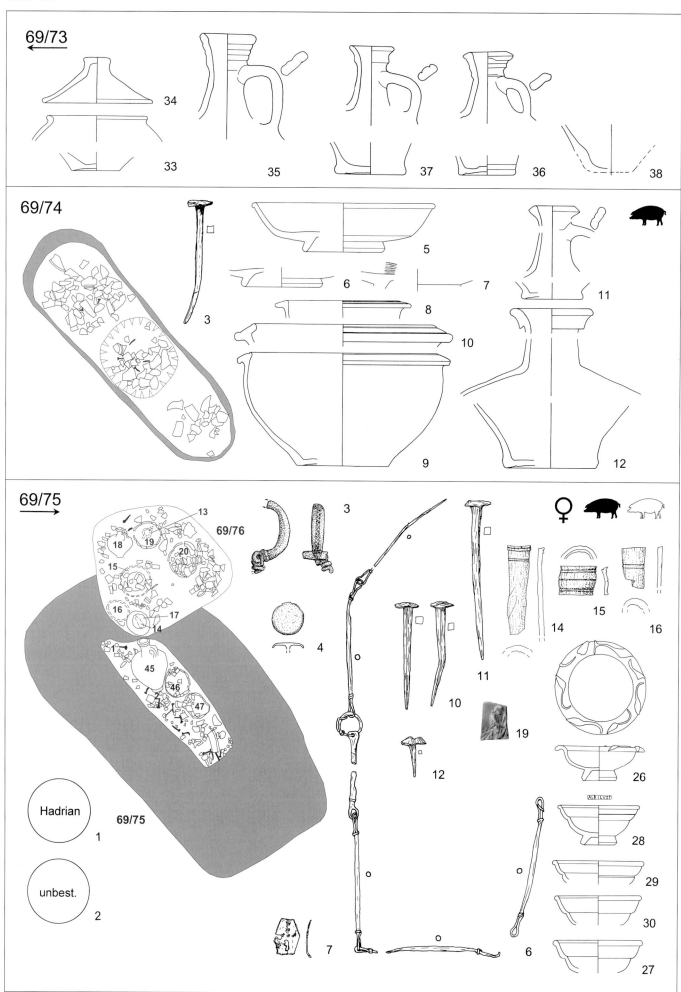

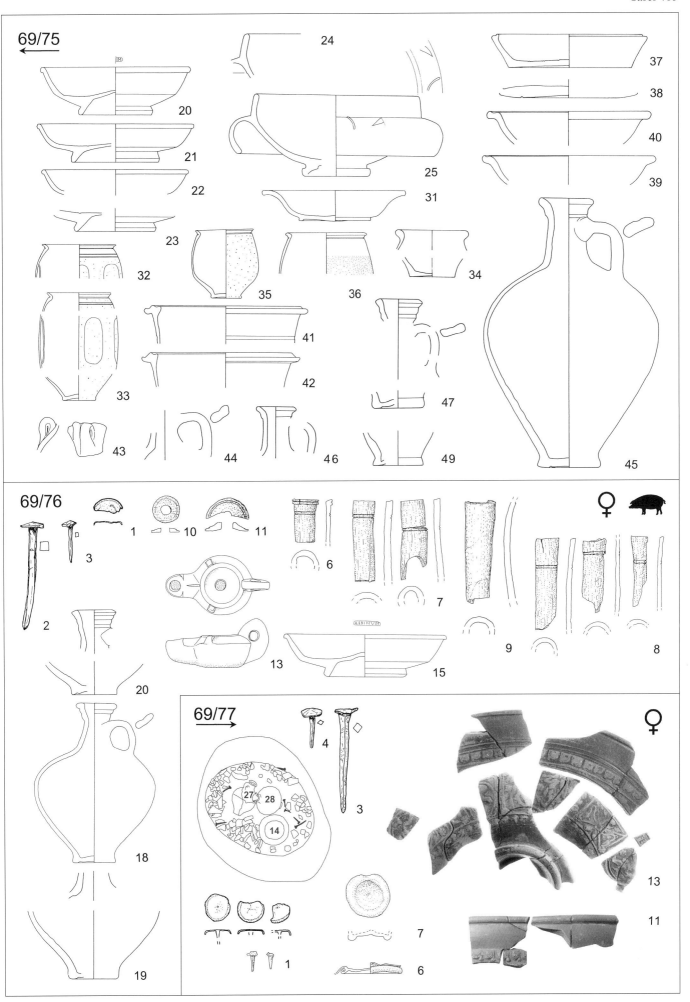

Tafel 484

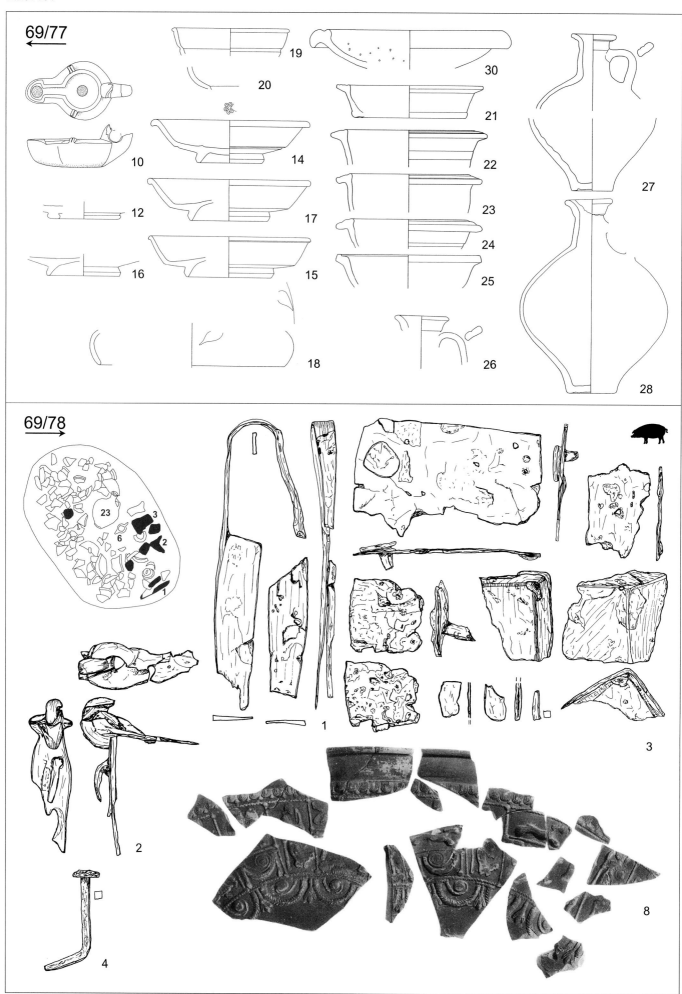

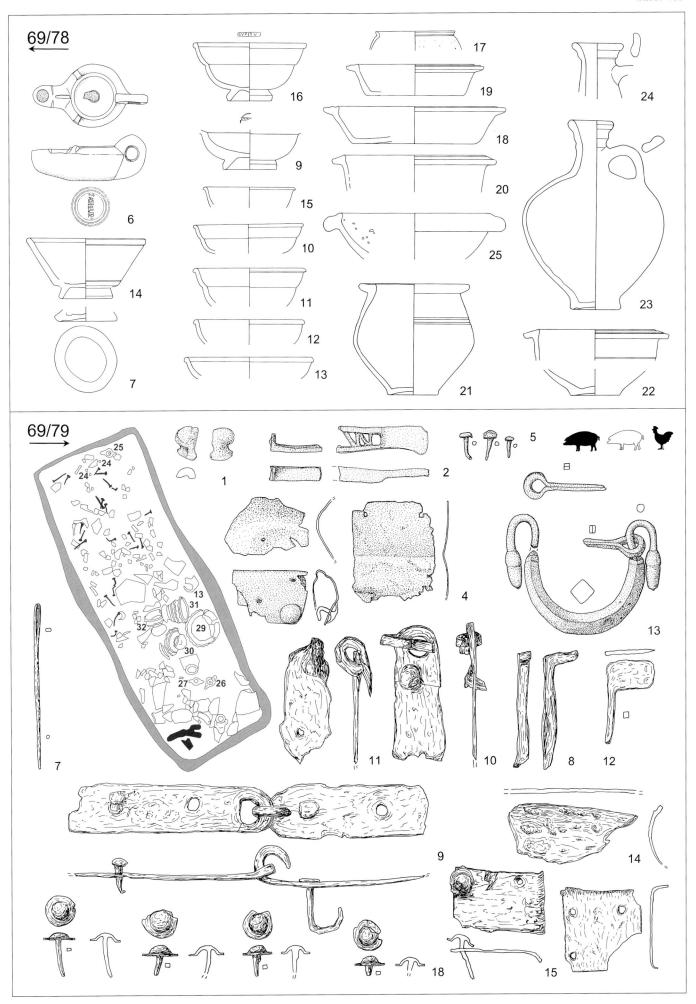

Tafel 486

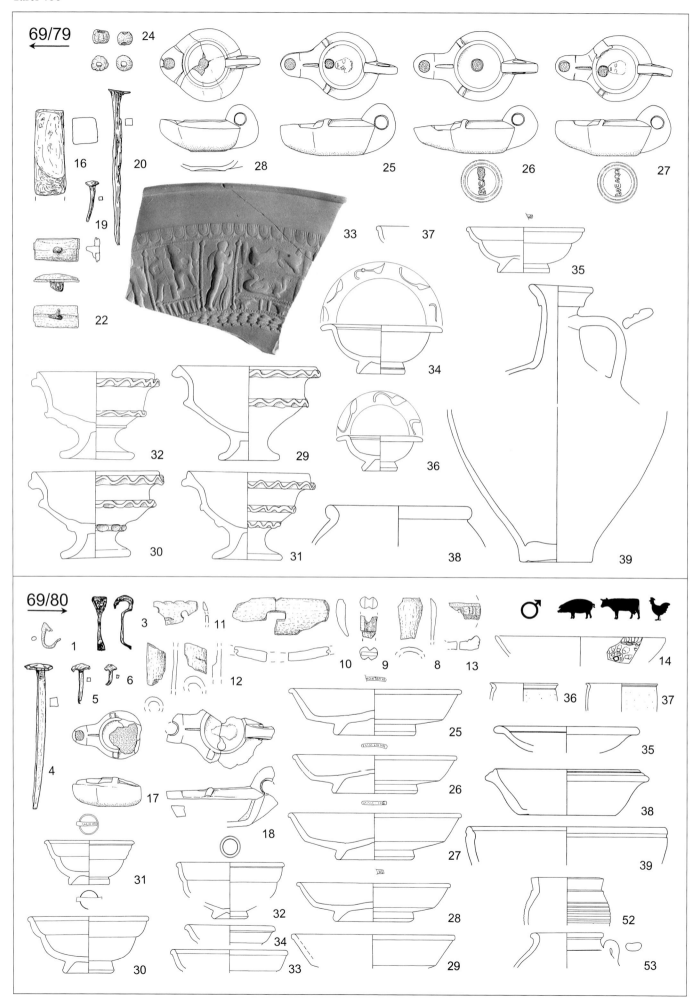

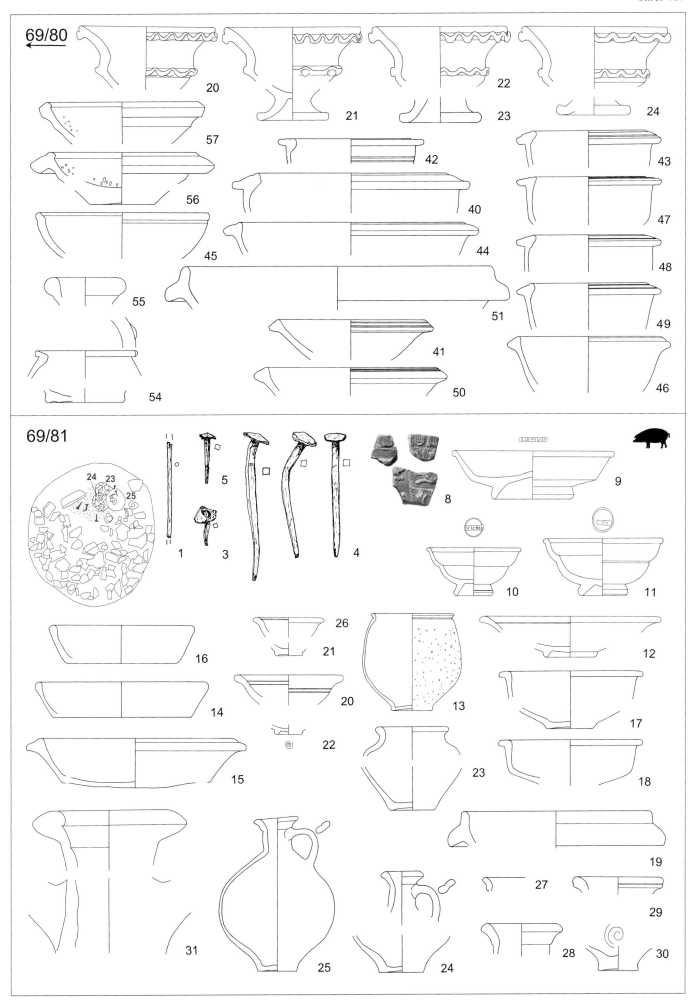

Tafel 488

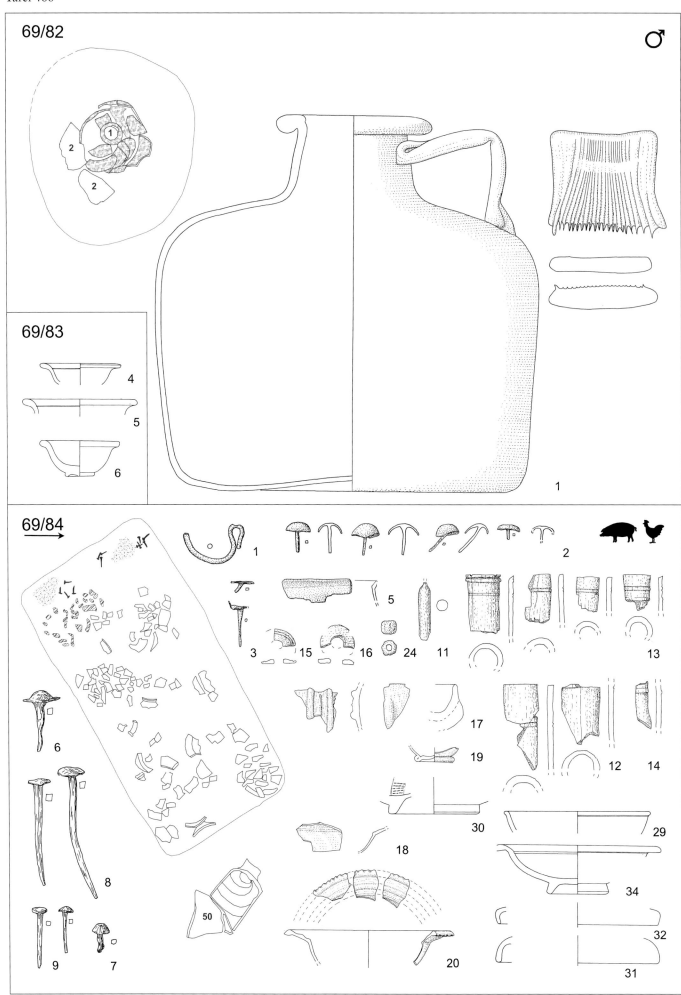

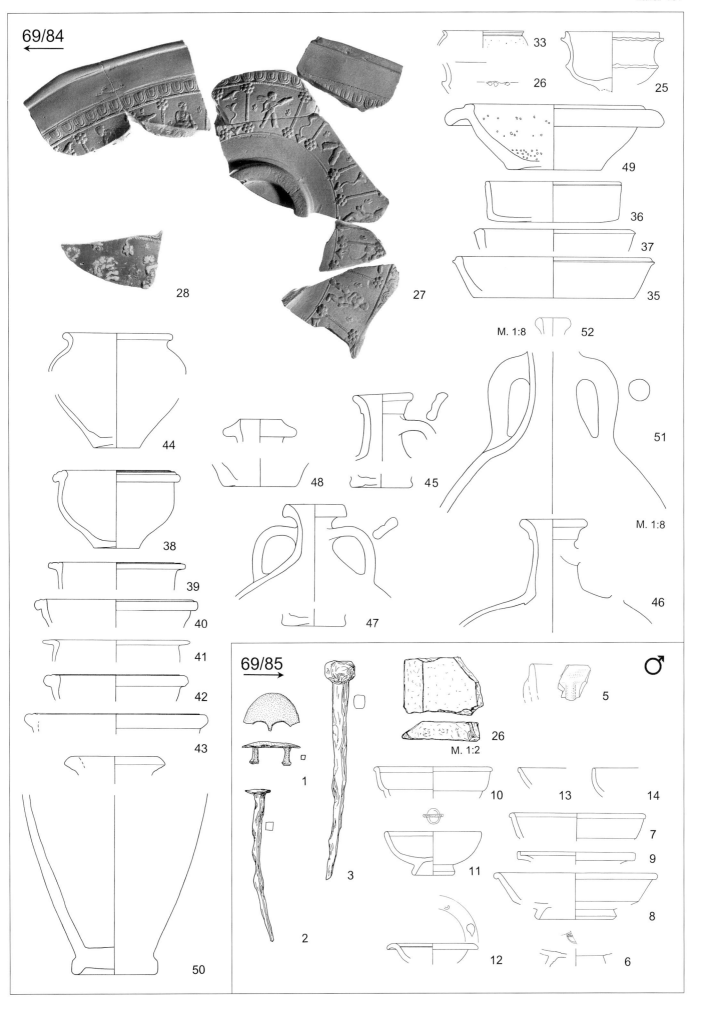

Tafel 489

Tafel 490

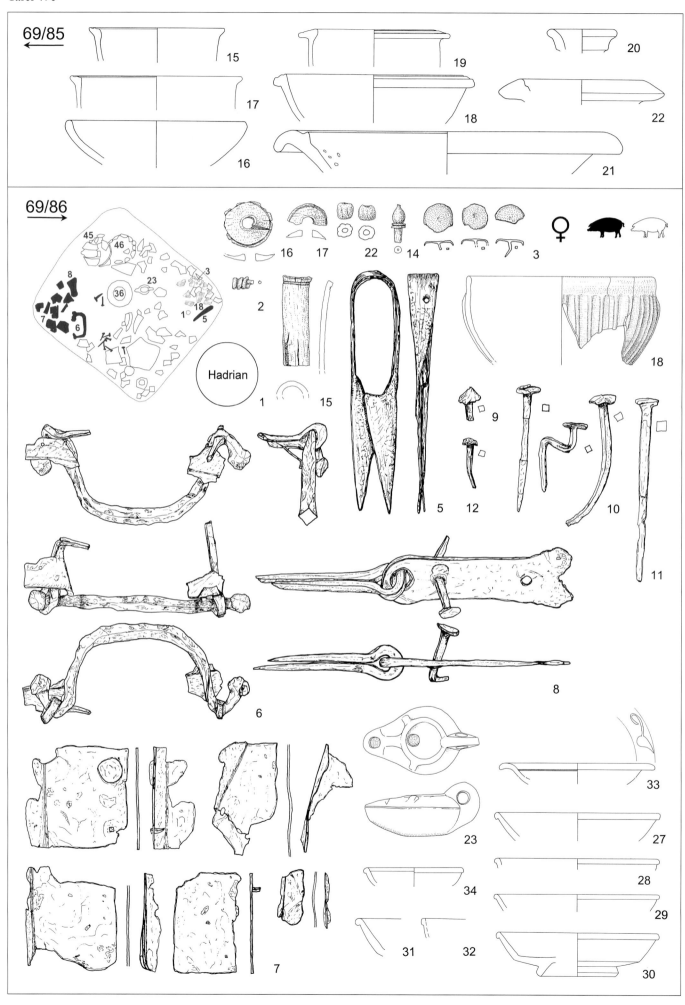

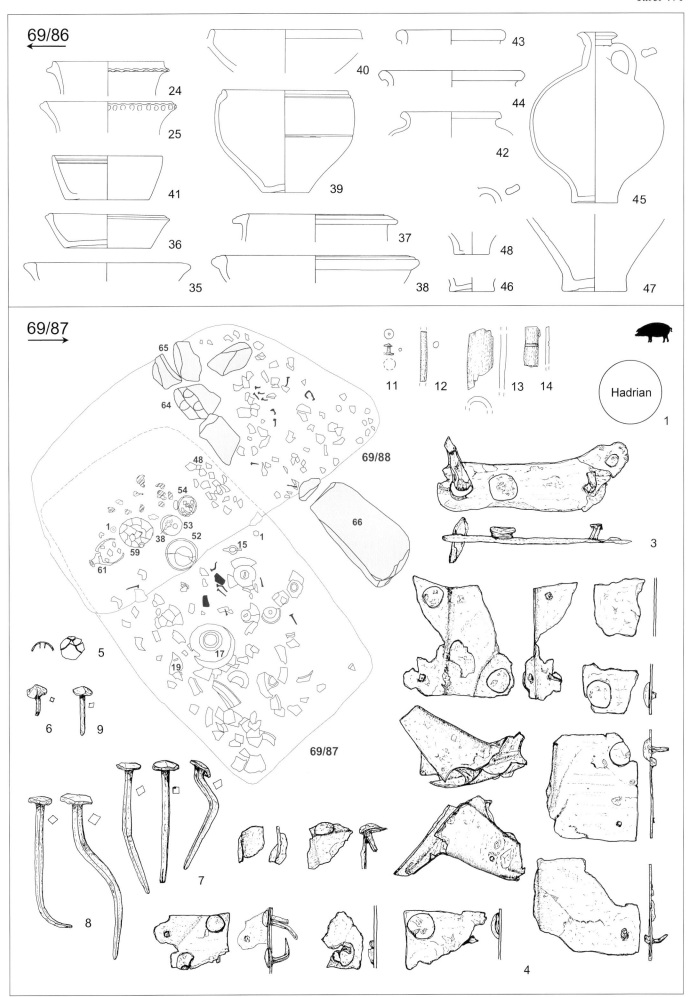

Tafel 491

Tafel 492

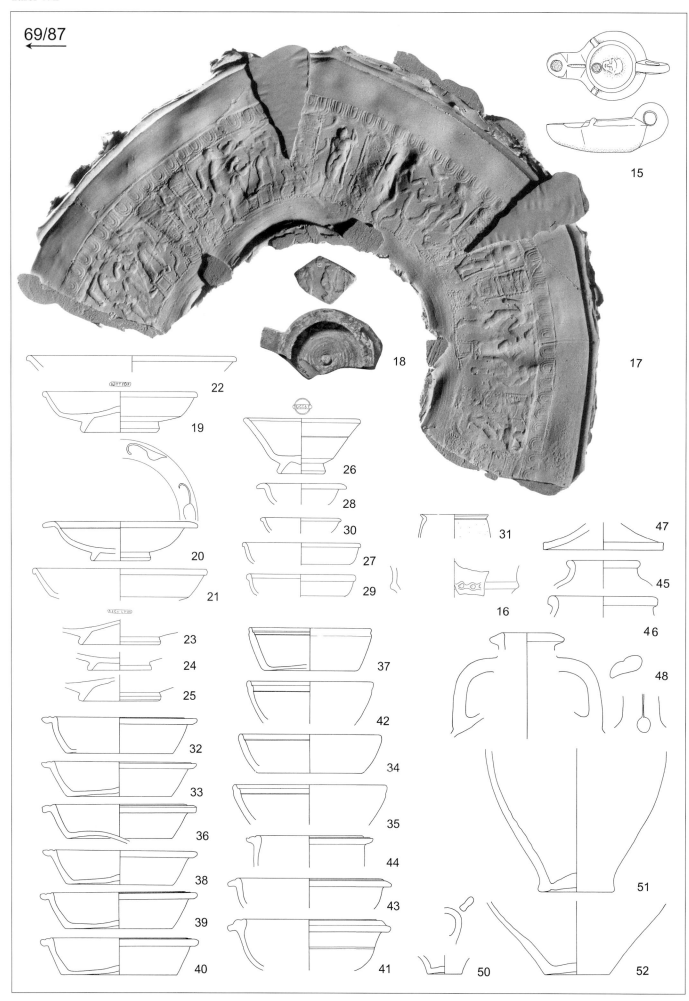

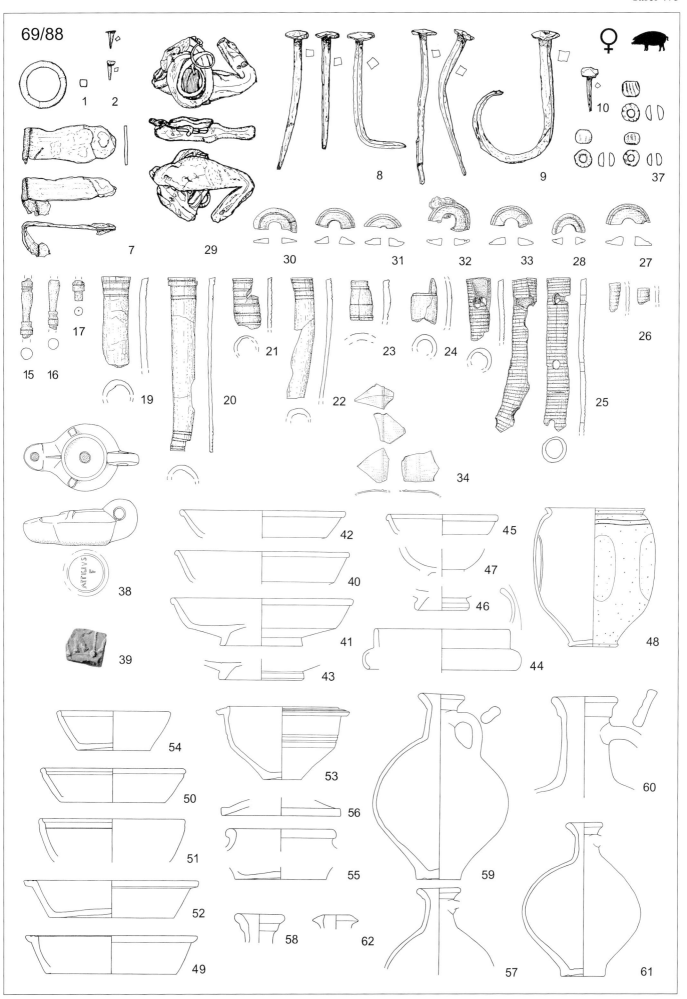
Tafel 493

Tafel 494

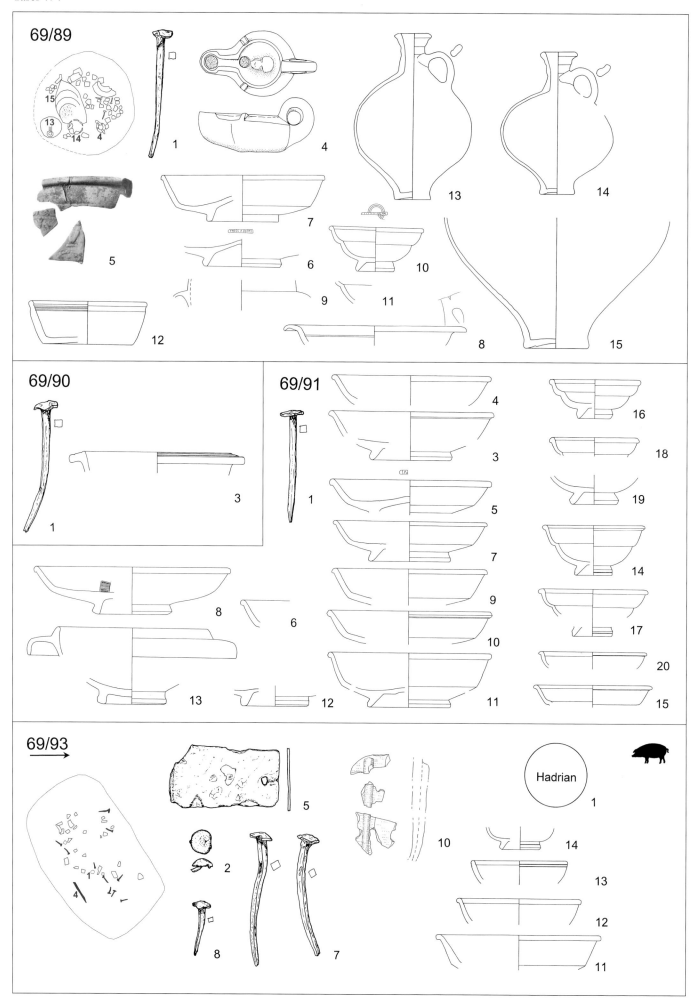

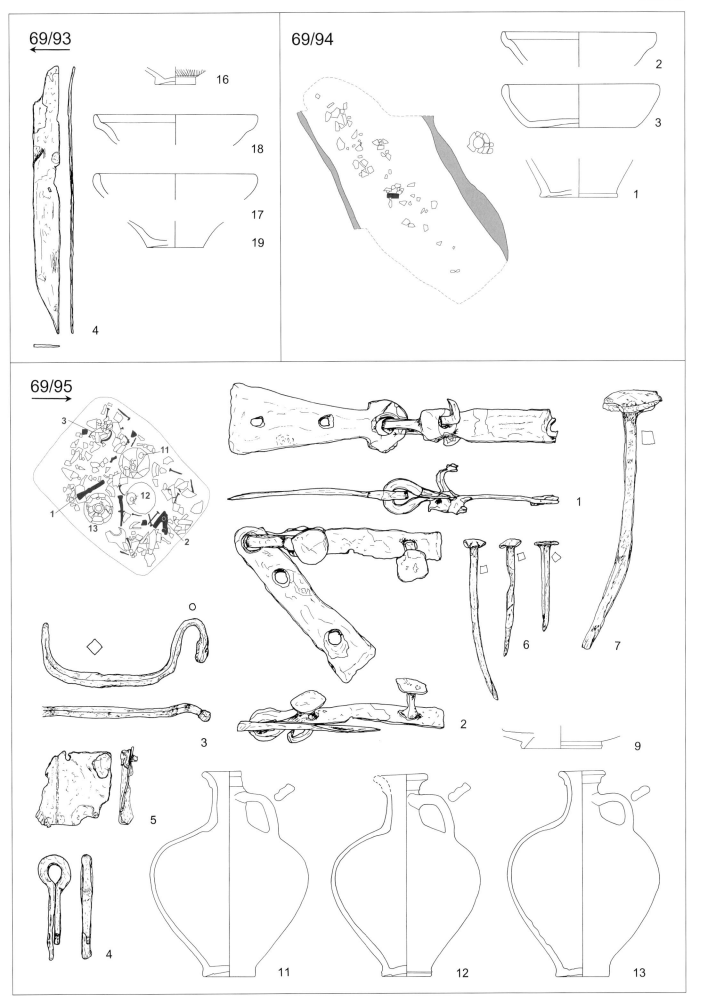

Tafel 495

Tafel 496

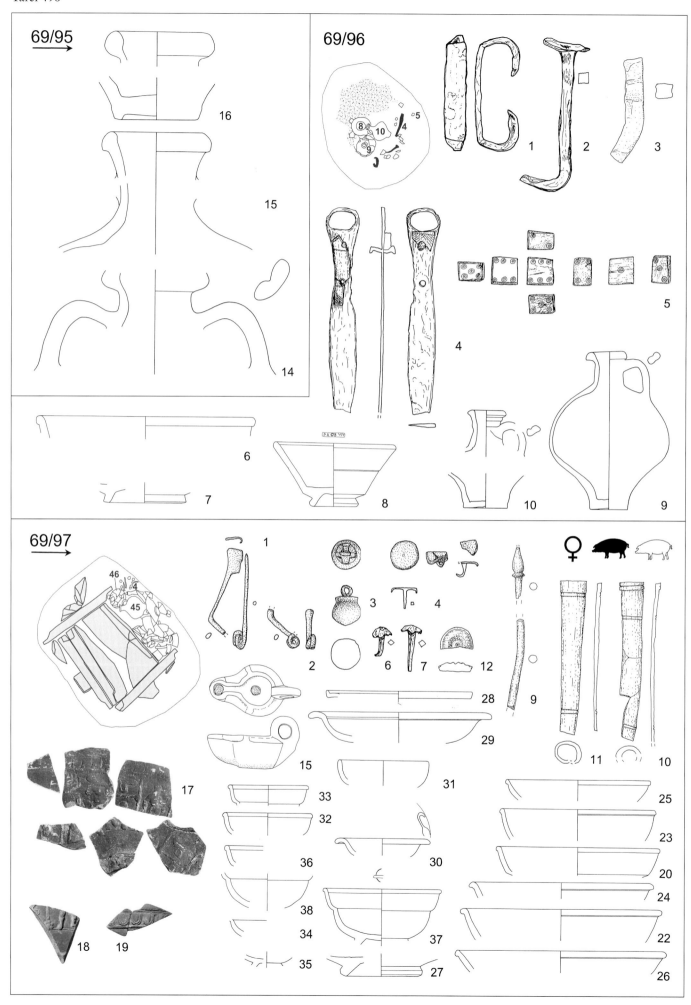

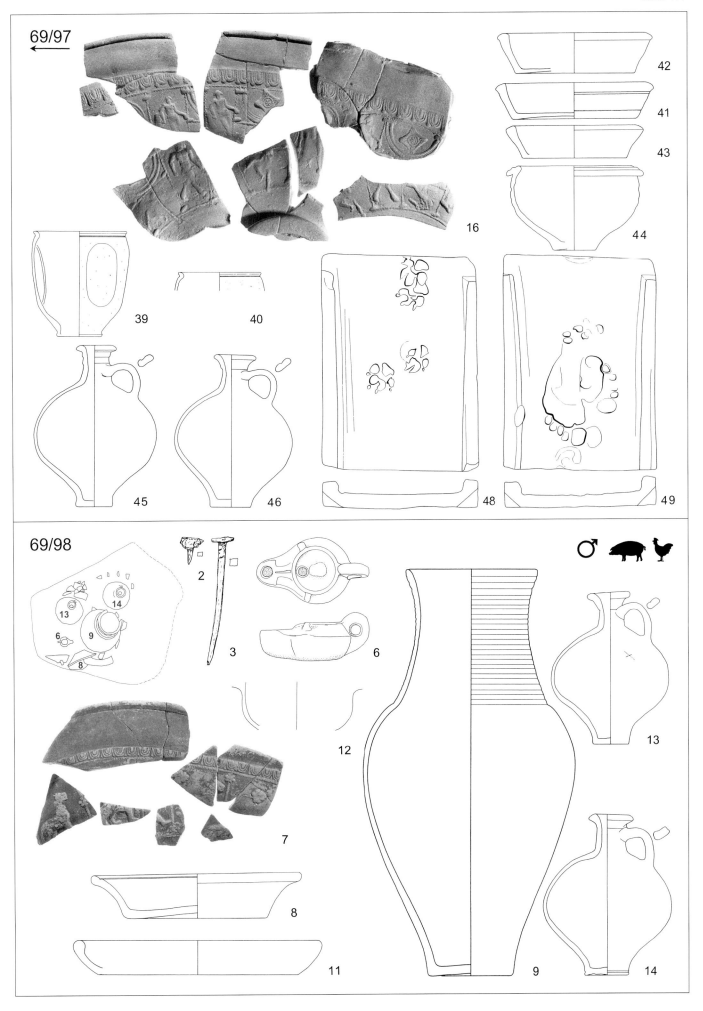

Tafel 497

Tafel 498

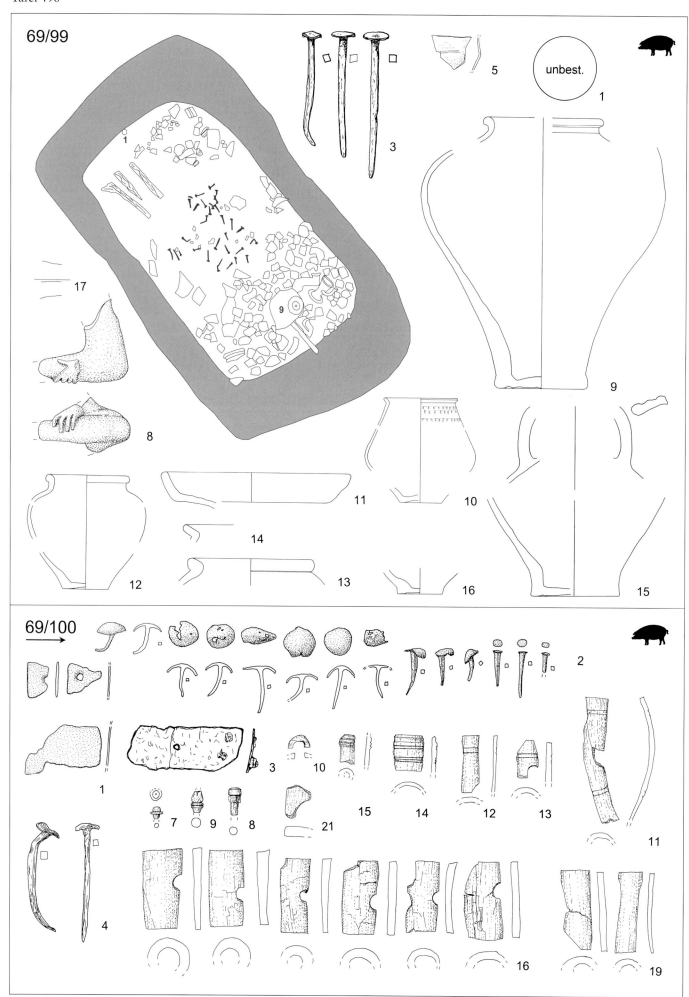

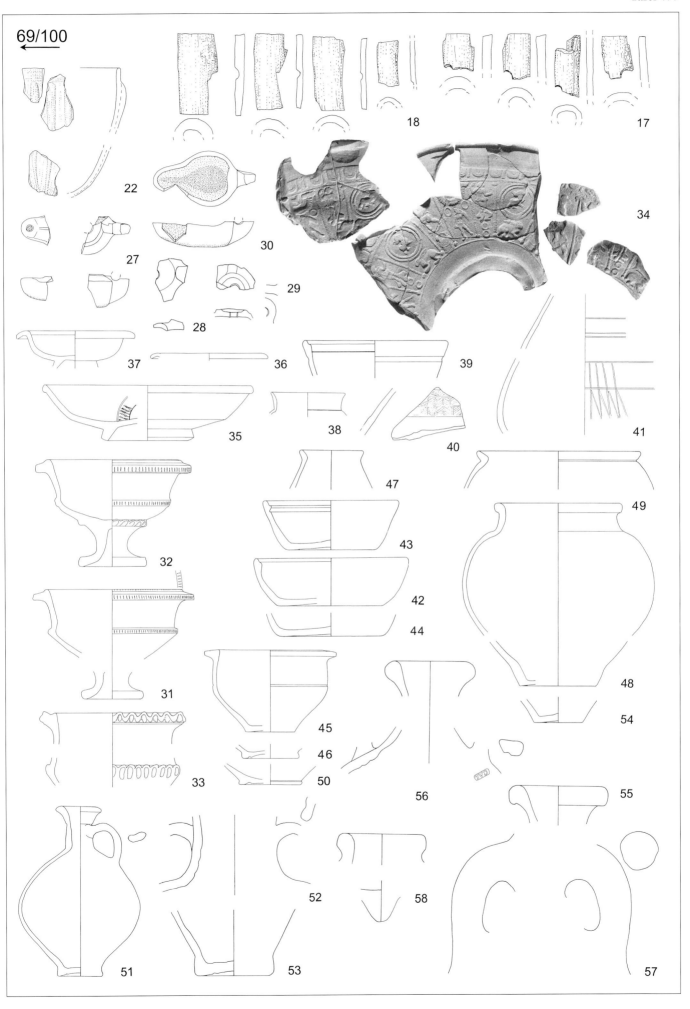

Tafel 499

Tafel 500

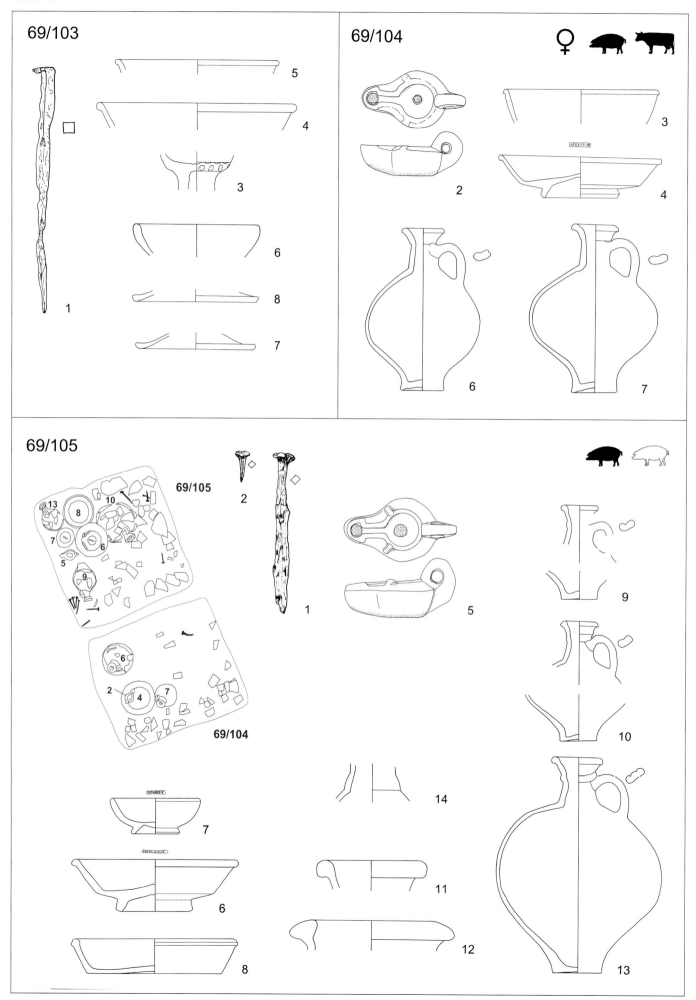

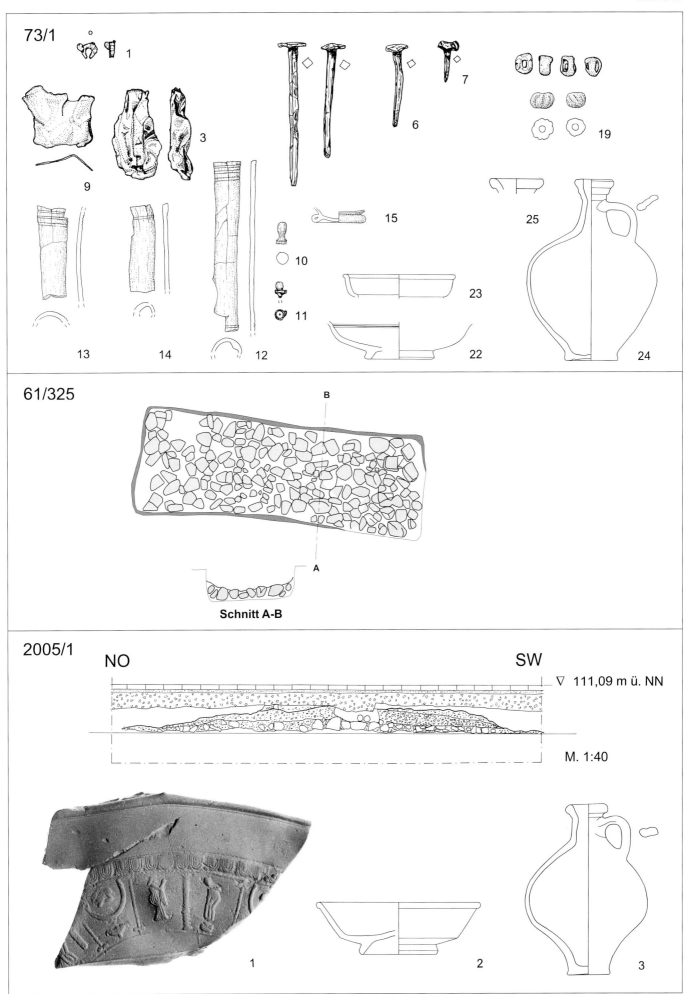

Tafel 501

Tafel 502

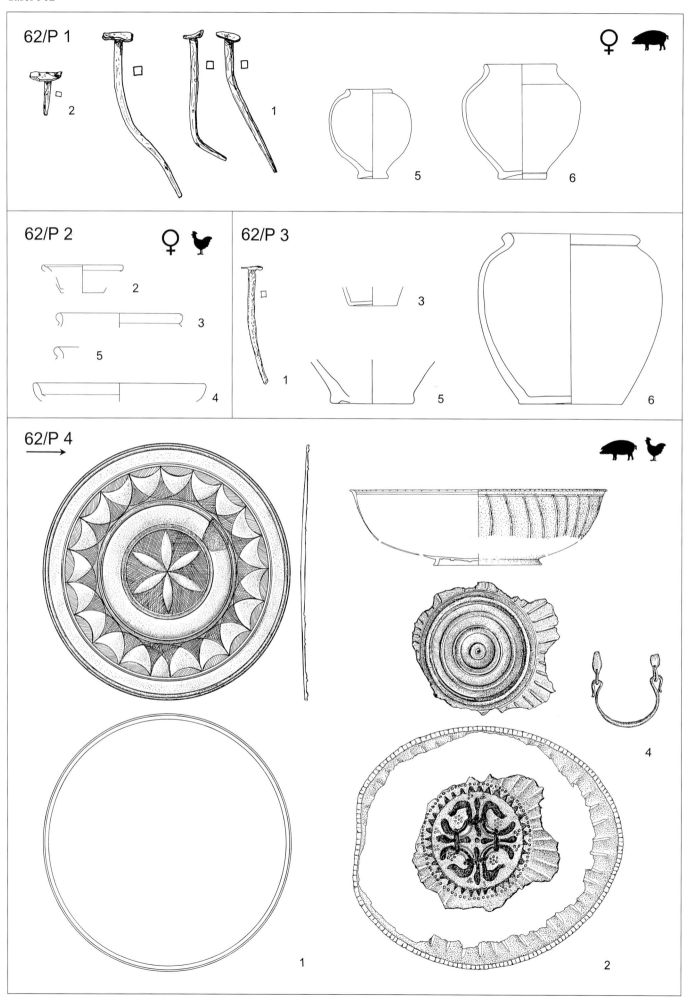

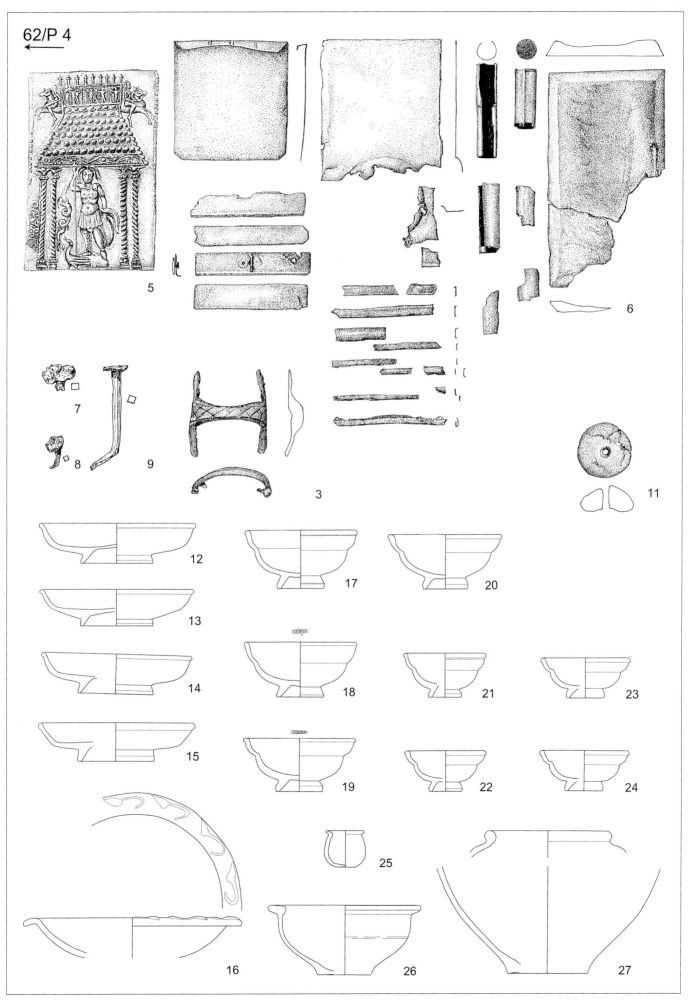
Tafel 503

Tafel 504

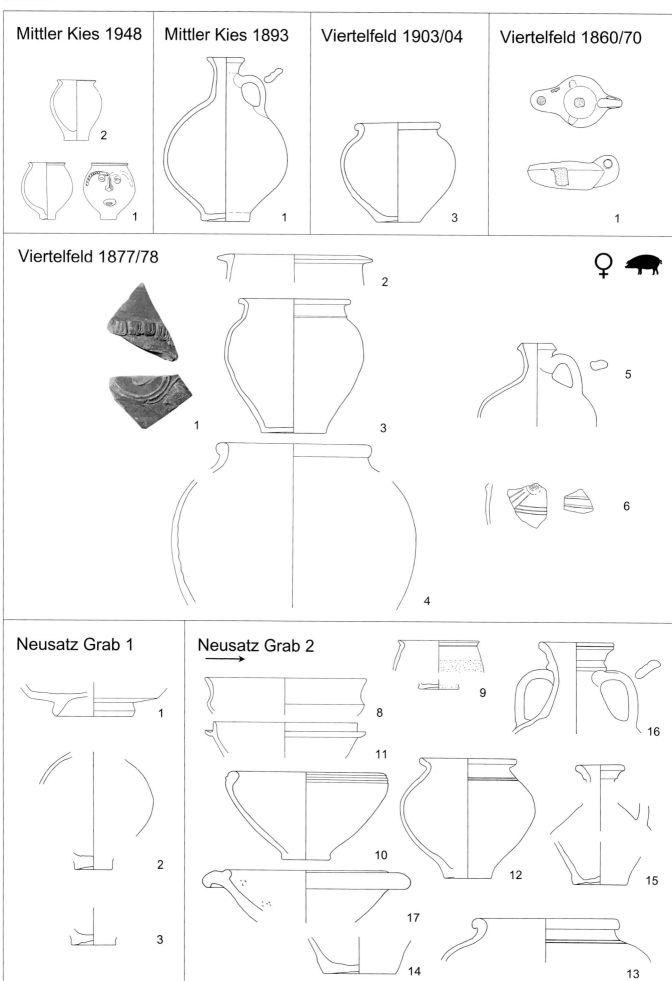

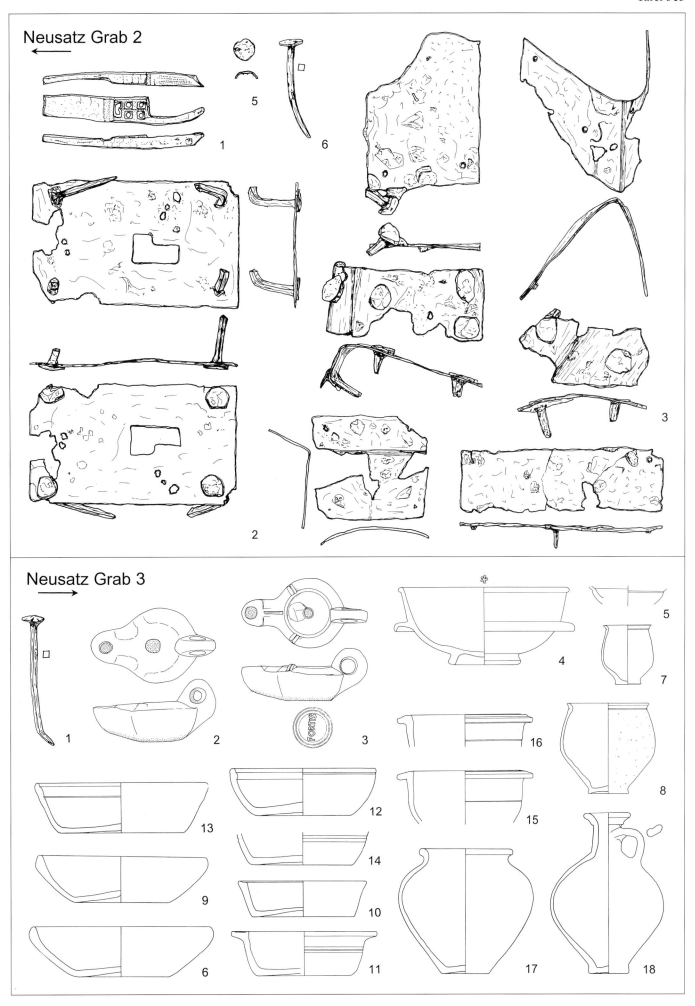

Tafel 506

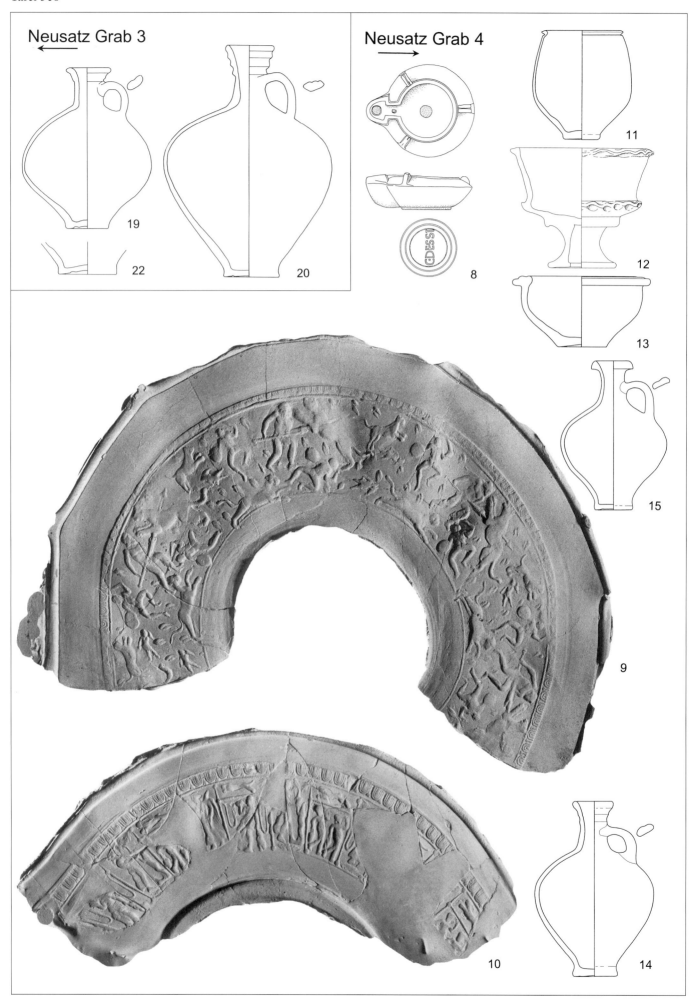

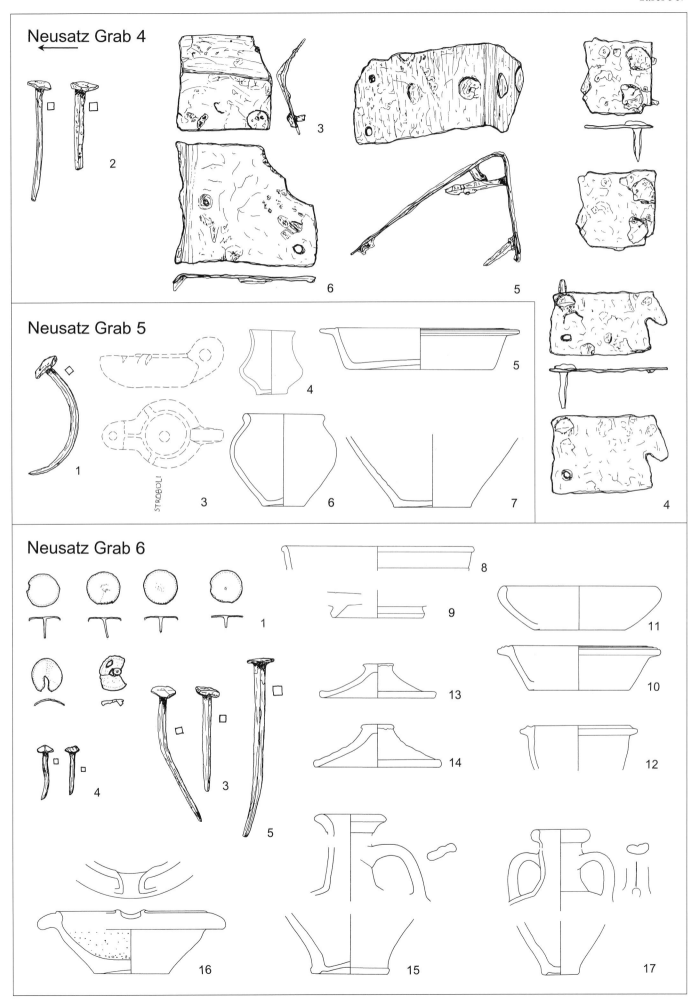
Tafel 507

Tafel 508

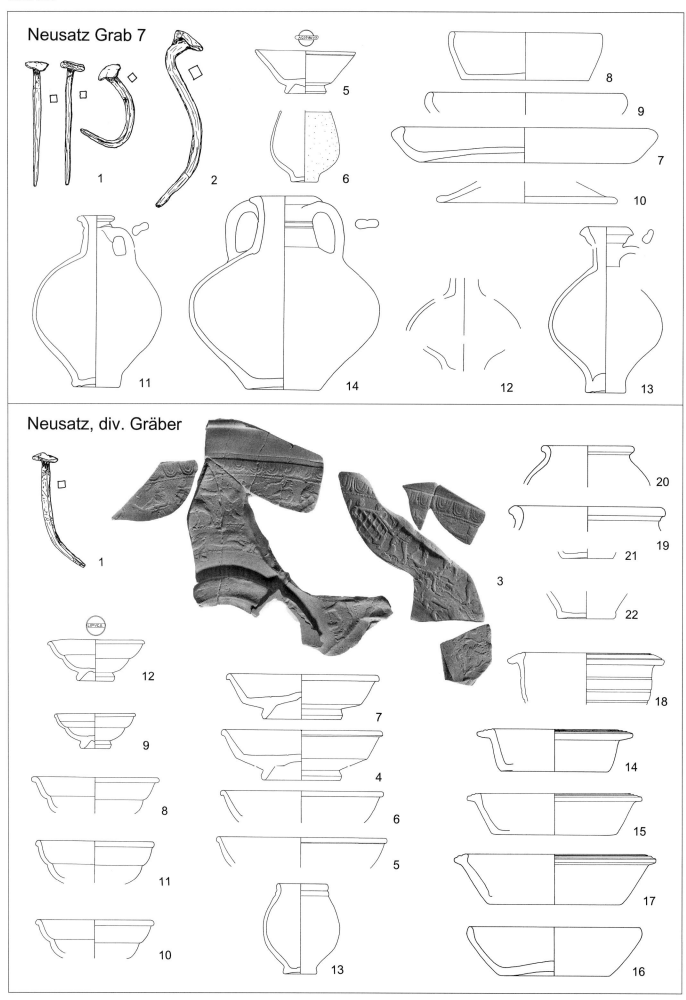

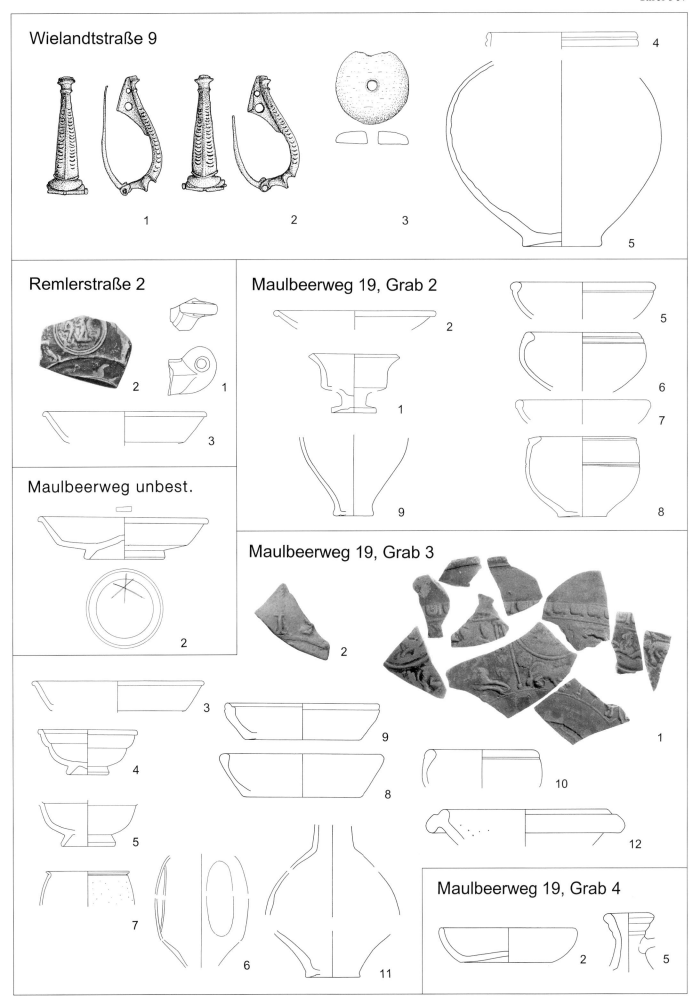

Tafel 509

Tafel 510

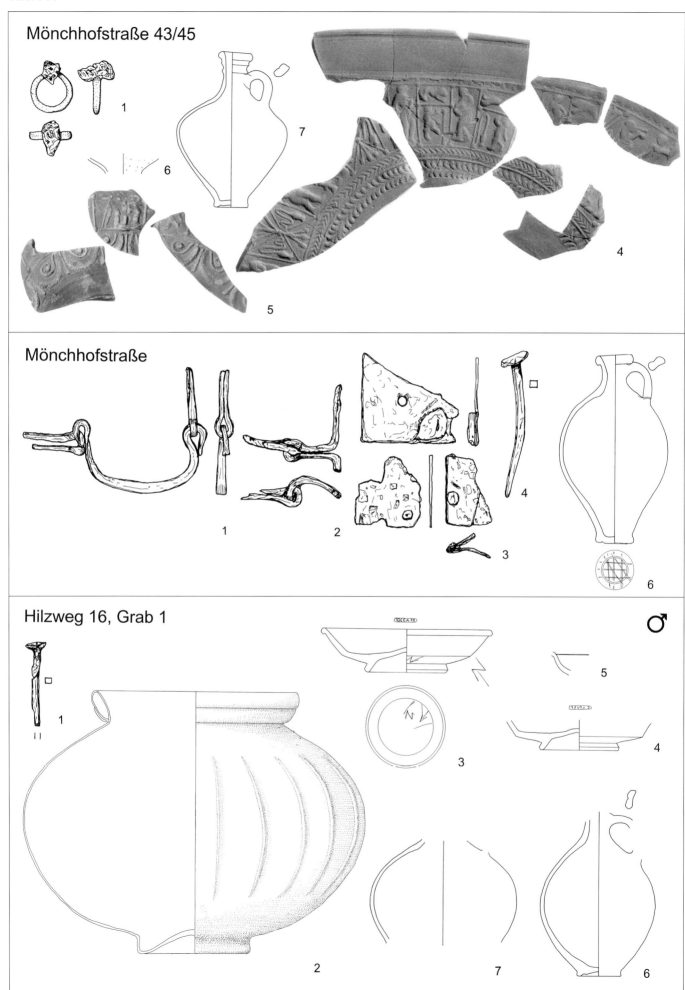

Hilzweg 16, Grab 2

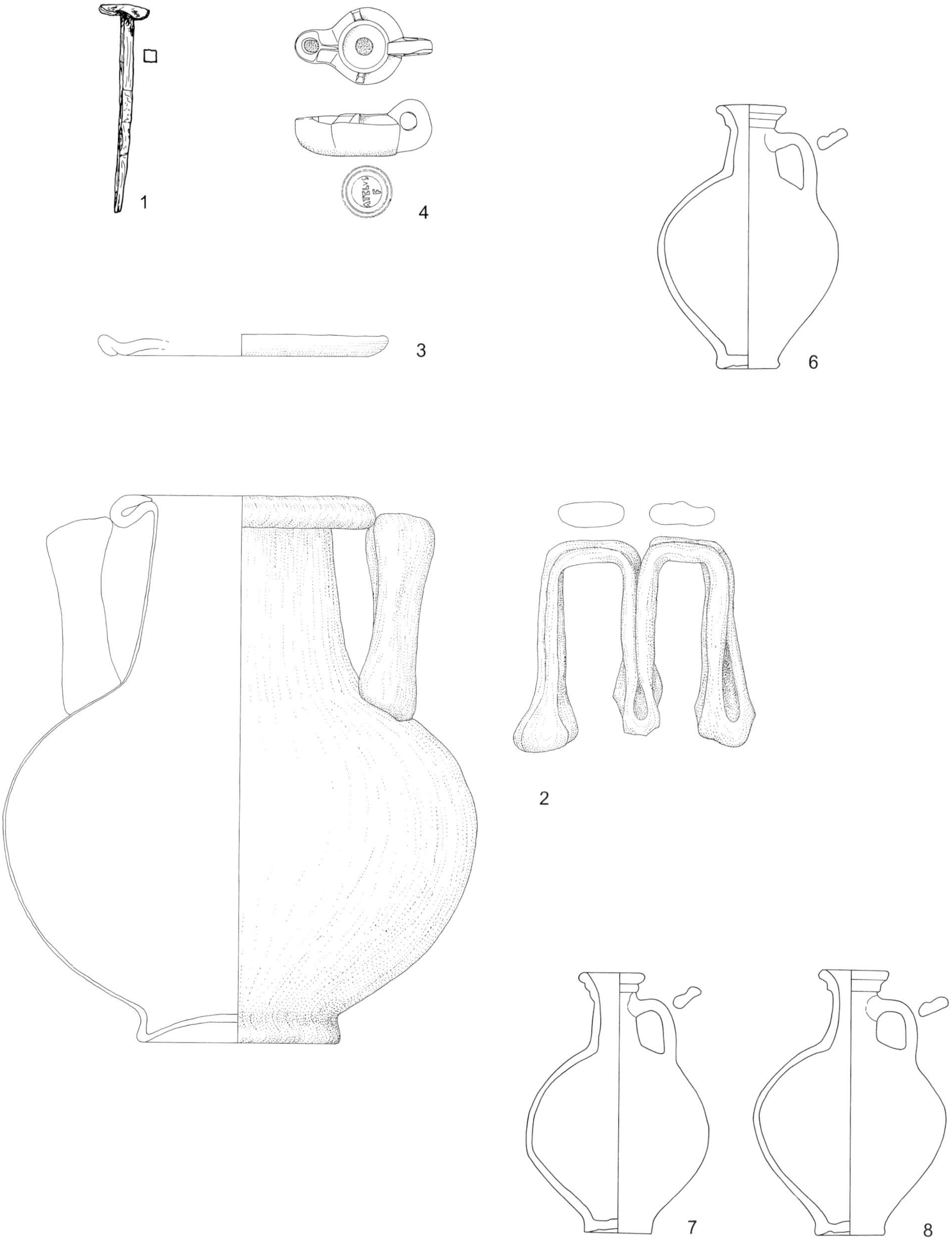

Tafel 511

♀

Tafel 512

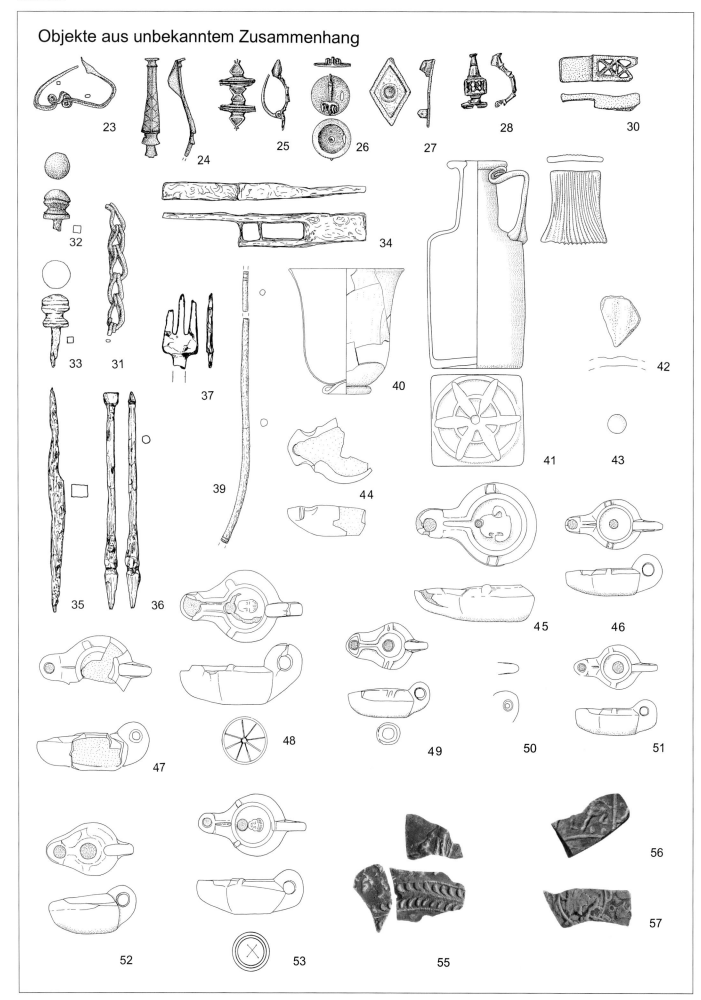

Objekte aus unbekanntem Zusammenhang

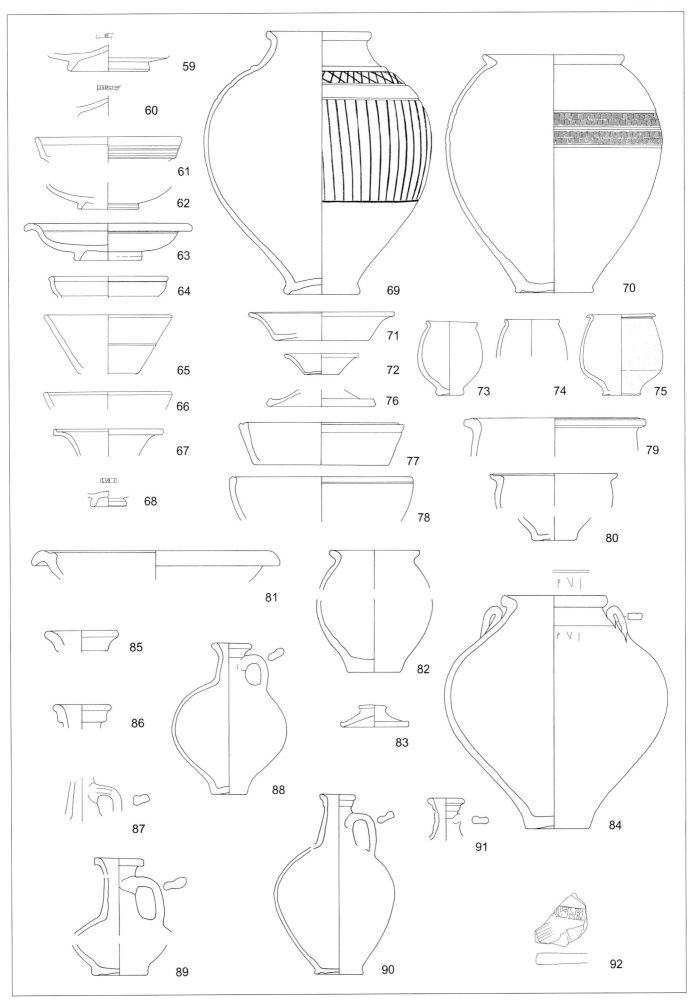

Tafel 513

Tafel 514

96

Nachträge

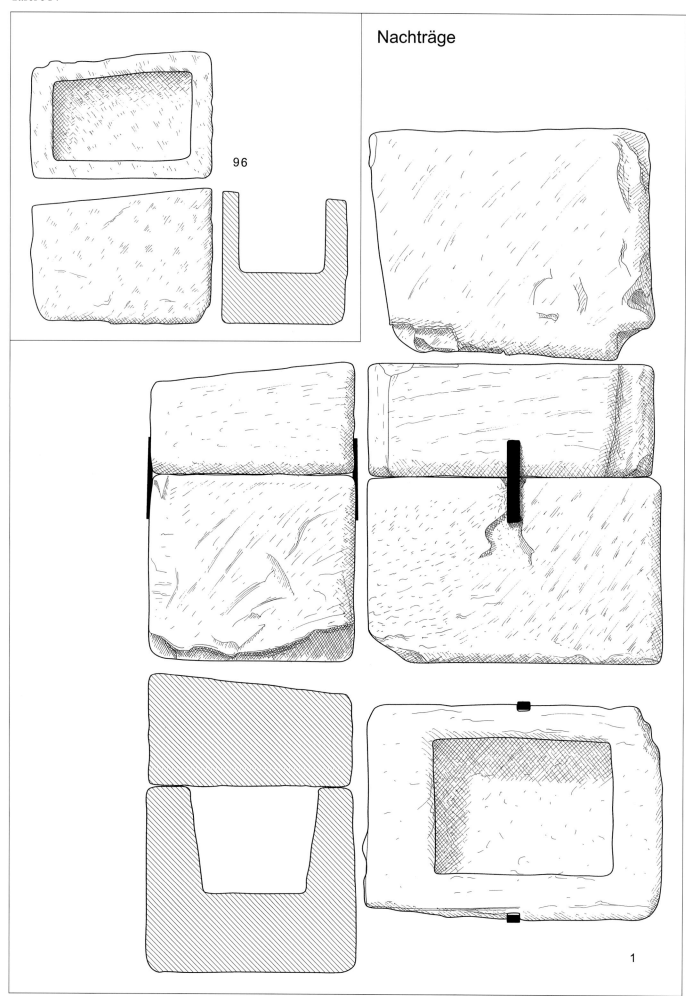

Tafel 515

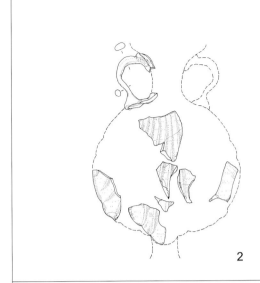

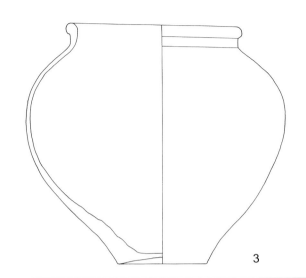

Stempel auf Bronzegefäßen (M. 1:1 / 2:1)

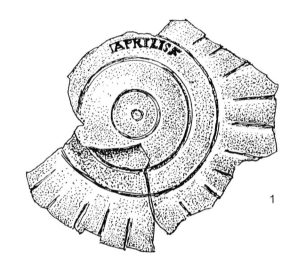

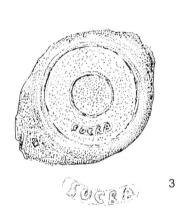

Töpfersignaturen (M. 1:1)

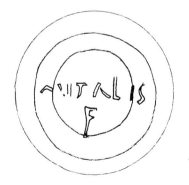

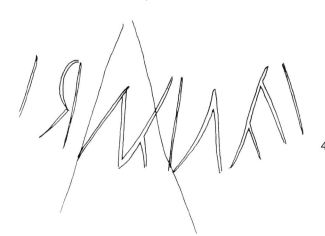

Tafel 516

Stempel auf Reliefsigillata (M. 1:1)

AITT 1

ƧITIVA 2

ƧITIVA 3

IAN 4

IANVF 5

IANVF 6

IANVF 7

MAR 8

M CRESTO 9

ROTACRI 10

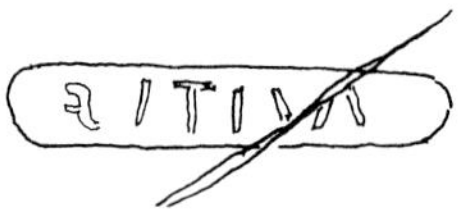

SATTO FECIT 11

SATTIFECIT 12

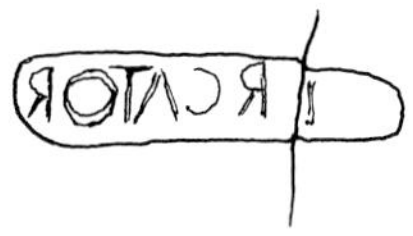

SATTO 13

TOFECIT 14

FE 15

TIVLAPLAƧ 16

Tafel 517

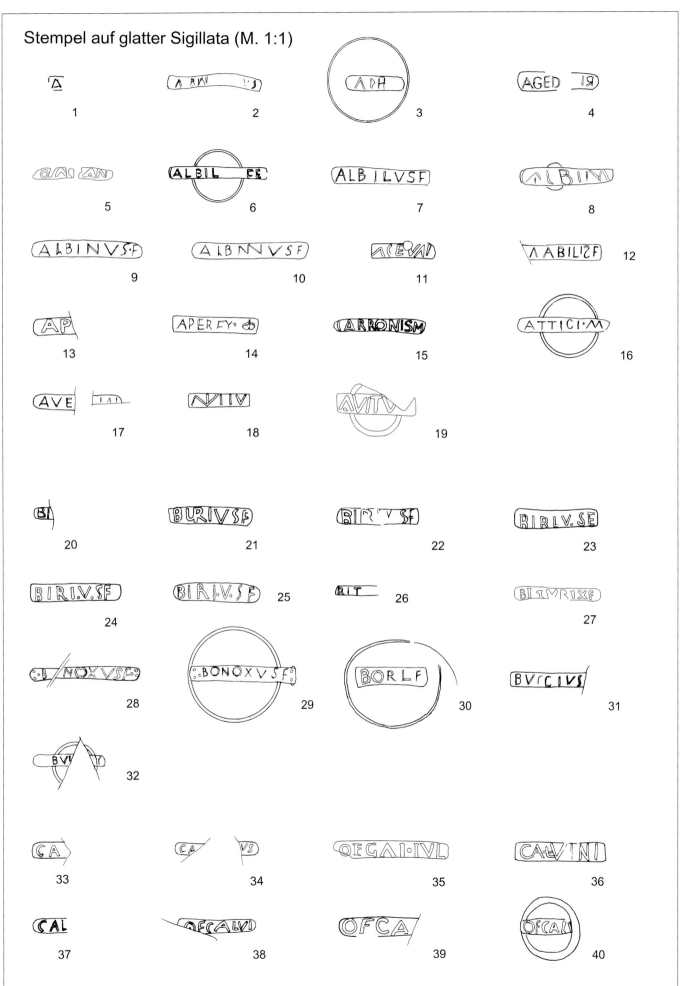

Stempel auf glatter Sigillata (M. 1:1)

Tafel 518

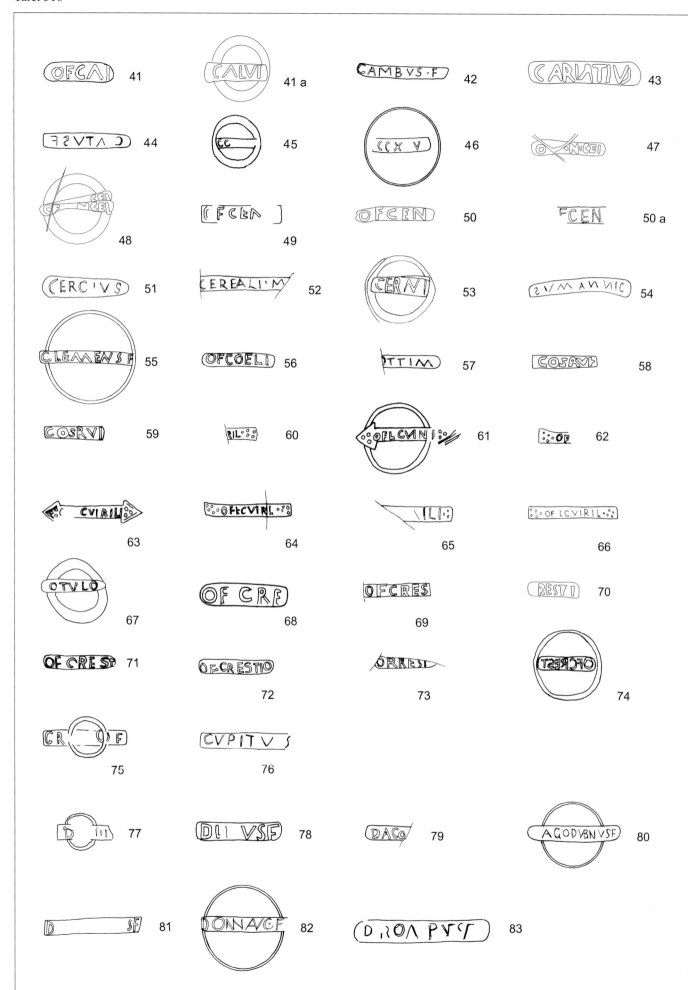

Tafel 519

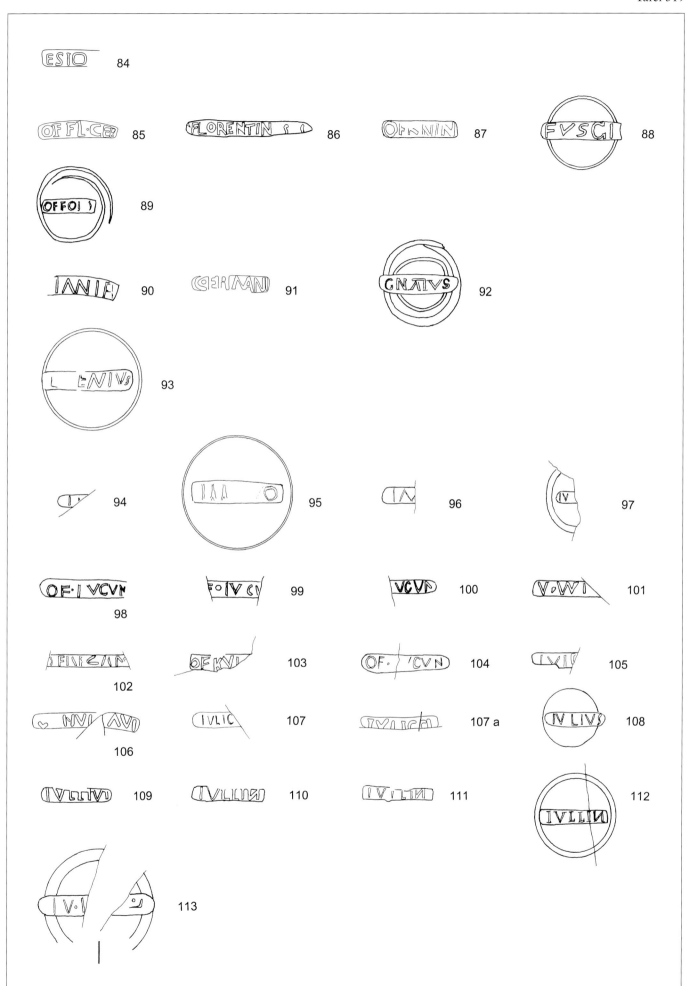

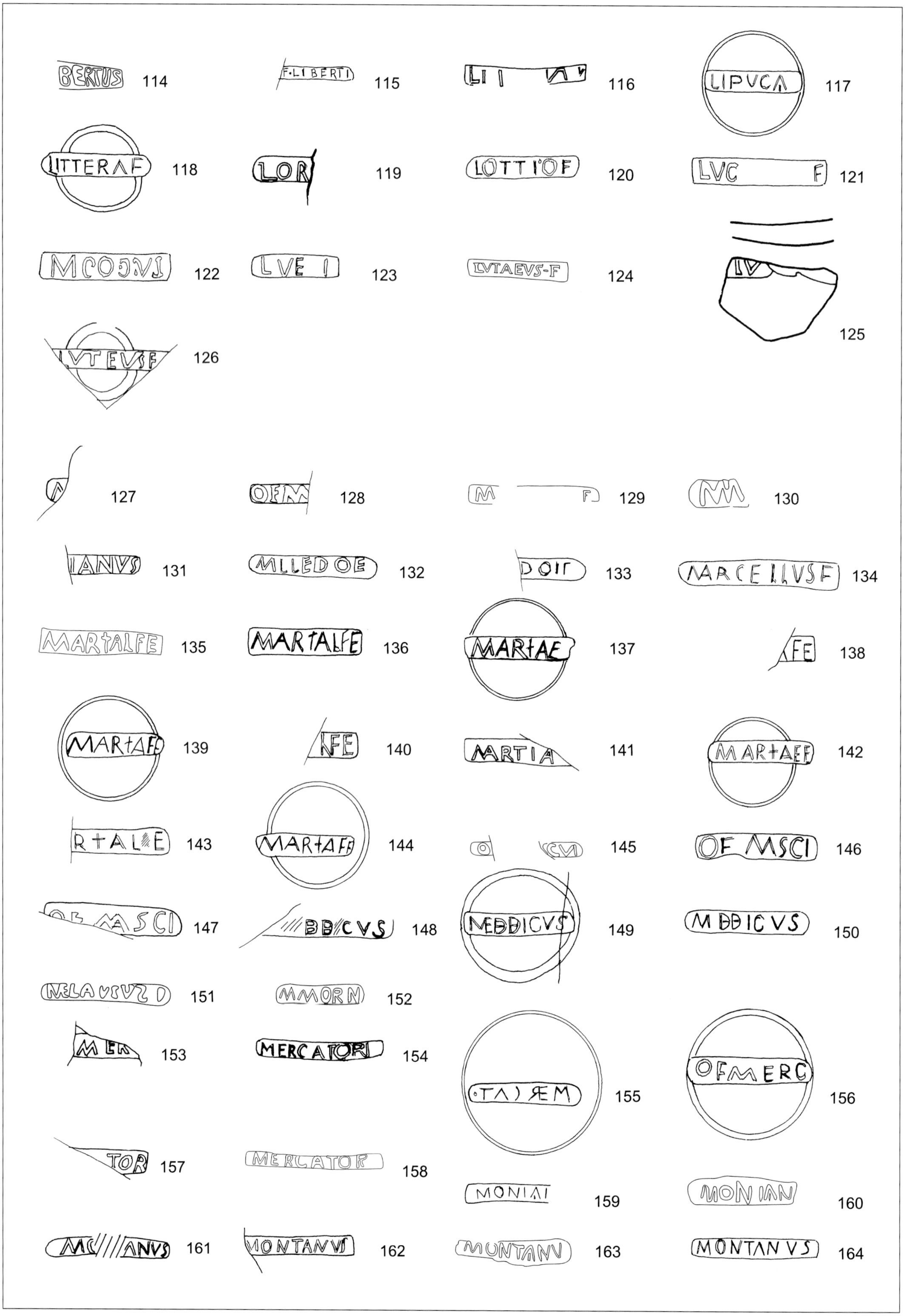

Tafel 520

BERTUS 114	F·LIBERTI 115	LI I A 116	LIPVCA 117
LITTERAF 118	LOR 119	LOTTIOF 120	LVC F 121
MCODVI 122	LVE I 123	LVTAEVS·F 124	LV 125
LVTEVSF 126			
A 127	OFM 128	M F 129	CM 130
IANVS 131	MLLEDOE 132	DOII 133	MARCELLVSF 134
MARTALFE 135	MARTALFE 136	MARTAE 137	FE 138
MARTAE 139	FE 140	MARTIA 141	MARTAEF 142
RTALE 143	MARTAF 144	O CM 145	OF MSCI 146
OF MSCI 147	BBICVS 148	MEDDICVS 149	MDDICVS 150
MELAVCVSD 151	MMORN 152	MER 153	MERCATORI 154
		TAIREM 155	OFMERC 156
TOR 157	MERCATOR 158	MONIAI 159	MONIAN 160
MC///ANVS 161	MONTANVS 162	MONTANV 163	MONTANVS 164

Tafel 521

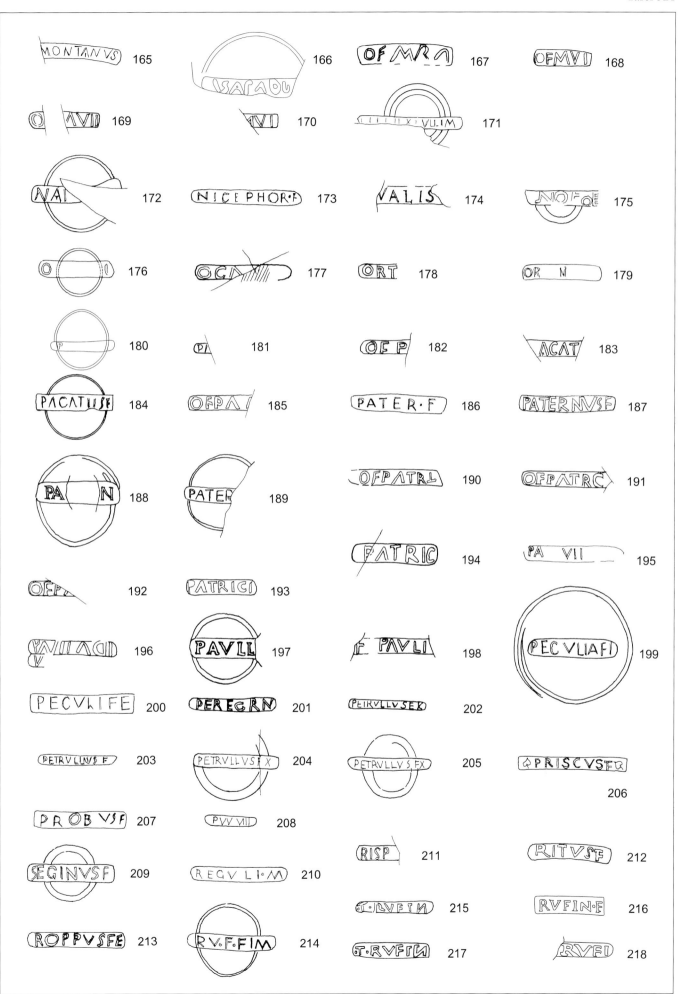

Tafel 522

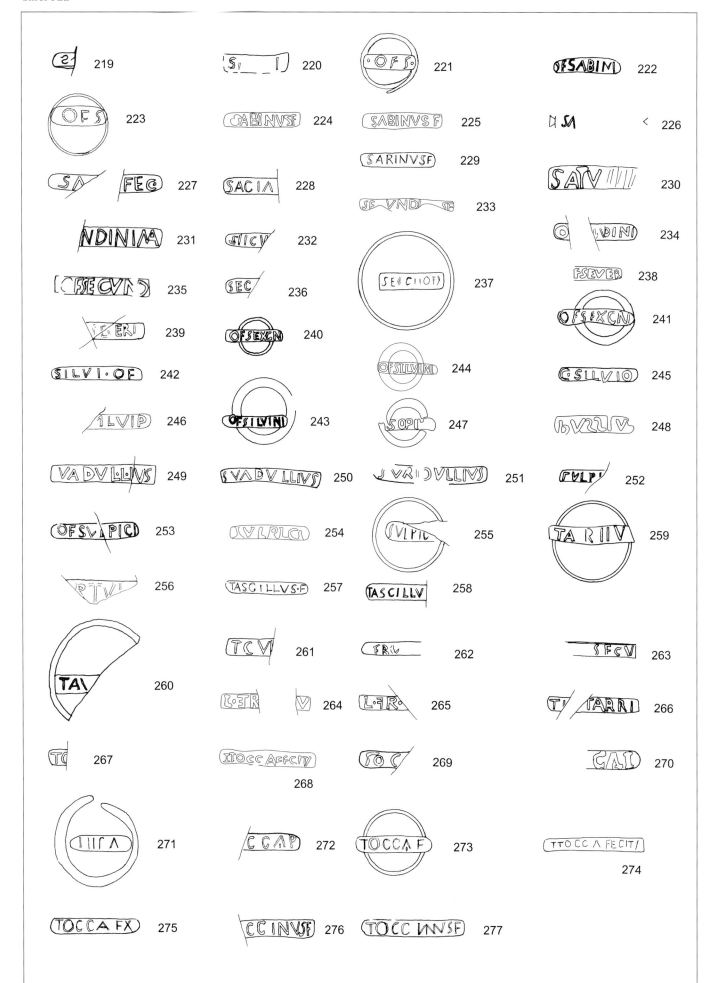

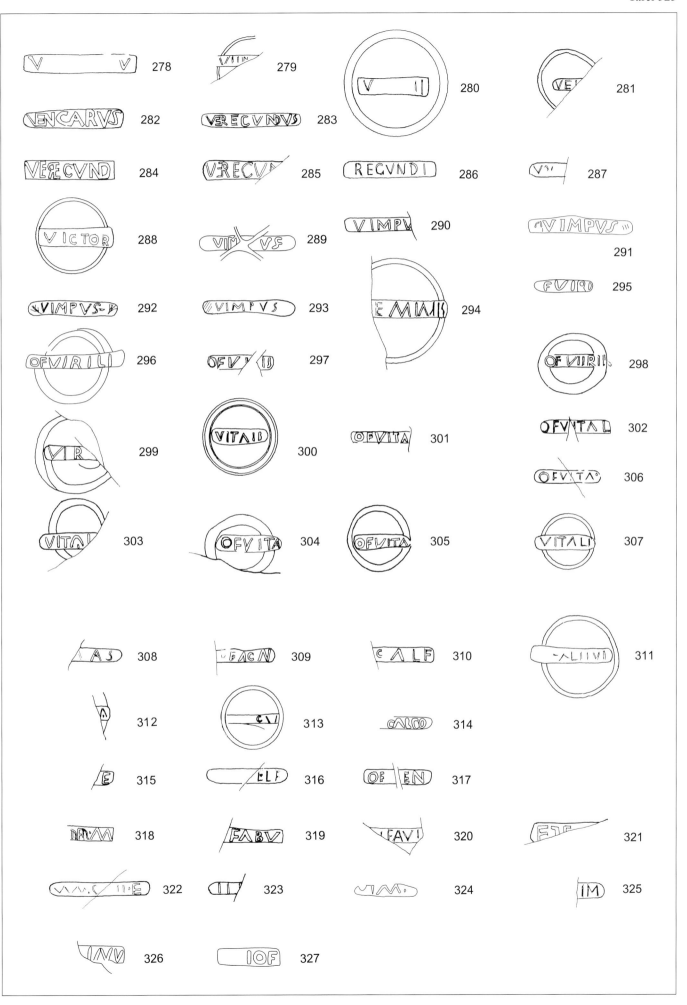

Tafel 523

Tafel 524

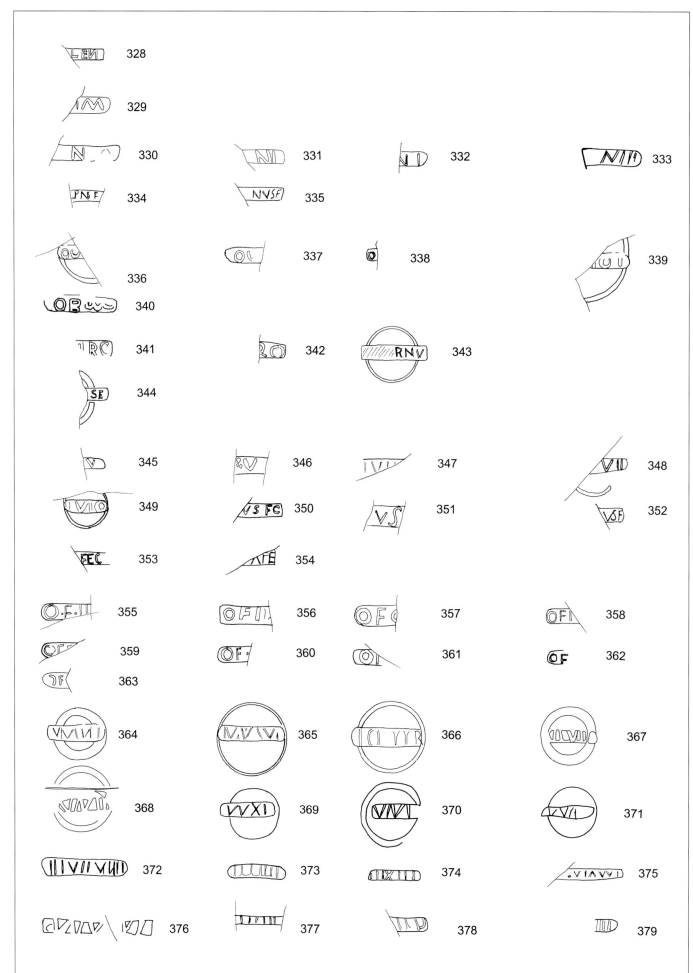

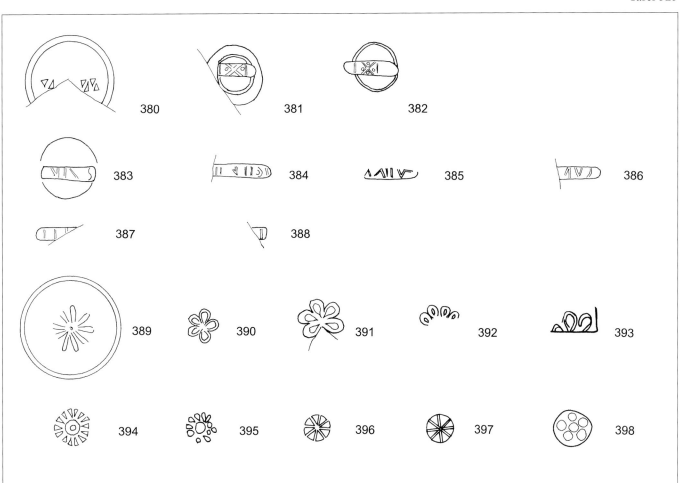

Stempel auf Amphoren (M. 1:1)

1

2

3

4

5

Stempel auf Ziegeln (M. 1:2)

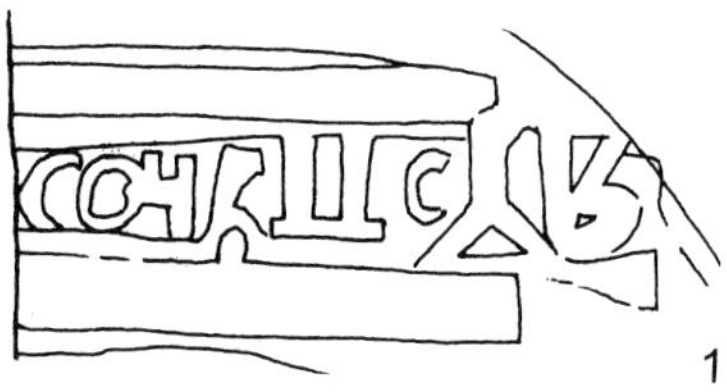
1

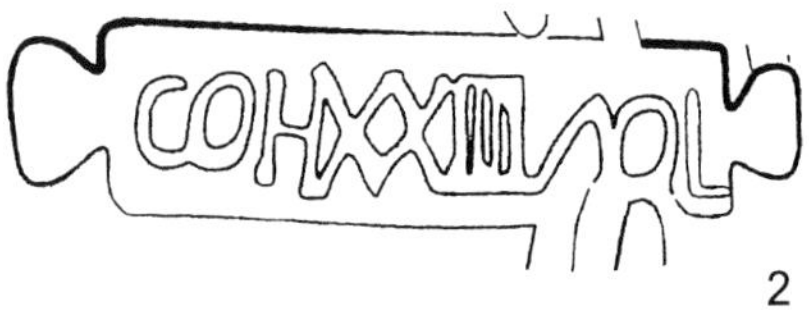
2

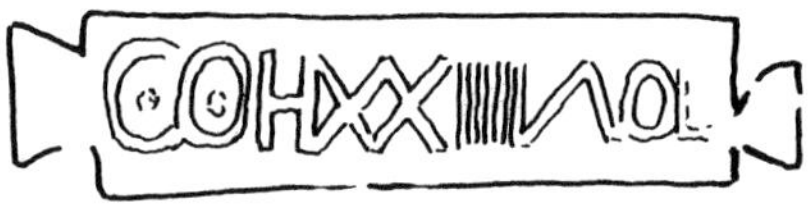
3

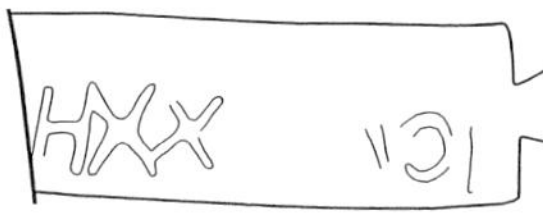
4

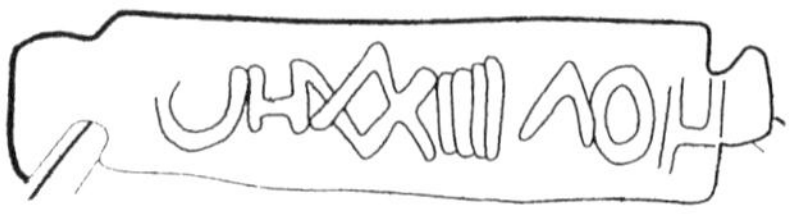
5

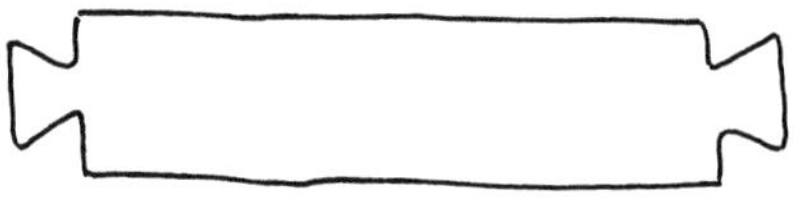
6

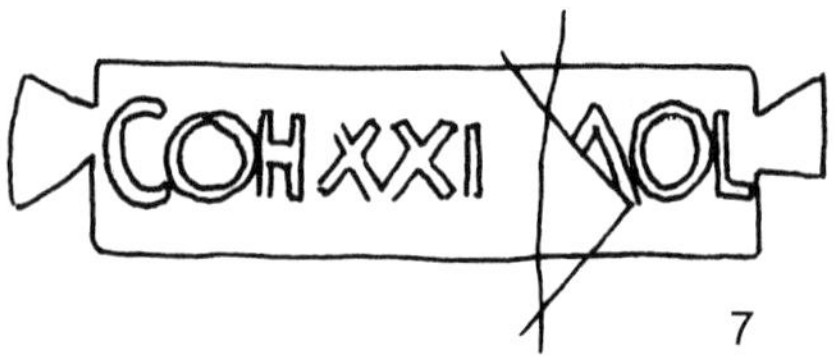
7

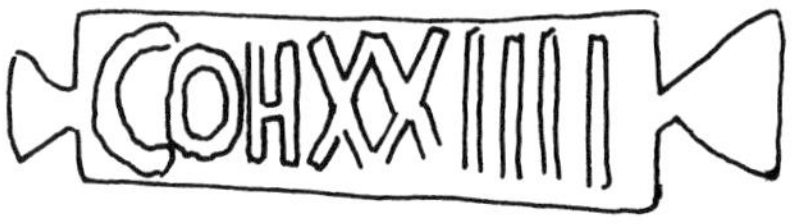
8

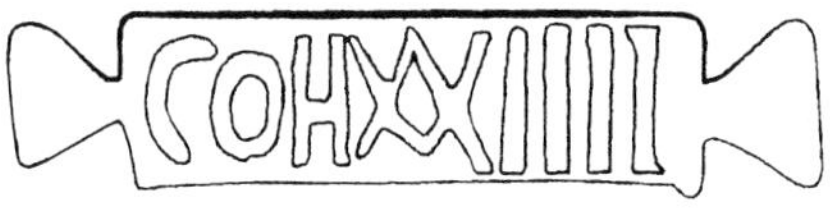
9

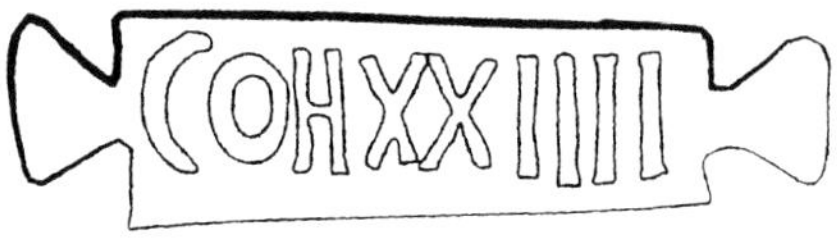
10

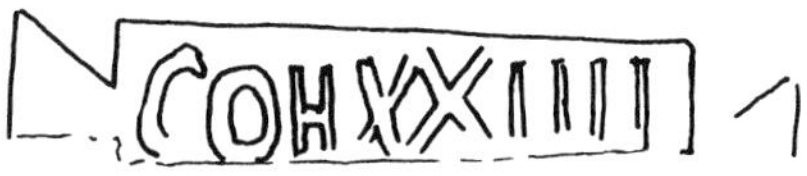
11

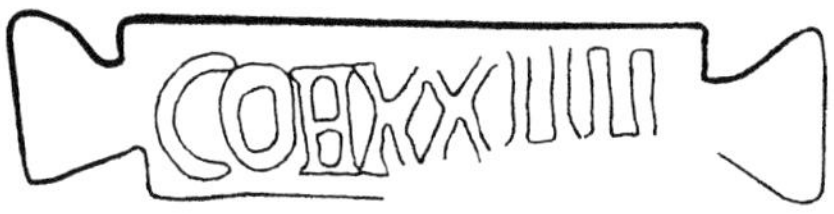
12

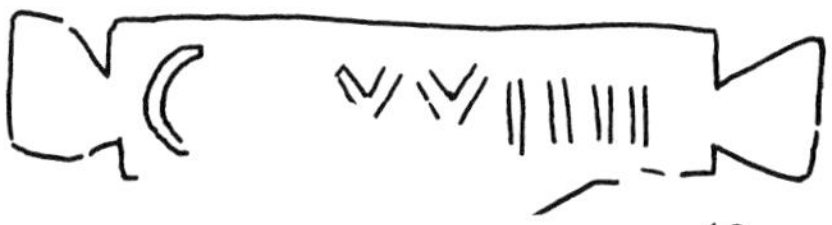
13

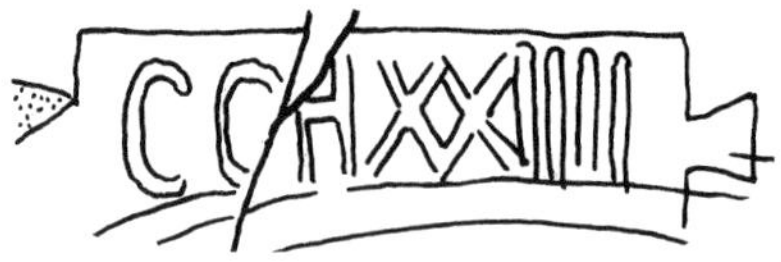
14

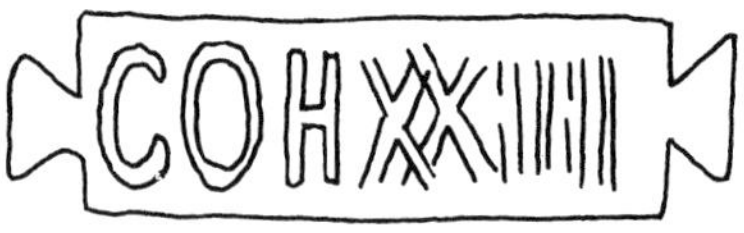
15

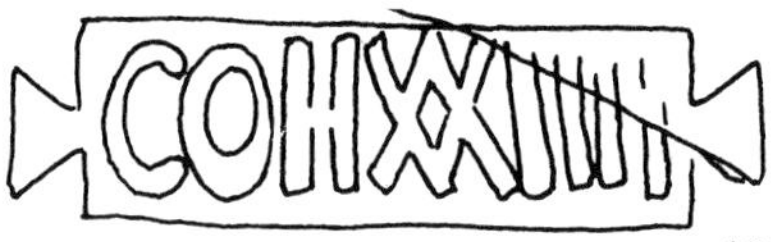
16

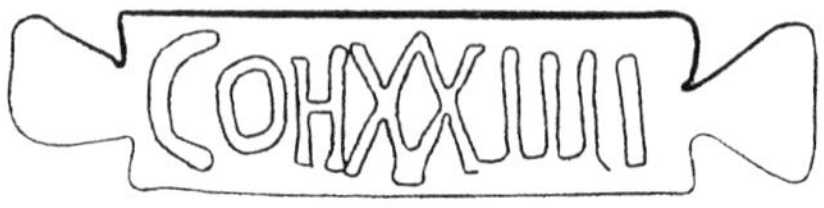
17

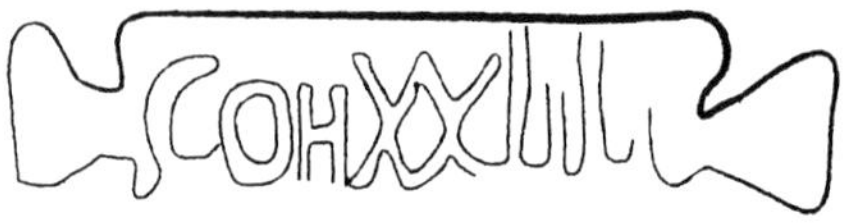
18

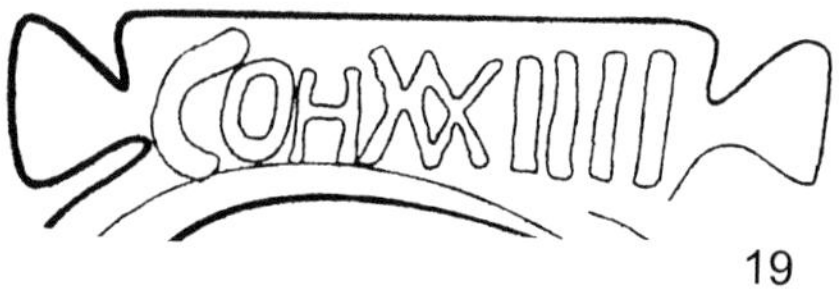
19

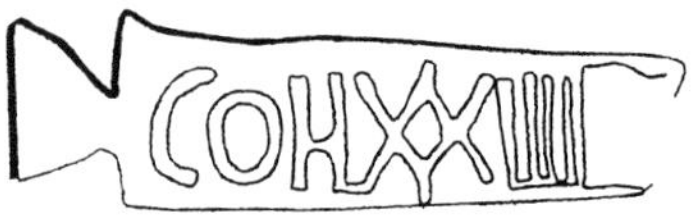
20

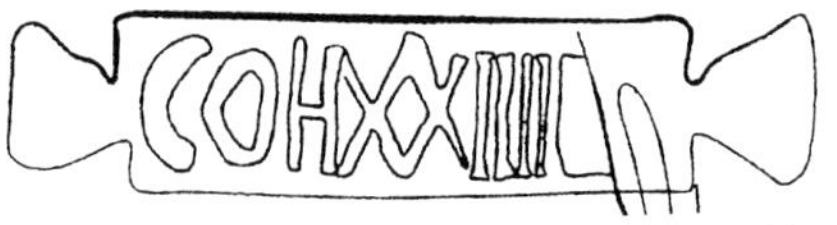
21

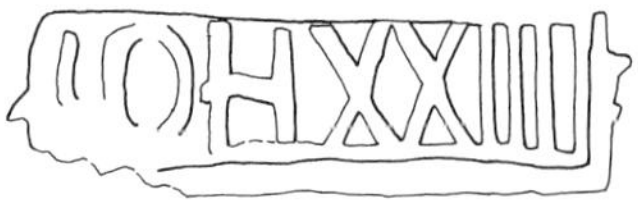
22

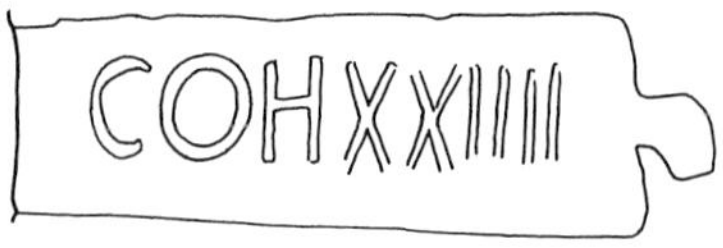
23

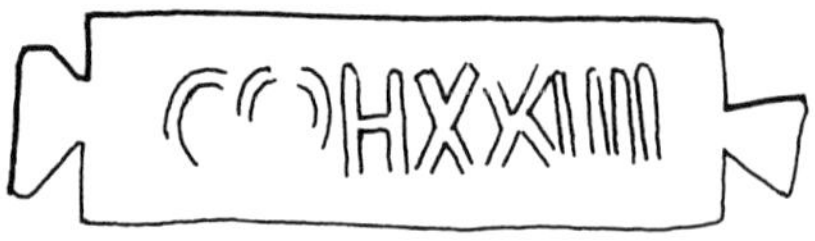
24

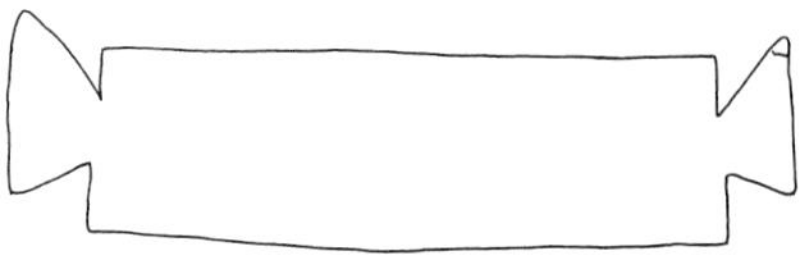
25

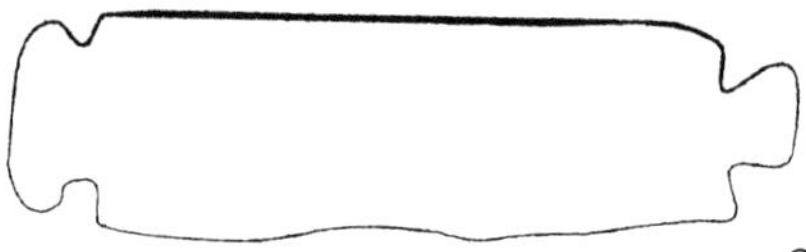
26

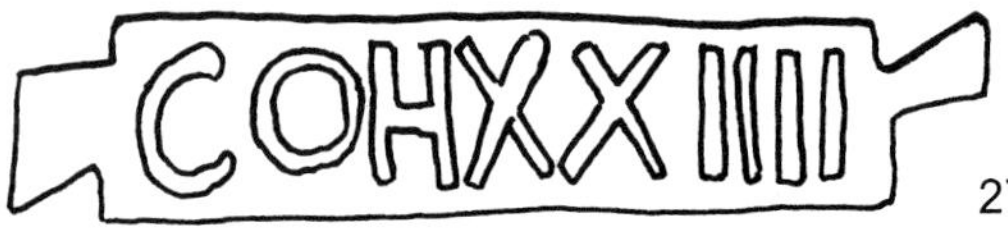
27

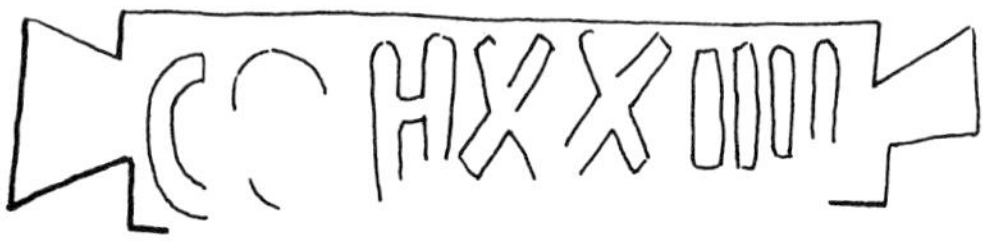
28

Tafel 527

Tafel 528

Stelen, Skulpturen und Grabarchitektur

63/33.1

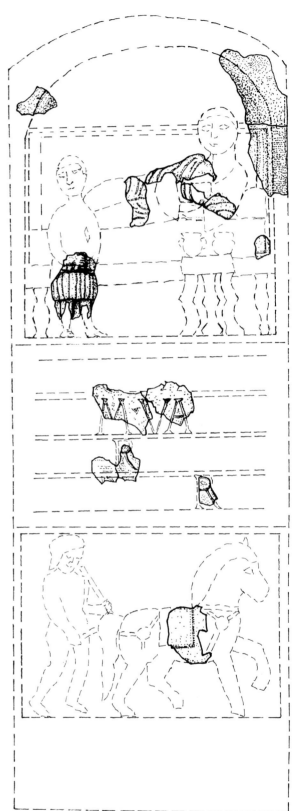

M. 1:10

52/24.32

Tafel 529

M. 1:10

63/46.1

Tafel 530

68/39

68/39

M. 1:10

68/37

32

33

Tafel 532

69/102

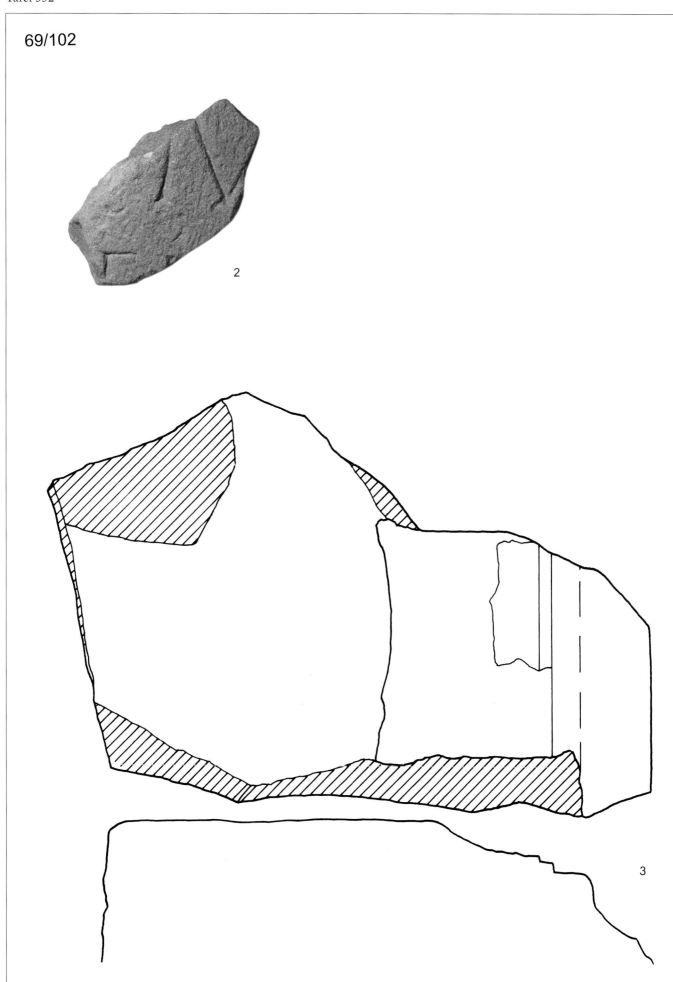

Tafel 533

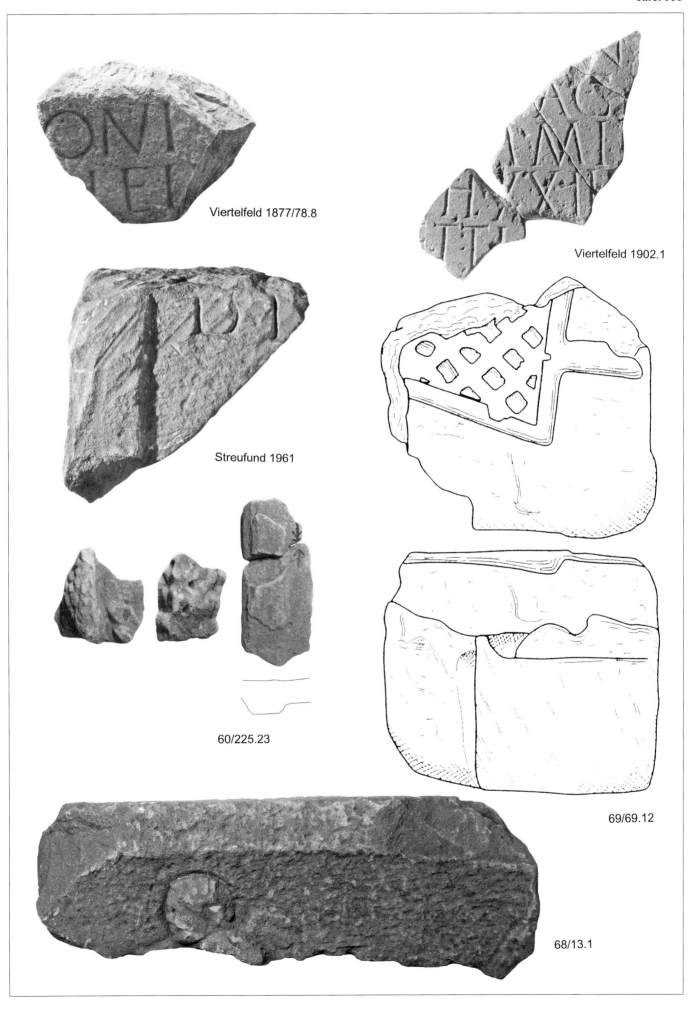

Tafel 534

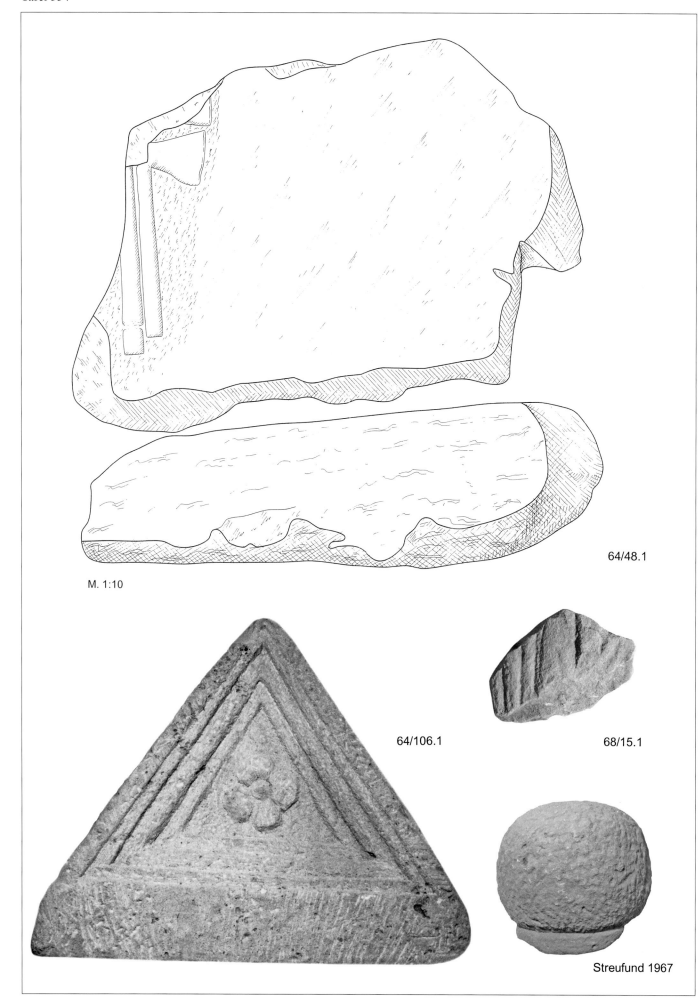

M. 1:10

64/48.1

64/106.1

68/15.1

Streufund 1967

Tafel 535

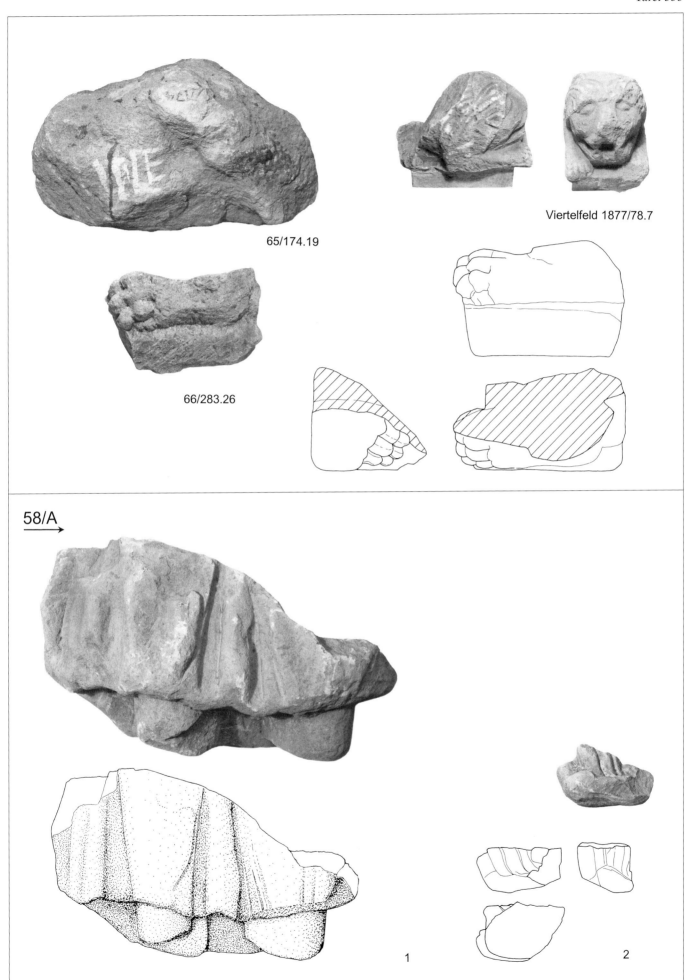

Tafel 536

Tafel 537

61/320 →

49

57

55

67

53

64

54

58

56

59

50

60

Tafel 538

61/320

Tafel 539

61/320

71

80

51

62

63

65

81

Tafel 540

61/320 ←

61/320 ←

81

67/25.15

Fototafeln

Tafel 542

1. Grabungsfläche mit Suchschnitten im Jahre 1965. Blick nach Osten in Richtung Heiligenberg.

2. Blick vom Dach des Pathologischen Instituts nach Nordosten über die Grabungsfläche des Jahres 1965. Dahinter verläuft die Berliner Straße.

3. Grabungsfläche im Jahre 1967. Blick auf den neuen Universitätscampus nach Südosten in Richtung Berliner Straße.

4. Die westliche Fundamentseite des Grabbaus 58/A wird freigelegt.

5. Brandschüttungsgrab 60/242 mit Steinkiste und abgehobenem Deckel, davor Gefäßbeigaben.

6. Zwei Pferdeskelette (60/244c), stark gestört durch das Fundament von Grabmal 61/320.

7. Brandschüttungsgrab 61/270 mit freipräparierter Ziegelkiste aus 9 Lateres.

Tafel 543

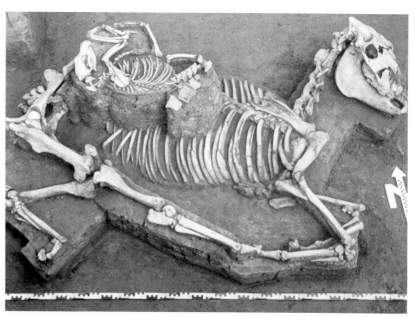

8. Rechteckige Grube 61/Va. Die Sohle ist mit einer kompakten Lage von Steinbrocken ausgelegt.

9. Oberhalb des Pferdeskeletts 62/4 ist ein Hund niedergelegt worden.

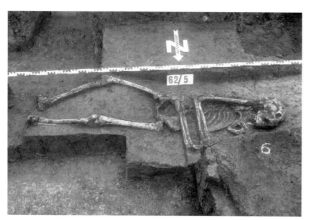
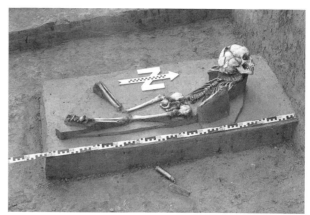

10. Körpergrab 62/5.

11. Das ältere der beiden Kinderskelette aus Doppel-Körpergrab 62/7.

12. Körpergrab 62/9 mit Krug.

13. Doppel-Körpergrab 62/15 mit zwei ‚Rücken an Rücken' beigesetzten Männern.

14. Doppel-Körpergrab 62/15 nach Entfernen des oben liegenden Skelettes.

Tafel 544

15. Nordfundament des Grabbaus 62/P 5 in der Baugrube des Pathologischen Instituts.

16. Pflaster 64/5 mit ‚Riegel' aus einer doppelten Reihe großformatiger Brocken. Blick nach Südwesten.

17. Rechteckiges Pflaster 64/6. Blick nach Norden.

18. Bustum 64/31 mit ‚Stufung'.

19. Grabmalsockel 64/62.

20. Brandschüttungsgrab mit Urne und Ziegelkiste 64/89 schneidet Brandgrab 64/83. Darüber Reste einer Stele mit Keilsteinen.

Tafel 545

21. Rest der Steinkiste in Grab 65/49.

22. Die nach Durchtrennen der Eisenklammern geöffnete Steinkiste des Urnengrabes 65/138. Davor die dunkle Verfärbung des Brandgrubengrabes 65/151.

23. Vier Steinkisten in einer Reihe. Ossuarium 65/138 ist bereits geöffnet, die drei anderen (65/173-175) sind noch verschlossen.

24. Das verschlossene Ossuarium des Urnengrabes 65/173 mit einem Teil der daneben deponierten Gefäßbeigaben.

25. Ossuarium 65/173 nach der Öffnung. Die obere Lage der Beigaben bilden vier tönerne Krüge.

26. Das Fundament des quadratischen Grabbaus 66/84. Blickrichtung Osten.

27. Das Skelett eines Neugeborenen zwischen den Füßen eines Erwachsenen in Doppelbestattung 66/59.

Tafel 546

28. Ollarium des Grabes 66/143 oberhalb des Körpergrabes 66/141.

29. Urnengrab 66/222 mit Resten eines zerschlagenen Kruges.

30. Das beraubte Brandgrab 66/243 in einer Kiste aus Steinplatten.

31. Doppel-Brandgrubengrab 66/267.

32. Brandschüttungsgrab 66/293 wurde oberhalb von Körpergrab 66/289 angelegt.

33. In Doppel-Brandgrab 66/320 sind zahlreiche Glasgefäße hinter einer Reihe vertikal aufgestellter Amphorenscherben deponiert worden.

Tafel 547

34. Pferdeskelett 66/333 liegt innerhalb des Grabens 66/340.

35. Brandschüttungsgrab 67/10 mit Steinkiste, auf der ein Rest der Abdeckung durch Dachziegel erhalten ist. Dahinter die Trümmer eines Grabmals.

36. Die Kieselstein-Pflasterung 67/19 a wird durch Brandgrubengrab 67/19 gestört.

37. Abschnitt des Mauerzuges 67/50, der die Ostseite der Straße auf einer Länge von 36 m begleitet.

38. Brandgrab 67/59 mit Ziegelkiste am Südende der Grube.

39. Fundament des Grabbaus 67/90. Die Brandgräber unter den Mauerzügen sind gekennzeichnet.

Tafel 548

40. Brandschüttungsgrab 67/94 nach Entfernen des ‚Daches' aus Ziegelplatten. Auf der Bodenplatte sind der Leichenbrand und die Sekundärbeigaben deponiert worden.

41. 67/104 Brandgrab mit Kiste aus vier vertikal gestellten Steinplatten.

42. Bustum 67/114 mit ‚Stufung'.

43. Brandgrab 67/116 mit zerstörter Kiste aus Ziegelplatten ist wahrscheinlich antik beraubt worden.

44. Vor dem Pflaster 67/124 liegt das Grab mit Ziegelkiste 67/125, welches das kleine Bustum 67/126 stört.

45. Eines von sechs Skeletten der nachrömischen Mehrfachbestattung 68/13-16.

46. Pflaster 68/21 mit parallel laufenden Abdrücken, die wahrscheinlich von Wagenrädern stammen.

Tafel 549

47. Ustrina 68/26 liegt oberhalb von Körpergrab 68/28 (oberer Bildrand) und wird gestört durch Pflaster 68/27.

48. Das Pflaster 68/39 setzt sich u. a. aus Spolien der beiden Grabstelen eines Ehepaares zusammen.

49. Die zusammengefügten Spolien der Stele der Accepta aus dem Pflaster 68/39.

50. Eines von drei Skeletten der nachrömischen Mehrfachbestattung 68/61, die innerhalb des römischen Straßenpflasters angelegt worden sind.

51. Innerhalb des Bustums 69/4 ist der Leichenbrand in einer ‚tomba alla cappuccina' aus Tegulae der 24. Kohorte deponiert worden.

52. Ansicht der Sohle von Bustum 69/14 mit Sekundärbeigaben, darunter die bronzenen Elemente eines Kästchens.

Tafel 550

53. Brandgrab 69/47 mit Resten der Kiste aus Ziegelplatten.

54. Innerhalb des rechteckigen Fundamentes von Grabbau 69/57 a liegt das beigabenreiche Bustum 69/57.

55. Rechteckiges Fundament des Grabbaus 69/69 a.

56. In die Sohle von Ustrina 69/71 a ist das Urnengrab 69/71 eingegraben.

57. Urnengrab 69/71.

58. Brandschüttungsgrab 69/97 mit Ziegelkiste aus vier Seiten- und einer Deckplatte, die an der Sohle durch Keilsteine fixiert sind.

59. Pflaster 69/101 liegt unmittelbar neben dem westlichen Straßenrand. Die (Spur-)rinnen verlaufen in der Flucht der Straße.

60. Das Straßenpflaster nahe dem nördlichen Ende der Nekropole.

61. Grab 1 der Bestattungen im Hilzweg 16. Im Ossuarium aus umgearbeiteten Werkstücken für eine Säule steht ein gläserner Topf mit Leichenbrand.

62. Bauherren und Arbeiter auf dem Anwesen Hilzweg 16 vor der steinernen Kiste des zweiten Grabes.

Tafel 552

Fibelpaare: 1–2 Emailbügelfibeln, Grab 62/6. – 3–4 Scharnierfibeln, Grab Wielandstr. 9.

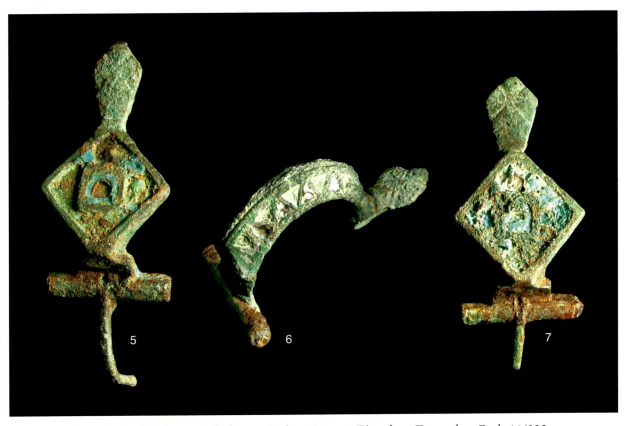

Emailbügelfibeln: 5.7 Fibelpaar, Grab 64/88. – 6 Einzelnes Exemplar, Grab 66/202.

Tafel 553

Drei zoomorphe Emailfibeln, Grab 67/19.

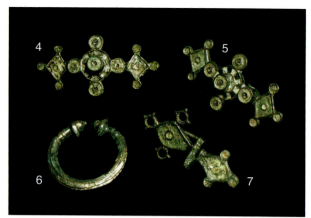

4–6 Ringfibel und Emailfibelpaar, Grab 63/17. – 7 Emailfibel, Grab 64/22.

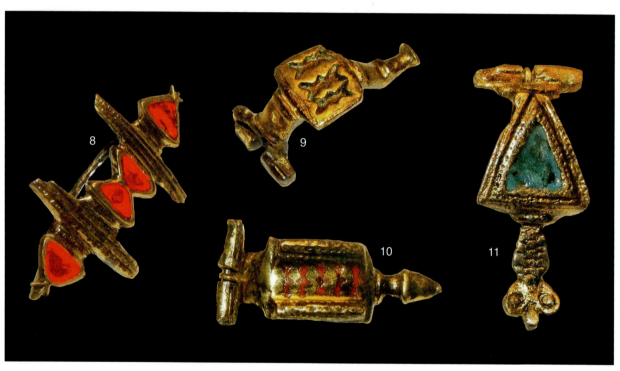

Emailfibeln: 8.9 Streufunde 1955 und 1952. – 10 Kat.-Nr. 54/146,1. – 11 Kat.-Nr. 67/22,2.

Emailfibeln: 12 Kat.-Nr. 64/52,1. – 13 Kat.-Nr. 66/74,3. – 14 Kat.-Nr. 64/73,2.

Scheibenförmiges Emailfibelpaar, Grab 66/196.

Tafel 554

Scheibenförmige Emailfibeln: 1 Kat.-Nr. 66/196,2. – 2 Kat.-Nr. 67/81,1. – 3 Kat.-Nr. 54/143,1. – 4 Kat.-Nr. 69/27,2.

5 Emailfibel, Kat.-Nr. 54/120,1. – 6 Emailfibel, Kat.-Nr. 54/155,1. – 7 Millefiorifibel, Kat.-Nr. 68/25,1. – 8 Schuhsohlenfibeln, Kat.-Nr. 64/17,2.

9 Eiserne „gallische" Fibel, Kat.-Nr. 67/45,4. – 10 Tutulusähnliche Fibel, Kat.-Nr. 54/119,1. – 11 Eingliedrige Drahtfibel, Kat.-Nr. 64/17,3. – 12 Ringfibel, Kat.-Nr. 63/40,2.

Schnallen, Niete und Verschlüsse aus Bronze, Eisen und Email: 13–14 Kat.-Nr. 65/174,2. – 15 Kat.-Nr. 67/22,3. – 16 Kat.-Nr. 60/210,1. – 17 Kat.-Nr. 67/113,2. – 18 Kat.-Nr. 69/85,1. – 19 Kat.-Nr. 65/141,3. – 20 Kat.-Nr. 64/81,6. – 21 Kat.-Nr. 65/85,1. – 22 Kat.-Nr. 65/129,1.

Tafel 555

Handspiegel, Vorderseiten: 1 Kat.-Nr. 64/28,1. – 2 Kat.-Nr. 62/P4,1. – 3 Kat.-Nr. 67/19,6. – 4 Kat.-Nr. 64/31,3.

Ritzverzierte Rückseite eines Handspiegels mit Zirkelschlagdekor, Kat.-Nr. 62/P4,1.

Tafel 556

Bronzener Armreif und Plakette, Grab 54/76.

Fingerringe aus Eisen oder Bronze, z. T. mit Glaseinlage: 3 Kat.-Nr. 66/33,2. – 4 Kat.-Nr. 60/235,2. – 5 Kat.-Nr. 66/143,1. – 6 Kat.-Nr. 54/89,2. – 7 Kat.-Nr. 66/76,1. – 8 Kat.-Nr. 65/141,1. – 9 Kat.-Nr. 67/100,2. – 10 Kat.-Nr. 66/184,1. – 11 Kat.-Nr. 61/285,2. – 12 Kat.-Nr. 66/261,1.

Tafel 557

1–2 Haarnadeln aus Bronze, Kat.-Nr. 66/233,2 und 54/77,1. Anhänger aus Bronze und Silber:
3 Kat.-Nr. 64/37,1. – 4 Kat.-Nr. 66/129,1. – 5 Kat.-Nr. 60/222,1. – 6 Kat.-Nr. 60/213,2.

Ein Wachsspatel, drei Stili und eine aufsteckbare Schreibfeder aus Eisen sowie zwei Tintenfässer
aus Terra Sigillata und Bronze: 8 Kat.-Nr. 54/132,1. – 9 Kat.-Nr. 67/31,13. – 10 Kat.-Nr. 67/31,12. –
11 Kat.-Nr. 69/2,17. – 12 Kat.-Nr. 67/50,3. – 13 Kat.-Nr. 65/88,1.

Tafel 558

Boden eines bronzenen Tintenfasses mit Meisterstempel „AVCE(?)VS(?)", Kat.-Nr. 67/45,1.

Boden einer bronzenen Schale mit Meisterstempel „APRILIS F", Kat.-Nr. 65/113,1.

Boden einer bronzenen Schale mit Niellodekor. Ansichten von oben und von unten, Kat.-Nr. 62/P4,2.

Trinkhornendbeschlag aus Bronze, Kat.-Nr. 64/139,1.

Zwei bronzene Schröpfköpfe, Kat.-Nr. 64/81,2–3.

Tafel 559

Toilettgerät: 1.3 Steinerne Reibpalette und bronzene Löffelsonde, Grab 67/31. – 7–8 Bronzene Pinzette und eisernes Necessaire, Grab 64/49. Eine weitere Sonde und zwei bronzene Necessaires: 2 Kat.-Nr. 65/171,1. – 4 Kat.-Nr. 67/92,3. – 5–6 Kat.-Nr. 65/28,2.

Bronzenes Salbenreibkästchen nach der Restaurierung. Schiebedeckel und Reibpalette sind herausgezogen, Kat.-Nr. 62/P4,6. Vorder- und Rückseite.

Tafel 560

Drei eiserne Strigiles: 1 Kat.-Nr. 69/71a,2. – 2 Kat.-Nr. 68/24,5. – 3 Kat.-Nr. 66/346,1.

Zwei eiserne Rasiermesser mit Bronzegriff: 4 Kat.-Nr. 64/31,4. – 5 Kat.-Nr. 66/27,2.

Tafel 561

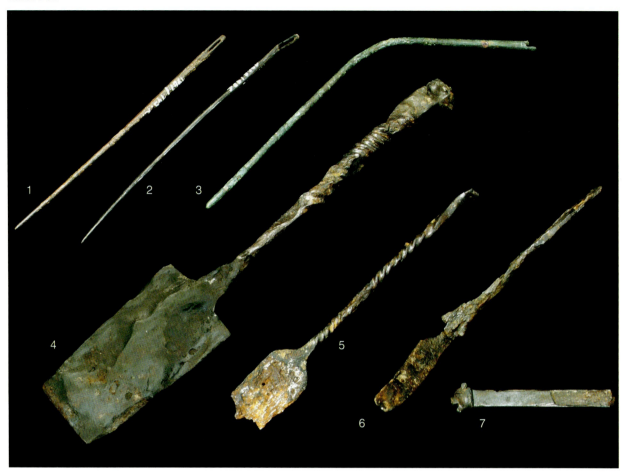

Geräte. Drei Nähnadeln, drei Modelliereisen und ein Waagbalken mit Bärenkopfprotome, 3 Bronze, sonst Eisen: 1 Kat.-Nr. 54/145,1. – 2 Kat.-Nr. 66/93,1. – 3 Kat.-Nr. 67/29,1. – 4 Kat.-Nr. 54/91,6. – 5 Kat.-Nr. 67/22,7. – 6 Kat.-Nr. 54/157,1. – 7 Kat.-Nr. 66/157,2.

Eisernes Messer mit fein tauschierter Klinge, Kat.-Nr. 66/83,4. Ansichten beider Seiten.

Tafel 562

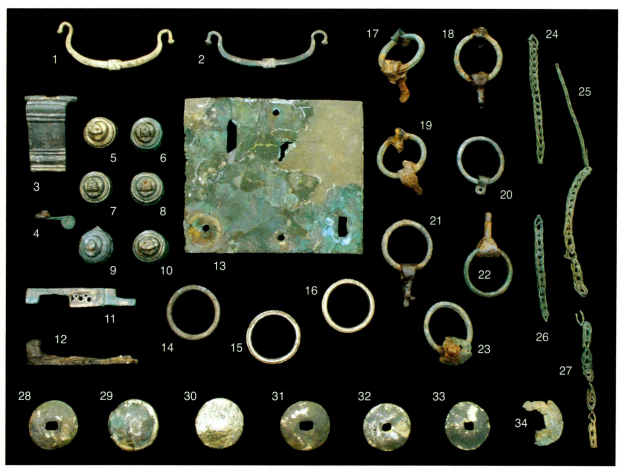

Metallelemente eines Kästchens, Grab 69/14.

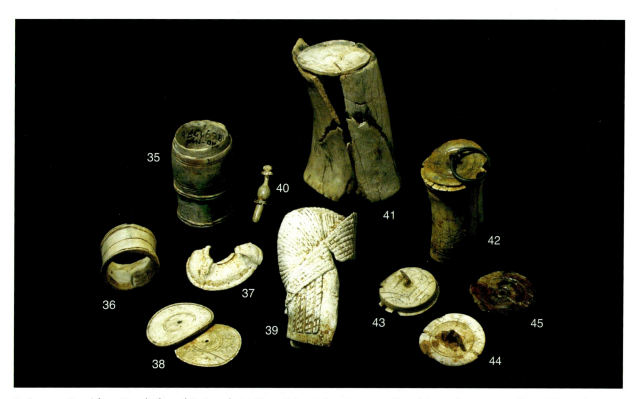

Beinerne Pyxiden, Deckel und Stöpsel: 35 Kat.-Nr. 69/27,28. – 36 Kat.-Nr. 69/9,10. – 37 Kat.-Nr. 69/71,7. – 38 Kat.-Nr. 69/27,25–26. – 39 Kat.-Nr. 64/131,10. – 40 Kat.-Nr. 69/27,30. – 41 Kat.-Nr. 69/71,7. – 42 Kat.-Nr. 58/194,5. – 43 Kat.-Nr. 58/194,6. – 44 Kat.-Nr. 58/194,7. – 45 Kat.-Nr. 58/194,5.

Tafel 563

Auswahl von Beigaben aus Grab 66/320.

8 Zirkuskrug, Kat.-Nr. 66/16,6. –
9 Reliefkännchen, Kat.-Nr. 1966/124b,1. –
10 Traubenfläschchen, Kat.-Nr. 63/5,9.

Gläserne Töpfe und Krüge: 11 Kat.-Nr. 69/71,9–10. –
12 Kat.-Nr. 58/201,5. – 13 Kat.-Nr. 54/115,11. – 14 Kat.-Nr. 66/320,10. – 15 Kat.-Nr. 66/320,11. – 16 Kat.-Nr. 65/173,22. – 17 Kat.-Nr. 66/320,8. – 18 Kat.-Nr. 65/127,1.

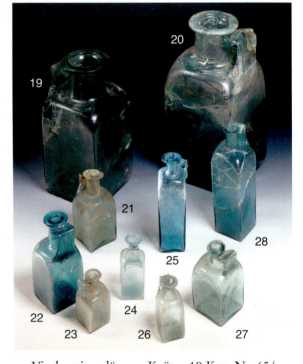

Vierkantige gläserne Krüge: 19 Kat.-Nr. 65/174,12. – 20 Kat.-Nr. 65/138,2. – 21 Kat.-Nr. 65/173,23. – 22 Kat.-Nr. 54/166,5. – 23 Kat.-Nr. 67/95,5. – 24 Kat.-Nr. 64/10,5. – 25 Kat.-Nr. 66/320,10. – 26 Kat.-Nr. 54/115,11. – 27 Kat.-Nr. 66/320,11. – 28 Kat.-Nr. 54/80,19.

Gläserne konische Krüge: 29 Kat.-Nr. 67/94,16. –
30 Kat.-Nr. 67/14,5. – 31 Kat.-Nr. 66/320,9. –
32 Kat.-Nr. 61/275,10.

Gläserner konischer Krug und zwei Kännchen: 33 Kat.-Nr. 66/316,6. – 34 Kat.-Nr. 61/317,3. – 35 Kat.-Nr. 61/275,10.

Tafel 564

Gläserner Krug, Rührstab, Töpfchen und Fragmente zweier Millefiorischalen: 1 Kat.-Nr. 64/10,5. – 2–3 Kat.-Nr. 66/210,2. – 4–8 Kat.-Nr. 69/80,14. – 9–11 Kat.-Nr. 63/13,4. – 12 Kat.-Nr. 69/6,8.

Gläserner Krug, Fläschchen, Becher, zwei Schalen und ein Teller: 13 Kat.-Nr. 67/45,11. – 14 Kat.-Nr. 69/71,8. – 15 Kat.-Nr. 68/C,15. – 16 Kat.-Nr. 68/54,7. – 17 Kat.-Nr. 67/100,27. – 18 Kat.-Nr. 63/43,12. – 19 Kat.-Nr. 68/F,32. – 20 Kat.-Nr. 67/119,5.

Tafel 565

1 Gläserner Topf (Kat.-Nr. 60/254,4) mit Flaschen, Aryballoi, Vierkantkrügen und Töpfchen aus verschiedenen Gräbern.

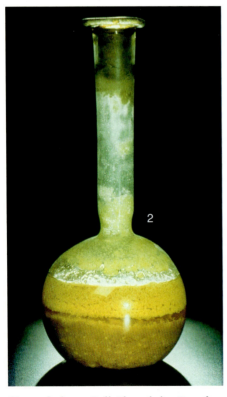

Das erhaltene Salböl und der Stopfen des beschädigten Glasfläschchens Kat.-Nr. 64/25,6 werden in dieser Nachbildung anschaulich gemacht.

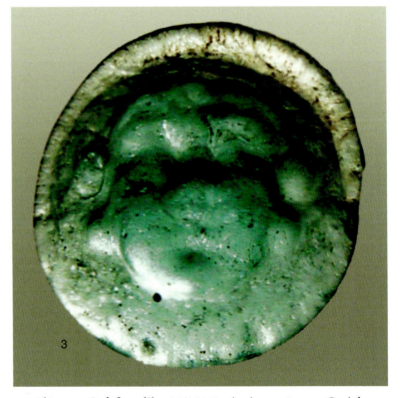

Gläserne Gefäßapplike 64/121,7 mit eingeprägtem Gesicht (Dm. 1,3 cm).

Tafel 566

Tönerne Gliederpuppe eines Amor, Kat.-Nr. 65/155,12.

Tönerne Figuren und Spielzeug: Fortuna und Minerva, zwei Taubenrasseln, ein Hund, Hahn und Henne, ein weiterer Hahn, ein Pinienzapfen und zwei Murmeln: 4–5 Kat.-Nr. 66/55,10–11. – 6 Kat.-Nr. 66/119,9. – 7 Kat.-Nr. 60/237,5. – 8 Kat.-Nr. 67/17,7. – 9 Kat.-Nr. 66/291,2. – 10 Streufund 1966. – 11 Kat.-Nr. 64/131,15. – 12 Kat.-Nr. 61/A,8. – 13–14 Kat.-Nr. 65/126,6–5.

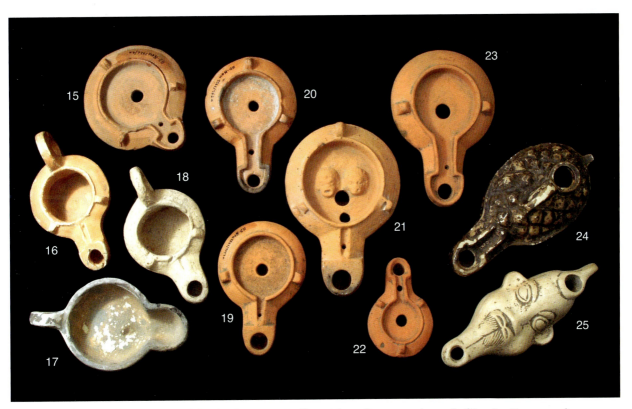

Sechs Firmalampen aus Oberitalien, zwei offene Firmalampen, eine achtförmige Lampe, eine Pinienzapfenlampe und eine Vulcanuslampe: 15 Neusatz 4,8. – 16 Kat.-Nr. 65/127,2. – 17 Kat.-Nr. 65/172,5. – 18 Kat.-Nr. 65/174,13. – 19 Kat.-Nr. 54/162,4. – 20 Kat.-Nr. 61/D,4. – 21 Kat.-Nr. 69/71,12. – 22 Kat.-Nr. 67/88,10. – 23 Kat.-Nr. 66/259,5. – 24 Kat.-Nr. 68/H.11. – 25 Kat.-Nr. 68/54,12.

Tafel 567

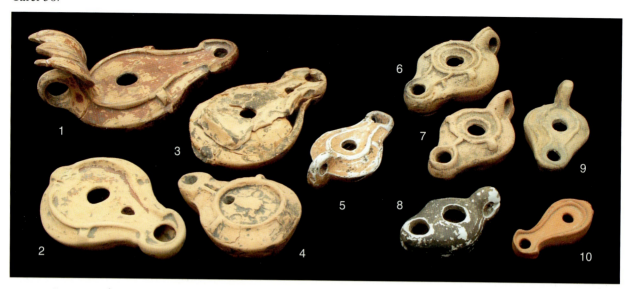

Lampen der „Wetterauer Ware" (1–5), drei Lampen mit Kreisstegen (6.7.9), eine Lampe aus Oberitalien (10) und eine Lampe aus Köln (8). 1 Kat.-Nr. 54/180,5. – 2 Kat.-Nr. 65/134,14. – 3 Kat.-Nr. 66/73,13. – 4 Kat.-Nr. 68/50,4. – 5 Kat.-Nr. 66/12,10. – 6 Kat.-Nr. 65/110,6. – 7 Kat.-Nr. 61/276,9. – 8 Kat.-Nr. 60/253,2. – 9 Kat.-Nr. 66/46,16. – 10 Kat.-Nr. 54/94,4.

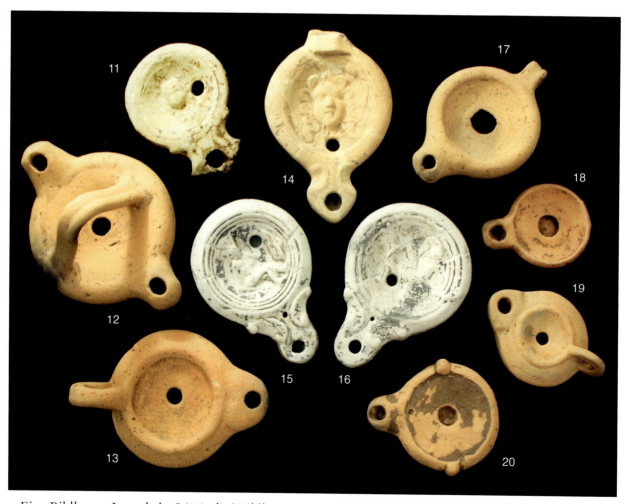

Eine Bildlampe Loeschcke I (11), drei Bildlampen Loeschcke IV (14–16), eine Doppelschnauzenlampe (12), zwei Lampen mit Rundschnauze Loeschcke VIII (13.19) und drei Lampen mit rechteckiger bzw. gekröpfter Schnauze (17.18.20). 11 Kat.-Nr. 52/30,9. – 12 Kat.-Nr. 66/145,15. – 13 Kat.-Nr. 64/74,13. – 14 Kat.-Nr. 60/208,3. – 15 Kat.-Nr. 62/6,8. – 16 Kat.-Nr. 62/6,9. – 17 Kat.-Nr. 66/75,5. – 18 Kat.-Nr. 66/239,6. – 19 Kat.-Nr. 65/136,9. – 20 Kat.-Nr. 67/45,12.

Tafel 568

Zwei Gesichtsbecher und Miniaturgefäße – zwei Schüsseln, ein Becher und eine Patera: 1 Mittlerer Kies 1948,1. – 2 Kat.-Nr. 64/22,17. – 3 Kat.-Nr. 54/83,24. – 4 Kat.-Nr. 69/17,22. – 5 Mittlerer Kies 1948,2.

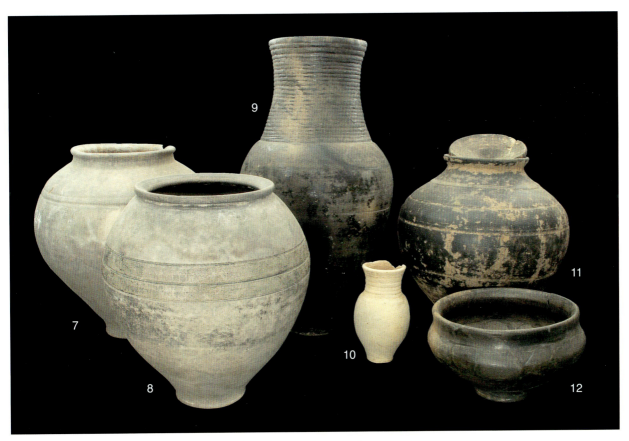

Terra Nigra. Drei Töpfe, zwei Flaschen und eine Schüssel: 7 Streufund ohne Nummer. – 8 Kat.-Nr. 68/24,21. – 9 Kat.-Nr. 69/98,9. – 10 Kat.-Nr. 60/242,10. – 11 Kat.-Nr. 66/222,3.5. – 12 Kat.-Nr. 54/56,9.

Tafel 569

Terra Nigra. Drei Töpfe, fünf Becher, eine Schüssel und ein Teller: 1 Kat.-Nr. 65/10,6. – 2 Kat.-Nr. 64/122,25. – 3 Kat.-Nr. 66/344,16. – 4 Kat.-Nr. 65/31,5. – 5 Kat.-Nr. 67/19,40. – 6 Kat.-Nr. 69/65,18. – 7 Kat.-Nr. 54/56,10. – 8 Kat.-Nr. 54/66,17. – 9 Kat.-Nr. 67/96,6. – 10 Kat.-Nr. 58/193,10.

Eine Kanne und fünf Teller in der Art der rotüberzogenen „Wetterauer Ware": 11 Kat.-Nr. 67/45,13. – 12 Kat.-Nr. 69/75,31. – 13 Kat.-Nr. 61/274,13. – 14 Kat.-Nr. 54/91,22. – 15 Kat.-Nr. 64/76,5. – 16 Kat.-Nr. 66/19,6.

Tafel 570

Eine Kanne, Schuppenbecher und -töpfe, sechs Becher, ein Schälchen und ein Teller aus Feinkeramik:
1 Kat.-Nr. 66/244,11. – 2 Kat.-Nr. 58/203,7. – 3 Kat.-Nr. 67/68,12. – 4 Kat.-Nr. 68/4,21. – 5 Neusatz 5,4. –
6 Kat.-Nr. 66/233,26. – 7 Kat.-Nr. 61/296,16. – 8 Neusatz unbest. 13. – 9 Kat.-Nr. 66/21,7. –
10 Kat.-Nr. 63/22,7. – 11 Kat.-Nr. 67/66,6. – 12 Kat.-Nr. 66/119,16.

Sechs Saugkännchen aus grobem und feinem Ton: 13 Kat.-Nr. 51/3,2. – 14 Kat.-Nr. 67/13,5. –
15 Kat.-Nr. 64/24,3. – 16 Kat.-Nr. 54/119,9. – 17 Kat.-Nr. 66/215,7. – 18 Kat.-Nr. 66/164,9.

Teilpläne

Tafel 571

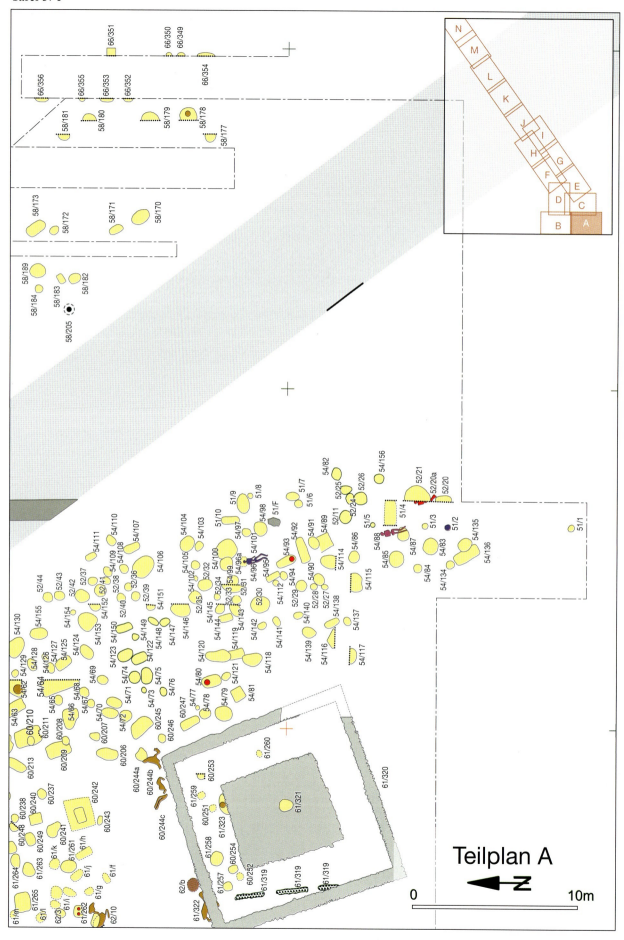

Teilplan A

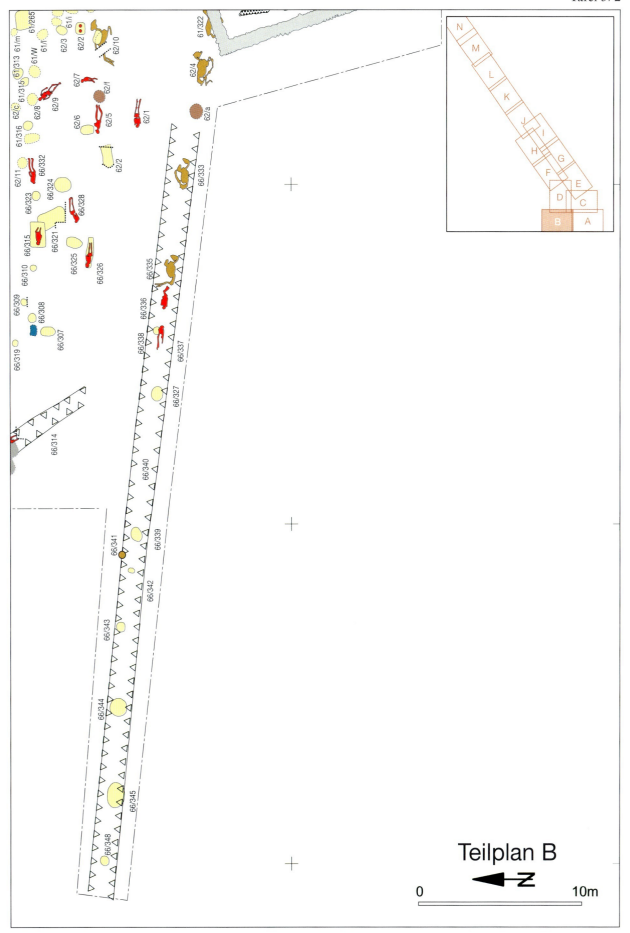

Tafel 572

Teilplan B

Tafel 573

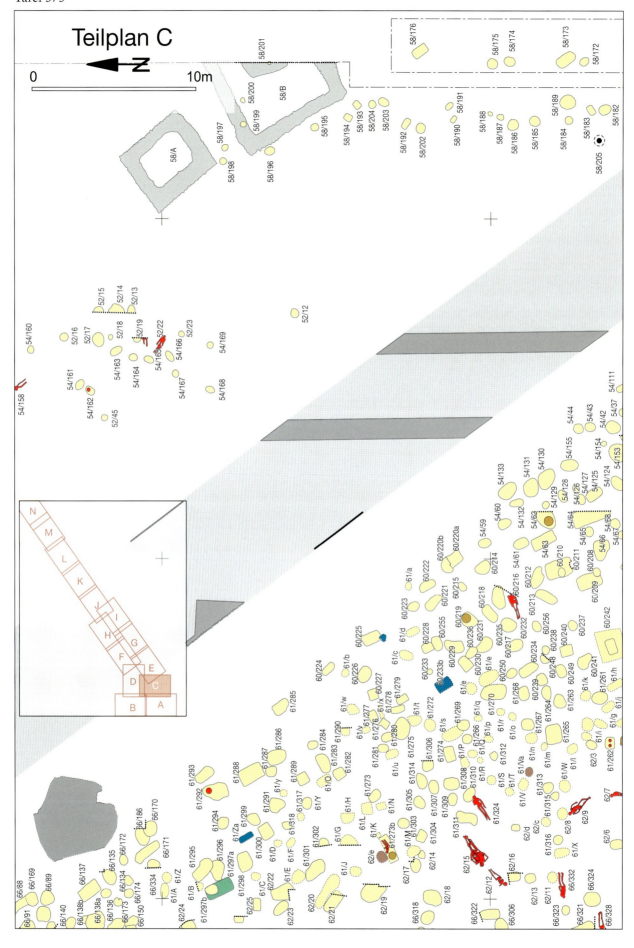

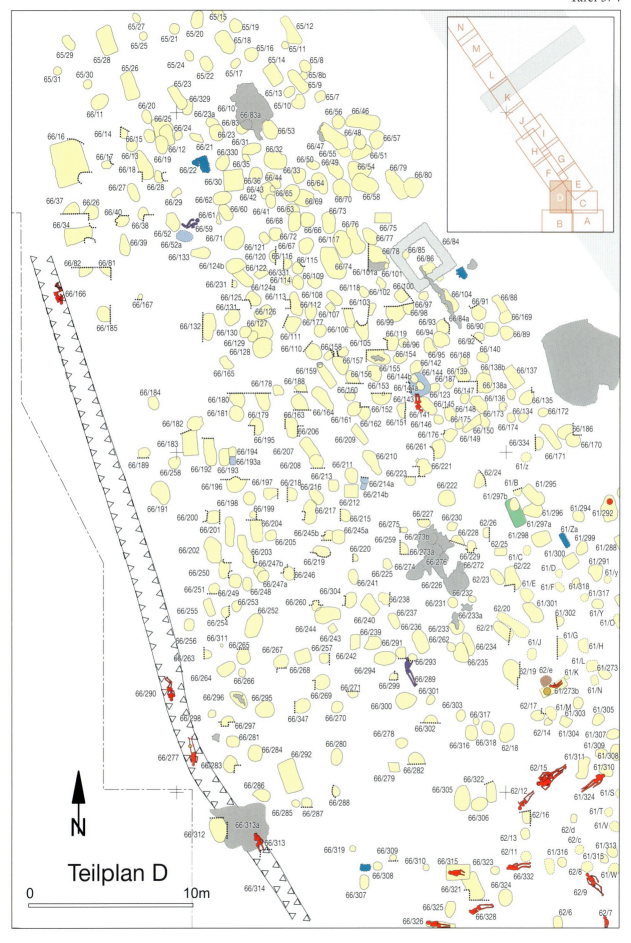

Tafel 574

Teilplan D

Tafel 575

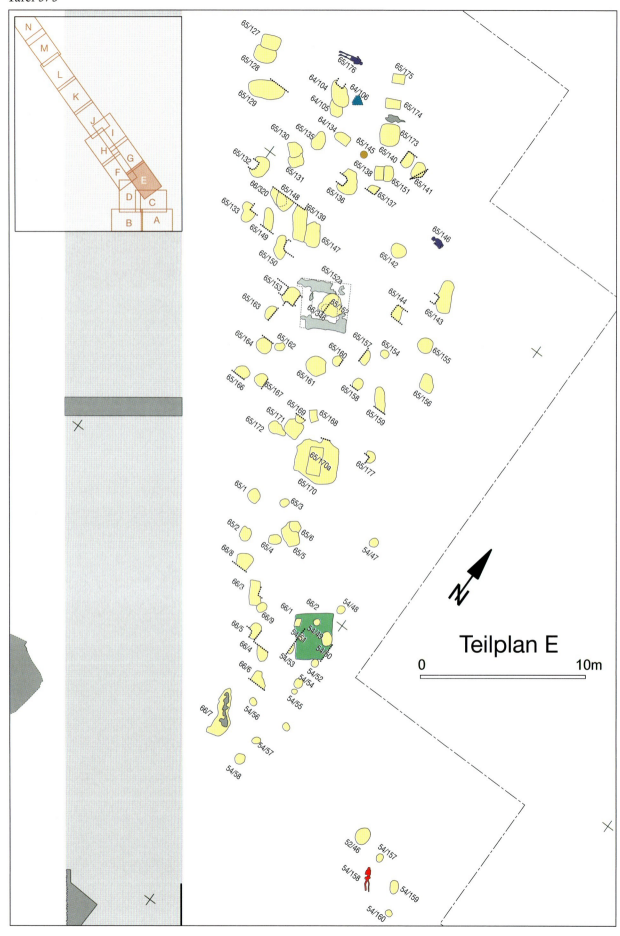

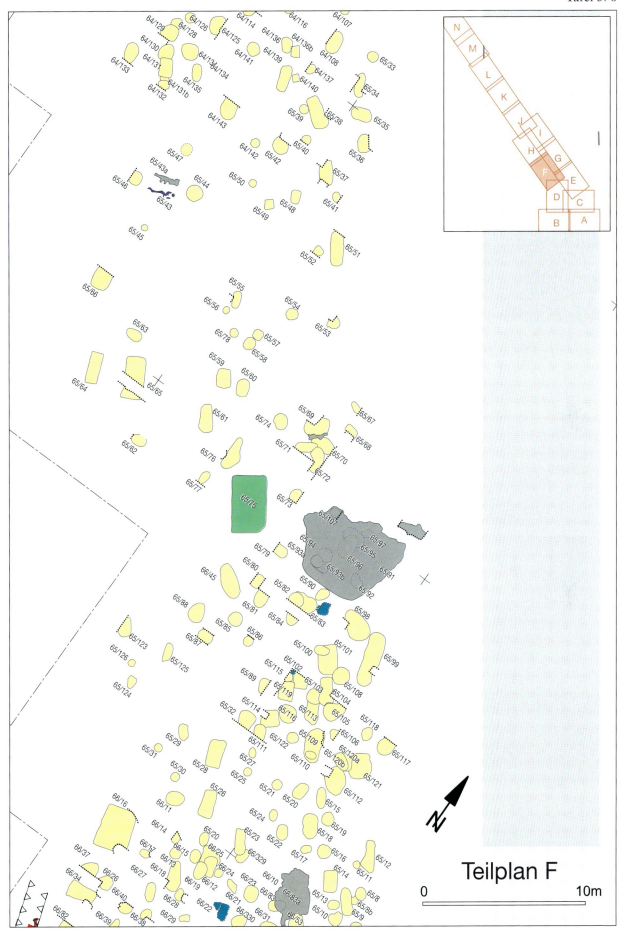

Tafel 576

Teilplan F

Tafel 577

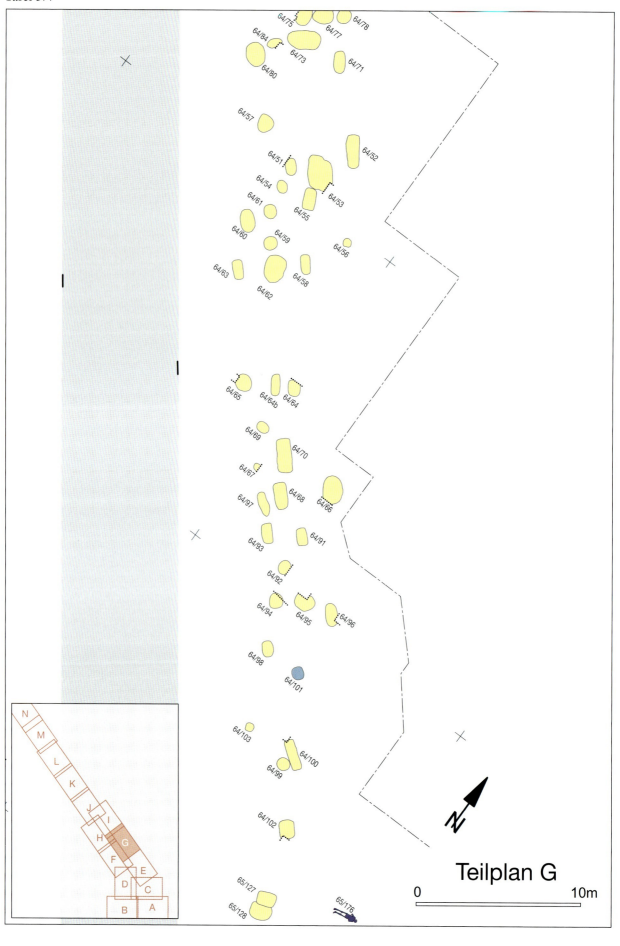

Teilplan G

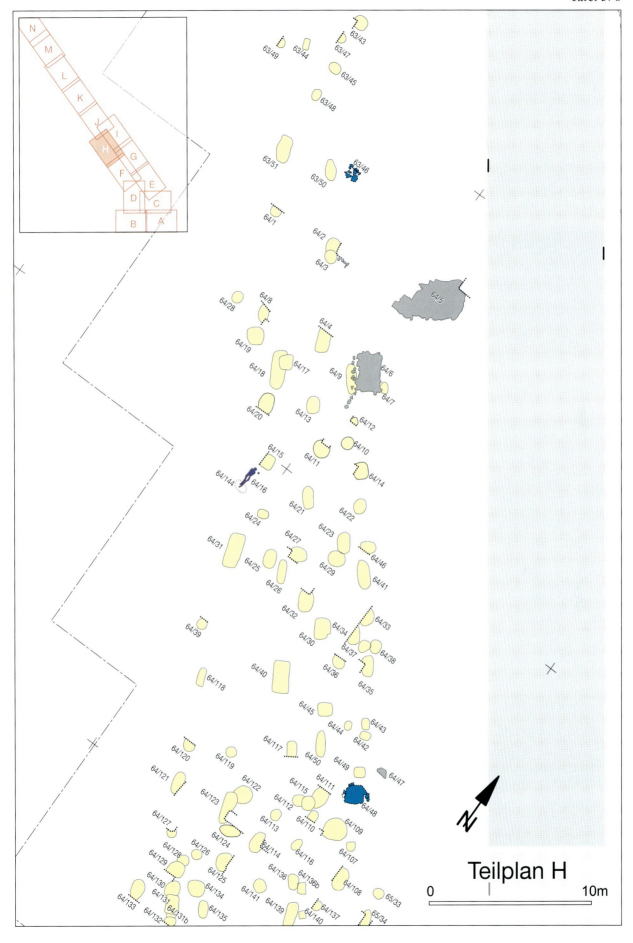

Tafel 578

Teilplan H

Tafel 579

Teilplan I

0　　　　　10m

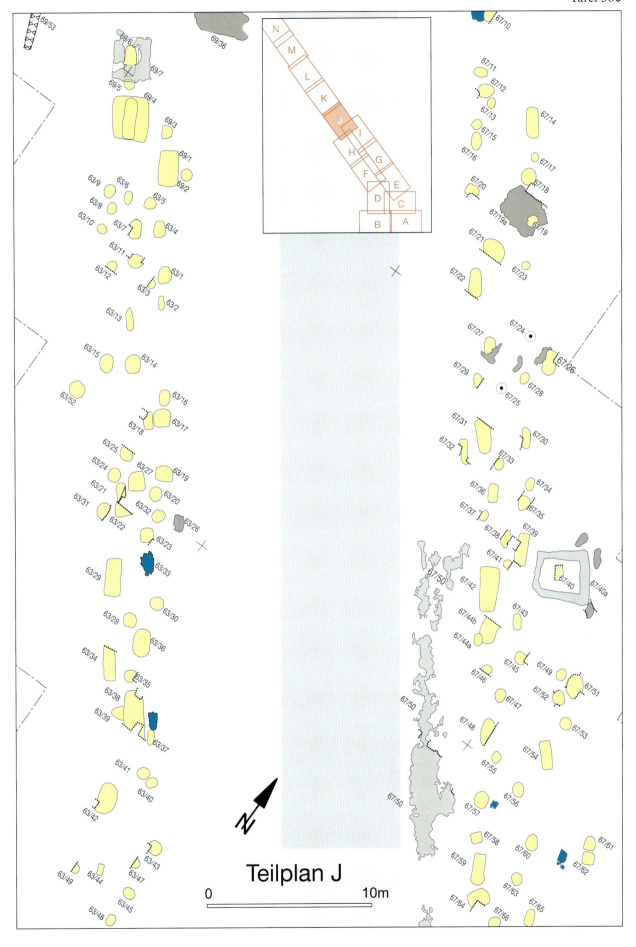

Tafel 580

Teilplan J

Tafel 581

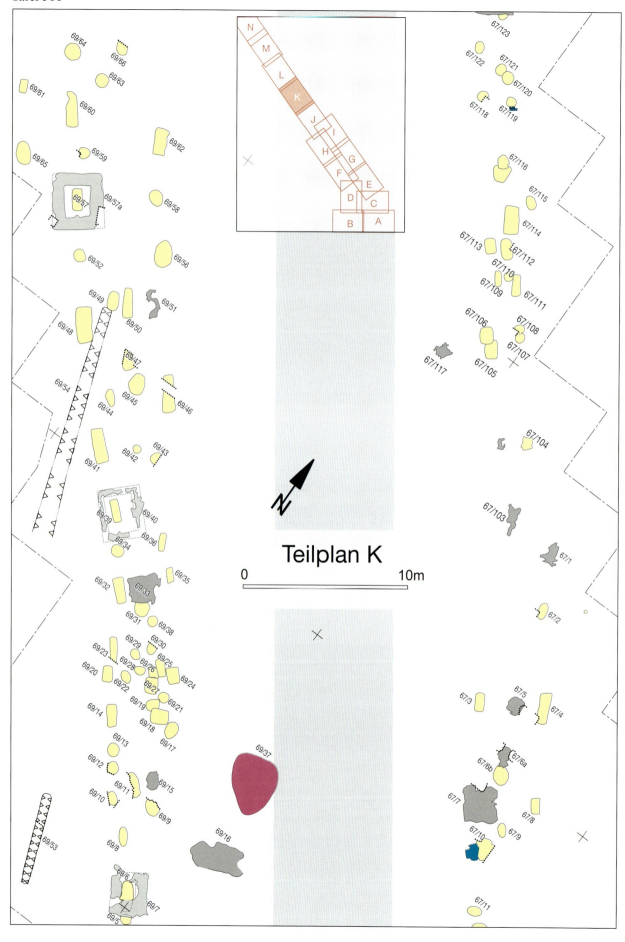

Teilplan K

Teilplan L

Tafel 582

Tafel 583

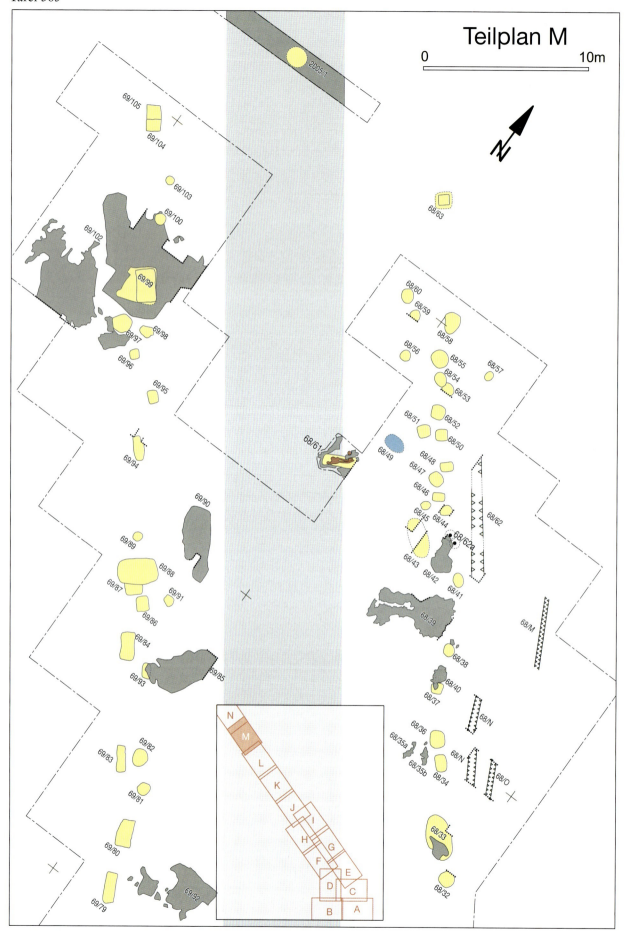

Teilplan M

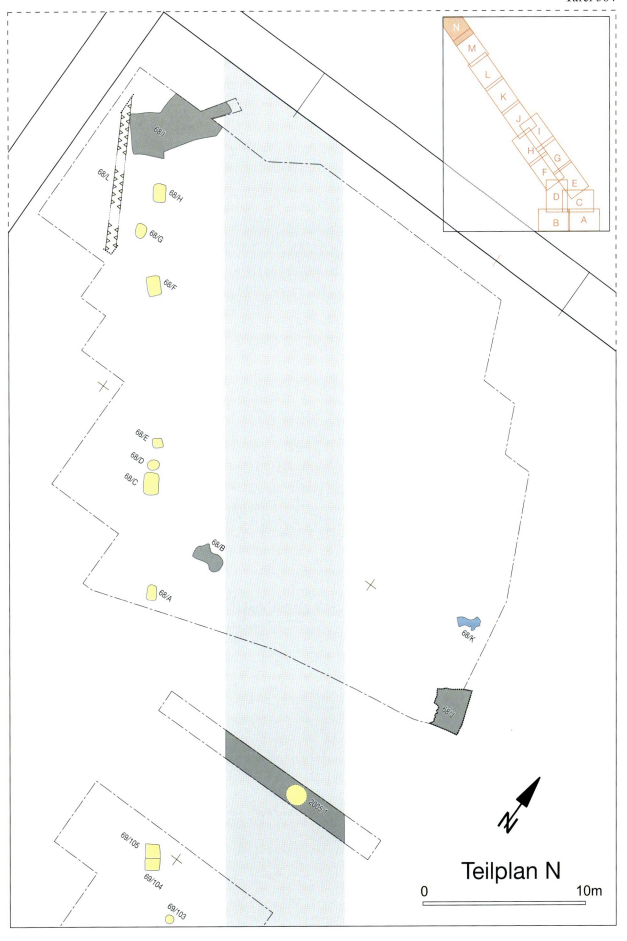

Tafel 584

Teilplan N

VERÖFFENTLICHUNGEN DES LANDESAMTES FÜR DENKMALPFLEGE BADEN-WÜRTTEMBERG
Archäologische Denkmalpflege

FORSCHUNGEN UND BERICHTE ZUR VOR- UND FRÜHGESCHICHTE IN BADEN-WÜRTTEMBERG
Kommissionsverlag Konrad Theiss Verlag Stuttgart

Bände 1–2 und 3/2–35 vergriffen

Band 1	Rolf Dehn, Die Urnenfelderkultur in Nordwürttemberg (1972).
Band 2	Eduard Neuffer, Der Reihengräberfriedhof von Donzdorf (Kreis Göppingen) (1972).
Band 3/1	Robert Koch, Das Erdwerk der Michelsberger Kultur auf dem Hetzenberg bei Heilbronn-Neckargartach (2005).
Band 3/2	Alix Irene Beyer, Die Tierknochenfunde. Das Erdwerk der Michelsberger Kultur auf dem Hetzenberg bei Heilbronn-Neckargartach (1972).
Band 4/1	Gustav Riek, Das Paläolithikum der Brillenhöhle bei Blaubeuren (Schwäbische Alb) (1973).
Band 4/2	Joachim Boessneck, Angela von den Driesch, Die jungpleistozänen Tierknochenfunde aus der Brillenhöhle (1973).
Band 5	Hans Klumbach, Der römische Skulpturenfund von Hausen an der Zaber (Kreis Heilbronn) (1973).
Band 6	Dieter Planck, ARAE FLAVIAE I. Neue Untersuchungen zur Geschichte des römischen Rottweil (Text- und Tafelband) (1975).
Band 7	Hermann Friedrich Müller, Das alamannische Gräberfeld von Hemmingen (Kreis Ludwigsburg) (1976).
Band 8	Jens Lüning, Hartwig Zürn, Die Schussenrieder Siedlung im „Schlößlesfeld", Markung Ludwigsburg (1977).
Band 9	Klemens Scheck, Die Tierknochen aus dem jungsteinzeitlichen Dorf Ehrenstein (Gemeinde Blaustein, Alb-Donau-Kreis) Ausgrabung 1960 (1977).
Band 10	Peter Paulsen, Helga Schach-Dörges, Das alamannische Gräberfeld von Giengen an der Brenz (Kreis Heidenheim) (1978).
Band 11	Wolfgang Czysz, Hans Heinz Hartmann, Hartmut Kaiser, Michael Mackensen, Günter Ulbert, Römische Keramik aus dem Vicus Wimpfen im Tal (1981).
Band 12	Ursula Koch, Die fränkischen Gräberfelder von Bargen und Berghausen in Nordbaden (1982).
Band 13	Mostefa Kokabi, ARAE FLAVIAE II. Viehhaltung und Jagd im römischen Rottweil (1982).
Band 14	Udelgard Körber-Grohne, Mostefa Kokabi, Ulrike Piening, Dieter Planck, Flora und Fauna im Ostkastell von Welzheim (1983).
Band 15	Christiane Neuffer-Müller, Der alamannische Adelsbestattungsplatz und die Reihengräberfriedhöfe von Kirchheim am Ries (Ostalbkeis) (1983).
Band 16	Eberhard Wagner, Das Mittelpaläolithikum der Großen Grotte bei Blaubeuren (1983).
Band 17	Joachim Hahn, Die steinzeitliche Besiedlung des Eselsburger Tales bei Heidenheim (1984).
Band 18	Margot Klee, ARAE FLAVIAE III. Der Nordvicus von Arae Flaviae (1986).
Band 19	Udelgard Körber-Grohne, Hansjörg Küster, HOCHDORF I (1985).
Band 20	Studien zu den Militärgrenzen Roms III. Vorträge des 13. Internationalen Limeskongresses in Aalen 1983 (1986).
Band 21	Alexandra von Schnurbein. Der alamannische Friedhof bei Fridingen an der Donau (Kreis Tuttlingen) (1987).
Band 22	Gerhard Fingerlin, Dangstetten I. Katalog der Funde (Fundstellen 1–603) (1986).
Band 23	Claus-Joachim Kind, Das Felsställe – eine jungpaläolithisch-frühmesolithische Abri-Station bei Ehingen-Mühlen (Alb-Donau-Kreis). Die Grabungen 1975–1980 (1987).
Band 24	Jörg Biel, Vorgeschichtliche Höhensiedlungen in Südwürttemberg-Hohenzollern (1987).
Band 25	Hartwig Zürn, Hallstattzeitliche Grabfunde in Württemberg und Hohenzollern (Text- und Tafelband) (1987).
Band 26	Joachim Hahn, Die Geißenklösterle-Höhle im Achtal bei Blaubeuren (Alb-Donau-Kreis) I (1988).
Band 27	Erwin Keefer, Hochdorf II. Die Schussenrieder Siedlung (1988).
Band 28	Arae Flaviae IV. Mit Beiträgen von Margot Klee, Mostefa Kokabi und Elisabeth Nuber (1988).
Band 29	Joachim Wahl und Mostefa Kokabi, Stettfeld I. Mit einem Beitrag von Sigrid Alföldy-Thomas (1988).
Band 30	Wolfgang Kimmig, Das Kleinaspergle. Mit Beiträgen von Elke Böhr u. a. (1988).
Band 31	Der prähistorische Mensch und seine Umwelt. Festschrift für Udelgard Körber-Grohne (1988).
Band 32	Rüdiger Krause, Die endneolithischen und frühbronzezeitlichen Grabfunde auf der Nordstadtterrasse von Singen am Hohentwiel (1988).
Band 33	Rudolf Aßkamp, Das südliche Oberrheintal in frühromischer Zeit (1989).
Band 34	Claus-Joachim Kind, Ulm-Eggingen. Die Ausgrabungen 1982 bis 1985 in der bandkeramischen Siedlung und der mittelalterlichen Wüstung. Mit Beiträgen von Georg Dombek u.a. (1989).
Band 35	Jörg Heiligmann, Der Alb-Limes (1990, vergriffen).
Band 36	Helmut Schlichtherle, Die Sondagen 1973–1978 in den Ufersiedlungen Hornstaad-Hörnle I. Siedlungsarchäologie im Alpenvorland I (1990).
Band 37	Siedlungsarchäologie im Alpenvorland II. Sammelband mit Beiträgen von Manfred Rösch u. a. (1990).
Band 38	Ursula Koch, Das fränkische Gräberfeld von Klepsau im Hohenlohekreis (1990).
Band 39	Sigrid Frey, Bad Wimpfen I (1991).
Band 40	Egon Schallmayer u. a., Der römische Weihebezirk von Osterburken I. Corpus der griechischen und lateinischen Beneficiarier-Inschriften des Römischen Reiches (1990).
Band 41/1	Siegwalt Schiek, Das Gräberfeld der Merowingerzeit bei Oberflacht (Gemeinde Seitingen-Oberflacht, Lkr. Tuttlingen). Mit Beiträgen von Paul Filzer u. a. (1992).
Band 41/2	Peter Paulsen, Die Holzfunde aus dem Gräberfeld bei Oberflacht und ihre kulturhistorische Bedeutung (1992).
Band 42	Carol van Driel-Murray / Hans-Heinz Hartmann, Zum Ostkastell von Welzheim, Rems-Murr-Kreis (1999).
Band 43	Rüdiger Rothkegel, Der römische Gutshof von Laufenburg/Baden (1994).
Band 44/1	Helmut Roth u. C. Theune, Das frühmittelalterliche Gräberfeld bei Weingarten 1(1995).
Band 45	Akten der 10. Internationalen Tagung über antike Bronzen (1994).
Band 46	Siedlungsarchäologie im Alpenvorland III (1995).
Band 47	Siedlungsarchäologie im Alpenvorland IV (1996).
Band 48	Matthias Knaut, Die alamannischen Gräberfelder von Neresheim und Kösingen, Ostalbkreis (1993).
Band 49	Der römische Weihebezirk von Osterburken II. Kolloquium 1990 und paläobotanisch-osteologische Untersuchungen (1994).
Band 50	Hartmut Kaiser u. C. Sebastian Sommer, LOPODVNVM I (1994).

Band 51	Anita Gaubatz-Sattler, Die Villa rustica von Bondorf (Lkr. Böblingen) (1994).
Band 52	Dieter Quast, Die merowingerzeitlichen Grabfunde aus Gültlingen (Stadt Wildberg, Kreis Calw) (1993).
Band 53	Beiträge zur Archäozoologie und Prähistorischen Anthropologie (1994).
Band 54	Allard W. Mees, Modelsignierte Dekorationen auf südgallischer Terra Sigillata (1995).
Band 55	Beiträge zur Eisenverhüttung auf der Schwäbischen Alb (1995).
Band 56	Susanne Buchta-Hohm, Das alamannische Gräberfeld von Donaueschingen (Schwarzwald-Baar-Kreis) (1996).
Band 57	Gabriele Seitz, Rainau-Buch I. Steinbauten im römischen Kastellvicus von Rainau-Buch (1999).
Band 58	Das jungsteinzeitliche Dorf Ehrenstein (Gemeinde Blaustein, Alb-Donau-Kreis). Ausgrabung 1960. Teil III: Die Funde (1997).
Band 59	Rainer Wiegels, LOPODVNVM II. Inschriften und Kulturdenkmäler aus dem römischen Ladenburg am Neckar (2000).
Band 60	Ursula Koch, Das alamannisch-fränkische Gräberfeld bei Pleidelsheim (2001).
Band 61	Eberhard Wagner, Cannstatt I. Großwildjäger im Travertingebiet (1995).
Band 62	Martin Luik, Köngen-Grinario I. Topographie, Fundstellenverzeichnis, ausgewählte Fundgruppen (1996).
Band 63	Günther Wieland, Die Spätlatènezeit in Württemberg. Forschungen zur jüngeren Latènezeit zwischen Schwarzwald und Nördlinger Ries (1996).
Band 64	Dirk Krausse, Hochdorf III. Das Trink- und Speiseservice aus dem späthallstattzeitlichen Fürstengrab von Eberdingen-Hochdorf (Kr. Ludwigsburg). Mit Beiträgen von Gerhard Längerer (1996).
Band 65	Karin Heiligmann-Batsch, Der römische Gutshof bei Büßlingen, Kr. Konstanz. Ein Beitrag zur Siedlungsgeschichte des Hegaus (1997).
Band 66	Hanns Dietrich, Die hallstattzeitlichen Grabfunde aus den Seewiesen von Heidenheim-Schnaitheim (1998).
Band 67	Wolfgang Brestrich, Die mittel- und spätbronzezeitlichen Grabfunde auf der Nordstadtterrasse von Singen am Hohentwiel (1998).
Band 68	Siedlungsarchäologie im Alpenvorland V (1998).
Band 69	Gerhard Fingerlin, Dangstetten II. Katalog der Funde (Fundstellen 604–1358) (1998).
Band 70	Johanna Banck-Burgess, Hochdorf IV. Die Textilfunde aus dem späthallstattzeitlichen Fürstengrab von Eberdingen-Hochdorf (Kreis Ludwigsburg) und weitere Grabtextilien aus hallstatt- und latènezeitlichen Kulturgruppen (1999).
Band 71	Anita Gaubatz-Sattler, SVMELOCENNA, Geschichte und Topographie des Römischen Rottenburg (1999).
Band 72	Siegfried Kurz, Die Heuneburg-Außensiedlung (2000).
Band 73	Jutta Klug-Treppe, Hallstattzeitliche Höhensiedlungen im Breisgau (2003).
Band 74	Ursula Maier / Richard Vogt, Siedlungsarchäologie im Alpenvorland VI. Botanische und pedologische Untersuchungen zur Ufersiedlung Hornstaad-Hörnle IA (2001).
Band 75	Barbara Sasse, Ein frühmittelalterliches Reihengräberfeld bei Eichstetten am Kaiserstuhl (2001).
Band 76	Reinhard Sölch, Die Topographie des römischen Heidenheim (2001).
Band 77	Gertrud Lenz-Bernhard, LOPODVNVM III, Ladenburg-Ziegelscheuer (Rhein-Neckar-Kreis) – neckarswebische Siedlung und Villa rustica (2002).
Band 78	Claus-Michael Hüssen, Die römische Besiedlung im Umland von Heilbronn (2001).
Band 79	Andrea Neth, Eine Siedlung der frühen Bandkeramik in Gerlingen, Kreis Ludwigsburg (1999).
Band 80	Günther Wieland, Die keltischen Viereckschanzen von Fellbach-Schmiden und Ehningen (1999).
Band 81	Veit Dresely, Schnurkeramik und Schnurkeramiker im Taubertal (2004).
Band 82	Martin Luik, Köngen-Grinario II. Historisch-Archäologische Auswertung (2004)
Band 83	Gebhard Bieg, Hochdorf V. Der Bronzekessel aus dem späthallstattzeitlichen Fürstengrab von Eberdingen-Hochdorf (Kr. Ludwigsburg) (2002).
Band 84	Dieter Quast, Die frühalamannische und merowingerzeitliche Besiedlung im Umland des Runden Berges bei Urach. Mit Beiträgen von Wilhelm Tegel und Klaus Düwel (2006).
Band 85	Joachim Köninger, Siedlungsarchäologie im Alpenvorland VIII. Die frühbronzezeitlichen Ufersiedlungen von Bodman-Schachen I. Mit einem Beitrag von Kai-Steffen Frank (2006).
Band 86	Abbau und Verhüttung von Eisenerzen im Vorland der mittleren Schwäbischen Alb (2003).
Band 87	Siegfried Kurz / Siegwalt Schiek, Bestattungsplätze im Umfeld der Heuneburg (2002).
Band 88	Claus-Joachim Kind, Das Mesolithikum in der Talaue des Neckars. Die Fundstellen von Rottenburg Siebenlinden 1 und 3 (2003).
Band 89	Julia Katharina Koch, HOCHDORF VI. Der Wagen und das Pferdegeschirr (2006).
Band 90	Jutta Hoffstadt, Siedlungsarchäologie im Alpenvorland VII. Die Untersuchung der Silexartefakte aus der Ufersiedlung Hornstaad-Hörnle IA (2005).
Band 91	Thomas Schmidts, LOPODVNVM IV. Die Kleinfunde aus den römischen Häusern an der Kellerei in Ladenburg (2004).
Band 92	Forschungen zur keltischen Eisenerzverhüttung in Südwestdeutschland (2005).
Band 93	Regina Franke, ARAE FLAVIAE V. Die Kastelle I und II von Arae Flaviae/Rottweil und die römische Okkupation des oberen Neckargebietes (2003).
Band 94	Ernst und Susanna Künzl, Das römische Prunkportal von Ladenburg. Mit Beiträgen von Bernmark Heumekes (2003).
Band 95	Klaus Kortüm / Johannes Lauber, Wahlheim I. Das Kastell II und die nachfolgende Besiedlung (2004).
Band 96	Egon Gersbach, Die Heuneburg, eine Wehrsiedlung/Burg der Bronze- und frühen Urnenfelderzeit und ihre Stellung im Siedlungsgefüge an der oberen Donau. Mit einem Beitrag von Jutta Precht (2006).
Band 97	Peter Knötzele, Zur Topographie des römischen Stettfeld (Landkreis Karlsruhe). Grabungen 1974–1987. Mit einem Beitrag von Gerwulf Schneider (2006).
Band 98	Siedlungsarchäologie im Alpenvorland IX (2006).
Band 99	Kristine Schatz, Cannstatt II. Die Sauerwasserkalke vom Stuttgarter Neckartal und das altpaläolithische Fundlager „Bunker" (2007).
Band 100	Jörg Biel, Jörg Heiligmann und Dirk Krausse, Landesarchäologie, Festschrift für Dieter Planck zum 65. Geburtstag (2009)
Band 101	Frühe Zentralisierungs- und Urbanisierungsprozesse. Zur Genese und Entwicklung frühkeltischer Fürstensitze und ihres territorialen Umlandes. Kolloquium des DFG-Schwerpunktprogramms 1171 in Blaubeuren, 9.–11. Oktober 2006 (2009).
Band 102	Ingo Stork, Die spätkeltische Siedlung von Breisach-Hochstetten (2007).
Band 103	Katrin Roth-Rubi, Dangstetten III: Das Tafelgeschirr aus dem Militärlager von Dangstetten (2007).
Band 104	Sebastian Gairhos, Stadtmauer und Tempelbezirk von SVMELOCENNA. Die Ausgrabungen 1995–99 in Rottenburg am Neckar, Flur „Am Burggraben" (2008).
Band 105	Siegfried Kurz, Untersuchungen zur Entstehung der Heuneburg in der späten Hallstattzeit (2008).
Band 107	Kristine Schatz und Hans-Peter Stika, HOCHDORF VII. Archäobiologische Untersuchungen zur frühen Eisenzeit im mittleren Neckarraum. Mit einer Einführung von Jörg Biel (2009).
Band 110	Markus Scholz, Das römische Reiterkastell Aquileia/Heidenheim. Die Ergebnisse der Ausgrabungen 2000–2004 (2009).
Band 112	Siedlungsarchäologie im Alpenvorland X (2009).

VERÖFFENTLICHUNGEN DES
LANDESAMTES FÜR DENKMALPFLEGE BADEN-WÜRTTEMBERG
Archäologische Denkmalpflege

FORSCHUNGEN UND BERICHTE DER ARCHÄOLOGIE DES MITTELALTERS IN BADEN-WÜRTTEMBERG
Kommissionsverlag Konrad Theiss Verlag Stuttgart

Band 1	Günter P. Fehring, Unterregenbach. Kirchen, Herrensitz, Siedlungsbereiche (1972).
Band 2	Antonin Hejna, Das ‚Schlößle' zu Hummertsried. Ein Burgstall des 13. bis 17. Jh. (1974).
Band 3	Barbara Scholkmann, Sindelfingen 1. Obere Vorstadt. Eine Siedlung des hohen und späten Mittelalters (1978).
Band 4	Aufsatzband (1977).
Band 5	Hans-Wilhelm Heine, Studien zu Wehranlagen zwischen junger Donau und westlichem Bodensee (1979).
Band 6	Aufsatzband (1979).
Band 7	Aufsatzband (1981).
Band 8	Aufsatzband (1983).
Band 9	Volker Roeser u. Horst Gottfried Rathke, St. Remigius in Nagold (1986).
Band 10/1	Hirsau St. Peter und Paul 1091–1991. Teil I: Zur Archäologie und Kunstgeschichte. Mit Beitr. von Hermann Diruf u. a. (1991).
Band 10/2	Hirsau St. Peter und Paul 1091–1991. Teil II: Zur Geschichte eines Reformklosters. Mit Beitr. von Lieven van Acker u. a. (1991).
Band 11	Michael Schmaedecke, Der Breisacher Münsterberg. Topographie und Entwicklung. Mit einem Anhang von Peter Hering (1992).
Band 12	Uwe Gross, Mittelalterliche Keramik zwischen Neckarmündung und Schwäbischer Alb. Bemerkungen zur räumlichen Entwicklung und zeitlichen Gliederung (1991).
Band 13/1	Die Stadtkirche St. Dionysius in Esslingen. Archäologie und Baugeschichte II. Günter P. Fehring und Barbara Scholkmann, Die archäologische Untersuchung und ihre Ergebnisse (1995).
Band 13/2	Die Stadtkirche St. Dionysius in Esslingen. Archäologie und Baugeschichte II. Peter R. Anstett, Die Baugeschichte von der Spätromanik zur Neuzeit (1995).
Band 13/3	Die Stadtkirche St. Dionysius in Esslingen. Archäologie und Baugeschichte. Tafelband (1995).
Band 14	Eleonore Landgraf, Ornamentierte Bodenfliesen des Mittelalters in Süd- und Westdeutschland 1150–1550. Bd. 1–3 (1993).
Band 15	Ilse Fingerlin, Die Grafen von Sulz und ihr Begräbnis in Tiengen am Hochrhein (1992).
Band 16	Dorothee Ade-Rademacher u. Reinhard Rademacher, Der Veitsberg bei Ravensburg. Vorgeschichtliche Höhensiedlung und mittelalterlich-frühneuzeitliche Höhenburg (1993).
Band 17	Tilman Mittelstraß, Eschelbronn. Entstehung, Entwicklung und Ende eines Niederadelssitzes im Kraichgau (12.–18. Jh.) (1996).
Band 18	Alois Schneider, Die Burgen im Kreis Schwäbisch Hall. Eine Bestandsaufnahme (1995).
Band 19	Matthias Untermann, Die Grabungen auf dem ‚Harmonie'-Gelände in Freiburg im Breisgau (1995).
Band 20	Ulrike Plate, Das ehemalige Benediktinerkloster St. Januarius in Murrhardt (1996).
Band 21	Ulrich Müller, Holzfunde aus Freiburg / Augustinereremitenkloster und Konstanz. Herstellung und Funktion einer Materialgruppe aus dem späten Mittelalter (1996).
Band 22	Bertram Jenisch, Die Entstehung der Stadt Villingen. Archäologische Zeugnisse und Quellenüberlieferung (1999).
Band 23	Andrea Bräuning, Um Ulm herum. Untersuchungen zu mittelalterlichen Befestigungsanlagen in Ulm (1998).
Band 24	Felicia Schmaedecke, Das Münster Sankt Fridolin in Säckingen. Archäologie und Baugeschichte bis ins 17. Jahrhundert (1999).
Band 25	Luisa Galioto, Frank Löbbecke und Matthias Untermann, Das Haus „Zum roten Basler Stab" (Salzstraße 20) in Freiburg im Breisgau (2002).
Band 26	Christoph Bizer, Oberflächenfunde von Burgen der Schwäbischen Alb. Ein Beitrag zur Keramik- und Burgenforschung (2006)
Band 27	Beate Schmid, Archäologische Untersuchungen im Stadtgebiet von Mengen, Kreis Sigmaringen. Mit Beiträgen von Ulrich Klein, Julius Mihm und Manfred Rösch (2009)
Band 28	Stratigraphie und Gefüge. Beiträge zur Archäologie des Mittelalters und der Neuzeit und zur historischen Bauforschung. Festschrift für Hartmut Schäfer zum 65. Geburtstag (2008).